外国信托法经典译丛

石俊志 主编

TODD AND WILSON'S TEXTBOOK
ON TRUSTS AND EQUITY,
TWELFTH EDITION

BY SARAH WILSON

托德与威尔逊信托法

（第十二版）

[英] 莎拉 · 威尔逊 | 著
孙林 田磊 | 译

法律出版社
LAW PRESS · CHINA

著作权合同登记号
图字：01-2017-9339

总 序

现代信托制度的建立，是人类社会法律制度上的一个伟大进步。

中世纪黑暗中的英国社会，为了克服普通法的烦琐和僵化，转向由法官凭借公平和良知判案形成的法律制度，由此产生了与普通法并行的衡平法。正是衡平法的出现和实施，催生和哺育了现代信托制度。

溥天之下，莫非王土；率土之滨，莫非王臣。中世纪后期，英国君王和各地领主对百姓及其财产的封建占有，严重地阻碍了财产的市场流转和效益的提高。为了打破这种封建桎梏，经历了一个漫长的过程，用益制度在英国逐步演化形成。用益制度实现了财产上的所有权与收益权的分离：所有权继续遵循封建传统的规定，收益权转向符合市场经济的需求，从而实现了承上启下、促进社会平稳发展转变的作用。

英国法律史学家和衡平法律师梅特兰(Frederic William Maitland)高度评价英国人创立信托概念的贡献："如果有人要问，英国人在法学领域取得的最伟大、最杰出的成就是什么，那就是历经数百年发展起来的信托概念。”

信托的发展,是在不断挑战原有法律的约束,又在不断促进法律修正的过程中,传播衡平法的公平、公理、良知、正义等理念,并不断促进经济和社会的发展和进步。

美国、日本等国家和地区,在引入现代信托制度的同时,结合本土的信托实践,相继建立了完善的信托法律体系。

现代信托制度传入中国,发生在辛亥革命推翻皇帝专制制度之后。

1921 年,中国历史上第一家标明为“信托公司”的企业——中国商业信托公司在上海成立。此后,在短短数年里,先后有十余家信托公司成立。

1949 年,新中国成立,开始实行集中统一的计划经济。信托失去了市场经济环境,被全面停办。

1978 年,党的十一届三中全会揭开了改革开放的序幕,我国信托业重新起步。

1979 年,中国国际信托投资公司成立。随后,各种类型的信托投资公司在全国各地如同雨后春笋般诞生,我国信托业进入了一个崭新的时期。但是,由于缺少法规和监管约束,再加上没有明确的业务范围和主营定位,信托投资公司迅速切入经济发展和金融发展的各个领域,催生了我国债券、证券、基金业的发展,而其自身却由于缺乏规范而成为治理整顿的对象。

2001 年 4 月,全国人民代表大会常务委员会通过了《中华人民共和国信托法》,由此奠定了我国信托法律的基石。随后,中国人民银行陆续颁布实施了《信托投资公司管理办法》和《信托投资公司资金信托管理暂行办法》,由此构成了我国信托业“一法两规”的基本法律法规框架,结束了我国引入现代信托制度以来近一个世纪无法可依的历史。

2007 年 3 月 1 日,中国银行业监督管理委员会颁布施行了《信托公司管理办法》和《信托公司集合资金信托计划管理办法》。从此,我国信托业开启从"融资平台"向"受人之托,代人理财"的专业机构之转变。在上述规章引导下,我国信托业飞速发展。截至2012年年底,我国信托业管理信托资产规模超过了证券业、保险业、基金业等金融行业的业务规模,成为仅次于银行业的第二大金融行业。

目前,我国信托业管理信托资产规模超过20万亿元。投资信托产品,已经成为我国居民最重要的理财方式之一。信托业在我国经济建设和社会发展中发挥着越来越重要的作用。然而,与国外成熟市场经济国家相比较,我国信托业在功能定位、法律制度、社会实践等方面还存在较大的差距。

他山之石,可以攻玉。国外成熟市场经济国家的信托业历史悠久,经验丰富,法律法规体系健全。特别是相关法律制度,对我国信托业的发展,具有十分重要的借鉴意义。为此,国民信托博士后工作站与中国社会科学院法学研究所联合招收博士后,重点研究信托法律问题。在此基础上,我们邀请了一批国内从事信托法教学、研究的学者以及具有实践经验的信托业专家,经过认真地调查研究,筛选出一批国外信托法规和经典著作,翻译成中文,介绍给国内读者。

我们相信,这套《外国信托法经典译丛》的出版,对于我国普及信托法律知识,完善信托法律体系,繁荣信托市场,促进信托业更好地服务于实体经济、社会发展和改善民生,具有一定的参考价值。

石俊志

2017年1月1日

目录

致　谢

阿尔弗雷达·纳耶勒,1911 年 3 月 2 日—2007 年 12 月 13 日。

玛瑞·威尔逊,1938 年 8 月 20 日—2012 年 2 月 27 日。

在我结婚的那一天,我会感谢两位“出色的母亲”,并对她们永远心怀感激,愿两位安息。

前 言

按照传统，本书前言部分依旧由保罗·托德开头，这种模式已持续多年。从最初的筹划开始，本书旨在帮助法科生、法律从业者以及法学爱好者初步了解信托。本书向来以介绍性文本呈现，因此比其他可读性文本篇幅更短。除此之外，本书一直强调要简洁而明晰地表达法律知识，与此同时还应展现高质量的分析。本书也一直认为，信托是一门对学习者时间、耐心以及批判性有较高要求的学科。本版继续采用这种方法，因此更多地强调原则而非细节（尤其是事实细节）。本书依然更多探讨基础内容，而非试图涵盖所有信托法和衡平法的内容。因此，本书仍然不会致力于去发掘法学原则性内容，而是强调法学实践部分，比如土地法、合同法、商法以及英国法律体系。对此，也可以这样说：本书是一本教人如何理解信托及信托法的书。

如上所述，本书涵盖信托法的主要领域，并一直以内容清晰明了为特点，这就决定了这本书的厚度。除此之外，就批判性的解读和分析而言,本书注重原则而非细节的独特方法也使它能够达到上述厚度。这一版本仍延续以前版本风格,但也会以较新的方式予以展开。

除此之外,在 2011 年和 2013 年的版本中,其内容及其描述方式在文体上发生了非常重要的变化。这样做是为了在信托和信托法研究方面保持最新性、分析性和批判性的风格,本书也将立足最前沿,满足学习需求和提升学习方法。作为信托法的老师,本次修订很大程度上是我自己在教学活动中的反思,在我时常和同事的讨论中,我们共同享受着激情的鼓舞,一起以极高的兴趣对本书能够在学习、提升该领域知识方面作出了展望:用明晰的方式和完善的布局,为信托和信托法学习者提供全面的帮助。除了要承担模块化带来的深远影响外,将学习看作一个对话的过程越来越受到重视,在这个过程中,你是“知识传播”的积极参与者而不是被动接收者。从这些影响中可以看出,在最新版本中,也有一些变化:此次版本与之前使用的版本相比,句子较短,段落也更为简洁,对于读者而言,在使用时则更易于管理信息。这是通过抓住每一个机会提供互文文本“标题”和不同的格式辅助进行的,这使本书文本看上去没那么令人望而生畏,并且有助于集中关注不同事物之间是如何关联或如何区分的。

本书 2011 年版的改变获得了极好的反馈评价,2013 年版的改动
10 亦是如此。现在是时候使用新的文体风格贯穿全文了——在实际写作与呈现方式上均是如此。因此,当你理解本书内容,并使用这种方法来整合不同主题领域之间的前后联系时,我们非常重视你的参与。本书此前已经对第 1 章进行了重新排序,介绍了最初在 2011 年实施的一项明示信托的基本原理,此举效果非常好,因此本版本仍然采用这种排序,本书后面的明示信托的现有标志也采用这种排序,以期能在明示信托的设立之外,探讨其操作模式。对于这些章节以及其他所有章节,新版本继续鼓励读者巩固早期的学习经验,通读整个文本,并且确保对内容的“反复”关注——继续强调章节的开始部分以及“通读”材料本身。

这种学习方法反映了:有关信托和信托法的大量的学习就是重复和反复,并需要将此科目理解为一个"连贯的整体",而且即使更充分了解信托也只能及时遵守它,这很大程度上取决于在早期阶段就要意识到信托中前后联系的存在。对于那些只看一个特定章节的人来说,这种方法将帮助你理解信托的某个特定方面如何适用于其他一切事物。在这里,你将能够非常快速地知道:一个话题是否被视为与明示信托相关的普通法的"核心"部分,或被视为默示信托关注的一部分,抑或是被应用于慈善组织的"特别"信托法;这些信托是否像历史上的信托一样存在,或以现有的其他法律形式存在。

仍然有大量的新资料必须合并到本书的新版本中,在较旧资料的基础上容纳较新的资料为本书带来了持续的挑战,这些较旧的资料通常不至于很旧,但无论是不是旧的,对最新的分析而言,仍然是最重要的。但是,由于普通法的发展,在指出自身的新内容之前,本书还有一个非常重要的发展内容——它应适用于"范式"信托法管辖的本书所称的"范式"信托。

本书长期采用"范式"布局的法律及术语来展示被称为明示私益信托如何给我们呈现最清晰的具体体现:为什么拥有财产的个人希望以信托方式来处理财产,而不是以给他人带来利益的不同方式来处理财产。在这里,私益且可执行财产协议的基本概念有助于我们理解信托的本质——它如何不同于财产赠与,不同于以各种方式提供贷款,也不同于将财产售于他人的行为——以及掌控信托设立和运行的法律规则如何力图反映这种差异。私益且可执行的财产协议的基本概念也为理解其他类型的私益信托(推定性的或归复性的默示信托),以及适用于强制公开而不是个人执行协议的慈善法提供了基础。为了证明本书对经典或范式明示信托的关注,本版本首先将对信托的分析和 J. H. Langbein 在信托法方面有影响力的书以及被他称为"强制性"和"违约"规则的分类法结合起来。

2004 年,Langbein 在备受好评的、发表于耶鲁大学的研究演讲中,

以分类法阐明了明示信托协议如何由法律规则共同管理的情形,这些
11 法律规则互不相同,反过来说,这些规则在本质上是强制性的,是缺省的。在这里,Langbein 解释说,强制性规则是设立信托时运用的规则,而且信托的运行不能改变或不适用此规则,尽管大部分信托法实际上是缺省的,这意味着后者的规则是在信托设立和运行中可以被改变或忽视的,且能够使信托法的“契约特征”生效。

本书在这一版本中增添的 Langbein 学说的内容,代表着分析框架的增加,增加的内容被应用于所讨论的信托法,但并没有影响正文范围内的内容。与此同时,随着法律自身的发展,实质性内容的增加也十分必要,尽管与前两个版本的重写和重组内容相比,本版本的重点是合并和更新。

已经增加的内容包括:第 6 章对默示信托的介绍,最高法院对 *Perst v Petrodel Resources Limited & Ors* 案以及 *Williams v Central Bank of Nigeria* 案的判决,此判决也参考了 *FHR European Ventures LLP & Ors v Cedar Capital Partners LLC* 案。在 2013 年的版本中,作者对第 8 章源于家庭房屋所有权的信托研究进行了意义重大的修改,由于此长章节内容表面上参考了“旧法”和上议院与最高法院关于 *Stack v Dowden* 案和 *Jones v Kernott* 案极其重要的新判决,所以这一章仍然需要审查,而且房屋所有权和正义问题等明显重要方面也受到了广泛的政策关注。本书此版本有可能删除并整合了一些内容,但本书新内容对旧内容的回顾以及本书对不公正感的持续关注使删减工作很困难。确实,由于法律和政策的相互作用,本书已增添了一些内容。为了理解因家庭房屋所有权所作决定[这些决定来自婚前合同协议,通常被称为“pre-nuptual aggrements”(婚前协议)或简写成“pre-nup”]可能产生的影响以及婚姻或民事伴侣关系所带来的持续性的形式化关系影响,本书增加的内容是首先载入 *Radmacher (formerl-y Granatino) v Granatino* 案的内容;本书指出,根据英国《2013 年(同性)婚姻法》,现在,同性伴侣可以如同异性恋者一样结为夫妻。此章

的开始部分指出，其大部分的分析集中于那些在婚姻和民事伴侣关系的正式制度之外，但又和他人同居的人，而且与此种情况相关的是，这一版本增加了最高法院依据苏格兰法律在 *Gow v Grant* 案中的判决。此案正是对司法请求权棘手之处进行的改革，此前，财产所有权和满足司法正义需要之间的紧张局势是由上述 *Gow* 一案引起的。

本书参考上述最高法院对 *FHR European Ventures LLP & Ors v Cedar Capital Partners LLC* 案的判决，是因为此判决实际上就要求了如何对不同章节进行调整，即调整第 13 章对明示信托协议中托管的介绍。这是因为上诉法院在 *Sinclair Investments(UK) Ltd v Versailles Trade Finance Ltd* 案中，针对受托人不法行为后果所提动议的判决并未在法律上得到解决，但是这个判决在 *Hong Kong v Reid* 案以及 *Lister & Co. v Stubbs* 案中却得到了总检察长不同方式的支持。这也使本书对第 16 章中关于违反信托及其后果以及第 18 章中商业背景下的信托研究进行了重大的修改。在第 6 章简要介绍 *Williams v Central Bank of Nigeria* 案之后，第 17 章更广泛地思考并继续讨论了英国法律 12
中受让人的责任问题，并对基于过失和严格责任的适当作用进行了探讨。

慈善和慈善法所涵盖的范围给本书（首先是 2013 年版本，现在是这个版本）带来了大量的工作。鉴于上级仲裁庭对 *Independent Schools Council v Charity Commission of England and Wales* 案的判决，本书 2013 年版中作出的调整反映了对《2011 年慈善法》新的整合和对公共利益的影响。正如本书 2013 年版所述，对慈善法而言，这项判决影响深远，如今慈善委员会对此法之回应，则是根据《2006 年慈善法》中新的法定框架进行的审查而作出的。本书之前的版本还采用了 Lord Hodgson 在 2012 年发表的《信任与独立：将慈善还给慈善组织——2006 年慈善法评论》中的独立评论元素。本书的最新版本包括对《2006 年慈善法》（由公共行政专责委员会执行）立法后的审查，这是 2013 年公布的另一个与慈善无关的审查。在第 10 章介绍完这一点之后,第 11 章认为两次审查提出的一些重要建议强调了二者的相似之处和慈善法本身所关注的重要不同之处,也强调了至关重要的是慈善组织的自身监管。

新增加内容的出现将会揭示,本书是如何确保对信托的分析跟上时代潮流,当然也不可能总用新的内容代替旧的内容。一部分原因是法律历史学家认为:英国法对其历史严重依赖,即使新旧法律有很大不同,为了将连贯性和变化以及当前政策关注点置于同一背景下,传统方法往往也是有价值的,甚至是必要的。这意味着本书一直处于此种压力之下:既要增添新的内容,同时又要避免本书整体尺寸的增加。有许多很好的理由来保持本书目前的尺寸和销售量,但不幸的是,即使信托的“主题”在其尺寸上没有增加(本书第 18 章的主题部分),那么为了理解信托而所需的内容在数量上肯定会增加。英国法教学大纲(如家庭住宅,慈善和托管)中有许多信托法和衡平法的忠实拥护者,这说明,如何理解法律的快速和广泛发展是以理解法律现有或传统的内容为前提的。

正是在这种情况下,本书的在线资源中心才有如此重大的意义。任何情况下,在线资源中心都将可能十分的重要,因为它对正在快速体验和大规模发展方面,提供了一种本书不同版本间法律或政策走向情况的快速互通机制。鉴于本书日益增加的“文本空间”压力,之前版本意识到,在线资源中心不得不用以定位那些在全书中对理解信托内容保持重要作用的部分,然而那些对本书保有重要作用,但是应被置于其他地方的部分也将由它来艰难决断。按照传统,对养老金、信托和受托人豁免条款的延伸考量通常被置于正文中,但就此版本而言,这些内容已经在在线资源中心实现了重新定位。

鉴于上述内容和其他有可能在适当时候被重新放置的内容的重要性,这种重置无疑是正文的损失。但是,也可以另辟蹊径来看待这样的决定,对特定问题展开众多“更广泛的视角”或“更深入的反思”而言,这些决定是在使在线资源中心真正成为正文的延伸部分,而不是正文之外的部分道路上进行的大胆尝试。后者(更深入的反思)是通过在线资源中心开展信托和信托法研究的一个至关重要的功能,这 13 一功能与围绕其发展起来的学术成就紧密地结合在一起。

当你开始研究信托时,需要明白的是,信托法中的很多概念都非常难以理解:无论借助那些许多看似“抽象”而不具体的方法,还是时常随之出现的令人很困惑的术语,都不能解决这一问题。就叙述而言,为了帮助解决这一问题,本书只提及“he”(他)和“his”(他的)这两个词用于互换使用两种性别。认识到这一点后,我们需要尽可能全面地解释这些概念,尽极大努力使这些内容易于理解。而且需要记住的是,虽然你会路遇困难,但信托是一个非常引人入胜的主题,也绝对值得你付出努力并掌握它。

这是我学生时期的观点,现在作为一名老师我仍然这样认为。同样,作为一名学生和老师,我的亲身经历表明,最好的法科学生不一定是那些做最多工作的人,而是那些对这个科目思考最多的人。我鼓励我的学生给我发邮件或者相互发邮件,因为这是探讨学术的好方法。这种做法可以深入了解比较困难的领域,并经常鼓励我思考可能遗漏的事情。

本书新版本的出版归功于那些应该感谢的人,我一如既往地感谢我利兹大学的朋友、同事——Michael Cardwell,感谢他与我一道在信托方面所作出的持续不断的、富有启发性的反思。也要特别感谢Margot Brazier,感谢她一直以来,特别是在我从曼彻斯特大学离职之后对我的支持。感谢 Michael Cardwell 和 Gillian Ulph 对信托从不同角度提出的许多启发性观点;感谢 T. T. Arvind,我们在很多方面拥有共同的兴趣,谢谢你的支持与鼓励;我还要感谢以前约克郡的同事Stefan Enchelmaier 就我对信托的兴趣表示出的热情。我非常感激约克郡的 Richard Nolan 和 Emma Waring(两位信托法和财产法方面同事)给予的灵感和友谊以及 Jenny Steele 给予的大力支持。当然,特别感谢我的丈夫兼同事——Gary Wilson,感谢他跨越时间和背景提供的所有支持,特别是他对信托法深思熟虑的宝贵见解。

最后(但绝对不是最不重要的),我还要感谢牛津大学出版社的编辑和工作人员,感谢他们为帮忙准备这个版本所作出的努力,以及他们的支持和专业,作为作者,我一直因此获益匪浅。

这促使我鼓励你们享受学习信托。

莎拉·威尔逊

第1章　普通法、衡平法以及信托简介 1

我们在日常交流中经常使用“信托”一词，本书中的“信托”是指其在法律，尤其是英国法中适用时的意思。

本章主要介绍英国法中的“信托”协议，阐述其基本特点以及其在衡平法上的管辖权依据。本章也试图对信托如何产生、为什么会产生，以及它在社会和经济领域中“起作用”之处进行初步概述。这是本书剩余章节的开始部分，它与解释成功设立信托的架构有关，也与一旦设立信托，加强信托的运行有关。

1.1　信托及普通法简介

我们所了解的信托的核心在于：它是英国法的一种工具，英国法中，两种财产“所有权”可同一时间，并基于同一财产而存在，即所谓的“财产的不同所有权同时存在”。稍后我们会讲到这一点，但我们首先需要依靠两部词典中

"信托"的定义来更加深入地了解信托,就如同把它理解为法律的工具一样。

《剑桥高级学习词典》对信托的解释是:"一份合法协议,在此协议中,为了其他人或其他组织的利益,由个人或组织控制财产。"《牛津英语词典》(缩印版)对信托的解释是:在普通法中,信托是"一份协议,为了一个人或多人的利益,由个人(受托人)作为持有或使用财产的名义所有人"。

这两个基本词典性定义介绍了:信托是一种法律工具,或一份协议,其存在是为了给他人提供与财产相关的利益。信托通过强调控制财产和财产名义上所有权的重要性,为另一方或其他人提供利益。如前所述,信托通过两种财产所有权的同时存在而实现上述目的,其两个基本定义是对其实现这一目的所用方式的重要介绍。这就为解释信托协议中,财产所有权被分割为两种所有权或两种财产所有权打下基础。这两种财产所有权分别是"普通法"上的所有权或"普通法所有权",和"衡平法"上的所有权或"衡平法所有权"。如上文所述,这两种不同的所有权可在同一时间存在于同一财产之上:即所谓的同时存在。

2 本章对信托的简介将会考量:同一财产上的两种不同所有权是如何同时存在的(英国法律中所谓的信托"管辖权依据")。在这部分,我们将会知晓,衡平法曾准备用以创制衡平法上的财产所有权,理解了衡平法此举的原由,有助于我们理解信托文书的演变。由此,我们可以清晰地了解到,衡平法的起源及其在英国法律中的现代意义,是如何在 21 世纪使信托成为如此实用、灵活且适应性强的法律工具。

鉴于本书是关于信托和信托法的,故而对衡平法及衡平法管辖权的探讨主要聚焦于理解信托。这使本书不同于"英国法律体系"文本中出现的衡平法审查及其他与信托有关的"衡平法与信托"文本,这些文本有意识地更笼统地关注衡平法。因此我们需要掌握衡平法的特点以便开始学习信托,但我们学习衡平法亦是为了帮助我们理解信托。

在这一点上,我们需要更多地探讨信托与众不同的特点,并强调信托赋予财产权益的方式大大不同于那些我们更为熟悉的其他财产权益赋予方式。这方面的一些细节尚未在第2章展开讨论,然而我们也应在现阶段意识到,在信托的创设中,衡平法形成了一种利用财产提供利益和收益的独特方法。

目前的讨论涉及(同一)财产两种所有权的同时存在性,即信托财产的特征。这要求我们考虑英国法中财产的意义,尤其是财产所有权的意义。再者,与前述衡平法财产处理方式一脉相承的是,这种对财产及“英国财产法”的讨论反映了本书是关于信托的书,而不是更直接地研究英国法中财产特点的书:后者认为,“土地法”文本行使了物权法功能,有关商业法的著作则提供大量对个人财产的考量。那么为了初步理解信托和信托法,对于财产以及英国法对财产的认可,我们需要了解些什么呢?

很多方面来讲,掌握英国法中财产意义的关键是理解为何信托源于衡平法以及信托的用途和目的是什么,或它可适用于将来的哪些情况。具体到我们应理解的英国法中的财产,知晓一些私法中的财产权利,可在最大程度上理解信托。

英国法中,普通法和衡平法中的权利与权益有所不同,但这种不同可通过私法认可的许多“利益”同时存在。正如大量英国法律体系文本所明确的那样,私法的典型特征是,普通法规定了一系列普遍适用于所有人的权利和义务,对这些权利和义务的侵犯之救济理应受到支持,但问题在于,救济适用之人需要作出如何使用(或曰执行)的决定,而他们正是权利被侵犯之人。

就财产法本身而言,以上情况可反映在财产的许多权利与权益上,即普通法和衡平法中的财产权利,不仅能够同时存在,而且通常实际上亦是共存的。这包括根本财产权,当然,即是财产所有权。我们会发现普通法上的财产所有权与衡平法上的财产所有权有相同之处,

3 但同时也存在差异。掌握这一点的第一步就是谨记:信托协议中,普通法的财产所有权与衡平法中的财产所有权针对同一财产同时存在。

本书所述内容是这两种财产所有权同时出现的结果。虽然本书并非关于财产方面的书,但我们确需明白,同时存在所有权的含义源于英国法中财产所有权的意义。

1.1.1 英国法中财产所有权的意义

在日常的财产交易过程中,很明显的一点是:财产由特定的个人所拥有,而且日常生活中的大部分财产都有“所有人”。由此,可以得出的一个与土地所有权相关的重要观点,但此种观点一般与所有权相关联,此情形下,所有与上述财产有关的权利与利益均归属于财产所有人。一般来说,财产所有权在理论上被称为与财产有关的“权利束”,这就形成了财产所有人认为他能够以任何其喜欢的方式(包括为他人设立财产权利的能力)处理属于自己财产的基础。正如英国财产法的境遇(然而,很短暂)所揭示的那样:上述情况可以在拥有财产普通法所有权的所有人身上得以反映。此时,普通法上的财产所有权是一个人财产权利(源自其财产所有权)的正式体现。个人所拥有的财产所有权以及任何与所有权有关的责任,均源自其持有的与财产有关的普通法所有权。正因如此,英国法律中的财产所有权与以下内容相关联,即持有财产普通法所有权体现了其对“拥有”财产排他地享有或使用,而且处理财产的能力就如同所有权人巩固其所有权的“全套”权力。

所有权、普通法所有权和“对世”权

英国法中,普通法所有权代表了所有权人的“对世”权利,略微拓展这些关键观点,我们将会发现其源自英国普通法的本质与意图中。这意味着普通法认可财产所有人系唯一有权可以自由处理此财产之人,这也为持有财产的普通法所有权如何自由处理财产提供依据。通常来说,这使财产普通法所有权的持有人有权出售其财产(只要以提供对价的形式，将普通法所有权转移给新的所有人）或利用此财产来提高担保。普通法所有权下的这两项权益表明：普通法所有权具有相当大的价值，而且财产所有权促进了自由交易和诚信交易，因为确认某人拥有财产的普通法所有权对于了解其是否出售财产或利用此财产提高担保至关重要。

尽管财产所有权是这些交易的基础，且普通法所有权极其重要，财产所有人因其成为财产所有权人，而权利之一则是有权将其给予他人。在第二种情况下，当赠与发生时，财产的普通法所有权将转移给受让人，因为这正是财产最初所有人的初衷。在此种情况下，财产所有人并不希望获得任何回报。赠与时常出现，但很少有人思考它是怎样发生以及它代表什么。在第2章和第4章，我们会更详细地讨论这一问题，但现在你唯一需要理解的是，财产的普通法所有权（以及财产的所有权）将被转移给他人，因为授权人希望他失去财产的普通法所 4
有权，而转由受让人享有。

普通法所有权的局限性——财产所有权的局限性以及对信托的早期见解

如前文所述，一般来讲，普通法所有权体现在财产所有者就其拥有的财产所享有的权利及权益，或排他性地处置其所拥有的财产中，而这一情形则通过持有财产的普通法所有权得到正式体现。这是因为财产所有权是最终的财产权，在第4章中，我们会了解法律是如何确保只有财产所有人才能妥善处理其财产，而其他任何人为达此目的所进行之尝试将不会导致合法所有人失去其财产。这些针对财产处置所谓的"形式要件"旨在支持这一法律箴言"*nemo dat quod non habet*"（只有真正的财产所有人才可以有效转让财产所有权）。财产所有权是普通法上的普遍权利，这意味着它能很好地（或强制性地）对抗任何其他人。然而，在某些情况下，财产普通法所有权的持有人并没有拥有其财产的普遍权利，也是在这种情况下，人们通常认为这些持有人的财产也对财产所有人有效。首先，财产所有人的确会失去财产的普通法所有权,因为除财产所有人外的他人可依法将财产转移给其他人。这可以通过已经发展成 *nemo dat* 规则的例外操作来实现。这对我们研究信托(正如我们将在第 17 章中看到的)确实具有重要的外围意义,但通常是研究商业法所要考虑的。

持有普通法所有权并不总是享有"权利束"(通常体现在所有权中)的另一个非常重要的原因是:只有在所有权不被分割的情况下才产生这种普通情形,而实际存在的唯一财产所有权是普通法所有权。不能因为财产的普通法所有权和衡平法所有权能够共存,就意味着它们必定就会共存,当大部分财产被认定为同一所有人时,它们亦不会共存。通常来讲,只要普通法上的所有权存在,衡平法上财产所有权的存在则是识别性的特征,这告诉我们财产并不能被所有人直接拥有,相反财产属于信托。这意味着财产所有权实际上被分成了两种不同的财产所有权。正如我们所发现的,如果信托存在,那么持有的财产普通法所有权就有完全不同的意义。

1.2 理解信托:从 *Westdeutsche Landesbank Girozentrale v Islington London Borough Council* 案理解衡平法所有权与普通法所有权的特点

与完全所有权不同的是,在最简单的各种信托中,会有两人正好同时拥有同一财产的情况。然而,每个人与财产的关系和其他人与财产的关系完全不同。在此种情况下,如果以信托方式持有财产,那么就会出现一位被称为"受托人"的合法所有人。受托人本质上承担的是管理人角色,并对信托财产和信托管理负责。财产在衡平法上也有所有人,即信托受益人,或"受益人"。受益人有权享有财产,故而其地位与局外人可能认为的财产所有人最为接近。因此,在信托中,受益
5 人衡平法上的财产所有权表明:如果财产所有权没有被分割,受益人

有权以我们相关联的持有财产普通法所有权的方式享有财产。对受益人而言，受托人对其负有义务，而且受益人可以利用这些义务对抗受托人。

信托的基本概念有许多变种，如果那些完全拥有（普通法上的）财产的人希望另一个人从财产中受益，但不希望立即将财产所有权转移给他们，那么就会产生前面提到的最简单的一种信托。这就使信托在某些方面类似于赠与，但又在众多方面与其不同。第 2 章会更多地讨论如何实现财产的有效赠与，因为对赠与内容的掌握，有助于我们理解申报财产信托的相关内容，譬如其要件以及其中的蕴意。在这一点上，我们会发现：信托如何通过不同于赠与的其他方式从财产中创设利益。这是由于信托的特殊“识别性”特征：当所有人将其财产纳入信托时，才会出现所有权被分割成两种不同所有权的情形。此时，意欲从财产中受益的人（们）获得衡平法上的财产所有权，同时受益人（们）也有确保在此种情况下被授予普通法上所有权的责任。在此阶段下，我们需要理解的是所有权如何被此种方式所分割以及所有权被分割的原因是什么。第一步就是设立信托，如表 1－1 所示。

表 1－1　信托的设立

普通法所有权——任务繁重（本质上是管理性）	设立信托之前	设立信托之后
	委托人	受托人
衡平法上的所有权（有益的：提供收益）	无	受益人或信托法上的受益人 备注：受托人或受益人均可能是委托人

如表 1－1 所示：财产所有权被分割成衡平法所有权和普通法所有权（或通常使用的术语：“财产权”）对信托法至关重要。这为本书研究信托法的剩余部分打下了基础，剩余部分均是关于财产衡平法所有权的产生及其所有权产生的含义。本书的前提是提醒大家，衡平法上的财产所有权非常重要，至此衡平法上的财产所有权多么宝贵也就不言而喻了。这一重要性体现在以下两个方面：衡平法上所有权授予

享有权利之人的权益,为财产受托人规定相应的责任和义务。

表1-1中对信托设立的描述,有许多有趣的探讨,这对理解所有权如何被分割以及被分割的原因至关重要。这也为理解衡平法上信托的司法管辖权依据如何分割所有权提供示例。

6 **所有权为什么被分割——以及它是如何被分割的?**

在对衡平法上所有权作出任何实质性分析之前,很有必要理解是什么导致所有权被分割。理解这一点是领会法律何以知晓信托协议该何时缔结的关键。首先需要我们知道的是:为什么表1-1告诉我们,在设立财产信托之前,唯一存在的财产所有权是普通法所有权——普通法上的所有权。上议院开创性案例——*Westdeutsche Landesbank Girozentrale v Islington London Borough Council* 案对此作出了解释。著名的 *Browne-Wilkinson* 案判决部分也可解释这一点,该案坚持认为(可能是本案判决理由部分):任何财产的所有人都只被授予普通法所有权。从这点来看,很明显的是:只有财产所有权被分割,才会出现与普通法所有权不同的衡平法上的所有权。事实上,就 *Westdeutsche* 案而言,与普通法所有权不同的衡平法上的所有权不能被认为是独立存在的,除非或直到财产所有权被分割成不同的部分。根据 Lord Browne-Wilkinson 的观点:

> 独占享有普通法和衡平法上金钱或财产的全部用益所有权的人,不享有此财产衡平法上的权益。普通法所有权包括所有的权利。除非或直到普通法上和衡平法上的财产权被分割,否则就没有分离的衡平法所有权。

1.2.1 财产所有权:普通法上的权益与衡平法上的权益

以上分析表明:如果没有信托,那么财产的衡平法所有权也不存在,因此财产也就没有其内在价值。鉴于衡平法上的所有权通过与权利、权益和收益相关联,而与"价值"结合在一起,那么即便在信托的早期介绍阶段,也需要对这一问题作出思考。我们也知道,信托设立中的普通法所有权更多地意味着责任与义务,正如我们将在第 2 章和第 5 章看到的,被称为“赤裸的”普通法所有权通常被认为是没有价值的。然而,如果在没有信托的情况下,财产的法定所有人深信:他们的所有权给予他们异常宝贵的权利。对此明显的悖论之解释是:在没有信托的情况下,普通法上的所有人也具有衡平法上的所有权,而且是衡平法上的财产权利,而非普通法上的所有权,赋予财产所有权以宝贵的权利。在此语境下,尽管普通法所有权的义务在特征上没有任何差异,但当所有权人对自身而非对他人负有义务时,这些义务就不再那么难以承担,或甚至不尽明显了。

事实上,本书的早期版本遵循后者的分析,表 1－1 的早期版本显示:作为财产的原始所有人,委托人被赋予普通法所有权,并且在信托存在“之前”具有衡平法所有权。不过,就 *Westdeutsche* 案而言,我们现在必须将此情况归结于 Lord Browne-Wilkinson 所提出的观点,即在没有信托的情况下,财产的普通法所有权极具价值,而且与财产所有权相关的所有权利(“权利束”观点)均体现在财产的普通法所有权上。然而,我们会发现(特别是第 6 章和第 17 章),Lord Browne-Wilkinson 的方式确实影响我们如何分别分析归复信托以及衡平法上的追踪,因为我们必须摒弃以下观点:委托人对其拥有的财产,也许仅能保有其一直就有的衡平法上的财产所有权,而其与财产普通法所有
权则已然分离了。但就目前情况而言,这并不重要,过去及现在的信 7
托设立“之前与之后”的差异仅是语义上的。

1.2.2　财产所有权被分割成不同的所有权:信托和设立有效财产信托必须满足的“更多”要求

我们已经意识到:我们需要了解不同类型的信托,而且这样做的最佳起点是学习最简单的信托,以及解释设立信托的最常见方式是财产的合法所有人宣称或声明:为了一方或多方的利益,将其财产纳入

信托。这通常包括将财产的普通法所有权转移给打算根据此信托协议,以受托人角色行事的一(多)方。如果出现此种情况,那么就"构成"了信托,这就说明已经成功地设立了信托。然而,这并不等于只要所有权被分割为不同的普通法所有权和衡平法所有权,且普通法所有权由受托人掌握,就会自动产生信托。虽然传统观点认为,只要所有权被分割,就会产生信托,但仍有众多因素乃是任何信托产生之根本。关键是,只有在信托财产的原始所有人打算将其财产纳入信托且希望信托产生时,信托才会产生。

设立信托意图的意义是贯穿整个信托研究的中心,在我们考量设立有效的财产信托必须满足的要件时,其设立意图就显得极为重要,而且当我们评估有效信托对受益人权利和托管责任的影响时,设立意图同样也非常重要(尽管不那么直接)。当我们研究第 2 章尤其是第 3 章内容时,很明显,为信托的产生,财产所有人不仅必须意图使他人从其财产中受益,还必须实际意图以信托方式,而非以其他可能提供财产收益的方式使他人受益。因此,设立信托的意图是使财产所有权分割的主要因素(以便制定一份完全不同于以其他方式转移财产收益的协议)。

为满足财产所有人设立信托意图之需要而出现的信托的紧密运行,是使有效信托得以存在的更重要之要素。在 *Westdeutsche* 案中,Lord Browne-Wilkinson 评述:所有信托的基础是良心。这表明:除非或直到财产所有权被分割,衡平法上的所有权就不会存在,因此,理解良心是设立信托的关键这一点很重要。此点将会在适当部分(特别是在第 6 章)再深入探讨,但现在我们需要理解良心这一要素究竟是什么,以及为什么它是能够说明有效财产信托存在的组成部分。

Lord Browne-Wilkinson 对此的解释是:

> 衡平法是基于普通法权益所有人的良心而运行的。在信托中,普通法所有人的良心要求其实现授予他财产之目的。

任何熟悉衡平法运行及其起源的人都知道良心,实际上是"善心",为衡平法提供了支撑,在思考为什么衡平法设立信托以及它是如何设立信托之时,我们很快就可以得到某些提示。良心如何以及为什么成为所有信托的基础,原因很简单:若有设立财产信托的意图,则说 8
明该意图影响信托协议中普通法所有权持有者的良心。衡平法对普通法所有权持有者良心的"生效"或强加之要求意味着:衡平法要求持有者以普通法上所有人的身份,代表衡平法财产所有者持有财产。普通法财产所有权的持有者,通常是以信托为目的而被选为以受托人身份行事之人,但也可以是决定将财产纳入信托,并承担托管责任的财产最初合法所有人。现在我们明白,无论何人以受托人身份行事,受托人所持有的这种普通法所有权与不受另一方义务束缚的权利,以及财产持有人所享有的自由处理其财产的权利截然不同。回顾前面的内容可以发现:在信托协议中,通常我们与"普通法所有权"联系在一起的内容变成了其他,同时词典中信托定义在语言上体现出对财产的"控制",以及财产"名义上所有权",亦进一步印证了此观点。

因此,在设立信托的意图存在之情况下,普通法上的财产所有权被转移给他人,此种推理表明:基于,或更精确地说,因为财产合法所有人的良心受到影响这一事实,信托才得以产生。这就要求财产的合法所有人为了衡平法上财产所有人之利益,以普通法上的财产所有人身份持有财产。通常来说,普通法所有人的良心因其承担托管这一职位(以及附随义务)而受影响,其本质是自愿承担(如第13章所述,虽然第5章揭示了:在发现委托人宣称自己是受托人的情况下,普通法所有人承担之托管就会遇到一些困难)。然而,同样,如果一方通过不公平行为获得了普通法所有权以及财产所有权(最初不存在信托),则会出现对个体良心之强加要求。第6章、第8章和第17章对后一种情况作了进一步解释,在这些章节中,越发清晰的是:在此类情形下,"昧良心"行为实际上会促使信托的产生,而为提供利益,我们眼前的此种信托产生了与最简单信托不同之信托。

1.2.3 信托协议中可识别之当事人

一些对此现象的描述现在变得非常专业,因为信托协议中的当事人正在被识别,那么下一步就需合理地解释这一情形。随之,则应解释:为给他人提供财产利益,财产所有人为什么选择将财产纳入信托,再者,基于衡平法和衡平法管辖权,思考如何将其财产纳入信托。但是,要解释"谁是谁",即决定将财产纳入信托而非以其他方式提供权益之财产所有人,当其为授予他人某种收益而将财产纳入信托时,他便成为信托财产之委托人。

接受慷慨授予的受让人则是受益人,其有权享有信托财产之权益。当信托产生且所有权被分割为不同所有权时,受益人也将拥有衡平法上之财产。至关重要的是,私益信托中只有受益人才具有执行信托的法定地位,以此确保受益人获得委托人希望其获得之权益。受益人享有信托财产收益的关键是受托人对财产负责。当信托产生时,财产"所有权"不再由委托人享有,其被分割为两部分:一部分是衡平法所有权,另一部分是普通法所有权。普通法所有权是普通法上受托人
9 所持有的所有权。但此种所有权之持有与通常源自财产所有权之持有类型不同,因为在信托协议中,受托人为受益人的权益而持有普通法所有权,并因此产生了相应的责任与义务。

在这种情况下,众多对信托设立及运行的分析,都建议谨慎使用术语"衡平法所有权"与"受益人的"所有权。通过尽快了解衡平法"所有权"如何与信托的持续性,以及"信托财产"命运不可分割地结合在一起,我们就可以理解此种情况。亦是在此种情况下,"受益人的"一词描述了财产所有人享有权利的方式,当设立"子信托"时(这将在第 2 章简单讨论),就可能存在衡平法权利的非受益所有权。目前阶段,我们可以总结如下:委托人是财产的最初所有人(拥有财产的普通法所有权,根据 *Westdeutsche* 案,此时不存在财产的衡平法所有

权),委托人通过向一位或多位受托人转移普通法财产所有权之方式设立信托,以此宣告其基于一位或多位受益人利益,而将财产纳入信托之意图。如上所述,根据此意图与良心(*Westdeutsche* 案),财产所有权被分割,信托由此而产生。财产受托人成为普通法上的财产所有人,同时管理信托财产并对其负责。因此,受托人持有的普通法所有权促进了受益人根据信托协议应得之权利(来自 *Westdeutsche* 案的良心因素),而且受益人承担了大量反映此信托协议之义务。

据此,我们应该明白:受托人受制于诸多义务,而这些义务与其在执行信托时意欲达成之期望有关。此外,受托人与受益人之间的关联受到信义关系认可的约束,这意味着受托人必须遵守众多特殊规则,同时他们也必须执行信托以满足其设定之预期。第 13 章和第 14 章对此会有更多的讲解,但就目前论述而言,足以说明:信托背景下产生的普通法所有权对应之义务特别繁重。还有一些更深入的基本观点伴随着设立信托的简单纲要,以及信托协议中可以发现的不同当事人之术语同时存在。

委托人、受托人以及受益人不一定是不同之人。事实上,在归复信托情形下(本书第 3 章简要提及,第 6 章、第 7 章以及第 8 章对此有更广泛的讨论),当原始所有人的财产成为信托财产时,他就成为受益人。换言之,在此种情况下,委托人与受益人是同一人。

委托人可代表一位或多位受益人利益,通过宣称自己是其自有财产的受托人设立有效信托。委托人更多地是任命他人来担任受托人,但正如我们将在第 5 章中看到的那样,这种情况不仅作为法律问题出现,而且也的确在发生。

受托人可能是单独受益人或受益人之一。事实上,委托人甚至可能既是受托人亦为受益人,这对于源自家庭房屋的信托(将在第 8 章讨论)来说很正常。

一旦设立信托,委托人就不再是信托协议中的一方。信托成功设立的法律支撑将在第 3 章中讨论,其实际法律效果在于委托人将从

“画面中”出局。一旦信托设立成功,受托人就要承担众多与信托财产有关之责任,而且只有受益人有权执行信托。实际上,只有成为受托人或受益人,并获得相应信托当事人地位后,财产的原始所有人才可能成为信托协议中的当事人。

10 1.2.4 设立信托的原因:信托替代完全赠与

早期的资料表明:信托与赠与机制有诸多共同之处,因为二者皆意图使某人获得财产所有人希望其取得之财产权益。我们将在第 2 章中更多地了解如何进行有效赠与,但我们已然知道,赠与涉及将所有权从一方全部转移(通过转移普通法所有权)至另一方,而且赠与本质上是无偿财产所有权的全部转移(无对价)。在了解更多赠与内容之前,我们已经知道,赠与可以非常简单,因其是我们作为财产赠与人和受让人时非常熟悉的一种活动。在此阶段,对赠与基本的认识,意味着我们可以更多地了解信托及其特点。

鉴于最简单的信托是为了使受益人有权享有财产而设立的,我们也知道受托人为此目的而持有财产的普通法所有权,并承担了许多责任以确保其目的达成,那为什么还要不辞劳苦签订信托协议?为什么不直接将财产给予你意图设定的受让人呢?

正如我们将在第 2 章中看到的,通过赠与授予他人财产实际上很容易,特别是在个人动产方面(对土地及个人无形财产赠与的要求颇多)。记住这一点,你很快会发现,潜在委托人与潜在受益人有相当充分之理由支持设立信托而非作出赠与。

从财产原始所有人的角度来看,信托声明是使其能够在如何使用以及如何应用财产方面具有发言权的有用工具(因此成为委托人,而不仅是财产赠与人)。信托并非是彻头彻尾的财产赠与,信托机制将允许委托人针对意图使他人获利的财产行使部分控制。为此,委托人会在信托协议中规定财产指令,这一做法可通过保护受让人免受自身财务困境得以支持,亦可能是希望家族财产世代相传,而不是“遗失”。

在第 2 章我们会发现，此类协议被称为“家庭财产协议信托”，在这类协议中，我们可以发现，与作出赠与比较而言，委托人设立信托有两个深入优势：第一，当较难自由地处理财产使他人获利时，信托的设立允许人们在同一时间利用同一财产使多人获益；第二，正如我们将在第 2 章所看到的，非常富有之人实际上可以通过把财产转移给他人避免税收，因此设立信托也有避税的动机。

从财产受让人的角度来看，只要财产所有人的意图是使一方能够从财产中受益，但受益人不承担与财产相关之责任，那么设立信托就是一个行之有效的方法。在不动产（因为房屋必须得到维护，且须承担房屋所产生的任何金融负债等）与动产信托（例如，可能采取必须给予注意的投资形式）中均可看到此种情况。

信托的设立除了为预期的财产受让人带来无附加责任的财产所有权收益外，信托协议还可以规定与信托受益人财产有关的可强制执行之权利。信托协议与契约协议相比，在方式上更为重要。信托并不 11
是信托协议中的一方当事人，它在财产的所有人将其所有权转让给受托人或者宣布自己是财产的受托人时成立。这一点非常重要，因为在一个合同性质的协议中，根据合同的相对性原则，除协议缔结方外任何一方不得实施该协议。即使 1999 年《合同法（第三方权利）》在某种程度上已经削弱了合同当事人的这种绝对性地位；信托的建立总是赋予受益人第三方实施权；事实上，也只有受益人能够实施信托协议。第 2 章将会进一步考量，信托如何持续性地在克服合同相对性原则的局限性方面作出的创新。

本章也会花大量笔墨以论述信托的发展情况，及信托以外其他使他人获得财产利益的方式。此处我们要讨论是：信托如何运行，及其如何与财产的赠与、财产的借贷及合同性协议结合为第三人谋取利益。紧随其后的是对衡平法为何创设信托及衡平法如何创设信托的解释。

1.3 信托将什么归功于衡平法管辖权，以及究竟什么是衡平法管辖权?

我们已经阐述了财产的普通法所有权是对世权,它构成财产自由交易的基础。从这个角度来看,普通法所有权是他人财产的一个醒目指示符。衡平法上的利益更加复杂:它的存在表明普通法所有权持有人并不享有其所有权带来的所有权益,这是理解衡平法所有权存在原因的关键,也是理解享有衡平法财产所有权遭遇困难原因的关键。从本质上讲,衡平法财产所有权的出现是对拥有财产的复杂性以及仅承认普通法所有权所导致不公的回应。反过来讲,这种回应是由起始于中世纪,且具有历史意义的衡平法管辖权的出现所导致的。随时间推移,这导致了衡平法院的产生,其历史性地完全独立于普通法院管理。这些管辖权的融合仅发生在 19 世纪晚期(在 1873 ~ 1875 年的管辖权法案中)。

接下来将简要描述衡平法的诞生、历史演进以及衡平法院的出现。同时,就此而言,将普通法财产所有权视为对世权是一个明智的起点,因为它作为一个例子证明它同与其平行发展的普通法的任何一个特点及运行方式一样优秀。如今,我们能够理解衡平法作为一种补充管辖具有重要作用,它支撑着普通法权利的存在及其实施。这体现在"衡平法遵从普通法"这一衡平法箴言中,并在最近的 *Stack v Dowden* 案中被上议院适用,这个与信托人及家庭住宅有关的案件我们将会在第 8 章谈及。任何学习过合同法或者侵权法的人都知道衡平法因拥有比普通法更灵活的管辖权更被熟知,尤其对于那些因具有普通法权利而被享有特定但并不灵活救济的人。同时,衡平法或许因侧重缓和严苛的管辖权而最为人所熟知。这些严苛的管辖权会使那些无法律认可权利的当事人以及那些没有衡平法干预的当事人无救济可循。

但是所有这一切是如何发生的呢?

衡平法起源解释及诺曼征服的意义 12

尽管本书的标题反映了本书主要介绍信托和信托法,但除了介绍信托协议外,本书也需要介绍英国法中的衡平法管辖权。各类书中大多数对英国法中衡平法管辖权的介绍是为了解释为什么衡平法创造了信托,以及衡平法如何让许多人相信信托是它的终极创新,除此之外,衡平法的运行也相当重要。无论如何,衡平法更广泛的基础、运行以及衡平法上设立信托的研究起点在于:如何将衡平法的起源追溯至诺曼征服之后英格兰实行的法律体系。

诺曼征服引出了一种全新的法律体系,这一体系随后演变成一系列的权利、权益和"普遍"义务及责任。这一法律体系非常重要,因为它使法律比之前更加"地域化",并让不同部落的习俗及惯例得以制定成文法。这些部落经常相互交战,并且各自由大不相同的部落习俗所"管理"。这个在诺曼征服之后建立的新体系旨在适用于所有人,废除当地习惯法,成为"英国"的普遍法。这需要相当长的一段时间才能实现,但因为它是适用于所有人的,所以被称为"普通法"——这就是"普通法"一词自"英国法"的缘起。

普通法由皇家法院的普通法院监管。这反映了英国的普通法最终还是具有了皇室血统。普通法院在国王面前应审理与普遍权利和权益有关的事务,以及明确规定的责任与义务,这正是普通法院可"听审"的所有内容。普通法只承认"普通法"(管理人与人,以及个人与王室之间关系的法律)中的普通权利,所以普通法院审理的唯一争端就是与这一新兴法典有关的争端。

这一系列普遍的权利和权益、责任与义务旨在落实适用于每个人的"特定"情况,这一情况将在许多"利益"领域内体现出权利和权益、责任与义务。这一系列普遍的权利和义务同时也以掌管人与人之间以及个人与王室之间的不同相互关系为目的。

从普通法的最早时期来看,显然,不能仅因为普通法适用于所有人,就意味着每个人都尊重它,因此王座法庭审理争端的职责应运而生。所以当这一系列的权利和权益、责任与义务产生时,也出现了一系列的应对措施或救济。这些措施适用于以下情况:王座法庭确认一方当事人以普通法上的其他身份违反了普通法令行或禁止之规定。作为普通法特点的体现,有意义的是:法院审理这些事项时,实施之救济产生了普遍且特定的结果,同时还伴随普遍且特定权利、义务的出现。

这些救济由于普遍适用而具有特定性,它们也是死板的、僵硬的。例如,任何一位学法之人都知道:损害赔偿金是对违反合同,或者对某人或其财产侵权行为的一般救济。在此,有关损害赔偿金的假设在于:原告因权利被侵犯而遭受的损失可以通过侵权方支付金钱得到补
13 偿,而正如任何一个学法之人都知道的,在许多情况下,金钱补偿不总是受害方真正想要的结果。

但是,即便是在普通法的早期阶段,适用于所有人的普通法救济既有局限性又有优势。因此,当人们认为普通法院的判决不合理或不公平时,就有权直接向国王请愿。国王大法官由此被授予了用以受理呈递给国王的请愿书的权力。此种方式源自该权力的强大本质,即一种"自由裁量权"体系,其不同于普通法的运行,并且不断演进。

1.3.1 大法官的权力及其自由裁量权的行使:衡平法是如何产生的

从本质上来说,大法官准备以此种方式行事,而不受普通法倾向于适用于每个人的精髓之影响。这是因为,由于大法官受理呈递给国王的请愿书,人们认识到,普通法的严格适用(普遍适用)可能是僵化的,并会给那些遭遇其普遍范围及普遍局限性的人带来极大困难。正是在这种情形下,大法官开始利用其权力及依附于其职位的自由裁量权来强化当事人良心因素。由于大法官这一职位承载了大量的来自

皇家法庭、并用于其臣民的处理权与自由裁量权,所以其权力极其强大(通过受理人们向国王提出的请愿书)。这与签发王室令状、对抗个人权利有关,甚至也和对臣民实施监禁的法令也有关。如今,我们可以发现自由裁量权可以对藐视法庭之人处以监禁。

这就要求个人以产生"公正结果"的方式行事,这也是特殊情况下所要求的。最初,大法官这一职位由教会中的相关人员担任,就大法官对普通法笃信但僵化的判决的回应而言,这的确解释了大法官早期强调的"良心"。随着时间的推移,律师亦可担任大法官的职务,这种对权力的自由裁量几经发展,成为处理该类特别请愿的特别法院;到15世纪,衡平法院出现了。

应该明确的是,普通法的产生基于一套强有力的规则,而衡平法的作用似乎关注的是司法程序中救济失灵的问题。通过强调个人良心来实现公正结果,大法官认为自己可以完善普通法程序中的人为缺陷。在这一点上,衡平法对个人良心的强调确保它没有普通法(仍在积极自我发展中)的形式化和机械化特点。它也对个体情形作出了回应,此外,大法官法令仅约束诉讼当事人——因此将衡平法视作"个体"管辖权。

这就为大法官准备好利用其权力及自由裁量权,防止在普通法所管辖的"利益"范围内发生人与人之间的不公,提供了理论基础。这是通过大法官强制犯"错误"之人,对受错误影响之人须以特定方式行事的手段实现的。大法官通过对犯错之人强加良心的方式来实现其强制。

1.3.2 从临时自由裁量权的行使到更形式化的衡平法"体系" 14

对普通法救济局限性的承认,使衡平法形成了自己的救济(这些救济在普通法中不可用)和一些独特的原则和理论,这些原则和理论可以说明这些不同的救济方法应该如何与普通法一起运行。但是,这些"替代品"(衡平法救济)仅适用于个别情况,并且始终是自由裁量的结果,即无权进行衡平法干预。这是因为衡平法管辖权反映的是个体情形,而不影响适用于所有人的普通法上的普遍情况。

为了反映这一点,衡平法管辖权开始在性质上变得特殊,因为其主要提供的是一种在不改变普遍情形的前提下,满足个别情况要求的替代性救济。事实上,在许多方面,衡平法仍然是"个体"管辖权,即在特定情势下针对个体要求而行使的,这就意味着它具有自由裁量权之特点。实际上,直到19世纪晚期,这两种司法管辖权还一直被分开管理。衡平法逐渐变得更加形式化,即使现在普通法和衡平法两个司法管辖权实际上已经融合在一起,但衡平法上赋予"救济"的原则基本没有变,这一原则出自1873年至1875年的《司法组织法》。

但在衡平法院的早期阶段,虽然原则上大法官在不改变普通法实质的情形下,可以行使其权力,但大法官的司法管辖权确实使普通法权利的行使受到了重大影响。事实上,鉴于大法官有权拒绝向申请人签发普通法令状,或强迫财产所有人将其财产让与他人,普通法和衡平法这两个体系之间的冲突范围开始变得明显。但二者之间的冲突较晚才显现;在衡平法的早期阶段,普通法本身并没有被明确界定。

在现代法中,衡平法在运行和目的上依然非常忠实于其历史起源的原因之一是:为了避免衡平法与普通法的实际冲突,有必要保留衡平法的早期特征。所以,不难看出,为何衡平法尝试为那些没有普通法上承认之权利,并因此不能获得普通法上的诉讼或救济的人实现正义。也不难看出,为何衡平法试图为那些有普通法权利的人提供灵活的衡平法救济。普通法起源于寻求提供对英国法律至关重要的普遍权利与义务,而衡平法也必须在这样的背景下继续演进。19世纪,出现了一场关于普通法与衡平法地位之争的重大辩论,而今天的衡平法"遵从于普通法"。12个重要的衡平法"格言"(诸多原则就源于这些格言)反映了衡平法愈发形式化,更少临时化的运行,也反映了衡平法与普通法的相互影响。这些格言对于衡平法管辖权的现时特点,对于理解如何行使衡平法管辖权,对谁行使衡平法管辖权,以及面对非法行为时，衡平法可以做些什么等问题都至关重要，衡平法管辖权本身就对衡平法如何管理其与普通法的关系提供了的重要见解，12 个格言如下：

(1)衡平法不允许无救济之不法行为。

(2)衡平法遵从普通法。

(3)衡平法权利对等时，以普通法为准。

(4)衡平法权利对等时，以时间为准。 15

(5)寻求衡平法之人须公平行事。

(6)求助衡平法者须自身清白。

(7)延误是衡平法之大敌。

(8)衡平即平等。

(9)衡平法注重意图而非形式。

(10)衡平法将应做之事看作已做之事。

(11)衡平法可推定出履行义务的意图。

(12)衡平法是对人的。

虽然只有这 12 句被认为是关键性的衡平法格言，但衡平法发展出可以适用于所有意图与目的附加原则，并将它们同样视为衡平法格言。以下列举可能不甚详尽，但所有这些原则将再次出现在本书中(需要记住的是，这些格言和原则在不同的权力机构之间稍有不同)：

(i)“衡平法不会帮助自愿者”原则，对第 5 章中信托构成及赠与影响的相关探讨具有基础性作用。

(ii)第 5 章的核心也是这样一句谚语：“衡平法不会完善有瑕疵之赠与”。

(iii)“衡平法不解除无效信托中的有效权力”，这很大程度上是指本书第 2 章和第 3 章中的内容，这些内容揭示了信托的特点和有效信托存在必须满足的条件。

(iv)“衡平法不允许旨在防止欺诈之制定法的规定被用于欺诈”，这将在第 4 章和第 6 章与信托形式要求相关的内容中加以解释，并且这一原则适应了信托在某些难以实现的情况下(如第 8 章和第 9 章所述)运行的需要。

(v)“衡平法不允许信托因缺乏受托人而无效”,这是一个以某种形式或其他方式贯穿本书(特别是第 3 章和第 13 章)的主题。

1.4 对目前衡平法救济的简要介绍——导入信托在衡平法上的发展

虽然本书内容是关于信托的,但它对更清楚地了解衡平法救济的一般意义,以及衡平法与普通法中救济的不同之处很有用。我们会发现,许多救济是针对个人的救济,即可以根据具体情况,将救济应用于特定之个人。衡平法形成了自己的救济,这些救济的第一个明显特征即是在普通法中并不适用,而且衡平法不会实施普通法上之救济。然而,《1854 年普通法程序法》授予普通法院一定的衡平法救济司法管
16 辖权,《1858 年大法官修正法》使衡平法院有权实施除衡平法救济外或可替代衡平法救济的、由普通法衍生出的损害赔偿金救济。普通法院和衡平法院在 19 世纪后期融合,但支配衡平法救济的原则不受此影响,且大部分原则也保持不变。

我们最熟悉的衡平法救济可能是禁制令和强制履行令。本书就托管中违反信托的更具体适用部分,展开了针对信义义务违反及救济解释之讨论(见第 13 章和第 16 章),而且有时衡平法还强制实行推定信托(见第 6 章、第 8 章、第 9 章和第 17 章)。本书更为关注的是适用于违反衡平法受托人义务之救济,以及衡平法认定的受托人违反其义务时之救济(如第 13 章、第 16 章和第 17 章所述),其中包括禁止令(例如,第 13 章,我们会发现,可以使用禁令来防止滥用机密信息)。但是,现在我们确实需要意识到会遇到一些重要的情况,诸如涉及合同法的实际履行情形,及诸多侵权行为中的禁制令——特别是所谓针

对"持续侵权行为"(诸如滋扰行为和非法侵入)。

在线资源中心的材料讲解了特殊类型的禁令如何可以与保护财产联系在一起,也讲解了如何从不应该拥有财产的人手中追回财产。

衡平法救济的自由裁量的特点

对违反合同或实施侵权行为的损害赔偿金说明,衡平法和普通法这两个体系之间的主要区别在于:虽然普通法的救济像权利一样适应于所有人,但衡平法救济保留了早期衡平法管辖权自由裁量的特点。在过去的两个世纪,因为可以遵循的先例越来越多,故而衡平法演变成为一个更加明确的法律体系,所以,衡平法权利和原则的制定权在一定程度上得以缩减;即便如此,衡平法的救济仍然是十分谨慎的,其救济原则较为明晰且固化。衡平法救济的自由裁量特点可能导致严重的后果,因为如果衡平法上的遗产或利益取决于其获得的衡平法救济,那么拒绝给予救济实际上就损害了衡平法上的利益。

拒绝给予救济的理由通常源自主张获得衡平法救济的当事人的行为,因为"求助衡平法者须自身清白"。这一情况可以从 *Coatsworth v Johnson* 案中所见端倪——在该案中,(权利)主张者通过租约拥有一片土地,而该租约在普通法中不能被承认和执行。事实上,在此案中,房东将申请人赶出房屋,尔后(权利)主张人起诉房东非法入侵。无论是从普通法上还是衡平法上来看,如果被视为承租人的话,(权利)主张人则理应能够在诉讼中获胜。根据 *Walsh v Lonsdale* 一案的先例,衡平法一般将(权利)主张人视为衡平法上的承租人,但是根据案件中当事方所签署的协议,这位特别的租户违反了各种租约的规定。因此,上诉法院拒绝给予衡平法上的救济,(权利)主张人实际上经受了利益方面的损失。这就迫使(权利)主张人不得不求助于普通法,然而由于他在普通法上没有租约,这意味着他完全丧失了得到救济的机会。因此,这一案例不仅阐明了衡平法管辖权和衡平法救济的自由裁量的特点,同时也强调了需要分别对待普通法和衡平法的权利和救济。这也表明,如果衡平法拒绝给予救济,那么申请人就会失去全部利益。

与实际履行和禁制令有关的资料能够在在线资源中心里查阅,这些资料势必会提供更多的关于衡平法救济特点的阐述。

17 1.4.1 对人之诉外:衡平法如何从本源中发展及早期原理

本质上,衡平法主要是对人管辖权,这是其中一个准则的体现,但这并不是唯一的体现之处。而且,在强调信托的同时,本书大部分关于信托和"信托法"的述评反映了与财产相关的衡平法在发展中所展现出的特殊性质。随着时间的推移,衡平法在特殊情况下会产生一些"不公正"现象,其承认财产的合法权利,并通过对特定个人实施特殊命令以施以适当救济,这对其他人来说则成为"不公正"。

这正是信托如何从衡平法的良心和正义的起源角度,演变成更重视衡平法上的权利角度的过程,对受衡平法权利约束的人来说,这些约束和普通法的条款约束并无减弱。理解这一点,就需要了解诺曼征服为英国法律所带来的变化如何扎根于英国——这是我们看到的信托最初发展的地区。

诺曼征服之后,威廉企图宣称自己有英格兰土地所有者的主权,这一主张遭到了抵制,因此他在胜利之后没收了所有的土地。然后他允许他人持有土地,以换取货币或服务。如今,按照法律,所有的土地仍然是由王室所有,王室仍然是至高无上的地主,所以严格来说,那些"拥有"土地的人,实际上只拥有"他们"土地的一项权益。在这个新的"封建"制度下,可以通过一个复杂的租赁层级获得土地,而且依据此租赁层级,可通过贵族体系和"大领主"来为王室收取地税。大领主(有时又称中间领主)可直接从国王那里获得土地,而且可利用其普通法上的土地权利将土地租给普通租户。

略过对封建税赋(包括为了持有土地而付出的金钱和服务)大量细节化的解释,信托的前身——"用益"制度,源于土地(以用益制度为特征)的严格交易。例如,每当继承人继承土地时,需要缴纳土地继承税,如果租户死后无继承人,那么土地将归还给领主,而且如果是未成年人持有土地,那么领主将拥有未成年人持有的某些权利。只要封建税赋是有价值的,领主就希望保护这些税赋,为了实现领主的愿望,普通法规定了有关土地所有权的规则。人们通过将土地转交给年轻的成年家庭成员的形式,或以遗嘱形式留下土地的形式,避免向领主缴纳因租户死亡(特别是在其没有继承人或继承人未成年的情况下)而产生的财产权益(尤其是地税)。因此,财产转移开始征收税款,到1540年时,遗嘱中不能有完全保有遗产,而且只能从土地持有人的长子那里依法转让土地权利。这种保护主义的后果是,它实际上规定了,除了长子的其他子嗣,甚至其遗孀,都无法享有相关转让土地的权利。鉴于土地最初不会以遗嘱形式保留下来,当衡平法开始变得灵活的时候,土地就通过"转让程序"保留了下来,这使享有土地权利的持有人在他在世的时候,可以对其权利作出处分[源自"disposal"(处置)一词]——虽然代价有可能很高。

由此可知,这一做法参考了法律语言中"生前转让",也可看出,根据因继承和遗产问题而产生的普通法规则会出现以下问题:租户给他人(想将土地权益转让给不同的人)提供土地,这些人便通过"财产(权)转移"成为土地持有人或所有人,原租户也将失去对土地的合法权益。由于牧师或宗教团体在社区的地位和其对信托的态度,他们通 18
过转让土地成为土地所有人这一情况比比皆是,后来,律师也扮演了转让土地这一角色。这是因为,当其他人持有财产时,这些人就成为租户希望为其提供"用益"的群体。通常,对财产享有"用益权"的人最初是自己的租户(即使他不再具有财产的合法权利,但他仍然需要"用益"该财产);那么财产的使用权最终会归其遗孀所有;在其遗孀死后,财产将归其所有的孩子使用。根据土地中共同租户租赁的规则,以上这种情况是可能发生的,而且许多对产生用益制度的解释是:用益是一个重要催化剂,因为许多为十字军东侵征战的人们,希望他离开多年后,他们的土地仍然完整如初。

当然,许多十字军东征战士战死沙场不会回来,在这种情况下,财产所有权的转让者通过财产(权)转让,为保障他们家人的生活而提供帮助;许多转让所有权的决定都基于财产所有权者寿命不长的预设。因为就普通法所有权而言,以上做法都是普通法规则所允许的,财产的转让从普通法理论上来说不会受到影响。与此同时,衡平法承认财产转让协议,而且如果有必要,衡平法将通过对他人(财产转让的对象)的良心施加压力来强制实施这一协议。这样做能够促使这些土地的使用权被租户希望给予的人获得。而这些人,即是人们所熟知的受益权人。

对通过财产(权)的转让来转移土地所有权,从而避免税赋或税收,有这样一种解释:土地持有人死亡后,这种财产转移方式会自动生成,而且会将土地持有人的土地权益转移给他的长子。这一制度得到普通法规则的加持,普通法规则特别强调保留王室土地的价值(这种制度能够促进缴纳税赋和为有特权的人服务),但这一制度却逐渐被财产(权)的转让削弱。这就是为什么亨利八世要令人瞩目地禁止使用1535年通过的《用益法》中用益制度:他有意要加强对税赋的转移,以便为其一直贫瘠的“战争基金”提供资金。《用益法》的实施过程中,只检查土地原始持有人和拥有财产用益权人的税赋,但却忽视了转移动产(权)的那些人。这样做的实际结果导致了,将财产转让给其他人而获得收益几乎不可能发生。换句话说,人们有以特定方式使用土地所有权的义务,但转让土地所有权是不可能的。

从“用益制度”到“信托”:现代信托的产生

从信托起源说起,现代信托于1700年左右开始产生,与此同时衡平法决定创造了一种机制,通过此机制,可以迫使财产法定持有人为了想从中受益的其他人而使用此机制。这个人们熟知的用益权受益人开始被称为信托受益人,以反映财产而非财产“用益”开始持有“信托”。为了表明“信托”为了财产而持有财产,而非为了“使用”财产而持有财产,这个人们熟知的受益权人被称为信托受益人。二者的基本原理一样：将财产的收益权从财产所有权中分离出来，并确保只有对财产普通法所有权的所有人强加责任的情况下才会发生此种情况。

用益制度表明，在衡平法发展的早期阶段，通过强调财产法定所有人的良心，确保那些没有该财产普通法上权利，且普通法不承认其对财产的诉求的人处于有利地位，已成为可能。人们还意识到，这种 19
信托协议的效力取决于那些明白信托的意图是使其他人（这些人可能因为普通法只承认法定权利而产生的不公正，而成为受害人）受益。将土地的普通法所有权转移给诸如牧师和律师等人的原因是因为他们的名望和廉正。信托协议，可以使弱势群体受益，而且只有在那些拥有普通法所有权的人承认其他人地位时才能使弱势群体受益，随着时间的推移，这一协议的两个重要观点成为信托法的核心原则，这些原则从"信托协议"的发展一直到信托的现代形式，一直存在于信托中。在适当的时候意识到这一点非常重要，但是现在我们需要考虑的是：衡平法的意愿是强调那些实际上为他人权益而持有财产的人的良心，那是什么促使它这样做呢？当然是衡平法能够为那些人设立一种特殊的财产所有权：当土地所有权被分割时，这种土地权利就产生了。

1.4.2　受益人的信托财产所有权

受益人信托财产的衡平法所有权当然不是财产的唯一权利，衡平法所有权与其他财产普通法所有权或法定权益或法定权益共存。今天我们可以看到一系列来自衡平法的干预措施，这告诉我们，有时衡平法纯粹地将个人对这些干预措施的回应视为在这种情况下取得公正的结果。例如，"附属权利"或"纯粹的附属权利"，我们会发现，财产权利与受益人的衡平法权利完全不同。比如，这一点可以从"抛弃妻子衡平法上的权益"（*National Provincial Bank Ltd v Ainsworth* 案）和以欺诈或不当影响为由驳回交易的权利（*Barclays Bank v O'Brien* 案和 *Ro-yal Bank of Scotland v Etridge* 案）中看出。虽然这些是财产权利，但它们却不是财产自身的真正权利。这一情况与衡平法在财产中产生的权益形成对比，这些权益有意在其所达到的范围内以某种方式适用于所有人，与衡平法对人之诉的起源和运行相比，这种方式与普通法的本质有更多相同之处。

众所周知，在信托协议中，受益人持有“信托财产”的衡平法所有权，且被视为此财产衡平法上的所有人。为了实现这一点，就普通法的权利而言，衡平法不得不承认普通法的特征。反过来讲，这就要求衡平法的发展要超越其大量的对人效力，这意味着衡平法的发展超越了其自由裁量管辖权的传统特征。这些内容反映出一系列因财产而产生的严重的不公正；在某些情况下，这一严重的不公正要求申请人具有更确定的权利地位和可以对抗多人而存在的地位。

用益制度因中世纪大法官在王座法庭行使自由裁量权而产生，从其存在的历史时期来看，现代信托将财产的权利从财产所有权中分割出来，以此体现衡平法对财产所有权产生的不公正的保护。我们现在需要思考：衡平法如何确保财产的合法所有人不会以一些方式使用财产，这些方式不利于那些没有普通法承认的财产权利的人。

就理解信托受益人如何被视为衡平法财产所有人而言，我们可以通过了解衡平法起初如何从其真正所有权分割财产权利那里得到答案。一开始，在持有财产普通法所有权的人需要注意其他人如何使用
20 财产的情况下，可以利用这些人的良心来实现对财产所有权的分割。随着时间的推移，对良心的强加与固化成为信托存续期内财产所有人的义务，成为他人而非财产所有人所能取得的权利。对我们而言，最有趣的是，信托说明了衡平法对受益人权利的制定方式意味着它们不仅适用于财产的原始所有人，还适用于财产转移过程中的普通法权利取得人。我们可以认为，这类权利与对抗特定被告人的对人权利不同，它们是对财产本身的权利和权益。

理解衡平法创造信托的意义：财产的衡平法权益范围

我们必须关注的是所谓的“对物权利”，即物权，而不是只针对特定个人的自由裁量权，以及衡平法是如何创造这些权利的。对物权利

实际上有能力干涉普通法权利，而且能够影响到一系列人。信托之下的衡平法财产所有权（它在任何情况下都是一个范例）就是这样的一个例证：但由于我们在此主要是为了解信托，所以它也是一个关注点。衡平法承认受益人的信托财产所有权是一种对物权利，这意味着信托的衡平财产所有权可以“很好地（或强制性的）对抗”除财产的最初合法所有人以外的人，这是一个远离衡平法对人司法管辖活动的法律区间，并允许受益人享有与普通法赋予的普遍权利更为相似的财产权利。我们在前面简单地谈到过衡平法这样做的原因（并发现这对于应对一些不公正现象至关重要），现在我们需要思考衡平法是如何做到这一点的，以及我们是怎样知道这一情形的。这一点很重要，因为我们已经讨论过普通法所有权在财产权利中的核心地位、财产价值，以及衡平法对其与普通法关系的自我管理。我们需要更仔细地研究衡平法创设权利的内涵，而这样的权利又在他人的财产上为主张人创设了物权。

1.5　无普通法权利的财产物权在衡平法上的发展

以一种现在看来太抽象，但当我们对信托和信托法了解更多时，这将是一个关键主题的方式来看，衡平法不会草率地认为，普通法上的财产所有人必须与一个没有所有权的人共享权利——尤其是所有权。大多数时候，衡平法只在必要之时才会适用，因为普通法权利持有人为他人之利益而控制、管理财产的情形已异常清晰。简言之，只有在判定信托意图存在以及普通法权利持有人受信托影响的情况下，衡平法才会这样做。这是本书迄今为止谈到的最简单的信托类型，我们还将会发现（见第6章，前几章也有提示），信托也可能会在没有创设意图的情况下产生，但是，在衡平法认为应该“强加”信托之时，限制同样存在。另外，英国法律非常强调通过适当考虑英国

法律中所有权的地位来制定这一规则,并通常将普通法所有权视为
21 产权之王。

在讨论衡平法什么时候认为法定所有人以外的人“拥有”财产合适时,我们将思考衡平法是否过多地遵从普通法所有权的规范性问题。但是,我们需要牢记:随着衡平法的演变,它已形成了自己的治理和救济体系,衡平法必须小心不与普通法产生冲突,正如我们所知,在普通法本身已渐渐走向成熟时,衡平法却变得棘手。就财产而言,这意味着要设法防止和应对不公正,同时应适当考虑普通法中的“权利束”,而非破坏这些普通权利。

在上议院对 *Foskett v McKeown* 案的判决中可以看到:衡平法为申请人设立真正意义上的财产权利(因此衡平法权利是对物权)的权力。根据 Lord Browne-Wilkinson 的意见,信托中与财产衡平法上所有权有关的内容如下:

> 凡是认为衡平法的这种权力在某种程度上是自由裁量的权利而非法定的权利的,都是不正确的,因为一些财产权利是衡平法所有权而非普通法所有权。此案重点不在于给买方的权益是否公平、公正、合理,因为法院根据其自由裁量权,提供了救济。本案是棘手的产权案例。

因此,Lord Browne-Wilkinson 裁定,“衡平法权利是可对任何暂时持有这些资产的人强制实施的”。

1.5.1 对物的“衡平法权利”和“普通法权利”一样好吗?

然而,*Foskett* 案也告诉我们,所有的衡平法权利,即使不是从自由裁量权中产生的“固执”的衡平法权利,是“可对任何暂时持有资产的人强制实施的,除了已支付对价而没有预先收到通知的善意买方以及通过此善意买方要求赔偿的人”。

善意买方原则：此原则是解释所有衡平法财产权利通知原则的重要性的

这句话的意思是：衡平法中财产权利持有人比普通法中财产所有人的所有者更易受到伤害，因为他的权利只能束缚所有人，“除了已付对价，没有被通知某一地产存在衡平法权利且拥有普通法权利的善意买方”。因此，如果将财产的普通法所有权转移给提供对价的人和不知道所有权的其他利益存在的人，那么财产在衡平法上的利益就可能不复存在或遭到损害。财产衡平法上的所有权利都遵循这一规则，即使这些权利“固执”且它们的存在不取决于“公平、公正、合理”。然而，必须满足一些条件才能实现这一原则。这意味着，由于拥有普通法所有权的善意买方受此规则保护，衡平法上财产持有人在失去此权利之前，需要满足这些条件。需要强调的是，我们认为此规则适用于购买财产的普通法权利，但根据此规则，它适用于为财产的任何普通法权利提供对价，而且不仅是简单的法定权利：比如，此规则适用于贷方信托财产的权利，其信托财产被受托人非法担保为他随后违约的个人抵押品。同样，根据信托协议，不仅受益人的财产权利受限于此规则，而且有关土地，衡平法租赁或地役权或限制性契约的财产，原则上善意买方是可以不履行义务的。

在善意买方被认为受到此规则保护之前，必须满足哪些条件？其
中一个条件是他必须在短期内以提供对价的方式获得财产的普通法 22
所有权。现在，我们思考一下必须履行什么义务才能让善意买方可以确定他没有收到某一地产中存在衡平法权利的通知，这些衡平法权利也存在于财产中。这些都是对他人衡平法上的权利如何被“了解”以及他们的明知或“知情”如何被另一个人获得的思考。

虽然财产的衡平法利益原则上受限于善意买方原则，但在实践中，该原则远远不如以前那么重要。此规则为所谓的“通知原则”提供了依据，对于与土地有关的交易，该原则管理与财产有关的交易，但在很大程度上已被土地所有权登记制度的要求取代。而且，对于其他类

型的财产交易,*BCCI v Akindele* 案是这样一个先例:在商业交易中处理个人财产交易时,通知原则几乎没有一席之地。但是,在理解善意买方原则的实质方面,对受益人的信托财产所有权可以自由地从衡平法利益中获得财产而言,善意买方原则仍然非常重要(并且如第17章所述,通过共同管辖权将信托财产扩展到他人),从本质上来说,买方必须没有:

- 衡平法权利存在的实际通知;
- 应查明衡平法权利的推定通知,如果已完成对所有用于购买特定性质财产的一般查询和调查;
- 转移给买方的替代通知——所有实际通知或为善意买方工作的个人(如他的律师)推定通知。

1.5.2 对知悉理论要求重要性的解释

我们将在第17章进一探讨步善意买方原则在信托中的适用,需要谨记的是此原则大部分都是不动产法之内容。通过阐述其历史和其重要性,现在需要参考一个非常古老的案例:*Cave v Cave* 案。*Cave* 案也向我们解释了,为什么现代信托法在其早期发展阶段必须注意不诚实的受托人。在这种情况下,*Cave* 案的解释帮助我们形成这样一种意识:虽然衡平法上的财产权利非常强大,但是它们最终不如法定权利那么强大,我们需要问自己为什么会出现这种情况。

在 *Cave v Cave* 案中,作为唯一的受托人兼家庭事务律师,Charles Cave 偷盗委托金并且用它购买了一套房子。在此交易中,信托基金中的资金变成了土地,因此信托基金的受益人就成为土地的受益人。在将自由保有地产(权)转移给受押人,同时将契约再转让给抵押人时,合法抵押生效,如果所贷资金、利息和管理费用已在指定日期内还给受押人,不诚实的受托人或律师随后依法按揭筹钱。当满足这些条件时,衡平法执行该契约,并答应抵押人稍后再进行不动产(权)转让的要求,但抵押人须偿还借出的资金、利息和管理费。在这里,受押人获得普通法所有权,并且以之前所贷资金的形式提供对价。因此,Fry J. 裁定:Charles Cave 不知道受益人的地产权益。没有人认为受押人不守信用,恶意行事,受押人不知道受益人有衡平法权利,因此是法定地产权提供对价的善意买方,所以普通法所有权转让给而无财产抵押权的受押人。这是因为 Charles Cave 是抵押人和受押人的律师,显然 23
他知道事实,但是 Fry J. 认为,他对此事实的知悉不会归咎于抵押权人,因为他是参与欺诈的一方。

1.5.3　通知原则的附加条件:衡平法和"支付对价的买方"

第三方无偿享有财产的衡平法权利的,购买地产必须提供"对价"。对价不仅包括普通法承认的对价,也包括衡平法上的对价。因此,例如,货币或货币价值(均被两个法律体系视为对价)的对价,衡平法也将未来婚姻视为对价(这将在与第 5 章相关的在线资源中心解释),因此为了善意买方原则想要达到的目的,衡平法建立了对价。另外,即使在没有对价的情况下,普通法也允许合同盖章后被实施。衡平法则不同,而且这类合同不会为善意买方原则想要达到的目的提供对价(也不会偶尔使用衡平法救济来实施这类合同)。如果对价是货币,买方在收到某一地产存在衡平法权利的通知时,必须支付所有的款项。

1.5.4　善意买方原则:为什么发展物权会受到如此(确实很大)的限制?

普通法权利是普遍适用的,且"约束世界",所以其是"最终"的财产权,而所谓"善意买方原则"的使用意味着那些拥有衡平法权利的人将不会拥有和普通法一样强大的财产权利。这意味着,有时普通法所有权的权利将胜过衡平法认为应享有物权的人的权利,因为在这种情况下,法定所有人的权利将占上风。确定这一点并不容易,我们将探讨本书中源自财产竞争权利的标准对价。就善意买方原则的性质而言,这一原则反映了财产的衡平法权利并不像普通法权利那样“明显可见”,普通法权利是以法律规定和承认的方式正式设立的。正如我们所知,在大多数情况下,谁拥有财产很清楚,但正如本书将要展示的一样,谁是信托财产中的受益人却并不清楚。这意味着,考虑到持有普通法所有权的人通常是被授予所有权之所有权利的人,买方并不清楚:受托人持有的财产普通法所有权通常是财产所有权,而不是完全“所有权”。在这种情况下,试图向他人转让财产的人都有权利表达:他们拥有所有权的全部权利,所有权是买方给予对价的所有权。当然事实也不是一直如此,尽管转让财产人知道向他人转让的时候情况有所变化,但买方不知道。中世纪后期到近代早期,包括土地在内的财产变成了可以买卖的商品,而不再仅是世代传承的财产,由此经济发展模式也开始发生了转变。

在这种情况下,衡平法当然希望保护那些可能处于劣势地位的人,因为他们没有可以获利的法定财产权利,但是由于衡平法与良心和正义有关,财产的善意买方需要确定他们正在购买其意图之标的物。因此,衡平法的财产权利,包括对物的“顽固”权,都受到这一限制。这是因为持有财产普通法所有权为财产的自由交易提供了基础,
24 因此也体现了资本主义社会中财产对价的关键性。接下来你会发现(特别是在第 17 章),衡平法也为那些丧失财产衡平法权利的人作出了回应;现在,引用这一观点就是强调:受益人可能会失去财产的衡平法权利,而且如果财产的普通法所有权属于“善意买方”,受益人将失去财产的衡平法所有权。

1.5.5 普通法权利、衡平法和非法行为:*Tinsley v MiHigan* 案和 *Rowan v Dann* 案

如果所有以上论述都表明通知原则是衡平法对物权的一大限制的话,那么 *Tinsle-y v Milligan* 案将展现出不同的观点。这个案例告诉我们,上议院在 *Foskett v McKeo* 案中所称的“顽固财产权”的存在是

因为有人不顾公平、公正和合理原则而只是简单地持有财产，然而，当实质上违背衡平法原则的情势下，这种情况依然存在。

在本案中，Stella Tinsley 和 Kathleen Milligan 共同购买了一套房屋，但房屋登记在 Tinsley 名下。根据本书第 6 章中列出的原则（在第 8 章中也涉及该原则的讨论），Tinsley 和 Milligan 应该共同享有受益权，但对 Tinsley 和 Milligan 来说，房屋仅登记在 Tinsley 名下，这使 Milligan 为了私益而向社会保障部提出虚假索赔。经过一番争吵之后，Tinsley 搬了出去，且向 Milligan 索要房屋占有权。Milligan 对此提起反诉，并宣称在信托中，虽然 Tinsley 拥有房屋，但双方应享有平等份额。Tinsley 则认为，根据普通法中违背道德之对价不胜诉原则和"求助于衡平法者自身必须清白"原则，应该驳回 Milligan 的主张。

由于归复信托的推定适用此原则（见第 6 章），上议院裁定（Lord Keith 和 Lord Goff 不赞成此判决）：Milligan 可以在不依赖非法交易的情况下证实其衡平法权利，因此有权享有房屋。在后来的 *Foskett v McKeown* 案中，本案的分析被援引出来作为支持依据，其分析认为，Milligan 的归复信托权利是其自身的财产权利，它的存在与夫妻双方的明确协议应该独立来看。在讨论衡平法的创新和承认财产对物权利的情况下，如果 Milligan 不持有对抗 Tinsley 的个人财产权利束，那么她的诉求注定不会成功。这是因为，在这种情形下，她想要坚持声称自己有上述权利，就必须要承认自己的欺诈行为。确实，Lord Browne-Wilkinson 就此竟然说：

普通法和衡平法的融合管理已有 100 多年了。事实上，1993 年的英国已有一个由普通法权利和衡平法权利组成的财产法了。虽然由于历史原因，普通法上的不动产和衡平法上的不动产并不相同，拥有任意一种类型不动产的人都有财产权——对物的而不仅是对人的权利。如果法律使一方有权通过非法交易行使财产权的话，根据本庭判决，同样的规则应适用于非法交易获得的任何财产权，无论这种权利是普通法上的还是衡平法上的。

法官的陈辞表明:即使面对违法行为,衡平法上的财产权依然强大有力,尽管 Browne-Wilkinson 的观点与此相反,但非法行为确实可能使财产法与刑法相冲突,也会使衡平法和普通法相冲突。但是,在
25 这种情况下,*Tinsley* 案和上诉法院在 *Rowan v Dann* 案(在 *Foskett v McKeown* 案之前)中作出的裁决确实为我们提供了一个重要的观点:衡平法权利确实也有对物权的特点。

1.6 现代信托和现代"信托法"的产生:第 2 章简介

受益人对信托财产的衡平法所有权是就衡平法财产权利如何成为对物权的范式解释,现在本书将更多地关注信托、"信托法"意义及范围的概述。第 2 章开始部分介绍,在 21 世纪的社会和经济中,如何以及在何处发现信托,并向我们解释:理解现代信托产生的"时间表"如何帮助我们理解现代信托法——本书的研究主题。

第2章　信托的性质:在社会和经济领域的运行和应用

由于信托的特点是将财产所有权分割为有着明显区别的普通法所有权和衡平法所有权,很显然不久之后信托在英国法中将会有各种各样的用途。重申第1章提出的要点,信托包括财产所有权的分割,信托一旦建立,信托委托人,即信托财产的原始所有人,将其普通法所有权授予一个或多个受托人,同时基于一个或多个受益人信托利益而持有普通法所有权的意图得以显现。就普通法而言,财产所有权之信托受托人成为所有者,这不但给予其对财产的管理权,也使其对财产承担责任。

很明显,这将会是我们通常碰到的最简单信托协议中的一种,也就是所谓的“明示信托”。之所以称其为“明示信托”,是因为财产所有者为使他人获利之目的,通过明示的方式创设信托。现阶段下,理解这一点是很重要,因为在本书中我们将会遇到其他信托类型。事实上,在第3章中我们就会接触到其他类型的信托,随后我们将在第6章至第9章中探讨默示信托,而非明示信托。当研究默示信托时,我们会发现是信托法的特别部分管理着默示信托的产生和运行,在第 10 章、第 11 章以及第 12 章中,我们将把围绕着不同相关信托协议发展成熟的特别部分视为信托法其余内容的特殊规则。因此,这一章节最主要的目的是说明这些被称为明示信托的信托乃是信托法的支柱。事实上,与明示信托相关的法律被认为是“信托法”一词普遍用法的代名词。

所以,这一章节大部分内容都用来介绍“明示信托”,我们将会发现实际准确的称谓应是“明示私益信托”。

2.1 信托的基本属性和主要特点简介

明示信托的语言风格显示出,信托协议的核心就是按照所有权人的意图设立财产所有权的信托;所有权人意图的重要性已在第 1 章指出,并继续作为占主导地位的研究主题贯穿于全书。在这一章节,你会发现设立信托的意图是满足实际设立一个信托之要件的关键,也是设立信托产生影响或实际效果的关键。除非拟成为受托人的个人对财产拥有普通法所有权,否则便无法设立信托,及早意识到这一点是
28 很有用的。这是如何产生的以及其实际意义如何,都会在第 5 章进行研究,很清楚的是,即使设立信托的意图是明确的,只有在受托人对财产拥有普通法所有权时信托才会产生。这被认为是“赋予”受托人的普通法权利,这一权利是通过“设立”信托的法律手段来实现的。也就是说受托人承担着由受益人强制执行的衡平法义务。

本章大部分内容涉及对明示信托的理解,领会如何理解这一点可以使我们更多地了解信托的特殊属性,以及分离所有权特征的重要性。这意味着这些资料会解释信托与其他财产所有者通过处理财产使他人受益的方式是不同的。为了实现这一点,我们需要考虑在英国法律中可以找到的其他通过使用财产来使他人受益的关键方式。这

倾向于对财产所有权的讨论,因为财产所有权是确定财产应当被用来使他人受益的关键。这一讨论中,我们认为利用财产使他人受益的方式并未影响财产的所有权,也并未影响包括将所有权从一方彻底转让给另一方的方式。这两种情况都与信托形成了对照:在信托环境下,所有权受到谋求提供权益的影响,但不是因为彻底地将所有权从一方转给另一方。我们从中可以发现,信托所有权的分离与利用财产使他人受益的所有其他方式有何不同。

目前,多说一些与信托相关的东西,谨记这一章主要是引入信托这一专用文件,解释说明信托的专用性是什么。在下一章,注意力将开始集中在明示信托上,这一章节为我们理解英国信托法提供了指南。在此之前,我们需要做两件事情来进一步理解信托的专用性:首先,我们需要通过考虑信托是在什么地方设立的,为什么而设立,由谁设立的来对信托的重要性做一大概了解;其次,我们需要了解明示信托协议是什么,并对本书中将会遇到的其他类型的信托做一概述。

2.2　21 世纪经济和社会领域的信托

先来讨论前者。我们可以发现,信托在整个经济和社会中都是普遍存在的,同时我们也会认识到信托的多样性以及信托在赋予财产权益时适应新用途的能力。尽管适用于各种信托的原则是相似而不相同的,但我们会发现,同样的基本概念中有多少用途是真正值得注意的。

谨记第 1 章阐述的在 18 世纪时因“用益”而产生的信托,很明显,这里我们讨论的基础是将第一个现代财产信托看作家庭财产授业信托。这些协议体现了许多现代明示信托的基本原理,即通过财产获取权益这个目的而特意设立的信托是为有钱人保留财富。这就是我们在本书中将会遇到的许多信托的基础。现代信托,以及由此产生的受

29 益人的权利和受托人的义务都在围绕几个世纪以来所研究的与家庭财富息息相关的协议逐渐发展。这些协议试图通过两种不同的方式来达成此目的:通过拟定协议,允许个别家庭成员对财产拥有受限的自由处置权;同时尽量减少纳税(谨记用益最关键的一个结果就是避免因持有土地而产生的税收)。信托可因遗嘱而设立(正如我们即将遇到的),但事实上,多数情况下税法意味着信托在生前生效(也就是说在所有人或委托人在世时)更为有利。

2.2.1 信托源自传统用益制度:与家庭协议有关的信托,以及与死亡和继承有关的信托

所谓的"家庭授产协议"至今依然存在,此类协议在一个存在更大贵族阶级,且极度两级分化的社会中,具有异常重要的历史意义。在对将今天这种信托形式更多归功于此类协议起源的原因作出简短阐述之后,本书并不试图对其社会期许作出规范性判断。这仅是本书对此类协议所作的法律范畴的评论,同时指出它们在本书中的出现是一种社会评论,而这些评论只是简单地注意到它们蓬勃发展中的社会与经济方面的不公。

依据此类协议,受托人可能是其家庭成员,情况也往往如此;或者受托人是熟知其家庭情况、家族史及其资产的"家庭律师"。然而,由于受托人与受益人之间过于密切的关系或过于密切的联系所可能产生的利益冲突,法院并不看好此类受托人协议。基于这些原因,此类协议对信托相关法律的实际发展起着至关重要的作用。稍后对此会进行更为明确的阐述,但就目前而言,这足以表明,现代法律中的受托人严格责任多多少少归因于此类协议(这点将在本书第 13 章、第 14 章及第 16 章中提及)。

2.2.1.1 家庭授产协议如何影响当代信托法?

目前,家庭信托通常由受托人、银行执行部门,以及日益具有信托法定管理特征的其他专业信托服务提供者来管理。此类协议中上述

服务提供者的参与反应了一个普遍的观点——恰当的专业信托管理机构对最大化税收优惠是至关重要的,但这也意味着职业受托人是新近出现的一个现象,而传统上那些被选择成为受托人来承担信托任务的人不是因为他们精通信托或者精于处理财产事宜,而是基于他们在特定社会背景下的具体身份地位(和广泛的社交圈)。职业受托人的出现,以及其对信托法初期关于"业余受托人"设想的影响将在第 14 章和第 16 章进行阐述,但在早期阶段,值得注意的是职业受托人会因为这项专业技能收取高额费用。

根据第 13 章所提到的信托关系的信义性质,本书将在适当的时候对此类服务费进行解释说明,但是,回到具体的协议上来,其典型特征就是它们将创设财产继承权利。这一点将在第 14 章详细讨论,而实质上在不同的时间段内,利用相同的财产为不同的人创造利益,恰好可被视为最简单的一类信托,此类信托的委托人将在自己生前为 B,及其之后的 C 设立财产权。通过协议中用以识别不同当事人的术 30
语,我们会发现信托是如何创设不同的、真正连续性的财产权利。和其他任何我们碰到的委托人一样,信托委托人就是为一个或多个受益人的利益而设立财产信托之人,据我们所知,我们会发现受托人多为其家庭成员或其代理人,如何定义受益人将会帮助我们更好地理解"家庭授产协议"这一术语。第 14 章将解释这些术语是如何出现的,以及它们与家庭授产协议之间的直接关联,但现在,在这种情况下,被称为"终身占有人"的 B 通常有资格通过财产权获得即时收益,其通常被称为"收益受益人"。B 之后的 C,就是有资格获取资本的收益人,也就是通常所说的被赋予"剩余财产权"的人。在引用的这些案例中,ST 指的就是授产信托(Settlement Trust),WT 指的就是遗嘱信托(Will Trust)。

这里提到遗嘱信托说明许多信托是由遗嘱而设立的,这为理解所有人去世后,信托利用财产所有权创设权益的重要意义奠定了基础。在这些家庭授产协议案例中,源自死亡语境下的信托有着较长的运行惯例,这一惯例用以确定所有人去世后,其财产的所有权。此处,我们确实能发现此类信托所起之作用,但在本书中其重要性有限。因此,粗略讨论遗嘱信托意义的主要目的在于阐述源自死亡的信托传统,以及解释与其相关的术语,这二者才是贯穿本书各部分之要点。

当一个人去世后,他所有财产上的所有权和受益权都将转移给他的"个人代表"。如果他订立了遗嘱指定具体承办人为他的个人代表,这些人通常被称为"遗嘱执行人",那么他们的首要任务是获得遗嘱认证,也就是让登记官对遗嘱进行登记。认证之后,这些个人代表负责确保所有的债务和殡殓费是用死者的财产来进行支付的,其次这些个人代表须按照遗嘱里的指示来分配剩余财产。

当一个人未留遗嘱而亡,《1925 年遗产管理法》中的法定规则将发挥作用确保其财产得以处理。这些规则试图赋予大多人对其去世后财产权利处置的推定意图以效力,该权利继承依照如下顺位:鳏夫或者遗孀、儿女以及其他人。这也确保了那些与死者密切相关的人的受益能够符合死者的分配意愿。规则在死者无近亲属的情形下进行了继承扩延,此时,他的远亲将可受益。如果死者无任何亲属,那么他的财产权将转移给政府。

在无遗嘱的情况下,死者的个人代表将会是"遗产管理人",而非遗产执行人,管理人通过授权获得管理财产的资格。这些管理人通常是享有财产权之人,因此,首先通常会寻找亡者遗孀或鳏夫并授权其管理遗产;如无遗孀或鳏夫,管理权则转移至其子女,以此类推。在本书中遗产执行人和遗产管理人之间的区别并不十分巨大,但其重要性可在 *Gonin* 案中找到。

受托人、遗产执行人以及个人代表

不管个人代表是遗产执行人还是无遗嘱的遗产管理人,其责任都
31 是相同的,适用于受托人的许多法律规则(参见第 13 章、第 14 章以及第 16 章)也适用于这些个人代表。(参见第 13 章、第 14 章以及第 16 章)也适用于这些个人代表。他们的职责是永久性的,但他们的积极

义务通常会在一两年之内履行完毕。正如前面已经指出的,在执行人或管理人履职期间,他们必须查找和取得死者所有的资产,偿还死者所欠的所有债务,支付由死者死亡所产生的费用,然后依情况根据死者遗嘱条款或法定规则对其财产进行分配。

赠与、财产以及剩余遗产继承人

遗嘱通常指明了对亲属或者朋友的具体赠与。土地的赠与通常被称作是不动产遗赠,它的接受者通常称为不动产受遗赠人;动产的赠与,包括货币,称为动产遗赠,其接受者通常称为动产受赠人。未经遗嘱指明具体处理的财产被称为“剩余财产”,有权当事人被称为剩余遗产继承人。如因任何原因(第 3 章和第 6 章出现的可能原因)某一具体遗产无法交割,那么此遗产便被加入到剩余遗产行列。事实上,剩余遗产通常由一大笔财产组成,因为通常赠与被选定的朋友和亲属的只是一小部分遗产,剩余的遗产纯粹都是留给死者最想使其获益的人的。

源自死亡的信托

不管是因为遗嘱已指明设立财产信托或是因为财产拟接受者年龄不满 18 周岁,信托皆可因死亡而产生,所以,其普通法权利一直会保留至财产拟接受者达到法定年龄。信托一旦设立,通常会指定某人来担任受托人,当执行人完成对遗产的管理时,他们必须将该财产转移给受托人。通常情况下,可指定同一人来担当执行人和受托人,且此人继基于新增的身份拥有普通法所有权。

死亡、财产管理以及执行人角色

因遗嘱而设立的信托中的动产受遗赠人、不动产受遗赠人以及受益人对该财产没有受益权,直到执行人分配遗产(也就是标记),并满足由遗嘱产生的赠与或信托要求之时,理解此点十分重要。他们此时仅有权要求执行人对遗产进行恰当的管理。同样,无遗嘱情况下,直到遗产管理人偿还清所有影响死者财产的债务并准备好对有权当事人有用的账目,有权当事人才对该财产拥有受益权。为方便起见,无

遗嘱情况下的有权当事人称作是死者“血亲”而不被称为是遗产受赠人等。当死者在遗嘱中未指明他的剩余财产受遗赠人或者未能完成
32 剩余财产赠与,则有可能出现部分无遗嘱的情况。在这种情况下,按照法定规则,财产将转移给其血亲。

2.2.2 因死亡而产生的家庭授产协议和信托之外:社会其他领域的信托

如上所述,我们在当今社会许多领域都能接触到信托,它们实现了多种广泛的功能。同样需要注意的是,尽管信托原则在不同领域如何运行会有所差异,但信托的基本属性使之成为可能,也就是说,通过将所有权分割为有区别的普通法所有权和衡平法所有权或“财产权”,从而使他人获得财产权益之意图变为可能。接下来的章节将继续对此进行展开说明,并将重点放在本书中提到的那些信托的不同应用上。

2.2.2.1 现代不动产信托:源自同居的信托

我们在前面已了解首个现代财产信托是围绕土地而产生的,其已经成为通过限定财产的自由处置和财产分配来保持完整家庭财富的家庭授产协议之代名词,它同时被用以降低贵重财产所产生的税负。众所周知,此类协议至今依然存在,但仅限于非常有限的社会环境中。从更“日常”的角度来看,我们依然会发现信托在家庭财产所有权方面,以一种不太明显关心财富的方式扮演着重要的角色,尽管如此,但对大多数普通人而言,“家”就是他们一生中拥有的最重要的资产。这里我们提到的信托源自家庭成员共享的房屋,从法律的角度看,该财产的正式所有权持有人可能包括、也可能不包括传统婚姻或同居协议中的双方。这里,信托的存在将是确定何人“拥有”家庭宝贵财产的关键因素,也就是所谓的“衡平”。

就住宅而言,这也被称作“受益权”,在与住宅相关的信托下,(家庭成员)共有住宅上的衡平法权益是由因受益人的存在而生效的。这

意味着对住宅拥有普通法权利的个人(或多人)并非以所有者的身份行事,而是以享有普通法权利的受托人身份来这么做的。在第 8 章我们将会发现,拥有家庭住宅衡平法权益的人通常会成为与标志性事件发生相关联的争论点。通常,这种情况出现在双方关系破裂时,但是,也有可能发生在双方还是夫妻,但出现第三方试图主张其住宅所有权的情况。在后一种情况中,第三方是典型的出借了贷款的商业借贷人,而对此贷款提供了财产担保的借款人(夫妻一方)未能履行债务。

按照惯例,第 8 章将对使用信托来界定共有财产所有权的典型现象进行讲解,这种情形下,其中一位配偶独自拥有普通法财产所有权,这也就意味着另一方对财产所有权权益的任何主张都只能是衡平法上的。在这种情况下,衡平法必须判定主张人是否对房产拥有受益份额。我们依然会发现,“在法律上”双方都是财产所有人时,信托在解决所有权争议方面意义重大,这个时候衡平法必须裁定的不是主张人是否对财产享有受益份额,而是份额应该有多大。在理解信托于此类裁定的重要性时,尽管在上下文环境中,我们会接触到明示信托,但是通常情况下,我们实际上会碰到以不同方式设立和不同方式运行的归复信托和推定信托。很简单,这些类型的信托会在主张人出资购买房产或者法定所有人(有效地)告知主张人房产由他们共同所有的情况下产生。

在此之前,第 6 章将对我们所提到的“归复信托”和“推定信托”进行讲解,而在第 6 章的后面部分,我们会发现它们就是所谓的默示信托。第 8 章将会阐释,尽管在过去十年大部分时间里,所有权禁反言(原则)在共有房产相关争端中起着非常重要的作用,但最近这一情况已经改变。我们将看到上议院不仅重申了信托的重要性,也重申了信托是裁定共有房产所有权最合理的方式。

2.2.2.2　源自个人资产维护和管理的信托 33

到目前为止,我们发现由信托产生的用益是由共同的思路所联结的——“私益”家庭协议中的财产所有权。还有许多与个人资产设立和维护相关的信托方式,但是这些表明了信托在家庭财富背景之外的应用,而在历史上,其应用的重点在财富保持上。

设立信托和避税

将这两个主题联系在一起,许多现代信托是作为“纳税协议”工具而设立的,也就是通过合法避税而不是非法逃税来最大限度减少纳税义务的惯常委婉说法。第1章中,对从用益制度到信托的演变方式简介,阐释了信托在力图保护那些在所有权上处于劣势地位之人的同时,还被用于减轻财产转移过程中的应尽“纳税”义务。在现代信托法中,通过使用信托来避税已经成为设立信托的主要原因。现今,通常认为完全合乎法律法规的信托是“避税协议”的关键。

要充分理解信托如何成为避税的关键需要对英国的“税务体系”进行大量的探讨,也就是关系到个人(举例来说,是区别于公司或者慈善机构的)的税务体系,目前包括所得税、资本增值税以及遗产税。这一体系对本研究内容来说是相当复杂的,对其核心目标来说也是无关紧要的,因此这仅意味着现代信托背后的大部分观点可以用资本增值税和遗产税(另一方面所得税也是非常重要的)来进行诠释。资本增值税是指资产处置中应付之税,包括因资产累积的“资本总额”以及一些收入中的“免税额”(适用于信托资产中产生的收益)。继承税即针对死亡发生后转移财产征收,它使得死亡时的财产转移“应被课税”,也针对亡者在其死亡前七年内所做之赠与性财产权转移征收。

事实上,因为所有的个人税都是通过对累积的资产进行“收费”来运行的,所以个人拥有的财产越多,所产生的赋税就越多,税率就越高。对于有钱人来说,这就意味着将自己的财产与其他人共享其实是保留“其”财富的最好方法。就这点而言,由于受益权人能够承担纳税义务,所以将受益权转移给其他拥有较少应纳税资产的人,其结果是只有少量的个人财富流向国库。这一点通过所有人将其受益权转移给自己的子女(特别是婴儿或者年轻的成年人),或是转移给由所有人兼委托人管理的公司来实现。家族利益外损失最小化的优势与第1

章中所探讨之原则的运行方式相结合,此种运行方式中,所有人兼委托人可就信托如何达成、财产如何利用保留控制权,同时,对信托语境下的所有人与类似接受人而言,存在一些可能的避税方式,比如税收的免除、减轻以及转移。其他允许所有人兼委托人直接受益的工具,包括在以税收优惠制度而闻名的司法管辖区域内设立的“离岸”协议,其有助于缔结在英国政府管辖下完全不承担责任的协议。许多在信托设立时与税收重要性相关的关键点在最高法院的 *Prest v Petrodel Resources Ltd* 案中得以体现,这将在第 6 章进一步进行讨论。

不久之后,当我们碰到用来解释信托如何确定及其自由裁量性的
术语时,我们会在历史中发现,通过信托协议所“进行”的税制改革会 34
使大量潜在的收益得以显现,此类协议中,只有在自由裁量权支持其主张的前提下,受益人才享有财产的任何权利。就此点来说,这意味着信托协议受到了税收立法的严重影响,这为理解税收和信托之间的关系提供了重要的基本观点。在很多情况下,我们会发现诉讼当事人一方是英国税务机关,鉴于只有征收之税才能收缴国库这一点,这种情况也反映出了通过共同努力限制避税的方式。因此,通过财产所有权及对其之处置,在允许用信托来作为维护财富的手段和为公共事业筹集资金的资格之间尚存矛盾。

因此,一般来说,很多信托都是战略性地用于避税的,但还有其他将信托用于个人资产管理的方式。

源自养老金规定的信托

在第 7 章我们将会发现,基于目前对制定退休金融规定,以及对国家规定与私人基金模式的相关作用与责任的关注,养老金规定语境下的信托变得非常重要。越来越突出的私人退休基金规定归因于低出生率下的人口老龄化问题,以及就生活标准而言的当前“预期”水平。这表明,针对延长时间内养老金资产的征收与保护,设立可行架构所引发的法律问题,已成为政治注意力的关注点,对大多数人来说,这一延长时间为 40 年甚至更长。当前养老金规定是最大的社会经济

问题之一,鉴于在未来延长时间内保护养老金资产的任务艰巨,信托协议在传递投资利益方面的吸引力已经得到由 Roy Goode 爵士主持的养老金法律审查委员会报告(1993,Cmnd 2342)至关重要的认可。委员会的建议使《1995 年养老金法》获得通过。《1995 年养老金法》旨在体现对养老金协议严格监管和监督的重要性,其主要的原则之一就是适用养老金协议下收益人不同于一般信托协议下收益人的现实情况;确实,养老金协议下的受益权可以理解为是由合同起源而产生的权利(由其雇佣合同规定)。

就这一角度而言,尽管传统上信托与财富及其保护有着强烈的关联,然而,重要的却是那些被视为 21 世纪个人资产管理蓝图的古老原则。对信托的通用性、适应性以及持久性而言,它又相当于遗嘱。尽管本书已经证明了养老金是如何效仿信托文书的,但从"正常"信托原则来看,养老金仍然会显现出一些重要的偏离,此内容详见第 7 章。

源自个人破产的信托

再次回到涉及人而不是目的的信托,这里刻意使用术语,并标记出了研究个人破产如何产生信托的两个关键要素。首先,术语表明对信托重要性的讨论延续着反映个体生活的广泛主题,迄今为止,它包括维护家庭财富、共享住宅所有权、退休保障以及死亡。这也有助于将此类信托从源自商业和商业交易的更为专注的信托对价中分离出
35 来,其将关注点从个人转移到了商业协议及其运行的商业架构上。所以,为延续反映个体生活,破产或者个人破产都指的是对个人无法偿还债务的法律承认。由此形成了一个正式的法律程序,即破产人失去了对其财产的控制权,这一权利被赋予"破产财产受托人",用以满足破产中债权人的主张。破产程序的原理很明确,破产产生负债,破产债权人有权获得债务的偿付;破产法一直以来的目标是,在可用财产总额允许的情况下,运用各种方式使尽可能多的破产债权人得到债务偿付。这也表明,个人一旦成为破产人,那么在破产人负债和实际资产之间可能存在一个差额。

撇开这个目标,我们会发现一种特别的信托可被用来保护破产人财产免受破产程序的全面影响。历史上所谓的“保护信托”起源于 19 世纪,当时的家庭授产协议比现在更为普遍。保护信托可基于终生财产权利而设立(正如它名字一样的一种信托),此信托可根据所有者的破产来确定(或依情况而定),同时与有利于前任终生占有人的全权信托相结合,这样破产人的配偶、子女(若有的话)、最后血亲将在他死后继承其遗产。

这样做的明显优势在于,破产后,债务人对其财产所享有的权益不再存在(其财产成为信托财产),且债权人或破产受托人都不能就其进行主张。财产本身仍然在受托人手里,受托人可根据情况对财产收入进行分配。如果决定的原因是前任终生占有人的实际负债,那么对其进行偿付便是无意义的,因为这笔钱最终会由债权人依法占有。但是在这些情况下,通过将收入分配给配偶或者直接给与满足债务人需求的人,便可维持其家庭生活方式,因为通过这种方式他可以获得前任终生占有人的“用益或受益权”,而不用把钱直接交给他。甚至没有必要用明示条款来明确信托的性质,因为《1925 年信托法》第 33 条仅是通过规定保护信托上的财产权应基于终生占有人(该条中被称为主要受益人)之权益而被持有,以明确了信托的性质,并为其提供了一个可以援引的模板。

这里主要受到两个主要方面的限制,首先,通过此类信托无法为自己设立财产权;保护信托通常是由主要受益人的父母为其利益而设立。其次,终身权益必须根据相关事件进行确定。在简单阐明这一点外,法律是复杂的,就对抗债权人的工具而言,法律需要艰难地去区分何为允许、何为无效。

因为一旦破产,破产受托人为了满足债权人的主张可能试图出售破产人的房屋,所以保护信托具有很重要的意义。就此来说,传统观点认为,即便破产受托人希望继续这样做,除非情况特殊,(例如,参见 *Solomon* 案和 *Lowrie* 案),否则受托人不能这么做。当然,对家庭房屋争议性观点的分析,可以作为报应主义思想的反映,该思想起源于维多利亚时代,并与不当行为、不负责任(至少因为如此)及不够谨慎有关,而非与不幸有关。相反,这可能简单地被看作“经济现实”的一部
36 分,即债权人有权要求债务人偿付其预先支付的款项。保护信托运行中所体现出来的紧张关系,包括其与破产法中的条款如何互相牵制。

2.2.3 了解与股份持有相关信托的重要性,以便理解信托法

在将源自个人交易的信托转向源自“商业当事人”之间交易的信托之前,必须对信托和股份做一简单陈述。这是因为股份是极为流行的一种信托财产,这一点可以从我们将在本书里遇到的以股份作为信托财产的大量案件中看出来,即使我们不会很明确地关注信托和股份。我们将碰到很多与设立持股信托相关的案例,这些都是公认的信托法核心要素的例证。例如,一些涉及尝试对股份做出赠与和设立信托的案件将是我们讨论的重点,倘若实施不够有效的话,如何让信托成功设立则要考虑相应的形式要求和衡平法效力。这是因为我们关注的很多案例都试图为股份设立信托。反过来,这也告诉我们实际上持股信托是普遍存在的。这里,持股信托是由所谓的“被指定人”而持有,而不是由股东完全拥有,因此股分所产生的回报会使他人受益。最常见的是,这种情况通常出现在上市公司而不是私人公司(两者的区别在于是否可以在公开股市进行股份购买);在这种情况下,被指定人可能是银行或者专业的信托服务提供商(通常指的是“受托人公司”)。此时,股份的法定权利将会由被指定人代表股东持有。通常股份会为受托人提供标准的“投资”方向,而受托人的职责就是保护信托资产,最大限度地获取“股票”产生收益的机会。从不同但仍然相关的角度来看,那些希望他人从其股份中受益的人会选择设立持股信托而不是将股分进行赠与,因为通过观察股票市场来管理股票,了解何时买入和出售股票是一件专业而又耗时的任务。此外,当持有的股分实际上不只是一家公司而是很多家不同公司的时,会产生一个所谓的

"投资组合",这种情况下确实需要时间和专业的知识才能确保在恰当的时间为股份做了正确的投资和处置。我们可以在所谓的"单位信托"中看到这种情况,从而把前面所提到的养老金规定和将股份作为信托财产的普及联系在一起。

2.2.3.1　源自商业和贸易的信托

第 18 章就源自商业和贸易的信托实际上是如何运行的作了专题研究,因此,这里我们的目的只是对此背景,以及在此背景下所产生的信托的重要性进行简介,以便我们能够更广泛地对信托进行研究。这一点尤为重要,因为有证据表明,商业和贸易背景下所产生的信托对于现阶段信托法如何适用于反映 21 世纪信托的运用影响最为巨大。我们知道,通过"家庭授产协议"来保护家庭财富所产生的信托有助于 37
挖掘最早的现代信托法特征及其大部分细节。该情况在 21 世纪已不再存在。尽管拥有自购居所的普遍机会不断增加,而住宅是很多人终其一生所拥有的最重要的资产,但对 21 世纪信托法如何发展影响最大的不再是源自家庭房屋的信托。

对信托和商业交易的专题研究将提供给我们一种叙述方法,此种方法旨在点明信托本质所承载的强大影响力,此影响力源自 21 世纪里私人、乃至家庭等主体所产生的信托,而非源自信托日益突出的影响力和相应的商业贸易中的"衡平法义务"。

在对商业和贸易产生的信托的专题研究中,由于信托对于普通契约原则的相对优势,我们会发现,信托是商业贷款协议的支撑。在这点上,通常由合同法管理的财产贷款如何通过明示信托(最简单的信托类型)来设立,以及当未设立明示信托时,不同默示信托如何被用于此目的的情形都会变得清晰。这一章将会讨论到商业破产情况下如何产生信托,以及其产生方式与个人破产情况下产生方式的相似性和不同性。这些内容能让读者更好的理解和反思商贸交易(而非"个私益信托协议")的重要性,这些商贸交易成为满足有效信托设立要求及其产生的权利和责任的赋予要件。非常重要的是,我们将解释商业和贸易在他们的操作框架中发展信义义务的方式,也就是说,由衡平法创设的信义义务是用以保护信托受益人的。我们将会研究,在信托财产遗失的情况下,商业和贸易如何依据衡平法所创制出的受益人权益就遗失财产主张"商业交易"索赔,它允许主张人追索其财产或其替代物,以及其被不法占有时所产生的增加价值。后面的参考点将涉及我们反思衡平法如何发展信托,以及将衡平法之诉适用对象延伸到最初设立对象之外的重要性(对此会在第17章进行全面研究)。

2.2.3.2 信托基于目的而非人设立

到目前为止,我们谈论的与信托相关的所有内容,都与其因产生财产利益而设立密切相关。然而,不久之后我们发现,有时候人们设立信托的基点不是为了使他人受益,而是为了达到某种特定的目的。例如,当我们听到因保护动物而试图设立信托时,我们依然会发现使用财产和提供收益之间存在紧密的联系,但是当我们看到因完成修建纪念碑或者维护纪念碑工作而试图设立信托时,这之间的联系便不那么清楚。这就是所谓的为目的而生的信托,在第3章,我们会发现,为保护动物设立之信托的相关法律问题,与试图修建或维护建筑或纪念碑所设立的信托的法律问题之间存在的共同点,多于其与为使某人受益而设立的信托所产生的法律问题。这些为"目的"而签订的协议并不罕见,尤其在保护动物这方面,因为英国人以爱护动物而出名。

38 2.2.3.3 机构背景下所设立的信托

信托也可以使因为某些原因不能持有财产的人持有财产并受益。有意思的是,部分最早的信托工具的用途是针对修道士的特定目的而存在的。注册机构,如根据《公司法》所成立的公司,以及根据章程所成立的大学均具有法人资格,故可以拥有财产。因此,财务主管或者董事等不需要作为受托人代表他人持有财产,并且通常他们也不会这样做。很明显,他们会拥有类似受托人所拥有的信义义务。这也适用于某些法人慈善机构,这种情况下其能够有权利自行持有财产。然而,与其他缺乏法人资格的机构一样,无法人地位的慈善机构无法自行持有财产。并且,就无法人地位的慈善机构来说,财产通常是由个人作为受托人,出于慈善目的而持有,因此慈善捐款通常会引起信托的设立。尽管信托可以用来为非法人团体,如会员俱乐部,持有财产,但是在第 7 章我们会发现,这并不是解决方案。这里,我们会发现,在这类非法人团体中,资金由现任会员持有,并受限于合同权利和义务;一旦财产由俱乐部干事所持有,那么持有财产的人通常被视为代理人而非受托人。这个一般立场的例外是工会,它们处于独特的地位,就大多数目的而言其被认为是非法人机构,尽管与法人团体有着许多共同点。

2.2.3.4　信托和公共机构:慈善组织背景

在慈善方面,当我们研究慈善时,很明显,信托和信托法为特殊类型的信托法提供了基础,这也就是所谓的"慈善法"。慈善法反映了在历史上发展起来的管理机构,通过衡平法认可所设立的信托与我们遇到的其他信托是完全不一样的。这是因为,慈善法反映了慈善组织实际上是司法部长公开执行的慈善信托的事实,这类信托通常不需要授权受益人来执行。事实上,显而易见的是,慈善组织是有效的目的信托,而不是针对人的信托,正因如此,在受益人进行正常私益信托的情况下,许多"有效信托要求"并不适用于慈善信托。在这种情况下,即使没有受益人也会有受托人存在,这些受托人有责任对慈善组织进行管理和遗产管理。这相当于与慈善组织相关的信托法的一部分,且与一般信托法完全不同,实际上这类法律被认为是破格的,由于受慈善法约束的不同机构不仅是明示私益信托,也包括所有的私益信托,包括在商业交易中设立的私益信托,以及家族信托,无论这些 39
信托是以明示信托的方式还是其他方式设立,其信托都被视为默示信托。

2.3 不同类型信托的介绍:对明示信托、默示信托、归复信托以及推定信托的解释

本书中遇到的明示信托在很多情况下可以和其他信托形式结合考虑。明示信托是最简单的信托类型,它源自委托人针对财产设立信托的明示意图。它是我们所理解的最早的信托模式或类型,它也是从总体上解释和说明信托设立、运行的出发点。

在第1章,当我们提到设立财产信托对于意图使他人从其财产获利的所有人来讲是一条可行之路时,我们鼓励你将信托的设立与其财产权益联系在一起。在这一点上,我们研究了财产所有人试图设立信托而不利用其他方式来使其财产产生收益的原因。目前我们可以补充的是,因一个或多个原因,有意识的设立信托就产生了所谓的"明示信托"。这是因为在这种情况下产生的信托确实是这样子的,委托人在设立信托时已经明确表明了自己的意图,而且信托是因为其明确的意图而产生的。

2.3.1 明示私益信托意义简介

当财产所有人为其财产设立信托时,所谓的明示信托便随之出现,此行为也反映出了他的明确意图。我们会发现,明示信托为我们理解普通信托法奠定了基础。一方面来讲,明示信托是一种范式信托,因为它体现了我们平常所理解的信托这一术语,它也为普通信托法提供了基础。第一个指征表明还有一些其他类型的信托存在,在研究它们时,我们首先需要明白明示信托的全称实际叫"明示私益信托"。为了解释这一点,正如我们已经知道的,本书中所谈论的慈善信托实际上并不是私益(个人)信托。私益信托的显著性特征是其应由(且只能由)受益人强制执行。目前我们需要注意的是,不同类型私益

信托的存在,而其中明示信托是它们中的经典范例。

我们发现,这样做对于理解信托在目前和未来适用中的巨大用途至关重要,因为此举可让我们理解归复信托和推定信托。“其他类型”的信托在第 3 章中开始出现,这些不同类型的信托受区别于的明示信托适用规则的不同信托法约束,这一点在第 4 章的时候表现得尤为明显。本书会在适当的时候,尤其是在第 6 章到第 9 章,对此作进一步研究,但现阶段,重要的是理解这本关于信托法的书会研究不同类型的信托。但目前阶段,并不涉及委托人以明示或其他方式设立信托。这要求我们对私益信托和非私益信托作出更为基础性的定性区别。

此阶段对私益信托和公益信托之间的区别可作简单研究,因为大部分的区别已经在慈善简介部分探讨过。它们本质上是执行与授权的区别,受益人既被授予信托财产权,也是唯一可执行私益信托之人,而在以“目的”而不是针对人设立的慈善财产信托中,其信托协议由总检察长执行。

2.3.2　非明示私益信托简介

由此,我们需要明白私益信托可以是明示信托或默示信托。“默示”信托这一术语,通常表明该信托协议不是依照受托人的明示意愿所设立的,甚至根本不是出自他的意愿。当默示信托是依照委托人的 40
意图所设立时,这种意图并非明示,但它是依据当时情形所推定出的委托人意图。分歧出现在非明示信托的分类是非特别有用的判断上,尽管此举甚为方便,但我们会发现,委托人不必使用“信托”一词来表示明示信托的设立,甚至也不需要作出任何表述,因为明示信托可通过行为而设立。鉴于此,对默示信托是归复性还是推定性的界定同样重要,这一点将在第 6 章开始部分作一全面阐述。

在此之前,在对信托进行介绍之前,在许多不同的现实情况下会设立一种被称为是“推定信托”的默示信托,它通常以多样化的形态出现。然而,所有推定信托的共同点在于,不管所有者(信托财产的所有者)的意图如何,这种信托都是由法院强制设立,并且是由于某些不正当行为或情况产生的。就这方面而言,我们可以认定推定信托是因法律运行而产生的。被称为“归复信托”的信托协议也出现在各种各样的现实情况中,但是归复信托比推定信托更难确定,本质上,归复信托(在有限例外的情况下)是在不合理的情况下强迫实施的托管。在试图理解归复信托时,记住所有的归复信托都有一个共同特征是有帮助的,即尽管普通法所有权属于受托人,委托人和受益人实际上是同一个人。在理解这一情况如何发生时,我们需要知道这样做有两个原因,就目前的目的而言,我们会对此作一简单解释,预计在第 7 章、第 8 章、第 9 章会对此作更为全面的阐述。宽泛地讲(侧重点放在导入部分的简要介绍),这种情况的出现是因为委托人试图从有利于第三方受益人的角度设立信托,尽管普通法权利已从他处转移,但是他却没有失去财产的衡平法权利。此时,委托人从未丧失其衡平法所有权。或者,当委托人财产权已被剥夺,但是因为某些原因随后又被归还给委托人时,归复信托产生。

这是对归复信托和推定信托所作的一个简单化的介绍,旨在早期阶段指出这本关于信托法的书涉及不同的信托种类。本书已经探讨了适用于明示私益信托协议的普通信托法,而通过介绍这些不太“正式”(按照设立方式)的信托,第 6 章对推定信托和归复信托作了全面介绍,随后对其本质特点和运行特征也作了介绍。第 6 章到第 9 章,将通过讨论无法人资格的团体持有财产和养老金的方式、因同居产生的信托、秘密信托以及衡平法上的欺诈来对归复信托和推定信托的运行展开探讨。此后,第 14 章、第 16 章和第 17 章讨论的内容包括推定信托应用中的责任,此种责任即是受托人责任,也是被称为“信任陌生人”的责任,同时此责任即针对源自信托财产的未授权获利,也针对在信托违反中信托财产的接收。

早期阶段对归复信托和推定信托简明介绍的另外一个原因,是为了确保你会熟悉即将碰到的术语。继续这个主题,其他一些关键术语通常也用于对不同类型的信托进行分类和识别,这也有助于你注意到这些内容。

2.3.3　“固定”和“自由裁量”明示信托的参考解释 41

我们会很快在第 3 章中进一步发现(当着眼于创设权力以通过财产产生收益)信托是一种“强制性”的协议,这意味着,一旦信托被设立,受托人须按照委托人的指示来执行。为了实现这一点,固定或自由裁量的明示信托分类,在满足所谓的“确定性要求”有效性方面将变得尤为重要。目前,我们需要明白的是,如果有多于一个受益人意图从委托人的慷慨行为中受益,那么就会产生所谓的受益人“分类”(这个术语用来表达一个类别),或者信托“对象”,在这种情况下,考量设立的信托是“固定”信托还是“自由裁量”信托会变得非常重要。

如果在设立信托时,委托人在某一类受益人中确定了以何种财产设立信托,并明确说明每个人的份额是多少,那么这类信托就是所谓的固定信托。最明显的例子就是为四名指定受益人设立的,每一位受益人对财产拥有相同的份额的信托。固定信托中的受益人份额可能相同也可能不相同,使固定信托与其他信托区分开的因素在于,每位受益人的信托财产权份额或比例,已在信托设立之时由委托人确定。鉴于第 1 章确定了信托设立中所有人的控制权如何使其财产用以他人受益的原因,那么在设立信托时,是否并非总是由委托人决定何人获得何物?

事实上,当委托人设立自由裁量信托时,会出现不同的状况。在此类协议下,委托人会让受托人而不是他自己来确定谁是信托财产的受益人。这里,受托人对谁将获得信托财产权和其获得的份额有裁量权。会出现的情况是,委托人就其预设的财产获利者设立特定的一类受益人,然后让受托人来决定这一类受益人中谁可以获得信托财产权及其份额。在这种类型的信托协议中,就信托财产而言,那些委托人

“选中类别”之人被视为潜在的受益人,除非受托人行使自由裁量权支持其权益,否则受益人对信托财产不会有任何权益。它们在执行信托方面的地位是不同的:我们知道信托受益人是唯一可以执行信托的人,而所有委托人选定类别中的人也将会具有法定资格来执行信托(从而强制受托人按照委托人的意愿来执行),即使最终对其没有任何好处。

第1章指出“所有人支配权”是财产所有人可能为其财产设立信托而不是对其进行赠与的原因之一。如果是这样的话,那么我们如何解释当所有人给予他人以自由裁量权来根据协议决定何人受益的信托设立呢?我们可以通过查看第1章中提到的其他一些设立信托的原因来解释这一点。这里,我们认识到信托在保存财富及与其紧密关联的问题上是非常重要的,同样在避税方面也很重要。将这两个想法结合起来,我们再次发现家庭信托协议意义重大。事实上,这是第一个关于土地的现代信托,但是它们对理解英国法律文化下的信托设立,以及围绕这方面发展起来的信托本质方面具有更广泛的意义。我
42 们所知道的旨在针对同一财产创造连续利益的信托类型,是因“所有人支配权”这一观点而产生的,此外这些信托是维护财产的典范。这种类型的信托不仅能够限制个人自由处置财产,而且家庭协议也因为避税原因使得设立信托流行起来。在这种情况下,对受托人给予自由裁量权也变得普及起来。给予受托人自由裁量权有很多好处,其中一个好处就是使受托人可以改变财产的受益人权利,以占到税收环境改变之优势。另一个好处就是,在某些情况下,只有在财产权被设立时才会产生纳税义务,这也表明,除非从有利于他们的方面行使自由裁量权,否则无受益人对财产享有任何受益权,这种好处在这种情况下得以体现。然而,有意思的是,自由裁量信托受到了税法的严重打击,这也可能就是此类信托在当今并不常见的原因。

因此,有关固定信托和自由裁量信托的参考,对我们研究信托是非常重要的。此外,还有一些值得我们注意的术语,尽管这些术语在

本书中意义不大,但却有用。

“已生效”或者“可生效”的明示信托参考

继续沿此路径探讨,正如其名的明示信托源自委托人为受益人(或多个受益人)利益而设立的财产信托,在一些案件和学术评论引用中它又被区分为“已生效”信托和“可生效”信托。适当的时候你会发现,除了单纯了解这些术语和将其作为简介的一部分外,本书中出现的此类相关术语基本没多大意义。如题所示,这些术语都源自明示信托的设立,它们的不同在于,已生效信托中,委托人已经明确了受益人将要获得的权利,未生效信托中,在后续文件生效前对信托受益权的界定是不明确的。在后面这种情况下,有效信托虽然得以设立,但直到后续“指令”生效才会得以生效。这种区别完全不会对本书的分析产生任何影响,我们只需要注意更严格的推定规则适用于已生效的信托而不是可生效的信托。这是因为,在后面这种情况下,由于没有受益人财产权适用的具体指令,法院关心的是与确定委托人真实意图相关的更多“公开性”问题。

消极信托的引用

尽管它不是本书的特点,但了解“消极信托”这个术语来是有用处的。“消极”或者“单纯”信托源自受托人为一成年受益人持有信托财产的情形,此时受益人所享有的财产权利被称为“绝对权”。此类型信托适用以下情形:实质上,受益人在任何时候均可要求受托人将普通法权利转让给他,而受托人收到该请求后必须遵守。在受托人根据受益人要求向其转让普通法权利的情况下,消极信托受托人不受其他“特殊信托”信义义务的约束也许并不奇怪。这种情况常见的例子就是律师代表客户行事。某些特定的交易中,最常见的是在家庭居住房屋购买中,律师代表客户持有现金以期完成交易;交易时,客户会要求律师支付到期的款项,律师必须按客户指令行事。在这种情况下,基于财产权被授予受托人(受托人代表原始所有人)的事实,消极信托开始产生。普通信托设立后,也可以变为消极信托。这可以通过对于 A

43 授予终身财产权利的信托来进行说明,一旦 A 死亡,其终身财产权利完全转移至 B;A 死后,B 获得财产的绝对权利,受托人须按照 B 的要求将普通法权利转交给 B。

本章中的信托及信托法简介是紧随第 1 章出现的,本书第一部分重点是对明示信托的讲解,尤其是对要使明示信托有效设立所需要件的讲解。鉴于这一章前面部分实际上都在说信托的特殊属性,以及信托对他人转移收益的独特方式(特别是那些专门设立满足此目的的信托),而后面的内容则用以界定信托的不同和特别之处。我们认为可以通过研究提供收益的不同方式来对信托的特别之处作大致了解。

前面的介绍表明,重点会放在通过财产所有权的完全转让使他人受益的主要方式上。这是首先要探讨的情况,然后则是引用使第三方获得收益的合同。这里我们不仅通过信托中所有权分割的显著特征,也通过对信托协议中衡平法所赋予的受益所有人权利的意义来收集信托的特别之处。

2.4 不同于普通法中利用其他方式提供财产权利的信托

在第 1 章中,我们发现,在信托协议中,两种财产所有权能够同时存在。这展现出了信托的特别与不同之处,它们因英国法中的衡平法管辖权得以存在。所以我们应该意识到,信托之运行不同于法律规定,但是指出信托是什么以及用来做什么确实需要很大的篇幅来陈述。就信托财产而言,我们所能意识到的另外一件事情就是信托可以赋予非普通法所有人强制执行权。然而,信托的功能,以及所有权分割而成的普通法和衡平所有权的含义是很容易理解的,但什么是信托却是很难定义的。部分原因是因为信托是一种极为灵活的工具,本书中也会讲到这一点。

当然,它直接与在不同社会经济领域内信托的广泛使用所吸引的注意力联系在一起,这些在前面的例子中都有所描述,但却不详尽。理解什么是信托在许多方面是研究信托如何使用的前提,就众多角度而言,在探讨信托的常见用途前,对信托是什么作全面研究是有必要的。而且,理解信托如何使用可以帮助我们更多去了解信托的基础。在很多方面,信托是难以“确定”的,当其他完全不同的法律手段适用于与信托类似的情况时,对信托的确定会变得更加复杂。例如,会员俱乐部是基于合同而产生的,而非信托,但非法人慈善组织的财产由受托人持有。同样的情况是,如果银行因为特别任命成为受托人,那 44
么其普通账户只创建一个合同性的债权人—债务人关系。在商业企业领域,公司董事通常不是受托人,但很明显他们要承担很多受托人职责(详细阐述见第 13 章)。

鉴于这些困难,按照传统本书研究的是在普通法中出现的概念,并试图通过研究信托不是什么来解释信托是什么。实际上,通过观察信托有什么特别之处(以及什么不是众多普通法概念的特征),可以使我们形成什么是信托以及为什么信托可以做到它能够做到的事的理解。随着时间的推移,凭借引人关注的法律措施,本书试图提供了一个解释信托本质就是多数信托共同功能的方法,也就是为他人提供财产收益的功能。在第 1 章我们已经知道,信托通过特殊而又独特的方式实现了这一功能,并且借由所有权分割来说明了转移权利的重要性,我们现在需要研究的是财产所有者如何利用财产更合规地为他人提供收益。

更常用的识别方式是强调通过所有者将所有权完全转移给预设接受者来提供财产利益的机制。这里,我们研究的是所有人如何通过出售财产以及就其财产进行贷款而产生财产收益。在许多方面,对这些机制的讨论将作为表明信托的设立与财产赠与在很多方面类似的前奏。这有助于我们阐明信托在通过所有权分割提供收益的运作方式的重要性。最后,通过研究普通合同是如何用来为第三方创造收益来解释信托受益人权利的本质。

2.4.1 利用财产提供权益:“付对价”的财产转移

“付对价”或价值的财产所有权转移,严格意义上来说是提供财产收益的一种方法,因为这是一种某人真正想要“某物”则能够取得它的方法。这在诸如食品和服装的日常买卖中,或者在更多“一次性”但又非常常见的诸如购买房屋或获得股份这样的交易中都能碰到。反过来,所有的这些例子都阐明了同一个原则,通过彻底转让所有权从而提供收益。这也表明,当对其进行解释时,能使我们进一步理解什么是信托以及信托是如何运行的。

在没有对专门的货物销售法进行专业研究,也未将关注点放在这些交易的所有权属性上时,财产的所有权不再由卖方享有,而由在我们“进行合同对价”的自动售货机,或在线网络交易以及老一派的商店售货等日常交易中的买家享有。这里,一个希望拥有财产的人可以从拥有财产的人那里获得收益,这会是一个所有权的永久转移。然而,付对价转让的意义在于想要从财产中(名义上通过拥有财产)获得收益的人需要提供用于交换的东西才能够达成此目的。换句话说,转让是永久性的,但不是无偿的,对价的构成必须符合与此相关的普通法规则。

45 2.4.2 利用财产提供权益:从一方到另一方的财产贷款

解释财产付对价转让的方式很容易陷入货物销售法的讨论中,与此相似的是,在未探讨专业的金融对价和与担保相关的法律规则之前,我们很难对财产借贷有所详述。然而,从一般的财产处理角度和更具体的信托本质理解来看,我们可以把财产借贷看作提供财产收益的另外一种方式。这是因为一些想要或者需要某样物品的人能够从拥有它的人那里借到,并且拥有者也做好了出借的准备。但是,这里的财产并不是让借用人无限期“拥有”的,所以借用人受预先已落实到位的归还要求所约束。有很多借贷不涉及将普通法所有权转移给借用人。这些借贷包罗了从重型机械设备商业租赁到将你的车或者手提包借给朋友或者其他家庭成员的各种情况。这是因为这种类型的财产权要求的不只是所有权转移中的收入,由于其中没有"交换",就像在销售案例中一样;因此,前者将会通过复杂的商业借贷协议来实现,而后者不会被视为是在有意创造法律关系。

但也有涉及将财产所有权从一个人转让给另外一个人的借贷,这些借贷协议有助于揭示更多与信托相关的东西。由于英国法律中的货币属性,如果一个人从另外一个人那里借了钱,那么这些钱的所有权便从出借人处转让给了借用人。这些适用于现金本身,也适用于银行账户,这种情况下,银行和客户之间是(合同上的)债务人—债权人关系。因此,这里所有权从所有人手里转移给了接收者,尽管这受制于其约定的归还条件(也就是它的偿还),例如归还时间节点以及利息率。通常,这种情况发生在借款或贷款协议订立之时,当下将这个问题纳入考虑范围是很重要的,因为在第3章、第6章,尤其在第18章我们将会发现,金钱借贷可能来自一个实际上相当于设立了信托的协议中。但是,在许多方面,"信托借贷"是相当严谨的,因为它与规范形成了对比,也被称为"契约性借贷"。因此,严格意义上来讲,我们现在需要明白的是,借贷通过所有权转移可以产生收益,因为有人需要财产,同时也有其他人准备好了向他提供财产借贷。并且,为理解这一点,我们还需要了解的是,这种收益的预设性质是暂时性的,并通常受利息的影响。这意味着在原始所有者方面收益既不是有偿的,也不是永久的,它帮助我们建立对信托可能是什么的理解很重要。

2.4.3 利用财产提供权益:创设权力以赋予他人财产权

在法律人谈论"创设权力"时,本质上这描述了一种为以特定方式行事而设立的自由裁量权或者授权。可能我们最熟悉的权力类型就是广为人知的代理权,即使许多人不清楚它可能具体会涉及什么。然

46 而,即使不太了解代理权,大多数人还是会意识到它在特殊的情况或事件中,向代他人行事之人提供授权。就代理权而言,在出现非常具体的情况或事件时,如某个人由于在国外或临时生病暂时丧失行为能力时,代理权得以产生。对于老人或者由于退变性疾病担心丧失身体机能的人来说,设立代理权可能会是一个更为长远的策略。在本书对信托的研究中,我们还没碰到过代理权的问题,但是以此为例可以告诉我们很多关于权力的一般属性,也有助于我们领会即将遇到的赋予财产的权力。权力的一般属性就是确保某些事件发生时行动方针得以遵守,如果方针得以遵守,那么权力则不必行使。与权力相关的术语是权力授予人(将权力授予他人的人)和被授权人(可行使权力之人)。

鉴于这是对财产所有人使用财产使他人获得收益的方式的讨论,我们在这里提到的权力类型就是所谓的“任命权”。全名为“财产归属任命权”,这一术语的出现源于将“任命”作为“授予”他人财产的同义词。

第3章将会阐明有时候对授权人是否希望对其财产进行信托管理,是否对其任命之人给予授权,均难以判断,而且对不给予他们自由裁量权也难以判断。有时候,很明确是在设立一种任命权,因为所伴随的指令是一个默认条款,即对财产所采取的一种替代处置方式,如果这种授予他人的特殊权力未被遵守。从 *Gestetner's ST* 案中,我们得知这种默认条款的专业术语是“未履行任命的可变赠与”(简称“可变赠与”),简单来说,如果没有执行权力,那么它就是财产处置问题上的一个“替代”条款。我们也会发现所有的权力都被分类为独立(或个人)权力和信托权力,这种分类取决于权利授予人和被授权人之间的关系属性。就财产而言,权力授予人将是财产的所有人,但是为何又会出现这种提供财产收益的手段呢?

在许多方面,(财产)任命权是早期的一种“遗留物”,当意识到处理财产的不同方式允许他人从财产中获得收益时,任命权便随之出现。当财产所有人希望将其财产赠与他人(而不是设立信托)时,他就会授予某人自由裁量权以决定是否进行财产分配来支持预设接受者,从而灵活地反映不断变化的环境和不可预见的事件。在所有人已经离世不能再亲自作出相应行为的情况下,这点尤为重要。

就自由裁量信托而言,除非从有利于他们的角度实行权力,否则权力对象没有确定的财产权利,但是一旦有了确定权利,那么他们将以无偿和永久的方式获得所有权。

2.4.4　利用合同为第三方提供权益

在第 1 章,我们了解到设立信托的原因之一,是信托为受益者创设了可执行的权利。所以目前我们知道,所谓的明示信托将给予财产的预设受益人以执行的权利,而且我们也知道当财产所有者表达了应该这么做的意图时,就会产生明示信托。当我们在现阶段对信托机制不够了解的时候,我们已经意识到所有人通过任命受托人执行信托, 47
或自己承担信托职责来践行他的意图。一旦发生这种情况,所有者兼委托人会失去一切财产权利和对信托协议的一切控制权(除非其作为受益人在新的信托协议中取得不同的行为能力,这种情况的确会出现);只有受益人才能执行信托,受益人提供对价是非常罕见的事情。实际上,这是因为受益人是赠与财产的接收者,尽管这是一种没有转让完全所有权的赠与,也是为另外一个人,也就是为受托人设立义务的赠与。在信托协议中,如图 2－1 所示,只有第三方受益人才能够真正地执行信托协议。

第 1 章提出这一点时,有观点认为,通过赋予受益人可执行的权利,就信托和合同的地位比较而言,基于合同相对性原则,传统上后一种具有法律约束的协议只能由其双方当事人执行。这里介绍了原则上财产所有者通过合同的方式同意另一方为第三方提供收益的方式。而解释它是如何运行的则暴露出使用合同的局限性,同时帮助阐明信托在实现这一目的时候的明显优势。

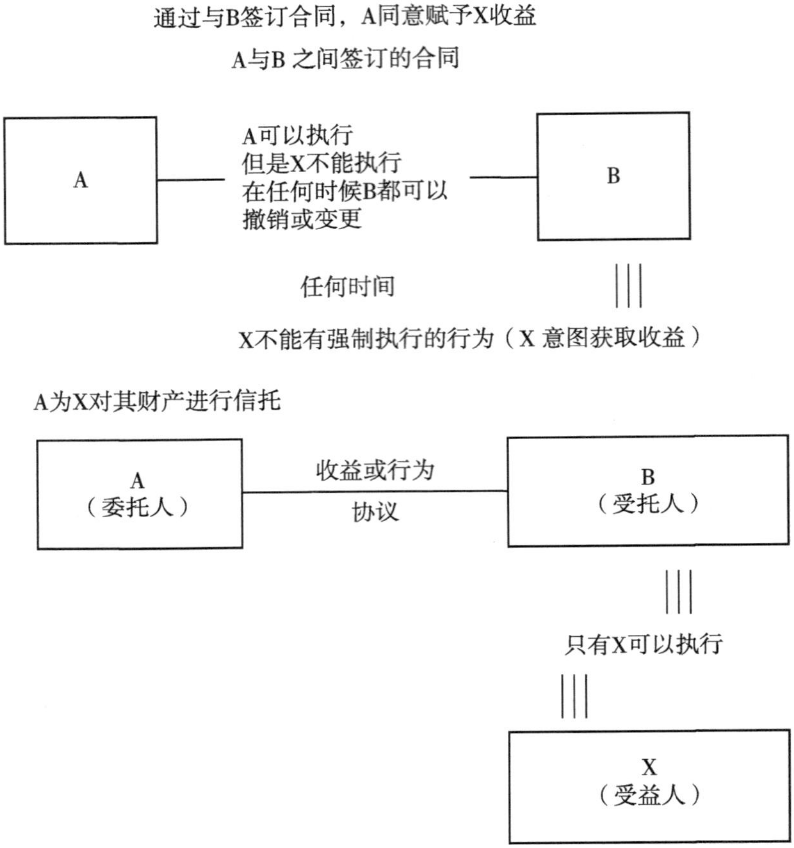

图 2－1　信托和合同

先来说前者，以著名的 *Beswick v Beswick* 合同案为例，我们可以
48 发现合同是如何被看作将财产收益交付给另一方的方式之一。同样还是 *Beswick* 这个案例，告诉我们合同在为第三方提供收益的同时也涉及了财产所有权转移的问题，虽然涉及的是预设受益人之外的其他人。因此，我们会发现合同和信托之间的相似之处，因为接受者从这两类协议中都无法得到普通法所有权。*Beswick v Beswick* 案还向我们展示了合同是如何被用来产生预设的永久、无偿权益的情形，这与信托中预设接受者并不打算拥有财产普通法权利的情况很相似。在这

起涉及年迈煤炭商人 Peter Beswick 的案子中,Peter Beswick 将自己的生意转让给了他的侄子,(除其他事项之外)他的侄子同意在其去世之后每周支付 5 英镑给 Peter 的遗孀。

第 1 章指出,信托历史性地在规避合同相对性的限制上提供了一个非常重要的方法,而合同相对性原则在为第三方提供财产收益上是一重大障碍。合同相对性规则是一项经过广泛而又长期考证的原则,这一点在法律委员会 1998 年刊物《合同相对性:第三方收益合同》(法律委员会,242)中得到了认同。1998 年因为产生了恶劣的后果,合同相对性原则长期以来一直受到批判。法律委员会指出,缔约双方为他人提供权益而达成具有法律约束力协议的原因尤其说明这一情况。这在 *Beswick v Beswick* 案中得到了最经典的阐述,如果合同相对性适用此案,那么就会产生非常恶劣的后果。

Peter Beswick 去世之后,他的遗孀变成了他遗产的女管理人,力图执行她已故丈夫代表她与其侄子达成的协议。上议院裁定,Beswick 太太不得就其本人权利提起诉讼,理由是她不属于合同相对方。换句话说,她不被允许以第三方"X"的身份提起诉讼。然而,她可以以"A"的身份提起诉讼,也就是作为缔约方之一,她从已故的丈夫那里得到了变成女遗产管理人的权利,接替了他的法律地位。此时,这使她能够以"X"的身份获得养老金偿付的具体履行。

虽然 Beswick 太太非常幸运地能够成为这个特殊案例的缔约方之一,但我们可以发现,许多合同受益第三方接受者是没有这个资格的。这显然是法律委员会所关注的一个问题,1998 年之后,迅速颁布了《1999 年合同法(第三方权利)》。根据这一法律,非合同缔约方的人得以执行合同,该法第 1 条规定,如果其执行合同条款的权利已被合同明确规定,或者合同条款旨在为其提供收益,则其可以执行该合同。据此,合同里明确规定他可以执合同某一条款的权利,或者合同条款意图赋予他收益。然而,这可能不是"三方契约",因为第 1 条第 2 款规定,对合同适当的解释上,第 1 条可能并不适用先前的条款,缔约双方似乎也并不打算让第三方强制执行这一条款。即使条款意图为第三方提供收益,由于进一步的合同法基本原则,其立场比设立信托所赋予的权利更加不确定。

英国合同法的核心一直都是缔约双方有权同意更改或者取消协议。因此,即使最初同意为第三方提供利益,缔约双方也可以在将来撤销此条款。这使缔约双方不仅将给予第三方的执行权予以"撤出",事实上也使缔约双方随后同意撤销其收益。故而,法律委员会建议缔约双方可以明确地保留变更或者撤销该法第 2 条规定的第三方的信赖或接受的权利。

49 就信托的主要侧重点而言,本章的主要内容,通过研究信托、合同的特征及运行来试图说明对信托能有多大程度的了解。借助研究合同相对性及其在 1999 年法案中的"重塑",揭示出合同是第三方权利不确定的提供者。那些为第三方利益达成协议的人可能会去履行合同,不会试图去撤销合同,从而赋予其有意义的执行权。然而,这与设立信托时所产生的权利形成了鲜明的对比。一方面,有效设立的信托是一种永久性的、不能被撤销的协议,因此,这为第三方受益人确立了地位。这意味着,信托一旦设立,除非明确地为自己保留所谓的"撤销权",否则委托人没有机会撤销信托协议的条款。这是因为,信托一经设立,更改信托协议中对 X 不利的因素就相当于收回其所进行的赠与。正因如此,与明示信托相关联的执行权被衡平法承认为是信托"相关权利",它就如同是普通法所承认的合同缔结方的执行权一样的权利。*Foskett v McKeown* 案通过"强硬财产权"向我们描述了受益人信托财产权的特征(见第 1 章)。

因此,虽然 1999 年法案迫使我们重新评估了信托和合同之间传统上存在的关键区别,但立法也不是第三方章程,设立信托是创设第三方权利更为确定的方式。

就目前的目标而言,我们热衷于强调信托的核心特征,即永久和无偿地提供财产收益,而且受益人的执行权反映出,根据信托,他享有一种财产所有权。此点使信托更像是赠与,这也是目前值得研究的一点。

2.4.5　利用财产提供权益:为他人创设赠与

第1章介绍了全面理解信托的方式,通过比较设立信托与进行赠与来了解了什么是信托、信托是用来做什么的。我们现在要研究的是赠与,我们可以更多地了解我们现在所知道的被称作明示信托的内容:明示信托是信托的一种,是因财产所有者试图使用其财产为另外一方提供收益而产生。对赠与的研究为我们理解赠与和信托之间的不同,尤其对理解出现这种不同的原因提供了基础。

赠与作为在法律中可以找到的不同机制的最后一个,使财产所有者利用其财产来为另一人谋利。这是因为,对信托了解得越多,我们就会发现赠与和信托有非常多的共同特征,尽管所有的这些(另外的)协议以不同于信托的方式运行着,而信托中最特别的运行特征就是所有权的分离。虽然借贷和付对价的转让都为那些想要从财产所有人财产中获利之人提供财产收益,但是接受者必须为此付出代价;在贷款的情况下,此种受益并非像信托中的收益无偿与永久。就第三方受益的合同而言,受益是无偿的,但可能是永久的,也可能不是永久的,因为合同是可以被撤销的。在赠与的情况下,受益总是无偿的,一旦产生有效的赠与,那么受益便是永久且不可撤销的。一个法律认可的 50
有效赠与会在法律上对接收者给予财产所有权,即使他没有提供任何回报。

虽然我们对这两种机制是如何不同地运行已经有了一定的概念,但我们可以发现在很多方面这些特征使赠与和信托非常类似。我们知道信托的显著特征就是通过把财产所有权分割成不同的所有权来提供收益,现在我们需要了解如何实现财产的赠与,以便我们可以对这两种机制进行比较。和信托运行方式一样,赠与旨在为财产创造永久的、不可撤销的、完全无偿的收益,这种方式可以在判例 *Milroy v*

Lord 案中找到。在研究明示信托设立方面这是一个非常重要的案例，我们将会在第 3 章、第 4 章和第 5 章(以及第 18 章)遇到。就这一点，*Milroy* 案解释到，希望提供这种收益的财产所有人可以按照这样来做：

> 为了使自愿授产协议合法有效，委托人当然可以通过真正地转移财产给他预设的受益人，这种情况下，自愿授产协议便是具备法律效力的，如果委托人为了授予财产的目的转移财产，或者声明他基于此目的持有信托财产，那么自愿授产协议同样也具备法律效力。

为了澄清这里使用的术语，正如我们在第 4 章、第 5 章即将遇到的，“有效的”和“有法律效力的”被当作“有效的”同义词。这是一个大多数人认可的术语，在研究“无效的”和“无效力的”财产转让时，这一术语非常重要。现阶段可能不那么熟悉的是“自愿”这一术语的使用。我们确实遇到了这一术语体现在衡平法箴言之一中——“衡平法不会帮助自愿之人”，而在第 4 章和第 5 章这一点会变得更加重要。我们这里需要理解的是“自愿授产协议”或者“自愿转让”这个术语，它指的是财产所有者以利于另一方的方式对其财产进行自愿授予或转让，就另一方而言权益是无偿的，并不涉及任何对价。在这种类型的协议中，接收者被称为是“自愿接收者”。

从 *Milroy* 案 Turner L. J. 所做判决非常著名的一段中，我们可以发现信托和赠与这两种机制之间的相似之处，以及它们预期效果之间的相似之处。在这里，由于一方希望另一方永久且免费地获得其财产收益，所有两种机制都将涉及财产所有者失去财产的所有权。赠与最简单的定义方式就是将财产的所有权无偿地转让给另外一个人，严格来说这也解释了赠与是如何实现的。赠与协议中的双方分别被称为“赠与人”和“受赠人”，进行赠与时会出现的情况是，赠与人将失去体现在其所有权上的财产“权利束”，它们将会被财产的预期接受者所获得。从第 1 章我们得知,完全所有权是以拥有财产的普通法所有权来体现的,当进行赠与时,财产的所有权通过财产普通法所有权的转移来实现人与人之间的互相传递。

在一定层面上,作出赠与很简单:财产赠与的出现是因为这是财产所有者希望发生的事情。我们通过生日、家庭、宗教以及文化聚会互赠礼物的风俗熟悉这一点,但是互赠礼物深深扎根于我们心灵深处,所以我们中许多人永远不会想到这会涉及法律机制。当我们在这些场合进行赠与时,因为我们想要他人拥有这个礼物,因此我们正在做的就是把我们所拥有的财产所有权转让给了他人。我们不熟悉的 51
是,如何做到这一点实际上反映了进行合法有效赠与时所伴随出现的法律规则,赠与一旦产生了便不可撤销。

有效赠与的法律规则因财产所有权的转移而适用,不同于付对价转让,它适用于无交换情形下的无偿财产转移。因此,几乎没有所有权转让的可见指标能够说明这就是财产所有者实际想要的结果。能够确定和确立这一结果是非常重要的,因为所有者将失去财产的所有权给另外一个人。正因如此,法律制定了规则,这些规则管理着人与人间所有权转移的法律规制,并确认赠与已发生,且将其视为"有法律效力"。我们将在第 4 章发现,所谓的"转移的形式要求"是用来防止财产秘密交易的,并确保只有财产所有者才能将有效的所有权进行赠与,并且赠与发生时,新的财产所有者才会被完全认可。

第 5 章将其形式进一步阐述,但是在关于赠与的讨论中,我们可以发现无偿转让的形式要求涉及两件事情:第一,法律要求的在人与人之间的任何所有权转让中都体现出来;第二,确保这是财产所有者所要求的,因为很明显他希望是这样的。在出售所有权时,后者的功能通过所涉及的付对价"交换"得以体现,尽管在赠与的情形下,它要求财产所有人展现出将为他人利益而无偿将财产所有权赠与他人的意图。就转让的实际要求而言,法律的要求取决于财产权的性质而非价值。

当这两个因素结合在一起时,根据英国法律中的财产权分类情况,我们可以发现,作出有效财产赠与的要求导致了不同手段的出现。所需要的内容将取决于两个方面:第一,财产是不动产还是动产;第二,就动产而言,财产是有形的还是无形的。

财产所有人如何进行有效赠与

想要成为有效的赠与,并赋予新的所有人法律上承认的“权利束”,所有的赠与要求实现所有者的意图。这一点可从书面契据赠与清楚说明,或者从所有者将财产转让给接受者时清楚表明接受者已经成为财产的所有者来说明(他没有进行财产借贷,也没有进行出售等)。对于属于动产的个人财产,或其占有的动产,所需要的一切反映了日常生活中动产的交易是十分平常的。事实上,普通法甚至制定了更加灵活的“象征性”交付方式,由于财产的大小,或者有时候,财产的价值,实际的物质交付会变得困难,这在 *Jaffa v Taylor Gallery Ltd* 案中进行了描述。

即使没有对即将讨论的形式要求进行详细讨论,我们已经有了一种意识,即关于财产如何从一方转让给另一方的规定试图通过阻止意图外的财产交易来保护所有权。就这点而言,正常的是法律就日常交易较少的财产类别所建立的附加要求比动产少。在处理土地和无形个人财产(动产权利)方面,通过赠与契约或通过交付给目标接受者来确定意图只是实现有效转让的起点。

52 以土地为先例,除非以书面转让形式进行,否则土地财产所有权转让无效。这一点以《1925 年财产法》第 52 条为参照,也就是说,所有人可以告知另一人他要将自己的房屋赠与他人的意愿,但是,除非有严格意义上的转让契据,否则财产所有权便不能从其所有人的手中转让给意图被交付人。针对无形个人财产,真正所需要的取决于权利财产本身的实际形式,而不是围绕书面和背书(签字)的各种要求,有时也包括登记的项目。这反映出在诉讼中无形财产本身更加不容易被人察觉的特点,因此权利财产的交易范围并不明显,与之

相对的所有权则显得较为明显。所以,就此而言,无形财产包含如下财产:

- 根据《1882年交易法》而获得所有权背书的支票;
- 必须符合《1998年版权、设计和专利法》第90条第3款的版权;
- 股权转让必须符合完全适合股权转让条件,并且需要注册登记,所需手续必须符合《2006年公司法》("公司立法"的长期要求)。

法律上被视为无效的赠与

倘若这些要求未能达成,对于所有权转让的尝试在法律上就不会被认可,会被视为无效。这种无效的转让就是"不完全转让",或者是"无效转让"。在一些案例中,还有一些不完全转让或者无效转让的情形可以作为"不完美"的参考,因为它们是具有缺陷的,不能有效地对所有权进行转让。

这些情况下通常的结果就是原所有人会保留所有权,因为拟定受益人从普通法上不能够获得所有权。要理解"通常的结果",就要以普通法的思维来看待,转让如果失败的话,赠与也就随即无效了。这一点可以从 Turner L. J. 在 *Milroy* 案(参见第2.4.5节的开头部分)中的判词中发现。无论如何,因为衡平法考量更多的是公平的结果,有时候它比起普通法就会更加灵活,因此衡平法上有可能接受普通法上不接受的转让,将其视为有效。

当研究形式要求时,我们会发现衡平法在完善财产转移中的更多作用。就目前意图而言,它已足以解释赠与中的所有权完全转移,同时为了巩固赠与,也要求所有权完全转移的存在,在这一点上,它与信托大不相同,因为信托实现了所有权的分割。

2.5 从信托介绍到信托实体法以及由“所有权”提供的最初关联

2.5.1 实体法引入和核心分析

在介绍信托的实体法之前,首先需要考虑贯穿全书来进行分析的核心主题。本书新增部分反映了日益发展的法律研究趋势,以此来说
53 明对参与使用“行动中的法律”的今天,它们对法律人来说都是非常重要的,与之并存的法律“条款”也是必须学习和理解的。强调法律如何理论化,反映了学者们通过尝试了解法律基础和感知功能,并使用智力思想、模型、结构来解释现存法律规则的重要性。这在解释法律是如何被理解和合理取向上,以及如何和为什么要对法律进行批评是很重要的。

对信托法理论基础的关注,是通过 John H. Langbein 制定和发展的法律规则分类法进行的。在这里,Langbein 将约束信托(我们所称的明示信托)的信托法规则分类为“强制性”规则和“默认”规则。如前文第 2.3.3 节所述,设立信托时就财产的责任和权利已经形成了协议,而这个协议本身就是强制性的。也就是说,信托一旦设立,须按照委托人的指示执行该协议。Langbein 的分类法体现了执行这种强制性协议本身就是受法律规则约束的,本质上这种协议既是强制性的也是默认性的。

在此框架内,借鉴 Langbein 在耶鲁大学学报发表的著名研究著作(2004 年),强制性规则是“禁止委托人变更”的信托法规则。鉴于信托是强制性协议,初识信托法时略让人惊讶的是,信托法似乎不完全是由强制性规则所组成的。然而,当我们研究已设立信托的运行约束规则时,我们会发现委托人兼设立者享有“改变或否定”权的信托规则。在这个阶段可能非常令人惊讶的是,Langbein 如何解释信托法中

“绝大多数是默认规则”,也就是说委托人可以自由更改或者忽略这些规则。对于 Langbein,这些可以被分析为信托法的“契约性质”。

Langbein 的著作(在本章结尾处全文引用)中有很多你暂不能理解的地方,因为到目前为止,我们并未覆盖他所讨论的内容,而且当然也是基于美国的信托法的内容。随着你对英国信托法研究的深入,你将能够对 Langbein 所提出的观点有更进一步的理解。在这个阶段,粗略看一下,确保你已经掌握了将遇到的他对信托规则分类的基本思想,并确保随着学习的进展能更好地掌握这些基本分类。

2.5.1.1　Langbein 和研究英国信托法中明示信托的重点

本章将努力研究以这些术语表达明示信托的信托法规则,这些内 54
容将促使你考虑为什么信托法的一些规则是委托人不能更改或者忽视的,但在其他已经完成的方面却享有很重要的“发言权”。值得强调的是,这个框架只适用于明示信托,也就是适用于源自委托人应表示之明示意图的信托协议。正如我们所了解到的,信托也可以独立于委托人的意图而产生,甚至与其意图相反。

信托协议在法律上被认为是依委托人意图所设立的,而对约束这些协议的信托法规则的分析,则展现出信托法的强烈契约属性。尽管我们会在第 3 章发现,即使这样,有时需要以不直接的方式配置“意图”和有意识地设立信托。首先,我们将看到强制性规则在初始章节中的特别强调,这些章节解释了为了使信托产生而必须满足的要求。在此点上,这是对所有权及其意义所做介绍的后续内容。

2.5.2　从理解“所有权”导入信托实体法

继本章和上一章对信托的介绍之后,第 3 章标志着我们对信托实体法研究的开始。本章将详细研究设立有效明示信托的要求,并将逐章研究设立有效信托的基本要求。第 3 章以所谓的“确定性要求”的考量开始对有效信托的研究,接下来第 4 章对形式要求做了讨论,第 5 章则以前几章探讨内容的集合点为重点,研究信托如何构成。在这方面,通过将侧重点放在设立有效信托要求的内容上,第 3 章、第 4 章以及第 5 章可以看作关于信托有效设立的集合章节。

不管是否直接为特定的人提供收益,还是不那么直接地寻求避税,这些大部分核心材料适用于委托人为了提供财产收益这个目的而设立的明示信托。这体现了一个将在本书中几处引用到的观点:普通信托法的演进和发展反映了设立财产信托的专门意图。此点在我们研究本书下一部分出现的默示信托时,将会得到证实,即使在被视为“私益信托”的信托中这也是清楚的,约束默示信托的设立和运行的法律与法律承认的设立财产信托的专门意图是大不相同的。

一般信托法,体现了明示信托是如何有效设立的。我们也需要理解只有在法律上拥有财产的人才能通过信托的方式处理其财产。这是设立有效信托的要求之一,但是在谈及源自根本前提的基本要求之
55 前,这是可以简单处理的。这就是所谓的“身份要求”,在这方面,我们可以发现在为他人设立财产信托时,合法的所有人权利是作为他自由处置财产的部分普通法权利。当然,他的部分“权利束”也体现在财产所有权中,这一点通过他持有的普通法权利得以正式体现。

第3章　三个确定性和“受益人原则”的重要性　56

本章标志着我们对实体信托法研究的开始,并着重于确定性要求的研究。因此,它也标志着研究信托设立的核心章节的开始,这一章节主要侧重探讨设立有效财产信托的要求。此外,它为我们研究明示信托相关的“强制性”和“默认性”法律规则的Langbein分析框架提供了直接背景。如上一章所示,“禁止委托人变更”就是我们将发现被视为强制性规则的地方。在你通读这些内容的时候,想想为什么确定性规则可能属于这个范畴,而不是由于过分强调的信托法“合同属性”而让委托人自由地“更改或者取消”。

回到确定性规则上来,它不同于我们在本章第Ⅰ部分发现的其他一些要求,它们适用于所有私益信托。说到这一点,当我们指的是通过设立明示信托有目的地使用信托来授予财产权时,或者尤其是在我们考虑“意图确定性”时,这也就意味着这些要求是最直接和最明确的。这一章其余部分也是同样的情况,但是密切相关的重点是:受益人原则。它被视为信托法的根本原则,再一次强调,尽管这一原则在明示私益信托中的适用性是最明确和明显的,但除慈善信托之外,这一原则适用于所有的信托中的一些表达方式。

按照传统,本章是以阐述为什么设立一个有效信托时要有确定性要求的存在,以及为什么没有确定性要求的存在就不能设立有效信托为开始的。本书选择了不同的方式,这一要求的基本原理将被用来以确定性结束这个段落。这样做有两个原因:一是反映了确定性的实质内容;二是反映了本章的结构。对于后者,本章细分为两个不同的部分,但这些部分确是密切相关的。通过考虑对象确定性要求,我们会发现紧接着就会对受益人原则进行讨论,也会对一系列截然不同的问题进行讨论。对于前者,你会发现确定性在内容上的冗长性以及有时候的繁复性。当考虑信托的对象确定性要求时,我们还必须谈到这些要求在所谓的"权利"中是如何运作的,关于这点已经在第2章讨论过,故而这点才尤其如此。因此,我们希望,将反映这些要求的满足要件打包起来,可期开辟一条明晰有用的理解之路。

第I部分:确定性和有效信托的设立

3.1 确定性要求:一般概述

作为出发点,Langdale 爵士基于 *Knight v Knight* 案的判词因其对
57 研究要求的确定性的解释而十分出名。从该案判决中提炼出来的确定性要求分类标准可能会受到抨击(实际上也确实受到了抨击),但是这种分类从传统上来说一直被法庭所沿用,至今仍然是司法方式中最惯常使用的确定性要求。基于此,出现了"三个确定性"——但是,在我们详细讲述具体确定性之前,聊一聊什么是"确定性"应该大有

裨益。

在本书中，当我们考虑要设立有效信托的时候，不管是需要满足什么样的“确定性需求”，都是要试图为财产设立信托的首要参考。所以，要搞清楚什么是确定性，可以参考 Langdale 爵士如下描述：

> 作为一般规则，当财产被完全给予某人时，此人……可以为他人的利益来处理财产……这就被视作信托……第一，如果语言确实是如此表达的，那么信托就是势在必行的；第二，要假定（协议的）标的物是确定的；第三，对象或潜在被推荐的受益人应该是确定的。

故而要清楚地总结 Langdale 爵士对于确定性的分类，我们可以就有效信托的设立进行理解（这些是适用于明示信托的最清楚的规则）：

- 必须确保委托人有对财产设立信托的意图；
- 必须确定信托财产的内容；
- 以及必须确定在信托授产过程中的受益人。

进一步来说，这些对信托的明确要求被称为“意图确定性”，同时，“标的物的确定性”是要求授产进行的明确表达。要求可能受益人的确定性被称为“对象确定性”。

确定性的满足和确定性的缺失

目前所有的一切都将我们引向设立有效私益信托的要求上，通常来说，当我们谈及“有效要求”时，我们所处的立场在于，如果这些要求没有被遵循，那么意图设立信托的努力就不会成功，信托就无法成立。不管怎样，有了确定性要求，未能成功为他人设立信托的现实情形要依据很多其他情形。当我们开始审视要求本身，并解释每一个因缺乏特定步骤而使信托失败的时候，以上情况会变得更为清楚。但是刚开始的时候，在缺乏意图确定性的背景下设立信托似乎也不会造成什么有区别的后果。当其明确（或确定时）的结果——设立一个信托是意图之所在，但是如果对信托和受益人表述不清楚，信托则无法设立。 58

在此阶段去理解这一简要立场是非常有好处的,但当然也会遇到相关禁令,但是若是讲述背景适宜,理解起来也会十分简单。

目前三个包含确定性的组成部分的详细的解释就囊括了确定性的要求,若这些要求未能达成,则信托也无法设立。当我们阅读材料的时候,我们必须铭记于心,要使信托成功设立,三个需要都必须被满足,虽然能否满足个人需要在不同的顺序中还会有所区别。最直接的后果就是,财产拥有者所设立的信托看起来是为了设立,实际上却与之相反。

3.2 意图的确定性

目的确定性要求源自 Langdale 爵士的要求,他表示"使用的字词"必须清楚明确,要能够表达出信托具有信托性。有时候这也会被误解为"用词的确定性"要求。这并不是 Langdale 爵士推理的真正用意,但是却是这些分类不断被抨击的原因之一。其实这种术语从很多方面来说,被解释为"必须清楚表达委托人有意愿设立信托",会显得更为适宜。本质上说,有如下原因:

围绕信托设立的实践活动

尽管我们已经在第 2 章中了解过,很多明示信托都建立在书面文档之上,这是由于他们需要在税务计划中作出考量,而不是由于有这方面的必要性需求。确实,第 2 章中提及的内容在第 4 章中会得到进一步解释,通常来说,信托可以通过口头声明来设立,并非一定要书面声明。

法庭会对信托中的用语进行考量,而不是将其作为必要依据

我们发现,法庭会考虑用词重要性的证明,但是不会去考虑其包含的所有义项,在本章中,信托用语的讨论也出现在 *Harrison v Gibson* 一案中,对这个判例中的用词而言,法庭对它们的解释更多是在单纯的语境下，而不是考虑比较宽泛自由的解释。而且，衡平法更看重意图而不是形式，这就意味着，信托的设立可能涉及非常简单、不那么专业的术语，甚至有可能不使用“信托”这个词。因此，意图确定性指向了一些其他的形式，而且另外的形式也不能取代词语的确定性。当我们去思考法院的判案情况时，我们更容易看出，法官思考更多的是（词语表达的）精神，而不是字面含义，Langdale 爵士的方法正好就是一个证明：在一些情况下，委托人的行为（用语的真正含义）可以作为其意图的证据，判断设立信托的意图。

在 *Harrison v Gibson* 案里，这个方式也得到了反映：很多信托以书面形式设立，要么因为它们源自遗嘱（因此有了宣誓信托，以 WT 作为前缀），要么因为它们被用于税务目的。在后面的情形中，书就书面声明或为信托的设立提供了文件性的证据，而这也是税务计划的核心 59
所在。在此种背景下，现代信托“先例”会被很细致地起草出来，以满足个人委托人的税务计划，同时也会对高度复杂性和偶然性提供机会，有了 *Harris* 案件，甚至是一模一样的词语，因为不同的背景和不同的使用者，它们都可能具有不同的含义。

3.3　与意图确定性相关的现代法律

在此，我们会进一步来看当某人试图设立信托的时候，财产所有者如何确定（或者说明确）其意图，而不是采用其他的方式来实现他的目的。在 *Knight v Knight* 一案中，Langdale 爵士提及“势在必行”的意思，在随后的篇章中，大家会有更清楚的认识。就目前而言，财产所有者去明确表达并不令人吃惊，因为他们需要通过清楚的表达来实现设立信托的意图，比如，他们的财产“要给予 B，但是为 C 设立信托”。这会让事情显得非常清楚，但是成功设立信托财产一般也不是必须要说得如此清楚。

本章的标题显得比较自由,这是因为,本章内容所说的性质已经在普通法上得到了强调。再者,本章的出发点来自 Langdale 爵士在 *Knight v Knight* 案的著名判词,显示出法院是如何适用这一点,并且如何从现实情形中提炼出来的。就此而言,*Knight* 案的现代化发展反映出,信托的设立源自商业交易,更重要的是,和传统信托相比较而言,现代信托更多涉及家庭财产协议。但是我们还是需要看看历史上 Langdale 爵士的判决,以此来解释现代法庭中可接受和不可接受的部分——无论是否在传统信托的背景下,也或者,来解释为什么商业交易中信托的身影越来越常见。

就这些原因来说,设立信托最明显的证据经常是书面性质的,这在 *Harrison v Gibson* 案中得到了解释。但是我们同时也要注意到,即使没有书面文件,信托也是可以产生的,而且即使委托人没用"信托"这个词,信托也可以产生。在此,通过考察 *Paul v Constance* 案和一系列其他的案子,比如 *Kayford* 案,我们可以发现法院在裁决的过程中还是颇具灵活性的——有时候意图表述并不明确,有时候甚至并未明确表示。我们也可以发现,不需要很多权威判例就可以说明,用词、行为都可以为信托提供意图证明,从而导致信托的设立。

Paul v Constance 一案涉及一对同居的情侣,Constance 先生和 Paul 小姐,案件源于 Constance 先生死后,银行账户的处置问题。关于钱的主张由 Constance 先生的妻子提出,她是合法的妻子,而 Paul 小姐是 Constance 先生同居的女朋友。原本涉及的财产是 950 英镑,这笔钱来自 Constance 先生在一场事故中的赔偿,它被存进了银行账户,挂在了 Constance 先生一个人的名下。有证据显示这笔钱是 Constance 先生打算用以他和 Paul 小姐生活开销的,不管从普通法角度来说,是
60 不是仅有他一个人名字出现在银行账户上。Constance 夫人首次存款之后,有多次的资金流入或转出此账户。他们两人平分了 150 英镑的提款,账户里有几笔存款是通过宾果游戏赢来的,这被看作两人的共同收入。当 Constance 去世后,所产生的问题是 Paul 小姐是否可以主

张存款中的任何份额。如果账户里的钱只属于 Constance，那么他的妻子 Constance 夫人在他死后将合法拥有这笔钱。

上诉法院裁定，Constance 对这笔钱无绝对拥有权，相反 Constance 以信托的方式和 Constance 夫人共同持有这笔钱，这让 Constance 夫人拥有和他同等份额的钱。尽管没有使用任何与信托相关的字眼，相反，Constance 的意图确定性可综合他对 Constance 夫人所作陈述，围绕信托协议他所表现出来的行为，以及他与 Constance 夫人之间关系的性质推断出来。事实上，以这种方式表现出设立信托的意图非常恰当地反映了 Constance 单纯的性格和行为举止，就如 Scarman L. J. 所说：

> 当考量详细的证据去判断它是否符合要求时，那么我认为证据确实如此，发现从死者得到索赔权到他去世，他会说，必要时，原告和他拥有同等份额的钱。当他们在讨论损害赔偿金时，谈论如何将它们进行投资或者如何处理它们时，以及当讨论到银行账户时，他会对她说，“你的钱和我的一样多”。

Scarman L. J. 还建议，这是一个边界性的裁决，很快会对其原因予以研究，但对满足表明信托设立意图确定性的认定要求给予很大的空间，Scarman L. J. 强调，不管如何阐明确定性意图，在语言或是行为上必须有一个确定因素（世俗的或其他的）呈现，才可以使法庭裁定该信托是依意图设立的：必须有语言或行为上的清晰证据用以表明信托依意图而设立……一个处置财产或资金的意图，它使他人排他性的获得财产的受益权。

Paul v Constance 案以及“环境”对明确意图确定性的重要性

Paul v Constance 案被适用于 *Rowe v Prance* 案中，表明法院继续对家庭关系背景下的意图确定性作出裁决。此外，还有一系列与 *Paul v Constance* 案同一时期的案件向我们表明，法庭越来越多地在家庭交

易之外作出这些考量,实际上将其纳入了商贸交易中。这里,一系列与 *Kayford Ltd* 案同时期的商业案件,更多地揭示了,哪些内容须通过语言或者行为得以出现以满足信托设立意图。

与此案件相似的后续其他案件,如源自公司财政危机的 *Kayford* 案正是此类案件之一,在这些案件中,公司被裁定拥有资金信托,而这些资金来自他们与其顾客或他人的交易。当我们在第 5 章研究信托是如何有效构成时,我们将再次回到这些案件中,如我们遇到的 *Paul v Constance* 案以及我们稍后在这一章将碰到的其他案件(值得注意的 *Jones v Lock* 案和 *Richards v Delbridge* 案)。但是,目前来说 *Kayford*
61 案以及其后的案子向我们说明,法庭允许仅从行为上来确定意图的确定性,并且为了实现这一点,对于必须展现的内容会有要求。

在 *Kayford* 案中,一家财政困难的邮购公司,担心破产的董事试图去保护那些下单的客户。为此,公司设法开立了一个单独的银行账户,这个账户被称作"顾客信托存款账户",用以在货物交付之前保存客户的存款和付款。这样做的意图是,客户的资金应该与公司的一般资金分开,但该公司的银行建议,与其开立一个新的账户,还不如使用已经开立但暂停使用的账户,这种已经存在并以公司名义所开立的账户拥有小额信贷额度。当公司破产时,法院裁定认为该账户的资金(减去小额信贷额度)以为顾客设立信托的方式由公司持有。这意味着,公司的未收货顾客没有成为公司的普通债权人(按照顺位等待公司可用资产的偿付),而实际上成为该笔资金的受益所有人,这些资金不会按照普通的破产规则来分配。

正如 Megarry J. 解释说:"在没有使用'信托'或者'信赖'这些字眼的情况下信托也是可以设立的,或者说,问题在于足够的信托设立意图是否已经展示出来了。"在这方面,Megarry J. 坚持认为,该款项并没有按照原来的打算放在独立的账户里是无关紧要的。这涉及围绕通过确定信托设立意图来改变普通债务人与债权人关系的途径的进一步讨论:在这些情况下,"货币债务从合同转变成了财产,从债务转变成了信托”。尽管 Megarry J. 参照 *Nanwa Gold Mines Ltd* 案中的判决对此进行了推断，但情况也确实如此。严格来说，Nanwa Gold Mines 实际上是信托协议（*Barclays Bank Ltd v Quistclose Investments Ltd* 案后的称谓，在第 18 章对此案进行详细讨论之前，本章将对此案作一简要讨论），由此通常的完全合同债务人—债权人关系下产生了信托，这是因为这是债权人所意图的（而不是 *Kayford* 案中的普通债务人）。*Kayford* 案是因为现代消费者保护法规而出现的，Megarry J. 关于信托声明要求的判决也必须在一定程度上根据此点从来看待。

然而，把 *Kayford* 案看作信托声明产生环境的评论对信托律师来说是极为重要的，他们必须能够领会和理解一些基本价值，以及这些价值是如何产生的。如最近的情况所示，一直需要研究的是这些“信托价值”是如何在新的情况下应用的。同样 *Kayford* 案中，只有其背景不具现时性，其原则实际上可以在许多随后而至的案例实施中看到。为了追回此账户里的资金，Kayford 的客户需要展示的是对这笔钱的所有权权益，对此他们可以主张债权，而这些权利可以使他们获得优于他人就此资金提出的主张的特权。这要求将包含收益的账户资金确认为信托财产。鉴于这笔钱永远不会低于首次存款金额，这一要求是可能的（明显多出来的金额便是收益），而这种情况是基于该公司对账户里这笔钱的意图所产生的。从 Megarry J. 所作判决的整个段落来看，它将会使人们更容易理解目前所说的内容，并有助于进一 62
步阐述这些观点：

这笔钱是基于承诺而转交保存到一个单独的账户，但在此案件中或我所知道的任何判例中都未表示这是必需的。毫无疑问，此时信托已经设立了。从最开始的建议就是（已被采纳）在银行设立一个信托账户。这样做的全部意图是确保资金受益所有权仍属于转交它们的人所有，显然信托是实现这一目标的手段。毫无疑问，一般规则是，如果你已付款给尚未交付货物的公司，那么在没设立信托时，你仅仅是该公司的债权人。顾客付款时,可通过使用适当的语言来设立信托(即使他们是衡平法律师,但我怀疑有多少人会这么做),或者公司可能在收到款之前或收到款时通过采取适当的步骤来设立信托。如果按照任一方式设立了信托,那么这笔钱的义务便从合同性转变成了财产性的,从债务转变成了信托。付款到一个单独的银行账户是一个有用的信托设立意图的指征(尽管还不足以下定论),当然没有什么可以妨碍公司被信托所绑定,即使没有任何有效的银行协议。

就 *Kayford* 案里涉及的资金而言,公司的意图到底是什么呢?我们知道这个账户里只有顾客的资金,并且意图与公司其他的资产分开存储,我们可以通过上诉法院 *Chelsea Cloisters Ltd* 案中 *Kayford* 案的适用,更好地理解设立信托所需的意图究竟是什么。这个案件涉及了"承租人存款账户",设立这个账户是为对抗损害赔偿和破损赔偿而持有该资金。尽管没有出现任何和信托相关的表达,但因为设立账户的举动是一个剥夺公司对该笔款项享有受益权的不可撤销的步骤,所以设立信托的意图还是被承认了。这也是 *Kayford* 案的核心,因为该公司明白包含客户货款的账户资金不能由其提取。在 *Kayford* 案中对 *Nanwa Gold Mines* 案进行讨论时,Megarry J. 谈到使用单独的银行账号是确定信托设立意图的有用证据,但也不能一概而论。鉴于 *Multi Guarantee Co. Ltd* 案中的判决,上诉法院对这两个案件的区分十分重要,因为,虽然已经有了一个单独的账户,但是没有关于如何处理其中已经被拿走的资金的最终决定,所以不可撤销意图并未确定。

最近,受冰岛银行业危机余波的影响,*Kayford* 案的推论在 *Du Preez Ltd v Kaupthing Singer & Friedlander(Isle of Man) Ltd* 案中失去其作用。这是基于"仅通过银行接受客户的指示不能称作银行的信托声明"这个理由,并且发现法庭上的事实与"判例标准是大相径庭的"。同样,非常有争议的是,*Farepak* 案所导致的后果被广泛被认为不符合 *Chelsea Cloisters* 案中 *Kayford* 推论的适用以及 *Multi*

Guarantee 案中所得出的区分。在一些被作为时代先驱来分析的案例中，法庭在某些情况下不太倾向寻找设立信托意图的确定性，尤其在面对经济压力将会导致破产的情况下。

这一倾向源自 Farepak 运营的圣诞储蓄协议，该协议允许客户在 63
一年中分摊节日购买的费用。这个协议通过代理商系统运行，该系统会将收集到的客户的资金并转给 Farepak。在 2006 年 10 月 11 日，Farepak 董事决定停止交易，Farepak 于 10 月 13 日进入破产管理。客户支付给 Farepak 的款项已基本用完，但是在准备进入破产管理的最后三天，董事们设法保护这期间所收到的来自客户的款项，以便在必要的时候退还给客户。信托契据被实施，但是在确认银行账户时却发现存在一个问题。破产管理人认为在破产管理期间，也就是 10 月 11 日到 16 日，收到来自客户的款项已经为其进行了信托。理由包括信托原则（使其成为默示归复信托）、明示执行的信托声明、不相关事实引起的默示声明，甚至还有一个相当意想不到的合理的推定信托。

即使信托契据中的错误可以纠正，*Farepak* 案中的信托存在被法庭拒绝承认，因为该信托契据被认定并没有将 Farepak 与其客户的关系性质从合同性转变为信托性。缺乏证据表明信托是因意图而产生的，而信托契据只是指出以特定方式使用资金的意图。这看上去和 *Multi Guarantee* 案是一致的，案中有一个独立的银行账户，但是在内容上没有明确的和不可撤销的行为过程。不管怎样，Farepak 的董事订立了信托契据，因为他们确实打算对客户的资金进行保护以便在必要的时候退还给他们。虽然这听起来像是 *Kayford* 案教科书式的重现，但事实上 *Farepak* 案并未引用 *Kayford* 案判例，也未参照上诉法院对 *Chelsea Cloisters* 案的认可。

如果法院越来越不愿意认可这些情况下产生的信托，那么我们需要努力去了解出现这种情况的可能原因。对 *Kayford* 案，尤其对信托原则至关重要的思路都表明信托工具性地被用来避免破产法所产生的普遍后果。这是信托中所存在的一个特别问题（见第 18 章），它很容易被看作债权人有意避免破产法所产生的普遍后果的行为。本书不是对破产法的研究,但是从这个角度所产生的批判在于,一旦明确了企业已无力经营,破产法的政策就是确保债权人尽可能地从依然可用的资产来被偿还。在债权人当中有一个优先偿付的普通法清单,因为负债超过其资产,公司已经破产的原因,在这个清单中对客户和(对其贷款没有担保的)普通债权人的偿付次于其他一些债权人,甚至有可能还不会被偿付。

对 *Kayford* 案和信托协议的批判表明,那些因破产负债的人,只要通过说明他们的贷款是以信托原则而存在的而不是以契约的形式存在的,实际上就能够成为有担保的债权人,这也意味着“信托财产”永远不会成为在债权人之间分配的资金池的一部分。这一点将在第 17 章进行详细阐释,本质上,衡平法所有权信托财产受益人授予所有权权利是可能实现的,这对破产情况下享有财产普通法权利的一方起到了保护作用。

64 在这里,鉴于当前经济状况下不少企业破产,预计这种状况还会持续,Farepak 被一些人视为对设立信托司法态度改变的证据。*Pearson v Lehman Bros Finance SA* 案通过阐明对设立信托意图的怀疑,公开讨论了确定信托存在的司法倾向所产生的政策影响。虽然他已经准备认识只“在边缘中”的政策重要性,但是 Briggs J. 坚持认为,根据破产法规定所做的可分配给无担保债权人的财产从属于信托的裁定不应轻易做出。意图确定性原则通常用来确保信托未被轻易设立。但是在这个背景下重申这一基本规则就明确表明,在破产的情况下“判定”信托容易损害破产背景下确保公平的普通法机制(参见第 18 章对此的讨论)。

Farepak 案因未适用 *Kayford* 原则一直遭到批评,在这个案例的事实中是可以找到意图确定性的。在任何案件中信托推论的适用遭到了批判,但 *Kayford* 案中的协议是基于相同的前提,同时也以不同的操作方式反映了债务人的意图而不是债权人的。这可能标志着对抗

债务人信托声明的蓄意政策的开始。但是,在得出没有为客户存款人设立信托的结论时,在那些特殊情况下将 *Quistclose* 原则应用于 *Farepak* 案是错误的,因为债务人设立信托的尝试看上去是运用了 *Kayford* 案教科书般的原则。

***Quistclose* 原则以及债权人意图确定性**

然而,*Quistclose* 原则以及基于其所作之裁决,对意图确定性的讨论是非常重要。在 *Barclays BankLtd v Quistclose Investments Ltd* 案后出现了以 Quistclose 命名的 *Quistclose* 协议,上议院在此案中认可了此种情形。第6章对此进行了阐述,第18章还将进一步阐述,这些协议是源自债权人给债务人借贷过程中的信托,这种信托不是明示的,通常被认识是归复信托的一种。这些信托在本书很重要,因为他们说明了区别于 *Kayford* 协议的情况是如何产生了信托设立中的确定性意图。就我们的目的而言,尽管没有使用任何与信托相关的字眼,但是借给债务人钱是出于明确的意图,而实际上随后实现这个意图却希望渺茫,此情形下的 *Quistclose* 协议不是明示的信托。基于这一点,债权人有权要求返还他的财产,因为据信托来说,该财产被视为是与债务人的其他财产相分开的,即使形式上并没有分开。与 *Kayford* 协议一样,*Quistclose* 信托与财务困境和商业失败密切相关,但其运作的关键在于,尽管任何债权人都会因借款(无论这些款项是以契约原则存在或者信托原则存在)而丧失其普通法权利,因为其意图只能用于特定的目的,所有权便被分离,而这时他对其财产的衡平法权利得以保留。因此,债权人可以在债务人破产时主张其持有的财产属于债权人。

再者,正如 *Kayford* 原则一样,除非可以确定设立信托的意图,否则信托不能自动顺应财务困境而产生,贷款也被视为是普通的契约协议。就 *Quistclose* 协议而言,关键要求是为特定意图提供提取资金,虽然单独银行账户的存在并不是确凿的证据,但却被认为是支持信托的有力证据。 65
当我们在第18章讨论 *Quistclose* 协议时,能够执行这一协议的核心要求很显然就是其提取资金的意图无法被实现,法院对此的解释方式引起了很多批判。

对于 *Quistclose* 信托的产生,就意图确定性而言,最重要的案例是 *Twinsectra v Yardley* 案和 *Du Preez Ltd v Kaupthing Singer & Friedlander(Isle of Man)Ltd* 案。这两个案例指的都是因双方意图而产生的(*Quistclose*)信托,这点是通过其交易和案件的情况来确定的。鉴于通常的理解是信托因委托人的意图而产生,这表明不同的考量可能用以满足商业交易中意图确定性,这些交易的契约关系是标准化的,且当事人基于公平原则行事。

这一观点在第 18 章将进行详细的讨论,但是我们可以发现在 *Kayford* 案中特别提到了这一点,Megarry J. 认为他不是试图去制定适用于商业或者"贸易债权人"的原则,而关注于公众人士的处境,特别是那些由于环境而不能在财政上失去财力人士的地位。最近,远远超出有些过时的 Kayford 时代,此类观点已由法律委员会明确表达。这些观点是在法律委员会运行受托人豁免条款背景下产生的,其咨询文件,受托人豁免条款(CP 171)于 2003 年颁布,相同标题的报告(法律委员会,第 301 号)于 2006 年出版,但是在明确表示实际上已经意识到信托在商业领域越来越多地使用时,法律委员会还表示在这种情况下产生的信托的某些特征区别于其他背景下产生的信托。事实上,正如法律委员会在 2006 年所指出的那样,这些协议中涉及的各方很有可能是同等实力的市场参与者,因此精通业务上的需要和商业风险的性质,并且能比普通人更容易找出信托的技术性运行。反过来,这意味着比起传统类型的信托,在这些协议中成为委托人的各方将更加熟悉所做的工作和需要去做的工作。

另外,法律委员会也确定了被称为"微型企业"的小型企业的不确定的、实际上又模棱两可的地位。在改革保险合同法的工作中(例如,参见 2009 年颁布的报告《改革保险合同法:协商应对综述》),法律委员会强调微型企业与"普通消费者"之间的相似之处,这意味着我们在判断此类企业比普通消费者更能承受损失上需要谨慎。尽管如此,正如 Farepak 所说,"储蓄协议"中的许多参与者来自社会中最贫穷的群体,这也反映了 *Kayford* 案中核心的"邮购订单"购物模式。

无论 *Farepak* 案作为判例体现了什么权利,暂时抛开对这些以牺牲他人利益为代价给予债权人特权,从而挫败破产法意图的这些协议的批判,这些案例说明了非常重要的一点:它们表明了对意图确定性的判定不断受到商业交易的而不是私益家庭协议的影响。在这样的背景下,作为一系列案件中一部分的 *Farepak* 案告诉我们,设立信托的意图可源自商业交易,如果没有信托这一术语的存在,那么这些交易一般由合同原则约束。

3.4　满足意图确定性的核心要求 66

除商业背景外,这些案例也是广义上信托法律体系主体的一部分,其表明:要设立一个具有清晰明确意图的信托,其实无须明确用言语表达出来,而诸多行为也能表达该意图。然而,通过研究不同的法院判决,很明显可以看出,在裁定意图确定性是否符合要求的一个关键标准上,法院往往是非常僵化的。这便是源自 *Milroy v Lord* 案的判例。

Milroy v Lord 案在第 2 章已经出现过,其提及了财产所有者以不同的方式处理为他人提供收益财产的情形。*Milroy* 案中我们当时讲道,它就所有者的财产如何为他人获利进行了两种安排——无偿受益和永久受益。当然,此案中是赠与和确定信托,Milroy 家族的两个案例会告诉我们:要满足意图确定性就意味着,财产所有者的意图不仅是要让他人从其财产中受益,也必须是通过信托的方式来达成此种受益。

在现代法律中,这意味着,无论财产所有人以何种言语和行为来表达处置财产的意愿,要满足意图确定性的需求,他必须明确其财产应该作为信托而非赠与来进行处理。在 *Jones v Lock* 案以及 *Richards v Delbridge* 案这些关键案例中,这一要求得以体现。在后续对形式要求和信托构成的讨论中,我们会再次遇到这两个案子,但就目前而言,它们仅是当财产所有人清楚或确定地试图设立信托,意图确定性才得以满足的判例。如第 1 章所提出的,当我们谈到“声明信托”时,就财产所有者而言,这是某种属于财产所有者的财产被用来受益于他人的宣言;在这种语境下,这是满足(设立信托)意图确定性要求的关键。

在 *Jones v Lock* 案中,一位父亲交给他 9 个月大的儿子一张支票,并明确地表示,他的儿子拥有支票所体现金额的款项。之后这位父亲将支票取出来进行保管,但是在他能够签字将支票背书到儿子名下前他去世了。如即将在第 4 章所阐述的那样,支票的背书要求权利转移给其子,也就是说进行支票的有效赠与,因此,孩子仍然可以收到财产的唯一方式是使其成为信托的受益所有者。然而,法院拒绝推断将这位父亲“我把这个给你,宝贝” 的行为和陈述,作为证据表明信托意图,在信托下(作为普通法权利的拥有人)他将是受托人。这是因为 Lord Cranworth L. C. 裁定,这位父亲的行为没有表现出不可撤销的设立信托的意图:实质上,没有设立信托的确定性意图。

在 *Richards v Delbridge* 案中也出现了类似的结果,德尔布里奇希望还是婴儿的孙子理查兹享有他作为骨粪肥商人的营业地点的租约。他签字授让了租约,并写上,“从此时起,这个租约以及所有属于我的一切,包括交易中的股票都将转让给爱德华 · 贝纳托 · 理查兹”,但是这并不足以对财产进行有效的合法转让,祖父的死亡意味着这可能是无法做到的。法院再次拒绝对祖父宣告设立信托的意图进行推断。相反,如 *Jones v Lock* 案中的父亲,祖父被认为有意对其财产作出赠
67 与,但由于进行有效赠与的要求并未达到,所以信托设立失败了。

在 *Richards v Delbridge* 案的判决中,George Jessel M. R. 爵士小心翼翼地强调作出赠与的意图和设立信托的意图是截然不同的,法院对这二者的处理也是完全不同的。在寻找意图确定性时,贯穿所有这

些案例的主题是法院正在确定一个判定点，当所有人不再享有财产的完全处置权，不再保留其财产权益，并意图使其成为永久性协议之时，此点成立。一旦我们抓住了财产所有人权益是永久的且不可撤销地进行转让这个要点，我们就需要能将确定信托意图的标准，与 *Knight* 案中 Lord Langdale 所称的“必要性”的重要意义联系起来。

我们知道信托的显著特征是所有权的分离，我们也知道这是信托本质上区别于赠与的特征。因此，为了弄清楚设立信托和作出赠与之间的意图如何不同，我们需要研究的是所有权为什么在信托协议中会变得分离。所有权在信托协议中被分割，以便受益人能够享有财产权，而另外一个人对财产负有责任，并只能为了使他人享有财产权而使用它。正如 Lord Langdale 所强调的，这就是我们可以开始理解“必要性”意义的地方。必要性这个概念对设立信托来说意义重大，因为信托协议中，那些对财产拥有普通法所有权的人其实并不是财产的所有人；相反，他们是保管人，有义务利用财产使得受益人享有权益。

了解这一点非常重要，因为目前内容告诉我们无论使用了什么样的语言和行为，他们必须具备独有的特性。这里，Lord Langdale 坚持将（语言和/或行为）传递必要性表达为以特定方式利用财产表达义务或责任的语言和/或行为需求，即为另一方提供收益。这一点非常重要，因为很多案例告诉我们，表示任何不同之处的语言不能证明设立信托的意图。

独有特征的语言：恳求性用语的历史

能够用以确定意图的语言，必须用来对普通法所有权持有人强加以特定方式履行的义务，而不是用来要求其以特定的方式使用财产。这点可以通过授权人使用希望、愿望或欲望这些词语的司法反映来陈述。它们被称为“恳求性用语”，通过对恳求性用语和意图确定性要求之间复杂历史的了解，可以来理解针对它们的司法态度。

在现代法中，明确的是，恳求性用语的基本地位是他们被认为不能表达设立信托的意图。通常认为这方面的判例来源于 *Kensington*

Vestr-y 案,这个案例表明除非是立遗嘱人的明确意图,否则财产的接收人不在是受托人,“不管是在她有生之年还是在其死后按照遗嘱,坚信在我的孩子之间她会做出正确的处理方式”,从有利于孩子的角度,认为给予寡妇的赠与被授予了不受信托约束的绝对收益。就这一点如 *Lambe v Eames* 案一样的其他案例而言,Cotton L. J. 认为有必要建立这样一种假设来证明这一点。

68 但从 *Adams* 案的角度来看,为什么法院需要明确这一点,这并不是显而易见的,因为 Lord Langdale 在 *Adams* 案中必要性上的坚持早于这些判决几十年,甚至半个多世纪。然而,对于这点有一个动机,因为恳求性语言确实与满足意图确定性要求共同具有一个复杂的历史背景。其中的核心是,与遗产执行人和《1830 年遗产执行人法》重要性相关的法律。

当然,如果某人留下指示按照遗嘱的方式来处理其财产,这实际上是确定意图的唯一途径,也没有要求进一步指示的余地。同样的情况是,就设立信托的意图而言,恳求性语言的历史揭示了一个更为复杂的状态,即是一度用以确保财产是按照死者明确的意图来进行处理的。直到 19 世纪中叶,法院实际上非常倾向于考虑财产所有人正在寻求设立有约束力信托的任何意愿。这是因为在历史上,教会法院拥有对遗产进行管理的权利,这也允许了遗嘱执行人在具体的遗产得以执行后,保留未被分配的剩余财产。当这一管辖权由大法官法庭接手时,更倾向于将遗产执行人视为立遗嘱者家庭剩余财产的受托人,并且几乎任何有关欲望或者希望的表达都被用来实施这一政策。即使这个解决方案也不完全让人满意。贵族遗孀或者长子的权益通常由婚姻授产协定或遗产顺位继承来提供,法庭怀疑其以谨慎态度管理家庭财产(也就是保护财产世代相传)的能力。这意味着为执行者制定的类似方法也开始适用于遗嘱的遗产受赠人。为了使其生效,诸如“愿望”“希望”,或者甚至“信任”这些遗产受赠人会在使他人受益的赠与中使用的恳求性用语,会被用来设立有约束力的信托。

3.5　关于恳求性用语的现代法律和意图的重要性

这种对于恳求性用语的宽容观点大部分随着《1830 年遗嘱执行法》的颁布消失了，这一观点特别要求执行人以适当的方式持有财产。因此，自 1830 年以来，法院已经觉得可以收紧此种态度，像 *Adams* 和 *Lambe* 这样的案例也为此提供了判例。然而，因为委托人的意图是非常重要的，像 *Paul v Constance* 这样的案例告诉我们，法庭将会注意与设立信托不太相关的词语，*Kayford* 和随后的一些案例告诉我们，这些意图甚至可以通过行为推断出来。还有一点很清楚的是，在判定意图确定性要求是否已经得到满足的时候，通过研究文档的全部内容和委托人的行为，如果看上去信托事实上是按照他人的本意所设立的，那么信托也有可能因恳求性用语而设立。

我们已经知道研究整体情况通常来说是很重要的，这意味着只是因为在某些情况下，恳求性用语可能能够表明设立信托的意图，但这些相同的措辞并不总是具有相同的效果。这一点可以在 *Hamilton* 案 69
中看到，Lindley J. 表示：

> 你必须接受你不得不推断的遗嘱，研究下它的内容，如果你得出的结论是没有设立信托的意图，即使之前法官在一些遗嘱上陈述了一些或多或少与你不得不推断的相反的事实，但你可以说你接受的这个遗嘱没有设立信托的意图。

同样，在 *Cominsky v Bowring-Hanbury* 案中，上议院根据 *Adams* 案和 *Kensington Vestry* 案中所使用的那些非常相似的词语裁定了信托的存在，即“完全相信她（遗孀）会像我本人一样使用（财产），而在她死后，她会将财产遗赠给他认为适合的一个或者多个我的侄子”。

这个一般情况的例外是,立遗嘱者再现了早期遗嘱中用来设立信托的精确语言。这种情况下,有可能推断出他打算以先前的遗嘱作为先例。这种情况下,基于先前判例,法院遵从先前案件判决推断后续案件,除非这个判决像 *Steele's WT* 案一样明显是错误的。尽管恳求性用语的使用在这个案子上意义重大,但是上述灵活的方法并不是一个例外,因为所有的情况确实都指明了设立信托的意图。因此,除非信托确实是有意为之,否则起草人应该确定无疑地、清楚地说明恳求性用语仅旨在表示愿望。

3.6 现代法律对意图确定性的批判

如果意图确定性被裁定不存在,那么就不存在信托。这意味着(如果满足法律形式上的要求)任何财产普通法权利从所有者到另外一方的转让都被视为对其有利的无条件的赠与。这意味着接收者将作为财产的所有者,并且没有为他人利益而使用该财产的任何义务。

意图确定性要求的功能就是确保,如果财产所有者正在寻求涉及他失去作为所有者权利的方式来处理财产,那么他的意图将会实际发生。所以假如有证据表明所有者正在试图作出赠与,那么其意图就应该被实现。这里,法院坚持认为,信托只有在有明确意图的情况下才会产生,而这种意图就是设立信托是财产所有者所期望的。在这里,*Milroy v Lord* 案,特别是它在 *Jones v Lock* 案和 *Richards v Delbridg* 案中的适用,是法院更容易判定财产所有者正在试图彻底放弃财产而不是为其设立信托的判例。这是因为尽管彻底的赠与会使财产所有者丧失对财产的所有权利,但设立信托不仅涉及他在财产收益上的损失,也对他人造成了长远的影响。当然,它将会产生受益人的可执行权利,但这样做的必然结果是,它将为另外一个人造成广泛和繁重的义务和责任。意图确定性要求的功能是确保这样做是财产所有者实际想要实现的,除非这样做,否则是不会发生的。

我们会再次发现 *Paul v Constance* 案是信托构成的重要案例,但 70
是就目前的意图而言,它表明了在判断设立信托意图确定性方面一个非常灵活变通的做法。这就是 Scaraman L. J. 在其判决中所说的案例。Scarman L. J. 认为这是一个“边界性”案例,在这个案例中很难查明一个特定的时刻,即银行账户里的钱不再完全被(拥有普通法权利的)Constance 所拥有,而是由他持有以便使双方受益。很难在 Constance 对这笔按其意愿使用之前指出这样的时刻,在这个时刻之后,他须以反映 Paul 受益所有权的方式来使用这笔钱。如果无法确定这样的时刻,那么可以认为不会有信托产生,因为原则上信托是不可撤销的,而且有一个时刻必须对此作出不可撤销的承诺。

在这方面,*Pearson v Lehman Bros Finance* 案提供了有益的提醒:法院在确定设立信托的意图是否得以展示时,将会非常仔细地研究相关背景。Briggs J. 坚持认为明确提及“所有权”“所有物”“权利”,实际上提及的是“信托”本身,这被视为信托存在的说服性证据而非决定性证据,并且在协议或者关系的客观解读上可能存在不同的结论。这更多的是针对于因商业协议而非传统方式所产生的信托,其核心概念在 *Crossco No 4 Unlimited v Jolan Limited* 案中得到进一步发展(第 18 章就这一点将进行更多阐述)。但是这也提醒我们即使最清晰的话语也不是决定性的,在确定信托存在上,衡平法更侧重于预期的实质而非其表达形式。

适当情况下,简单且真实存在的遗嘱的用语或者行为被视为是信托意图的证据,*Paul v Constance* 案就是此类案例,其核心被认为是通过涉及为他人承担重任的赠与的方式来客观的区分为财产提供赠与收益的尝试。这应该被用来解释 *Jones v Lock* 案和 *Richards v Delbridge* 案所产生的结果,即因为从用语和行为中找不到设立信托意图的证据,所以两个案子均未有信托的存在。这是使 *Choithram*(*T*)

International SA v Pagarani 案如此有趣的原因所在。它不仅说明了法庭如何能够灵活地从所说和所做中找到意图确定性,就赠与这个词语的使用角度而言,它也表明财产所有人寻找设立信托意图确定性的意愿!我们将会在第 5 章更加仔细的研究 *Choithram* 案,目前我们需要理解的是,委托人用语的使用是赠与案件中所预期的,它为信托意图提供了证据。这是因为尽管(赠与人)使用的用语通常是适用于完全赠与的措辞,但是“我给予 X”的术语却也能表达设立信托的意图,因为在此语境下,这些用语的唯一可能意图就是使信托设立生效,此时赠与人的实际用语实质上是基于信托进行赠与的措辞。

这一案例确实表明了在 *Harrison v Gibson* 案中用来强调语境意义的用语,但是这一案例的确也引发了法庭是否足够注意到意图确定性的功能,或者法庭在认定信托时是否过于灵活这一系列的问题。可能这在非商业协议上是有道理的,如果不是实际的逆向工程,那么这些非商业协议中的一些逆向逻辑是必需的,因为财产所有者死亡后不再具备解释其意图的能力。但这一逻辑在处理财产上却会导致不确
71 定性,涉及财产交易时,它与强调确定性的政策实质是相反的。基于 *Paul v Constance* 案且长期存在的观点是,这是一个边界性案例,它基于特定事实产生,但并未处于普遍性案例地位。鉴于因与设立信托通常背道而驰的语言的积极使用所产生的困难程度,这应该是为什么对 *Choithram* 案进行分析的原因。

由于法庭开始注意到在商业背景下设立信托的巨大空间,且考虑到财产交易中产生的不确定性的范围,因此在将 *Paul v Constance* 案中的观念引入任何可能的商业交易时都应谨慎。也许这是不可能的,因为在商业背景中,双方的关系是契约性的,而且是基于公平公正行事的。不管怎样,考虑到源自 *Paul v Constance* 案和 *Choithram* 案的财产交易混乱的程度,人们不禁思索,是否他们所有的资源都应该拿来用在财产的信托意图决定上,从而(得以满足其他的要求)以使信托成立。

3.7　标的物的确定性

尽管意图确定性规则告诉我们,除非财产所有者有设立信托的意图,否则就不会有信托产生,实际上“三个确定性”昭示了设立信托所需的更多条件。就这点而言,我们能分析得出,意图确定性是必要非充分条件,一旦确定了意图确定性,财产所有者必须明确(或确定)更多事宜,其必须与信托财产相关,也须与通过自己试图设立的信托而获益之人相关。将前者放在首位,是要满足标的物的确定性,这就意味着财产自身被转移的关键性要求获得了满足。此处涉及两个因素,一是必须明确(或确定)财产本身可以被确定为信托财产,二是必须明确(或确定)受益人将获取的财产数额或规模。

该要求规定,如果财产未明确表达为“信托财产”,那么信托就无从设立。在这些情形之中,“足够确认”的财产实际上就是“信托财产”的说法不能成立,因此意图设立的信托无效。至此,我们要开始依次审视每一个要素、分析关键的案例,并试图去对适用中出现的情况作出较为全面的阐释。在审视过程中,我们发现法庭对于“标的物的确定性”规则不同要素的适用也呈现出不同的方法。

3.7.1　标的物的确定性的第一要素:财产必须被认定为“信托财产”

这一要素要求,给予另一人的财产实际上是可以视作信托财产的。为了达到这个标准,似乎有必要以客观而不是主观的方式界定信托财产,因此不能以区分财产的观点来简单界定。这点可以通过 *Palmer v Simmonds* 案这个关键性案例来说明,其能够帮助我们说明要求的内容——尽管还不够详细。在本案中,一个女遗嘱人对她剩余财产的“大部分”进行了信托,通过查找字典,Kindersley V-C 在第 226 页 72

发现,“大部分”一词并不能够指明财产中到底哪些部分成为信托财产:

> 大部分是什么意思?根据其词源,最恰当的含义就是凸显出来的东西……这是大家所知道的普遍意义。当我们说一个人拿出了他的大部分财产时,这个时候指的是他拿出的财产占了大部分比例而不是全部,这实际上符合传统的普遍意义。因此,当女遗嘱人使用该术语(大部分)时,我们是否可以通过这个词语的使用来判断,她是在以清楚明白的方式来表明她财产的一部分(抑或是财产的全部)?我觉得有必要指出,她并未指明表达其确定性的标的物,因此我个人认为这种情况下并未产生信托。

由于不能从指明是哪些部分的财产设立了信托,并借此获益,因此并未产生信托,剩余遗产承受人便绝对占有了全部财产且不受任何信托约束。同样的情况出现在 *Curtis v Rippon* 案,以及 *Sprange v Barnard* 案中。在这两个案例中,女遗嘱人指出,最初遗赠给她丈夫的财产“不论留下多少”,一旦丈夫去世,留下的财产将由他人获得。通过这些案例,正如 *Palmer* 案中本身陈述的那样:要足够清晰或明确表明财产可被认为是信托财产,其要求就是“可以使用一个能够清晰且明确表明财产一部分或者全部财产”的词语。如果这种表达存在,且是以足够清楚的方式存在,那么就可以认为,特定的财产就是财产所有人希望通过信托赠与来使他人受益的财产。

通过对这些旧案例的研究,*Palmer* 案的目的似乎更为清晰明确,这就是其一直试图避免的弊误之处:在设立与财产相关的协议时,使用实际上毫无意义的词语(就我们而言这些词语是永久且不可撤销的)会对其他人针对该财产的权利产生附加的责任。然而,我们看到,即使在这种弊误不一定出现的情况下法庭也非常严格地适用了上述规则。在 *Kolb's WT* 案的判决中即可证实,该判决禁止用“蓝筹股”这个术语来区分某特定财产是否属于信托财产。这个术语通常是大型上市公司中与股票相关的投资术语，其被视为一项完全安全的投资，但其也被视为没任何专门意义或客观意义的术语。因此，在遗嘱背景下，Cross J. 裁定其含义须取决于立遗嘱人所适用的标准，这无法获得足够的确定性来使该条款得以维持。

这些案例告诉我们，对于委托人未能明确表达究竟什么财产是作为信托财产的时候，法庭的裁定标准是异常严格的，因此表达的不明确性使信托有可能无法设立。接下来，这样的严格裁定标准可以对于标的物的确定性的第二要素进行不利地比较；在比较之前，我们首先还是要提及一下涉及第一要素的一个判例——关于 *In the Estate of Last* 案。

Last 一案的判决说明了一个非常不寻常的结果——“剩下的东西……”在上述讨论的基础上，获得绝对赠与的另一人会产生处置财产的问题，（该案的判决）使某人在为他人处理财产时免于任何后续的义务（也就是说，不受任何信托约束）。许多（信托）书本并不涉及这一点，因为它似乎与 *Palmer* 案有所不同，事实上在原财产接收人去世之后，信托成为上述“剩下的东西”。无论如何，达成这一目标具有明 73
显的目标性，*Last* 一案并不具备权威性，而仅是基于事实所作出的一个案例而已。

3.7.2　标的物的确定性的第二要素：确定“信托财产”受益份额的规模

一旦可以确定财产是信托财产，而不是不受信托制约的财产（并因此满足了 *Palmer v Simmonds* 的要求），那么一个问题也就随之而来了——单个受益人的获益大致会有多少？这个问题源自委托人，他是否阐明了信托财产的多少，是否还有很多未作明示？这是一个量化受益人在信托财产中所占利益或份额大小的问题，比起确定财产是否是信托财产，不少法庭判例在裁决时对于信托财产的认定标准显得更为宽松。此处有一个非常重要的案例——*Golay's WT* 案,与出现在 *Kolb* 案中相类似的情况相比,*Golay* 一案确实展示了法庭慷慨的一面。

在 *Golay* 案中,立遗嘱者已经指示其受托人准许一名指定的受益人“在有生之时可以享有我的一个公寓,并可从我的其他财产中获得合理收入”。由于受托人可以选择合适的财产,Ungoed Thomas J. 觉得此赠与能够被维持,而法院也可以客观地对“合理收入”进行量化。基于这个观点,判决指出,如果立遗嘱者或其他指定人认为权利是合理的,那么便不存在信托,因为这时候的标准是主观的。事实上,法庭“不断地就什么是合理的进行着客观评估”。

对 *Golay* 案的判决很简短,此案似乎与考量的其他案件不一致。该标准不仅仅是指法院是否可以客观地对收入进行量化,因为法院同样可以很好地对“大量”和“蓝筹股”进行量化。面对适用于“蓝筹股”的规定时,是否真的可以认为法院无法适用这一规定,即使在被接受的和标准投资用语的共同术语下,也无法这样做。因为 Ungoed Thomas J. 明显正确地指出法院在不断进行客观评估,那么是否有人敢可以合理地推测他们轻易地被诸如“蓝筹股”这样的常用术语所打败?

Golay 一案的判决受到了广泛的批评,Ungoed Thomas J. 似乎还没有真正地认同确定性要求的功能。本章结尾部分将会对这一点详细说明,但是不妨指出的是,确定性要求与信托得以实施的可能性紧密相关。在财产语境下,客观性对于授权给受托人确定财产是否是信托财产,以及将其与非信托财产区分开来,是很重要的。在这方面,维护法院在裁定合理性上的权力的唯一正当理由是,受托人须不断地获得法庭指示。该对种不同方式的判决存在另外的看法,即作为一般政策,标的物的确定性两要素应该让法院努力去维护信托,而不是将其剔除;如果说这需要法院在司法适用方面注入理性,我们理应认为法院本就是理性的。如果是这种情况,那么现在的判决方式确实体现了
74 严格的审查的方法,它的考量在于“这到底是不是信托财产”这一问

题,一旦这一问题有了答案,那么就不应该因为缺乏标的物的确定性而判决信托不能被设立。

然而,在采取宽松的方法来确定财产有益份额方面是存在问题的,这可在 *Hunter v Moss* 案中得以窥见,也可在随后发生的有关 *Lewis's of Leicester Ltd* 案中发现。原告 Hunter 卷入了一起口头托管声明,该声明显示 Hunter 应有公司发行的 1000 股股份资本中的 50 股,而这 50 股特定的股票还未被确认,因为它们已经处于了被继承的状态。然而,公司精确地认定,公司所发行的所有股票都是完全相同的,(50 股)的量化明显是准确的。此外,只要所托人保留这 1000 股股票,就无须确定那 50 股是否受到了信托的制约。因此,基于上述事实,*Hunter* 案的裁决似乎并不复杂。然而,如果事实呈现的状态不够明晰,困难便会出现,比如,同一财产的同一受托人最后会分拆基金、出售股票,并将收益在再次投资到另外的基金中,这些再次投资有的会有收益,有的不一定。假设这种情况是成立的,再次投资不获收益的问题将在第 17 章进行研究,受益人对替代财产的普通法权利取决于在 *Hallett' Estate* 案或 *Diplock* 案中所构建的原则。

3.7.3　*Hunter* 案的潜在困难以及 *Goldcorp* 案的重要性

当然,这种假设情况表明 *Hunter* 案的确引发了一些有问题的情况,因此,它受到了相当大的学术批评(例如,可以参见 *Hayton* 案)。*Hunter* 案的裁定被认为与枢密院对 *Goldcorp Exchange* 案的裁定不一致(见第 13 章和第 17 章),*Goldcorp Exchange* 案中,一个黄金卖家(在进行清算之后又从买家处拿走了资金),该案中的卖家作为受托人,拥有了不可分割的份额,该论证被认为存在错误。*Peter Birks* 案甚至根据枢密院对 Goldcorp 交易有限公司案的论证,推断出“上诉法院在 *Hunter v Moss* 案中的裁决必然是错误的”。事实上,两个案例(*Goldcorp Exchange* 案和 *Peter Birks* 案)都没有相互参考——大概因为这两个案件的判决时间几乎一致,因此我们发现这两个案子的裁决存在很大的差异。

在 *Goldcorp* 案中,供应商没有发表任何托管声明,因此这里存在一个意图确定性的问题;信托财产并不是一直存在的,因为供应商的黄金库存一直处于交易之中。还有很多学者指出法庭不愿意将衡平法的财产概念引入到商品商业销售上面——主要是因为确定性的相关问题,这明显最早出现在 *Wait* 案的判决中,另外便是 *London Wine Co* 案以及 *The Aliakmon* 案。这似乎是区分 *Hunter* 案和 *Goldcorp* 案完全令人信服的理由,即推定这两个案例都是符合事实的。然而,Neuberger J. 在 *Harvard Securities* 案中给出了不同的区别。讲到这里,有人认为,如果被迫在 *Hunter* 案和 *Goldcorp* 案之间做出选择,上诉法院应该优先于枢密院;无论怎样,Neuberger J. 也认为股票交易中,在 *Hunter* 案中,法院的立场是对法律的正确维护。

本质上来看,份额和其他财产的区别是难以分辨的。尽管存在批评,*Hunter v Moss* 案似乎并不是一个存有疑义的判定,但却也是与 *Goldcorp* 案不同的案件。重申 *Hunter* 案作为正确的法律表述可在
75 *Pearson v Lehman Bros Finance* SA 案中找到。这是因为确定 *Hunter* 案的情况——财产的这种不可分离性是否满足了标的物的确定性要求——由 Lehman Bros 裁定可以在"长期波动的大量(储蓄)证券中存在收益时(主要指协议和份额)"适用。Briggs J. 发现,在不同的情形下,只要财产能够被明确地区分开(满足 *Palmer v Simmonds* 案中的要求),那么各个单位通常能够满足标的物的要求,受益人相应的份额因而可以确定。这与 *Hunter v Moss* 案的情况是一致的,在陈述这一点时,Lehman Bros 可能会批评 *Golay* 案中所采用的来确定份额或者比例的方法。除此之外,Briggs J. 在其后的进一步研究和发展也是相当有意思的,即他认为仅因为标的物是什么就来确认需要性而否认信托的设立,在目前来说是不够准确的,因为标的物有可能在未来发生改变。

标的物的确定性:需要理解的那些事情

这些案件确实涉及了对财产的理解,也涉及了对商法的理解,我

们从而可以从中获得更为全面的理解。在此，像 *London Wine Go* 案和 *Goldcorp* 案这样的案例告诉我们，即使有关的财产被确定为信托财产，而实际上，只要涉及商法和实践层面，确定特定受益人所能获得的实际利益的多少是非常复杂的。这些案例也揭示出一些其他的信息：有时在这些商业交易中，哪些是信托财产，哪些不是信托财产都难以明确，甚至标的物的确定性的第一要素是否被满足也不甚清楚。

许多商业类型的案例均源自财产所有权的争议，读者可从本书的阅读中体会到这一点。同时，读者也可体会到有许多正在发生的事情需要通过专业的“商法”来进行理解。本部分中，目前最重要的是需要理解满足标的物的确定性要求意味着什么，这是如何实现的，以及无法实现时所产生的后果会是什么。对于这些首要方面，如 *Kolb* 案和其他一些商业案例中描述的，首先需要确保法院采用了非常严格的方法来确定某物是否是信托财产，以及法院这样做的原因。然后，要清楚法院作出不同判决的方法是基于何种缘由，是如何进行论证的，受益人能够得到的“内容”和“多少”在这些判决中的难点何在。

如果不能“足够确定”财产是信托财产会出现什么情况？

如果不能“足够确定”认为财产为信托财产，则无法产生明示信托。这样一来，就会造成原本想使财产进行信托管理的所有者仍自行持有其财产。通常，在归复信托机制背景下会出现这种情况，财产的普通法所有权转让给了受托人，转让的意图将使明示信托得以产生。该情形下，所有权是分开的，但是不可能依据意图设立明示信托，而且委托人对财产仍保留受益权。大多数评论都不会将这种情况与财产所有人根据其意图设立的信托并自行担任受托人的情况进行区分。大多数分析认为，严格根据法律意义来讲，信托只要表达了意图便会设立（明确的意图，第 5 章将对原因进行详细阐述）；就归复信托而言，受益所有权仍归委托人所有，但是也有观点认为委托人仅保留了这一点权利。另有一种说法认为，已试图将普通法权利转给另一人使其担当受托人，但出于程序上的原因，以及信托财产不确定的原因，信托无 76

法产生。在这种情况下,从法理上看,所有权从来没脱离过委托人,也不会产生任何信托,这表明委托人绝对拥有财产。归复信托委托人(或企图根据遗嘱设立信托的剩余遗产承受人)的一般立场是有例外的,这体现在 *Hancock v Waston* 案中。这一规则适用于一审中存在财产的绝对赠与而随后将该财产设立为信托的情况:如果因任何原因未能设立信托,就委托人或其财产而言,不会对其设立归复信托,而财产将被指定的财产获得者拥有。

3.8 受益对象的确定性要求

现在我们将介绍对有效明示信托而言的剩余"确定性"要求,至此,三个"确定性"将完整地呈现出来。设立有效信托的对象确定性是确定性要求中最长和最为复杂的,这个问题的讲解从本章开头贯穿到了结尾。到本章结束时,读者也应该反思,为什么会有确定性要求,为什么三个要素中任意一个的缺乏会使委托人设立信托的企图无效。

着眼于对象要求的确定性,如果我们回顾 Langdale 爵士在爵士授位时的演讲,我们会发现"这些意图获得收益的对象或者人……也(必须)确定"。所以,我们马上会发现,信托背景下的"对象"一词指的是人,即受益人。不久之后,我们便会更加全面地对确定性规则这一特定方面的政策进行研究,但在这个阶段,我们需要对为什么 Langdale 爵士会如此定义对象的确定性要求。就此我们会回顾前面你们可能已经有印象的部分,也会引领大家做出新的思考。

我们已经知道,受益人可以执行私益信托,在本章的后半部分,我们会将此定义为"受益人原则"。为了使信托有效,受益人原则要求:"必须有人,以其为受益人,法院才会裁定执行信托"。我们会发现,这一要求来自非常著名的 *Morice v Bishop of Durham* 案,该案让根据信托确定受益人这一规则变得更加重要起来;我们也会发现,当受托人拒绝履行信托或不按规则执行信托时，受益人原则也尤为重要。

在详细陈述了后面这一观点后，我们也必须意识到，信托是所谓的与财产有关的“强制性的”协议。这意味着任何一个有效的信托（因为满足所有有效性要求）都必须被履行，根据信托所产生的义务也被认为是“必须的”。信托的强制性本质体现在衡平法的原则中——尤其在受托人不能履行或拒绝履行协议中的指派职责时。在这些情形下，如果找不到人来履行信托，那么法院便会执行信托，因为“衡平法不会允许因受托人的原因而使信托无效”。如果发生这种情况，能够确定谁是意图受益人变得尤为重要。但通常来说，因为有效的信托 77
必须被执行，当考虑到委托人是否有设立有效协议的意愿时，必须考虑到该信托实际上是否真的具备被管理的能力。当信托“对象类”或者受益人被描述得太过模糊或者宽泛时，往往很难实施，要确定是否模糊或者宽泛就要先确定受益人的情况。

如何明确对象确定性：法院所采用确认方法要明确对象确定性

目前我们必须要清楚，如何确定信托的受益人和如何来确保满足对象确定性要求。在这点上，我们会发现，这些执行信托的核心思想，以及其可操作性和管理性在法院有两个重要的检查方式，满足了这两个方式才能确定信托的对象。该两种用以确定对象的方式主要是看协议中是否明确规定了受益人情况，以下则是方式的总结：

- 个人确定能力检查方式，这种方式是要确定庭前的个人是否有足够的意愿来执行信托。有必要确定是否是对象的一部分则必然成为“是与非”的准则。

- 类别确定能力的检查标准要求实际上可以以清单的方式绘制出所有对象的情况。这是一个“类别列表”准则，只有在一个类别中所有对象的“完整列表”能够被绘制出来时，才能符合检查标准的要求。

很明显，类别检查标准是一个更加严格的标准，在研究涉及财产的信托协议的对此的适用之前，我们必须清楚，还有一些与财产相关的其他类型的协议，这些协议也和对象确定性要求相关。我们只关注与信托相关的协议,但我们应该明白,对于财产的处置,还有很多种依照对象确定性规定的协议方式可供人们选择(通常指“处置财产”)。

这些协议当然包括我们在本书中所关注的信托,当对财产的处置职责分配给了特定的对象类别或者受益人时,信托随之产生。信托不时会看起来像一种权力(下文将对此进行确认和阐释),信托的区别性特征是信托是强制性的:在这种协议下,委托人发出指示,受托人必须采取相应的行动。我们很快就会发现,信托被进一步归类为“固定信托”和“自由裁量信托”。如果财产是明确的,意图受益人也是明确的,那么对财产的处置便会产生权力,但是仅是信托的情形下才会产生分配财产的职责。如第 2 章所述,指定受益的财产权力在很多方面都是过去的残留物,有时候权力会通过所谓的“默认可变赠与(或只是可变赠与)”而表现出来,也就是说,如果所提供的权力未能被行使,则将有替代性的条款进行救济。

还有一种受“先决条件”约束的赠与或一系列赠与。这也受到对象确定性要求的限制,但是这些要求并不像对信托或者甚至是权力限制那么严格。这一点在 *Barlow's WT* 案这一关键案例中表现明显,在这个案例中女遗嘱人的遗嘱执行人按照女遗嘱人的指示允许她的任何朋友以低于市场价的价格来购买她的艺术收藏品。因此本案中能够用低价购买的权利是具有条件的——购买人必须是女遗嘱人的朋
78 友;此时有效的赠与受到先决条件的约束,“朋友”这个词语符合对象确定性要求,这就是先决条件。但是,不难看出,当同样的术语出现在信托里时,将会出现不同的结果,因为适用于信托的准则会更严格。

信托中的权力何以成为对象的考量标准?

我们会发现,即使我们只研究一些涉及权力的信托,权力和信托的分类方式也非常值得注意。一般而言,当具体涉及财产的普通法权利时,如果捐赠者和持有者之间是信义关系(也就是我们在第 13 章会了解到的一种最忠诚的关系),那么权力就源自信托关系,同时个人或者“纯粹”的权力是源于双方之间纯粹的个人关系。在我们研究信托

和受托人对其的管理时,受信人权力对我们来说尤为重要,因为我们会发现,受托人的职责是基于信义关系的,但令人遗憾的是,有时候受信人权力被定义为“信托权力”,这确实会造成一定程度的混乱。那么,我们为什么在研究对象确定性要求时不得不考虑权力的问题呢?

我们已经知道,正如信托一样,要使财产处理权有效,其必须满足对象确定性要求的制约,但是也有人认为,在许多方面,财产的处理权是过去的残留物。那么,从满足对象确定性要求这个角度来看,当我们研究对信托而言需要什么的时候,为什么我们需要考虑财产处理权的问题呢?稍后答案会变得明朗起来,但是,简单来说,在1955年到1971年这段时间,财产处理权几乎是作为判定自由裁量信托的一个标准,因为人们广泛认为在认定受益人方面,所有的信托都受到严格要求的制约。然而,从1971年开始,财产处理权遭到了淘汰,因为将对象确定性的自由化要求意味着对于自由裁量信托的设立会变得更容易一些。

这些日期的重要性及其发展的性质很快会变得更加清晰,我们接下来要做的是与财产处理权对象确定性相关的关键判例法的简要概述。

财产处理权的性质和确定性标准,以及区分信托和权力的重要性

鉴于财产处理权的性质,受赠人完全可以在自己的权力之内不去行使它,因此明确对象确定性的需求(这点将会在下面清楚地提及)可能不会像信托中存在的情况这么明显。但是仍然有必要确定任何指定的个人是否是权力的对象,因为只有权力对象才会具备执行信托的诉讼主体资格,即使这种权力可能会出现受赠人脱离协议执行的情况。这却是必要的,因为像Robert Megarry V-C爵士在*Hay's ST*案中详细阐述的那样,受赠人作为遗产继承人的分类需要明确化。在*Gestetner's Settlement*案中,Harman J.不得不在赠与中将受托人的分类归类得比较宽泛,权力被给予到很多公司成员的身上,包括了诸如董事、雇员以及前雇员等人群。由于这一类别中的成员是不断变动的,在任何时候都是很难拟定出整个类别中的完整名单。Harman J.认为,为了行使财产处置权也没有必要了解所有的对象,不能确定整个类别也不是什么毁灭性的事情。

在 *Gulbenkian's Settlements* 案中,受托人被赋予将信托收入用来
79 供养他人的权力,“在其家里或公司的任何人,或关心 Gulbenkian 可能时不时居住在此的人”在默认财产处置权的任命选择方面,形成了赠与关系。在维护权力的同时,上议院裁定,个人的确定能力检查准则适用于上述权力,换言之,不管是不是受托人类别中的个人,只要能确定其能力,都应当拥有该权力。像 *Gestetner* 案中那样,即使无法确定类别中的每一位成员,但财产处置权也不会处于无效状态;同样,在 *Gestetner* 案中,因为存在默认财产的指定受益处置权,其条款必须成为是财产处置权。由于依照委托人的指示指定受托人为财产受益人,这种情况不会出现在自由裁量权信托中。

这个话题不仅为 *Gulbenkian* 一案的标准提供了指导,也指明了它的意义,首先,当我们在研究这些标准与信托的关系时,这些强调性的词语显得并不是那么重要。其次,在 *Gulbenkian* 案中,上议院明确地拒绝了 Lord Denning 所主张的上诉法院的检查标准,这说明法院对检查的有效性判断应该基于受益人是属于特定类别的情形。这是因为这种做法并没有考虑到受托人可能以信义方式履行权力的义务。只有在受赠人能够自由地将前来帮忙的第一个人划入受益人分类时,Lord Denning 的标准方法才是适用的,而实际操作中这种并不总出现如此理想的情况。

3.8.1 信托关系中受益对象确定性介绍:信托的类型以及确定性的类型

当我们研究需要什么才能足够清楚或确定谁为信托的受益人的时候,显而易见的是,这些需要取决于第 2 章中确定的不同类别明示

信托之间的区别,也就是说,需要清楚究竟处置的是固定信托,还是自由裁量信托。现在我们需要明白的是,在不同类型的信托之间所需要明确的东西是不尽相同的,同时我们需要注意的是,两种主要类型的确定性是如何影响有效性的。

- 确定性的"语言"或"语义"特征涉及在概念上是否能清楚地描述出受益人的类别,这不由得引发我们进一步的思索:比如,"7 英尺高的男性与所提到的'高个子男人'有什么区别"?
- 确定性的"证据"特征则可以辨清,某特定的人是否实际上属于特定类别成员的问题。在上面的例子中,要明确确定性要求,询问(该高个男人)是否是"身高 7 英尺的男性"即可。

3.8.2　固定信托中确定对象确定性的方法

固定信托中对象确定性标准方法式是在 *IRC v Broadway Cottages* 案中提出的。本案要求,为了满足对象确定性的要求,必须制定类别中完整的成员名单,并且必须达到语言和证据上的确定性。如果试图设立的固定信托在协议中没能达到上述要求,该协议就不能成为有效信托,因为其未能就信托财产受产获益的对象方面进行明确化。这个案例中,Jenkins L. J. 提出了类别列表法,他坚持的理由是,"除非类别中的所有成员都是已知的,否则在类别中的所有人之间不能平等的分配"。

尽管类别检查标准方法非常严格,即便如此,仍有一些灵活的手 80
段用来帮助确保"概念确定性"要求,从而避免信托无效的情况发生。在作为权威判例的 *Tuck* 案中,委托人可以为第三方提供在概念上不够确定的术语的含义。很明显,这些术语的含义都是由受托人自己或者专家有针对性地提供的。就 *Tuck* 案而言,确定受益人是"犹太人信仰"和"与门当户对的妻子结婚"的要求相关,在 Rabbi 做裁定时,这一点就被充分考虑到了。然而,*Tuck* 案中也存在限制,参照 *Jones* 案以及 *Wynn* 案,很明显,法官才是最终裁判者,他们确定信托有效性上什么是可以接受的,什么是不能接受的。

尽管固定信托在无法制定出所有受益人完整名单的情况下是无效的,但这是确保此类协议能够按照委托人指示意图进行的唯一方法;这并不能说明,固定信托中类别标准的应用没有引发任何问题。对于能够执行信托的受托人而言,他们不但要能确定受益人,还要能找到这些受益人。就此而言,受益人类别或者群体会比较庞大,因而找到某一个人变得极其困难,甚至可能的情况是,尽管这个类别在概念上是确定的,但受托人实际上却并不知道其中某个成员的存在。鉴于固定信托的实质是委托人指示,受托人按照指示行事,那么受托人在这种情况下能做些什么呢?

这两种情况揭示了是否分配信托财产或由于未知受益人而推迟信托分配的实际困难,但就法律而言,对他们的处理方法不尽相同。就受托人实际上并不知道谁是受益人而言,根据《1925 年受托人法》第 27 条规定,允许受托人在没有考虑到还有潜在受益人的情况下对资金进行分配,但受托人必须在《伦敦宪报》上刊登出该信托所覆盖的区域,这样就可以被视作可能忽略到某些索赔人。就后者而言,失踪的受益人,所谓的本杰明命令(权威案例来自 *Benjamin* 案)允许受托人对信托进行分配。这不会改变或者终止受益人的收益,而如果先前失踪的受益人随后又出现,那么此人仍然有权得到属于他的份额。因此,在遵循本杰明命令时,法院会要求收到该资金的人作出承诺——该资金可退还给重新出现的有资格获取该资金的失踪受益人。

3.8.3 自由裁量信托中,对象确定性的方法

McPhail v Doulton 案中提出了自由裁量信托中对象确定性标准,其本质上与 *Gulbenkian* 案中规定的信托权力是相同的,即个人确定能力标准。

当然,这就使 *Gulbenkian* 标准方法在自由裁量信托的讨论上变得尤为重要,现在是对此进行更多的背景解释的时候了。早些时候,

1955年和1971年被确定为重要的日期,并以前者为甚,在 *IRC v Broadway Cottages Trust* 案中,类别确定能力的检查标准方法开始应用于自由裁量信托和固定信托中。基于"最终执行"这个理由,Jenkins L. J. 认为这个论证合乎情理的。这个论证认为,因为信托是强制性的协议,所以信托是应必须被执行;如果找不到自愿的受托人,那么信托便会由法庭来执行,因为"衡平法不允许因为缺乏受托人而使信托无效"。在这些情情形下,法庭就对象的认定来行使自由裁量权是不合适的,唯一可行的办法就是在同一类别下的财产受益人之间平均分配 81
财产:做到"衡平即平等"。为了做到这一点,可能需要制定出这个类别中所有受益人的完整名单。

在裁定 *McPhail v Doulton* 案时,上议院撤回了前述自由裁量信托的说理。这就是 Bertram Baden 遗嘱中关于处置"为了使公司中任何高级职员和雇员或前任高级职员或前雇员或这些人的任何亲属或者赡养人受益"的臭名昭著且耗时长久的诉讼的第一个阶段。

当几乎不可能设立有效的自由裁量信托时,*Broadway Cottages* 案的判决导致了1955年至1971年的财产处置权的复苏。从而导致了设立"默认权力与信托"的情况出现,因为检查权力的对象确定性标准和自由裁量信托相比,显得没那么严苛。换言之,如果存在广泛的对象,作为权力的有效文书可能因为自由裁量信托中过于宽泛的对象而无效。因此,最常见的做法就是,对广泛范围内有效的对象拟定财产处置权,同时在小范围内限制信托。这样的手段可能是有效的,因为如果仅以信托形式进行起草,那么这会与对象确定性要求冲突。

然而,在 *McPhail v Doulton* 案中,上议院果断地拒绝平等分配的原则,他们认为,平等分配将会使委托人的意图变得毫无意义,并裁定法院在最后的情形下,方能就对象适用自由裁量权。因此,*Broadway Cottages* 的说理是不能适用的(实际上 *Broadway Cottages* 案已宣布无效),而到法庭来执行处置权或者是信托的个人必须有执行的意愿才行。即问题应集中在是否这个特定的人属于对象类别中。

Wilberforce 爵士判词中的要点可归纳如下:最要紧的是,适当的检查标准方法应反映出,在大多数情况下,平等分配可能完全与委托人的意图不一致,恰恰是因为其选择了设立信托,反而使其中的一类对象根本无从受益。因此,他说道:

> 有效的检查标准方法…… 应该与被上议院所认可的 *Gulbenkian'Settlement* 案相类似……也就是说,如果可以确定任何指定的个人是,或者不是这个类别内的成员,那么信托就是有效的。

重要的是,我们要强调,对于 Wilberforce 爵士来说,这并不代表信托和权力之间的完全同化,总体而言,适用于受托人的检查标准比适用于拥有权力的受赠人的检查标准更严格。然而,即使所有的这些要求都得到满足,也可能会导致信托在执行上不可行,因此,应该使信托的满足对象确定性需求作废。

介绍 Baden 契约信托之前(第 2 号),*McPhail v Doulton* 案的注意事项

Lord Wilberforce 在对为什么会用偏离 *Broadway Cottages* 一案的方法来设立自由裁量信托的评述具有很大的权威性,但是他的判决仍值得深思。尽管 Lord Wilberforce 很谨慎地强调这并不完全是信托与
82 权力之间的同化,但是他的裁决确实引起了信托和权力之间的根本属性以及它们之间存在差异的问题。在信托有效管理的问题上,这和这些根本性差异的表现息息相关,而受托人基于信义关系也必须要履行执行信托的义务。

***Baden* 案的下一诉讼阶段:Baden 契约信托的产生(第 2 号)**

Baden' Deed Trusts (*No.* 2)案又回到了上诉法院,法院要用 *McPhail* 检查标准来考虑 *Bertram Baden* 遗嘱中所使用的"亲戚"以及"受赡养者"这样的词语。上诉法院认为,"受赡养者"并无确定性问题(你很快就会知道原因),但"亲属"一次确实会导致意见上的分歧,

这多亏了 Baden 庄园律师 John Vinelott QC 的一个非常聪明的论证。在这一诉讼阶段，Baden 本人已经去世 12 年了，诉讼既会使遗产失去效力，又消耗了大量的资金。因此 Sachs L. J. 评论道，这个情形简直就是“大倒胃口”。

Vinelott QC 则认为，根据 *Gulbenkian* 标准方法的要求，不能将任何人划定在绝对属于或者不属于的类别之中。如果这个论点成立，那么 *McPhail* 案对自由裁量信托中对象确定性方法的裁定将会有较为深远的影响。事实上，如 Megaw L. J. 所述，这意味着对于对象确定性检查再次在实际操作中回到了否认状态。上诉法院确实驳回了这一论证，但是单个的判决也确实基于了不同的考量。此外，判决中本身很明显的是，Baden 的近亲属很清楚他们不应该再继续进行诉讼了，这就使 *Baden* 案未能走到上诉法院那一步。这也意味着在今后的诉讼中采用哪种方式仍然是不清楚的，而且在这方面也难以出现确切的说明。在没有先例裁定的情况下，我们所能做的就是，确定某人是否是委托人选择的受益人分类，确定的过程注定是困难的，而要采用的就是上面三种方法中的一种，以此才能做出合理的评估。

通过强调法庭的概念确定性，Sachs L. J. 的判决绕过了雷区，因此在制定 John Vinelott QC 名单时可能出现证据分歧时也不至于是毁灭性的。这有效地驳斥了 Vinelott 的论点，也主要用来解决在确认类别时所出现的证据分歧。Sachs L. J. 也认为，实际上，法庭应让声称处于类别中的人担负举证责任。如果最终只是执行的问题，并且检查标准主要针对索赔人而言，这似乎就是可以接受的，但这并不会有助于信托管理。

就相当多的对象而言，Megaw L. J. 采用了一个不同的解决方案，其要求这些对象都应该符合遗产继承人的类别。这是一个相对模糊的标准：很明显这不足以表明在这个类别中某个人是确定无误的，因为这个标准在 *Gulbenkian* 案中已经被驳回了（见本章前面章节“权力的本质和确定性标准，区别信托和财产处理权的重要性”）。可以假

定,标准需要证据和概念上的确定性。在既没有驳回 *Broadway* 标准
也没有驳回在 *Gulbenkian* 案中 Lord Denning 的标准的情况下,也许
Megaw L. J. 所采用的方式只是为了反驳 Vinelott 的观点而已。事实
上,上诉法院的法官都没能找到解决这一难题的满意方案。诚然,这
83 个检查标准可能在确保受托人更多地列出遗产继承人员类别上面具
有有优势,但是法官也需要能够行使自己的自由裁量权。

Stamp L. J. 的标准可能是这三个标准中最严格的一个,他似乎对 Vinelott 的论证有着深刻的印象。他强调受托人须尽可能对对象范围进行全面调查,但他认为,在调查结束的时候,即使不能列出每一个单独的受益人名单,也不会产生毁灭性的结果。他可能认为,信托未能履行是因为他未被迫去参考上议院早期的判例所致,该判例认定对“亲属关系”而言的自由裁量信托是有效的,这里的“亲属关系”被狭义地定义为“近亲关系”。

在这三个检查标准中,Sachs L. J. 的标准通常是最容易达到的,但是在很大程度上它依赖于额外的、难以操作的行政性标准,其相当不清晰的范围和应用将在下一节进行明确阐述。在此,总结出以下建议:

- Sachs L. J. 在概念和证据不确定性之间做出的区别源于 Wilberforce 爵士在 *McPhail v Doulton* 案中的陈述,在之前的 *Gulbenkian* 案中也提及相类似的区别。作为弥补,证据上的区别一般由法院认定,但正如我们前面提及到的,法院还可以认定概念上的确定性。但肯定地是,一旦放弃 *Broadway* 公平分配性原则,确定性准则的正当理由究竟是在协助法庭,还是协助受托人来管理信托?不管是证据性的困难,还是概念性的困难,都可能击垮受托人。

- 如果遗产继承人类别在概念上是确定的,那么唯一使具体名单不能列出的原因就是证据不足。所以,如果类别检查标准真有意义的话,那么可能也是证据性标准了:如果仅是简单概念性检查,那确定个人和确定一类人就没什么区别了。

• 这表明,在概念和证据不确定性之间所作出的区别没有多大的意义。支持 Sachs L. J. 观点的人会认为行政可操作性标准(见第3.9节)足以确保信托是可行的,但是在这种情况下,为什么需要其他任何标准,而不是仅仅是这一标准?在任何情况下,证据问题都需要通过行政可行性标准来解决,将其作为个人确定能力标准本身的一部分来进行处理是一种改进,但这一改进又不是很明显。

• Megaw L. J. 标准是证据,它解决了对受托人来说,融合使信托可行的问题。因此,这表明 Megaw L. J. 的检查标准优于 Sachs L. J. 的检查标准。

• Stamp L. J. 的检查标准也是证据(实际上完全是这样的,因为“近亲”本身在概念上是不确定的),但是一旦 *Broadway* 分配公平性原则遭到否定,就很难证明有什么标准和 Stamp L. J. 的标准一样严格了,因为他的标准实际上相当于是对类别确定能力标准的一种再现。

• 故而,这是一个更倾向于 Megaw L. J. 标准的论证,或者至少是一个相类似的标准。

由于对象不确定性而使自由裁量信托失去法律效力的后果

当由于未达到对象确定性要求——Baden 遗产的遗嘱执行人以其近亲的名义提起诉讼,而使自由裁量信托无法执行时,不用再研究是谁推动了 Baden 诉讼便能明确知道会发生什么。这是因为,由于在缺乏对象确定性而无法执行信托的财产处置情况下,对该信托的委托人或遗嘱人或其近亲而言,会产生一个归复信托。

3.9 满足受益对象确定性的要求之外:对自由裁量信托有效性而言,“行政不易操作性”的重要性 84

Lord Wilberforce 在 *McPhail* 案中提出,以委托人指定的类别使信托在管理上不可行为理由,即使符合对象确定性要求,财产转让依然会无效。当然,这个观点是基于信托必须被执行的理念,也就是说,信托必须具备可执行性。

当认定某信托在"执行上不可行"时,Lord Wilberforce 实际上想要表达什么呢?从判决来看,他的观点实际并不明确,但 Lord Wilberforce 所要表达的真实意图是:所用词语的含义是清楚的,但是对受益人的定义是那么令人绝望的宽泛,使信托在管理上不可行……或许,"大伦敦的所有居民"这一表述就可以让人明白(作为一个例子)。比起直接陈述观点,他的表达引起了我们更多思考。如 *McPhail* 案中所指出的,类别的大小或者广度是否使得信托在管理上不可行?*Manisty* 案认为,当信托条款"违背了委托人任何合乎情理的意图"时,便会出现这种情况,并且这种情况也往往反复无常。*Hay's ST* 案的判决中表示道,之所以出现这种情况,是因为这些条款使受托人无法为拥有财产的人(不行使自由裁量权的人)"进行对象范围调查并作出理性的裁决"。

尽管这两个案件都涉及权力的有效性,但就自由裁量信托而言,权力又一次被作为讨论将会发生什么事的基准。这是因为权力(尤其是指受信人权力)与这些信托有很多相似之处,因为它们本质上因为是否具有执行信托的义务而存在区别。注意到这一点,*Hay* 案和 *Manisty* 案的判决提到了受托人在一类受益人中强行分配财产时所面临的挑战,如何做到这一点(事实上对他们而言)是他们自己的决定。

受托人任务的艰巨性在 *Hay's ST* 案中得到了肯定,他将信托与权力持有人的立场进行了对比,他们可以在"有利于那些碰巧在手边的对象,或值得注意的对象"方面行使权力。尽管 Megarry VC 在 210 中表示在应得的赔偿请求人之间"没有要求作出精确的预测",但根据自由裁量信托,受托人必须:

> 首先需要考虑什么人或什么类别的人是作为对象的……没有必要编制一个完整的列表……甚至没有必要对其数量进行精确评估;所

需要的是就对象范围广度的了解，这样仅是从十几个，或者数千个或者数百万个中作出选择。就其他潜在赔偿请求人而言，只有受托人专心于“问题的严重性”时，他才会考虑个别情况下特定的授予物或自由裁量权的行使是否合理。

适用于自由裁量信托的管理不可行

这里的主要案例是 *R v District Auditor, ex parte West Yorkshire Metropolitan County Council* 案。该案源自当地依据制定法权力作出的判例，以西约克郡地区“任何或者全部居民中的一些人收益”为目的而设立信托。这一案例中，对象的类别被认为是足够确定的（也就是 85
说，符合适用于自由裁量信托的 *McPhail* 个人确定检查标准），认为“居民”这一术语符合概念以及证据上的要求。然而，因为由于潜在受益人类别的数量达到了250万“居民”，因此类别太大，法院认为这在管理上是不可行的。这个判决非常权威，类别的大小必定是管理可行或不可行的关键考虑因素，其似乎也指出了大类别和小类别结合的方式或对受托人指引的情况下可能使信托无效的方式。但这也表明，对类别广度的接受可能取决于受托人义务的确切属性，以及它们是否要调查整个范围的必要性——这正是 Lord Wilberforce 似乎重视的部分，即使他并没有给出过任何确切解释。与此相关的是 *Harpum* 案中非常有趣的一个条款。

3.10　结论：理解有效信托的确定性要求

我们现在知道满足确定性要求意味着什么以及真正涉及什么，我们也可以利用我们学到的东西去尝试理解为什么确定性要求会存在，以及为什么除非满足这些要求，否则设立明示信托的意图就无法达到。我们也可以以此为机会来理解确切性要求和有效性的形式和构成要求之间的相互关系。

- 我们可以发现,通过财产所有者的语言或者行为,意图确定性是作为确保财产所有人真正想要出设立信托的机制。因为这样做对财产的普通法权利有相当大的影响,这与对财产做出赠与或将其借贷给他人是完全不同的,除非非常明确地表明或者确定财产所有者试图去实现什么意图,否则信托便不会被设立。这里,为了安全起见,法庭不愿意在没有明确意图证据的情况下去推断信托的设立。在与自我声明托管相关的涉宪案例中,这一点是显而易见的,这种情况下,法庭实质上首先研究的就是,是否存在设立信托的意图确定性。

- 很明显,如果意图以信托的方式对财产进行授予,那么对受托人来说懂得如何管理信托是很重要的。为了做到这一点,受托人需要确定受益人、财产性质以及财产分配的问题。这里,确定性要求为受托人提供了指示依据。当财产不是绝对给予另外一方时,还受到委托人指示制约时,受托人必须知道如何执行信托。确定是否是信托财产是受托人对财产获得普通法所有权的先决条件(在制定过程中需要遵守格式要求);其继而又成为受托人能够通过处理财产来确保受益人收益的必要条件。在执行信托方面,受托人必须对信托财产做出行为(此为强制性协议),他们需要切实可行的(信托)指示,否则,缺乏对授产财产或授产对象的表述将让受托人陷于执行不能的境地。

尤其是出现委托人已经死亡的情形中,对委托人而言,他已经不可能再作出比以前表达更清楚的指示了。

86 还有一个理由来阐明财产何以受信托制约、财产到底是什么,以及谁是意图受益人:像很多我们会遇到的一些案例所揭示的那样,对“惯于欺诈的受托人”的担心确实不是无根之源。我们目前还没有遇到这个问题,但在适当时候我们会讲到。在执行中经常会遇到存在可识别受益人和反映出只有受益人才有资格执行信托(包括追查惯于欺诈的受托人)的综合情况,这些都是正常的,所以法院在裁定谁来执行信托时,对于有效性检查往往都十分严格。

第Ⅱ部分　受益人原则

在本章将要结束时,对受益人原则的介绍显得非常重要。因为这为确定性材料提供了一个逻辑上的“终点”,同样我们会继续就明示私益信托的有效性要求进行研究。此外,当我们研究私益信托的设立时,这些要求也为我们对慈善事业的研究提供了有效的预测。从第2章我们就已经知道,慈善法是信托法中的一个特殊部分,它被认为有异于信托法的其余部分,而明确的是,慈善组织实际上是公开执行“因目的而设立的信托”而非“为个人设立的信托”。

最后一点非常重要,因为研究确定性表明信托是必须执行的强制性协议。当我们研究对象确定性时,显而易见的是只有在有人具备执行协议的资格时,信托才会有效,这是对前期表明信托的主要特征(只有受益人才能执行信托)的材料补充。所有的观点都集中在 *Morice v Bishop of Durham* 一案中,William 爵士在判例中作出了重要声明:“必须以某人的名义法院才能判决执行。”这就是人们熟知的“受益人原则”。

因为,作为一般规则,为了使私人信托有效,必须有一个被认为有足够资格执行信托的人。这也就是对象确定性出现的原因,这也是如果相关的确定性标准(也就是说,不管是 *IRC v Broadway Cottages* 案中就固定信托所提出的类别确定能力标准还是 *McPhail v Doulton* 案就自由裁量信托所提出的个人确定能力标准)而言,信托为什么“会因缺乏确定性因素而无效”在此得以解释。因此,存在严格的对象确定性要求的原因是为了确保总会有人具备执行信托的资格。

如果信托的受益者是人,则执行资格是明确的,须满足相关检查标准。没有人类受益人,法院就不能从有利于谁的方面来“裁定(信托)执行”,因此而产生的困难可以在目的私益信托的设立(也就是那些没有公开强制执行的信托)而不是为个人私益而设立的信托中看到。

当我们研究慈善法时,需要明确的是,受益人原则并不适用于慈善组织,因为总检察长在需要的时候有义务来执行这一原则。然而,试图设立针对目的而不是针对人的私益信托充满了困难,这通常是因
87 为显然没有人有资格能执行这种信托。这就解释了当违背受益人原则时,上述财产处置为什么还可以有效执行。

私益目的信托的介绍以及与慈善法的研究

在研究设立明示私益目的信托的尝试以及这样做所造成的困难之前,我们研究慈善法的时候,受益人原则对于私益信托的重要性将通过下面代表性案例来进行讲述。*Bowman v Secular Society Ltd* 案体现了受益人原则在私益信托和不需要受益人的慈善机构信托的两者间适用的联系。在该案中,Parker 勋爵极具情感地回应了 Morice,指出:"在我们国家信托要想有效,就得对受益人有利……或者作为赠与或公众受益,让法庭裁决为慈善。"

因此,受益人原则(以及在此基础上确定的对象确定性规则)应该意味着,如果信托是私益(而非慈善)信托,但又没有自然人受益人,就会违反受益人原则,信托因而便是无效的。这是一般的立场,但是我们需要考虑这个规则中的少数例外的情况,以及与之相关的问题。此处,大多数人关注的是这些协议因为违反受益人原则所造成的困境,但是,正如我们将会发现那样,缺乏人类受益人的有效私益信托会引发不少问题。

为什么信托是因目的而设立,而不是因人而设立?

在研究没有自然人受益人的信托有效性之前,尝试理解为什么这样做的意图对我们来说是一个好主意。事实上,到目前为止,一切都表明信托(当然是"明示信托")是因财产所有者希望他人从中受益的愿望而设立的,所以我们需要关注,信托如何在财产不是为了惠及受益人的情况下而有意识设立的。

在开始讲述案件情节时，大部分情况会变得更容易理解，这些案例通常反映了财产所有者将财产“提供给”某物而非人的愿望。我们会发现这些物通常会是最喜欢的宠物（动物受益人）或者就是最喜欢的消遣，就像 *Thompson* 这个案例一样。这种意愿也会出现在某人想要立墓碑或者维修坟墓的时候，或者为他人或者甚至是自己立纪念碑的时候！*Pettingall v Pettingall* 案是体现这种意愿的典型例证，在本案中，50 英镑的年金被授予了立遗嘱人“最喜欢的黑色牝马”，旨在确保它能够生活在绿意盎然的环境中，不用遭受被骑行的负担，等等。许多古怪的人对这种行为持中立态度，当然这也极具“英伦特色”，在重要案件里也被不太善意地被认为是“人性的弱点”。

3.11　为目的而设立的私益信托的有效性

从一些案件可以清楚看出，法院已经承认了少数非慈善性质的目的信托的有效性，甚至一些被认为是有限类别的协议。从这许多的重要案例中可以发现，尽管他们违反了受益人原则，但依然有效。正如所述，一些可被称为“宠物和坟墓”的案例中即是如此。我们已经在 88
Petting all v Pettingall 这个案例（涉及其最喜欢的母马），以及其他一些包括 *Dean* 案和 *Kelly* 案等案例中看到了这一条款，这些案件无一例外是为了寻求更好地照顾动物。而 *Mussett v Bingle* 案、*Hooper* 案以及 *Pirbright v Salwey* 案都是涉及修建和维护古迹，尤其是纪念碑的案例。*Bourne v Keane* 案涉及的是私人天主教弥撒，而 *Thompson* 案则是涉及为了促进狩猎狐狸而支持设立信托的“消遣”案例。正如我们将会发现的，很多这样的案例都指出了，试图创立这样的协议会出现多重困难，并且在说明这点的时候，我们也会发现，*Mussett* 案是一个特别有趣的“坟墓”案。

然而，这些案件的有效性必须与 *Astor's ST* 案这个案例一起来理解,*Astor* 这个案例被认为是违反受益人原则的非慈善目的信托无效的一般立场的权威案例。*Astor* 案本身涉及的是一个指示受托人以各种目的持有基金的信托,包括“维护各个国家之间的良好关系……维护报刊独立性”。因为该信托中没有人类受益人,因此这个案例中的信托被视为无效。因此,*Astor* 案的裁决重申了 19 世纪初期 *Morice v Bishop of Durham* 案中所建立的原则,即为了使信托有效,私益信托的受益人必须是人类受益人。考虑到它标志着对信托法基本原则的认可这个事实,这是一个重要的重申。事实上,除过 *Morice* 这个案例,19 世纪和 20 世纪早期确实产生了一些尽管违反了受益人原则却依然有效的信托。

这些违反信托的方式在 *Astor* 案中给出了解释,阐明了为什么本案成为当代法学界的重要案例的原因。在 *Astor* 案中,Roxburgh J. 裁定这些协议是“一般规则中的例外”,但他也没有否定一般原则,也就是说,为了信托有效,必须存在“法庭判决对其有利之人”。还有一些讨论方式表示信托的有效性可以通过凭借“剩余遗产受益人”强制执行信托来进行说明(如第 2 章所述,有遗嘱但未具体规定财产遗赠给谁,或者谁是这种信托协议的目标对象,但遗赠却因某些原因未能进行)。这在 *Sheridan* 案中有深入的讨论,事实上,剩余遗产受益人会对许多这样的协议起作用,但却不能明确地对所有协议进行说明。对 *Astor* 案中异常例外的不同看法来自有效性的观点,这些协议本身其实没有任何问题,但如果这些协议被认为是义务不完善的信托,就只能说明这些协议有效但却不能被执行(见 *Brown*)。另一种观点认为,将这些特殊情况宣判为不正确的案件实际上会令 Astor 更为满意。无论如何,这都是一审的判决,所以 Roxburgh J. 可能会觉得他没有这样宣判的权力。因此,暗示 Roxburgh J. 错失了与上诉法院就 *Endacott* 案的所述保持一致,是不太公平的。

一个错失的机会?关于 *Endacott* 案

初审阶段,*Shaw* 案对 *Astor* 案持赞成态度,该案涉及了 George

Bernard Shaw 著名却不幸的40多份名单。然后,在 *Endacott* 案中,上诉法院有机会重新研究 *Astor* 案的处理方式。在 *Endacott* 案中,"给北陶顿德文郡教区委员的遗产(同时留给我自己一些纪念)"的遗赠被 89
裁定无效,这从某种程度上说,正是 *Astor* 案为上诉法院提供了重要的权威案例。本着这种精神,人们坚持认为,有效目的信托(包括我们刚刚研究过的)被视为"异常的且不长久的"信托,甚至有可能不会被遵循。这种类型的协议反映了"人性的弱点"。人们不禁会想,这是否正是上诉法院的观点;但令人遗憾的是,这既不可能推翻之前的判例,也不可能阐明信托执行的基础。这是因为很难弄清楚他们到底代表什么,或者甚至是他们遵守的原则是什么。这也需要对 Roxburgh J. 的剩余财产受益人的提示方面做出考量,或者对将目的信托视为不完善责任的分析做出严格评价。

3.12　设立有效非慈善目的信托的其他问题

就这些"异常"的有效信托而言,*Astor* 案和 *Endacott* 案显然比较麻烦,但与此同时也颇具效力,这些协议中的有效性不仅侵犯了受益人原则,也在其他方面造成了麻烦。事实上,即使非慈善目的信托属于这些有限类别,在违反受益人原则的情况下也会有效,但是有时候也会有出现其他"缺陷"。*Endacott* 案是这方面的权威判例,只有目的是充分确定时(足够明确),这类协议才会有效,这表明这些目的有可能是不确定的。但是,这些案例表明,比违反受益人原则更麻烦之处在于,他们经常会违反所谓的"永久所有权"规则。当前,在线资源中心上的永久所有权要求实际上只在本书中涉及,这也反映了法学生学习兴趣的下降以及最近的法律改革。

一般而言,简单来说,为了使信托有效,私人信托不得违反两种永久所有权规则中的任何一种。这类规则背后的政策是为了确保与信托内的财产的时效。其基础在于,如果信托能够明确存在,那么这将会很严重地影响隔代之间财产的自由处置。这点可以在 *Deech* 案中描述违反永久性所有权规则的文字中看出:

> 必要的平衡(应该置于)……一边是目前这一代人,另一边是他们的后代,他们都可以按照他们希望的方式来处理他们拥有收益的财产。如果委托人能够在未来受益人之间拥有完全自由处置财产的权力,那么反过来受其意愿约束的接收者便永远不会享受到同样的自由权。

这种违背"永久占有原则"(Dead Hand Rule)的政策——防止死者决定这一代和后代可能实现预期结果的,传统上都体现在两个关键性规则中,这两个规则混合了普通法和成文法条款,如果违反这两个
90 规则,则会使信托无效。第一个是违反偏离财产归属的原则,这一规则要求受益人对信托财产的受益在永久所有权期限内必须"归属于"他。第二个是违反永续规则,这一规则要求,在任何有效信托中,不能存在信托相关的财产比永久的时间期限更长的情况。这限制了信托可以"持续存在"的时限,只有信托在合法时间范围内结束,信托才会有效,这就是私益目的信托所产生的问题。

在线资源中心提供的材料解释了,《2009 年永续法》最近已经有了一些修订。然而,这一立法并未触动私人目的信托巍然不动的地位(第 18 条明确规定),这一时效仍然受到普通法时限的制约。普通法时限是"生前时间"再加 21 年。用通常意义的英语来解释,这意味着信托是在活着的人的有生之年设立的。由委托人挑选的在生的人一般是皇室或者皇室成员,历史上,所谓"皇室在生者"条款的使用反映了皇室和寿命(在信托)之间的关联。因此,永续期限就会是这个人的生命期限加上 21 年。相比抽象概念而言,*Hooper* 案和 *Kelly* 案与此相关的陈述会更加容易理解。此外,读者也需知道,该类"目的信托"的

处置是以此规则为基础的，而另外一些信托因为违反了这一规则而无效。然而，即使信托与动物相关，这些案件也表明，作为动物的对立面，只有人类的生命应该作为考量的缘由，*Kelly* 案正好为这点提供了权威判例。

Hopper 案则是“不超过”21 年的非慈善目的赠与的权威案例，或者“只要法律允许”可以维持 21 年；但是本案没有具体说到时限超过就会使信托无效。然而，*Mussett v Bingle* 案的裁决可能会说明一些有回旋余地的情形。该案涉及用 300 英镑建造一座纪念碑的赠与，以及用 200 英镑进行维护并从中获益的赠与。后者确实被判为无效，因为它违反了永续规则，在假设纪念碑是在永久所有权期限内建造的基础上，前者被认为是有效的。

3.13　尝试设立避免所有合法“陷阱”的私益信托

尝试去设立针对目的而不是个人的有效信托，这些信托是非慈善性质的信托（因此受私益信托法的制约），可以避免了目前看来很明显的“有效性问题”。最明显的一个就是违反受益人原则的问题，以及去设立避免这一问题协议的尝试可以在那些希望使这些协议形成的行为或者法院裁定就这些协议会出现什么情况的行为中看出来。这些案例看起来可能不一样的原因是，可能乍一就像 *Astor* 案和 *Shaw* 案一样，他们似乎正在寻求使具体的人直接地或者不太直接地获得收益。在这方面，像 *Astor* 案和 *Shaw* 案这样的案例往往被认为是“纯粹的”目的信托，在这些案例中收益完全是抽象的，并且不存在将收益和个人或者群体紧密联系在一起的企图。

就此而言，我们现在遇到的案例直接或者间接地集中在了具体的人身上。然而，尽管如此，仍有人指出，即使法院对信托协议进行了分析，声称协议避免了所有的陷阱，并已经设立了有效的目的信托，事实 91

上,这些情况并不符合 *Astor* 案和 *Endacott* 案中的观点,除异常例外之外,所有的财产私益目的信托都是无效的。围绕这个问题展开的讨论可以在三个关键的案例中看到。

Abbott 案是有关两位老妪生活费的信托,其中涉及的财产来自她们所居住的社区为这个目的而做出的捐款。毫无疑问,这里的信托是无效的,即使基金很明确具有目的,而不仅是赠与这两位老妪。不过,这个案子可能被解析为就两位老妪所作出的普通信托,受托人被指示,资金只能用于两位老妪的生活费。这一情况可能是因为没有考虑到此举作为目的信托是不够的,而应当被视为"受益人信托"。

Leahy v Attorney-General for New South Wales 案是关于"应当选择天主教修女或基督教弟兄作为我遗嘱执行人或受托人的命令"而对财产进行的信托。这个信托并非慈善性质,并且作为私益信托的这个信托被认为并不合法,尽管所选择的个人"对象"有足够的兴趣来执行信托。对此的裁决是,这不可能是一个有效的信托。因为这些对象虽然具有进行信托的资格(当然,这也是确定对象规则的一个宗旨),但根据信托条款,这些对象实际上并没有获得充分财产受益权益。法官重审是参考了传统观点,认为"除非目的或者对象是慈善性质的,否者针对个人利益而非出于目的或者对象所设立的信托便为信托人信托"。

然而,在 *Denley's Trust Deed* 案中出现了一个不同类型的判决。这个案例是关于将土地用于修建运动场的情况,旨在"主要"针对公司员工,以及"作为信托人允许享受相同利益的其他人"的赠与,这种类型的信托得以维持是因为受益人类别是可以确定的。Goff J. 的判决说明 *Astor* 案和 *Endacott* 案中的原则的作用就是使那些"抽象的或者非个人"的目的信托无效。如果某信托表明了某种目的,直接或者间接地为了使个人或人们受益,大致上可认定为受益人原则之外的损害。*Denley* 预期的效果显然应该是使得具备目的的信托能够有效,因此也不应该受到 *Astor* 案判例原则的约束,但是判决未能阐明区别两者的法律依据。

此外，尽管 *Denley* 案判决本身是具有意图的，但是在和 *Grant's WT* 案有关的说理中，有观点认为，这不是目的性信托，而是个人普通信托。正如 Vinelott J. 在 370 中阐述道：

> 根据我的判断，基于恰当的剖析，*Denley* 案是属于目的信托之外的案例。一方面，可以发现原则上在允许根据参照就业定义的类别的信托和根据受托人自由裁量决定的方式享用土地的信托之间没有区别；另一方面，应根据类别之内信托人的自由裁量权来分配信托收入，例如，通过参照委托人之间的关系来定义类别。在这两种情况下，类别中的任何成员对利益的获取都是由受托人来裁量的，但是类别中的任何成员都可以向法庭申请强制受托人根据条款管理信托。

在 *Peter Millett QC* 案中可以找到类似的观点，无论 *Denley* 案的裁决如何，像 *Astor* 案中这样纯粹性质的目的信托都不会受到影响，并 92
仍然无效。同样明确的是，给予直接或者间接利益的个人必须在确定性对象要求范围内确定：在 *R v District Auditor, exparte West Yorkshire Metropolitan County Council* 案中存在一种已设立的有效目的信托处置失败的互斥观点，因为，无论 *Denley* 案如何裁定，即使存在完全受益的对象，根据对象确定性规则，利益个人依然是无法确定的。

3.14 “受益人原则”、现代信托及现代信托法

一些评论家越来越倾向于讨论受益人原则，他们不仅仅分析了英国信托法的“基本原则”，也分析了对其现状进行挑战的方式。这点可以在判例法中，尤其是在第 3.13 节中对其的讨论中发现。人们越来越多地关注信托法没有受益人原则的司法管辖的情形，执行信托的语

言确实确定了“法院以谁的名义来裁定”、“执行者”或“保护者”。受益人原则的缺失的管辖区尤其被认为是避免税收的天堂,我们从第2章已经得知税收分配是支撑信托设立的重要原因。

受益人原则、受益人原则的缺失,能够通过对资产进行投资来支持对税收资产的优待,而不需要为了税收目的而将“所有权”附加在其上。所有权是确定税务责任的关键,这一点将在第4章明确阐明,在信托使用上,一些人可能会走上逃避缴纳税款的极端!无论如何,受益人原则在一些信托法制度上的缺失自然会引发受益人原则对英国
93 信托法的重要性的反思,英国信托法是否可能会走上阻碍信托协议有效性来违反“基本”原则的极端。

第4章 有效信托的法律手续和设立 94

当我们对第5章中信托的构成进行研究时,我们将会发现在信托的成功构成和信托构成的法律手续要求息息相关。就目前而言,我们会对信托设立中发现的法律手续要求和成功构成要求进行详细分析,从而试图将这两种要求分开,如果无法分开,我们将阻止有效信托的形成。在明示信托设立的研究中,此处的材料适用于明示信托,同时,法律手续要求的内容也会明显不同,或者甚至当用道德建设或道德结果构成的私益信托使用此材料时,这些要求根本就不需要。但是,对于慈善而言,这些要求也适用于对用于慈善事业的财产进行明确赠与。

我们可以回顾一下第2章的内容,当对与法律协议有关的"法律手续"作出任何说明时,我们就会谈到进行法律诉讼的特殊要求。在进行澄清说明的同时,如果制订好的要求已经与法律相符,则法律将不认可与要求不相符的手续,随后,法律将认为此要求有效,无论法定手续各参与方是否正在努力实现此目的,其都将生效。这表明,在很多法律诉讼中,个人和其他参与者涉及利益的情形都会受到法律手续的制约。

诚然,本章内容尤其关注的是法律手续的要求,因为这些要求会引起以下问题:信托财产是由向他人提供收益的财产所有人所设立的,这就表明我们需要从两个不同的方面来思考法律所要求的内容。

当然,如果很多法律诉讼和协议都需要法律手续,但是由于信托涉及了财产及其所有权和享有权,因此我们需要了解的是,通常情况下法律手续是如何约束财产处理的。鉴于此,我们要着眼于可能专门用于信托设立的法律手续。

在第 2 章中,我们已经了解到,在财产处置中法律所规定的所需手续方式会受到待处理财产类型的严重影响;同时,我们还将了解在书面、签署和注册方面也存在特殊的法律手续。

掌握信托设立中适用的“所需手续”是非常重要的。或者,由于私益信托由不同的法律机构来管理,说明在某些情况下一些法律手续要求将无法完全适用,因此更为精确的说法是,它适用于明示信托的设立(无论是私益受益人,还是慈善机构受益人)。那么,在财产明示信托的设立中,我们会遇到何种法律手续要求?

这里,我们会遇到两种类型的法律手续,这会产生无用的需求。
95 首先,与任何财产处置相关的法律手续都涉及从一个人对另一个人的财产所有权转让。这里所需要的是同样适用于伴随财产销售和赠与的完全所有权(普通法权利)的接收者,以及适用于所有权被分割时通过接收财产普通法权利而对财产负责的受托人。其次,我们会遇见只在信托设立中出现的法律手续。就此,我们会碰到仅适用于在所有者设立信托时规定的处置财产的方式,这种方式通常在财产处置中并不常见。

像第 3 章前面对确定性规则、第 5 章对有效明示信托组成要求的讨论一样,接下来,这一章侧重于对法律手续的讨论,同时也为用于支撑与法律相关的明示信托的 Langbein 分析规则框架提供了背景。根据 Langbein 对“强制性”规则和“默认性”规则的区分方式,再次规定法律手续旨在“禁止委托人更改”,而非由其他人随意进行“更改或否定”。当你阅读到这些材料时,你应当思考一下为什么会发生这些情况,出现这种情况的原因在开始研究财产交易中所需的法律手续的作用时就应该被明确。

法定手续的功能:财产交易中为什么会存在法律手续?

我们很快会探讨更多的关于这些不同类型的法律手续和他们实际需要完成的内容,但是在这个阶段,我们需要理解的是,所有法律手续要求都有一个关键的根本的理由或目的:保护财产交易当事人的目的,即保护财产本身不受其所有者的协议之外的交易,或财产所有人自身不知晓的交易。

我们在第2章中就接触了这方面的内容,尤其是当我们讨论对财产进行赠与时,法律会将其视为有效,但是实际上,当对财产法定处置方式进行了解时,就意味着我们必须对第1章中的内容进行回顾。这里我们了解到,财产所有权就是指所有人有普通法权利随意处置财产,以及一般来说财产所有人能够按照他选择的方式更好地处置财产。如果拥有完全拥有财产,则财产所有人的“权利束”包含在财产的普通法权利中,并且使其有权对财产进行售卖或放弃,以及使用这种权利来筹集债券和进行信托。

此时会产生这样一个问题,即如何告诉财产所有人,其正在寻求的财产处置方式将会使他为其他人设立权利,同时,也会产生另外一个关系密切的问题,即为什么对我们来说能够确定财产所有人正在试图这样做是非常重要的。我们先看第二个问题,能够确定财产所有人正在试图这样做这一点非常重要,因为将财产出售给购买人或将财产进行赠与都会导致所有人失去财产所有权的所有权利,而这些权利会归他人所有。也就是说,如果所有人为其财产设立信托,那么他就无法作为所有人再随意处置财产——即使他通过成为受托人保留了财产的法定产权。一旦财产所有人这样做,所有这些情况都会从根本上改变财产所有人的关系,这就意味着他得放弃所有权中的“权利束”。这就是我们如何告诉财产所有人他正在采取的方式变得重要起来的原因。

这就是法律要求在财产的特殊处置方式下逐渐发展的原因。这些法律要求旨在确保就财产而言会出现的情况符合当事人的处置意图,而且与之关联的每个人都应意识到这一点。由于在英国法律中,
96 财产所有权所附加的重要性以及财产所有人通常只将财产产权交付给他人的特性,因此法律要求就显得特别适用于财产所有人了。基于此,任何尝试用不符合法定规则的方式对财产进行处置的行为都将会导致法律对所发生的任何结果不予认可的情况,并且将保留所有权现状。

法定手续:保护财产处置中的各方并不仅包括原始所有人

该所有人通过特定方式完成要求,并从中获得收益;而且对于财产的新的被交付人来说,能够满足程序要求也就证明财产所有权目前归属于他。如果财产处置方式供对价所用,则这种对价将成为按照特殊方式进行财产处置的重要证据。法律手续通过确保所有财产处置都是按照协议进行并且都是有形的,以此而成立。因此法律手续要求可能在不会涉及对价的财产处置中显得尤为重要。尤其是当出现财产赠与时,我们应能知道赠与财产也适用于设立信托。这些财产处置方式在任何情况下都不常见,并且在这些情况下将更难确定在未规定具体处置财产程序的情况下谁拥有财产所有权。

总之,对于财产所有者,法律手续要求有助于防止对财产进行非协议性的交易,因此这对强化法定产权持有人的地位非常重要,该持有人能够随意处置财产或使财产没有产权负担。对于获得财产的人来说,法律手续要求会支持其将所有权及其他所有权法定权从一方转移到另一方的动机。如有合同,围绕财产转让的法律手续有助于对各方之间依法制定的具有约束力的协议进行证明;同时如果(按照对其有利的方式)有财产赠与或信托设立等情况发生,它还能将意图接收

人的立场具体化。

这样就使我们认识到为什么法律手续如此重要，以及让财产所有人通过清楚认识到在财产处置中必须如何满足要求才能保护财产所有人的所有权利以及确认任何财产接收者的立场。一旦我们将此问题弄明白，那么我们就能将它用于信托协议以及我们在协议中发现的“信托行为人”。

在信托协议中，至少涉及两方（因为通常——尽管可以这样操作——但委托人并不能再被选择担当受托人），但通常在对财产处置手续进行判定时需要考虑有三位行为人。首要目标就是要通过阻止与信托财产相关的“秘密”交易来保护财产所有方以及信托财产，从而实现法律程序要求。这样有助于确保所有信托财产交易都是可见且可确定的，也是可查询得到的。在此基本前提下，有可能能够了解到在信托情况下出现的所有潜在方如何从这些手续要求中获益，这些要求有助于确保对信托财产在“公开透明的环境下交易”。

为便于理解，让我们回顾一下在第 1 章和第 2 章中介绍过的行为人与明示信托协议是如何联系在一起的。然后，回想一下在对某些特定制定法进行确定和阐述的过程中，这些基本的概念是如何在第 3 章展开讲解的。在这里，我们需要再回想一下有关“委托人”的观点，这些观点首先包含在意图确定性中，其次包含在其他两种确定性中。同时，我们还需要回想一下，在每一阶段它对委托人、受托人和受益人的重要程度（让他们清楚了解正在发生的每个步骤）。最重要的是要知道财产发生了什么，当然这里所言的财产，即是指“信托财产”。

从本质上来说，衡平法财产所有权（与普通法权利相比）的相对不 97
可见性和脆弱性表明，信托财产的交易必须是高度透明的。这里，通过要求对信托财产依照“法律手续”来进行处置可以对此财产进行保护。做到这点最直接的方法就是需要进行书面工作，最早体现这点的现代法律就是《1677 年反欺诈法》。

设立信托过程中的法律手续要求从税收角度如何看待?

在这一章中我们将了解两件事情,这两件事情会让我们想起在第1章提出并在第2章进一步阐述的税收以及其在信托设立中的重要性。通过这个用于尽量减少纳税责任风险的术语,本书简要说明了信托对纳税协议的重要程度。第一,是确认信托是用来实现税收协议这个目的的,许多信托没有按照法律要求的任何法律手续来正式设立,但作为与财产及其所有权相关的协议,其仍然有效。这是因为按照这种方式机械地使用信托也就意味着,能够确定实际财产拥有人以及拥有的起始时间。因此,设立明示信托会非常清楚地表明谁拥有财产的受益所有权(以及谁未拥有,这也是重点),还能了解协议创建的确切日期。这些问题都反映了信托是如何作为避税手段来使用的——作为一种合法的避税方式(而不是协助进行不合法的逃税)。

第二,从本章许多涉及英国税务机关的诉讼中可以看出纳税对信托设立的重要性,有关税务机关的这个术语多年来一直在不断变化,最近重新被命名为女王陛下税务海关总署(HMRC)。不管是以什么名称出现,但在与私益信托设立相关的诉讼中它会一直出现,这可以追溯到19世纪。这是因为,当采用信托作为避税工具时,有关部门一直会对它的进展情况兴趣盎然,它们想看看最多能为"国库"收缴多少税费,并且采取措施通过对不确定领域来提起诉讼,继而尽量维持这种情况。在第10~13章,我们对用作慈善的财产赠与进行了研究,其中发现了类似的方法。但是就目前很多税务机关对私益信托非常感兴趣的例子而言,有很多这种信托都是围绕法律手续要求产生的,什么样的法律手续可以体现出财产所有权,这才是纳税义务的核心点。这点在本章以及第5章有关信托构成中已经进行了说明,其中,法律手续对价被看作有效的证据。如果以税收为目的,那么谁在特殊时间点及时拥有了何种财产这个问题就非常重要,因此利用信托作为避税工具对于确定财产的确切赠与日期是非常关键的。因此,创建明示信托将会为上述问题提供一个非常重要的"证据线索",即使对于即将生效的协议来说，在法律上对此并没有严格的要求，我们会发现实际上对大多数信托而言情况都是如此。

除此之外，很多委托人都希望提供书面资料说明将信托交于受托人，因此，为保证信托的有效性，书面记录信托声明应作为信托执行的一部分，即使法律对这种做法并未做任何规定。以下内容是我们目前需要了解的：法律对信托设立的法律手续有何种要求。

4.1　信托财产授予时涉及的法律手续是什么？ 98

正如前述，在信托设立过程中，我们会遇到与财产处置相关的法律手续规定，也会遇到只在信托设立中出现的法律手续规定。实际上，这正好展示出三种类似的法律手续。首先，我们发现，任何会导致某人失去财产所有权而使他人获得财产所有权的财产处置都与“转让法律手续要求”相关。其次，就是那些在只在信托设立中出现的要求，实际上我们会遇到两种类型。这里，我们发现相关法律手续已清楚地表明已不再完全拥有财产所有权，财产此时已成为信托主体，也就是所谓的“法律手续声明”。同时，我们在这里也找到了所谓的“处置手续”，这种法律手续在现有信托中出现，并且受益人对信托财产在衡平法上的权益（或权益的一部分）正在转让给他人。

为在这种方式下对手续进行区分，我们现在要通过一个独特结构来对这些要求进行讨论。我们首先研究的是最初在对完全拥有的财产设立信托时所产生的法律手续，然后对已经成为信托财产的财产处置所要求的内容进行研究。这就意味着，我们首先需要研究的是法律手续声明，其次是法律转让手续声明，最后是法律处置手续。首先要研究信托的设立和与任何财产明示信托设立相关的最初阶段：由所有者对即将成为信托财产的财产作出声明或陈述。接下来我们研究已经成为信托财产的财产声明所要求的相关法律转让手续。

作为开端,我们需要明白,任何试图依法设立的信托需要何种手续都取决于该信托的性质。因此,法律规定的手续内容将反映出英国法律中“不动产”和动产之间,以及有形或无形个人财产之间的法律区别。此外值得指出的是,如果不遵守要求,那么就法律层面而言,即使列入协议之中,试图设立的事项都会被视为无效。我们应发现,在一些方面需要公平性和灵活性相结合,但通常,如果与信托设立中需要特殊手续(或依据产权处置的现有衡平法权益转让)的地方并不相符,则信托无效并且设立信托的尝试也不会成功。

4.2 用于声明纳入信托财产的规定方式:法律手续声明

谨记,法律手续是指如果法律将认定信托有效则必须遵守的法定手续,我们在信托声明中发现的手续要求为仅在信托设立中产生而在其他财产处置方式中并不产生的指令示例。从第 3 章我们得知,信托声明是财产法定所有人的某种声明,这说明其绝对持有的财产现正在进行信托,并且以一个或多个所有人的名义持有。当我们意识到满足要求就是指财产所有人意图对财产设立信托时必须足够清楚或确定
99 时,我们就会接触到信托声明。

当我们研究意图确定性时,很明显,法院的观点是,信托指的是财产所有人所说和所做,在大多数情况下,这个判定的理据是充分的。很明显,这样的言语或者行为不仅仅是从财产所有者意图使另一人受益而得出的,而且这些收益是通过信托的方式来体现的,那么这就是大部分时间所需要的。这是因为个人财产信托设立并没有声明法律手续要求。就信托的声明而言,动产信托可以口头宣布,且这样做是有效的。

尽管即将生效的个人财产信托并不需要明示信托声明,但由于在纳税协议中使用了大量信托,因此还是会有很多人在实践中采取这样

的方式。个人财产信托严格的法律地位可以通过口头认可,但在某些情况下必须进行书面声明。当进行赠与的信托财产为土地时便会出现这种情况,因为土地财产信托必须遵守《1925 年财产法》第 53 条第 1 款(b)项中有关信托声明的特殊规定,这一条款规定任何与土地收益相关的信托财产的声明都必须清晰明确,并且对此类信托或者遗嘱能够进行声明的人以书面签署形式对此证明。

第一次接触到这类信托声明时可能会认为必须出具书面声明,但是实际情况比这微妙得多,而且也通常不需要书面声明,就此本书会给出更多阐述。

在制定书面要求时,此要求的功能看起来是为实际作出的声明提供一种书面证明或记录,而不是要求提供书面的声明。这一条的重点在于"体现和证明",但请注意,这里要求要由试图设立信托的人签字确认。并且,将"能够对此类信托进行声明的人"纳入考量,会使我们回到第 2 章结尾部分是什么赋予对赠与财产进行信托的权利这个问题最初的思考上来。本章节已经清晰阐明,持有土地普通法权利的要求是什么或持有将要赠与的土地的任何其他合法利益的要求是什么。

如果书面证明文件没有签字确认,则此类声明就没有强制效力,并且非常重要的一点是要将它与实际无效的声明区别开来。如果某些情况在法律上被认定为无效,则在任何情况下它都将不具有法律效力,并且将其视为从未发生过一样。相反,第 53 条第 1 款(b)项的重要性在于声明时有效但无强制效力。因此,就理论而言,如果由随后提供或出现书面证据,则此类声明可能会有强制效力。关于这点还没有明确的理据,在 *Gardner v Rowe* 案中对此进行了引用,这样的话就有些让人遗憾了,因为 *Gardner* 案本身似乎转向说明了另外一种观点。

截至目前所说的内容都适用于"生前信托",这种信托会在委托人仍健在时就生效。如果遗嘱未作出信托声明,则信托被认为是根据遗嘱所设立的,不管财产是何属性,遗嘱本身都必须满足《1837 年遗嘱法》第9条的规定,值得注意的是,此条规定已经被《1982年司法管理法例》第17条所取代。

100 4.3 信托设立中出现的一般财产处置手续:财产转让法律手续

很容易发现,当我们谈论信托的设立时,我们可能会遇到法律声明手续的问题,但在信托环境下如何能够找到另外一种更常见的法律手续尚不清楚。在这里,我们就需要解释在一般的财产处置中出现的法律手续是如何成为与信托设立相关的法律手续。这点通过财产转让法律手续要求得以体现,第2章解释了有关财产普通法权利由一人转让给另一人时所涉及的法律手续要求。因此,在此阶段,我们会发现在对财产转让性质进行阐释时会碰到财产转让法律手续要求的问题,以及通常被称作为赠与的无偿自愿财产转让问题。所以在信托设立中财产转让法律手续要求是如何出现的?

当我们研究信托构成时,适用于信托设立的财产转让法律手续要求将如何在第5章中清晰阐明呢?在这一点上,我们将了解财产所有人如何成为其财产本身的受托人(从而对在少数情况下我们已经注意的内容进行了解释),以及如何要求不同的人成为受托人,从而持有财产并执行信托。在第5章中将会对这点的起源和机制进行更多说明,但是目前,我们需要了解的是由于委托人希望指定专门的受托人来执行信托,因此财产转让法律手续要求通常会出现在大多数的明示信托协议里。无论委托人希望除他自己以外的何人成为受托人,他都必须将他所持有的财产所有权转让给将成为受托人的人。

如果信托财产的普通法权利转让给了受托人,则认为信托已经构成,但是这种情况只出现在按照法律要求将所有权转让给符合要求的财产类型。在这些情况下,明确的是满足衡平法要求需的信托构成要满足与将产权以赠与方式转让的法律要求。为此，我们需要记住的是，赠与就是将使个人从中受益的财产所有权进行转让时，不赋予其任何价值，也就是说这个时候的受益个人是"自愿者"。

通常，这种方式意味着满足法律要求，但在第 2 章中提到，对于认识新判定的财产所有人，衡平法表现得更为灵活，具体视情况而定。但这种情况很少见，在再次讨论财产赠与的法律要求、赠与方式和赠与时间之前，仍然会涉及一些基本问题。这就要求我们思考一下为什么向受托人进行产权转让时会被认为与赠与相类似——都是用来满足财产转让法律手续的，并且也要意识到为什么受托人拥有信托财产的普通法权利是如此重要。

财产性质和协议的重要性

第 5 章将会对意图进行更多阐述，但本质上，受托人必须拥有财产的普通法权利，这是因为拥有所有权才能使受托人拥有权力对财产进行处置，从而利用财产使受益人受益。我们会发现财产所有人可以成为财产的委托人—受托人，但这种情况在明示信托中并不常见；通常会指定其他人，并且如果进行指定也需要这些人获得财产的普通法
权利。在这些情况下，确保受托人拥有与赠予非常相似的信托财产普 101
通法权利，因为信托财产一定会涉及法律必须认可受托人能够处置的信托财产的所有权转让。所以，普通法权利从一人到另一人的任何转让，都必须满足财产转让法律手续要求。按照赠与方式将财产转让给接受者和意图将信托财产普通法权利转让给受托人背后的意图是不一样的。以前一种为例，财产所有人希望接收者成为财产所有人，而后者，则财产所有人认为受托人必须对财产负责从而使受益人从中受益。但是，就尽量满足法律要求来讲，在两种情况下每种财产转让都是同等有效的。

我们从第 1 章中得知，信托设立中将财产的普通法权利转让给意图受托人时，他的思想会因接收了此财产而受到"影响"，意识到自己要对他人的受益负责。但是，如果不符合"财产转让法律手续"要求，

则将财产转让给受托人的企图是不可行的。在 *Milroy v Lord* 案中对此进行了明确阐述,这一点在第 2 章中也作过介绍。实际上,Milroyrs 指的是“不完美的赠与”,这种赠与原则同样适用于第 5 章将进行阐述的“不完整的信托构成”。不完整赠与和不完整信托构成的相同之处在于当考虑相关财产性质时,仍试图对未能满足法定要求的财产进行普通法权利转让。

4.3.1 衡平法和不完整财产转让

按照满足法律所要求的,如果财产有新的所有人,那么就如第 2 章材料所阐述的这取决于相关财产的属性,以及与普通动产相关的最简单要求、与无形个人财产和土地财产相关的更为严格的要求。就动产而言,本着他将获得动产所有权的意图将动产交给接收者;对于无形个人财产而言,需要额外的证据对这种处置进行背书、书面证明或登记。土地财产必须通过书面契约的形式由一人转让给另一人。当通过赠与方式将财产普通法权利转让给受托人时,唯一的不同点在于在进行普通法权利转让时原财产的意图类型。对于前者,财产所有人必须按协议将所有权无偿交付给接收者,而对于后者,则财产所有人必须希望受托人作为另外一人的财产保管人持有财产。两者都涉及财产所有权的转让,但转移普通法权利的性质却非常不同:一种情况是完全拥有财产所有权,而另一种情况则是从财产所有权利中分离出来的所有权。

所以,这就是当由一个人将财产转移给另一个人时所需的法律要求,并且如果没有满足要求,法律将不会认可任何有意义的财产所有权转让,并且会由于“不完整”而将此类转让视为无效。这种不完整转让的结果就是财产所有权依然归原始持有人所有。我们现在需要回过头来看第 2 章所给出的建议,即在某些情况下,法律会将财产转让视为不完整财产转让,衡平法会将此种财产转让视为衡平法中一种有效财产转让。在我们将其应用到信托设立之前,我们需要理解的是实现此财产转让的基本原则。

在法律上不完整的赠与为无效赠与，并将导致赠与无法完成 102

这一话题向我们说明了这种情况下通常的结果是，由于意图接收者在法律上无法获得财产所有权，因此在正常情况下原财产所有人将保留财产所有权。就相关法律而言，“正常结果”这种说法是财产转让并未实现，意图的赠与无效。这在 Turner L. J. 对 *Milroy v Lord* 案的判决中可以看出，这种情况我们在第 2 章中也遇见过，但是为了理解这点，我们现在也没太多选择：

> 为进行使无偿的财产赠与有效，委托人必须根据赠与财产的性质采取所需的所有措施以便进行财产转让以及使其对赠与财产有约束力。当然，他可能通过将从财产转让给他提前指定的人来这样做，随后此规定将有效。（*Milroy v Lord* 案）

将 *Milroy v Lord* 案正常应用于财产普通法权利的无偿转让，将会导致不完整转让的授权失效，在这种情况下，财产所有权将由原财产所有人保留，不得转让给新的财产所有者，这点在 *Jones v Lock* 案和 *Richards v Delbridge* 案的裁决结果中有所体现。在第 3 章有关意图确定性部分，我们已经阐释了 *Jones v Lock* 案，此案在此时放在这里也非常适合，一位父亲将一张支票交给 9 个月大的儿子并说道，“我把这个给你，我的宝贝”，然后将支票拿回来进行保管，这位父亲并没有按照法律要求的去做，以使这张支票上的金额成为有效赠与。为了实现这一目标，父亲必须在他去世之前按照对他儿子有利的角度对支票进行背书。

这是因为，为对此项给他儿子的赠与进行认可，法律会要求父亲做更多的事情，它会被视为一种因不完整而失效的赠与。在这种情况下，财产所有权仍归父亲所有，这种情况在 *Richards v Delbridge* 案中也出现过。Delbridge 希望将在其作为骨肥商的经营场所的租赁业务交付给他的尚未成年的孙子。Delbridge 用以下措辞对租赁进行阐述，“从今以后我要将此契约及其所有权利，以及所有存货都交给 Edward Benetto Richard”，但是这并不足以成为合法有效的财产分配，并且祖父的去世意味着此项工作可能无法彻底完成。如果这些要求都没有满足，则将无法将财产试图转让给另一个人，这是因为 *Jones v Lock* 案和 *Richards v Delbridge* 案在这方面都是基于“衡平法不能使不完善的赠与完善”的缘由，以及“衡平法不会帮助无偿者”这一衡平原则应用的权威案例。在这里，*Jones v Lock* 案和 *Richards v Delbridge* 案都是这一情况的判例，而这种试图将财产转让给另一人的尝试将会失败。

在法律方面失败的赠与以及衡平法追求的“公平结果”

然而，由于衡平法与公平结果的实现有关，因此在有的情况下，衡平法比普通法更具灵活性，并且在法律不认可的情况下能够对财产所有权的有效转让进行认可。根据对为什么会出现这种情况作出的理解，衡平法希望能够更加灵活与它希望实际生效的愿望紧密联系在一起，财产实际上已经不再由某人拥有，而是属于另外的人，即使法律将不会对此进行认可。从这种观点来看，衡平法也会承认新的财产所有人有能力成为被法律认可的所有人，根据政府机构规定的很多法律手
103 续要求衡平法对此人的认可会临时被推迟，而这种政府机构是新普通法权利持有人注册登记的机构。适当时候，我们可以在与土地所有权相关的土地注册登记中，以及公司法规定的相关股权注册要求中发现这一点。

财产实质上有新的所有人，如果至今仍没有，则说明……

这是因为衡平法关注的是意图而不是手续，这就是说，实际上在两种广泛情况下衡平法将会更加灵活。第一种情况是由于接收者提供了价值，因此他根本不是无偿者，在这种情况下，衡平法认为此种情况更具灵活性。在这些情况下，如果财产转让没有按照接收者有利的方式完成，则按照普通法接收者有权对它进行损坏。但衡平法也会对财产转让产生影响，这是因为，实质上财产会归新的财产所有人所有，

并且衡平法就是一直在做应该做的事情。为此，衡平法需要对给出的给予价值，就像普通法一样，将对钱或钱的价值进行认可。但与普通法不同的是，由于衡平法与本质相关，因此衡平法不会对无对价的协议作出认可。但是，衡平法更加灵活，并且将接受“爱和亲情”对价（参见 *Rose*，*Rose v IRC* 案）和“婚姻对价”。同时，在这方面，如果财产是独一无二的，则进行认可的最佳理由就是财产拥有了新的所有人，在这些情况下也同样如此，如土地和股份归私营企业所有，以及拥有很多种无形个人资产（对于动产而言，在交付后不需要再向政府机构提供额外的法律手续）。

如何将此适用于无偿自愿转移？

事实上，涉及对价的情况并不常见，并且在不完全财产转让的途径中，衡平法相对财产无偿接收者来说更加具有灵活性——这些接收者为赠与财产的指定接收者。因此，在某些情况下，衡平法会将其视为不能设立财产所有权的不合理的无偿接收者，并且相应地为其寻求公正的结果。对于这种赠与方式的财产所有权转让，在财产所有人的要求下这种方式是完全无偿的，从历史角度来看，衡平法一直在关注为实现这种财产所有权转让所有人需要做些什么。在这点上，这段出自于 Turner L. J. 在 *Milroy v Lord* 案中的判决已经被解读为与无论财产所有人是否已经竭尽所能来确保他失去财产所有权以及使另一人获得财产所有权相关的言论。在这种情况下，当按照法律它也将有效时，直至合法法律手续完成，衡平法才能做好准备承认财产所有权的转让在“衡平法上”有效。当采取了这种方式时，*Milroy* 案将这种情况与其他财产所有人并没有竭尽所能使财产转让生效的情况进行了区分，根据法律规定无效的财产转让衡平法亦不承认其有效。这是我们对 *Jones v Lock* 案和 *Richards v Delbridge* 案的结果作出的阐释。

4.3.2 *Milroy v Lord* 案的“最后行为”原则在明示信托设立中的适用

如果将普通法权利转让给受托人,尽管随后可以给出对价,但这种情况并不常见。因此,在大多数情况下,这种无偿转让就和赠与一样;
104 就像赠与一样,向受托人转让财产所有权的尝试将受到“衡平法不会帮助无偿者”以及“衡平法无法使不完善的赠与完善”这种论断的制约。这两点已在 *Milroy v Lord* 案的关键章节中清晰表述,并且唯一的区别就是如果按照法律规定,对受托人意图的财产转让是不完整的,那么它会被称为“不完整的信托构成”。按照 Turner L. J. 在中所述:

> 为进行合法有效的无偿财产赠与,委托人必须根据赠与财产性质采取所需的所有措施以便进行财产所有权转让以及对他有约束力的赠与。他可能会(彻底)地把财产转让给他意欲转让的人……如果他将财产所有权转让给受托人是为了进行赠与,或者声明他通过信托持有财产,那么这种财产所有权转让则同样有效。但是,为使赠与具有约束力,这些模式中的一个或其他必须具有约束力,这是因为在法院的判决中没有用衡平法使不完善的财产赠与得以完善。

这种情况下,*Milroy v Lord* 案被视为“衡平法将使不完善的赠与变得完善”这一论断的权威判例(这种情况包括将财产所有权无偿转让给受托人),虽然这里面还涉及对无偿者进行的协助情形。这表明在这些情况下,在进行财产所有权不完整转让时,衡平法会将无偿接收者视为财产所有人,这是一种合理的结果,并且在 Turner L. J. 的判决中会找到原因。此章节内容已经解读为财产所有人竭尽所能按照财产所有权要求来对其财产所有权进行转让,但并未表明他实际上已经成功实现了转让。事实上,如果他已经继承了财产,那么按照法律规定，财产所有权就会转移给他，并且不需要衡平法的干预。如果已经清楚表明财产所有人无法再采取更多的措施使财产所有权转让有效，则说明衡平法将认定财产拥有新的所有人，*Milroy* 案是这方面的权威判例。考虑到实质内容和意图，这一点中蕴含的理论为：当财产所有人采取了一切他能做的措施将财产转给其他人时，一旦遵守了财产所有权转让所需的合法手续，衡平法将认定财产拥有新的合法所有人。这就是俗称的"最后行为"理论，事实上就如同成为判例的案件的"*Rose* 案中的法则"一样。

目前对"最后行为"理论的讨论正好属于信托构成学说中的一部分，这一点讲在第 5 章中进行阐述。对该理论的讨论将会告诉我们，任何向受托人转让的信托财产的所有权都将受到适用于财产所有权从一个人转移至另一个人的相同转移法律手续要求的制约。尽管转移给受托人的普通法权利的性质与通过赠与方式或价值转让方式转让的所有权性质通常都存在差异。这意味着法律方面的实际要求将取决于财产类型，而不是财产所有权转让的目的。我们也知道，通常将财产普通法权利转让给受托人是一种无偿转让，并且当与法定法律手续不符时这一点变得尤为重要。在这些情况下，受托人（如无偿捐赠者）获得普通法权利的唯一机会就是只有衡平法准备承认财产所有权是有效的时候。

如果衡平法承认，则会使信托构成，并且受益人会按照委托人的意图获得财产收益。如果衡平法不承认信托是通过委托人"最后行为"所构成的，则会因信托无效而使受益人无法获得收益。

在我们对信托中出现的法律手续进行的实质性讨论时，迄今为止所提到的所有事项都涉及设立有效明示信托的需要。如前所述，在我 105
们研究如何将我们遇到的情况映射到信托构成要求之前，我们仍然需要对一种法律手续进行研究。因此，我们现在转向另外一种情况：不再过多关注明示信托的设立，而是对已经受到信托管理的财产进行处置时所遇到的法律手续予以关注。

4.4 衡平法权益处置所需的法律手续

如果手续完善的信托已经存在,则说明已经有一个在衡平法上拥有信托财产的受益人。在这种情况下,当我们谈到“衡平法权益处置”时,我们指的就是信托受益人选择将属于他的信托财产的衡平法所有权(或部分所有权)交给(或转让给)另外一人。此处的核心问题反映出,在信托下已经存在的衡平法权益正在被改变,并且这将影响现有信托受益人的普通法权利。本章的最后一部分将讨论管理这些情况的法律手续不遵守法律要求时会造成的后果。

4.4.1 重要的普通法规定:《1925 年财产法》第 53 条第 1 款(c)项

《1925 年财产法》第 53 条第 1 款(c)项要求所有这类衡平法权益的处置都必须以有效的书面形式呈现。无论相关财产是何性质,包括房地产和个人物业,都要遵守此规定。从而:

> 对衡平法权益进行处置时,或对存在的信托进行处置时,必须要以书面形式进行,并且由处置人或其法定授权代理人以书面或遗嘱手续签字确认。

我们可以清楚地认识到,第 53 条第 1 款(c)项明确规定了任何处置本身都必须以书面形式进行,而不仅是需要书面证明,因此我们也很快会发现,在实际操作中,适用于土地信托声明的立场将有所不同。这意味着如果与本节要求不符,任何声称的处置都将是无效的(而不仅是无强制效力)。在试图确定这个规定的同时,我们可以借鉴 Lord Upjohn 在 *Vandervell v IRC* 案中的判决。我们稍后会看到两个关键的

Vandervell 案例中的一个，这两个案例构成了有效处置衡平法权益要求材料的基础。

根据 Lord Upjohn 的阐述：

> 第 53 条及旧的《反欺诈法》旨在防止衡平法权利中的隐含口头交易对真正拥有财产所有权的人进行欺骗，并且使受托人难以确定谁才是他的实际受益人。

这些规定的严格性旨在反映实际收益权的性质。我们曾经多次认为，财产的衡平法权利远远不及普通法权利明确，因此这些权利更 106
容易受到损坏。因此，要求对受益权的转让（从一个人转让到另一个人）进行书面记录，这样有助于说明这些利益实际从何处产生，以及实际上谁掌握这些利益。

《1925 年财产法》第 53 条第 1 款（c）项，处罚和诉讼

当我们对关键诉讼——包括两个 *Vandervell* 案例进行研究时，很明显，其中很多涉及第 53 条第 1 款（c）项中要求的“处置”一词的含义解读。由此可见，“处置”一词的含义已经引起了很大关注，很多当事方都是基于该词语的解释问题而提起了漫长而昂贵的诉讼。

案例显示，两种税收类型在诉讼中具有非常重要的意义，从而凸显了税收优势方面设立信托的重要性。虽然大多数案例都可追溯至 20 世纪 70 年代甚至更早时期，但是我们当中很多人都知道“印花税”这一说法。这种税是在起草某些法律文件时需要支付的税项，包括将财产所有权从一个人转移至另一个人。这通常与不动产的销售有关——其目前的称谓为“印花税和土地税”，或缩写为 SDLT。但是，与“印花税储备金”（SDRT）有关的 HMRC 资料表明，该税项是在无纸化交易中发生的，涉及股权购买或与股权相关的大量权益或期权购买。无论价值以及将要转移的财产的实际价值相关税项情况如何，在旧案例中提到的“印花税”表示的是适用于所有盖章文件的固定或名义“印花”。这些较为陈旧的案例也提到所谓的“附加税”,是一种针对高收入人群设立的所得税。

衡平法权益的处置

当然,根据有效性要求精确确定衡平法权益的内容和数量会有明显区别。我们已经知道,就手续影响有效性而言,信托声明会受到不同的待遇,我们也会根据 *Vandervell* 案中的 Lord Upjohn 判词了解到,为什么现有财产权益的衡平法权益的处置如此重要,如有违反这一点现有衡平法权益实际上将会无效,而并不是简单的不能执行。我们现在需要考虑的是,我们所说的“处置”到底是什么意思,以及我们如何看待由该领域中关键诉讼所确定的处置的含义。

关于确定到底如何看待处置一词的问题(为使其有效需进行书面确定),我们通过了解按照法律规定不可被视为处置的情形来获得对其更为深刻的理解。通过参考涉及信托财产中衡平法权益的关键处置方式可以说明这一点。

- *Vandervell No.* 2 案是信托失效不需要书面形式的权威判例。稍后我们会对 *Vandervell No.* 2 案作进一步研究,并且在这种情况下第 53 条第 1 款(c)项并不适用。通过澄清,不难发现,当我们谈到信托“失效”时,就是指当前信托仍然存在,但稍后会对信托进行处置,从而导致收益和法定权益都为同一人所有。

- 如果信托中没有可享用权益,则第 53 条第 1 款(c)项并不适用。依照信托规定,拒绝接受任何可享用权益据说都会导致此权益被放弃。关于根据第 53 条第 1 款(c)项按照法律规定如何处理这一问
107 题上,*Paradise Motor Co* 案为相关权威判例,在该案例中,通过避税来拒绝使用可享用的权益,由于有关人士会以这种方式来避免“获得衡平法权益”,因此他实际上并没有获得任何他需要处置的东西。这意味着第 53 条第 1 款(c)项并不适用。

- 根据第 53 条第 1 款(c)项放弃或交出可享用权益第 53 条第 1 款当受益人表示他不再愿意享有信托权益时,就会产生权益的放弃,

这就意味着受益人放弃了他的权益。目前为止，根据第 53 条第 1 款(c)项中规定及其政策的讨论，由于受益人的实际权益已经被移交出来，因此此条规定适用，但是在这方面实际上并没有直接权利。相反，涉及衡平法权益转移或转让的交易似乎在处置范围内，因此必须以书面形式进行才能使其生效。由于确定了处置的含义，因此这点可从已经发生的诉讼中看出。

4.5　源自"处置"方式的诉讼：*Grey v IRC* 案

Grey v IRC 案认为"处置"是否应按照广义和狭义的方式进行解释，从而确定是否第 53 条第 1 款(c)项适用(或不适用)。鉴于其前身《1677 年反欺诈法》第 9 条的影响这涉及了对"处置"一词意思的解释。*Grey* 案的结果就是，"处置"一词被赋予了自然意义，因此这似乎涵盖了在任何交易中，根据信托，受益人的信托收益权可以通过任一方式发生改变。

Grey 案中的诉讼是因最初 Grey 将他所拥有的一些股份以两位受托人的名义为他进行信托的方式所引起的。稍后一段时间，Grey 口头声明这两名受托人应为其孙子对其持有的股份进行信托。随后受托人对股份执行了确认转让，将其赠与了其子女。这笔交易是一种"避税工具"，交易成功或失败的具体情况如下：如受益权益的转让实际以书面声明的形式发生，则就要支付从价税；如果通过口头指示已将股份中的衡平权益进行了转让，则就不需要支付从价税，并且该转让仅仅具有确认性。

Grey 提出权威说明，由于财产中衡平法权益的转让在处置权利范围内，因此必须以书面手续进行才能生效。因此，为使其子孙获益，Grey 对其衡平法权益的转让需要书面文件，以使受益权益的转让生效。因此根据第 53 条第 1 款(c)项他的口头声明是无效的，并且从价

税在进行书面转让时须缴纳。Lord Radcliffe 阐述了他的观点:第 53 条仅巩固了最早的《反欺诈法》,

如果在此申述中仅仅只是这样一个小问题,即亨特先生在 1955 年 2 月 18 日向他的受托人传达的口头声明是否含有一般意义上的
108 “对衡平法权益进行处置或处置时信托的存在”,对于我的回答,我毫不怀疑……不同点就是他的指示是否是《1925 年财产法》中第 53 条第 1 款(c)项的含义中所指的“处置”,在第 53 条对其解释为其是对《反欺诈法》中第 3、7、9 三个部分的巩固的情况下,对“处置”一词赋予了更严格的意义,经过如此处理,“处置”的含义就仅仅相当于第 9 条中“让与和转让”。我完全同意不能将巩固法案理解为当前法律中有影响力的变化,除非它所使用的词语清楚地对变化的效力进行了表述,从而承认了任何其他结构。但是,在我看来,在这个意义上不可能将《1925 年财产法》中的第 53 条视为巩固法令。(*Grey v IRC* 案)

4.6 法律手续、处置和税收:*Vandervell* 案

如前所示,现存的两个 *Vandervell* 案例,是因精心设计的避税方案所产生的诉讼的一部分。虽然本书有意识地关注对信托法的评论,而不是收集在信托问题解决中出现的那些情况,当然,一些叙事背景通常也很重要,因为可以用它来对财产赠与中的法律意义进行说明。由于安东尼的知名度很高而且很具有传奇色彩,因此 *Vandervell* 案中的情况给出了更多详情,严格意义上可能并不是必需的。重要的是,Tony Vandervell 对赠与财产进行信托的描述是一个非常重要的描述,有助于我们研究信托语境。对于那些已经积累了财富的人,这关系到财富的保护期限,以便在处置财产的过程中保留财富,并且明白信托对避税方案的重要性。

Tony Vandervell 是英国的著名发明家、实业家和慈善家，也是非常著名的赛车金融家和世界一级方程式锦标赛（F1）赛车队创始人，在 20 世纪 50 年代后期他已经取得了一系列成功，并在 1958 年赢得了积分榜总冠军。这源于他在青年时期参加的汽车和摩托车比赛的激情；第二次世界大战后，他利用他的工业名望和敏锐度集中精力发展赛车，这样成就了他的个人财富，成立他的公司——Vandervell 产品——制造出具有革命性的封闭笼薄壁轴承。他开发赛车，并利用采用薄壁轴承技术的设备对赛车进行改装，开始时他定制法拉利 125；这一技术后来被英国赛车公司（BRM）用于自己的研究，1950 年到 1977 年组建了英国 F1 赛车队，期间赢得了 17 项国际汽车大赛奖并在 1962 年赢得了车队总冠军。Vandervell 甚至利用此机会把法拉利 125 的详细评论反映给了 Enzo Ferrari 本人。1958 年赢得车队总冠军并且在以各种方式经历了多年“快车道”式的生活之后，Vandervell 退休并选择了更为稳重的生活方式。他对事业的不断追求为他积累了大量财富，这注定了他有大量的财产需要赠与。一些财产赠与非常受人瞩目——尤 109
其是在信托律师圈里！对我们来说还有一点也很重要，就是他于 1967 年离世。

像任何热心和谨慎的税务规划师一样，Tony Vandervell 按照有利于家庭成员的方式对财产进行了赠与，稍后我们将对其子女有利的财产赠与方式的法律意义。对我们具有重要意义的第一种赠与就是将 15 万英镑赠与皇家外科医学院（RCS），他希望通过赠与获得药理学系主任的职位。Vandervell 是 Vandervell 产品有限公司的大量股权的衡平法所有人，该公司为一家受他控制的私营有限责任公司，并且公司过去一直在生产赢得了 1958 车队总冠军的赛车。Vandervell 股份的法律权益由作为提名人的银行持有（信托设立中股份和股权的重要性在第 2 章已作过阐述）。

为捐赠而获得一个系主任职位，Vandervell 与银行进行了口头上的协议（为了避免支付任何书面文件的印花税）将这些股份中的法定和衡平法权益转让给 RCS。Vandervell 并不打算让学院完全接收股份,因为这样会涉及各种问题,例如对 Vandervell 产品有限公司进行控制;当然,这也不是 RCS 想要的。相反,RCS 的意图是接受股份分红,能够获得 150,000 英镑的收益,并且由于 RCS 是一个慈善机构,它不需要缴纳财产税(这点会在第 10 章、第 11 章和第 12 章进一步阐述)。

因为股份中存在的是将要交付给 RCS 股份的金融价值,而不是企业的发言权和控制权利,Vandervell 保留自己能够按照面值回购股份(5000 英镑)的权利。但是,由于这样做会让他必须缴纳分红附加税,因此他并没有以他的名义来保留这种权利。相反,他设立了一家公司,即 Vandervell 信托有限公司,将这项权利授予了这家公司。关于信托公司的更多详情将在第 14 章中阐述,但是目前重要的一点是,这项权利被授予了这家公司,而不是 Vandervell 先生本人,这是 Vandervell 避免缴纳附加税的一种尝试。

实际上,RCS 通过这种避税方式收到了 266,000 英镑,所以这样显然更受益。然而,对于 Vandervell 先生情况就复杂的多了:在这个阶段,虽然 Vandervell 信托公司拥有股份的法定权益,但股份的合法权益已经被转移给了 RCS。然而,如果 Vandervell 先生自己保留了衡平法权益,则按照《1952 年所得税法》第 415 条他必须缴纳附加税。显然,为了避免这种结果,Vandervell 不得不表示他自己已经放弃了股份的所有收益。

尽管在 *Vandervell* 一案中早已对有争议的特定所得税条款进行了取代,但利用信托作为避税工具的原则却仍然存在,特别是在慈善机构。该原则从本质上来说,就是通过确保使纳税义务最少的人获得收入从而尽量减少所需缴纳的所得税。所谓的“祖母信托”就是该原则很好的一个应用案例,即让婴儿的孙子获得收入。在第 15 章中对利用信托进行避税的更多案例进行了研究。

在 *Vandervell* 案中,作为一个高收入者,Vandervell 先生个人承担的所得税非常高(注意声称远远高于适用于符合标准税率的纳税人的边际利率附加税)。但是,RCS 作为一个慈善机构则根本不需要缴纳所得税。因此,很显然拥有股份收入的是慈善机构,而不是 Vandervell 110
先生本人,这点很重要。现在,当利用信托作为避免所得税的工具时,该原则也同样适用:委托人必须确保他自己有效放弃了信托财产中的所有权益,因为即使是有一点点联系都可能导致将收入视为委托人所有(见图 4－1)。

股份 法定所有权	名义所有人:银行 →	皇家外科医学院
衡平法所有权	Vandervell →	皇家外科医学院
选择权 法定权益	名义所有人:银行 →	Vandervell信托公司
衡平法权益	Vandervell	(由于归复信托保留)

图 4－1　*Vandervell*(*No.* 1)案示意

这是在 *Vandervell* 案中的一个本质问题,这点我们通过研究 Vandervell 先生与股份及期权的关系也应能了解到。在 *Vandervell* 诉讼案中也有两个阶段,其中我们可以看到对 Vandervell 与股票和期权相关的情况作出的裁决,以及由上诉法院参考 Vandervell 先生潜在的附加税责任而对其随后与股份和期权相关的情况进行考虑后作出的裁决。

在 *Vandervell*(*No.* 1)案中,根据上下文中出现的"处置"一词的含义,为避免缴纳附加税,Vandervell 先生必须确定他自己已经放弃了股票和期权中的所有衡平法权益。

在股份方面,税务局提出争议的是,根据所适用的第 53 条第 1 款(c)项,由于处置需要以书面形式进行,因此 Vandervell 作出的口头指示是无效的。第 53 条第 1 款上议院裁定为,如果利益所有人对于财产中衡平法上的和法定权益仅拥有名义上的权利(作为无条件受托人拥有普通法权利),则该条不适用。因此,Vandervell 先生已经成功地放弃了他自己那部分股份的衡平法权益(实际上是所有股份),所以Vandervell 先生不需要缴纳附加税。对于选择权,上议院裁定为,Vandervell 并没有成功放弃他所有拥有的期权衡平法权益。虽然法定权益由托管公司持有,但衡平法权益并不是简单意义上的悬而未决,Vandervell 先生通过归复信托的方式持有此权益,因此必须缴纳附加税。有趣的一点是,因为只要 Vandervell 先生执行了他的最后裁决财产所有权转让才会生效,因此 *Rose* 案(根据"*Rose* 裁决"推论而来,将在第 5 章中进行讨论)为此提供了佐证。

下一章中 *Vanderwell's Trusts No.* 2 案出现的 Vandervell 诉讼,涉及了附加税缴纳和受益权益的情况(见图 4 -2)。

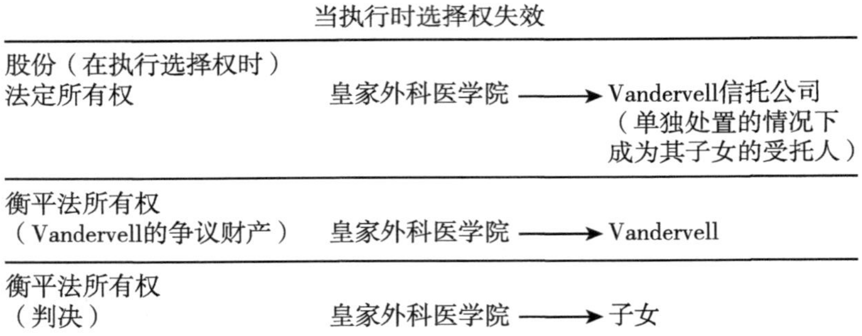

111 **图 4 -2 *Vandervell*(*No.* 2)案示意**

在这里,当利用子女信托中的钱款回购的选择权已在 1961 年被信托公司使用了时,Vandervell 的责任取决于股份中衡平法权益的位置。1961 年至 1965 年,所有的股息都被信托公司用于子女信托中。税务局表示,尽管法定权益已经从 RCS 转移到了信托公司,但衡平法权益仍然归 Vandervell 先生所有。Vandervell 表示股份中的衡平法权益并不属于他,而是属于其子女。但是,随后 Vandervell 先生去世了,他的财产力图在根据收入评估 Vandervell 附加税责任的基础上提出 1961 ~1965 年的股息索赔——由于在 1965 年并没有进行书面转移,因此 Vandervell 先生并未放弃其自身的受益权益。

在上诉法院中,发现当使用选择权时,所持有的用于回购股份的选择权中的衡平法权益已经遭到破坏，并且发现 Vandervell 权益的失效并不是第 53 条所示的方式，因此并不需要出具使其有效的书面文件。在股份的衡平法权益方面，发现在精确和清晰定义的信托中，子女成为回购股份受益权益的所有人。在早期信托失效和新信托设立分析中，归复信托的终止并不是第 53 条中的处置方式，因此不需要书面文件，但按照利于子女的角度设立的新信托却是一种私益信托（而不是土地信托），这种信托的设立不需要法律手续。根据 Lord Denning 的阐述：

因委托人出生和去世而产生的归复信托并不需要书面文件。在实际所有权中存在分歧时，这种情况都会存在。分歧因某人成为法定受益人而消除，这种情况便不会再出现。一旦设立了有效信托或对有效信托进行声明而使分歧消除，则归复信托便会失效。在这种情况下，在使用选择权之前受益权益会产生分歧。因此，为 Vandervell 先生设立了归复信托。但是，一旦使用了选择权并且用受托人的名义注册股份，就会以有利于子女财产赠与的方式设立一份有效股权信托。并不是成为一种土地信托，这种信托设立不需要任何书面文件。

Lord Denning 的裁决和分析中出现的问题 112

Lord Denning 认为，要站在有利于 Vandervell 先生的角度上终止选择权的归复信托，以及有利于子女（可能为受托公司方面）的角度上作出新的股权信托声明。Lord Denning 认为，对于第一部分，在终止归复信托时不需要书面文件，这是因为站在有利于子女角度上声明信托与土地并没有关系，并不需要书面文件。因此，就 Vandervell 判决的法律手续而言，在任何阶段都没有按照第 53 条执行以使在任何情况下交易都无法进行，并且由于不可能将交易不告诉受托人，因此这种推理是符合第 53 条中的理念的。

但是，在这一分析中还是遇到不少困难，以及出现了许多问题。

例如,尚不清楚我们在何处能找到为子女设立信托的必要意图,该意图是满足意图确定性所需要的(如第3章中所研究的),而且似乎不是各方认为的他们在财产中的权益。我们还需要考虑是否 Vandervell 先生真的对股份一点都不感兴趣,以及是否仅拥有选择权中的权益。为使 Vandervell 先生能够避免造成 *Grey* 案中的结果,利于子女的信托声明必须在选择权使用前进行;否则,对于 Vandervell 先生来说,就会出现受益权益的归复信托。

4.7 *Oughtred v IRC* 案:处置和具体可执行的用于转让衡平法权益的口头合同

Oughtredv IRC 案是上议院的重要裁定,属于第 53 条讨论的范围,但它在许多方面不同于 *Grey* 案和 *Vandervell* 案。这是因为它几乎完全是一个纯粹的税务案件,而不是一个说明任何特定政策理由的法律手续要求。

此案法律手续上的权益来自于动产销售是否需要书面合的情况,一旦需要执行具体的衡平法救济时,衡平法认为一旦合同签订买方便拥有权益。这里围绕第 53 条(因此会产生印花税),在有关财产口头销售合同产生之前有可行的途径,随后便会产生正式的财产转让。争论的理据是口头合同,而不是书面转让,表达的是衡平法上的普通法权利。这种论点的逻辑是,随后的正式转移仅表达了仅有的普通法权利,为了从价印花税这个目的,几乎不值得做任何事情。

这是 *Oughtred v IRC* 案的本质。财产再一次即为股份。毫无疑问 Oughtred 夫人完全拥有 William Jackson and Son 有限公司 72,700 股股份。在独立控股公司,Oughtred 夫人在世时将同一公司的 200,000 股股份进行信托,之后归其儿子完全所有。双方在口头上同意交换他们的权益:当他获得股份所有权时,Oughtred 夫人将得到

Pete 的复归权益(也就是说 Oughtred 夫人将会成为这 20 万股的完全所有者);作为交换,Pete 将获得 Oughtred 夫人 72,700 股,这可避免他在死后缴纳遗产税。合同执行后,考虑到两个转让中所需要支付的 10 113
先令,受托人 20 万股的普通法权利转让给了 Oughtred 夫人,Oughtred 夫人接着将她的 72,000 股转让给了她的儿子(实际上以他的名义,这点在第 2 章已经阐述过,与股票处置是相同的)。

税务局声称,20 万股归复权益转让中产生的印花税是以“销售转让”为基础的,实际上这是涉及以书面文件形式进行的转让。Oughtred 的观点是,口头销售合同的衡平权益已经被转让,随后进行的只是仅存的普通法权利的书面转让,所以在随后的文件中并没有价值的转让,因此也不需要对其支付印花税。Oughtred 的观点是,事实上整个避税协议背后的逻辑是,直到普通法权利以各自转让的方式进行,双方才能受义务约束从而执行协议。这点引发了拟制信托的产生,根据第 53 条第 2 款,它不受第 53 条第 1 款要求的限制,因此这种情况下的转让是有效的,不会产生从价印花税的任何书面文件。

上议院否决了这个论断,但是 Viscount Radcliffe 和 Lord Cohen 对主要裁决持异议。主要观点的本质是,在适当的情况下,尽管股权可以赋予股票销售合同特定的执行力(无论如何,在私营公司股票是独一无二的,但在上市公司情况却是不一样的,在上市公司里相等股份可以在股票市场自由交易),尽管如此,在这种情况下,拟制信托是以有利于买方的角度产生的(第 6 章将对所依据的原则进行阐述),直到产生正式转让,否则买方不会拥有完整的受益权益。上议院认为这种情况类似于土地销售,而转让契据是转让的有效工具(并承担印花税)。

另外,少数人的观点是买方可以立即获得全部的受益权益。通过澄清,产权实际交易一直被认为是财产转让过程中会产生应缴的印花税,同时在合同交换过程中受益权益也进行了转让。Lord Jenkins 的判决解释了多数人的立场,并对私人公司的股份做了如下解释:

根据合同,毫无疑问买方在自己和供应商之间享有在股份中的受益权,和(受购买代对价定期付款的制约)要求作为受托人从供应商手中对其进行转让。但只有在实际转让的执行中,他才有权注册成为会员,出席会议和表决,在注册时使转让生效,或收到股息,而不用使供应商作为他的受托人。(*Oughtred v IRC* 案)

大多数人的推论是遵循上诉法院 *Neille v Wilson* 这个案例的。在这一推理过程中,除非发生所有权转让,否则购买者将不会拥有完整的权益,但在 *Oughtred* 案中 Lord Radcliffe 对判决所持有的异议对大多数人的立场进行了解释说明:

就她的股票没有股权而言,可以对她进行指控,如果她愿意的话,对她来说,这是可能的,如果她希望在没有要求书面转让的情况下让事情维持原状,从她儿子的角度……在我看来,这种转移不能被视为其儿子衡平转化的财产让与。

114 *Jerome v Kelly* 案这个关于资本收益税责任(CGT)的案例也可以在对合同的相互作用和收益所有权的讨论中找到,在合同完成之前,对土地承包合同通过分类进行具体执行。与许多此类案件一样,*Jerome* 案存在复杂的事实,但从本质上说,这是一项与土地合同有关的法律责任,具有相当大的发展潜力。虽然该合同有一个完成的日期,但也有提前完成的范围,对潜在的购买者来说,在特定协议许可的情况下合同是可以被解除的,随后合同也会被完善。通常,在这一点上,*Jerome* 案中产生的大量的资本收益税责任,但在这期间,被 Jerome 转让的土地的收益所有权已经发生了变化。上议院对纳税人表示支持,而 Lord Walker 坚持认为,将未完成的土地出售的合同视为与直接的,不可撤销的信托(或受益权益转让)等同是错误的。卖方和买方都没有绝对的受益所有权。

4.7.1　从 *Oughtred* 案到法律手续要求的某些总结要点

从一开始就强调,*Oughtred* 案是一个税务案件,尽管它可以增强与衡平权益处置相当的所有权转让所要求的法律手续的理解。这使我们目前正在讨论的侧重于信托设立中所发现的法律手续要求以及由信托运行而产生的法律手续得以终止。这样做的同时,我们已经知道为什么在一般情况下法律手续对财产处置来说很重要,信托一旦被设立,这点如何可以更具体地应用到信托的设立和信托财产衡平法权益的处置中。就后面这点而言,我们现在可以理解的是明确财产衡平法权益从何而来是如此重要,因为一般来说,衡平法权益比普通法权利更能引起注意,最终我们明白由于受到买方规则的限制,普通法权利显得并不占优势。这就是为什么衡平法权益处置书面的要求产生和严格执行的原因。根据我们对 *Grey* 案和 *Vandervell* 案的讨论通过对 *Oughtred* 案的研究,我们现在对在规避协议中将信托当作工具使用有了更好的理解,对积累了大量财富的富人不遗余力避免纳税的行为也有了更好的理解。事实上,在 *Jerome* 案中,Lord Hoffmann 强调大部分的税收立法都是"与经济现实和收款效率相关的"。避税问题中产生的规范问题不在本书的研究范围内。

但是,再次回到法律手续问题上来,对接下来要讨论的信托构成问题,明确的是法律手续要求在设立有效信托时依然很重要。

4.8　法律手续的最后行为:临终捐赠产生的赠与和 *Strong v Bird* 案中的规则 115

目前存在两种非常简单的与现在相比在历史上享有重要地位的学说,在本章法律手续要求方面,这两种学说显然不占优势,即使很明显它们在这里并不适用,因为它们所涉及的是做出赠与而非设立信托。因为在适用于赠与的法律手续要求是不适用于正常的财产转让的情况下,它们才被应用到这里,相反,在这种情况下,衡平法会裁定财产拥有新的所有者。

死因赠与而产生的赠与(一般指的是"因死亡而产生的赠与")确切来说就是对死亡的一种期待,事实上也是说假定财产所有者是因指定的所有权接收者而死的。这不同于普通赠与,因为知道捐赠者去世,接收者对财产的普通法权利才会存在,直到那个时候,普通法权利才是能撤销的。同样,这并不是根据适当的已经证实的遗嘱所生效的遗嘱赠与,事实上,即使正式的遗嘱看上去似乎与死因赠与是互相矛盾的情况下,赠与会归受赠人所有。重大疾病是一种正常情况,这种情况下会产生这样的赠与:财产所有人会告诉某人,如果他去世了,他会拥有财产所有人一些财产(或物品)。在这种情况下,潜在接收者会保管这些财产,但是直到所有者去世,这些财产才能归"潜在所有者"所有。就死亡而言,衡平法认为接收者对财产的普通法权利是完善的,尽管看上去并未遵守法律手续。这就意味着,因死因赠与所产生的完善的、假定的赠与会推翻在有效遗嘱中为该财产所做的任何替代条款。

从历史的角度来看,死因赠与(多重)反映了财产所有者供养情妇以及任何合法家庭之外的非婚生私生子的愿望,并且他也不愿意在其在世时或通过遗嘱为情妇的未来做打算。然而,死因赠与通常适用于在死亡即将到来时,对相关财产作出的不被许可的"妥善"安排。

对衡平法而言在确认死因赠与时有什么要求?

因为死因赠与是无适当法律手续的有效赠与,因此如果法律手续的本质是保护财产受到非协议性交易,则必须满足较为苛刻的条件。Farwell J. 在 *Craen's Estate* 案中对支持死因赠与必要条件作出了规定。并且,在这三个具体要求之前,必须有交出财产的意愿,而不仅仅是保护财产:如果仅仅是希望有人能够"照顾"财产,则不是死因赠与。

这三个具体条件必须满足：

1. 财产必须在意图真正死亡的情况下进行交接，以及在所有人生命受到严重威胁的情况下进行。这通常是指所有人患有严重疾病，或从事高危活动，如赛车；它必须经常暴露在危险情况中，如航空旅行。

2. 在死亡发生时赠与必须是有相应条件的，否则可将赠与撤销，这意味着如果赠与人幸存他必须要保留其财产。

3. 赠与人必须有效地将有关财产的主权（或自治权或控制权）分 116
开。这显然是通过财产的实际交付来实现的，但也可以通过转让财产的获取方式来实现，例如将装有财产的银行保险柜的钥匙交给接收人。如 *Lillingston* 案和 *Woodard v Woodard* 案中所述，这一标准用来判断赠与人在赠与日和死亡日之间是否已经无权变更赠与主体以及替换为其他财产（其中，上诉法院推断，如捐赠人说到"钥匙你拿着吧，我不会再开车了"，则车辆的死因赠与从交出钥匙时开始）。

死因赠与的要求通过这些关键案例进行了说明

如没有交出所有权标志物品，则没有进行实质交付，从而也就无法对这种财产进行转让，如银行存折或货物提单，通过赋予接收者财产的法定权利，标准是判断是否对"相当于转让"的文件进行交付。

大多数信托法律专业的学生都认为，死因赠与历史悠久，之前上诉法院就 *Sen v Headley* 一案，曾对死因赠与有过成功辩解。长期以来人们一直认为，即使已将土地契据进行交付，也不可能对土地进行死因赠与，这是因为无法满足 Farwell J. 提出的 30 个条件。在这里，一位濒临死亡的老人将盒子的钥匙交给原告，盒子中装有其房屋地契，他说："这房子是你的了，玛格丽特。你拥有钥匙。钥匙在你的包里。契约在不锈钢盒子里。"房子的所有权未登记，而且死者生前和原告犹如夫妻一样一起生活了大约 30 年。在他去世后，此赠与行为遭到其近亲的质疑，而原告非常符合 Farewell J. 提出的前两个条件，Mummery J. 在初审时提出——*Sen v Headley* 案——死者并没有将主权分开,并且无法对土地进行死因赠与。在死者的一生中都没有进行过地契转让,并且为了使信托声明具有强制性,必须有书面形式,同时,Mummery J. 认为死因赠与的原则是有问题的,从司法谨慎的角度考虑,由于这样会在很大程度上避免遗嘱法要求的手续(具体参见第9 章)或者会对不完善的生前赠与进行完善处理,因此不应对此进行鼓励,以及允许采用这种方式。Mummery J. 的观点非常正统,即不可能对土地设立死因赠与。

通过与之前案例中所延伸的原则进行类推,这一发现在上诉法院中被推翻。在 *Snellgrove v Bailey* 案中,该原则过去一直适用于通过债券担保的钱款赠与,即通过交付债券获得钱款赠与;在 *Duffield v Elwes* 案中,上议院已将此原则用于通过土地抵押担保的钱款赠与中,即通过交付抵押契据获得钱款赠与。在 *Duffield v Elves* 案中,Lord Eldon 认为,这一原则并不适用于通过交付产权契约来获得土地的赠与。上诉法院承认这一原则本身是异常的,但同时也声称这并不能对造成的异常情况进行判定,但公认异常情况除外。如土地并未注册,则所有权契据的转让并不会将所有权转让,造成这种情况只能是因为存在有关正式法律手续的规定。所有死因赠与的案例都会避免这些法律手续规定——这些规定通常与遗嘱相关。土地的正式法律手续
117 规定与其他法律手续规定相比,没有理由认为其更加困难,也没有理由将这种情况与其他受到支持的死因赠与区别对待。

这并不一定意味着所有财产种类都需要进行此类工作。例如,正如第 5 章所述,由于股份并不能进行实质转移并且注册新公司可能会被拒绝,因此在私营公司的股份中会存在一些困难。因此,如涉及股份,并不会认为这种情况与土地非常类似。然而,如果主体能够接受此种协议,则即使赠与者过早死亡或由于其他原因,也会裁定赠与为有效赠与,*Wilkes v Allington* 一案似乎这方面的权威案例。赠与者过去一直在遭受不治之症的折磨,并且在他知道自己将不久于世时就作出了赠与;后来当他由于肺炎过早去世时,判定该种赠与有效。即使

赠与者的死亡与预期完全不同,则相同的原则能否适用也不是很明确,例如,赠与者实际上死于食物中毒。

4.9　*Strong v Bird* 一案中的裁定

Strong v Bird 一案的裁定实际上是一个范围非常小的原则,该原则在很大程度上并不涉及我们要讨论的主题,但是它提供了一种比较特殊的例外情况(与"最后行为"原则和死因赠与一起),即"权益将不会对无偿者产生协助"(这也是一种假设情况,即当财产从一个人转让给另一个人时,衡平法的所有权遵守普通法权利,这点我们将会在第 6 章中看见)。

Strong v Bird 一案中的裁定可进行援引,如果一个人(A)接受另一个人(B)的财产——股份证书,但是 A 无法作为新的所有人获得 B 的转让和注册,然后 A 死后指定 B 作为作为他的遗嘱执行人,但是又让其他人(C)成为他所有个人财产的遗产受赠人。

在 B 作为 A 财产的当前遗嘱执行人时,衡平法将 A 早期向 B 作出的赠与视为合法,这种情况将推翻 C 对财产的主张。同样如果 B 欠了 A 的钱,则相同原则也适用,但 A 并没有尽力去要回债务并指定 B 作为其遗嘱执行人:这就是 *Strong v Bird* 一案的实际情况。实际上这项任命最终将债务进行了免除。但必须清楚的是,在去世之前要一直有作出赠与或免除债务的意愿。在这种情况下,任命债务人作为债权人财产的遗嘱执行人从普通法角度来看能够免除债务,因为遗嘱执行人不可能自己起诉自己。在 *Strong v Bird* 案中,债务人是已故债权人的继子,按照约定对她进行了偿还之后,已故人口头宣布免除他的剩余债务。虽然从法律角度来说这并不是一种有效免除,并且当她的近亲试图对剩余未偿还贷款要求偿还时,就会引发诉讼。在这种情况下,根据相关意愿要求,*Strong v Bird* 一案裁决为衡平法将获得普通法律地位,并且认可不应再偿还债务。

Strong v Bird 一案的本意是免除债务,但是,正如我们一开始看到的,它也可以适用于进行赠与。因此,在 *Stewart* 案中,Neville J. 运用同样的原则,通过将受赠人指定为遗嘱执行人而完美解决了生者之间
118 的债券赠与。衡平法不会影响按照普通法进行的所有权转让,但它确实需要尽力使特殊财产在生者之间做出即时赠与,即在过世之前一直有意愿进行赠与,并且兑现受赠人的合法权利。我们可以在工作中看到同样的理念,假定该种裁定也被认为是设立信托的一种机制。更为权威的是,*Strong v Bird* 一案适用于已故人死亡所引发的管理人任命,而不是执行者任命(相关原则解释参见第 2 章)。这是 Farwell J. 在 *James* 案中的观点,此案中一名管家在遗嘱人财产的两名遗产管理人中任命了一名管理人。但这在 *Gonin* 案中提出了质疑,当原告声称她的父母曾口头同意其房子及其房中物品在其去世后都将归她所有,并且这是作为她在第二次世界大战期间回家对他们进行照顾的回报。在 *Gonin* 一案中,父亲于 1957 年去世,随后母亲于 1968 年去世,原告拿出了她的财产的遗产管理委任书,并开始采取行动以确定她是否有权作为遗产管理人享有财产中的不动产所有权。根据 *Strong v Bird* 一案的裁定,由于原告的母亲愿意在她去世时将房屋给予原告,并且原告拿出了遗产管理委任书,使赠与成立,因此她要求认领房屋土地及土地上的东西(家具)。Walton J. 认为,任命遗产管理人与任命遗嘱执行人是完全不同的,因为这不是死者的无偿行为,而是法律所要求的。这种情况也常常纯属巧合,许多有资格获得遗产管理委任书的人却被剔除在外:

> 那么,为什么要对法律要求的而不是遗嘱人无偿选择的人表现出特殊的温柔呢?为什么常常对从有相同要求的人中选出的人冷淡对待?这似乎是衡平法中令人惊讶的原则,即如果希望从 *Strong v Bird* 案裁定中收益的人设法成为授予人,则他将能够这样做,但是如果一

个拥有相同权益的人设法获得优先授予，则他将无法这样做。（*Gonin* 案）

Walton J. 实际上并不需要确定早期裁决是否正确，因为我们发现即使 *Strong v Bird* 适用于管理人，也没有证据表明原告的母亲一直有 119
意愿将房子交给原告。然而 Kodilinye 对 *James* 一案有学术性支持。另外，*James* 案也适用于 *Ralli's WT* 案，但由于转让人根本不需要任何意愿，因此情况是完全不同的。

第 5 章　有效信托的构成要件

为创建明示信托所列出的法律要件便是其所谓的构成要件。在这些讨论之后,焦点转向规范有效设立的明示私益信托的法律,直到第 13 章焦点再次转向明示私益信托,现在不再关注明示私益信托。信托法中所谓“契约性质”完全由强制规则与默认规则组成,而且信托创立人可任意选择或忽视,我们清晰地看到 Langbein 将“契约性质”如此定义的原因,在这一点上,我们将转向 Langbein 对明示信托法律法规的分类,即“强制规则”或“默认规则”。在此之前,构成要件将规则阐述为“被禁止变动的”信托创立人,而且我们应该在理解完这些内容后再一次思考为什么会这样。

当我们通过进一步审视有效信托的要件时,为了私益明示信托有效,构成要件即作为受托人的一方在协议下必须获得普通法所有权。只有以上情况发生,信托才能生效。由此,如果受托人试图来保证获得财产普通法所有权的行为无效,信托将不能成立。但根据理解满足构成要件需要什么以及一个要件为何可以成为一个构成要件，我们需要暂时回到第 1 章、第 2 章是如何通过观察它的性质开始解释信托的性质，通过财产所有人所能利用的为他人提供好处的不同方法进行解释。由于两种不同方法都转让他人无偿且永久的财产利益，第 2 章便开始聚焦于赠与。当财产所有人试图利用他的财产无偿给予他人时，我们可以从 *Milroy v Lord* 案中定义财产所有人选择的方式看出目标与目的的相似处。但我们也能看出，被解释为可供财产所有人选择来满足他人利益的方法时，它们不同于这种方法：

> 当然财产所有人这样做也许实际上是为了他所提供财产的人而向他人转让财产，条款将生效，如果他是以创立信托为目的或为以上目的声称以信托为基础而持有财产然后转让，条款同样会生效。(*Milroy v Lord* 案)

实际上，我们已经了解了信托与赠与有着本质上的区别。第 1 章告诉我们赠与即是由所有人向受赠人无条件地转移所有权，而且，选定了财产设立信托后，成为"信托财产"的两种所有权成立的同时，受 121
赠人的权利也会成立。这对于理解有效信托的构成要件至关重要。

当转向目的确定性后，我们明白，财产所有人被称为具有"目的确定性"而创立信托时，这意味着他不仅打算转移财产权益，而且通过将财产所有权分离为衡平法所有权与普通法所有权而转移财产权益。这会导致受益人对发生的一切不负任何责任地享有财产，这是由于受托人为此承担了责任。这就是道德要件对信托支持的重要性：当受托人明白了他对财产负有责任时必须利用以上财产进一步维护受益人的信托财产利益。

道德要件的实际影响是，衡平法禁止受托人将信托财产作为自己所有的而使用，由此我们会更多地了解到什么时候受托人的责任变为主体，还有当受托人为私益使用信托财产（第 13 章）甚至受托人由于无心之过而对受益人造成损失（第 16 章）时，衡平法将如何应对。重要的是构成要件存在的理由。这是因为,如果没有道德要件,受托人易于将信托财产据为己有,也正是因为他拥有一定的信托财产普通法所有权而使他表面上看起来是财产所有人。了解了为何衡平法建立道德要件会帮助我们理解构成要件,这是因为构成要件在许多方面是道德要件的反映。

构成要件要求,为了信托能够有效,受托人必须拥有信托财产的普通法所有权。考虑到目前为止说到衡平法应当如何防止受托人将信托财产据为己有,或许我们需要了解为何受托人能够表现为信托财产的所有人。如果没有法律形式的要件来证明曾创立过信托,信托财产不是很危险吗?特别是衡平法上的个人财产的所有人。一般来说,衡平法上的财产所有权——即使是土地所有权,也远不如信托财产所有权明显。为什么说如果不是信托无法有效,曾拥有信托财产普通法所有权的受托人——更不用说他们的确拥有普通法所有权——将会成为要件之一?

构成信托的意义之背景

构成要件的基本原理反映了,信托(无责任的财产享有)的基本特征表现出其固有的缺点:信托协议完全依赖于有责任保证他人享有权利的主体最大限度的诚实。其原因是,只有通过将财产普通法所有权授予受托人,财产责任才可以与财产权利分离。

受托人有责任确保已创立的信托财产能够使有权人受益,这意味着应采取能保证财产最佳利用的方式管理与处理它。这将意味着对信托财产进行投资,并保证用正确的方式产生适当的回报。对于许多受托人而言,衡平法要求他们密切关注市场,以确保维持明智的投资行为,而且如果有必要的话可以移转资产。这也通常包括为了信托出
122 售现有信托财产而购买新投资,正因如此,受益人可以享有由委托人所准备的利益。

简言之,受托人就是信托财产的保管人,这是因为他并不会从中受益,他的责任就是受益人信托权利的关键。

这是因为法律只承认那些“在法律意义上”被管理的财产处分行为，从前一章我们知道这是因为法律保护财产不被无权人处置。所以如果受托人为了受益人的利益，必须能像财产所有人一样购买或处置财产。根据法律如何保护能处置财产的所有当事人，受托人出售信托财产的对方也会确信与他们进行交易的一方是有权处置人也是能让他们拥有有效所有权的人。如果不这样，所创立的信托财产永远无法达到预期的效益。衡平法会确保受托人拥有名义上的所有权但不能据为己有，现实是为了达到信托的最佳效益，唯一的办法是受托人对信托财产拥有法定权利。在受托人被委以的语言中得以体现信托财产，这是因为他必须拥有信托财产的法定权利。之所以构成信托是有效信托的要件，是因为受托人必须拥有信托财产的普通法所有权。

5.1　实现有效的信托构成

到底“构成”信托是什么意思，以及它是如何实现的？在第 1 章我们已经进行了介绍，通过授予受托人财产普通法所有权就涉及构成信托。本质上，构成信托涉及所有人对信托财产进行创立时，确保受托人会拥有法定权利，这是因为受托人必须拥有普通法所有权以成为信托财产的保管人。如果信托财产保管人拥有普通法所有权，从这个角度看（如果其他有效性需求没有得到满足仍可能失败）由于信托所谓的“完全构成信托”而有效。

有效的信托构成通常意味着信托财产普通法所有权必须由所有人转移到受托人手里，但是我们会发现这是唯一实现有效构成的方法。通常情况下使用这种方法创立信托财产者会决定由谁作为受托人以及安排向其转移信托财产。使用这种方法构成明示信托与实际决定创立信托财产是一样的道理。但是由于这个方法发生的方式会与委托人设想的方式不同，那么对于受托人，作为受托人时也有可能获得信托财产所有权。在后面这种情况下,构成被称为“意外构成”的情况,但 *Ralli's WT* 案作为权威判例说明如受托人实际获得财产所有权的方式与委托人所设想一样,这种意外构成与有效构成有同样的地位。*Strong v Bird* 案中的方法(第 4 章)被视为权威判例:将普通法所
123 有权转移给死者遗嘱执行人,遗嘱执行人就是由已故者安排的受托人在创立信托的财产之下有权组织后续安排之人。

根据 *Ralli* 案与 *Strong v Bird* 案,意外的构成很不寻常,本书认为更平常的是信托创立。为了了解什么是平常的信托创立,我们需要回顾 *Milroy v Lord* 案。我们已经知道 *Milroy* 案解释了永久且无偿的财产利益只能通过两种方式也就是赠与或创立信托财产来实现。在认定 *Milroy* 案在这方面是权威判例之前,可以先观察 *Milroy v Lord* 案最有名的适用:上诉法院在 *Rose*,*Rose v IRC* 案中的判决,以了解信托通常如何构成。我们在第 4 章遇到 *Rose* 案简单解释赠与财产的形式要件,第 4 章还指出,这是理解信托有效构成的关键。这是因为附属于二者的“转移手续”原则可以相同;为了解释这一点,*Rose* 案实际上试图进行有效赠与并创立明示信托。

Rose 案,还有得出构成要件的意义以及如何达成

死者希望做出的两份股份转让由 Rose 于 1943 年 3 月执行,死者的遗产潜在地对遗产税有责任而被提起了诉讼。其中一份股份转让计划是无条件赠与他的妻子;另一份计划是安排他股份的受托人让他们的孩子受益。Rose 通过在 1943 年 3 月完成所需文书执行股份转让,但是除非有关公司董事会登记注册股份的新法定受让所有人,法律上股权才可能从 Rose 转移。在公司组织中,公司董事可以否决任何转让的提议,但是结果他们在 1943 年 6 月注册了转让。Rose 于 1948 年去世,税务局认为因为他的死亡发生在转让后的五年内,应付遗产税。当股权在法律上转移给他的妻子,而且该转移被视为发生在 1943 年 6 月,此例才会如此。

我们应该探究 *Rose* 案实际发生了什么,但是这里只阐述了一些

要点。第一，虽然赠与和创立信托均可供选择去创造永久且无偿的财产利益，但它们一同出现比可供选择这个词所表达的意义更为常见。第二，*Rose* 案提醒我们有不少由于税务事项而围绕信托创立提起的诉讼——事实上英国皇家税务与海关总署（下例中称为国内税收）意识到，财产所有人可以长时间准备逃税。第三，也是最重要的，它通过指出最常见的信托构成方式，为理解 *Milroy v Lord* 案中信托有效构成的意义提供了途径。

如果财产所有人想要在财产上设立明示信托，他通常会同时选择受托人。委托人为了将股票转移给为委托人持有股票的受托人而履行手续，这实际发生在 *Milroy v Lord* 案中。反过来，*Milroy v Lord* 案告诉我们要达到这个目的应该如何做，但是同时也告诉我们有两种方式可以达到有效构成。通过关注 *Milroy v Lord* 案与无条件转移财产而来的可供选择的信托机制，以及更为常见的非无偿处理财产方式， 124
我们了解到 Turner L. J. 提出了可以成功构成信托的两种方式：

> 如果他为了创立信托而将财产转移给受托人，或声称其为以下理由而就财产创立信托；……但是为了使创立信托的行为有约束力，方式之一必须……根据……（*Milroy v Lord* 案）

从这里我们可以看出有两种方式可以授予受托人财产所有权。如果我们将这点与 Turner L. J. 文章的剩余部分结合起来，就能开始理解怎么达到这个目的。

了解已被接受的有效构成信托的方式，可以被概括为：

- 信托创立人必须尽力做到将所有权转移给受托人；或
- 信托创立人必须声明自己是财产受托人。

不管使用以上哪种方式，构成信托的过程就是将普通法所有权从完全的财产权利转化为“名义上的”普通法所有权，其特点是义务与责任。当我们回顾时会发现判定 *Milroy* 案是否履行引出了一系列不同的法律问题。我们还能发现不论实际采用的方式是不是应当采用的方式,都会出现不同的相关规范约因。所以我们实际做到的就如 Turner L. J. 在 *Milroy* 案中所说的那样:

> 为了使无偿创立信托具有法律效力,信托创立人必须做到以下内容,根据财产的性质,为了转移财产并使信托创立对他有约束力必须做到……当然,他可以通过实际将财产转移给他打算授予的人做到……而且如果他为了创立信托将信托财产转让给受托人会马上产生法律效力,或声明他拥有信托财产……但为了使创立信托行为具有约束力,必须采用其中一种方式……因为在法庭上衡平法无法来实现完美赠与。

第 4 章开头告诉我们:虽然我们会发现 *Milroy* 案中有效构成的两种机制或模式引起不同的问题,但它们有共同的威胁。第 4 章一开始提出,如果读到第 5 章的构成信托,可以清楚了解信托成功构成的方式与通过法律形式达到所需要件之间存在密切联系。在此,可以通过 *Milroy* 案中每种方式如何以形式要件作为基础,来理解有效构成信托的达成。

第 I 部分　向受托人转移普通法所有权:满足 *Milroy* 案的第一步

参考 Turner L. J. 的判决,向受托人转移普通法所有权是第一"模
125 式",这是因为在创立明示信托中这只是一般事件,而且实际上已由 *Milroy* 所尝试。在这里,信托创立人尝试通过任命指定受托人 Samuel Lord 构成信托,代表委托人 Milroy 来保管财产。信托创立人并未实际做到,但与大多明示信托的创立人一样他尝试了。向指定受托人转

移普通法所有权却未成功的原因是,由于缺乏股票转移普通法所有权的法定形式,尝试去履行信托创立人订立的无偿契约实际上无法转移普通法所有权。我们知道,就像之前在第 2 章简略读过、在第 4 章更详细地了解到的一样,法定形式要求在公司或者这种情况下在银行的账册中登记新的所有人的名字。

没有遵照要求从信托创立人转移普通法所有权到受托人,上诉法庭对此持不能构成信托的观点,因此 Samuel Lord 不能成为股份的受托人。所有构成的目的是保证受托人拥有信托财产的普通法所有权,这种构成要求普通法所有权分离所有人与信托创立人的联系,转移到名义上旨在执行信托的人身上。因为这涉及普通法所有权从一个人转移到另一个人,由此可以总结出这种构成要求满足转移的形式要件。

Milroy 案的第一种构成模式:转让形式要件支配的构成

我们在第 2 章从转让手续的最初基础知道,从一人到另一人转让财产普通法所有权由财产性质决定而不是由交易类型决定。第 4 章进一步解释了,在法律中,普通法所有权转让给受托人就是根据要求将所有权从一人转移给另一人。如果普通法所有权转让给受托人,即使转让背后的目的有可能不同(与所有权转让给受赠人对比),那么法定形式要件便可判定已经生效的转让是与其相符的且由以上类型的财产决定。转让背后目的的改变会导致不同类型普通法所有权转让的变化,但是其法律要件仍由财产性质决定而不是由转让类型决定。

回顾实际要求的要件,第 2 章与第 4 章解释了,为了必要目的,所有权人应对预期的受让人进行所有权交付而转让一般动产所有权。此内容也解释了无形个人财产与不动产转让都需要产生附加要件,分别由于这些原因:无形动产不能“看见的”性质、不动产的内在价值、在英国法律中其特别的性质。根据附加要件的“主题”,附加保护往往集合着文本要件。

法律上对于第三方受托人被认证为新设立的信托财产法定所有

人取决于英国法对财产分类的方式。这反映了我们所了解到关于财产转让"形式"的所有方面。当我们转向转让的形式要件,也会了解到就法律而言,之所以无法转让是因为转让"瑕疵",衡平法在此方面偶
126 尔更灵活些。衡平法"更灵活"的意思是衡平法准备承认"有瑕疵的"转让,并视之为衡平法中有效的转让。我们会发现因为没有遵照形式要件产生有效构成,衡平法为了法律视为"瑕疵构成的信托"而采用相同的观点。

当第 4 章介绍到衡平法对于瑕疵财产转让的灵活方式时,我们了解到,认为衡平法中的转让达到了一个正当结果的情况会发生。这种情况下,考虑到需要耗费一些时间而且通常与官僚政治紧密相连,正当性会依附于以下认知:财产实质上有新所有人,以及由于其满足了法律形式而不会遭到否认。

如果受让人提供财产价值,最明显的理由便会出现。例如第 4 章所说,衡平法注重目的而非形式,而且将其视为应当做到的,这也意味着转让并不是真的无瑕疵。我们知道,衡平法偶尔会承认无偿受让人为财产所有人,尽管"衡平法不支持无偿者(无对价的)"而且也无法"完善有瑕疵的赠与"。

解释衡平法中瑕疵所有权转让无偿受让人的正当结果

当我们了解了衡平法支持无偿受让人的方法,即为了承认瑕疵转让,衡平法将其视之为正当的,正常情况下,衡平法并不支持无偿者或完善瑕疵转让,所以上述情况会与衡平法正常情况下的处理有异,详见 *Jones v Lock* 案与 *Richards v Delbridge* 案。谈及第 4 章的该点时,我们认为,当衡平法认为转让没有满足法定要件而无法达到目的时,则其运用"最后行为"原则作为基准,判定瑕疵转让有效。

在法律认定瑕疵赠与的情况下,衡平法对无偿受让人的支持同样适用于普通法认定的瑕疵信托,因为它们均基于相同原因,即缺乏法定形式。这是因为它们的法律要件是相同的,同时目的也都是将名义上的普通法所有权转让给受托人。衡平法的回应是相同的,这是因为

对受托人所进行的普通法所有权转让一般是无对价的，也就是衡平法语境下的无偿转让。实际上信托受益人由于信托创立人的慷慨成为单方受益的受让人而成为无偿者。这意味着，当出现普通法所有权无法转让给受托人时，衡平法偶尔承认构成瑕疵信托是有效的。这也意味着衡平法承认“最后行为”原则决定此种情况。

“最后行为”原则的判例来自 Turner L. J. 对 *Milroy v Lord* 案的判决，此判决被理解为要求财产所有人尽全力将普通法所有权转让给受让人（这里也是受托人）而不是他已经将普通法所有权转让给了受让人。正如我们所知，在 *Rose*，*Rose v IRC* 案中，最后行为的主要判例涉及试图将普通法所有权转让给受托人与无条件赠与。现在是时候了解：“最后行为”原则何以被看作 *Milroy* 案的适用；其如何被推导出是“正当的结果”和实际上如何起作用。

首先，这需要参考 *Rose*，*Rose v IRC* 案的判决，还有更早被此判决引用的两个裁定，二者作为 *Rose*，*Rose v IRC* 一案特殊结果的判例：一 127
个是 *Fry* 案，另一个令人疑惑的是也被称为 *Rose*——*Re Rose*，*Midland Bank Trustee Co v Rose* 案。

当我们思考与之相关的判例时，会找到源自财产所有人意图或者完全赠与的案例。需要记住的是，当聚焦创立有效信托要件时，两种类型的案例都是衡平法信托创立人的最后行为被判定构成信托的判例。

5.2　*Rose* 案的阐述：“最后行为”的基本原理及其应用

Rose，*Rose v IRC* 案的事实前文已述，我们知道此诉讼涉及两份股权的转移，其相关遗产税也基于普通法所有权在死者与其妻子的转移中到期（也就是 1943 年 6 月）。1943 年 3 月，上诉法院判决转让在衡平法中是有效的，也就是死者向其妻子进行的转让是有效的。在这种

情况下,根据衡平法 Rose 在生前企图无条件转让股份的行为已生效,由于其已尽可能放弃当时属于自己的股份所有权,所以将普通法所有权转让给妻子,使她成为受托人。这意味着由于赠与和无瑕疵信托由他的"最后行为"构成,遗产税不会对转让双方生效,虽然法律正式批准董事会同意并登记转让发生在 1943 年 6 月。对于上诉法院的观点,Evershed MR 在第 511 页清楚地完全采用 Jenkins J. 在 *Rose* 案中的观点:

> 我参考了著名的 *Milroy v Lord* 案例,也参照了最近的 *In re Fry* 案例……正如我所了解的那样,根据财产性质,事实上,已死的赠与人在自己的权限内并未做到将财产法定利益转让给受赠人。当然在这种情况下,我们知道衡平法不能完善瑕疵赠与……在 *Milroy v Lord* 一案中……没有适当的凭据来转让财产利息。在这种情况下,正如我所了解的,立遗嘱人已尽可能放弃以上所说的股份。

之前的章节说过,"最后行为"原则是衡平法中更为灵活的支持财产权利的方式,即使普通法要求"例行公事",实际上其已判定这种显然的情况导致有了新的财产所有人。当"最后行为"原则的适用导致 *Rose* 案这种结果时,对正当结果的实质性关注便很易于与这类案例产生联系。在许多方面, *Rose*,*Rose v IRC* 案是这一领域的典型,而且很难不去想象 Rose 在这种特定环境下有"正当结果"的感受。从这点我们可以看出,如果财产所有人在向法律承认的新所有人转移完所有的
128 财产前去世:那么需要确认帮助赠与人完成心愿是否是衡平法追求正当结果的适当方向? 在类似的案例中,*Rose* 案也许提供了更有说服力的基本原理。

然而,"最后行为"原则的适用也导致了一些困难,有时这些困难实际上又引起了对这个原则的内在公正的怀疑。如果财产所有人做了自己力所能及的事,正如这些案例所展现的,也进行了对结果至关

重要的最后行为,则其可被视为决定性后果。

5.3 “最后行为”原则的适用及其所揭露的困难

如果信托创立人已履行最后行为,则会产生有效信托,众所周知,*Rose* 案是此原则适用到赠与人无条件“赠与”转让与信托的案例。如果发现信托创立人未履行最后行为,加上因为衡平法无法完善瑕疵赠与也无法完善瑕疵信托,则潜在的受让人(预定的信托受益人或预定的受赠人)所接受的转让失效。信托创立人是否尽全力使财产转让生效,及其尽全力的方式是否正确是值得深究的。由此,值得注意的是,此原则被适用在有细小差异的类似案例中。

与 *Rose* 案结果形成对比的是,“最后行为”原则并未适用在 *Fry* 一案中,这是因为死者所欲达成的股份所有权有效转让在法律上需要更多要件。此案例中股份无法登记的原因是,根据《1939 年国防(金融)条例》,英国财政部不同意登记,而无财政部同意股份转移无法登记。虽然赠与人已填写了必要的表格,但在其去世前并未得到财政部的同意。一开始这起案例与 *Rose* 一案相似,但从 Romer J. 的解释可以清楚地看到,在这起案例中,死者并未做到所要求的一切,所以在 *Rose* 一案中详尽描述的原则无法适用本案。

现在我很难说死者在他死前做了所需要做的一切,因为他需要获得财政部批准转让,但却未得到批准。此外,无论如何财政部会要求对交于他的问卷与他补充回复的回答要求进一步反馈信息;如果是这样,他会拒绝关注事情进一步的发展,在这种情况下我不知道其他人如何强迫他做到。(*Fry* 案)

5.4 *Rose* 案中的规则与寻找指导原则

我们尚不完全清楚 *Rose* 案中运作的机制,而且此案没有难点。但有些问题在 *Lowrie and Todd* 案中被发现了。

129 一种可能性是,一旦信托创立人尽全力创立信托(或者是完全转让生效),直到普通法所有权被转让给受托人(或者完全转让给受让人),就像他所声明的那样会被视为财产受托人。然而,由于会与 *Milroy* 的第二种模式的构成要件冲突,这一观点是有问题的,*Milroy* 的第二种模式的构成要件会在后面简要叙述。在这一点上,我们可以看到一系列案例,法院很不情愿推定信托创立人在无明确指明成为受托人的情况下托管自我宣告。事实上尤其困难的是,考虑 *Rose* 案中之一的转让是想赠与妻子股份,而 Rose 又十分明确不想成为股份的受托人。

另外一个可能性是,衡平法在干预期间内强加推定信托,很多学术评论家看似持有此观点,这也是上诉法院判决 *Pennington v Waine* 一案的司法认定。早期,由于关系到的财产是不动产,推定信托推论的司法认定依然可在上诉法院对 *Mascall v Mascall* 一案中看到,《1925 年财产法》第 53 条第 1 款第二段规定证明不动产信托声明需书面要件,除非他们可被分类为默示信托、归复信托、推定信托(可见第 2 章、第 4 章、第 6 章、第 8 章)。

在 *Mascall* 一案中,上诉法院适用了 *Rose* 案来登记不动产,但由于出示了无条件转让所有权所需的文本,就不需讨论干预期间出现的是什么类型的信托。让与人已履行转让而且将其送至英国地产登记局并将土地登记证转交给了受让人。这一阶段,在转让与土地登记证交于地产登记局,并登记受让人为所有人前,在与受让人争论后,让与人改变了主意。由于是受让人向地产登记局申请登记为所有人,而且出让人做了所有他需完善转让的事，上诉法院认为转让是有效的。

虽然 *Mascall v Mascall* 一案并未判定 *Rose* 案是明示信托或是推定信托，无论如何，很难看出 *Rose* 案中的立遗嘱者与行为不合理者有相似之处（可见第 6 ~ 17 章）。事实上，*Lowrie and Todd*［1998］57 CLJ 46 解释过，除了衡平法想将推定信托强加于 Rose 和像他一样的人的原因，还有衡平法想温和地看待那些基于正当理由，以利用他人的方式进行财产转让的出让人。此外，考虑到衡平法通常不会基于瑕疵赠与而声明信托（正如我们在第Ⅱ部分所见，"委托人必须声明自己是财产受托人：Milroy 的第Ⅱ部分"），那么其替代方案，即在干预期间让赠与人声明自己是受托人，在原则上依然是错的。此外，进一步研究发现，*Rose* 案很难与 *Fry* 案区分，这是因为 *Rose* 案中的董事并没有义务登记转让（虽然实际上他们有充分理由遵守），可推定如果他们倾向于此，他们就会拒绝或要求赠与人提供更多细节。正是这点，土地登记局有法定责任登记所有权，所以两个案例（*Fry and Rose*）与 *Mascall* 有所不同。

5.5　"最后行为"原则 130

Rose 案对有关遗产税责任问题的家庭有了一个公正的结果感知，基于信托的分析使 Rose 成为受托人，其负有为受益人合理管理股份的义务，以及其他相关责任。令人高兴的是，这只持续了一小段时间，董事（包括死者）并不想为了他妻子的利益而不使转让生效。然而，不同的事实是难以想象的，而且结果也许不会如此积极。虽然，*Rose* 案表现出来的原则似乎是错误的，但它被视为一个好的判例不仅因为它被适用于 *Mascall v Mascall*（虽然有争论说 *Rose* 案是错误的），也因为正如第 4 章所说，它被英国上议院在 *Vandervell v IRC* 案中承认。在这方面，*Lowrie and Todd* 案表明就 *Westdeutsche Landesbank*

Girozentrale v Islington LBC 案存在一个替代性分析,这在第 1 章、第 6 章中均有提到。*Rose* 案被建议避免采用明确表达信托分析的困难方式来解释。看了更多最新发展,我们又需要暂时回顾一下。

一个长期存在的观点在本书中得以体现,对"最后行为"原则运行中产生困难的持续性信托分析,使案例法中的合理解释更加及时且受欢迎。当得出这些观点时,上诉法院对 *Pennington v Waine* 案的裁决看起来并不是一个及时或受欢迎的进步。这是因为,与其说它受邀设立"最后行为"原则运行中的特征指标,不如说 *Pennington* 案废除了"最后行为"原则,并试图用更少原则性的方式来代替。上诉法院似乎完全忽略因适用 *Rose* 案规则而产生的困难。在这种情况下,上诉法院也忽略了司法所关注的更有原则方式的运作路径,甚至通过枢密院 *Pehrsson v von Greyerz* 一案来提出实现此目的的方式。之后我们会回顾 *Pehrsson* 案,但现在需要思考 *Pennington v Waine* 案。

5.6 *Pennington v Waine* 案:衡平法承认新财产所有人的替代方式

当 *Pennington* 案出现时,表明法院采取了一种更为大胆的方式,来确定普通法禁止时,衡平法是否应该承认有新的财产所有人。

这由财产所有人是否用尽全力转让财产来决定;相反,这种方式会被质疑衡平法不能支持受让人完善转让时的合理性。正如 *Rose* 案与其他公司股份赠与相关案例中的争议一样,《1985 年公司法》第 182
131 条(此规定现在《2006 年公司法》第 770 条)规定,股份转让要求公司对新所有人登记。

这确保了持有股份证书成为股权所有人的证明,但其并未使转让生效,因此只有交付并不能单独实现转移所有权。

1998 年,赠与人 Ada Crampton 转让家族企业的 400 股给她的侄子 Harold Crampton。转让协议由公司审计员起草,并在适当时候由其签字同意后返还给审计员,再将它放置到公司档案中。Ada 也希望她的侄子能成为公司董事之一。因此审计员写信给 Harold,告知他 Ada 有关股份转让的指示,说明有关于此转让 Harold 没有需要做的事。然而,Harold 需要同意成为董事,而且需要为此完成规定手续。审计员对股份转让未再进一步行事,Ada 于 11 月去世,却没有为了登记股份新所有人而将转让协议交给公司。上诉法院裁定 Harold 的股份转让在衡平法上有效,虽然 Ada 没尽全力使其有效。Clarke L. J. 将履行股份转让手续视为构成衡平法中的股份转让。这使 Ada 设立的是无担保信托,因为她本应履行股权登记程序,由此完善普通法上的转让。

"最后行为"原则的合理方式与感知局限

此判决特别有意思的一点是,在赠与人没有尽全力使转让有效时,Arden 与 Schiemann L. J. 就正当性在决定公平分配方面重要性的看法。根据一方不是基于他的行为而是基于假定的心理状态的方式表明希望将"信托创立人最后行为"进行代替的想法来自于 *Milroy v Lord* 案。在特定情况下,替代标准依据良心或者赠与人撤销瑕疵赠与的能力而构建。这种(赠与人行为的)替代标准中撤回的时间不是很清楚,但考虑到案例的所有情况,正当性的标准是由法院裁决的。虽然不会有定义构成不正当性要素的详细清单,Arden L. J. 参考了许多相关要素,包括:Ada 通知 Harold 赠与;她已签署文件而且交于 Pennington 先生以保证他的登记入册;还有 Ada 的代理人告知 Harold 不需要采取行动。Harold 也同意成为公司董事,这需要股份转让给他才能做到。Arden L. J. 总结,根据 Harold 正式确认成为董事的因素来看,Ada 本不可能撤回赠与。

考虑到法院注意力转移到赠与人的正当性而不是在案中的行为,Clarke L. J. 同意法律顾问提出的争议,因为"赠与人所能做的更多",*Rose* 案适用本案是不合理的。因此,衡平法不能被视为只有在赠与人已做了"他能做的"前提下才能涉足其中,因为这不太可能成为判例;

因此在没有以后撤回的情况下,转让人应充分地履行股份转让手续。

132 无论这个观点是否有说服力,这是 *Pennington* 案就 *Rose* 案表达疑问的案件。可以看出,例如有时上诉法院承认赠与人可以尝试改变主意,在某些情况下,他们被允许这样做,同时在其他情况下又不被允许。

然而,*Pennington* 案导致了大量的批评,其中很多集中于正当性阐述的模糊性,还有当其体现在格言与公平原则中时,削弱了衡平法自身的宗旨范围。本书的观点是,*Pennington* 案试图给予想要成为受赠人与受益人的人——也是他人赠与的无偿受让人——合适的地位。衡平法的严格规则并不能完善无偿瑕疵转让,但是必须确切地反映财产权利所有人可以自由行使权利。

衡平法遵从普通法,故而在赠与不可撤销前,赠与人应该保持撤回赠与的权利,虽然衡平法会通过关注实质而不是形式做到此点。通过案件事实与在第 4 页与第 57 页 Arden L. J. 的判决中令人信服地说明,使判决对 Harold 的赠与得以体现。很多情况表明,虽然 *Pennington v Waine* 案与 *Rose v IRC* 案在双方的事实情况方面很相似,但每个赠与人非常不可能改变决定。很多情况表明,*Rose v IRC* 案与 *Pennington v Waine* 案有共同的意图,如果这种意图没有展现出来,可能衡平法不应该考虑介入。

无偿处理财产的大胆方式

就本书而言,*Pennington* 案展现了上诉法院适用更自由的态度对待 *Milroy v Lord* 案原则,这建立在确定赠与人的意愿时所确定的利益上,其也是赠与规则的基石:赠与基于赠与意图而构成。对赠与人、赠与人的行为以及他们意图的正当性标准似乎正被实施。*Milroy v Lord* 案与遵循于此(尤其是 *Jones v Lock* 案与 *Richards v Delbridge* 案)的判例法被认为制造了严重的结果,事实上构成瑕疵赠与的规则导致了严厉又似乎矛盾的结果。这点上,Arden L. J. 清楚表明其观点是:基于正当性的替代标准为赠与提供不那么严苛的构成,这就导致赠与

“善意的构成”,并使赠与人的意图生效。

理解并考虑到赠与的替代构成时,Arden L. J. 这个案例理所当然地被定位为严苛与意识形态的对立——这是对个人的自治与尊重。因此她将替代标准构建为一个为确保尊重赠与人最初的意图而形成的机制,主张允许赠与人改变被视为权威的意图。然而,虽然这种观点有长处,但还有主流观点表明法院对瑕疵赠与及相关当事人的地位,应小心而不是放任。实际上,根据 Arden L. J. 判决的下一句很清楚地看到——需要保护赠与人的地位。认为赠与人是赠与行为的 133
重点的同时,*Pennington* 案似乎为赠与人的利益创造了太大的范围(虽然大多假设),而且还判定可以以之前的代价给予潜在受赠人优先的地位。

赠与与创立信托:*Pennington v Waine*,赠与人及其意愿

Rose 案与最近与转让有关的 *Pennington* 案的意图是无条件赠与,与意图成为信托的财产的案件不同。然而,在赠与人(至少在一开始)打算放弃他的财产利益的情况下,由 *Pennington* 案产生的难题确实有很重要的适用,为了意图拥有信托财产而成为受益人的第三方的利益案件类型,就是 Rose 转让其财产之一的情况。*Pennington v Waine* 案表明(不管 Arden L. J. 反面的坚持)很严重的损害可能会被当成相关的原则,那就是衡平法不会从瑕疵赠与得出完美信托的结论。根据信托的实质,信托法构成了一个不可改变的安排,在对信托设立义务与权利协议时,当决定信托是否存在时,应适当地将重要意义附加在赠与人的意图上。一旦信托适当,受益人可以执行,信托则一般排除赠与人(除非他是信托关系一方或成为信托受益人),前提是有且只有一种情形,那就是信托完全构成。同样赠与的不可撤回,也只在一种情况下发生,那就是赠与成立且完成正确的“转让”手续。

5.7 关注传统方式的新方向与价值

对尝试获得 *Pennington* 案适用而言,*Choithram*(*T*) *International S4 v Paguani* 案意味着一个有趣的进程。在 *Pennington* 案表明:决定对受让人剥夺财产利益是否不正当时的标准很低。我们再暂时看看这种情况,略有不同的是有关死者创立生前信托的事实,该信托涉及9位受托人1位委托人。委托人说他将他的所有财产给了他创立的基金会,而他还是这个基金会的受托人,但在他死前他没有将财产转让,如第一个例子在上诉期间被发现 *Milroy v Lord* 双方没有有效的构成。此认定在枢密院被推翻,如果没有有效的转让手续,即使有"给"基金会的字眼,也意味着没有足够的证据证明已准备信托。"我给基金会"等用语会使财产受托人无法成为受托人是不公平的,因为"衡平法不会支持无偿者,它也不会过分打击赠与"。根据这一标准,很难想象赠与人被允许(正当的)撤回他的"赠与",即实际上是信托,即使表面上被称为"赠与"。由此思考法院的意图是否是衡平法应该承认任何情况下的瑕疵转让,而且应该相应地调整衡平法的格言与"管理声明性"原则。

134 最后行为体现的传统方式是 *Milroy v Lord* 案原则的副产品,*Milroy v Lord* 案想确保个人财产所发生的一切后果是应意图而生的,同时也遵循了法律的要求。从而,这种情况也反映了有价值的财产权利处于危险中:与财产相关的通过赠与或宣告信托的方式转让给受让人的权益。这表明如果不去关注无条件财产转让的转让手续,还有意图的确定性与信托协议的不可撤销性(以上都与赠与和信托分别的性质一致),正当性意图原则上会渐渐破坏在赠与人的指定下的赠与以及确定信托财产受让人为受益人的方式。

5.8 *Pennington v Waine* 案之后的司法路径

Pennington 案引出了大量学术批评的同时，其在法庭上如何演进也尚不清楚。本书的观点一直都是，鉴于是 Clarke L. J. 自己在 *Pennington v Waine* 案中的疑难案件评论引出恶法，很可惜的表明是上诉法院对赠与人的意图的关注程度少于应有水平。虽然本书一直强调通过关注实际用语与行为提升财产交易确定性的方式，比起体现在合理性原则中的模糊、严苛方式更易于引用及完善，值得注意的是，法庭似乎支持后者。

结论以 *Pennington* 案似乎是"衡平法"治理体系自由时代的"家族"成员之一的方式，以及其通过原则与格言以衡平法律师不舒服的发展方式得出。事实上，*Choithram(T) International SA v Pagarani* 案似乎正改造衡平法宗旨，使其在不帮助无偿人的同时，也"不会过分打击赠与"，即使根据案例法不清楚衡平法是否从未过分打击赠与。这种观点认为 *Pennington* 案的意图也反映了其似乎并未关心之前在 *Pehrsson v von Greyerz* 案中被承认的"最后行为"原则。枢密院的这个案例中，Lord Hoffmann 仅认为在"当赠与人授予受让人所有权时"，应对"最后行为"原则在以衡平法承认转让优先于普通法转移所有权的适用加以限制。在这里对于 Lord Hoffmann，他认为如果"将普通法所有权授予受益人已无更多赠与人行为要求，而且赠与人也无权防止其发生"时(强调)，*Rose* 案被视为衡平法认可完全转让的判例。

5.9 未来发展的"蓝图"?

考虑到一切因素，*Kaye v Zeital* 案(以 *Zeital v Kaye* 出现在某些报

道中)似乎是一个很重要的发展。此遗产认证的案例涉及复杂事实,
135 要求就死者通过有限公司股份受益权所持有的公寓所有权进行裁决。死者死前未立遗嘱,而且关于谁拥有股份所有权有争议,由于相关公司已清偿(它的法律地位将取消)而变得更复杂,这也是清算人寻找受益所有权人的方向所在。死者的遗孀已与其分居超过 20 年;而死者最近的同居者坚持死者非正式地将股份转移给她了。上诉法院裁决,死者转让给其同居者股份的行为不能产生转让受益权利的作用。这是因为他不是实际登记的股份所有人(法律上的股份所有人),所以他不能向其同居者转让股份。在这里,公司仍在清算中,且并未移交股份证明,由此,总结出死者并未做到所有能做的事宜来转让股份给她。

如果没有其他的情况,*Zeital* 案坚持认为重要的是,法院实际上认为某些转让在衡平法上应与其在普通法上一样无效。这样的话表明了,法院也许不会像 *Pennington* 案甚至 *Rose* 案那样注重结果。不易察觉的是,*Pennington* 案法官的裁决不同,因为 *Pennington* 案不是在所有转让失败(普通法上)案件中的权威判例,衡平法会认定受让人不接受财产利益是不合理的。反而,尽管阐述了低标准,*Pennington* 案表明在某些情况下,衡平法会认定受让人被剥夺财产利益是不合理的,虽然有时他不会这样做。

放弃正当性方式转向"最后行为"原则的影响

当涉及衡平法是否承认转让有效时,本书有着批评法院太"注重结果"而不"注重原则"的传统。这是对"最后行为"原则适用的批评,之后 *Pennington* 案似乎为了支持受让人而非赠与人将其清除,即使是在"受让人允许"的前提下。有趣的是,*Zeital* 案用来解释赠与失败的原因是死者"没有竭尽所能转让(财产)"。这是对最后行为的描述,这个裁决很可能表示当今司法赞同这个看法——不论是重复传统方式还是放弃 *Pennington* 案方式——尽管没有对 *Pennington* 案明显的批评。

鉴于 *Curtis v Pulbrook* 案,*Zeital* 案也必须被考虑在内。这个案例

似乎集合了 *Rose* 案、*Pennington* 案、*Zeital* 案中的可识别因素，试图呈现出一种有关联的方式。这证明，Briggs J. 似乎认可衡平法有三种方式可以承认普通法上有瑕疵的转让是有效的。

> 第一种是赠与人竭尽全力使受赠人在没有赠与人更多的帮助下也能受益……第二种是由明显却无效赠与的受赠人的信赖损害所引起的，并与赠与人证明其推定信托正当性的良心所关联……第三种是通过善意的构成，由所用文字证明的有效赠与或默示信托声明。（*Curtis v Pulbrook* 案）

第一种方式归因于 *Rose* 原则，且暗示持续依赖"最后行为"的观点。当 *Pehrsson v von Greyerz* 案支持最后行为时，体现了本书的分析，因此提到适用的一致性要求。第二种方式承认，在受让人是不完全被动"意外受赠人"的情况下，法院支持受让人是适当的，正如 *Pennington* 案与 *Rose* 案所阐明的那样。第三种更有问题，可以体现 *Pennington* 案最没有吸引力的方面。但 Briggs J. 关于对衡平法干预触发因素的看法有多重要与它们如何适用尚待分晓。然而，甚至通过平衡且固有的方式进行财产转让时，固有的困难会持续存在，这至少会需要再一次回顾关键案例来思考"最后行为"适用一致性的问题。 136

这是因为即使通过平衡且固有的方式进行财产转让，也需要我们面对通过财产衡平法承认所有权，在此之前，普通法的承认意味着财产所有权会分割开来。分割所有权与信托的存在紧密相连，对于许多财产律师来说，分割所有权只意味着存在财产信托（虽然 *Lowrie and Todd* 案提供了不同的解释）。传统解释是，任何所有权分离都会产生信托：暂时的财产所有权分离在衡平法承认它有新所有人时产生，暂时的财产所有权分离会导致被信托财产所有人放弃的财产转让，虽然是暂时的。

从财产授予人到受托人身份的变化会使得信托生效。根据这一论证,如果财产所有人尝试创立明示信托,与之意图不同的信托会产生,虽然是暂时的。受托人非常明确地表示他不会通过尝试任命他人承担这个任务而成为受托人也会使信托生效。通过推定信托推论衡平法在瑕疵财产转让中的角色也许不适当的原因已陈述,但情况是许多学术评论家乐于批评这样的推论,但很明显法院对此并没有严格批评。虽然,法院看起来很希望远离 *Pennington v Waine* 案,但 *Zeital* 案的出现可以看作揭示了未来需要支持更深思熟虑的发展方式。

第Ⅱ部分　信托创立人必须声明自己是财产受托人:满足 *Milroy* 案的第二个要素

虽然 *Milroy v Lord* 案的第 1 个要素说明了大多明示信托如何构建,*Milroy* 案也允许财产所有人声称自己是代表一个或多个财产受益人的受托人。此案没有要求转让手续,因为受托人已经持有了普通法
137 所有权,由于委托人的意图,委托人会自己持有普通法所有权,但因为信托已形成,衡平法上的所有权依然存在。由受益人持有且意味着现时存在的普通法所有权是名义上的普通法所有权,普通法所有权由受托人持有以促进受益人权益。普通法所有权依然由同样的人持有,但它是与绝对所有权不同的普通法所有权。

这种信托构成通常被称为“自我声明的信托”,即使不用考虑转让手续,我们从第 4 章中知道,在设立明示信托时需要所谓的“声明手续”。对于大多信托,这并不会影响委托人宣称财产被设立信托的方式。这是因为虽然实际上私人财产信托需要通过书面文据创立,但他们往往被战略性地用在逃税上,或委托人希望为受托人提供书面指示的帮助。对于私人财产信托,法律并未要求为了生效信托声明必须是书面的。然而,我们从第 4 章知道,《1925 年财产法》第 53 条第 1 款第(2)项要求,为了生效,不动产信托声明以书面证明与委托人签名为

要求。

除此之外，手续要求与这种构成之间有不太明显的密切联系，但正如我们发现的，仍有很多我们需要了解的手续问题。这表明，一旦满足这一要件，就有不同的问题出现，他们来自我们遇到的关于从所有人与委托人到受托人的财产转让。对于委托人的托管声明，正如我们发现的，法院正试图证明财产所有人争取承担义务，不论他是否试图为了以上目的转让普通法所有权给他人。然而，值得强调的是，虽然法院也许在 *Milroy v Lord* 案不同的部分寻求不同点，但法院未找到财产所有人宣称自己是受托人的结果，正如未找到最后行为（在这个意义上 *Pennington* 依然是良法）剥夺受让人的财产利益会很不合理——信托未构成，则任何创立明示信托的尝试都会失败。

5.10　法院所关注的内容：满足 *Milroy* 案，声明自己是受托人，以及"不成立的赠与"

即将清楚的是，法院不会得出财产所有人决定成为受托人，并紧接着决定为了他人设立信托的结论，除非这正是他的意图。在这方面，法院所寻求的与满足意图确定性的要求紧密相连，事实上我们会发现很多讨论意图确定性的案例。如果没有转让普通法所有权给受托人的意图，这就会成为一个问题。在此情况下，法院必须确保在任何财产所有人作为受托人的声明中，他实际上确实想设立信托。在这方面，法院坚持他们更容易发现财产所有人试图将他的所有财产赠送，而不是得出结论他作为受托人无偿服务。但考虑到我们对满足意图确定性已知的内容，可以肯定的是，财产所有人已声明自己是受托人，是否是对他试图创立信托而不是通过其他方式提供利益的补充方式？理论上，答案是一个简单的"是"，但以托管自我声明的判例为基础的判例法表明，现实中问题更复杂。 138

我们在这节看到的案例表明,托管自我声明问题的出现通常涉及试图完全无偿转让(赠与),这未满足普通法的要求。我们已经从第3章知道,如果我们将 *Richards v Delbridge* 案视为意图确定性案例,我们会清楚地发现,它成为主要的案例的方式是要求法院去发现财产所有人声明自己是受托人。此点说明,与托管自我声明有关的法律从历史上来说被“不成立的赠与”影响很多,之后我们会考虑其如何在现代法律中得以存续。

自我声明托管:背景、语境与关键问题

理解与托管自我声明相关的现代法律的起点是法院不会轻易判定财产所有人在设立财产信托时的意图。因为信托对受益人设立永久权利且对受托人提出义务要求,所以意图确定性规则只在确定意图存在时起作用。在这些责任会实际成为委托人责任的情况下,法院裁定这是所有人兼委托人想要达到的高标准。

对托管进行判断的内容是否得到了足够的关注是我们很快将要研究的问题,但为了有一个大致的印象,我们需要明白法院对此很小心。我们应该知道,由 *Milroy v Lord* 案为主要案例聚集的大量案例——*Jones v Lock* 案与 *Richards v Delbridge* 案设立了:

- 法院会更易于发现,财产所有人意图为了他人的利益赠与财产(通过无条件转让)而不是意图声明设立财产的信托;
- 这一“无条件转让”常常与信托自我声明相连,因为他们缺乏转让手续,也是他们的地位与有效性成为问题的原因;
- 这些未成功的转让无法相当于赠与,它们“有效”(通过满足 *Milroy v Lord*)的唯一方式是“找到”设立信托的意图;以及
- 在这种情况下,如果财产被认为设立了信托,理论上,受托人未获得所有权转让被解释为,财产所有人不仅试图设立信托,也试图成为受托人,这是在没有要求普通法所有权转让的情况下。

发现是否有信托创立人的托管自我声明与是否有最后行为具有很相同的结果,但围绕且决定有效性的因素是不同的。在“最后行为”

的案例中，背景是财产转让。对于委托人的托管自我声明，法院想要证明，财产所有人自己想承担托管义务，而不管他是否尝试为以上目的转让普通法所有权给他人。

5.11 满足 *Milroy v Lord* 案：自我声明为受托人与“不成立的赠与” 139

在第 4 章，我们知道，在 *Jones v Lock* 案未能认定赠与支票给婴儿的尝试，因为其父在死前未同意。我们现在能做的是准确解释，在第 3 章我们也看到这一案例的原因，是因为其父试图创立支票信托，来试图弥补未完成的赠与，以使他成为受托人而拥有普通法所有权。因为已证明不想设立财产信托，Lord Cranworth 拒绝将他的行为解释为相当于托管自我声明。意图赠与在设立信托后不能撤回，这是信托（与托管自我声明）被认定时所需要要求。有一个相似的论点的相同结果就是 *Richards v Delbridge* 案，我们也已知其与由祖父转让给孙子的商业租约有关。我们发现对 Richards 并没有完成租约转让，也没有信托声明，所以 George Jessel 明确拒绝从未完成的赠与推出信托声明。

我们可以从 *Jones v Lock* 案与 *Richards v Delbridge* 案看出，法院不会通过认定声明赠与人的真实意图是创立信托，来支持未完成赠与而完善它。显而易见，从法院对此的反应看出，其决定不让赠与信托模糊，这也出现在常见的法律论点中——通过找到相似点而使其“模糊”。然而，如此拒绝以上意图，也是法院必须支持的，我们感觉到判例法似乎通常“捏造”解释赠与不能成为信托原因，而不是去澄清这一原因。这转换成了其他裁决，它意味着，法律评论也许不想其解释在此点上如此清晰。有效程度上讲，法律论证的质量取决于诉讼对立方的论点，但很明显的是，法院也许不知不觉加深了赠与和创立信托之间的模糊度：因为信托设立是以义务为特点而不可撤回的协议，Jones

与 Richards 都坚持,从财产处理中更易于推出赠与而不是设立信托。

这表明,有层级的意图,会设立出最难满足的信托。此问题是,即使对于最非正式的受赠人,也有财产所有人其所有财产利益被剥夺的效果,且是永久、不可撤销的效果。我们可以看到,在托管自我声明的背景下,法院认为保留受托人的普通法所有权对财产所有人有更多持久的意义而不是将财产赠与,但法院没有足够强调的是,赠与财产是对所有人很重要的一个问题。我们可以将特定要件与托管自我声明结合,但这一点的起点应该是,法律会严肃对待导致所有人丧失所有权的财产处理。

也许不分层看待计划设立与赠与有关的信托是更有用的方式,但实际从历史上看,即使同样的意义也存在不同的关注。采取这种方式依然会反映 *Jones* 与 *Richards* 的结果与推理,但也要求法院讲清楚,建
140 立意图来赠与财产非常重要,法院也如此认为,这与法院处理创立非受让人财产义务的方式完全不同。采取这种方式可能实际上需要更全面的方法,即法院目前认定所有人兼委托人一方的托管自我声明。

5.12 *Richards v Delbridge* 案:满足 *Milroy v Lord* 案需要什么条件?

看到未成功赠与的案例,我们现在知道 *Richards v Delbridge* 案如何成为确定创立信托意图确定性(由于此例缺乏确定性)的方式,理解它如何成为信托自我声明主要案例的关键。就认定设立信托的意图而言,*Jones v Lock* 案与 *Richards v Delbridge* 案都是一种案例:转让手续暗示任命的第三方受托人,而归复信托只能由信托自我声明构成。未成功的赠与解释构成机制的突出之处是,帮助加强早期对大多明示信托由任命第三人受托人构成与托管自我声明中更不寻常之处的观察。实际上,就现在我们所知道的表明,只有在判定信托是否已具备

意图这一“问题”时,托管自我声明才会出现。虽不是总是这种情况,但传统上,明示信托构成已是一种更不寻常的模式。

在裁定 Delbridge 为其未成年孙子并未声明信托的过程中,法庭认定缺乏他的托管自我声明,同时,George Jessel 爵士澄清了认定财产所有人自我宣告信托的要件,以及财产所有人就财产设立信托的允许路径。这是很著名的判决的一部分,其表明赠与与信托的基本性质,而且提供它们的相似点与基本不同点的意义给我们:

> 一个人会转移财产……通过二者中的一种方式:他可能会为此像法律上所说的财产转移与转让,因此完全剥夺他的普通法所有权,在这种情况下,要求财产行为的人受益或创立信托,就像它本来该是的那样;或者财产所有人通过某一种被认为所谓的有效信托声明任命自己为受托人,没有实际的普通法所有权转让的方式也许像剥夺他的利益权利那样处理财产,然后声明他会从那时起为他人创立信托。确实他不需要使用如“我宣称自己是受托人”的字眼,但他必须做相当于此的事,并且用有以下含义的表达……对于让自己成为受托人的人,有想成为受托人的表达,然而赠与的词汇展现出将财产给予他人的意图,而且不会以任何目的如信托或其他将财产保留在赠与人手中。(*Richards v Delbridge* 案)

5.13 适用 *Richards v Delbridge* 案:为满足 *Milroy* 案,什么是必须的,并且是被允许的? 141

该著名段落的第一点就是强调了信托与赠与之间的基本区别。由此,没有意外,法院会拒绝推定未完成赠与的托管声明。这是因为赠与人在财产转让后未保留利益,然而受托人的信托义务继续保留。在这个过程中,裁决不会关注丧失财产利益的方式,因此推定赠与财产所有人意图层次的想法与设立信托相比不那么重要。但将此放一边,我们可从该段落中发现,财产所有人不是简单地想设立信托,实际上也承担了托管责任。

在这方面,George Jessel 爵士认为,此类案件显示实际上不需要委托人使用"我声明自己是受托人"的字眼。然而,Jessel 坚持,某种程度上委托人被要求如此,他必须做到相当于"我声明自己是受托人"的陈述。在很多方面,以此为起点,Jessel 表明,大多使其清楚的有效方式,如这些义务由实际陈述"我声明自己是受托人"的人承担。但不规定此为承认要件,因为实际上信托声明通常出现在表述不完全的情况下。

承认这后,George Jessel 爵士认为,必须做到相当于"我声明自己是受托人"的陈述。显然,*Richards v Delbridge* 适用的案例是被视为相当于"我声明自己是受托人"陈述的有效决定。考虑到此,在后一种情形中,因为信托不能被认定已构成,所以无信托形成。

5.14 适用 *Richards v Delbridge* 案:要件范围

很多起初被认为是意图确定性的判例可以在 *Richards v Delbridge* 案的适用中发现。这进一步证明,许多托管自我声明的案例也是发现有确定意图设立信托的案例。在这里,一旦发现意图设立信托,唯一现实满足构成要件的方法是发现委托人也想设立信托,这种情况显然并非总是如此。

例如,在这种情况下,*Paul v Constance* 案是代替委托人陈述"我声称自己是受托人"(与满足意图确定性)的判例,法院可以从他的行为推定出来,或从被解释相当于托管声明的词汇推定出来,或从二者的混合中推定出来。但正如 *Paul v Constance* 案在意图确定性角度被认为是边界案例一样,就 Constance 的用语和行为来讲,同样可以批判

其能满足 *Richards v Delbridge* 案要求的能力。正如 Scarman L. J. 说过,"必须有明确的证据可以证明意图创立信托或……""意图处理财产的所说所为,所以除了处理人的其他人获得其利益"但同时有足够的证据证明,Scarman L. J. 将此认为是"边界案例",因为它不易精确声明时机。 142

Paul v Constance 案中的用语和行为似乎没有明显相当于托管声明,但肯定的是 Constance 实际上想说的是,尽管(因为银行经理建议)现金普通法所有权会被转让给他,实际上现金属于他们两人。因为 Constance 拥有普通法所有权,而只有衡平法上的所有权是共享的,所以实际上,这句话是完全适合托管声明的。正如我们在第 8 章所发现的,许多托管声明是很非正式的。

第 3 章广泛讨论 Scarman L. J. 附加到特定时刻的声明的意义,根据信托原则上不可撤销这一事实,这些考虑应适用于此,虽然它们现在集中于托管自我声明的要求。在这一方面,尽管是很难归纳的边界个案,*Paul v Constance* 案是在适当情况下,古朴性质文字与/或行为被视作相当于陈述"我声明自己是受托人"的判例。其重要性从 *Rowe v Prance* 案中重复发现。

Paul v Constance 案表明,此类认定会比其他的更有说服力,但 George Jessel 爵士的判决所固有的是,虽然有些文字或行为(或二者的结合)会被视为相当于"我声明自己是受托人"的陈述,但很多其他文字或行为却无法做到。由于相当于"我声明自己是受托人"的陈述,说明其他在上下语境下考虑到的意图确定性案例能满足 *Richards v Delbridge* 案的要求。在这方面,*Kayford Ltd* 案和 *Chelsea Cloisters Ltd* 案是相当于陈述"我声明自己是受托人"的案例,*Multi Guarantee* 这一案例的文字与/或行为却无法达到此目的。然而,*Kayford* 这一案例被 *Michael Bridge* 案批评了,实际上还不清楚它是否使我们更了解法院认为的相当于"我声明自己是受托人"的陈述。

Paul v Constance 案与 *Kayford* 案一系列的案件表明,是否将所说

所为视为相当于“我声明自己为受托人”之间的不同,这是由相同的意图确定性即意图创立永久且不可撤销的安排决定,这样的安排会剥夺原有的所有人兼委托人的所有财产利益,而且会为其设置义务。安排一旦建立,法院似乎也会根据协议将信托创立人成为受托人的意图包含进来,而且不会将其他人视为受托人。

所有的案例表明,当考虑到用语和/或行为相当于“我声明自己为受托人”时,法院会注意信托性质。从广泛的引用证明中,可以发现,作为协议的信托一旦到位,就是永久的不可撤销的。法院推断就财产所有人而言更容易完全的赠与,这是一个很重要的观点。

143 **法院是否对托管自我声明的“托管”有足够关注?**

当然,这也符合托管的高度繁重性质,这也解释了为什么法院更愿意推定,财产所有人想赠与而不是设立信托。虽然没有人会怀疑确定性意图对设立信托的决定的重要性,并用其判定委托人是否想成为受托人,这实际上足够以及有必要吗?如果能更确定有人是否已有相当于陈述“我声明自己为受托人”的行为,这些案例似乎不会在识别其为独特且独立的性质时,被认定无效。在这方面,虽然托管的细微差别在案例中明显,但更直接的引用托管性质是,法院应该强调更多明确性与信托本身的性质。

这表明,当判定相当于陈述“我声明自己是受托人”的行为时,法院实际应该更关注有效信托的暗示意义。同样的情况,在“来自未完成赠与的信托”的语境中,尤其是如果司法更清楚地在概念上将设立信托与赠与更好区分的情况下一样存在。结合这两个因素,我们现在将 *Choithram(T) International SA v Pagarani* 案考虑为委托人在 *Milroy v Lord* 案中有效成为受托人的案例。在这种情况下,*Choithram* 案表明,当判定信托是否构成时,法院对认定设立信托而不是其他因素添加了更少的意义。相反,他们似乎对认定信托并未有效构成是否不合理产生了兴趣。再一次,这似乎是对与 *Milroy v Lord* 案相关案例的持续性怀疑,而且我们也不清楚这种方式应该如何满足 *Richards v*

Delbridge 案的要求。

Choithram 案实际表明，委托人设立信托的行为可与其“我声明自己为受托人”的陈述效力相当，而且胜过“我将财产给予他人”的效力。如枢密院解释的，虽然其措辞可以认为是赠与，它也可以被解释为信托声明。在 Lord Browne-Wilkinson 看来，第 11 页，这种异常的案例实际与 *Milroy v Lord* 案的要求一致且没有违反：

> 虽然“赠与人”使用的语言通常适合无条件赠与——“我给某人”——但在本书中，目前没有违反 *Milroy v Lord* 原则的案例，前提是(给基金会的)赠与“的”词语在文中被赋予它们唯一可能的意义。基金会离开了由基金会信托契约声明的信托在法律上无法存在。因此，“我给了基金会”这样的字眼只能意味着“我给信托契约基金会的受托人了，由他们将其置于基金会信托契约的信托下”。虽然这些字眼明显表明其本质上是信托下的赠与的无条件赠与的意思。

有效避免赠与正式失败的方式已被阐明，但这起案例指出，有很大可能性剥夺受让人财产受益权是不道德的。在这种方式下，很有可能赠与人的任何言语或行为会被认为相当于陈述“我声明自己为受托人”。我们可以看到，此种方式很难与意图确定性要求步调一致，这也表明，保护受让人的利益的意图并不足够，除非确定这个意图是通过 144
信托来保护利益的。鉴于附加要求适用自我声明超过此要求，那么很难从 *Choithram* 案看出 *Richards v Delbridge* 案中保留的要求有多少。

5.15 *Richards v Delbridge* 案与商业交易：在商业背景下的声明信托

我们刚刚谈及 *kayford* 案作为 *Richards v Delbridge* 案要件的阐述,是为了构成信托做出相当于陈述“我声明自己为受托人”的行为,从而使信托生效。由此表明,很难看出如何使我们更加理解用语和/或行为被视为“我声明自己为受托人”的效果差异,以及还有哪些欠缺。这是因为这些案件与意图确定性联系密切,但是,使这些案件成为财产所有人设立信托并作为受托人行事的权威判例的原因并非显而易见。这是一个对 *Paul v Constance* 案(各个案例认为是“边界”情况)与适用它的 *Rowe v Prance* 案的批评,但我们现在探讨 *Kayford* 案是为了确定法院如何在个人之间交易中判定相当于“我声明自己为受托人”的陈述,此个人通常是家庭成员。此前我们在第 3 章确立了在商业环境下判定意图确定性的标准。

在第 3 章表明,法院很可能会采取不同的方式来确立传统有效性要件,正如信托开始出现在与现代有效性要件不同的环境下。我们在这一点上了解到,即使在 20 世纪 90 年代,涉及 *Kayford* 案本身,我们也应意识到与个人处理商业问题有关的不同的协议,这些人是处理“商业的”当事人。在受托人免责条款报告中(法律委员会第 301 号)法律委员会宣称,通常信托日益成为选择与传统信托行为人不同的当事人的工具。在上下文大多数强调信托创立人的情况下,法律委员会发现更普遍的是,商业环境中的委托人与已知交易中的相对重复行为人相似。所以这会如何影响法院针对用语和/或行为是否相当于陈述“我声明自己为受托人”的判定方式? 这在第 3 章也提到,在讨论 *Pearson v Lehman Bros Finance SA* 案的意义时,通常我们要求的信托格式很可能是(或很可能将是)在商业环境下产生的不同信托之间的不同配置，也要求传统人际关系或家族关系包含在内。正如我们在第3章提到的，这一核心理念已在 *Crossco No. 4 Unlimited v Jolan Limited* 案中进一步发展。这条思想线在第18章进一步发展。

信托自我声明是否被视为一个补充问题？

就 *Kayford* 案本身而言，如果发现设立信托意图，就肯定表明，不同的结果很可能出现，从而使商业债权人而不是普通公众的主张失 145
败。因为这些案例对信托自我声明补充问题的回应不是很直接，而其运行应满足意图确定性，我们可以假定，Megarry J. 的观点也适用于自我声明与判定意图确定性。这表明，法院可能不会轻易得出结论，认同相当于为商业债权人的利益的"我声明自己为受托人"的陈述，之后的 *Multi Guarantee* 案，并没有建立非常重要的、永久与不可撤销的、与银行账户钱财有关的决定范围。在稍有不同的 *Quistclose* 协议案件中，信托存在的范围由 *Twinsectra v Yardley* 案中对债权人意图（*Twinsectra v Yardley* 案，参见第18章）的认定的观点决定，这意味着商业交易，甚至非正式形式的交易都与因私人，通常为家族关系产生的交易完全不同。

信托自我声明可能成为政策因素的受害者吗？

Kayford 案与 *Quistclose* 协议的方式都最常出现在财务危机的背景下，这使得法院在"我声明自己为受托人"的等同性上有了不同的看法，两种类型的协议被各方的观点批评，因为他们没有通过保证商业债权人的安全的方式提供担保信贷。*Farepak* 案的裁决表明，在经济困难时期，司法不情愿的裁定任何人在破产案件中享有特权，即使是那些被 Robert Megarry 在 *Kayford* 案中视为公众成员的人。这已表明，*Farepak* 案应该已然在 *Kayford* 案原则上成功了，一种解释是这严格遵照破产法，并作为对经济困难的有力反应。如果情况如此，它表明，至少它会更难在这种协议中认定陈述"我声明自己为受托人"的效力。这也可能意味着针对商业当事人更为公平的范式转换，无论其是否是商业债权人，说到底都是会受到商业失败影响的群体，在最为清

晰的意图证据缺失的情况下,为部分群体设立特权地位显然是错误的政策。这表明,法院日益注意商业交易中设立信托的范围。这也表
146 明,他们将这类协议视为与现代法律的有效性方式协议类型不同的要求"有效性因素"。参见第 18 章。

第 6 章　归复信托与推定信托简介 147

本章节源自第 2 章对默示信托与明示信托不同点的介绍。两个起点如下：

- 第一个是信托法的基本原则，来自 *Westdeutsche Landesbank Girozentrale v Islington London Borough Council* 案中的，基于所有信托的良心基础。

- 直到现在，第二个与关注私益信托(而不是公开实施的慈善信托)的方式有关，该私益信托被称为"明示私益信托"。

本章介绍以良心为基础出现的信托，但其与"明示信托"不同的原因，是因为他们通过委托人表达意图以外的方式来设立信托。考虑到对设立有效私益信托要件的关注，尤其是与(意图)确定性和信托构成相关的信托，这似乎很奇怪。本章接下来是对非明示情况下设立信托的介绍。

在第 7 章和第 8 章，将广泛探究非明示私益信托，并通过许多案例研究来实现这一目的。这表明非明示私益信托如何在许多日常生活情形中出现，并帮助解释它们怎样在各自的环境下运作,以及如何变得更加普遍。在这之中的任何情况发生前,必须意识到费心制定"有效要件"时,为何衡平法允许在无明示创立的情况下产生信托,以及事实上为何衡平法实际"松懈了"部分额外(明示)信托有效的要件。

6.1 默示信托简介:默示信托的重要性及其基本原理

起初就很明确的是,"财产"是衡平法发展信托工具的核心,正如它到现在所展示的——反映财产所有人转让权益的明示意图。"财产"的核心意义在于,衡平法如同承认明示信托一般承认默示信托。

"默示信托"这个词在英国法中表示除委托人明示声明的信托以外的信托,但二者都通常是以英国法财产概念的重要性为前提。之前的章节提及英国法"所有权"的重要性,因为他为财产所有人对使用或
148 适用其财产提供了高度自治的基础。财产所有人可就其财产任意而为,包括他享有财产的权利,也包括他授予或赠与财产的权利。在英国法中,正如第 1 章所解释的,所有权被财产普通法所有权所承认,第 1 章和第 2 章指出,就与明示私益信托的关联性而言,二者是既有"潜在委托人",也有"潜在受益人"的信托设立方式。

在"非明示信托"的发展过程中,衡平法承认,财产所有权的意义会非常复杂。在使非明示信托生效的过程中,很明显的表现是衡平法试图对源自财产所有权的不公平进行回应。

理解默示信托与"定位"财产所有权中的不公

为了帮助我们理解为什么衡平法发展默示信托以作为对财产所有权不公的回应,又一次涉及本书的开头——第 1 章基于"权利"或"利益"的所属,财产的特点是有价值的权利。在这里,财产普通法所有权保证这些权利充分确定。这是因为,考虑到"处理"财产有可能影响第三方地位,确定财产所有人有权处理其财产很重要。

所谓推定信托与归复信托的出现实质上是对财产与所有权固有的紧张局势的回应。这是因为财产权利很有价值且构成了许多交易的基础,所以应确定处理财产的人选。然而,有些情况恪守承诺确定性会导致产生对他方的不公平。换句话说,在无明示信托声明的情况下,承认只有普通法所有权会导致他人(非合法所有人)的利益被"忽略"。衡平法则对此回应,承认衡平法财产(支持非普通法的某人,明显只能是"所有人")利益在没有声明财产明示信托的情况下也能存在。简言之,默示信托研究的核心在于平衡确定性与财产权不公的关系。

注重对默示信托的关键作用与基本原理的初步了解

简言之,我们会详细研究所谓"归复信托"与"推定信托",他们都是由衡平法发展出的两种默示信托类型。在最初阶段,我们需要意识到,默示信托的本质是,在特定情况下,衡平法认可为他人权益(普通法所有权人外的人)而由另外当事人持有资产的情况。在这种情况下,如果以上财产信托没有明示声明,衡平法认为其会暗含信托。阅读本书时,应该记住衡平法认定暗含信托的时间点,因为公平利益大于将普通法权利的"确定性"区分的优先顺序。

- 变得明显的是,因为这些信托会在被声明的情况下出现,当事人通常没有意识到它们已出现,所以它们在很多方面并不被视为明示信托。

- 属于默示信托而不是明示信托的最重要结果是,前者免除设立财产信托的手续。我们已在第 5 章 *Rose* 类型案例中提及此意义,并会在第 8 章进一步广泛研究。 149

默示信托的不同类型

为了介绍默示信托研究,本书直到现在一直关注非明示信托概念,以及非明示声明信托的统一特征,例如,它们的良心基础(与所有信托一样);它们如何产生(尤其它们未明示声明);在公平语境下的基本原理;以及它们如何不遵从所有有效私益信托的要件。需要强调的是,有两种不同类型的默示信托。

虽然所有的默示信托可被视为衡平法关注公平的回应,但回应的精确性质会依赖于不公平出现的情况与要求通过什么方式来处理它。对不同类型不公的回应演变为了归复信托与推定信托。在本章,以下内容会变得更详细:

- 归复信托承认将财产所有权授予表面所有人(拥有财产普通法所有权人)以外的人。理解此点要求我们密切关注归复信托产生的原因,并理解到归复信托的受益人总是原始的财产所有人(当因为普通法所有权被转让给这种信托产生时的“委托人”)。

150 • 推定信托在各种各样的情况与事实情况下产生,且被普遍认为,其源自英国法对一些由财产普通法所有权人所犯的“错误”的回应。在这里,因为所有人的良心被他的行为影响而强加信托,结果他继续拥有普通法所有权,但他作为受托人而使他的财产“所有权”满足他人的利益。

6.2 归复信托简介

第 2 章特别指出,归复信托会很难确定,这主要是因为它们可在一些非常不同的事实情况中产生。这也表明,所有归复信托的核心特点,即其在所有不同的事实证明与适用中起决定作用——委托人与受益人总是同一人。

委托人与受益人是同一人

虽然普通法所有权会被转让给的受托人,但归复信托的委托人与受益人总是同一人,第 2 章指出归复信托从两大情景产生:

- 如果委托人已尝试为第三方受益人设立信托并失败,其基于普通法所有权转移而设立的衡平法权益却未丧失,那么委托人受益的信托得以产生;而且

- 如果因为授权人不能预见的原因(或也许因为错误的起草)以及未被规定的偶然性,使委托人基于某些衡平法权益保护的原因获得先前失去的财产权的回归,则归复信托产生。

这里解释了后者,并与进一步介绍归复信托可能出现的情况一同展开。

简言之,我们会研究以 *Westdeutsche* 案为基础的归复信托设立,其认定的基础在于除非或直到将所有权分割,则虽然不存在某人享有没有区别的衡平法财产所有权,但其衡平法所有权实际混合在普通法所有权中。这是在 *westdeutsche* 案之后实际确定了的衡平法所有权的地位,其发生在普通法所有权转让过程中,因为受托人受到了良心因素的影响。为简便之目的,这时最好记住由于普通法所有权保留在委托人手中或返还给他,所以衡平法财产利益得以设立。通过这种方式,归复信托被看作为他自己财产的恢复提供主张基础。了解此点很重要,因为接下来是对许多事实情况的简短考虑,考虑“保留或恢复”可适用的模式。

6.2.1　归复信托从何处来,在何种情况下产生?

更简洁的描述是,归复信托是“承认财产所有权转让给他人”而不是给通过普通法所有权明显拥有它的人。然而,归复信托很难进一步确定,因为他们在完全不同的各种情况下出现。因此,它们比推定信托更难察觉,因为(在适当时候会被考虑到的可能有限例外)它是在不道德情形下的强行托管。

理解归复信托及其从何出现、为何如此的起点是所有归复信托都基于一个共同的因素——原始财产所有人实际是归复信托的受益人。此类信托出现是因为,普通法所有权转让给他人,财产所有人成为委托人,而转让的相关环境可以保证委托人也会成为信托安排的受益人。但此类信托在何处出现?如何辨认?

简言之,归复信托中,普通法所有权转让给受托人,而委托人与受益人是同一人。对确定性要求与确定性的欠缺前文已述(见第3章),通过介绍这些要求对从基础层面理解归复信托何时能产生很重要。

(1)归复信托可以默示的情况包括:

委托人尝试过为第三方受益人利益设立信托,虽然普通法所有权已转让,但他曾未能剥离衡平法财产利益(在这种情况下,他从未放弃衡平法所有权),或他一开始成功剥离财产,后来又返还与他;所谓的财产"无偿转让"给他人,这种情况下,财产所有权在无对价的情况下
151 转让给他人。"默示"归复信托以以下观点为基础,在普通法所有权转让给他人的情况下,将全部所有权权益转让给新所有人已不适当:这会创造未"遵循"普通法所有权的不同的衡平法利益。

(2)为何信托创立人与受益人为同一人?将"信托行为人"应用在这些情况中:

财产所有人试图为第三方受益人利益设立信托,但未能做到这一点,他不会丧失普通法所有权转让创造的衡平法利益;

财产由委托人转让,但因为一些原因其衡平法利益之后返还给他了,如因为不可预见的事件,或信托粗心的起草;在无偿转让中,当财产所有人转让普通法所有权给新普通法所有人与设立的信托的受益人时,他成为委托人,但是因为没有提供对价,新普通法所有权人不适合拥有完全的所有权。

6.2.2 归复信托如何分类

在详细考虑归复信托事实情况前,我们需要解释不同归复信托如何分类。这是了解接下来的事实情况的出发点,本章最开始的一个问题也得到了重申:信托基础是良心与意图。*Westdeutsche Landesbank Girozentrale v Islington London Borough Council* 案提供了此处的基本观点,在这方面本案对归复信托实际分类有很大影响。事实上,*Westdeutsche* 案重新思考它们分为"自动归复"与"推论意图"信托的

传统分类方式，在 *Re Vandervell's Trusts*（*No.* 2）案中，Megarry J. 对推论与自动归复信托进行了区别：

(a)第一种是B的转让不是由任何信托做出的……可反驳推定的是，B为A坚持归复信托。问题在于，A不是因为财产处理不能而导致了自动归复信托的结果，其推定为：财产被转移给了B，由于在过程中缺乏对价和推断，B不仅拥有完整的信托财产，也拥有为A持有的绝对受益权。因此这种推定建立在B设立了信托的意义上。此种归复信托可被称为"推论归复信托"。

(b)第二种情况是针对B的转让建立在信托之上，而与此同时仍有一些或全部受益权未进行处置。在这里B自动地拥有针对A的归复信托，即使A或者其他人还并未从中开始受益。归复信托在这里不依赖于任何意图或推定，而是源自A自身对投资到他身上的财产的处理不能。因为依据归复信托所作出的转让，并没有仅仅因为A重新获得受益权就设立了信托。这种归复信托可被称为"自动归复信托"。

6.2.3　归复信托与 *Westdeutsche* 案的重新分类 152

最近，从 *Westdeutsche* 案中出现了一个在英国法上相似而又不相同的分类。根据 Lord Browne-Wilkinson 所做判决：

根据现行法律，归复信托在以下两种情况下出现：1. A无偿支付给B或支付（全部或部分）购买只转让给B或A与B的联合财产，假设A不想赠送给B：A（如果他是资金唯一的提供者）的信托下的资金或财产或在A与B联合支付的情况下成按他们的贡献获得相应比例的股票。重要的是强调，这只是一个推测，而此推测很易于被预赠的反推测或A意图无偿转让的直接证据驳斥；2. A以明示信托转让财产给B，但信托不耗尽所有的受益权（*Quistclose* 案信托也被如此分类）。

Lord Browne-Wilkinson 通过坚持上述两种归复信托都在传统上被视为使当事人意图生效信托的例子而继续裁定。归复信托没有被法律强加受托人意图(就像是推定信托),但使其推论意图生效。显然 *Westdeutsche* 案分类从 *Vandervell* 案一开始就出现, Lord Browne-Wilkinson 表明,他“没被说服”(第二种)归复信托会“自动”出现。但仍然常见的是,对所谓的“自动归复信托”的参考,尤其是在学术研究中寻求信托理论化与它们的作用原理。当我们通读全书,与此紧密相连的是,我们遇到一些归复信托的挑战某些观点的例子,这些观点认为归复信托源于所有人兼委托人的意图。虽然推论的意图在缺乏明确选择的情况下会起作用。

6.3 B类归复信托:由于未成功设立信托与日后“返还”衡平法利益的默示信托

6.3.1 衡平法利益瑕疵转让

委托人可能已明确表示,意图设立财产信托,甚至可能已转让普通法所有权给受托人,但是可能会有未适当转让衡平法利益的原因。显然,受托人不能为自己持有信托财产,所以他为委托人以归复信托的形式持有财产,衡平法利益无处可去。这在以下情况中可见。

源自手续、确定性与公共政策难题的情况

有时,归复信托可因技术原因出现。例如,在第4章我们看到可能存在转让衡平法利益而要求的手续。如果手续不完善,转让将无
153 效。在这种情况下,委托人未丧失衡平法权益,且归复信托产生。正如第3章解释的,*IRC v Broadwa-y Cottages Trust* 案是可被视为不符合对象确定性要求的判例。

信托还可因为公共政策而未成功,例如,如果衡平法不允许保留犯罪行为收益,这种情况可以通过 *Cleaver v Mutual Reserve Fund Life*

Association 案与 *Crippen* 案和 *K*(*dec'd*)案防止杀人犯通过受害人的财产受益的判例可以发现。

不明确衡平法利益的情况

另一种可能是财产上设立了信托,但信托的细节不甚清楚(信托条款未能提供所有受益权)。考虑到给皇家外科医学会的赠与意图使此组织能够在股份上主张股息,所以第 4 章深度着眼于 *Vandervell v IRC* 案。这起案例(与 Vandervell 的附加税义务)依赖于他是否剥离自己在股份与期权上的所有利益。因为信托条款被发现定义不足,其期权与股息附加税义务均基于归复信托而存在。相比接下来的 *Vandervell's Trusts*(*No.* 2)案,Vandervell 成功剥离他在这些股份中的全部利益(精确定义信托),由于这个原因信托不再需要委托人持有衡平法利益,因此没有归复信托。

源自缺乏所谓"必要的前提"的情况

除了瑕疵信托文书外,未成功转让衡平法利益有其他原因。一种可能是,资金或财产的主体方从不存在或不复存在。如果一般的或最重要的慈善意图源自在赠与人一方,则该信托可能适用类似原则(参见第 12 章慈善信托文),否则归复信托委托人持有财产。

另一种情况是,资金或财产为了某个目的而被给予,但需要达到此目的的前提未能实行。例如,在 *Essery v Coulard* 案中,在当事人决定不结婚而一起生活时,意图结婚的当事人的信托以及婚姻不会生效,所以 Pearson J. 认为,归复信托委托人持有财产。考虑到随后的婚姻不会使已出生的孩子合法,委托人供养所有孩子的意图由于当事人未成功结婚而不可撤销地无效,这与 *Ames'Settlement* 案(现在由于婚姻相关法律的改变会有不同的结果,而且与西德上议院不同)结果相似。

源自衡平法权益部分处置的情况

有时,委托人会处置部分(非全部)的衡平法所有权。通常,这会发生是因为考虑到偶然性事件,或许因为无法预见,或许因为草率的起草。在这种情况下,残留的未转让物也“产生”委托人。在 *Cochrane* 案中有一个很好的例子,案中有关于为妻子建立的基金的婚姻授权协定,也是发生的并未认定的偶然事件,因此在一段时间内无法确定衡平法利益的转让。该偶然事件不仅未被认定,也未向法庭呈
154 上支持其意图内容的相关证据。在此未被认定的期间,Harman J. 认为,这属于委托人享有受益的归复信托。

源自所谓“必要条件”结束的情况

正如 *Hussey v Palmer* 案所阐述的,如果信托的存在理由经过一段时间后不复存在,则剩余财产的归复信托产生。此案中,当困难出现,寡妇不得不离开其住宅时,为了能使其与她的女儿和女婿一起生活,她以 607 英镑设立了旨在维护其财产的归复信托。在此情况下,当“必要条件”结束时,只会有留下来的或“剩下的”金额的归复信托。赠与人如果被认为进行了无条件的赠与,这种情况完全不会发生。

如果赠与人不打算保有任何剩余利益,赠与必要条件则结束,归复信托出现。在 *the Trusts of the Abbott Fund* 案中,一个基金会为救助两位聋哑女士(在早期的合解中因欺骗丧失了权利)而建立。在受益人双双死亡时没有基金转让的相关规定。当他们死亡,Stirling J. 判定基金捐献者应该保有归复信托,保留 367 英镑的盈余。这就像 *Cochrane* 案(见“转让衡平法利益的情况”),两位女士死亡的偶然性事件未在条款内,Abbott 认为,女士们自己永远不会成为基金的绝对所有人,受托人也这么认为。一旦意图达成,如果受益人或受托人如此绝对打算,则没有归复信托产生。

此基金由 Abbotts 的朋友捐赠,但如果个人为了个人的生活费用留下整个基金,法院更倾向于解释其为无条件赠与给以上个人,即便是为特定意图(当然,虽然这取决于捐赠人的意图,这根本上是事实问题)而明示留下基金。例如,在 *Osoba* 案中,遗嘱人为他女儿留下了直至大学教育的整个信托基金;在她的女儿完成高等教育后,她根据上诉法院裁定有权拥有盈余。此案中,遗嘱人的财产没有归复信托,而

且法院裁定教育意图只是遗嘱人使其女儿更一般地受益的动机陈述。

另一种可能是对受托人的赠与。*Abbott* 案只适用于打算创立信托的财产,不适用于根据信托的意图完全赠与(与“信托”基础上的“赠与”相反,遵循 Abbott 原则)。在这种情况下,受托人明显意图拥有盈余。例如 *Foord* 案,遗嘱人在其遗嘱中声明“我的所有财物包括橡胶与其他我留下的股份在信托基础上给我的妹妹,妹妹给我的妻子 30 英镑年利等”。

源自匿名捐赠基金的情况

假如资金被注入一个基金,如灾难救助基金,我们可以从众多考量中发现其是否有匿名之意图(如零钱聚集到街头募捐的箱子)。如果是这样,则无法追踪赠与人,捐赠可能会被解释为完全的赠与。当赠与人未留下可以追踪的方式时,显然赠与人没有设立归复信托享有剩余财产的意图。如果在基金已满足其目的后仍有盈余,则此基金不 155
是慈善性质的,那部分由于其捐赠产生的盈余会没有所有人,故而会被视为无主物收归王室。

如果基金的意图是慈善,会有不同的结果发生。在这种情况下,能引起类似安排以便允许应用财产以“尽可能接近”原始意图。此裁定因此局限于非慈善性质的基金。

尽管一般原则表明,*Abbott* 案后的 *Gillingham Bus Disaster Fund* 案([1958]2 All ER 749 支持的不同问题)中的捐赠直接在归复信托基础上建立。本案涉及一项基金,该基金用于为 24 位在 *Gillingham* 死亡的海军学院学员支付葬礼费用及相关开销,以及用于对事故中残疾学员的照料,同时也用于纪念那些逝去的生命,正如市长决定的那样。

Harman J. 裁定其不是基于慈善目的,而最后的意图由于不确定而无效(由于第 3 章中的确定规则)。因此意图被视为支付失去生命的男孩们的葬礼费用以及照料有残疾学员,其后募集的资金比实际需要的更多。所以谁拥有盈余的问题出现:官方律师提出,是赠与人享有,还是将其作为无主物由王室享有(由英国财政部提出)? *Abbott* 案之后,Harman J. 裁定赠与人在归复信托基础之上享有盈余,但问题在于赠与人多是通过捐款箱进行捐赠,故而难以追踪。受托人不得不为陌生人以归复信托设立基金。

显然管理上最不方便的是确定匿名捐献人不打算返还他们的赠与(基于 *Ulverston and District Ne^w Hospital Building Trusts* 案的观点),同时此案中完全赠与似乎是比以信托为基础的赠与更明智的推论。但已推论出后者时,在任何情况下,盈余均被当作无主财物,Harman J. 不甘愿地推定,"匿名少量捐献人有比实名大量捐献人更广泛的意图"。

但 Harman J. 的部分推理重塑了通过自动法律程序出现的归复信托,而不是与 *westdeutsche* 案不匹配的"委托人心理状态的证据"。Goff J. 也抛出了疑问,在 *West Sussex Constabulary's Widows Children and Benevolent*(1930)*Fund Trusts* 案中,在 Harman J. 对赠与人真实意图的推定中,其在随后的情形下采纳了完全赠与解释。此案例有关为寡妇及其家属建立向其捐助的基金,基金多源自家庭内部赠与,但也有源自外部的捐助:

(a)休闲娱乐,抽彩与赌金;

(b)捐款箱;与

(c)捐款,包括遗产。

当基金在 1967 年年末清盘,在与其他警察机关合并的情况下,Goff J. 裁定,从 c 类方式筹集的外部捐款,由捐助人在归复信托基础上生效。很明显,从 a 方式与 b 方式筹集来的筹款被当做基金的完全

156 赠与而生效,因此,归复信托原则没有适用过它们。我们发现,c 类方式的捐款与 *Abbott* 基金不能相区别,所以盈余的比例由归复信托的发起者引起。但有抽奖与赌金(a 类)而来的可辨认的筹款,Goff J. 裁定其只是根据(契约的)受偿期望的完全支付。对于 b 类方式的捐款,Goff J. 拒绝参照 Harman J. 的早期判决,因为没人可以就后两种方式

主张盈余的比例,所以无主物就归皇室所有。尽管这是一个更好的概念研究,很明显,法院一般力图确保财产不被视为无主物。我们能在确定规则的语境中加以考量,这看似是 *In the Estate of Last* 案结果的基本依据。

6.4　A 类归复信托:源自"无偿转让"的默示信托

广泛地说,这种信托在无偿转让财产普通法所有权(无偿转让)时出现。在这里,除非存在推定预赠,则推定衡平法所有权不随普通法所有权转移给受让人,继续由让与人享有。现在,有一种信托,普通法所有权已被转让给他人,但因为没有对价转让,衡平法所有权没有转移给财产新普通法所有人。

换句话说,如果有转让财产普通法所有权,但非有偿转让,即使普通法所有权已被转让,衡平法所有权仍属于让与人。从历史上看,除非有所谓推定预增,通过确保衡平法所有权从属于普通法所有权的方式,极大地改变了无偿转让普通法所有权的结果。

无偿转让归复信托的判例

对该类归复信托的推论追溯到至少 18 世纪后期的 *Dyer v Dyer* 案,该案通常被视为判例而引用。在这种情况下,Eyre 评论:

> 普通法不动产信托,无论……是以购买者还是其他人共同的名义,或以除了购买者的其他人的名义;无论是以一人还是多人的名义;无论是共同或依次对预增者产生结果。这是所有案例支持的一般命题,且没有能反驳它的;其继续严格保持了类似于普通法的规则,即如果赠与无对价,其用益权归于赠与人(让与人)。

超越老派用语,归复信托推论的效果是衡平法所有权从未离开让与人,即推测不被取代。正如我们发现的,如果意图存在,衡平法实际不想打击所有人对他人进行赠与的意图。在这一方面,该观点可追溯到1788年,其最近在 *Abrahams v Trustee in Bankruptcy of Abrahams* 案中被适用于解决国家彩票奖金的所有权争议。

157 第8章内容表明A类方式的归复信托如何被适用于共同房屋所有权的裁决。如 *Stack v Dowden* 案表明归复信托仍然在这一范围内非常重要,但在运行确定性方面——例如"支付产生的推定信托"的传统观点与推定预赠——自 *Dyer* 案后,在不动产所有权上,法院对此明显改变为支持态度。

在被称为"家庭财产"的相关方面,所谓"无偿转让"归复信托依然保持运行,其核心是离婚引起的财产争议诉讼。*Prest v Petrodel Ltd* 案要求最高法院认定不动产显然由公司法人"拥有"。*Prest* 案曾因其法人格的"面纱"在英国学术界和司法界的重要意义,激起公司法学者巨大的关注,这一理论将公司与其自然代理人完全分割开。信托律师对 *Prest* 案的兴趣与此有关且很独特。

Prest 案中有争议的所有权被公司在1995年和2001年12月获得,这一转让由丈夫与妻子还有丈夫的弟弟共同决定,而且每次转让均收取了约1英镑的名义上的对价,其婚姻住宅也被公司名义上拥有。法庭裁定公司获得伦敦6处不动产(包括婚烟住宅)的普通法权益,并且所有的取得均在公司开始商业运营,并建立了自己的基金前完成。在庭审中,法庭裁定(且没有在上诉中争论)公司总是为丈夫一方持有婚姻住宅信托。上诉法院裁定,如没有无偿转让其他财产给公司的先期解释,则无法反驳公司无意图获得其受益权的衡平法一般推定。

Prest 案提供了最近最高法院对归复信托如何作为可反驳的推测的判例,即以前的所有人保有在普通法上已不属于他的财产衡平法权益。此案的问题是何人持有受益权利,它源自没有证据可以替代归复信托的推定。基于财产原始购买时的相关背景,法庭裁定丈夫享有受

益权利。其原因包括丈夫实际已支付对价，而且他的弟弟获得了该财产，这是因为“当时他自己（弟弟）不可能支付”。

这条贯穿该公司普通法不动产的获得与转让的主线是，没有证据可以反驳推论——丈夫在转让给公司财产时是财产受益权所有人，公司基于归复信托为丈夫持有信托财产。

预赠推定

预赠推定在第 6.2 节 *Megarry J's Vandervell* 对推定信托的分类，与 Lord Browne-Wilkinson 的再分类中都有提到。Dye 在 Eyre CB 中清楚地提到，没有什么理由可以驳斥衡平法规则下的归复信托运行，即使转让没有对价，其依然归属（属于或返还）让与人。

6.4.1　归复信托推定与对照预赠推定 158

最简单的是，历史上预赠推定的行为已产生结果，其是与归复信托完全相反的，它被用以以确保财产普通法所有权的受托人也会收到其衡平法利益，因为衡平法所有权遵从普通法所有权。

这一概念源于历史与不同于现在的社会意识形态。预赠推定是历史加上道德责任的产物，如我们所见，我们也因为历史上的行为必须准备引用推定本身。但根据对传统预赠推定的理解，道德责任最明显的例子存在于为妻子权益的丈夫与为孩子权益的父亲的案例中，这些案例中的道德责任的存在被认为有效地将转让改变为完全赠与。

然而，在充分讨论的预赠推定以及其与归复信托推定的关系中，其适用与操作分很多类。事实上，归复信托可以清晰地且具有示范性地适用于一位父亲与他的孩子们的情形，正如 *Bennet v Bennet* 案所展现的家长责任的替代方式。然而，Bennet 也表示这不涉及孩子的母亲，这是一个最近由 *Antoni v Antoni* 案和 *Laskar v Laskar* 案提出的观点。虽然此推测在长时间内被视为在同居案例（其中有判例 *McGrath v Wallis* 案，虽然在 *Laskar* 中也指出其意义）下最后手段的司法文书，此推定有着关于丈夫对妻子赠与方面的传统悠久，但从未适用到其他婚姻的其他方向上(而且从未适用在婚外关系)。

6.4.2 赠与、意图和现代化与平等

与归复信托推定相类似,若可以证明结果并不符合意图,预赠推定的实际行为在任何给定情况下可被推翻。*Marshal v Crutwell* 案和 *Re Figgis* 案作为非常久远的案例与最近的案例相似,并表明了此观点。像所有假设一样,预赠推定的价值是提供一种有众多情节的方式,在这种方式中人们并不清楚他们的意图。在赠与人已死亡且存在试图帮助阐明其不确定性方面的可反驳的推测上,预赠推定颇具作用。

6.5 一个不同类型的归复信托?对归复信托与赔偿的最后思考

本章剩下部分认为默示信托是推定的,这就针对财产及其所有权不公平方式提出了完全不同的回应。就总结归复信托研究而言,非常
159 重要的是,本章最开头的案例 *Westdeutsche* 也可被视为归复信托在英国法范围内可操作的参考点,并为如何运作提供了判例。关注 *Peter Birks* 对于归复信托的论点,无论被告是否由于约因的错误或失败,信托均可产生。

6.6 归复信托与反驳推定意图

归复信托的最后总结——它们如何在英国法中存在,而不是它们如何可以在英国法中存在——是对什么时候以及在哪里推定归复信托的逻辑延续。但也有更广泛的意义:其可被视为衡平法如何全面保

护财产权利的方法。由于很多原因,财产权利属于有关财产的非普通法所有人。衡平法在特定情况下推定归复信托的认定意味着,我们必须明白不会一直是出现归复信托的案例,正如我们已在 *Osoba* 案中所见。因此,此机制如何能全面保护赠与人的潜在财产权利,而此权利的授予又会依赖于提供者意图的推定。可以通过介绍 *Air Jamaica Ltd v Charlton* 案进一步探究。这种情况在第 7 章中将更广泛地被谈论,但就目前的意图来说,Lord Millett 判决书中的一段话提供了有关赠与人意图推定的有趣观点:

> 就像推定信托,归复信托通过法律行为出现,虽然其不像推定信托使意图生效。但让与人是否打算保有受益权其都会出现,他几乎不会做此打算,因为就他而言没有转移给受让人受益权的意图回应(这里,养老基金受托人)。(*Air Jamaica Ltd v Charlton* 案)

当然,这意味着,所有人可以选择给予其财产给他人。此案中,该 160
推定意图在所有人没有收到对价且失去所有权权益的情况下提供一个安全机制,但最终衡平法不会过分打击赠与意图。第 7 章讨论了复杂问题中的一个明显简单观点,但这些观点均系原则性观点。

6.7　推定信托简介

从归复信托现在转向推定信托,再次重申在本章一开始就提到的重要观点:虽然衡平法承认默示信托同明示信托一样可被解释为对与财产所有权有关的“不公平”的回应,但这样做时,衡平法已承认不是所有(不公平的)情况会作出同样的回应。这解释了推定信托同归复信托的存在,但实际上也解释什么是推定信托,它的内容更复杂。

有几大要素使推定信托研究具有挑战性。首先,在许多地方不易发现它们的存在,许多推定信托的讨论以不遵循简单的定义与分类为前提。这就是为什么推定信托被认为很灵活的原因,反过来这意味着其可通过许多不同的事实情况被发现。虽然很多人将感知到的固有灵活性视为适用它们时的优势,但由于它们适应能力强又很能满足不断变化的需求,所以确定它们是什么与它们做什么的困难同样存在,其本身也对相关问题存疑。这已导致了对推定信托大量有分歧的判例与学术评论。其次,在有些方面它们实际比归复信托更易于认定。这是因为它们不同地被应用于在英国法中,并被广泛地认为是对所犯错误的强制回应。

探寻推定信托的定义与启示

广泛共识的是,在英国法中,推定信托在已犯有些"错误"的情况下出现,也广泛认为推定信托在强迫而不是假定有意图的情况下出现。按这个推理,不像归复信托,推定信托被所有人的普通法所有权利用(对错误的典型回应),并独立(往往相反)决定他的意图。

然而除此之外,推定信托不足以证明易于定义。事实上,在 *Carl Zeiss Stiftung v Herbert Smith*(*No.* 2)案中,Edmund Davies L. J. 提出以下内容。

> 英国法为推定信托提供模糊但包罗万象的定义。其边界也许故意很模糊,以便不限制法院判决某案件时,寻求正义的技术手段。

161 相反传统上,推定信托被发现在一系列不同且变化的情况下存在。使用与应用推定信托的差异,与使用与应用归复信托的差异可作比较,但也是所有归复信托有"委托人与受益人"这一特点时才可以。对于有偏差的推定信托而言,就必须要更多地参考其设立的地点和方式。

意图问题与法院"施加"推定信托

在对此的研究中,Edmund Davies L. J. 对 *Carl Zeiss Stiftung v*

Herbert Smith 案的判决也关系到灵活性与适应性的概念。同样，随后在 *Sen v Headley* 案中，Nourse L. J. 评论到，推定信托已成为一个"准备好的改进现代物权法的方式"。

推定信托可能是什么以及什么时候出现等内容的核心在于它们的产生方式，虽然其可在许多不同的情况下出现，但此性质的默示信托有一个共同的非常重要的基本特点：它们由法院强加，而且它们所起作用与（"信托财产"的）所有人实际意图无关。应该牢记对推定信托能出现的情况的简短概述以及它们作用的结果。

推定信托出现的情况

在以下章节对推定信托进行广泛且细致的研究之前，本书给出了推定信托出现情况的例子。保留此类案例很大程度上由于后面的案例研究讨论所需。

6.8　推定信托已成立的情况

又一次，像归复信托一样，推定信托已被适用于许多不同的事实情况，以此获得了许多例证。

6.8.1　推定信托适用家庭同居房屋默示信托的意义

本书前文仅简单介绍了共有家庭住宅所有权模式信托的重要性，其原因在于，任何详细讨论都会保留至今来阐述，且事实上更多内容将会在第 8 章专用案例研究中展开。但这里适当指出，由于默示信托针对围绕家庭住宅所有权争议不公平回应的重要性，推定信托与归复信托都很重要。

在第 8 章，变得明显的是，在财产不使任何人受益的情况下，甚至在 *Dyer v Dyer* 案的归复信托原则允许捐献住房财产者捐赠住房的情 162
况下，推定信托变成了难题战场的中心。此住房在法律上不属于"持有”相应住房利益的捐献住房财产者,而归复信托在这方面展现了“严格财产”方法,其能恢复的甚至(相应地)受限于实际上捐献的。

因此,推定信托被承认为更灵活的对不正义的回应,此不正义在当事人已达成有关他们所有房屋的协议的情况下由非财产普通法所有权造成,但其所有并不反映在普通法所有权上,或因为由普通法所有人陈述与财产与关的事。推定信托可更灵活,因为它允许不是普通法所有人的一方当事人获得不是由捐献人决定(因此限于)的他人的财产份额,这种灵活反映了普通法所有人通过协议或陈述的后者持有财产的方式。*Lloyds Bank v Rosset* 案中的标志性判决显示推定信托对与共有受益权有关的现代法律的重要性,这分别体现在上议院与最高法院 *Stack v Dowden* 案与 *Jones v Kernott* 案的关键裁决上。

在 *Rosset* 案后的干预中,*Oxley v Hiscock* 案出现了对所有人禁反言而不是对推定信托的有力司法支持。适用于家庭住宅争议的所有权所有人禁止反言的判例实际来自 *Rosset* 案本身,以及许多早期更广泛领域的土地法上诉法院判例,*Oxley* 案曾力图强调推定信托与所有人禁反言原则在此点的共性——尤其作为坚持人们的陈述与行为的机制——同时正如其所表明的,禁止反言会产生更公平更适当的方式,即使实际结果与其他很多案例一样。

Stack v Dowden 案与共有房屋所有权情况下的默示信托的新意义

本书一直表明,两个原则之间的深厚差异意味着很难视它们可交换。在 *Stack* 案中,信托的显著性而不是禁止反言被牢固地安置在舞台中央。上议院似乎坚持(由于在适当时候被解释的原因),信托方式更好地放映了在此决定中处于危急关头的有价值的财产权利。

在 *Stack* 案中,关于在此情况下应正确适用哪种默示信托的观点更少达成一致。在使这些案例支持归复信托中,Lord Neuberger 很明显对其反映事实当事人捐献能力的印象深刻,并用此确立他的观点,即法院的起点应该是归复信托,而且由此出发支持更灵活的推定信托，这种情况应该只在明显（本质上）有意图的情况下发生。

从这一意义来说，Lord Neuberger 是最保守的法官，Lady Hale、Lords Hope 与 Walker 更支持适用推定信托方式以反映（用 Lady Hale 的话说）：法律已通过归复信托方式“继续前进以反映变化的社会与经济条件”，其只（不适当地）承认仅有有限的捐献（能够报这些情况计算在内）。

***Stack v Dowden* 案与解释“非固定推定信托”的意义** 163

信托法上，有很多传统上被定位为解决房屋所有权争议的假定所有权的讨论，尤其是针对当事人在获得（财产）所有权时的已“固定”意图的讨论。Lord Neuberger，尤其是 Lord Hoffmann 考虑到了适用所谓的“非固定推定信托”方式的可能性。本质上，非固定的方式是承认当事人有关其房屋所有权的意图通常随时间在任何情况下的变化，而且其能深受当事人在同居时有关房屋的行为的影响。Lords Neuberger 与 Hoffmann 认为，这会帮助回应以下情况，例如房屋非普通法所有人对他人所有的房屋做出资金重大改善，显著增加了财产价值。现在我们便可以看清最高法院在裁决 *Jones v Kernott* 案时回应方式了。

6.8.2　源自于设立“相互遗嘱”的推定信托

相互遗嘱在二人（一般是夫妻）同意的情况下出现，并在其中一人死亡的情况下生效，他们的财产由生者享有，然后（在胜者死亡后）转移给被提名的受益人。变得更为明显的是，推定信托在针对是否以及多大程度上受其原始的“相互”协议实际控制甚至支配他们的财产分配的回应上出现困难。

6.8.3　源自于犯罪行为的推定信托

政策有充分的理由表明，犯罪者应该禁止受益于其罪行。在最极端的情况下，它应该起到作用以确保杀人犯不可能因他谋杀立遗嘱使其受益的立遗嘱者而受益。对此原则最著名的描述是 *Dr Crippen* 案件,其内容已被纳入在第 6.2 节、第 6.3 节与第 6.4 节中有关归复信托的内容中。

6.8.4 托管与违反信托的责任

此两种通过衡平法对推定信托进行强制的显著方式,使其对受托人违反信托的回应越来越有影响力,两者都源自不是受益人权益的信托违反。它们有所不同的是,第一种回应主要针对违反信托的受托人;第二种承认,违反信托可涉及受托人以外的其他与信托无关的人。后一情形通过两种可辨认的方法自动发生:第一,信托财产会落入与信托无关的第三方之手;第二,很可能是受托人以外第三方的帮助或
164 “协助”违反信托。两种人都被称为信托的“非当事人”,因为他们与信托无关,但当受托人违反信托时,他们无论如何会承担责任。推定信托与“非当事人”责任的联系被讨论之前,本书解释了推定信托在回应受托人利用其地位获得非法利益方面的重要性。

受托人或其他受信人的非法利益

第 13 章的内容会表明,任何信托地位的占有者(包括但不限于受托人)必须在关于信托地位的个人利益中行为明确。这意味着,受托人不会持有为了自身使用而直接或间接从其地位获得的财产。第 13 章会探讨推定信托如何在使受托人有责任为此种信托“非法利益”进行“解释”时出现,同时还会讨论 *Sinclair Investments (UK) Ltd v Versailles Trade Finance* 案中其赞成个人责任而不是强加推定信托的处理方式,基于传统方式与最近最高法院对 *FHR European Ventures LLP & Ors v Cedar Capital Partners* 案的裁决的讨论也在该章中有所涉及。

更进一步的是,虽然针对他人违反信托引起非法利益责任的情形在传统上适用推定信托,(正如我们接下来看见的),但 *Foskett v McKeown* 案是受托人非法挪用信托财产的情形,所以不应被视为为受托人自己创立推定信托的判例,应被视为因为追踪过程而导致责任出

现的判例(在第 17 章中充分讨论)。

在违反信托情况下第三方“非当事人”的责任:基本思想

有关受益人行为的第 17 章探讨了信托财产被受托人违反信托而使用的受益人地位。更明显的是,特定困难的领域是由实际违反的受托人以外的人导致的责任。当然,其跟随的是,受益人应该能主张在受托人违反信托时关于信托财产的赔偿,但是在受托人以外的人可能拥有被误用的信托财产的情况下主张,或可能在其协助了受托人一开始的违反行为的情况下主张。

如果创立信托时,未被实际任命为受托人的人发现自己已收到信托财产(通常由于在违反信托时“剥夺”信托),或“干涉”正当的信托管理,此类情况下可构成“推定信托”。这形成第 17 章中讨论到的一系列行为的部分情形,而现在只有通过推定信托机制强调违反信托的责任。

第三方与受托人违反信托的责任

传统上,“非当事人责任”被分为两类,“知情的契约”(属于信托财产)与“知情的协助”(违反信托)。根据它如何与追踪所有人行为的局限性相关联,第 17 章的内容进而解释将第三方责任依附到信托财产契约上的原因,这就要求丢失的财产继续存在而且可确认是可恢复的。我们会知道,追回足够灵活,而财产不需要如此,其在物理上具有辨认性,因为它很可能以备出售;在这种情况下,根据适用于追回与其他资金已“混合”的信托金的规定,追回销售收入的可能性仍然存在。

当财产不再以可辨识的形态存在时,当信托金已被消费且没有可 165
辨认的物品时代替时,受托人可仍成为推定受托人,只要他有着某种程度的信托认知而接受信托财产。虽然关于认知程度的要求存在争论,但根本上以契约为基础的责任在契约之上是完整的,且其不要求为了让受托人承担责任财产保留在受托人手里。在这里,推定托管会在契约之上产生,而此时对财产的处置不具实质内容。

同样,信托非当事人也能在其协助受托人违反信托的基础上承担责任。这在传统上被称为“知情的协助”,但现在一种新的方式描述此为“次要责任”。此责任归责于其作为受托人违反信托的从犯,且此类归责已日益与从犯的不诚实而不是认知相关联。

这两种责任总是互相不同,因为知情的受托人必须实际获得信托财产以产生责任。协助者或从犯可能更难在托管中被认定,因为他们没有实际接受财产(推定信托可属于的)。尽管有这种明显的区别,但由于它们在其他方面与责任相关类似的性质,这两类已渐渐被共同对待且一直如此。

这两类责任在第 17 章中会被探讨到,并以以下主要判例为参考:*Ro-yal Brunei Airlines v Tan* 案; *BCCI v Akindale* 案;*Twinsectra v Yardley* 案;*Barlow Clo^wes International Ltd*(*in liquidation*)*v Eurotrust International Ltd* 案;*Abou-Rahmah v Kadir Abacha* 案和 *Starglade Properties v Nash* 案。最高法院最近对 *Williams v Central Bank of Nigeria* 案的裁决也将在讨论范围以内。

6.8.5 产生推定信托的其他情况

这些剩下的“其他案例”,如早期的例子,均有一个共同的前提认知,即“推定信托”似乎与某种“不当行为”有关。通过最后两个例子,我们来探究什么叫“不当行为”,以及是什么限制了推定信托与基于财产普通法所有人有可能犯的错误的强加信托之间的联系。

源自具体可执行合同的推定信托

当(普通法合同)赔偿金不足以满足救济时,合同会得以具体执行。虽然由于它们“独特的”性质,动产买卖合同很少可以具体执行,但不动声买卖合同却可以,其如何转化为推定信托的设立在 *Lysaght v Edwards* 案中有着相关说明。这一案例提出,由于衡平法倾向具体执行这类合同,那么在出售中,买方被认为是衡平法上的所有人,因此卖方为买方之利益成为不动产(财产)受托人的推定托管概念起源于具体可执行的合同,对此第1章有简单描述。除此非常显著的观点外,有关信托具体可执行性情况下的理论化方式不再进一步探究其指出在道德要素存在的同时,还存在比其他因素产生的推定信托更少的不 166
当买方行为产生的推定信托。

推定信托会在信托根据“ Rose 规则”构成时产生吗?

在第5章,对信托构成与更具体的“最后行为”原则的一般讨论表明,有许多问题因 *Rose* 案的裁决产生,故而将“Rose 规则”视为恰当的良法是正确的(上诉法院认可 *Mascall y Mascall* 案似乎证实了其为良法)。此表明,在第5章中,我们尚不清楚 Rose 规则的精确适用机制,但一种解释可能在于,衡平法在转让发生后的时期内强加推定信托,而在此之前,普通法对其发生效力。在做出这个可能性判断的过程中,其受关注点如同可能性般展现了出来,因为其在财产授予和通常的方式之间存在显著的不一致性,由此推定信托产生了,其目的是将良心施加于普通法财产所有人的行为上。如果基于此种情况,*Rose* 案中的推定信托似乎与其他情况下的推定信托相差较大。在这里,捐献者明显无错,且积极证明其无偿赠与及明示信托的慷慨意图,即使有观点认为无偿受托人的“错过”不合理。

6.9 推定信托是否太灵活适应性太强?

早期对推定信托的介绍指出限定其定义较为困难。其困难理由与推定信托的灵活性紧密联系,且相关判例表明,推定信托是非常有用且适应力强的信托方式。虽然司法实务与学术圈对于此点在很多方面有类似的明智观点,但其不是普遍观点,也非无懈可击。事实上,有一个强有力的观点认为,在20世纪70年代至80年代,推定信托变得太灵活,Lord Denning 的推定信托新模式开始适用(用他自己的语言,在他判决 *Hussey v Palmer* 案时),即无论什么情况下正义与良心都应被要求。推定信托的适用可能被视为以结果为基础的方式,而不是以合理理论为基础,如 *Sir Petr Millett* [1995]9 Tru LI 35 判决所示,推定信托的语言已变为如此丰富的混乱来源,那么如果抛弃它会变得更加合理。虽然不是所有反映都如此极端,许多学术与司法评议已提倡加大适用与灵活性相反的确定性。

6.9.1 英国法中救济性推定信托的位置?

英国判例法的推定信托被分析为实质性制度,其为维护现有财产
167 权利而运作。但这不是在许多其他司法管辖区(包括英联邦司法管辖区如澳大利亚,新西兰与加拿大)均认可的情况,具有实质制度的推定信托有着不同救济的类型,其根本在于其会作用于创造新的原告所有人利益,而不是简单地承认已存在的利益有效性,法院也对此持支持态度。虽然救济性推定信托在英国法中的存在由来已久,但很明显最高层司法圈对该原则持怀疑态度。事实上,Lord Millett 的评论表明,这是一种由于英国法中缺乏空间的策略,也是实际上能造成伤害的策略:

> 在我们看来,救济性推定信托是一种对专用救济急于提出一般原理可能性的绝望性忠告。我们需要更好应对将违法者分类为受托人与延伸可用所有人救济的情况,但我们仍可在坚持建立原则的同时做到所有。

Lord Millett 的观点清楚地反映了救济性推定信托在英国法传统中遭受的隐匿性质疑,这些质疑也存在于判例与学术评论中。在此方面,*Williams v Central Bank of Nigeria* 案是一个有趣的裁决,有着潜在的重要意义。*Williams* 案进一步在第 16 章尤其是第 17 章中被描述,但基于 Lord Sumption 最重要的判决的评论,此章显得很有趣,其判决是,被告人宣称的信托不是“真信托”,反而只是准予平等救济的基础。

这里所描述的听起来明显像救济性推定信托，至少不是明显的现有财产权利的制度反应。

6.9.2 信托、良心以及归复信托与推定信托的"重叠"

目前在法律中，归复信托与推定信托有很多混沌之处。因此，它们之间理论上的区别不是很清晰，在特定事实情况下，很难决定哪种默示信托会产生。我们在后面对信托在同居与家庭协议情况下产生的分析会变得特别简单。但为了目前的目的，该混乱易于达成对推定 168
信托与归复信托的分析目的，此方式通过参考 *Hussey v Palmer* 案中，Lord Denning 的判决摘录而被说明：

> 虽然原告宣称是归复信托，我原以为，如果有的话，在这种情况下信托更具有推定信托的性质；但这只是有关于言语无关其他。二者一起运行。

这种"模糊"区别的运行方式，以及认为二者仅有修辞不同的评估观点，应该被引入可被生动说明的方面，即跟家庭住宅相关的信托方面，这一内容将在第 8 章中涉及。

169

第7章 归复信托、对非慈善性质非法人团体的赠与、养老基金

本书的许多章节与之前章节对推定信托与归复信托的介绍，均是要求我们同时仔细观察推定信托与归复信托的案例研究。所有的案例研究集中于推定信托或归复信托的特征与特性，这部分内容在之前的章节有介绍。这些案例研究尝试着将它们的运行方式联系起来，也尝试着批判性地研究由它们构成的教材实际评估运行。同样，与非法人团体与养老基金有关的本章以及介绍推定信托与归复信托的章节，是基于归复信托的特征与运作的案例研究。顺便提醒，虽然归复信托在很多不同的情况下产生，但共同的是，虽然普通法所有权转让给了受托人，但委托人与受益人实际是同一人。这种情况会基于两种广泛的情形而发生：

- 它会跟随未成功的意图来创立信托，并支持第三方受益人（因为由受托人的普通法所有权转让创造的衡平法利益从不实际被剥

夺);或

- 它发生在信托创立人财产被剥夺时,但由于一些原因,其中的衡平法利益返回给了他(或许因为不可预见之情势或不充分起草之协议)。

7.1　所有权问题:谁可以“拥有”财产?

在早期讨论受益人原则与目的信托之后,我们现在进入归复信托与推定信托的实质性讨论,本章将会讨论当财产转让给非法人团体(如社团、俱乐部或宗教团体)时困难所在。这类团体会为特定意图使用财产而存在。非法人团体不能自己拥有财产因为它们缺乏法律人格。法人例如公司有必备法人人格因此可凭自己的权利拥有财产。本章讨论的困难(与可能的解决方式)只会在非法人团体是非慈善的情况下产生。事实上,慈善机构的地位在本书后面将会得以厘清,所 170
以为了慈善意图赠与财产给非法人团体不存在难题,因为在这些情况下,慈善机构的工作人员能作为慈善受托人拥有财产。

非执业律师很可能惊讶于向俱乐部或其他非法人团体转让财产而引起的其实很简单的法律难题。问题是基于信托的分析运行不灵,然而通常可作用的合同分析似乎又很不公平。在这种情况下,财产赠与人必须放弃他所做的赠与的所有利益。在合同分析中,赠与人不能有条件赠与,也不能阻止俱乐部成员为他们喜欢的目的使用财产,无论是否为了俱乐部原有的目的。

***Denley* 类型的意图信托的优点**

乍一看,可能认为 *Denley* 类型的意图信托(在第 3 章描述的 *Denley's Trust Deed* 案之后)也许会成为允许财产转让给非慈善性质非法人团体不错的方式:财产由团体成员基于团体意图而持有信托财产,当然还有一点必要条件是团体成员的身份是确定的。捐赠人肯定是有优势,因为其财产被限定用于团体目的,而且成员不能(如)为自己利益处置该财产。如果团体意图已经实现(例如,如果活体解剖被废除,而这个团体是国家活体解剖协会),或团体意图变得不可能(例如,如果射击俱乐部被立法禁止实施它一开始合法的行为),赠与人会获得还未用于归复信托的财产。然而不幸的是,对当时成员的赠与(现在与未来,假定变动的成员身份)通常会损害永续权规则(在第3章另一个在 *Leahy v Attorney-General for New South Wales* 案中出现的困难),所以信托解决方案并非普遍适用。应该注意的是,在 *Denley* 案本身中,准予生效的时间是在大量特定人中最后幸存者死亡后的21年(随着给予医院的赠与),所以没有永久持有权的难题出现。当然当团体是慈善性质时,则没有永久所有权难题。

传统上,本章的前提已与出现在创立非慈善性质信托的永久所有权中的难题紧密相连,而此类信托的出现是基于意图而非人的。但因为有关永久持有权的法律已变,以及永久持有权规则被认为更加边缘,所以本章的重点已变。第2章讨论了非法人团体以及其特征与法律依据;与非法人团体的信托分析有关的对永久持有权难题的讨论是本章的重点。

鉴于此,本章现在直接从第2章继续。本章的前提是有关于解释为什么非法人团体典型的以合同原则为结构而不是信托模式。这意味着,虽然对归复信托能如何适用于非法人团体已有所讨论,但此种情况不同寻常,因为绝大多数此类情形以合同模式为基础。

171 7.2 合同分析的重要性

出于此原因,对非慈善性质非法人团体的赠与通常被视为只针对其现有成员,而这些社团或俱乐部成员又受制于他们的合同义务。这会由团体的规则决定,但通常成员会被阻止分割其份额,这一份额也会在成员死亡或辞职时累积于其他成员。现在和未来的变动实际上会使成员都受益,因为赠与被认为是只对现有成员的赠与,所以没有永续权问题。

这是 Cmos J. 对 *Neville Estates y Madden* 案的分析,他详细分析财产可被转让给非慈善性质的非法人团体的方式:

> 对非法人团体的赠与或信托的构成与效力问题最近被上议院在 *Leahy v Attorney-General for New South Wales* 案中讨论到。我理解的观点如下:
>
> 这类赠与可能通过三种完全不同的方式之中的一两种生效。首先,在其真正的基础上,它会是在有关日期内对如共同占有人中的团体成员的赠与,因此任何成员可分割其份额,且不论他是否仍然是团体成员都可提出主张。其次,该赠与可能针对不作为财产共同占有人的现有成员做出,但他们遵从于团体成员间的合同权和义务。在此种情况下成员不能分割其份额。在他死亡或辞职后份额会归于其他成员,尽管以上成员包括在赠与生效后成为成员的人。如果这是赠与的效力,那么它不会遭到永续权或不确定性的公开反对,除非在其条款、条件或者协会规则中有某些规定禁止成员在给定时间内,在单独享有衡平法权利的基础上分割此赠与。
>
> 最后,赠与的此条款或此条件或协会规则可能展现出,此类争议财产暂时不会交由现有成员处置,但可以基于信托或满足团体(类似法人实体)意图的目的持有该财产。在此情况下,除非该团体是慈善性质,则该赠与无效。(*Neville Estates v Madden* 案)

只有慈善性质的意图信托才有效

上述段落在很多方面引人关注。首先,Cross J.(其观点是严格根据法律的附带意见,因为财产以慈善信托的形式被持有——参见第 11 章)一开始陈述了对非法人团体的赠与进行分析的难度,这样的赠与是针对共同占有人中的团体成员在规定时间内作出的。其次,他陈述通常的问题解决方式:该赠与可能不针对作为财产共同占有人的团体成员做出,但他们遵从团体成员间的合同权利与义务。在这种情况下,他指出,成员不能分割其份额。最后,他重申正统的观点,意图信托只有是慈善性质的才有效。

就其实质分析,成员在任何时候都拥有完整的基金,而且如果他们如此希望,他们也能解散团体并瓜分财产。由于害怕侵害永久持有
172 权原则(也记住 *Neville Estates* 案判决优先于《1964 年永续和累积法》),赠与人可以不附加条件于他们的赠与上。在 *Lipinski's Will Trusts* 案中,尽管拒绝慈善机构观点,Oliver J. 判定对 Hull Judeans (Maccabi) Association 的赠与生效,而此赠与仅单独用于机构建筑的修建与完善,在排除了建筑相关条件后,他裁定现在团体成员持有该赠与财产,并可以自己意愿的方式使用。因此他可以将此案归于 *Neville Estates* 案中的第二种分类。

合同分析的限制从 Brightman J. 对 *Recher's WT* 案的判决开始变得明显。女遗嘱人留下一些她的剩余遗产给非慈善性质的非法人团体,在她的遗嘱构成之下,该团体被定义为伦敦反活体解剖社团。然而在立遗嘱之前,该社团已不存在,并与国家反活体解剖社团合并。问题是该赠与是否对国家反活体解剖社团生效。

Brightman J. 裁定,该赠与不能被视为国家反活体解剖社团的目的信托。以 Cross J. 对 *Neville Estates* 案的看法为基础,有可能解释该赠与为对伦敦反活体解剖社团的赠与,该社团以彼此的合同约束为前提,而且该社团在遗嘱生效时享有该赠与。然而,到那时它已解散,成员之间的合同已终止。此赠与不能被视为对不同团体成员的赠与(国家反活体解剖社团),因此赠与失败。

Grant 案:地方调控与国家调控的划分

稍有不同的困难出现在 *Grant's WT* 案中,其中对 Chertsey and Walton Constituency Labour Party (CLP) 的赠与失败。*Grant* 案中的困

难是,选区工党的成员没有拥有他们持有的财产,因为他们也受国内工党的规则约束。对选区工党的赠与不能被视为对受益的选区工党成员的赠与,因为他们不能指令遗赠物在受益所有人之间的分配。如果真的生效的话,此赠与只会作为私益目的信托生效,而此情况侵犯了永续权原则。

此案件需要进一步验证,国家工党与地方工党之间的关系不寻常,因为地方工党似乎事实上不能控制它的自有资金。事实上,国家工党能自己直接控制地方党的资金,这不奇怪,因此 Vinelott J. 裁定,其资金由国家党而不是地方党拥有。然而,这并不意味着,不能赠与给联邦社团的地方分支。在 *News Group Newspapers Ltd v SOGAT* 1982 案中,Society of Graphical and Allied Trades(SOGAT)的地方分支能单方面脱离国家总会,并能控制自有资金。因此捐赠人有可能对地方分支进行捐献。虽然在地方分支不能单方面脱离的前提下,许多联邦社团采用中间位置方式,即全国社团不能直接控制地方资金,但地方分支每年向国家社团支付年费,并在一定程度接受其约束。不确定 *Grant's WT* 的推理是否应用于此种情况。

那么,很明显合同分析有严重的局限。信托分析更充满困难因为普通法与永续权原则相悖。

7.3　解散非法人团体 173

对非法人团体如俱乐部或社团的赠与的正确分析,包括当它被解散时如何分配资产,因为此问题取决于资产所有人。

什么时候结算基金?

需要首先考虑什么时候结算基金。根据 Brightman J. 在 *William Denby &Sons Ltd Sick and Benevolent Fund* 案中的意见,结算基金不由会计或资金受托人处理,但可能发生的时候只有:

(a)此规则允许的解散;或

(b)所有利益相关方同意;或

(c)法院命令解散;或

(d)没有了基金建立的基础(如在 *St Andrew's Allotment Association* 案中,其分配土地以70,000英镑被售于开发商时,分配团体被取缔)。

其中许多情况发生在社团或团体许多年来无所作为,但又没有积极的行动来取缔它时。法院不愿在此种情况推定已没有其存在的基础。在 *William Denby* 案中,此基础还没有消失,虽然在劳资纠纷后,许多公司员工在一段时间内(大概四年半)离开,而且没人对此基金进行捐献。但在此争议前,该基金是运行的,且事实上基金数额越来越多,仅仅是成员的不活跃并不一定引起他们已默许基金的解散的结论,因为名义上较为温和的解释是可能的,即他们默许捐献与赠与的暂停。

类似纠纷出现在 *GKN Bolts and Nuts Ltd Sports and Social Club* 案中,[1983]Conv 315 案中提出,Megarry 允许他所谓的"自发的解散",即没有决议或法院命令来取缔俱乐部。然而,他认为,仅仅是不活跃并不足够支持解散,除非其如此长时间中解散是唯一合理的推定。他认为,全身僵硬症的恍惚状态可能看起来像并未死亡的死亡,假死可能延续生命,而不是导致死亡。然而,这里的自发解散已发生,但其要求之后积极行为——在此种情况下,决议出售俱乐部的唯一剩余财产,即运动场。

持有基金的基础

本节所关注的基金类型是成员的俱乐部或融洽的社团,都是非法人团体。如前所述,非法人团体财产通常不是以信托形式为成员持有;相反,成员间的关系是合同性质的。成员的捐献被视为完全赠与,每个成员保留合同权利(基于规则)以使用俱乐部或社团的财产。从俱乐部或社团辞职后,虽然捐献的赠与保留(否则辞退成员可要求收回其中的份额),但辞退成员放弃了以团体财产为基础的合同债权。

因此,当解散这样一个团体时,只有现有成员有权主张基金的任何一部分。他们主张的基础是分享在财产上的合同权利,计算分配的 174
方式在第 7.4 节提到。

理论上,为成员建立的信托的受托人拥有基金仍是有可能的,尽管这在实践中少见。主要的困难总是永久持有权规则,因为在会员身份可能变动的情况下支持未来成员的转让可能超出永久持有权期限。基金只为现有成员的利益准备或基金持续时间短(例如,从特定人群的最后幸存者死亡后限制到 21 年,如第 3 章中 *Denley's Trust Deed* 案中的信托)的情况并不是传统上的问题,虽然很不常见。

7.4 剩余出资与归复信托的运行

如果解散这样的基金,出资的盈余本身会由归复信托所持有。所有捐献人,包括那些已停止捐献的人,会对份额拥有权利,会按他们所捐献的总额的比例进行分配。因此,假定每个人按同一比率捐献,已捐献十年的人拥有双倍于捐献五年的人收益份额的资格。

这是分配 *Hobourn Aero Components Ltd's Air Raid Distress Fund* 案中的分割的基础,并在[1946]Ch 194 案中得以确认。从 1940 年到 1944 年,Coventry 公司员工每周捐献资金给基金以帮助由于空难而遭受伤害的员工。只有基金捐献人可以受益。此基金在 1944 年已关闭,关于对盈余所需解决的问题出现了。国王没有主张基金为无主物。捐献人想要回盈余。慈善事务委员会想采用类似计划,但是能这样做的前提是基金是慈善性的。

在第一个例子中,Cohen J. 裁定,此机构的目的不是慈善性质的,因为公益的要素不足。所以类似盈余处理计划无法得以实施。所以,捐献人有权在分配基金,比例按每个成员捐献的比例计算,根据归复信托原则——“返还捐赠的基础是每个捐赠人保有其捐赠额的利益。”换句话说,每个捐献人的总捐赠比例被建立在归复信托上,此假定是他保有其捐赠的利益。然而按合同分析,任何停止捐赠此计划的人丧失它们在计划之下所有的利益,也丧失基金的财产利益。所有仍是捐献人的人在基金关闭之时常常有权得到盈余的平均份额,但不是基于他们过去捐赠的份额(进一步了解见第7.4.1节)。

在 *Hobourn Aero* 案上,皇室仅仅以基金慈善地位的问题上诉,上诉法院支持 Cohen J. 的裁决(对这方面的情况的进一步了解参见第11章)。然而,上诉法院有关基金分配什么都没提及。

175 与 Cohen J. 分析有关的其中之一问题是,除非基金明确期限时间或会员身份没有变动,否则其似乎会侵犯永久权规则。可能 *Hobourn Aero* 案中的基金不侵犯此规则,虽然由于其本质上暂时的性质,个别捐赠人的身份有变动。然而大概没有人知道基金在一开始会持续多久,无明显限制似乎增加了时间期限。

West Sussex 案与对 _Bucks_ 案的分析

在 *West Sussex Constabulary's Widows, Children and Benevolent* 案中,有着对 *Hobourn* 案的广泛讨论。Goff J. 注意到,*Hobourn* 中没有合同利益,所以通常合同分析很可能不可适用,但无论如何都没有回应 Cohen J. 关于永久持有规则困难的内在分析。

因此表明,Cohen J. 的分析是错的。无论如何,此情况不能被视为适用于大多数基金案例的原则,因为它们的期限未被限制且变动的会员身份也是可能的。

Walton J. 在 *Bucks Constabulary Widows "and Orphans" Fund Friendly Society* 案中的分析通常更合适。此案涉及由其成员无偿捐赠组成的基金,其目的是抚慰 *Bucks Constabulary* 案中死亡成员的寡妇与孤儿。在1968年4月,Bucks Constabulary 与 Thames Valley Constabulary 合并;在1968年10月,此社团被解散。受托人申请法院

裁定基金如何被分配。Walton J. 判定，在基金中分享的成员权利取决于他们彼此之间的合同权利与义务，而且缺乏相反证据时，辞职的成员失去所有对基金的索赔。因此，在基金解散时，若无相反证据存在，其应只在现有成员之间分配，他们有权拥有基金的平等份额。因此，他裁定，基金盈余应由受托人为解散时现存的成员的平等份额而持有。

7.4.1　合同分析 vs 归复信托分析：最终解决之路？

然而不能假定法院最终解决为基金持有的问题而支持合同基础。在 *West Sussex Constabulary's Widows, Children and Benevolent* [1930] *Fund Trusts* 案中，Goff J. 裁定了可辨认的捐赠的盈余比例与遗产由归复信托持有。他认为这些因素和 *the Trusts of the Abbott Fund* 案没有区别。他推定在基金解散以前，捐赠与遗产已以信托的形式被给予团体。问题是，这完全不像 *the Trusts of the Abbott Fund* 案（第3章提到），它与为区分得开的两位女士建立的信托有关，她们在信托建立之时是活着的。这也不可能是与以上信托有关的永久持有权问题。这表明，在 *Gillingham Bus Disaster Fund* 案中也不可能有此问题，该基金的目的（或无论如何有效的目的）被用以支付特定身份的死亡的男孩的丧葬费用，并用以照顾在灾难中存活但伤残的男孩。但如果 *West Sussex Constabulary's Widows, Children and Benevolent* [1930] *Fund Trusts* 案中有捐赠的信托，而受益人会在现在与未来成员之间变动，则同样的永久持有权问题会在 *Hobourn Aero* 案中出现。

关于养老基金的简介：*Davis v Richards and Wallington Industries Ltd* 案 176

类似推定由 Scott J. 在 *Davis v Richards and Wallington Industries Ltd* 案中采用，这是有关养老基金解散的案件。此案的判决理由是，资产分配是通过由受托人执行的正式契据而决定的，但 Scott J. 在他的判决中继续讨论到如果他错了，那么本应该的观点是什么。从其他基金转让而来的雇主、员工与现金是三种主要的基金捐赠来源。Scott认为,雇主的捐赠应该以归复信托的形式为他们所拥有,由于它们与*West Sussex*遗产案相似。没有原因反驳有归复信托的结论。但问题正与我们已考虑过的一样:优先于被解散基金的基金信托到底是什么?其一定是个人主体变动的信托,这又再一次提出永久持有权难题。Scott J. 未提到*Bucks Constabulary Widows "and Orphans" Fund Friendly Society*(*No.* 2)案,根据报道,此案件已被其引用,且涉及有关于合同分析的观点。无明显理由反对后一种分析。这表明,在此种情况(不同于养老基金更一般的观点)下,信托分析就不能起作用。因此很期望的是,法院会采用 Walton J. 在 *Bucks Constabular-y Widows "and Orphans" Fund Friendly Society*(*No.* 2)案中的分析。

7.4.2 结论:非法人团体的一般地位以及支持以合同为基础计算份额

替代方法被认为与非法人团体的一般观点有关,这表明,基金分配的合同基础是唯一站得住脚的机制。当然,这是*Bucks Constabula*案所提供的解决方式。在这种情况下,如果规则规定了解散基金的偶然性事件,那么分配依据规则而定,因为这些规则构成了合同的基础。

然而,规则不经常如此提供,在这样的情况下法院依据其暗示条款裁判。根据正常合同原则,此种方式建立在推定意图之上,因为其主要是事实问题,没有涉及严苛的法律法规。然而,特定假设似乎如下所示适用。

(1)只有现有成员能提出主张,因为假定过去的成员辞职后放弃主张基金(*Bucks Constabulary Widows "and Orphans" Fund Friendly Society*案)。有时,正如*West Sussex Constabulary's Widows, Children and Benevolent*[1930]*Fund Trusts*案,规则被明确规定了。

(2)一般而言,就成员俱乐部来说,基金在现有成员中平等分配。在互利或友好社团案例中,初步规则似乎也规定了平等分配(*Bucks*

Constabulary),虽然存在按捐赠总额比例分配的情况,而这样的情况是基于基金存在时合同约定的利益与捐款总额成正比,所以也是恰当的。在 *Sick and Funeral Society of St John's Sunday School*,*Golcar* 案中,有两种有区别的会员身份,其中之一(成年人)支付与收到两倍于另一个(未成年人)的利益。然而必须强调的是,推定意图很大程度上是事实问题,从这些案例中推论出法律刚性原则是错误的。

(3)如果此假设推论出捐赠人的完全赠与,其完全不保留基金权 177
利,那么财产会视为无主物归皇室,因为没有人能对其主张。有时作出此类结论,只能在只有第三方能受益于基金的情况下(正如在 *Cunnack v Edwards* 案中,其中捐赠人的寡妇有权受益)。*West Sussex* 案得出相同的结论:Goff J. 判定,捐赠人已与他们的财产彻底分开且无基金利益,因为该基金已基于第三方利益持有财产(死亡成员的寡妇与受赡养者),这一点在 *Bucks Constabulary* 案例中被批判。在后一种情况中,Walton J. 认为,只因为成员在他们之间已订立合同以为第三方提供利益,这不代表(缺乏支持第三方的有效信托),他们已放弃他们的基金财产。毕竟,他们仍能在他们之间共同同意分配基金,或在计划中改变利益。此观点本质上类似于 *Beswick v Beswick* 案,虽然双方已订约提供第三方以利益,但在这种情况下,他们可在任何时候同意改变提供给第三方的利益,且第三方没有针对他们之中任何一个的强制主张。如果已建立可实施的信托以有利于第三方,当然,观点会不同,但在此情况下,第三方会有盈余受益权。在这两种情况下,财产都不应作为无主物被收归皇室。

7.5　归复信托与养老基金

正如在第2章所了解的,养老基金在最近出现的规则与运行的问题已迅速成为许多社会、经济与法律方面的重点。就促进养老基金资产运营和保护建立可行的法律框架所进行的讨论表明,信托明显是确保这种促进和保护的最合适机制。支持信托的观点在 *Report of the Pension Law Review Committee* 案中被证实,此案由 Sir Roy Goode 审理。委员会的建议使《1995 年养老金法》得以产生。《1995 年养老金法》试图反映严格监管与监督养老金计划的重要性,其中之一的主要原则是适应现实情况,而现实情况是养老金计划的受益人与正常信托自愿人不同。事实上,养老金计划受益人的权利可被视为由合同而起(他们的劳动合同所规定的)。在这里,由于涉及具体的养老金立法,所以在其他非法人团体案件中的永久持有规则难题不会在养老金案件中产生。

不令人意外的是,基于对养老金的实时性兴趣与信托的重要地位,学术评论家对此表现出的热情在 *Charles Harpum* 的内容中更加显而易见。Harpum 认为,这是信托律师与养老金律师最感兴趣甚至兴奋的时代。

178 这兴奋的一大来源可被归因于贯穿全书的一个主题:致敬英国法中最灵活、适应力最强、最有用的工具之一信托。其多适用于国内商业环境,如为家族企业在商业关系环境下的财产权利提供确定性与保护。在养老金运行与养老金法的环境下,信托的使用也表明,到目前为止信托多以默示而不是明示的方式使用。养老金与其运行问题是如今最重要的社会经济问题之一。回顾一下,下降的出生率,更长的平均寿命与更广泛的全球背景标志着福利国家的分解,对国家规定外的私人资助养老金关注问题已日益凸显。如今的问题显现出非常强烈的为未来计划的需求,私人养老金计划(职业与否)与有计划的长期个人资产管理关系很大。

事实已表明,虽然信托传统团体非常富有,然而明显的是,正是这些古老原则被设想为个人资产管理进入 21 世纪的蓝图的重要工具。这是一个关于信托多功能性、适应性与持久性的解释。尽管养老金如何被信托工具效仿的方式会显示一些重要偏离“正常”的信托原则。

显然,巨大的社会与经济人口变化已造成养老金的出现,其某些特征在本书一开始便进行了介绍。正是这些信义责任的基础原则与衡平法所有人所享有的财产权利造就了养老金基金,并依然是它的核心所有。

7.5.1　信托行为人与养老金情况

在本书中,信托核心当事中的术语"信托行为人"被用作说明其如何能被应用于养老金情形。在此情况下,信托是一种养老金计划,信托财产以捐赠的形式出现,其最终成为支付行为。在这方面,在养老金情形中,术语"信托当事人"被用以"找出"信托委托人、受托人与受益人(信托运作的核心当事人)。当然,这不涉及信托当事人,因为正确构成信托的受益人有权实施信托,却不是创立信托的当事人。但委托人、受托人与受益人都是运行私益信托的核心,且现在会在养老金信托运行中被解释。

在职业养老金信托的情形下,雇主是委托人与计划成员,员工与其受赡养者是受益人。本计划会包括受托人,而受托人很可能包括雇主与其他来自有关特定职业文化关键组织人物(例如,来自董事会),或由受托公司任命的其他关键组织人物。在"结构"权力意义上,雇主参与该计划所赋予的权力比仅存于劳资关系中的权力更大(至少理论上)。但除此之外,更抽象的是,权力感(其被视为非常值得研究之事, 179
在《1995年养老金法》的条款——受托人的比例被计划中的成员提议——中有所反映),根据计划作为受托人的雇主真正意义上会享有信托权力。回头看第2章的确定性运行与信托性质的介绍,其是对权力性质的提醒。显然,享有此种计划的受托人的权力会成为信义权力,它包括分配(基金)盈余的权力。

受益人成员与关键权利

养老金计划成员(连同他们的亲属与受赡养者)是其受益人。根据"受益性享有"基金成果的条款,养老金计划成员与普通私益信托的受益人没有什么不同。正如我们注意到的,关键区别在于包含养老金福利基础的捐赠。这种性质的捐赠将包括那些直接或间接由受益人自己做出的。这不是许多普通私益信托的观点,在这方面受益人已经考虑到计划中应得的最终利益。然而,这并不一定给受益人额外权利以被告知基金受托人(关于他们自己重要的义务出现)的决定,有关此的"普通"观点在接下来托管的讨论中提到。受托人与非当事人(非信托当事人)的养老金受益人救济与出现在其他私益明示信托的救济相同,正如第 16 章、第 17 章解释的。

可行归复信托:*Davis v Richards* 案和 *Wallington* 案

在这一点上,你也许会好奇信托的这一观点能与由 *Davis* 案给出的分析一致,事实上重要养老金案例 *Air Jamaica v Charlton* 案(接下来提到)与 *Davis* 案不同。此外,尤其重要的是,眼下应注意 *Davis* 案中的计划不寻常,在类似的这种计划中通常会分配已解散基金的剩余资产。这不是 *Davis* 案中的情况,而是引起有关非法人团体的一般法的执行诱因(此结论提议被应用的正确分析是 Bucks Constabulary 中的情况)。

7.6 诉讼中的归复信托:*Air Jamaica v Charlton* 案

Air Jamaica v Charlton 案与捐赠养老金基金有关,其在 1969 年设立。随着公司私有化,基金被解散,根据此,所有员工被解雇。许多员工被重新雇佣,但是基于新的养老金安排。(原始)计划(根据诉讼)由员工工资(强制性的)扣除额与雇主相匹配的付款出资。然而,每个员工都因其劳动关系成为养老金计划成员,他的养老金权利因计划中的信托而不因劳动合同产生。

此情况涉及与计划相关的两条关键规定。第一条是信托契据的第 4 款。该条规定:"根据以上条款,在任何时候此公司捐赠的资金在

任何情况下都不可偿还给(航空)公司”。第二条是养老金计划的第 180
13 条,其授权航空公司修订计划或中止计划,但不是以与基金成员专用使用方式不同的方式修订或中止,据此他们的家属与受赡养者有权参与该基金。基金被用于为现有以及未来的受益人购买养老金,成员死亡后任何盈余将直接用于为其受赡养受益人提供额外利益(由受托人谨慎地适用)。

7.6.1 *Air Jamaica* 案与常见问题:由被分配的基金产生的争议

当公司在 1994 年私有化时,此诉讼与转让原始基金的大型资产问题有关。由于劳动关系的新条件,无进一步捐赠给予原始基金,也没有来自计划中的成员的扣除额。剩下的总额为 4 亿美元,也是盈余(不根据计划中的责任)。根据此计划的第 13 条,养老金计划成员声明,计划已被迫中断,那么基金余额应为计划中的受益人(员工与其受赡养者)的利益而分配。几乎同时,航空公司试图修订信托契据以确保受益人要求的盈余会恢复而不是分配给受益人。“皇家生活”条款被引入反诉中来主张该计划对于永久持有权无效。同时,司法部长宣称,该计划对永久持有权无效,剩余基金应该作为无主物交给皇室。

基金分配与分配方向:争议中的三方

在枢密院中(随着牙买加上诉法院依据永久持有权规则裁定不适用于该计划,此起因于劳动合同且正是合同法领域)董事会认为计划已建立为信托基金。我们发现,计划的会员身份起因于劳动合同,但其权利来自计划的信托性质。此计划遵从禁止永久持有权规则且被认为侵害了普通法永久持有权规则。《1964 年永续和积累法》不构成牙买加法,所以普通法永久持有权规则可以适用。这意味着,没有“等着瞧”的工具,运用“遗产继承人员的赠与”的效力(有利于成员,其寡妇与其受赡养者)是会被普通法所管辖的。在此计划下,这意味着,有些遗产继承人员在设立信托时不是“活着的”,因此有可能赠与将在永续期(在成员死后的 21 年)内被转让出去。

归复信托的部分失败,分配额与运行

由于信托的部分失败,关于其盈余及盈余归属的裁定须被做出。法院裁定此处存在支持成员捐赠人和航空公司的归复信托(由于"相
181 应的雇主"在计划中的捐赠)。被返还给归复信托成员的份额是以每个成员的捐赠的比例为基础的,但没有参考做出捐赠或在计划中获益的时间(日期)。

此种情况,其判决与其推理可概括如下:

(1)虽然普通法永续期适用于此计划,由此不可因此认定它完全无效。法律委员会的观点被采用,并在其 1998 年 The Rules against Perpetuities and Excessive Accumulations(Law Com. 251)第 353 条的报告中显现。其作为每位员工单独创立的信托生效。每个单独创立的信托包含关于员工的捐赠,此捐赠要么通过他自己要么通过雇主。这会在员工作为"在世者"时满足普通法规则。

(2)当雇主从其员工处停止扣除捐赠以及停止支付相应捐赠给受托人时,养老金计划被中断。

(3)盈余以归复信托的形式被持有,其被看作一半由雇主提供,一半由员工提供。第(4)款不否认归复信托的推定;公司转让基金失败与 *Vandervell v IRC* 案相似。谈及员工的捐赠,*Davis v Richards and Wallington Ltd* 案则有所区别,因为在这里他们还未收到他们所争取的,但在任何情况下,关于 *Davis* 案中意图的推论都被反驳了。

养老金、信托与"信托行为人"以及法律

在此,进一步讨论《养老金法》中信托的重要性。这涉及信托法的本质如何能在《养老金法》中找到,以及覆盖着具有重要金融、监管意义的养老金法定条款的"信托原则"。

第 8 章　家庭房屋的受益权：案例研究

本章是本书到目前为止覆盖的几个关键主旨的主要参考点。最初，第 1 章介绍了信托性质，以及受益权与普通法所有权各自的处理，我们注意到，信托被广泛用于人际互动，虽然历史上很长时间内它们的出现涉及家庭财产与财务安排。第 2 章继续讨论后一主题，并直接标识“家庭房屋”同居。前两章所讨论到的家庭房屋所有权几乎与每个人均有关联，而家庭住宅所有权现在直接集中于信托日常意义与信托法。从根本上说，这是通过考虑家庭房屋普通法所有权产生的主要问题，其核心也包括衡平法如何运用与普通法相似而又不同的方式对待财产所有权。

因此本章的内容也与第 5 章的信托构成讨论产生共鸣。如同我们的发展，财产变为信托财产并赋予受托人的方式研究，以及何人以何种方式为他人持有权利变得越发清晰，这一清晰观点十分重要。因此，我们也会找到与第 4 章中提到的手续要件问题的关系，这也意味着它们的不同是在于其是否依靠意图的明示性。

本章也直接接第6章、第7章进行论述。在第6章,我们理解到,推定信托与归复信托可以在默示信托的统一标题下设立,并以此衡平法的方式来回应与财产所有权有关的不公平。第7章借由非法人团体与养老金基金的例子,推演了归复信托的运行研究,并将第6章内容深入发展。此家庭住宅案例研究主要是推定信托研究,因为我们发现其是违反受托人意愿的强加信托,但归复信托在此范围内仍有适用空间。

8.1 推定信托与归复信托运行中的案例研究

我们研究内容包括明示信托,但核心是默示信托。在第6章的关键方面,我们现在可以通过与上下文关联的方式开始理解默示信托有多重要,正如允许我们规避明示信托手续的手段一样。这主要是对信托如何以回应不公平的方式产生的研究,特别是它帮助我们理解推定
184 信托会如何拥有明示信托的所有特点,当然除了信托声明被要求的书面法定手续外[《1952年财产法》第53条第1款第(2)项]。这也是共同所有的住宅所有人权益如何非正式产生的研究,在此之内我们还应当考虑默示信托与不同机制一起如何分工合作,衡平法已经实现了此机制,即财产所有人禁反言,所以我们也应该探讨它们之间的相互作用。

8.2 了解家庭房屋的重要性以便探究归复信托与推定信托:案例研究和假设模型

我们应该发现对于理解日常生活中的默示信托来说,为什么家庭住宅越发成为中心参考点。考虑到信托起源在于财产所有权的复杂

性，在理解因财产所有权产生的不公和衡平法的回应方式时，家庭住宅可被视为其作回应的当代手段。

在此环境下，在所有权背景下，衡平法通过单独承认普通法所有权而进行努力的着力点对于确定价值财产权利十分重要，因为普通法权利是普遍的、不可变更的且确定的。结合此，衡平法承认，当他人利益被忽视，对普通法所有权人权益的单独承认也会导致不公的出现。正如我们看到的，有些原告实际是其财产的普通法所有人，尽管这不同寻常。如果有衡平法应用默示信托的总体原理，那么则是衡平法承认，在国内关系领域内家庭住宅所有人利益可以非正式产生。虽然衡平法通过明示信托的存在帮助因不公而出现的受害者，衡平法也承认，当所有权非正式产生时，则明示信托不可能被宣告有利于索赔人。衡平法对此的回应是建立默示信托手段以使原告拥有住宅受益权，但不能通过正式渠道确保此手段。对于土地财产，信托声明的书面形式是明示信托产生的要件，所以衡平法规定默示信托不需要满足信托的通常正式要件。

衡平法准备默示信托的结果

如果衡平法准备好承认信托可以非正式成立，则其具有将看似完全法律上的财产转变为信托财产的效果。这意味着，财产普通法所有人实际上不是拥有所有权权利的所有人，这样的权利包括有权自由处理财产。这种情况意味着，法定所有人实际是受托人，衡平法要求其使用财产以利于有受益权的当事人。这种安排的受托人不会承担所有责任与义务，我们会（在第 13 章、第 14 章、第 16 章中通过有关投资的广义责任的例子）发现，其依附于明示托管。 185

但在默示信托协议中，普通法所有人必须接受他的财产实际由除他以外的其他人所有，效果与他自己所有一样。这是一个我们首先在第 1 章遇到的情况，根据此解释，同一个人会是委托人也是受托人同样还是受益人。反过来，这将会影响到他处理财产的方式，而财产的处理应被用于反映其他财产权，且不侵害这些权利。

在进一步研究之前,此基本原理对理解两个关键假设模型很重要,这样的模型与普通法所有权的定位相关,而这样的所有权又支配着源于家庭住宅不公的本质:

- 这样的不公源自家庭住宅实际在法律上只有一个所有人的情况。这一情况源自家庭住宅虽由多人共享,但只有一位普通法所有人的情况。此时,普通法所有权由一方享有,尽管非普通法所有人也应享有该权利,但是这是衡平法在不公情况下追求公平的最传统理由。

关于共享住宅的所有权争议在此类情形中占主导地位,事实上这已成为(一个)用于本书上一版的假想模式。一般情况下,未婚夫妇购买准备一起居住的住宅,但由于某原因普通法所有权只转让给一方。这里就产生了关于非财产普通法所有人是否仍能获得财产受益权的问题。因为只有一方当事人拥有普通法所有权,任何由他人获得的受益权性质必须是衡平法中的受益权。这种情况下衡平法被用来避免隐藏在单独普通法所有权背后的不公。这产生了一些问题,什么条件下为寻求财产衡平法利益一方当事人必须出现以实现以上意图,如果能够找出答案,会进一步产生有关尺寸与范围的问题,也就是利益会有多大。

- 一种不同情况?*Stack v Dowden* 案中非正义的产生来由的传统环境是完全的"一方当事人"普通法所有权争议,但 *Stack v Dowden* 案也标示着有争议的住宅所有权源自共同普通法权利。在这里,家庭住宅实际上、法律上由双方当事人共有,所以衡平法关注的重点有所不同,而且此案针对的事实是双方都是住宅的普通法财产持有人,但关于谁实际是(有价值的)住宅普通法所有人一直在正式协议中弄清楚。

- 在此情况下,*Stack* 案是拥有财产普通法所有权以确保其衡平法利益的判例,同时此情况与"一个普通法所有人"情形不同,因为这里衡平法利益的存在由普通法所有权建立。这里关键问题是利益会有多大以及衡平法利益的"尺寸"是否可以反映当事人之间的法律平等。

最近的判例,即共有普通法所有人之间的争议源自仅有一方是住宅所有权人的不同情况,此判例是 *Jones v Kernott* 案,最高法院 Lady Hale and Lord Walker 的联合判决直接参考了它们不同的前提或“起点”。

8.3 理解不公平本身:它们如何产生以及如何体现的? 186

正如上所表明的,衡平法试图对不公所做出的回应集中于一方所享有的单独普通法所有权。在此情况下,与共同普通法所有权相反,衡平法承认以下两种不公,并可以使人们认识到基于家庭住宅的财产权利主张与默示信托的反馈:

- 非普通法所有人对财产购买有实际贡献,而财产在普通法人属于另一人;或
- 当事人已达成住宅协议,或法定所有人已做出住宅所有权是共有的表示,以及这不会在普通法所有权中反映。

与衡平法所关注的共享普通法所有权不同的是,在单独普通法所有权情形下,分配是一个重要问题,更基础问题是此类情况下权益是否可以产生。在此情况下,由当事人造成的与捐赠有关的问题以及与用益所有权有关的协议问题,都会涌现。

共有住宅、争议与造成“非正义”

然而,在这一阶段注意到上述措辞的意义很重要,这表明本章本质上如何成为“衡平法被用来避免隐藏在普通法所有权背后的不公”的研究。我们需要强调“可能”的意义,这标识着住宅所有权,甚至有争议的住宅所有权不会总包含不公。明显的是,虽然这一领域的法律显示衡平法倾向于回应出现的不公,同样正是这种情况下,衡平法不

会在当事人“共有”的情况将不公强加于它。会变得明显的是,衡平法的司法管辖极大反映了当事人关于他们财产所有权的意图,在这一方面,对财产的实际共有所有权与共享居住权意图有着明显不同。

8.4 争议的背景与正式伴侣关系的重要性

当我们研究法院涉及的住宅所有权争议时发现,很多案子都建立在双方关系破裂的基础上。此类案例中,我们经常发现的双方当事人在关系破裂前存在非正式关系,即“同居”。原因是有被法律承认的适用于正式伴侣关系已破裂的情况的特别规定。在这里,我们了解到有关同性伴侣之间的婚姻关系或登记过的民事伴侣关系正式终结的普
187 通法条款可以适用此类关系。

这些条款分别在《1973 年婚姻诉讼法》(作为《1996 年婚姻法》修订案)与《2004 年民事伴侣关系法》(通过《2013 年婚姻(同性伴侣)法》应用于同性伴侣的婚姻关系)中可以被发现,它们一起规定了自由裁量的管辖权,同时配偶的先前财产权利重要性随之降低了。我们已在第 6 章简单了解到,*Prest v Petrodel Resources Ltd.* 案中财产争议的关键是离婚诉讼,婚前协议的意义也十分重要,即在他们正式结合之前由伴侣签订的财务安排以适用于他们关系的结束。这是基于最高法院在 *Radmacher*(*formerly Granatino*)*v Granatino* 案中做出的裁决而适用的。大多数此类判决都认为法院无权推翻婚前协议,以及确定了三点因素,这样的因素是裁定关系破裂时的婚前协议的关键。

此处需要强调的是,本章的一般假设例子现在只适用于未登记民事伴侣关系或婚姻关系的未婚伴侣与同性伴侣。

所以“一般法”应用于什么?

基于适用于已婚夫妻和登记为民事伴侣关系的同性夫妻的特别规定可以看出,一般法常常适用于在正式伴侣关系模式之外的同居者

与其他有非传统现存协议的人。因现存非传统协议,一般法也会适用于家庭成员(也是现存“伴侣”之间)共有的现有协议,此种伴侣关系中的共有所有权目前存疑。

也正是此情况下,这些有关正式伴侣的特别立法规定其只在关系破裂的情况下适用。如果所有权在当事人关系未破裂的情况下有争议,应适用一般法。正如 *Lloyds Bank v Rosset* 案所说明的,如果房屋已被抵押,贷方在借方拖欠还款时试图实现其抵押,那么谁在房屋上拥有受益权的问题就出现了。

8.5　假设模型和当前政策走向的潜在原因

当然,当事人本身有可能避免有关住宅所有权的争议,*Stack v Dowden* 案是最近由法院做出的周期声明之一,即当共有住宅时,不再考虑受益所有权以及它们所要求的财产共享所有权,此财产中包含了相应的明示信托声明。但法院本身因此回应方式而受到批评,因为此 188
种方式很少被共享住宅方采用来明晰其意图。

法律委员会在这方面是法院的长期批评家,正如在其 1995 年声明所示,“现行法规不确定且很难适用,并会导致严重的非正义”(*Sixth Programme of Law Reform*, Law Com. 234, item 8)。这种观点在其 2002 年讨论文章 *Sharing Homes*(Law Com. 278, Cm. 5666)中被重复提到,他们认为新的方法需要反映多样的人际生活安排,并敦促法院采用完全更公平决定住宅所有权的方法。由当时政府在 2005 年向法律委员会所发出的“审查在分居或死亡时适用于同居伴侣的法律改革方案”的指令而产生的“同居项目”并未促成众人所希望的改革,这也加深了法律委员会对司法手段的批评程度。

讨论现在集中于探究实际的而不是可能的或甚至应该的法律。虽然最大的鼓励来自法院与政策论述,以使当事方可以清楚地表明其财产所有权的意图,本章是对衡平法用于应对不公的方式的说明,因为当事人没有做到如此。因为法律委员会项目没有促进法律改革,那么法院注定仍是争议住宅所有权的捍卫者。

8.6　一般法律中的主要争端及关注点简介

在此建议的顺延中,此研究的重要性来自共有住宅占有未必相当于住宅共有所有权的理解。事实上,*Goodman v Gallant* 案早 *Stack v Dowden* 案十年提供此判例,即如果财产普通法所有权被授予双方当事人,土地物权凭证只与普通法所有权而不是衡平法财产权分配有关。如果有受益权声明(信托声明)包含于物权凭证中,正如上诉法院在 *Pankhania v Chandegra*(*by litigation friend*)案中重申的,这会是决定性的因素。家庭住宅的普通法所有权只对一方当事人授予是很普遍的,一般没有除此之外当事人的财产利益的声明。

正如法院会强制执行的有信托书面声明的判例一样,当涉及当事人在其做出实际捐赠的感受时,*Goodman v Gallant* 案意义重大。在法律委员会建议应当作出信托明示声明的同时,HM Land Registry 规则现在要求当事人共同拥有普通法所有权,此规则是预期的,而且除非有必要,否则很少发生。

我们知道,传统上争议产生于家庭住宅的单独普通法所有权,正如我们也会发现的,有大量 *Stack v Dowden* 案类型的共有普通法所有权争议表明了此类争议更不寻常的原因。在第一种情况下,必须根据衡平法上诉,因为原告无普通法承认的财产权;在第二种情况下,衡平法想回应在普通法财产所有权形式之后的实质所有权。反过来,因为没有信托明示声明,衡平法才求助于默示信托。

189 我们知道,法院在这方面被严重批判,其他值得注意的起点包括以下:

• 有关住宅所有权的争议最经常以伴侣之间的争议出现。某些情况下,所有权争议时常发生在家庭成员之间,其也更为常见地发生在无关的“伴侣”间,他们共享着住宅安排,在日常用语中此类情况经常发生,我们将这类关系称为夫妻,法律委员会在其 2006 ~ 2007 年的出版中称为同居,并视这种关系定义为“亲密与排他”关系。作为争议的核心要素是有区别于占有的共有家庭住宅所有权的意义已被注意到,其意义贯穿本章,这帮助我们开始明白为什么事实上所有情况均与伴侣有关。最近, *Stack v Dowden*, *Fowler v Barron* 案与 *Supreme Court Jones v Kernott* 案承认,伴侣协议之下的双方关系被视为典型的“临时合伙”,它以“经典共享资源”为特点。因此,大多数伴侣会假设共同占有相当于共同所有。所以,当你和母亲、阿姨、兄弟或是终生挚友一起居住时,你可能更希望这是伴侣关系的一部分,而自己也不会提出这样的问题。很可能在任何情况下都是如此,但更有力的假设是伴侣有孩子,这时常意味着照顾孩子的责任成为当事人主要的责任之一。

• 以上情况因为有关系的当事人不经常讨论他们住宅受益权而产生,这可能听起来奇怪,但因为大量不同原因其经常发生。但就像说明意图确定性与产生涉及信托构成的情况,这也是一个没弄清意图的例子。如果我们讨论“伴侣”这种例子,这是因为大量在此类伴侣协议中的人会将此类意图加在他们的“临时合伙”上。

• 这些问题会经常只在关系正破裂或已经破裂时被讨论到。法官造法的财产法可应用于所有种类的共有住宅当事人,对此最普通的情况是当事人之间的关系破裂。对夫妻与民事伴侣的特别法定条款确保了,最“一般的信托法”案例涉及未婚同居伴侣。然而,住宅所有权争议的“标识”不总是关系破裂。这很重要的原因是,只有当标识出现之时,当事方面对共享住宅所有权而非简单居住权的情况下才会经常出现,因为他们被迫如此。正如法律委员会 2006 ~ 2007 年有关同居的研究提醒我们,这样的标识也可以是伴侣的死亡。但为了我们现在的目的,我们视之为标识的是:关系破裂以及如 *Lloyds Bank v Rosset* 案中的情况,即住宅的潜在损失促使当事人考虑超出居住权之外的利益。

- 关系破裂的情况对法院而言意味着特别不确定的共有所有权的判定。然而,因为很多案例法反映出关系破裂,我们看到法院在非常不令人满意的情况下做出这些判定。在最好的情况下,有曾经很亲
190 密如今却不然的当事人,但关系破裂的过程会非常激烈。也正是在这种情况下,法院必须着眼于长期存在的关系以确定实际是否有衡平法应当回应的非正义。

- 传统上,这一重点是基于一般信托法,但在过去的十年,法院采取以财产所有人禁反言为基础的与众不同的方法已成为一种明显趋势。财产所有人反禁言是一个公平原则,在有些方面至少它提供与默示信托非常相似的功能。很清楚的是,在其他方面,其方法与信托的方法不同,而现在的司法又特别支持信托。

被提出的问题与需要解决的问题

作为遵循这一概述与预期内容的"包装",现在变得明显的是任何争议住宅所有权案例的司法途径都由这两种问题支持。这是法院是否偏爱信托或禁反言的情况,但重申如今的途径是信托途径。

传统上,有两种需要解决的问题,也正是现在更准确地定义需要解决的两种问题。传统上,这些需要解决的问题是,第一,声称财产利益的当事人能实际证明他或她拥有住宅受益权吗?第二,以上受益权应当是多大范围?

我们应以更详细的正当过程密切关注传统模式的变化,但为澄清在此当口所发生的情况,这两种传统问题模式的本质仍适用于大量案例中。其不会适用的唯一情况是 *Stack v Dowden* 案的类型,即双方当事人都是普通法所有人。这表明,第一个提到的问题是原告是否拥有财产普通法所有权。如果问题的答案是"是",那么只有一个问题需要解决。在这些情况下,为了解决争议,衡平法只关注于每个普通法所

有人获得多少份额,因为 *Stack* 案是衡平法上针对普通法上共同享有所有权的判例。对于 *Stack* 案,唯一需要解决是"多少"这一问题。

在关注一般法时,两个需要解决的问题仍适用"主张人拥有普通法所有权吗"? 答案是"不是"的情况。理解传统规范为评价现代法律提供了基础,并提供了它如何出现以及如何形成的基础。

8.7 法律的不确定性、不适用性与 *Lloyds Bank plc v Rosse* 案的重要性

甚至在早期我们已发现,法院已收到关于住宅所有权争议解决的许多批评,越发明显的是这对新方式有多大影响。但首先,在连接法律委员的传统司法途径与对原告的"非正义"时,我们应注意到法律在1991年前特别不令人满意。这时候,事实上不可能做出任何关于结合某些确定性的法律说明,更不用说澄清。在这里,1991年被视为上议院以非常清楚的法律说明展开介入的关键日期,该说明经由 Lord Bridge 在 *Lloyds Bank plc v Rosset* 案中提出。

然而,在介绍作为非常清楚的法律说明的 *Lloyds Bank v Rosset* 案 191
之前,我们会需要一些为什么此清楚的说明实际上在这时及时地出现的背景。一个解释是该说明许多方面是对判例法中矛盾的回应。在20世纪70年代至80年代,这些矛盾通过非常不同的对确定性与正义之间紧张关系的回应方式而出现。在这一领域中,确定性与正义之剑的紧张关系因许多原因创造了高度矛盾的判例法主要部分,这给默示信托提供了产生环境。

在住宅所有权争议案件中使用和适用推定信托受到了许多不同意见,而这些意见又与前述内容高度相联。值得注意的是,很多源于采纳其他对非正义回应的方式(如归复信托),被证明是十分有局限的。

8.7.1 推定信托运用的发展以及由此产生的问题

在第6章,我们了解,归复信托是一个为恢复财产的机制,随后其结合 *Dyer v Dyer* 案说明了所谓“无偿转让”归复信托可以如何确保如果普通法所有权被转让给他人,其所有的财产可由自己保留。这意味着,在非普通法财产所有人没有对家庭付出他的财产的情况下,他或她会无法在归复信托的基础上恢复。简言之,除非有像 *Prest v Petrodel Ltd* 案中的离婚程序,否则归复信托只会解决实际资金全部被用于购买房屋的情况,即使如此 *Prest* 案是一个非常不寻常的案例,它是有关于归复信托有效提供规避公司法学者称为“法人的面纱”的方法,“法人的面纱”使公司合法的与运作它的人分离,法院只在有不正当行为时会查看隐藏在其后的(现实)事物。返回到归复信托本身甚至其可适用之处,恢复“个人所有的财产”机制会将有关于此可恢复的金额“限制”到实际提供的金额或更准确地说是住宅价值所对应的比例的金额。

在此情况下,更灵活适应力更强的推定信托影响力变得更大也不足为奇了。它不是以恢复财产为前提,所以它的救济财产不以这种方式被限制金额。相反,推定信托以道德的良心要求为前提,对于住宅所有权争议,它也更关心为什么一方应该享有所有权的良好原因。显然,这似乎又与当事人同意分享所有权的方式紧密相关,尽管普通法所有权定位明确且相应的协议也据此成立。另一个紧密相关的是普通法所有人针对共享所有权所做的效果表示,以及他所认同的共享方式。

在试图聚集这些推定信托基本原理的关键因素时,推定信托已被认为是使当事人的“合意”生效的机制,此“合意”是基于他们住宅的共享所有权,此合意可能源于传统协议,或从普通法所有人的表述产生的理解而来。二者由衡平法强加推定信托这一方式连接起来,因为
192 财产普通法所有人如果没有遵从的协议或其做出的陈述,是不道德

的。我们也应该看到推定信托如何在共有所有权协议之外的情况下适用。

虽然这一讲述解释了推定信托如何对争议住宅所有权的判定有如此大影响,它也解释了为什么大量难题已出现以及为什么不确定性被法院采纳为方法的特征。这是因为适用共有住宅所有权的推定信托产生了问题,正如有分歧的判例法在 *Rosset* 案之前所证明的那样。

8.7.2　将推定信托适用于有争议的房产所有者时的困难:分裂的判例法与 *Rosset* 案的背景

在 20 世纪 70 年代至 80 年代,判例法反映了推定信托如何成为解决争议住宅所有权的机制选择,还反映了衡平法使用推定信托以回应不公的不一致性情形。它的出现伴随着共有住宅所有权共同意图的证据认定的错位,这导致了两种不能确定共同意图的回应。

在缺乏共同意图的情况下确定受益权

严格的财产原则应该适用以下情况,对普通法上仅属于一方的住宅的共享所有权的共同意图不能被认定的情况。*Burns v Burns* 案说明了基于共同生活和共同占有财产的双方意图并不等同于共享财产受益权的意图这一原则。在此情况下,Fox L. J. 阐明了,"在我看来,单单当事人一同生活与做普通家务的事实并非表明他们打算改变任何一方的现存财产权利"。*Gissing v Gissing* 案坚持,推定信托只能被适用于当事人的共同意图,在缺乏共同意图时适用严格财产原则,出现的任何利益都是权利人做出的资金捐助。

确定基于公平与公正标准的受益权

在缺乏共同意图适用严格财产原则时,另一种基于"良心与正义"的替代方法开始出现。这反映的内容是,间接捐赠比重太少,且法院应该在当事人得到财产之后更灵活地看待当事人的行为与意图。Lord Denning 开创了此方式,包括 *Eves v Eves* 案与 *Hussey v Palmer* 案的一系列关键案例都基于一种新的推定信托模式进行认定,其可在

“无论何时正义与良心要求它时”被强加。

因此,在许多方面,争议住宅所有权的案例研究可被视为是一直存在于推定信托理论中的紧张关系的缩影,这在第 6 章有提到。大量有分歧的观点在英国法中是,推定信托是否更适当地被视为使现有所有权正式化的独立存在的制度,或是推定信托能否以更基本的“救济”类型存在,此类型可实际为原告设立所有权。

193 8.8 *Rosset* 案背景:澄清与重述——普通法上的终结?

由于 *Rose* 案之前的案例法对于推定信托的适用有着不同的观点,所以非普通法财产所有人的法律地位问题变得难以确定。这些案件几乎不需要指示就可轻松地“双向”运行,而且在许多情况下,这些案件又似乎少有“转向”的情况。这越发令人不满,因为财产权利是有价值的,衡平法的功能是管理出现在财产所有权上的紧张关系而不是忽视它们。

在这方面,Lord Bridge 对 *Rosset* 案的判决被视为为法律提供了非常清晰的说明,因此,它是简短对法律进行实质性讨论的起点。然而,介绍的方式仍然有太多需要介绍,我们也必须意识到,尽管其清楚且确定,*Rosset* 之后的法律又变得不确定了。最近,准确的是自 2007 年,更多的确定性回归法律,但仍有非常重大的问题不清楚。这一新时期法律在很多方面使 *Rosset* 案的裁决因为上议院对 *Stack v Dowden* 案的裁决变得不太重要,上诉法院对 *Oxley v Hiscock* 案的裁决为 *Stack* 案的裁决准备了许多依据。

正如我们应发现的,这些案例为法律带来影响是因其不稳定以及不确定,因为它们展示出与 Lord Bridge 所做的清晰的法律说明非常显著的差别,此法律说明被他视为重述而不是改写法律。关键的是,*Oxley* 案与 *Stack* 案都提供了判例,即 Lord Bridge 在“两种案例”——

解决争议关键的两个关键问题——中得出的基本不同在某种程度上变得模糊。虽然情况开始显现,但我们还不清楚所发生的程度有多大,这也是最高法院 *Jones v Kernott* 案的裁决十分重大的原因之一。肯定的是,当进入到确定已存在受益权范围的问题,我们尚不清楚其在确定受益权是否存在方面与 *Rose* 案是否有着任何偏离。正如我们会看到的,*Stack* 案从 *Rose* 案的后一个角度讨论"法律移动",但其不清楚以下情况:*Oxley* 对此更谨慎,基于两个案例的观察都是有趣的(以及随之而来的裁决),因为所有与受益权有关的案例不在争议中,它们只是有关份额的问题。

四个关键案例:通过介绍陈述事实

这表明,*Rosset* 案作为法律事项仍很重要,正如其非常便于构成这些材料一样。两方面的价值都来自对为什么 *Rose* 案是1991年的重大案例的理解。在此之前,虽然承认它是三大重大案例之一,但它可能对确定以上每个案例事实有帮助,并对法院处理共有住宅所有权问题的提供法律判例。因为我们想到案例背后的故事,我们会回到这样的故事中来解释法律,且会着眼于 *Rosset* 案如何以及为什么是1991年的重大案例。

- 在 *Lloyds Bank v Rosset* 案中,已婚夫妇决定用57,000英镑购 194
买半无主的农舍。Rosset 夫人知道,全部购买费用源自家庭信托基金,受托人坚持以 Rosset 先生唯一的名字转让房屋,这似乎是为什么会发生这种情况的唯一原因。房屋需要修理,原有意图本是房屋应当是"临时合伙"。销售商允许 Rosset 夫妇在转移完成前几周登记财产,这是为了开始修理并使房屋适于居住。在这一期间内,Rosse 夫人花费很多时间在房屋上,促使施工人员工作以及尝试配合他们的工作(直到她的丈夫坚持应该他单独给出指示),然后去建筑商购买工人所需的建筑材料。她也协助她的丈夫计划修理与装潢房屋(她是一个熟练的画家以及室内装潢师),给两间卧室贴墙纸,给房屋安排保险,做出犯罪防御调查与协助安装防窃报警器。妻子所不知的是,Rosset 先生需要更多资金进行购买,并在购买完成之日前从银行透支了 18,000 英镑,并对财产进行了法定抵押担保。他随后拖欠了还款;当银行主张其财产,Rosset 夫人声明了财产的受益权,因她根据《1925 年土地登记法》第 70 条第 1 款第(7)项实际占有对抗其他权益的条款来约束银行。在上诉法院,大多讨论以 Rosset 夫人在控告时是否实际占有为中心,目的是判定是否可以以第 70 条第 1 款第(7)项作依据。上议院可以避免第 70 条第 1 款第(7)项所有的讨论,并简单认为 Rosset 夫人没有受益权。没有证据证明当事人之间的协议共有受益权,以及妻子的贡献被视为迄今为止讨论的原则的最低标准。

- *Oxley v Hiscock* 案涉及了由原告与其前任伴侣即被告共有的住宅。最初,当事人住在由原告与其前任的孩子占有的廉租房;在 1987 年 9 月,原告执行了她购买廉租房的权力。这次购买由被告人出售其财产的收入出资;在 1991 年,被告又一次出资 35,500 英镑加上其贷款的 30,000 英镑购买了价值 61,500 英镑的更大的房屋(其中 35,500 英镑来自前述房产的出售)。新的财产登记在被告名下,尽管原告的律师建议她通过联合登记确保她的地位。此后,双方当事人都出资维护改善财产并更普遍地相信双方都有受益权以合伙经营财产。在 2001 年,抵押贷款已付清,但当事人的关系已破裂并且房屋已出售。原告想宣告财产销售所得利益由相等份额的双方当事人以信托形式持有,一审时赞成这一事实。上诉时法院认定,在缺乏“当事人之间关于各方所有的份额的证据”时,最公平的结果是为了有利于被告人分为 4 : 6,而平等分配对被告人是不公平的。

- *Stack v Dowden* 案的事实涉及了开始于 1975 年的青少年恋爱关系;随后,Dowden 女士成为财产普通法所有人(10 Purves Road),该
195 处财产花费了她与 Stack 女士共同分担的 30,000 英镑。此次购买由 Dowden 建房互助协会账户出资 8000 英镑(不清楚 Stack 是否捐助基金),由 Dowden 个人名义进行抵押贷款 22,000 英镑且由她单独承担责任,她还承担了与所有支出有关的事(以账单、家庭税等形式)。双

方当事人都对财产做出相当大的改进,伴侣也及时地有了4个孩子;自始至终,Dowden的收入几乎是Stack的两倍。1993年,这一家买了新房,并被转让到当事人共同名下,但未做出关于受益权的声明。此次购买涉及以下因素:来自Dowden的128,813英镑(来自她的住房互助协会账户与出售Purves Road的财产收入);还有来自共同银行贷款的65,025英镑。Stack支付了所有的按揭利息与联合捐助,偿还的资本财产来自以下账目:Stack 27,000英镑与Dowden 38,435英镑。再一次,共有安排以Dowden的名义做出,当事人拥有专账,并单独储蓄与独立投资。当事人在2002年分开,一审时法院命令平等分配,这是以当事人关系与他们整个行为过程的行为的性质为基础。以此为基础的出资也会从在那一阶段关系已结束的Purves Road房屋分离出销售收入,但上诉法院认定,没有任何依据可以表明他意图享有受益权,因为不能证明他对建房协会进行了捐赠,而最初的支付来源于该账户。Dowden对此提起上诉,上诉法院对此支持,判定受益权总计为65∶35,此判决有利于Dowden。Stack向上议院上诉,要求再多15%收入,价值大概112,000英镑,这明显代表50%份额;他的上诉被驳回。

- *Jones v Kernott*案中的当事人在1983年开始同居;1985年他们以共同名义购入财产,购买的钱来自出售Jones房屋的收入与他们的共同抵押贷款。他们在那里一起住到1993年分开,那时Kernott搬出来了并买了另一房产。Kernott不再对抵押贷款或共同拥有财产的维护或开支付款。2006年他试图实现其份额,2008年隔断了联权共有。Jones提起了诉讼,要求法院裁决当事人各自受益权,这导致了有利于Jones的90∶10的分配,因为当事人的合意随着时间与情况发生变化,即Jones在Kernott停止对财产做出贡献后做出了大量的出资贡献。这一裁定被上诉法院推翻,依据是在*Stack v Dowden*案中确定的原则,即推定衡平法中的平等份额还没有被随后实际出资的不平等代替。在缺乏有关所有权范围的变化意图证据时,法院不可能推断有关来自当事人分开后行为的房屋所有权的变化意图。在2011年11月9日发布的判决中,最高法院一致同意上诉请求并恢复地方法院的裁
196 定,即 Kernott 撤回对房屋的供款超过了14年,这可以使法院得出结论:双方的共同意图实际上已经偏离了平等分配的意图,这种意图一直存在直到财产分配。

结合现在陈述的四个关键案例事实,我们回头审视为什么 *Rosset* 案在1991年是如此重要的案例。

8.9 *Lloyds Bank v Rosset* 案:相互连贯的两种不同案例的确定性与重述

鉴于将推定信托适用于房屋所有权争议时产生的矛盾,判例法的分歧已经越来越多,并具有极大的不确定性。当时,*Rosset* 案被视为法律上一个很重要的确定性说明。有趣的是,正如 Lord Bridge 自己所见,这实际是现存法律的重述而不是新的法律立场声明。它旨在成为权威的说明,甚至是决定性的说明。在 Lord Bridge 看来,这是推定信托维持对当事人有关房屋所有权合意生效方式的重述;如果不能找到共有所有权的合意,受益权会由以财产为基础的原则决定(反映当事人对自己资产的出资)。因此,推定信托不是通过回应每个有争议的所有权案例上的不公平而确保“正义”的策略,如果一方当事人自己对他人的房屋无贡献,那么他不会只凭借他共有占有的事实而获得其中的利益。

在采纳此观点时(正如他所相信的,以及重述法律的正确地位),Lord Bridge 确定两种可找到共有房屋所有权的合意的案例,因此是两大类能认定属于他人的房屋所有权权益的情况。正如变得明显的,对于 Lord Bridge,虽然两种案例都能被认定出所有权权益,但它们实际上非常不同。这些类型的案例根据“必须解决的首要基本问题”被确

定。对于 Lord Bridge,对区分两种案例极为重要的情况如下:

> 必须解决的首要基本问题,与作为住宅共有房屋相关以及管理共同事务过程中当事人行为的推论无关,是在购买前或例外地在后期是否有协议或在他们之间达成的对财产共享利益的理解。从这个意义来说,在我们看来共有协议的发现只能基于伙伴之间的明示讨论的证据,不论如何不完全记忆与他们的条款如何不精确。一旦发现此效果发生,一方当事人仅需对另一方当事人的普通法所有权提出主张即可,这显示为了引起推定信托或财产所有人禁言,他或她做出对他或她的损害或显著改变了他或她依赖于协议的地位。(*Lloyds Bank v Rosset* 案)

Lord Bridge 通过以下解释坚持: 197

> 与此情况完全相反,不同的情况是,不能证明共有协议的存在,即使是在以下情况下:如果他们关心此问题,无论对于当事人达成如此协议其可能有多合理,即便如果法院作为推断共同受益于财产的合意的基础与作为依赖于推定信托产生的行为,必须完全依赖于当事人行为。无论是直接购买还是抵押贷款分期付款,在非法定所有人一方对买价的直接贡献会易于证明创立推定信托必须的推断是正当的。但正如我们所知道的判例,至少它们都非常值得怀疑是否少做了些什么。

这一解释确定了两种案例,后来也被称为“第一种 *Rosset* 案”与“第二种 *Rosset* 案”:

- 第一种 *Rosset* 案例出现在有证据证明是共同获益于财产的协议。在这种情况下,财产非普通法所有人因此协议可“主张”衡平法财产利益。在此情况下,正是此协议对认定收益权,以及通过贡献引入推定信托[以避免第53条第1款第(2)项的要求]很重要。

- 第二种 *Rosset* 案例是无"独立"证据证明共同受益的财产协议而法院的唯一手段是推断这是来自财产非普通法所有人对财产的贡献的情况。这意味着,非普通法所有人的出资是能认定原告拥有住宅受益权的唯一方式。

将推定信托适用于 *Rosset* 案的两种类型

Lord Bridge 认为,受益权可以由非法定所有人因推定信托或财产所有人禁反言而"主张"。在 *Rosset* 案之后的一段时间内,法院明显倾向于推定信托而不是禁反言途径,这也是一种公平原则(但结合了不同前提与面向实现公平的回应,正如我们会在正当程序中简短注意到的),这一观点被上议院在 *Stack v Dowden* 案中得以确认。这两种 *Rosset* 案类型可以在推定信托中如下构建:

- 第一种 *Rosset* 推定信托明示合意基于"协议或在他们之间达成共同受益于财产的理解",其认定是从"独立从当事人在作为住宅共有房屋以及管理共有事物时的行为推断出"。正如 Lord Bridge 预想的法律那样,这种推定信托会从此协议的信赖损害的出现中产生。

- 第二种 *Rosset* 出现在推测出的合意推定信托的情况下,其不存在独立的协议,法院必须"完全依赖于当事人行为",二者都是以作为推断共同受益于财产的合意为基础,也被视为对产生推定信托依赖的行为。

198 在第二种 *Rosset* 中出现的情况也被视为正统推论的归复信托,而不是 *Oxley v Hiscock* 案与 *Stack v Dowden* 案中的推定信托。考虑到正当程序中的建议,Lord Bridge 实际仔细考虑分析作为推定信托运行的机制,而不是归复信托。

8.10　*Rosset* 案与共享住宅受益所有权的“合意”

根据 *Rosset* 案中的 Lord Bridge 的观点,通过推定信托实现的家庭住宅受益所有权仅在双方当事人达成以此种方式共享房屋的合意时才会产生。Lord Bridge 对其的重视反映了在相当长的一段时间里,“共同占有并不等同于共同所有”这一主张建立了相关法律的参数。这一共享所有权的合意使得衡平法有正当理由对财产的普通法所有人施加推定信托,如若双方未达成此种合意,则衡平法无权这样做。

就 Lord Bridge 审理的两类案件的差异而言,区分二者的关键因素是有无共享受益所有权之合意。双方当事人合意(或协议)的存在为原告主张业主权益(这里指衡平法上的所有权)提供了最清楚的正当理由,然而要达到这一标准却似乎必须要建立在双方明确讨论的基础上(详细讨论见后文)。但更重要的是,对 Lord Bridge 来说,这一合意必须独立于双方的实际贡献(简称双方的“行为”),且这意味着双方的这份合意而不是他们的贡献最终决定了原告得以争取到的房屋所有权的份额。这一点之所以重要的原因在于,尽管 *Rosset* 案之前的案例法也表明了这一点,后一观点在 *Oxley v Hiscock* 案以及 *Stack v Dowden* 案的影响下发生了重大改变,从而使法院更加重视双方的实际贡献。

再次回到 Lord Bridge 如何审案上,而不是 *Rosset* 一案之后事情可能会如何变化,第二类案件是没有独立存在于任何这类合意的双方当事人之行为的证据(如对房屋的贡献)。*Rosset* 一案就是这样一类案件。在这一点上,如若要从共享受益所有权的意图中作出推断,就只有从双方的贡献上作出了。因此,双方的定期贡献被用来认定财产的非普通法所有人的受益所有权,且由于没有除此之外的证据,他们的贡献也似乎被作为了其实际量化的方式。此时理解 Lord Bridge 的观点很重要:在这一情形下,只有身为非普通法所有人的一方当事人可能只有对房屋购买具有直接贡献方可,且贡献可以第一笔存款的方式或者在之后以抵押偿付的方式进行,除此之外没有其他任何方式了。稍后会有更多讨论,尤其是考虑到 Lord Bridge 严格通过行为确
199 立利益关系的方法的被批判之处,对此最近的讨论出现于 *Stack v Dowden* 一案以及 *Abbot v Abbott* 案的枢密院判决中。

正如 Lord Bridge 审理 *Rosset* 一案时所做的判决,双方当事人的行为也是与第一类案件相关的,但远没有在第二类案件中重要;在涉及合意共享所有权的案件(第 1 类案件)中,原告没有必要对房屋购买进行直接贡献。这是因为共享住宅受益所有权的合意独立于双方当事人的行为,而对于 Lord Bridge 而言似乎该行为的唯一功能只是规避《1925 年财产法》第 53 条第 1 款(b)项的形式要件。由此可以推断,房屋的普通法所有人发表声明将自己指定为本人以及另一方当事人的信托人。为了使其获得效力,此种声明必须要有书面签字[依据第 53 条第 1 款(b)项],除非有默示的归复信托或者推定信托,这一情况依据于第 53 条第 2 款,而第 53 条第 1 款(b)项不适用。在原告损害了自己的利益或者凭借达成的合意显著变更自己的法律地位时就会出现推定信托。传统上,在这些情形下作出的贡献被视为损害信赖的行为,它们将会允许规避形式要件的做法发生。这是因为,正如 Lord Bridge 在 *Rosset* 一案中解释的,凭借合意声明变更其法律地位的原告可以产生“一种可以获得执行的利益……通过……推定信托”。

由此分析可以断定,若双方达成书面合意则不再需要信赖损害——例如,双方当事人通过签名信交流——且当共享的财产不是土地(如大篷车或者游艇)时也不需要信赖损害。然而,我们发现,这一有关在第 1 类合意的情形下的贡献具有功能性的观点被 *Oxley v Hiscock* 一案以及 *Stack v Dowden* 一案所质疑(之前已有提示,并进一步广泛地在本章节内多部分进行了讨论)。

现代法律以及 Lord Bridge 认定的 *Rosset* 案的重要意义

Rosset 案判决具有非常重要的意义,它被视为里程碑的原因有二,而这两个原因互相紧密联系。第一,*Rosset* 案重申了推定信托的应有地位是使双方当事人基于共享住宅所有权的合意生效;第二,为了明确这一点,两类案件有所区别,尽管二者都能在属于他人的房屋上产生衡平法权益,但它们的操作模式却极其不同。该判决区分了存在证据证明双方当事人基于共享受益所有权达成合意的案件以及没有独立证据证明此种合意的案件。在分析判例法时,我们应同时牢记 *Rosset* 一案产生的两大分类标准,和两个焦点。我们已经介绍过这些了,且实质上它们可以被理解为作为非普通法所有人的一方当事人主张存在受益权所必须提供的内容的问题,以及一旦这一方提供了这一内容,法院会如何决定这一受益权应当多大的问题。

Rosset 一案被确定为对财产主张受益权的重要阐释。然而,即使考虑到试图主张共同占有等同于共同所有(要么基于明示协议要么基于贡献行为证明的合意)的财产非普通法所有人的立场,*Rosset* 案之后的立场已在许多方面变得令人困惑与不稳定。现在将简要地解释这一现象产生的主要原因,但将其与有关今后适用 *Rosset* 案的材料一起阅读时会好理解得多。目前,你只需要了解在 *Rosset* 案之后适用 200
Rosset 案判决的难题产生于:

- 第 1 类案件和第 2 类案件差别的模糊化,是因为缺乏明示合意的(小且直接的)贡献开始产生与 Lord Bridge 强调的存在共享所有权的明示合意的案件(第 1 类案件)非常相似的结果,最显著的例子就是 *Midland Bank v Cooke* 案;

- 法院考虑到缺乏共享所有权的明示合意(如 *Le Foe v Le Foe* 案)的间接金钱贡献,与 Lord Bridge 在 *Rosset* 一案的陈词相反;

- 房屋被取得后(取得是 *Rosset* 一案确定双方当事人基于所有权的意图的关键)产生的任何贡献所带来的难题,包括能够实质性增加房屋资本价值的重大改建;

- 基于信托的家庭住宅用益所有权分析的兴起与衰落,同时 *Oxley v Hiscock* 案成为法院适用以禁止反言为基础量化家庭住宅共享利益的分析的顶峰;
- 在实例中,根据 *Oxley v Hiscock* 一案,"每一方当事人均有权享有法院认定双方就财产进行的'交易的全过程'后被认为公允的财产份额"(包括间接贡献以及后续贡献);
- *Stack v Dowden* 案所证明的基于信托的家庭住宅用益所有权分析的兴起与衰落以及再次兴起,在这个案件中,上诉法院在支持 *Oxley* 的整个"交易全过程"方法的同时,批判了强调法院对公平性的评估这一做法,因为该案的焦点应当是双方当事人的意图,上诉法院还提及了法院对推断双方意图的需要而不是自行归咎他们的意图,同时,这一种信托方式也是岌岌可危的宝贵财产权的一个更合适的整体反映。

并且,*Stack v Dowden* 一案和 *Oxley v Hiscock* 一案似乎均未作改变地留下了 Lord Bridge 在 *Rosset* 案中主张的必要条件的基本部分,即任何原告都必须对房屋主张权益。因此,在真正达成共享房屋所有权的实质中,*Rosset* 采用的认定这一共享权益的方式(通过参考第 1 类和第 2 类案件)是站得住脚的。在这里,*Oxley* 案和 *Stack* 案均为最好的量化案件,且 *Rosset* 案仍是主张存在受益权的领导性案件,尽管这些案件都对 *Rosset* 案关于"可接受贡献"所采用的严格方式十分重要。如今这也同样适用于 *Jones v Kernott* 一案,凭此最高法院似乎有权继续在单独普通法所有权纠纷中适用 *Rosset* 案的判决,且自然是在实质上适用的。

Stack v Dowden 一案解决了许多这样的难题,以及在 *Rosset* 案之后开始出现或重新出现的不确定因素。我们认为在现代法律中适用 *Rosset* 案判决时这一点在相关时期会被指出。然而,在此之前,同样值得注意的是,*Stack v Dowden* 一案过急下了结论:在缺乏明示的信托声明时,即使存在一个家庭房屋中共同拥有房屋普通法所有权,也不一定意味着双方共有房屋的意图。

下一部分为理解 *Rosset* 案自 1991 年起发生了什么奠定了基础。在适当的地方,这一部分将集中关注 *Rosset* 案中给出的关于原告如何 201
能够对共有财产主张权益的重要陈词及此后如何决定该权益大小这两点自 *Rosset* 案后是如何发展的。参考 Lord Bridge 确定的两种案件类型,我们现在就像研究 *Rosset* 案时一样逐个思考这些问题。

8.11　依据 *Rosset* 案认定家庭住宅上的权益

除非双方当事人均享有该争议房屋的普通法所有权,这是所有房屋所有权纠纷案件中必问的首要问题,且这也是在法律上针对主张人之外的人单独所有的房屋受益权的任何主张所必须提出的问题。同时,就从根本上区分这两类案件而言,从 *Rosset* 案很快就能明显看出,Lord Bridge 预见了这一问题在每种案件中提出的方式都不同。

8.11.1　像 *Rosset* 第 1 类案件的原告一样主张权益

对 Lord Bridge 来说,他描述为表征第 1 类案件的协议的本质是它独立存在于任何贡献之外。

接下来审视主张权益的关键认定因素,其关乎实际达成的协议以及所需要的因素。尽管 Lord Bridge 认为这一类型的案件出现的财产权益可以通过推定信托或者财产所有人禁反言的方式产生,*Stack v Dowden* 案认为信托是决定巩固房屋受益权的宝贵财产权利且更好的机制。这十分重要,因为这与 *Oxley v Hiscock* 一案采用的方法形成了对比,也与此书对表面上将可能有些许相似之处的两种主张等同而事实上在操作和实际后果上忽视了它们本质区别的做法的长期批判形成对比。

Lord Bridge 以及信托和禁反言的相似性和差异性

考虑到 Lord Bridge 坚持认为一个第 1 类案件的主张可以源自推

定信托或者财产所有权禁反言,本书也一直在解释这两种原则的相似性,就如同 Lord Bridge 清楚预见的一般。两种原则均确保代表特定立场的双方当事人不得在后期掺入与其之前立场不同的主张,它们均产生于原告对其代表人的信赖。本书同样强调了它们的差异,并认为 Lord Bridge 太过轻易地总结了信托与禁反言是两种简单的"非黑即白"机制。据我们所知,信托建立在不可撤销承诺的基础上,且当我们审视禁反言机制是如何确保误导另一方的当事人不被允许食言和对原告违约时,这一点的重要性就变得更清晰了。

禁反言要求一方当事人受到了另一方的误导,但对除依赖于其所涉及的损害外的主张不再作要求。这意味着,不像信托案件,禁反言案件中不会出现任何明示的通信要件,且因此这看似比要求"明示的通信"(Lord Bridge 事实上如此要求)更加灵活。但是禁反言在原告
202 能够取得之物方面也更加局限,这由鼓励性依赖的范围界定,也受其限制。此外,原告权利的指导准则是"公平正义的最低衡平法标准"。因此本书一直认为,适用信托或者禁反言分析的后果能够影响对共有房屋主张权益份额的大小。

Oxley v Hiscock 一案中的禁反言机制的普及本身在很大程度上受到许多上诉法院有关一般土地权益案件的影响,主要包括 *Yaxley v Gotts* 一案的判决,其中 Walker L. J. 认为,在许多案件中,信托与禁反言的运用会产生相似的结果。虽然如此,*Hyett v Stanley* 一案发生在此前不久且作为本书观点真实写照的是,Martin Nourse 爵士认为这两种主张在实质上和操作上完全不同。在 *Stack v Dowden* 一案中,上诉法院确实重申了信托机制提供了家庭房屋受益权的宝贵属性的一个更好的反映。作为此的一部分,有趣的是 Walker 在 *Yaxley v Gotts* 一案中关于自己(作为上诉法院法官的 Walker)观点的见解以及他对两种主张差异性的承认。

鉴于 *Stack v Dowden* 一案的出现,对家庭房屋共同所有权不再有必要考虑适用所有权禁反言了,因此这里关于第 1 类案件的分析则集中于

Lord Bridge 要求如何适用通过推定信托确保的第 1 类权利要求。

协议的产生要求有明示的协商

从 Lord Bridge 的判决中可以明显看出,为达成第 1 类案件的协议,共享所有权的协议(合意的基础)必须是直接的,且实际上能达到双方明示协商的程度。Lord Bridge 在其他方面更加灵活,且认为这种情况可以发生在取得房屋所有权之前的任何时期(他甚至承认道,在特例中,这种情况还可以发生在"之后的一些时期")。从 Lord Bridge 的陈述中我们也可以清楚地看到,双方达成的协议并不需要被清楚地或甚至是极为精确地记得。然而,为了达成协议,一些实际性的协商是必要的。关于此的法律依据可以在 *Springette v Defoe* 案以及 *Savill v Goodall* 案中找到,两者均涉及政府公屋住户在家庭房屋共有权终止的"购买权"政策下获得的折扣优惠的重要性。

在 *Springette v Defoe* 一案中,双方当事人凭借 Springette 享有的"购买权"以 41% 的折扣价格购买了一套房屋。该房屋被共同登记在双方名下,然而却没有关于用益所有权的规定。二者均负有抵押偿付的义务,且均要同等偿付抵押贷款。双方也有其他贡献,从而使 Springette 的整体金钱贡献比例(包括她的贴现值)在 75% 左右,而 Defoe 的贡献比例则在 25% 左右。当双方的关系破裂时,Springette 以其贡献坚持她享有 75% 的产权,而 Defoe 则通过提出 *Rosset* 第 1 类请求以要求 50% 的产权。上诉法院拒绝了其请求,因为双方并没有任何明示协议,且以上诉法院法官 Steyn 的话来说,信托法并不允许财产权受到心灵感应的影响。这意味着 Defoe 声称的事实上的合意并不存在,且法院只能通过贡献行为推测一方的意图;换句话说,Defoe 只能作为第 2 类案件的原告而不是第 1 类案件原告。

不久后,*Savill v Goodall* 案则得出了一个不同的结论,其中,被告享有 42% 的购房折扣,而剩下的尾款则来自原告 Savill 先生承担偿付 203
义务的抵押贷款。该房屋同样共同登记在双方名下,但是在此情形下,上诉法院认为,当与由 Savill 先生承担抵押贷款偿付义务以及偿付花销的协议同时存在时,双方平分受益权的明示协议意味着双方之间确实存在平分受益权的关系。在 Stack 关于普通法共有人衡平法意义上的共享所有权判决之前,*Springette v Defoe* 案和 *Savill v Goodall* 案唯一的实质性区别是前者双方缺乏任何协议,而后者则有双方的明示协商。

尽管在 *Midland Bank v Cooke* 案使明示协商是否还是必须这一问题成疑,Lord Bridge 坚持要求双方存在明示协商实属相当深思远虑的。对 Lord Bridge 而言,这是比通过关于此种通常被理解为合作伙伴关系的推测产生宝贵财产权更好的根基。在这一方面,*Cooke* Waite L. J. 在 *Springette* 一案中关于双方当事人是一对中年夫妇,他们内部的协议不应当以与商业伙伴关系相同的法律程序对待的说法可能是正确的,但他同样忽视了信托法中这一领域法律的一些重要基础结构。

信托法的基础在于,当存在另一方当事人时,普通法所有人拒绝承认另一方的权利要求是不合理的,第 1 类案件中的主张被认为依赖于普通法所有人的信托声明。由此断定,信托声明应当存在,因为,据我们由第 3 章可知的,尽管法院原则上会承认以行动代替言语的做法(如 *Kayford Ltd* 案所阐释的),但这一做法必须符合情境。同时信托声明作为一种不可撤销的承担过重法律义务的对财产的承诺的形式,对其普通法所有人而言具有法律意义,且它也能够约束第三方。这表明,需要具有与另一方共享所有权合意的实际协商(除非有证据证明能够心灵感应)是更受支持的选择。

不合常规的协议是否可以成为此处的协议呢?

Savill 案中双方的明示协商指向的是传统意义上以文字构成的协议,但是 Lord Bridge 却暗示了一种共享受益所有权的"协议或理解"。此处,*Eves v Eves* 案以及 *Grant v Edwards* 案(均为上诉案件)显示了财产的普通法所有人所作的有关其所有权的陈述可以成为双方之间的一种协议,甚至是主张人被不诚信告知时。在 *Rosset* 案中的两种类

型的案件均被作为权威解释,作为第1类型案件核心的明示合意可以由一方所作陈述体现,也可以通过更传统意义上的协议体现。以原告由此所作的推断为基础也是如此,而且它得以反过来影响陈述作用的一方当事人的后续行为的形式出现。

Eves 案和 *Grant* 案都有相似的情形,其中女方被告知了为何她们与男方共享的房屋普通法所有权不得不被单独赋予男方的辩解理由。Linda Grant 被告知这是为了避免在其离婚诉讼出现不公,而 Janet Eves 则被告知她无法在法律上享有该房屋的普通法所有权,因为她未满21周岁。在这两种情形下,这都是她们的另一方当事人为掩盖其不愿共享所有权的真实想法所作的表面文章,同时两个案件原告的请求均被法院支持,且 Grant 被授予50%的受益权而 Eves 则保住了 204
25%的受益权;在 *Rosset* 案中,Lord Bridge 说这两个案例都是"第1类型案件的典型案例"。

在 *Grant v Edwards* 案中,法院的论证很明确,即该辩解可以理解为一种共享房屋受益所有权的合意,Grant 以此提出主张,由此她有权依判决或推定信托享有一半的产权。当我们看向第2类案件时,很显然的是,在 *Rosset* 案本身中,Grant 的实际贡献并不特别重大或根本没有,将不会在没有 Edward 夫妇关于共享所有权的陈述的情况下使他获得一半的产权,且原告的名字之所以不能出现在法律文件中"缘由"正是案件的关键要素。但是这一作为谎言的陈述是如何被解读为为合意提供证据的呢?乍一看,我们可以发现 Edward 夫妇有着与此极为相反的合意,但是他所言被法院理解为意思是"你的名字将出现在房屋产权证上,但是这将对你的离婚诉讼不利"。这是因为,如若 Edward 夫妇意图说道,"这套房屋只属于我一人所有",则不再需要辩解了。通过这一曲折的论证过程,法院得以推断,独立于 Grant 的贡献外,她将享有房屋一半的产权,而该案件的结果取决于此推断。

我们可以看到同样的原则也适用于 *Eves v Eves* 案,但是这并不是 Lord Denning 论证 Janet Eves 享有25%受益权的方法。我们已经遇到

了 *Eves* 案这一适用不规则推定信托的案例,这一点 Lord Bridge 在 *Rosset* 案中持批判态度,同时 *Lord Denning* 认为这一结果会出现的原因在于它是一特例,且衡平法得以发展为满足公平正义需要的能力意味着法院享有规避严格财产原则的自由裁量权。*Rosset* 案试图在适用推定信托中重申严格财产原则,因此 Eve 夫妇一案依照 *Grant v Edwards* 案的说理部分被作为了第 1 类型案件,而 Lord Bridge 则否定了 Lord Denning 的说理结果。

但是 *Grant v Edwards* 案的说理部分被批判为完全是虚构的,原因是 *Grant* 案和 *Eve* 案中的男方显然均不打算让另一方享有任何财产权益。这一点被 *Simon Gardner* 案指出:

> 如果我为拒绝参加一次我认为很无聊的派对的请求找借口,这并不意味着我因此乐意参加:相反,这表明我并不愿意参加……很难想象有关的法官们真的相信这一说辞(谬论)。

如果我们主观地看待 Gardner 的意图,其反对确实是有力的。但是如果我们回想第 5 章,我们已经从关于托管的单方声明的材料中知道了这是由审视所有人兼委托人所言或做决定的。我们现在也能够分析到,这是客观决定的,因为法院有义务赋予言辞以应有之义,在 *Richards v Delbridge* 案和 *Kayford Ltd* 案中均有强调这一点。的确,在 *Eves v Eves* 案初审时,Brightman J. 评论道:"被告显然在误导原告相信她将享有一些尚不明确的财产权益,而她的名字也只是因其年龄才没有出现在产权转让证书上。"

Glover 和 Todd 在[1995]5 Web JCLI 中认为 Gardner 所做推理是错位的,其错位源自当事人明确或含蓄地使另一方相信其言论或行为的方式。一旦通过表示"如若没有婚姻程序,你就能被授予该房屋的
205 所有权"而采取的客观方法的说法被认定,其意思是在事实上,该房屋将为二人所有,没有这一说法被告就没有理由找借口了。在这些情形

下,Edwards 真正的想法并不相关且它所想表达的实际上是一种非常明显的信托宣告。

8.11.2 “协议”的重要性以及推定信托是如何由此产生的

当我们首次看到 Lord Bridge 对第 1 类案件诉讼请求的解释时,显然他不只是认同了共享所有权的协议,他还坚持认为这份协议需要取决于原告。这从 *Eves v Eves* 案和 *Grant v Edwards* 案中均可以看出,它们显示,共有房屋的衡平法利益的出现是因为普通法所有权持有者根据前述设立了信托。虽然如此,协议或授意并不会通过推定信托产生利益,且它必须伴随着信赖损害出现。对于 Lord Bridge 而言,这是产生《1925 年财产法》第 53 条第 2 款的原因,它使法律得以视信托为推定信托而不是明示的信托,这一点就要依照第 53 条第 1 款(b)项了。这方法能奏效,因为原告对被告说的话的信任会使普通法所有人不坚守诺言变得不合常理。这就是为什么对于 Lord Bridge 而言,即使在双方有协议时对财产的贡献也极为重要,因为其贡献为双方提供了信任的基础。

认定信赖损害所需要的,也是难以表现的

在 *Grant v Edwards* 案中,信赖损害是通过 Grant 偿付第二次抵押贷款以及对整个家庭开支作出如整理房屋、抚养小孩的实质贡献成立的。在 *Eves* 案中,Janet Eves 的信赖损害包括争议房屋的全面翻新,以用一把 14 磅的长柄锤打碎前花园的混泥土使它能够被铲平和铺草皮。在 *Ungurian v Lesnoff* 案中,原告在与被告一次短暂邂逅且被告向其保证给予她安稳与幸福后,放弃了她在波兰的公寓和工作与被告在伦敦非法同居。而在 *Hammond v Mitchell* 案中,Vicky Mitchell 对 Hammond 关于财产的保证的确使她有理由相信自己享有房屋一半的产权。

就实际成为信赖损害,在 *Grant v Edwards* 案中,Nourse L. J. 将此解释为“除非原告将对房屋享有利益,否则她没有理由采取这一行为”。这里会产生的难题包括,认为这一行为实际上具有信赖损害而不是基于情意的普通行为。我们可以通过回想这么多争议是如何产生的来解释它。早前,这一点被解释为:因为夫妻间通常会基于将他们的关系比作一种合资关系的想法就房屋所有权作设想;在这些情形下,原告很难证明他或她是为了获取房屋利益而不是确实出于情意而为使双方关系更进一步才如此做。

这意味着,颇为乖张的是,让关系密切的双方展现这一点尤为困难,且铭记这一点我们才能够开始理解 *Grant v Edwards* 案所采用的
206 方法如何在 *Wayling v Jones* 案以及 *Ottey v Grundy* 案中被发展和改善。在 *Ottey v Grundy* 案中,根据 Arden L. J. ,为成立信赖损害而采用的验证并不是“要不是被告作了共享财产的保证,原告将会离开他,而只是如果该承诺被撤销原告才会离开做出保证的被告”。这是 *Wayling v Jones* 案所采用的验证方法。在 *Wayling* 案中,一旦原告证明被告作了承诺,举证责任则在于作出承诺的一方需证明原告实际上没有理由相信该承诺,且出于不同原因假装他或她相信,当然很多亲密关系也很容易走向破裂。这表现了,法院确实清楚地知道双方当事人之间亲密且常常极为亲密的关系。这也体现了,法院积极通过确保被告无法为了违背他或她所作出的承诺而不公平地剥削亲密伙伴关系的方式来处理好此类问题。

8.12 *Rosset* 案第 2 类:成立通过认定具有合意的推定信托产生的财产衡平法权益

这一类型的案例有很多,原因完全在于很少人会真正讨论他们房屋的所有权,且当纠纷产生时,法院就要判断他们是否有共享房屋受益所有权的合意了。因为在这些情形下,没有“独立”的证据证明双方存在协议,双方当事人已经作出的任何贡献是法院推断财产共有权

(而不是占有或对权利占有收益)存在或不存在的唯一途径。对 Lord Bridge 而言,在这一类型的案件中,贡献将起到核心作用,而不像它们在第1类案件中所起的辅助作用一样。且相反,Lord Bridge 关于哪种贡献是足够的认定相当严格,与 *Rosset* 案之前的判例法中的严格财产方式非常相似,这在诸如 *Gissing v Gissing* 案和 *Pettit v Pettit* 案中有被证明。根据 Lord Bridge 的说法:

- 贡献必须直接指向房屋的初始取得——且在这一类型的案件中,存款或者贷款偿还款将很容易证明成立推定信托所需的推断;同时
- 不足以证明存在推定信托的贡献均为并不"直接与购买房屋"相关的其他贡献。

关于第2类案件,将会变得显而易见的是,在 *Rosset* 案之后法律的大多数变化可以从 *Oxley* 案和 *Stack* 案中发现。然而这一点的准确范围并不是很明显,明显的是,*Stack* 案加强了 *Oxley* 案显著改变受益权(从 *Rosset* 案所预见的)开始被量化(正如我们在适当的时候会考虑的一样)的方式。现在看来还不能得出结论的是,*Rosset* 关于权益产生的立场是否被完全改变。但在考虑任何一种命题之前,我们应当看看 Lord Bridge 如何设想一个第2类案件原告得以通过由法院推断出的双方共享房屋所有权的合意而获得权益。 207

8.12.1　能够推断出所有权的贡献

在此,焦点在于原告的实际贡献,这完全是因为没有独立证据证明他的意图,且其重要性需要我们理解到,在 Lord Bridge 看来,他是在重述法律而非重写它。因为只有基于双方共享房屋住宅所有权的合意才能在其家庭房屋上施加信托(而不是基于简单占有),所以不应当令人太惊讶的是,Lord Bridge 坚持认为只有特定贡献才能被推断为双方具有共享所有权的合意。这意味着可接受的贡献将是有限的,Lord Bridge 认为通过存款和贷款偿还金可以很容易地推断出双方意

图共享所有权,也能够由此总结出这些可能是能被接受的唯一的贡献了。Lord Bridge 阐明,他的观点正是他理解早期权威判例的方式,且他的观点自然完全与 *Rosset* 案严格财产论证的基础一致。

此外还有购买权上的所谓的“折扣”的地位,而不是实际的现金,正如 *Springette v Defoe* 案所见。*Springette* 案在 *Rosse* 案之后被判决,但显然这样的贡献是直接的,因为它们直接体现购买价;在这方面,它们明显都可归因于房屋的取得,且同样被接纳为第 2 类型案件。目前不清楚的是,对 Lord Bridge 而言,任何其他条件是否足以推断出共享所有权的合意,但有许多我们认为不在其认可范围内的贡献,这是因为 Lord Bridge 认为它们忽略不计。

8.12.2　依据 *Rosset* 案绝对属于第 2 类案件之外的贡献

Lord Bridge 坚信他在重述法律,且他关于贡献的观点源自他所理解的权威判例。在此,我们可以看出 Lord Bridge 的观点显然受到了 *Gissing v Gissing* 案、*Pettitt v Pettitt* 案以及 *Burns v Burns* 案的影响。所有这些案件都指出,对于第 2 类案件来说(这些案件中有关所有权的合意能够在没有协议作为证据的情况下被推断出来),不足以成为存款和贷款偿还金的贡献没有任何价值。在 *Gissing v Gissing* 案中,尽管有着 16 年的婚姻,Gissing 女士却无法获得在普通法上为其丈夫所有的房屋的权益,因为该案适用 *Rosset* 案之前的一个严格财产权威判例。Lord Denning 在 *Eves v Eves* 案中提出了一种更加灵活的贡献方式,他认为衡平法并未渡过“分娩期”并因此不是不能够产生更多的灵活性,但是对于非直接贡献的顽固僵化的观点在它在 *Rosset* 案中被重申之前也在 *Burns v Burns* 案中也被重申了(正如 Lord Bridge 的判词所言)。

除了双方当事人尽管一起生活了 19 年(有 17 年是住在争议财产中的)仍未结婚的事实外,*Burns v Burns* 案拥有与 *Gissing* 案极为相似的事实。该房屋是单独以 Patrick Burns 的名义购买的,他也支付了房屋的整个购买价以及后续的贷款偿还金。原告 Valerie Burns 没有做出任何金钱贡献,但是却抚养了二人的小孩,也履行了家庭义务,且在最近家庭开支上她也有自己的贡献。她也带来了许多家具配件和一 208
台洗衣机,并重新装修了房屋。当双方关系破裂时,Valarie Burns 无法享有该房屋的受益所有权,因为这将由传统的财产原则(直到那时才颁行的《1973 年婚姻诉讼法》由于双方并未结婚而并不适用)决定,且她也没有有关取得房屋的金钱贡献(或者甚至是使 Patrick Burns 得以支付分期贷款的同等的金钱贡献),这一方式被 *Winkworth v Edward Baron Development Co. Ltd* 案所支持。

这一传统的看法之后被 Lord Bridge 采纳为 *Lloyds Bank plc v Rosset* 案的权威观点。在 *Rosset* 案中达到顶峰的情形认为,一方在这一类型的案件(第 2 类)中想要取得受益权所需要的要件是,其所依赖的贡献必须只能是重大贡献(并不能使忽略不计的),且也必须是能够指向财产的原始取得的贡献。在 *Rosset* 案中的第 1 类情形中没有这样的要求,这一情形下已有双方之间拥有合意的独立证据。在许多方面,对可接受之贡献持一种严格态度会意味着在共有房屋所有权背后的现实太容易被忽略,且甚至会对争议房屋所有权造成怪异的结果;在重申严格财产原则时,很可能在 *Rosset* 案中 Lord Bridge 关于可接受贡献的陈述被认为是穷尽的以及有意的。

关于第 2 类案件采取的方法的批判,严格财产原则以及“家庭经济”

属于第 2 类案件范畴的判例在传统上被作为权威判例,它们认为其他贡献不具有帮助原告取得属于他人房屋的财产权益的价值。在属于后面一种类型的案件中非常突出的一些案例是那些关于后来在 *Le Foe v Le Foe* 案中被称为“家庭经济”的案件,例如,抚养孩子、支付家庭开支或者提供家具及家庭服务,甚至是对房屋的重大装饰和修缮。一般来说,这些是生活在房屋中的女性通常所作的贡献,且法律仅赋予诸如存款及贷款偿还金等“现金”贡献价值的方式一直被批判为不利于家庭主妇。关于这一属性的批判与 *Rosset* 案之前的判例法

中的 *Burns v Burns* 案最有联系。且这一案件被法律委员会在其 2007 年关于非法同居的报告(*Law Com.* 307,*Cm.* 7182)中被视为源自取得共享房屋所有权的司法手段的不公正的体现。

同时,*Rosset* 案之后的判例法也认为法院的认定应受批判,不只是对于与“家务”有关的贡献方面,还在于双方对房屋所做增值手段的证据方面。现在还不清楚 Lord Bridge 是否明确希望排除一方的改良性出支得以大幅度地增加房屋的资本价值的方式,且其中一种观点是 *Rosset* 案在关于从贡献能够推导出所有权关系的讨论中简单地忽视了此点。然而,改良性资本支出的确导致了 Lord Bridge 如何明确表述可接受贡献的潜在难题,且显然它们也导致了 *Rosset* 案之后的判例法的一些困难。

改良性资本以及 *Rosset* 案中的可推测合意的推定信托

在 *Pettitt v Pettitt* 案中,夫妻二人以妻子 Pettitt 女士的名义购买了一间小屋,并由她支付了整个购买价。丈夫却用其自己的劳动与金钱
209 对该小屋进行了重大改良,并就此提出对该财产享有衡平法权益的请求;他的请求在上诉法院被驳回,认为他不对该小屋享有任何权益。然而,这只是基于他对小屋的改良实际上只是些短期的没有实质特点的修缮。在这些情形下,他没有理由因为这些修缮而获得对该小屋的永久权益,相反,这些修缮被理解是其对普通法所有人的赠与。这一案例构成了《婚姻诉讼法》、《1970 年财产法》和《1970 年法律改革杂项规定》,使法院获得了有关夫妻和未婚夫妻之间因“金钱贡献或者对双方享有受益权的不动产或动产进行具有金钱价值的改良”产生的受益权的自由裁量权。

同时,在 *Pettitt* 案本身中,不同判决表达的观点之间存在显著的差异:当 Lord Upjohn 模棱两可时,Lord Reid 却积极地提出改良性修缮原则上能够产生对财产的权益的观点。然而,同样的结果——不存在权益——出现在 *Thomas v Fuller-Brown* 案这一更强大的案例中,其中关系中的男方无法从另一方所有的房屋中取得权益,尽管在 Slade

L. J. 看来,男方对房屋的修缮"显然是相当重大的"。

该修缮被认为是对普通法所有人的赠与的裁决比在 *Pettitt* 案中更有争议,因为男方所作的修缮太过重大了;*Cooke v Head* 案为另一种不同方式提供了判例权威,此种方式使对房屋的改良得以使财产权实体化,*Burns v Burns* 案中 Fox L. J. 的判决似乎也支持这一观点。关于 *Rosset* 案为何没有提出这一问题的一种可能的解释是由改良性修缮产生的问题能够被忽略不计。更简单的一种解释可能是因为这不是案件本身的问题(*Rosset* 案中的贡献可以忽略不计而不是会增加财产的资本价值)。从这个角度来看,Fox L. J. 在 *Burns v Burns* 案中关于贡献的分类是很重要的陈述(这对发生在 10 年后不久的 *Le Foe v Le Foe* 案中采用的方式来说十分重要)——特别是考虑到 *Rosset* 案赋予 *Burns* 案的重要性。

鉴于 *Rosset* 的沉默而造成的改良性资本的澄清困难

同时也存在重大的资本性改良将不会直接指向房屋权益的取得的真实困境,因为它们是在取得房屋所有权之后才产生的。也就是说,即使原告以资本形式"支付"了房屋款项(而不是通过劳动贡献),问题依然存在,因为改良性资本同样可能是在取得房屋益权后的某些阶段才产生的。伴随着这一论证的难题在于,由于这一原因,即使能够增加房屋资本价值的非常重大的房屋改良似乎不能使当事方在该财产中产生权益。考虑到可能是更大的贡献而不是可接受的存款或者贷款偿还金比如是扩建的改良性资本的存在,这样的认定是有问题的。由于这些原因,按照这些惯例,*Rosset* 案忽视了改良性资本而不是意图排除它们。

变得明显的是,Lord Bridge 基于 *Oxley v Hiscock* 案的上诉法院判例以及 *Stack v Dowden* 案的上诉法院判决提出的关于贡献认定的观点遭受了很多质疑。但是要理解它们是如何改变法律的,就有必要理解在 *Rosset* 案之下法律的意图。剩下的就是考虑在 *Rosset* 案下受益权的定量被如何设想的问题了。

210 8.13 定量的传统方法:根据 *Rosset* 第 2 类设想的定量

在讨论权益的产生时,我们可以看到,根据 Lord Bridge 的陈述,以下两点将会很重要:首先,协议的存在或其他;其次,原告对取得房屋所作的贡献。如若我们回想第 1 类案件中该权益是如何产生的,再回到第 2 类案件中,我们可以看出协议的重要性以及贡献在决定原告是否享有受益权中的重要性。我们也可以看出这些案件中的每一个在两种类型的案件中的地位都不同,因此,有人认为,这些案件中的每一个所需要的就是对一项协议以及所作贡献的相对重要性的评估。

在此,我们了解到共享房屋所有权的协议是第 1 类案件诉讼请求的关键,且贡献也很重要,因为它们是认定信赖损害而产生推定信托的关键。相反,在第 2 类案件中,因为双方没有共享所有权的协议,原告所作的贡献是法院得以推断出所有权归属的唯一途径。

一旦原告得以在共有房屋中获得受益权,共享所有权的协议的相对重要性以及原告的贡献这一主题在我们思量这一受益权的大小如何定量时一直很重要。自从 *Rosset* 案之后发生的事的明显标志来看,我们能够感觉到定量受益权的方式发生了显著变化,但是为了理解这一点,我们需要考虑 *Rosset* 案下受益权的定量是如何被设想的。

后一短语被特意使用,因为我们事实上并不知道 *Rosset* 案下对于本案自身的定量方法是如何运作的。这是因为 *Rosset* 案根本没有考虑定量的问题:上诉法院判决认为 Rosset 女士无法对房屋享有权益。在没有共享房屋所有权的明示协议的情况下,Rosset 女士只有在证明她对取得房屋做出了贡献的前提下才能被推定享有房屋所有权,而 Lord Bridge 判决其所作贡献几乎可以忽略不计。就实用性而言,这意味着我们不得不试图推测 *Rosset* 案是如何从前述所言设想受益权的定量方法的,铭记这一点,在法律上,任何这一方面的观察也只是顺便一提的。

8.13.1　作为对所作贡献和共享所有权之协议的相对重要性的反映的 *Rosset* 案第 1 类的定量方法

从我们所了解到的出现于第 1 类案件中的双方之间协议和贡献的相对重要性中可知,我们现在需要理解在这一论题下受益权的定量是怎样的。我们知道,就第 1 类案件诉讼请求下产生受益权而言,Lord Bridge 认为贡献对信赖损害(其会产生推定信托)起到辅助作用,而协议才能真正产生权益。协议的相对重要性继续存在于我们如何理解受益权的定量在 *Rosset* 案下如何测定中,因为共享所有权的"独立"协议任然对于定量受益权大小来说十分重要。从许多案件中可以证明,作出极少贡献但确实依赖于协议的一方当事人们是如何在 211
普通法上从另一方所有的财产中获得重大份额,这一份额事实上能够多达财产权的一半。

这一点十分精确,因为受益权是由协议或受托书测定的(不同于第 2 类案件)而不是由贡献决定的,且这可以从 *Eves v Eves* 案和 *Grant v Edwards* 案的判决结果中看出,也可以从 *Ungurian v Lesnoff* 案和 *Hammond v Mitchell* 案看出。这些案例同样让我们进一步了解到在 *Rosset* 案之下受益权的定量是如何以两种紧密联系的方式被设想出来的。有人认为,因为 Lord Bridge 视 *Rosset* 为法律的重述,他对 *Eves v Eves* 案以及特别是 *Grant v Edwards* 案为第 1 类型的权威判例的认同将会扩展至法院对定量问题采取的一般方式的阐释。在此案中,两类案件都显示,在 *Rosset* 案之前,被归为第 1 类案件的案例的定量问题——具有明示合意的一些情况——被以双方当事人平分所有权的推测所处理。这被推断为关于合意最恰当的反映,但由于这只是一种推断,有相反合意的证据就可以推翻它。这解释了在 *Rosset* 案之后的判例法中赋予 Linda Grant 的一半产权以及赋予 *Janet Eves* 的 25% 的份额的不同,以及在 *Rosset* 案之后为何一半的产权会赋予

Vicky Mitchell。

然而,也有其他判例指出其他方法也同样有用。*Stokes v Anderson* 案和 *Passee v Passee* 案是证明即使在传统方法中,贡献行为对第 1 类案件的受益权定量有作用的判例权威。然而,为了与传统方法保持一致,这些案例都认为这在双方已经同意按照实际贡献比例决定每个人享有的所有权大小的情形下才会产生。更有趣的是,初看之下,从 *Drake v Whipp* 案中可以看到一种完全不同的定量方式。这就是所谓的"粗线条"定量方式,其中法院关注的是实际的贡献而不是关于一半产权的推论。在此案中,Drake 女士被给予三分之一的份额,而 Peter Gibson L. J. 认为:"在推定信托案件中,法院可以采取一种'粗线条'的方法以决定双方各自的所有权份额"。然而,实际上从 Whipp 的声明中不能看出他的意图,且 *Drake* 女士的财产份额似乎是由所有的证据决定的,包括双方各自的贡献。由于她实际上只要求获得 40% 的财产份额,显然我们有理由驳回鉴于相反证据的关于一半产权份额的推论。双方当事人一起实施的全部行为被认为是相关的,且这一点可以通过表现出与 *Stokes v Anderson* 案的相似性来解释,在这一案例中,*Drake v Whipp* 案并不是作为另一种不同定量方式的权威判例。

8.13.2 第 2 类案件的定量方式:在没有协议的情况下贡献的(持续)重要性

为了理解第 2 类案件中的受益权如何在 *Rosset* 案下被定量,我们需要理解这些是没有夫妻双方共享房屋所有权的明示协议证据的情形。这些案件的原告只有在他所作的贡献能够指向共享房屋所有权的合意时才能获得该房屋的利益,且此处的逻辑在于,贡献行为不仅是推断共享房屋所有权协议存在的唯一途径,而且也是决定任何推断
212 出来的权益大小的唯一方试。这意味着诸如存款、贷款偿还金和"折扣"(以及资本可能是改良性资本支出)的可认定的贡献实际上测量受益权的方式,并会将其大小限制至实际贡献的程度,因为法院在决

定“受益权案大小”时只是没有其他可以考虑的因素罢了。

因此这告诉我们为了定量受益权需要考虑的因素,但是它并未告诉我们该方法如何运作以至于它如何计算。这是因为,Lord Bridge 认为非房屋的普通法所有人的一方对房屋购买价的直接贡献“将很轻易地就能证明产生推定信托所必要的推断”,而同样地,根据 *Dyer v Dyer* 案,这确实像是归复信托的一种直接适用。

在某些方面,将贡献行为作为直接的“无偿转让”的归复信托进行分析的方法的确有用,且这一方法似乎对 Lord Bridge 为何将该机制比作推定信托提出了质疑。我们可以在更近的 *Oxley v Hiscock* 案的上诉法院判决和 *Stack v Dowden* 案的上诉法院判决中找到支持传统的归复信托理论的证据。除此之外,这一观点强大的智力支持来自第 6 章,它解释道:无偿转让的归复信托的产生是为了使财产的原始所有人在普通法所有权被转让给其他人时得以保留受益权。在此案中,争议财产为一套普通法上由原告之外的人所有的共有房屋。对此最简单的说明为原告曾享有财产的普通法所有权,但是却转让给了其他人,并且将基于 *Dyer* 原则保留衡平法权益,这意味着转移到别处的就只有普通法所有权罢了。这正是 *Hodgson v Marks* 案发生的事情,但是这不是典型的 *Rosset* 案情境下所发生的事情。

对“可接受”的第 2 类案件贡献适用归复信托分析

我们可知归复信托是如何从非普通法所有人的一方按照原则对房屋的购买价所作的贡献中产生的,前提是该金钱能够指向财产的取得。原告必须从对某些财产享有普通法所有权(包括所有权利与权益)开始。这一情况预想到,该财产的普通法所有权会在之后被转让给其他人,该人在这一方面将会是或者会成为争议房屋的普通法所有人。当这与存款有关时,它将会有如下效果,即普通法所有人取得房屋后,不享有所有权的一方当事人对该财产享有的衡平法权益(他依然享有)被转化为其对该财产的权益。或者,如若双方分别对卖家支付了款项,那么卖家就会成为双方的受托人,其比例依照双方支付份额计算,直到转让完成,也就是衡平法权益变成财产权益时。

为了这些目的,就如同 *Huntingford v Hobbs* 案中所展示的一样,非普通法所有人提供的金钱的来源是不相关的因素。

然而,尽管归复信托理论对存款和贷款偿还金有作用,这并不会反映出贷款实际上是如何组织和管理的,也不会反映出早期的贷款偿还金不成比例地与行政管理以及权益而非实际资本更相宜这一点,这会产生夫妻间意图以 50 : 50 的比例共享房屋所有权这一不当的结果。

考虑到贷款贡献对 Lord Bridge 而言是典型的贡献方式,且对
213 *Springette v Defoe* 案的“折扣”来说归复信托分析法根本没有用,它们被接纳为为了产生第 2 类案件权益的可接受的第 2 类案件贡献,这种情况是有问题的。*Springette* 案中的折扣会被认为是产生自可对抗地方议会的一种权利动产,其普通法所有权之后会被转让,但这将不能解释 *Marsh v Von Sternberg* 案中的情形。

Lord Bridge 是否理解归复信托的局限性?

即使没有直接涉及“折扣”,Lord Bridge 很有可能理解了归复信托在重新取得一方自己的财产方面的实际局限,当然还有在为了能够推测出所有权的归属而非常强烈地按照提供自有财产的原则购买房屋上的局限性。因此他很可能理解了由任何形式的财产赎购产生的实际问题,就算不是对于绝大多数案件,这也是许多案件的规范,且一旦我们可以看到原告确实作出了“现金”或其等价物“权利动产”的贡献,就能解释他对更加灵活的推定信托的偏好的原因了。

同时提出归复信托的明显局限,Lord Bridge 很可能已经留意到了传统运作的无偿让与归复信托,它也会潜在地使问题复杂化,且它在 20 世纪 90 年代时被看作是采取最后手段的工具(*McGrath v Wallis* 案,尽管注意到第 6 章中考虑的 *Laskar v Laskar* 案)。

第 2 类案件中的信托是否是有意为之的推定信托呢?

我们可以肯定地说,不像 20 世纪 70 年代至 80 年代其他一些法

官,Lord Bridge 显然没有被将第 2 类案件诉讼请求扩大至现金或其等价物之外的推定信托的灵活性所引诱。这正是基于其判决的保守性以及其判决作为基于严格财产原则的判例法的预期效果。但是 Lord Bridge 可能有意地偏向于推定信托的原因有一点:他认为,像 *Gissing v Gissing* 案这样的案例显示,在二十多年前,关于推定信托的论证法与严格财产原则相协调,并且推定信托在概念上较之归复信托与由共享所有权导致的纠纷更加匹配。这是因为,推定信托成为双方意图的体现,即使其实际结果是推定信托被施加在了(普通法上)仅属于其中一人的财产上。

正如我们从第 6 章中可知的,我们认同推定信托是根据双方意图而强加的,与其他信托一样,归复信托则是基于双方意图建立的。然而,不像推定信托,归复信托似乎只能够反映其中一方的意图——也就是对财产保留有衡平法权益的一方,尽管他已经失去了该财产的普通法所有权。在第 6 章中,我们了解到,在 *Westdeutsche Landesbank Girozentrale v Islington London Borough Council* 案之后,所有推定信托都建立在失去普通法所有权的财产所有人保留有受益权的推定意图上。这显然无法满足合意的构成要件,因为它没有考虑到另一方的立场。这也可以理解是他违背了良心,因为他知道贡献实际上是来自属于其他人的财产;这意味着,他作为财产的受托人而非所有人。对此的另一种不那么费解的论证是,衡平法产生了信托,如若不然,在这些情况下,财产的普通法所有人就没有理由将该财产视作自己的财产,这实际上就是实体性制度信托运作的模式。

8.14　*Rosset* 案后来命运:1991 年之后发生了什么? 214

我们的确已经从目前为止所讲到的内容中感觉到,Lord Bridge 将 *Rosset* 案视作是清晰明确的法律说明(是对现存法律的重述),而

Rosset 案实际上却没有下“定论”。几乎从一开始就有人认为,在 *Rosset* 案之后不久,法律再次变得不清晰且不确定,且这一点在第 8 ~ 10 章被具体化了一些,它按照 Lord Bridge 的观点介绍了 *Rosset* 案。我们现在知道了 *Rosset* 案对许多事情都没讲述清楚,因为它要么对特定的事情避而不提,要么就因为 *Rosset* 案本身的特定事实顺便一提。将这一点与 Lord Bridge 关于 *Rosset* 案能够提供一个清晰的法律说明的意图一起考虑,我们能够得出一个结论:要不是表述不清,*Rosset* 案之后的案件就会涉及这些问题了。然而,综观 *Rosset* 案之后发生的事情,我们可以看出,一些进展实际上与 Lord Bridge 推测的非常明晰的法律说明相悖。

碰巧的是,最显著的发展出现在了受益权的定量这一范畴,对于这一点 *Rosset* 案避而不提。然而,也变得明显的是,随着法律的发展,*Rosset* 案确定的核心原则产生了一些损害。这是我们需要知道另外两件与 *Rosset* 案并存的非常重要的案件的地方了,且它们对 Lord Bridge 最初的意图发生的相当大的变化负责。就定量而言,最显著的变化也与第 2 类案件诉讼请求有关。需要重申的是,这是更常见的诉讼请求种类,因为相对而言,很少夫妻会讨论他们共有房屋的所有权归属问题,且大多数法院无法给予原告公正的支持的情形也正是集中在这一类型的案件中。这是因为,正如 *Burns v Burns* 案向我们阐明的,法院最接受的是能够推断出双方共享所有权之合意的贡献——且这对缺乏灵活性的定量目的具有连锁效应。

在这一点上,对 *Rosset* 案的权威的严重损害与 *Midland Bank v Cooke* 案的判决一起出现,此案中,在缺乏任何协议的情况下,财产的非普通法所有人对房屋达到购买价 6.74% 的直接出资使得他获得了该房屋一半的产权。Waite L. J. 坚持认为,一旦原告通过直接出资(*Rosset* 案下确定的可接受出资)获得了权益,法院就能够在所有当事人的行为的基础上对该权益的大小进行定量。尽管有这一论证,它又正是出现在第 1 类型案件与第 2 类型案件判决结果相混淆的时期,由

于 *Oxle-y and Stack* 案的后见之明的福利,所以我们对它能够进行不同的解释。但在这两类案件出现之前,*Cooke* 案所采用的方式被 *Le Foe v Le Foe* 案采用,我们已经视其为引起了人们对"家庭经济"概念关注的情形,关于此我们现在来详细讲一讲。

Le Foe 案认为,家庭经济的复杂性在于它们依赖于若干贡献出资,且不只是 Lord Bridge 在 *Rosset* 案中所支持的更为有形的直接金钱出资。根据 *Le Foe* 案,这些直接贡献出资可以被视为以诸如支付水电费、家庭税以及其他家庭花销的非直接金钱出资和与家务以及尤其是照顾小孩相关的更加令人熟悉的非金钱出资的形式体现。有人认为,在所谓的非直接金钱出资和首要的(自然是就成立第2类案件 215
诉讼请求而言)直接金钱出资之间存在一种尤为复杂的相互作用,因为这些出资通常可以被视为是对为支付贷款腾出其他财产的方式(特别是那些属于另一方所有的财产)。就此而论,显然不公平的是,只有高度有形化的直接支付款被纳入考虑的范围内,且单独辨别这些贡献经常会掩盖掉生活安排中的财务情况。相反,这些贡献极为重要,这反过来表明,它们与决定双方当事人对房屋的受益权实践相关。

在1984年,也就是 *Le Foe* 案发生之前的15年前,我们可以在 Fox L. J. 在 *Burns v Burns* 案中的判词中看到他对家庭经济,甚至是对直接贡献与间接贡献的紧密依存性的评价。然而,虽然这在当时并没有产生直接影响,但 *Burns v Burns* 案的精神在法律委员会1995年关于不公正对待共享房屋所有权案件的原告的对应范畴的声明中显而易见。且在2006年7月,*Burns* 案成为法律委员会在其非法同居项目中攻击共享房屋所有权案件中持续的不公正的最佳手段。并且,在 *Le Foe* 案之后不久,法律委员会强烈要求法院采用其认定的更加广泛的可接受贡献范围。在其发布于2002年的关于共享房屋的讨论报告(法律委员会,278,Cm. 5666)中,法律委员会总结道,要为决定各种能够在英国找到的生活安排中的财产所有权归属提供框架几乎是不可能的。法律委员会因此强烈要求法院尽其所能为原告主张正义,且在

2004 年这一要求开始体现于 *Oxley v Hiscock* 案的上诉法院所采用的"整体交易习惯"方式中。相反,*Stack v Dowden* 案支持了更加宽泛的受益权定量方法应当被采纳这一观点(除了 Lord Neuberger 关于非直接贡献的观点外,而其他法官只将其视为家庭花销),并广泛地采纳了 *Oxley* 案所采纳的方式。

正如关于 *Stack v Dowden* 案的材料所述,上诉法院之所以没有采纳 *Oxley* 案采用的方式是因为法官们更倾向于信托而不是财产禁反言,且他们坚持认为法院的责任是使双方之间的协议生效,而不是对当事人施加法院认为公正的判决结果。除此之外,*Oley* 案采用的"整体交易习惯"方式被 *Stack v Dowden* 案所采纳,因此我们现在更多的是需要找出 *Oley* 案采用的方法在此案中实际上达到了怎样的效果。

8.15 恰恰出现在 *Oxley v Hiscock* 案之后的定量方法

在按照"四大关键案例"审理 *Oxley v Hiscock* 案的案件事实(通过介绍阐述事实)之后,初审判决双方当事人在没有明示协议的情况下,具有对共有房屋共享利益并共同承担义务的合意,并赋予原告该房屋一般的产权。在上诉中,被告声称:由于双方在购买房屋时未约定各自的受益权,而双方均为该财产的受托人,双方应当按照各自贡献的
216 比例享有受益权。然而,Chadwick L. J. 认为双方之间存在共享财产收益权的协议,他坚持认为:"并不是说双方当事人一起生活在一间它们均认为是为他们共同所有的房屋中,它们就共同享有该房屋的所有权。"在由于缺乏"有关双方各持房屋所有权的比例大小的约定的证据"而作出的有利于被告的判定双方按 40∶60 的比例享有房屋所有权的判决中,Chadwick L. J. 认为赋予双方同等比例的所有权份额将"对 Hiscock 先生不公平"。尽管有法官在初审时判决的夫妻二人的

“经典共享资源”，但情况也是如此。且该案判决的基础是 Hiscock 金额为 60,000 英镑的贡献比 Oxley 作出的金额为 36,500 英镑的贡献多得多（而双方被认为对偿还房屋贷款作出了几乎相同的出资）。

8.16 *Oxley* 案之后法律的立场

Oley 案之后法律的立场似乎以一些关键问题为特点，鉴于 *Stack v Dowden* 案中的上诉法院判决，现在它们自身要被重新审视了。但是，就按照 *Oxley* 案的观点的法律立场而言，能谈论的点很少。首先，*Oxley* 案似乎承认了 *Rosset* 案在这一领域的持续重要性。这一点可以从通过寻找合意达成共享所有权协议的持续重要性以及 *Rosset* 案设立的两种类型的案件的存在的持续重要性看出。对于第 1 类案件——找到双方之间存在共享房屋受益权的合意——*Rosset* 案的这一核心要素的持续重要性可以在 Chadwick L. J. 关于房屋受益所有权产生的一级和二级问题的解释中看出。Chadwick L. J. 对 Lord Bridge 所指的合意的解读为，该合意只适用于双方当事人之间是否有“共享房屋受益权的合意”这一一级问题，因此使得二级问题的回答更加开放（也由法院决定）：“双方就各自受益权的大小的意图是什么？”尽管 *Stack v Dowden* 案确实对这一方法进行了一些改动，就 *Oxley* 案（并因此也就上诉法院）而言，*Rosset* 案一直对财产上的衡平法权益是否能够成立的初步裁定起到支配作用。

Oxley v Hiscock 案以及在共有房屋中权益的认定

对两种类型的案件的确认是对 *Rosset* 案作为权威案例的进一步证实，且 Chadwick L. J. 直接明确地提到了它们，他说道：

在许多这样的案件中——现在这一案件正是它们的一个例子——双方在购买房屋的时候将会有许多约定，这为那一问题提供了回答。那些案件属于 Lord Bridge 认为的第 1 类案件的范畴。(*Oxley v Hiscock* 案中,Chadwick L. J. 的观点)

他继续说道:

在其他案件中——证据是这一问题在这些案件根本没有谈论——肯定的回答很容易就能由双方均作出了金钱出资这一事实中推断出来。这些是 Lord Bridge 认为属于第 2 类案件的案例。

217 这表明,就 *Oxley* 而言,*Rosset* 案的权威判例通过为决定受益权的存在提供框架而一直延续,它是任何定量方法的先决条件。

***Oxley v Hiscock* 案以及定量方法**

然而,除了继续对这两种类型的案件的认定外,关于 *Oxley* 案想要采用的定量方法有许多地方是我们可以注意到的。显然,*Oxley* 案采用的定量方法的推动力是整体交易习惯——也就是"双方关于财产的整个交易习惯"——它的重心在于响应法律委员会从 2002 年开始的强烈请求并授权 *Foe* 案为承认更广泛的第 2 类案件中的贡献范围而作出的"家庭经济动力学"提议。在此案中,*Oxley* 案是权威判例,一旦受益权产生(一级问题)法院将会为了定量受益权(二级问题)而考虑较之于 *Rosset* 案更加范围广泛地可接受出资。在这一点上,整体交易习惯将会是对贡献的一个整体评估,并将会包括考虑非直接金钱出资,例如支付重要账单及其他家庭花销,包括那些来源于装修的开支以及其他传统开支。在这一点上,*Oxley* 案也确认到,就定量而言,改良性资本支出在这一演算中起到作用,这产生了改良性支出不再被视作是对普通法所有人的赠与的这样一个明确权威立场。

这也表明,第 2 类案件的诉讼内容反映了所有权问题经常不被双方谈论到,且有疑问的第 2 类案件之定量自然可预见地在很多方面来自与此。因此,并不令人惊讶的是,未能承认重要贡献所造成的不公正比在第 1 类案件中可以被更敏锐地察觉到，在这些案件中原告所作的行为几乎无法满足协议的要求。然而，从 *Oxley* 案显然可以看出，对具有“平衡作用”的定量需要似乎并不受限于第 2 类案件。*Oxley* 案是定量原则在历史上对第 1 类案件原告太过宽容这一司法观念的权威判例。

Oxley 案采纳的定量第 1 类案件原告所持财产份额的方法

我们早些时候在这一章节了解到，*Oxley* 案采纳的定量方法，如同 *Rosset* 案所设想的一样，很可能会体现 *Rosset* 案之前的先例，它们基于为了产生衡平法权益而被认为是存在于双方当事人之间的合意而推定双方享有同等财产份额。在这一点上，显然它会被相反意思表示的证据所推翻，但是原告通常不能取得一半财产份额，且这通常是因为贡献极少，对此 Lord Bridge 自己采纳的延伸方法比要求明示的协议的方法还远多得多。*Oxley* 案是反对这一定量方法的权威判例，且现在很显然的是一些第 1 类案件将会采用“双方当事人之间的整体交易习惯”这一方式。在这些情况下，一名第 1 类案件原告会取得远低于 1/2 的财产份额，这一方法显著地偏离了 *Rosset* 案设想的定量方法。

这就是 *Oxley* 案试图将第 1 类案件再细分为两种不同类型的案件的原因。在此，*Oxley* 案对第 1 类型的 *Rosset* 案进行了细分，其中共享财产收益权的协议也将决定双方当事人各自的权益大小。这是因为 218
夫妻二人将会同意（出售财产之前或双方关系破裂之时）分割财产，也将会同意按照特定方式（要么平分要么按照特定比例）分割。如果缺乏这一合意，甚至是在第 1 类案件中，也无法推定双方意图平分财产收益权，且对于定量方法在出售财产或者双方关系破裂之前不固定（上诉法院法官明确提出自 *Stokes v Anderson* 案，且有人也认为 *Passee v Passee* 案似乎是另外一个例子）并且向法院寻求救济的案件，受益权的定量将由“他们就财产的整体交易习惯”决定。

因此，在许多方面，*Oxley* 案所提出的是显著偏离 *Rosset* 案的文字及其更加宽泛的意图表达的,尽管如此,在其他方面,*Oxley* 案在围绕其持续重要性的不确定性时期,的确极大地重申了 *Oxley* 案的权威。但是,Chadwick L. J. 在强调为了促进公平公正我们需要采取新的定量方法时承认到,这一领域的案例显示“法院并不觉得在所有情况下均被认为是公平的赋予财产份额的最后步骤与基于财产的传统定量方法能够协调一致”。这或许绝不会成立,因为这一“最后步骤”使第 2 类案件像 Lord Bridge 设想的一样,放在所有案件中几乎不易察觉,除非放在最清晰最不模棱两可的第 1 类案件中。

***Stack v Dowden* 案以及定量**

然而,对于第 2 类案件中传统方法的这种取代在严格意义上只是顺便一提,因为 *Oxley* 案本身实际上属于第 1 类案件;*Stack v Dowden* 案中的上诉法院完全支持 *Oxley* 案所采用的大多数方法。尤其是,由于 *Oxley* 案产生了一系列关于贡献的观点,它们可以在所有第 2 类案件中以及所有除最清晰的之外的第 1 类案件(其中双方明示的协议实际上已经对受益权进行了定量了)中适用。在这一方面,自然涉及定量问题,*Oxley* 案确保了存款以及贷款偿还金之外的一系列出资,包括家庭花销能够更好地反映出共同生活的现实,并因此能够保证有更大的空间给予原告公正。

然而,上诉法院并未支持所有 *Oxley* 案中定量方法的框架,因为对于 *Oxley* 案而言这是法院鉴于整体交易习惯认为什么是公平的一个决定,而 *Stack* 案却坚持认为焦点应当是基于双方当事人的意图来给出公正的判决。尽管 *Stack* 案本身的上诉法院围绕双方意图(以及随后在 *Abbott v Abbott* 案以及尤其是 Lady Hale 的判决)的大多数语言有些许模糊和不准确,但对于 *Stack* 案中的 Lord Neuberger 而言,这相当于要区分推定的意图以及强加的意图。虽然法院可以从双方相互间的交易习惯推定他们的意图,但是法院不得对部分当事人强加意图。

除了使争议双方回到争议解决方法的中心外,对定量在“整体交易习惯”大标题下采用范围宽泛的贡献认定方式的唯一反对意见来自Lord Neuberger,他认为此种开支更应当与占有有关而不是所有。 219

8.17 *Stack v Dowden* 案作为法律的清晰陈述：那么它是当时的 *Rosset* 案吗？

考虑 *Stack* 案是自 *Rosset* 案之后进入上诉法院的首个此类案例，一些人开始关注其对于支持一个在第1类案件和第2类案件中采用的更加灵活的定量方法之外的重要性,这一重要性通过促进公正清楚地提出,并同时准备摒弃严格财产原则。在这些情形下,考虑到其曲折的历史以及长存的不安定性,人们将会希望非常彻底地研究这一领域的法律。因此,我们可以注意到许多关于它的有趣的事情。

8.17.1 对共有房屋普通法所有权案件的受益权定量

Stack 案仍然是定量受益权这一领域的权威判例,尽管一旦涉足“唯一普通法所有人对非普通法所有人”这一范畴,房屋所有权争议即使在夫妻双方是他们房屋的普通法共有人的情况下也会产生。我们可以从 *Stack* 案中看出,在这些情况下,双方的纠纷将涉及受益所有权归属作为的判决结果,且在一开始法院就提出普通法所有权作为受益所有权产生的基础是与正式的所有权有关而不是与衡平法所有权有关。上诉法院的观点是,如果存在这样一种普通法上的共同居住关系,就应当推定双方由此具有共享房屋受益权的合意,并且通常而言,应当推定受益权应反映双方平等互利共享这一态度。这是对“衡平法遵从于普通法”箴言的适用,且试图证明其普通法地位而非衡平法地位的一方需要承担极重的举证责任。

就 *Stack* 案本身,上诉法院也评判道,这是一件极为不寻常的案例,因为对生活在一起这么多年并育有小孩的夫妻来说,将各自事务如此严格地区分是很不正常的。然而,基于其他事实,夫妻二人将他们的个人事务完全区别开来,且 Stack 的总体缴款出资比 Dowden 的远少得多。在 *Stack* 案之后,*Fowler v Barron* 案作为权威判例,使普通法共有人很难表示这一处境与衡平法上的处境不相类似,同时还偏离了衡平法权利只出现在特别情形下的推定。

Fowler 案作为权威判例,使原告需要证明更多而不仅仅是所作贡献的完全不平等性。本案中双方所作贡献具有完全不平等性,但是因为不像 *Stack* 案中双方之间的出资一样(*Stack* 案的当事人之间尽管存在一段长达 20 年的婚姻关系同时还一起养育了四个小孩,但严格区分双方的金钱事务),所有的证据都证明 Fowler 和 Barron 几乎完全把各自的收入放置在一起处置。因此,即使双方当事人之间存在相当的经济不平等,在没有任何证据证明双方拒绝平等共享收益权的意图的情况下,法院没有理由推翻衡平法上关于双方共享受益权的推定。

由 *Laskar v Laskar* 案看来一种重要的"注解"现在变得很显然了,这一案例作为权威案例,认为 *Stack v Dowden* 案对于同等受益权的推
220 定将只适用于像一段"亲密"关系中的夫妻一般的存在共同居住关系的情形。Lord Neuberger 拒绝解读这一家庭成员间的共同居住关系的推定,因此这必须被推定为关于夫妻之外关系的案件。

Jones v Kernott 案现在作为权威判例,认为像夫妻一样的普通法权利人间推定具有的共享受益权在双方(一度)平等共享受益权的意图发生实质变更时可以被推翻。在 *Jones* 案本身中,不再意图共享受益权的证据可以从 *Kernott* 将长达 14 年的出资贡献完全取出中找到。这显然是 *Stack* 案关于推翻"特殊情形"推定的进一步篇章内容。

这也是"可撤销推定信托"这一观点的有趣阐释,它是由 Lord Hoffmann 和 Lord Neuberger 在 *Stack* 案中为处理随时间改变的意图所探索出来的方法。实质上在 *Stack* 案中这一点更多的是被作为对共享所有权的意图由于不断变化的情形随着时间的流逝而改变的回应。*Jones* 案现在显示了这一论证如何得以适用于随着时间以及变化的情

形而变化的共享所有权的意图。

更一般地说,*Stack* 案采用的定量方法可以被简要概括于 Lady Hale 在该案的判决中,即前提是“环境是一切”,且每一件案例都有各自的案件事实。但是,Lady Hale 使其成为可确认的定量方式,并继续强调道,比金钱出资更多的因素可能与双方的“真实意图”设想有关。她继续通过阐明下述内容强调这一点:

> ……在转移财产之时任何能够使他人明白双方意图的建议或讨论;房屋以双方名义取得的原因;幸存者被授权获得资本金的原因(如果真是如此);房屋被取得的目的;双方关系的性质;他们是否拥有双方均有义务养育的孩子;他们最初以及后续以何购买该房屋;双方如何管理钱财,是各自分开还是一起还是两者均有一些;他们如何支出财产以及他们的其他家庭花销。当夫妻双方是房屋的共同所有人并共同承担偿还抵押贷款的义务时,关于谁支付了什么的推论可能会与房屋所有人只有一人的推论非常不同。关于各方支付了多少购房款的计算也可能没那么重要了。更容易得出的推论是:他们的意图让各自尽自己所能对家庭作出贡献,且他们同等地共享最终的权益与义务。双方当事人的个人性格与特性也可能是决定他们真实意图的一个因素。在非法同居关系中,一方唯利是图的野心比他们处于婚姻关系中更加显著,但是我们不能假设这些野心总是会凌驾于亲情和爱情之上。(*Stack v Dowden* 案,根据 Lady Hale 在第 69 号案件所言)

关注的焦点明确集中于普通法共同居住者中的原告,同时 Lady Hale 也同意对支持 Chadwick L. J. 在 *Oxley* 案中关于应当重视双方之间就财产的整体交易习惯的观点更一般化地适用。现在这一方法本身也已经在 *Jones* 案中被再次阐释。 221

8.17.2 *Jones v Kernott* 案中阐释的 *Stack v Dowden* 案所采用的定量方法

法院对定量问题的回应现在可以从 *Jones v Kernott* 案中看出来，同时，从记载于第 51 号的 Lady Hale 和 Lord Walker 的联合判决中总结出的“五点公式”应作为“可适用于以均负有偿还任何贷款义务的非法同居双方以共同名义购买家庭住房，但未以明示协议的方式约定各自的受益权案件的原则”。

(1) 出发点在于衡平法遵从于普通法，且他们之间的关系在普通法上以及衡平法上均是共同居住关系。

(2) 这一推定是可以被推翻，只要能证明(a)双方在取得房屋时存在不同的合意，或者(b)他们后来形成了改变各自所持财产份额的合意。

(3) 他们的合意将会客观地从他们的行为中推测出来：“每一方当事人相关的意图将是另一方能够合理地从其言语和行为中理解的意图，即使他并未有意形成该意图甚至是有其他未告知另一方的不同意图”(Lord Diplock 在 *Gissing v Gissi-ng* 案所言)。有关产生这样的推论的证据的例子在 *Stack v Dowden* 案中有给出。

(4) 在那些显然要么(a)双方最初并没有产生共同居住的意图，要么(b)改变了他们的原始意图，但是却不可能通过直接证据或者推定肯定他们就各自对财产享有份额多少的实际意图的案例中，“给出的回答是每一方都享有法院考虑到双方之间就财产的整体交易习惯而认为公平的财产份额”：Chadwick L. J. 在 *Oxley v Hiscock* 案中所言。在我们所作的判决中，“就财产的……整体交易习惯”应当作广泛理解，使得一系列相似的因素得以作为可能与确定双方当事人的实际意图有关的认定标准而被考虑入内。

(5) 每一件案例都有各自的案件事实。金钱出资是相关的，但是也有其他许多能够使得法院决定各方各自享有多少财产份额的意图[正如案件(3)]或者法院认为公平的财产份额[正如案件(4)]的因素。

Jones 案以及在唯一普通法所有权背景下的定量

该陈述非常全面地解决了共同普通法居住权背景下的定量问题,并解释了法院将如何解决偏离同等享有财产份额的推定的问题。由此也能明显地看出,它不包括这一背景之外的定量问题,且正如明确指出的,它不适用于“只登记在一方名下”的家庭房屋。紧接着的段落讲述到,对于这样的案例,法院判决的出发点是不同的。第一个问题是一方是否有使得另一方享有对该财产的任何受益权的意图。如果他有这一意图,第二个问题就是这一权益是什么。Lady Hale 和 Lord Walker 在阐明无法推定双方之间享有同等财产份额或实际上享有任何财产份额时解释到,在共享所有权的合意可以通过行为客观地推导出来的案件中,“法院不得不要按照在第 51(4)段以及上面的第(5)段的程序进行审理”,但现在这确实能够显示让各自享有多大的财产份额的双方意图。

因此 *Jones* 案就实际产生这一合意究竟想表达的是什么呢?

8.17.3　共享房屋所有权的首要的问题:*Jones* 案以及产生受益权 222

我们现在将 *Jones* 案与 *Oxley* 案以及 *Stack* 案一起作为受益权定量案件进行汇编——这些案件中存在争议的是受益权的大小,而不是受益权实际是否存在。考虑到这一点,并不令人惊讶的是,所有这些判决都坚定地指向了受益权的定量。但是这并不是这些案件中的任何一件所讨论的全部问题,且我们已经在 *Oxley* 案中看到了关于受益权成立的推论,在该案中 Chadwick L. J. 似乎就他所称的“共同意图的首要问题”采纳了 *Lloyds Bank v Rosset* 案的判例权威的观点。我们已经看到过一些关于合意在 *Stack* 案以及现在的 *Jones* 案中的持续重要性的观点,且我们现在需要进一步地审视在属于他人所有的房屋上成立受益权的必备要件。

***Stack v Dowden* 案以及改良性资本支出**

Stack 案的上诉法院支持了 *Oxley* 案所采用的接受改良性资本支出作为双方之间的整体交易习惯的观点,它似乎消除了围绕他们是否真的能够由这些贡献作出共享房屋所有权的推定的模糊性,尤其支持这一观点的法官是 Lords Hope 和 Neuberger。这一做法将改良性资本支出纳入与存款和贷款偿还金一起作为可接受出资的种类,但是上议院也表示,Lord Bridge 认为的要成立受益权需要满足的要件在现阶段或许过于严苛以至于无法满足公正的需要,且如果与定量受益权有关的法律能够继续向可以扩大贡献认定的范围"前进",公正将被更好地伸张。

尽管 *Stack* 案(像其之前的 *Oxley* 案还有之后的 *Abbott* 案)是一个定量受益权的案件(其中受益权的存在并不被确定),它将顺便讨论这一性质,很可惜它没有围绕 *Rosset* 案中 Lord Bridge 在所有人(Lord Neuberger 除外)的一致观点之外陈述的必备要件进行详细讨论,而其他人都认为一概不允许非直接金钱出资作为产生受益权的要件是一种过于苛刻的处理方式。

在 *Stack* 案之后,以 *Abbott v Abbott* 案、*James v Thomas* 案、*Parris v Williams* 案以及 *Thomson v Humphreys* 案为核心的许多案件均要求我们注意,就在共有房屋中成立受益权而言情况发生了很大变化。的确,与有关它的一些解读相反的是,*Abbott* 案稍微进一步地认为可接受的贡献或许已经被稍微扩大至存款、贷款偿还金以及(现在由于 *Stack* 案的阐明)改良性资本支出。但是在任何案件中这一点都只是顺带一提,因为受益权的存在问题并不存在争议,且原告能够基于能被 Lord Bridge 接受的贡献提出主张。

除此之外,*James* 案和 *Parris* 案作为上诉法院的权威判例认为,在缺乏明示协议的情况下,没有作出直接贡献的当事人(且按照 *Stack* 案的观点几乎肯定是改良性资本支出)将继续难以在衡平法上成立受益权(其中 *Parris* 明确提到了信赖损害)。这些案例也体现了上诉法院对 *Rosset* 案采用的框架的持续支持。

对这一态度的进一步肯定现在可以从 *Jones* 案对"不同的出发点"存在于涉及仅登记于一方的房屋案件的坚持中看出,其中的首要 223
问题是"一方是否有使得另一方享有该房屋的任何受益权的意图",且这与 *Rosset* 案的观点非常相似。

这些案件表明,法律是否"向前发展"的问题的中心是非直接金钱贡献或许能够适用于决定共享房屋受益权的存在问题的程度。正如 Lord Bridge 在 *Rosset* 案中设想的,这一点能够在真正范围上极大地改变法律。对许多司法和学术评论员而言,这是因为处于变化中的对公正的需要而发生的,但是这些案件本身表明这真正是一个"开放性"问题。这是因为 *Jones* 案继续强调与现代化相提并论的贡献,而且关于不论是金钱的还是非金钱的非直接贡献的讨论仍然是开放的而不是具体的。

8.17.4 *Jones v Kernott* 案:变化中的公正观以及成立受益权

与非直接贡献相关的问题将被进一步讨论,且它们可能仍是这一领域法律的前沿。因为法律委员会崇尚的改革现在不可能发生,法院将继续在决定房屋所有权上守卫公正。

就这一故事中评估 *Jones v Kernott* 案的重要性而言,它的确对成立受益权这一首要问题作了重点评论,最高院称其为值得仔细考究的问题。本书认为 *Stack* 案的判决是关于决定受益权是否真实存在的一个相当谨慎的参考,尽管它是 21 世纪对公正的需求的一种试探,且它将上议院的恐慌归因于同时源自法律委员会的同居项目。尽管这显然不会在可预见的未来带来法律改革,同时 *Jones* 案关于成立受益权的评论严格来说只是顺带一提的、开放性的以及缺乏细节的,该判决

的确似乎比 *Stack* 案的思路更加鲜明。或许这反映出了法院在可预见的未来里将继续守卫公正的司法确认。

最高法院的裁决最重要的部分是对认定共同意图仍然是重心这一点的承认,且这是 *Jones* 案关于实际认定意图的观察方式的呈现。

***Jones v Kernott* 案:通过强加意图作出有关双方意图的裁决**

依据最高法院判决的整体衔接性评估,Lord Collins 坚持认为任何由法官们给出的论证方法的不同"大体上是术语上的和概念上的,且可能在实践中没有差别"。虽然 Lord Kerr 同意这一法官之间论证方法的差异的宽泛评价,他坚持认为虽然如此,他"更不倾向于相信论证方法的分歧不可能在实践中产生差异"。

这直接与最高法院关于如果无法推定双方之间的意图,法院就得以将意图强加(于他们)的判决相联系。这是关于本书分析的重大兴趣的问题,原因在于 Lady Hale 似乎在把当事人双方有争议的房屋意
224 图的不同的非明显表达合并起来。本书认为推定的意图与强加的意图之间存在重大差异,基于现在得到了 Lord Kerr 的司法认可的因素,结论更是如此。Lord Wilson 认为,基于 *Jones* 案的案件事实有可能可以推定双方当事人的意图,且法院只能将房屋按照类似于郡法院法官规定的公平比例由双方共享所有权的意图强加于他们。这对原告为非普通法所有人的纠纷具有相当的重要性,并且当然也对围绕"可接受贡献"的持续存在的不确定性具有相当重要的意义。

意图是如何确定的?强加意图在纠纷解决中的地位

在许多方面,这里的出发点可以从 Lord Wilson 在 *Jones* 案中的判决中找到,他在第 78 号案件中开始讨论了法院所遇到的困难的性质以及缘由:

> 鉴于议会一直未能授予法院有关非婚姻双方关系破裂时各自财产的有限再分配权,我热烈地称赞衡平法的发展,这由 Lady Hale 和 Lord Walker 带头在 *Stack v Dowden* 案的发言中提出,并在现在的上

诉中他们所作的判决中重申的,他们认为实现家庭房屋普通法所有权推定信托的共同意图可以被强加于关系中的双方当事人。

就强加意图本身的基本性质而言,Lord Kerr 认为,虽然无论双方的意图是推定的还是强加的,许多案件的结果很可能一样,这并不意味着“得出这些结果的过程或多或少是一样的”。

有趣的是,法官补充道,法院应当尽一切可能确认双方的意图,但是它在恰当的时候不得拒绝承认要推定双方的意图是不可能的,而强加意图则是唯一的做法。然而,若是如此,对他而言“通常就需要一套明显不同的分析模式”。的确,正如 Lord Kerr 在第74号案件中解释的:

总而言之,我之所以质疑法院对强加意图的观念的倾向,是因为这一操作与确认双方的观点完全不相干。它包括了法院鉴于双方之间就财产的整体交易习惯决定何为公平的过程。这一判决与双方的意图或是如果他们提出这一问题,双方意图会被如何假定这一点无关。在许多方面,我们更倾向于在决定是否可以推定双方的意图与在不能推定时决定何为公平之时做出彻底的选择,而不是简要地猜测他们的意图可能是什么——或者应当是什么。但是强加意图这一概念已被写入这一领域的法律中,且或许现在不太可能摒弃它了。

在 Lords Kerr 和 Wilson 的发言中有很多表达他们对使用强加意图这一概念的后悔,他们还谈论了它的必要性,以及它与推定得出的意图怎样不同。且 Lord Kerr 确实强调到,与一些地方的观点相反的是,Lady Hale 在 *Stack* 案和 *Abbott* 案中的言论没有体现其个人关于“承认强加共同意图的权力”的意愿。

强加于双方的意图的特别性质的评估需要被纠正过来。尽管在 225
争议间越来越起主导作用的普通法共有权使普通法所有人与非普通法所有人对立,且作出进行产权登记的有关受益所有权的明示声明很便利,但它也强调了在这一领域的法律中流行的一个非常重要的观点。

最高法院认为,强加意图应当只能在没有其他选择的时候出现。这确实使 *Jones* 案的判决成为在阐明推定意图和强加意图完全不同方面的一个令人满意的判决。但是其本身也是对双方当事人在进行产权登记时自己不会考虑所有权归属问题的一个最令人遗憾的反映。

就这一点而言,*Jones* 案不仅作为双方未能明确其有关所有权的意图的警告,并且也作为自他们遇到会实际上引发所有权归属问题的困难之前没有这么做的警告。出现这一问题时,在所有权能客观地由行为推导出来的情况下,非直接金钱贡献还有非金钱贡献的地位问题显然可能是 21 世纪为原告伸张公正的斗争中的核心。同样,这些贡献将继续给法院造成最大的困扰。更直接的是,在最高院关于 *Jones* 案的判决做出后不久,它开始适用于 *Aspden v EIoy* 案。*Aspden* 案是对 *Jones* 案中关于法院对无法推定双方就各自享有的财产份额的意图的案件而强加意图的能力的判决的适用。这标志着"充实"这一框架的开端。同样非常重要的是,尽管该案的事实"从任何一个角度看来都很不寻常",*Aspden* 案也阐释了 *Jones* 案在由于存在单一普通法所有权而出发点不同的案件中的适用。

8.18 同居、法律改革以及从苏格兰得到的教训

法律委员会同居项目仔细地检查了 2006 年发表的意见征询书以及此后于 2007 年发表的报告,而对这一领域的法律改革的感知的显性需求主导着其给出的分析。该项目也强调了法律委员会对源自似乎与形成为同居者伸张公正的新方法有关的困难的失望,而这一新方法本将是切实可行的,且也能够反映出遍布 21 世纪英国全社会的生活安排的多样性。在那时,这些考量能够被视为附加于为所有与家庭

房屋所有权纠纷有关的案件中的双方当事人伸张公平所显然固有的复杂性上的运作基础,这些复杂性植根于财产的“所有权”与由所有权产生的对公正的回应之间的公认的紧张关系。

在法律委员会的工作得出结论后,尽管人们号召议会立法,鉴于法律委员会的认定,法律改革似乎不太可能出现且一旦多数派保守联合政府在 2010 年被选举出来则更是如此。的确,由来自英国泰晤士河亨利镇的自由民主党 Lord Marks 提出的《私人成员法案》——最初是 2013 年至 2014 年的《同居权法案》,现在则是 2014 年至 2015 年的《同居权法案》——显然是跟随了其自由民主党同伴 Lord Lester 提出的 2009 年《同居法案》的命运。

自法律委员会的同居项目结束后,以及追溯至这之前出现的大多数学术作品,引起了人们对司法管辖权处理“同居问题”如何不同的注意,并且还经常特别地将其与加拿大和新西兰作比较。在此,非常重 226
要的是,与法律委员会的提案相似的提议可以在离本土更近的地方(地理人)——苏格兰找到。这是由于《2006 年家庭法(苏格兰)》的原因,其中的第 28 条法律使同居双方得以就总额支付的经济劣势向法院提出补偿请求。这一方法与法律委员会所提出的方法的相似性在 *Scottish case of Gow v Grant* 案的最高法院判决中很容易就可以看出。该案判决,Gow 女士在双方关系终止时能够就由于出售其公寓住宅造成的经济劣势(其出售房屋是受到了 Grant 的怂恿)以及她将其部分收入用作双方的生活开支的来源得到补偿。

在得出这一观点时,最高法院注意到了一项实际可行的且公平的结果,且在得出这一结果时注意了双方在关系开始时以及结束时的经济状况。他解释道,这一结果并不寻求向未婚夫妻强加结为夫妻的义务,而是致力于补救由于双方关系存在而造成的经济得失。虽然这一结论的本质在 Lady Hale 的判决中尤为显著,但是人们强烈而全面地支持英国法律从苏格兰法律中吸取经验。

227

第 9 章　秘密信托与半秘密信托（与推定信托和归复信托）

正如第 4 章关于当事人生前转让的解释，通过遗嘱获得财产需要满足形式要件的要求。按照《1837 年遗嘱法》（*Wills Act* 1837）第 9 条［已由《1982 年司法行政法》（*Administration of Justice Act* 1982）第 17 条修正］，要使该遗嘱生效，其必须是书面的且必须有妥当的签名和见证人作见证。在第 4 章中，“法律手续”的本质及其重要性很大程度上是为了防范对财产进行秘密交易。秘密信托的概念以及帮助与管理其运作的法律来自于这一与遗嘱的有效性有关的法律形式的特别要求。

9.1　秘密信托和半秘密信托是什么？

正如前述所说的，那么，理解秘密信托为何物要求我们首先要理解遗嘱要生效需要满足什么条件。因此《1837 年遗嘱法》第 9 条（已修

订)的全部内容如下:

遗嘱不得生效,除非——

(a)该遗嘱为书面形式,并由遗嘱人签字,或者由其他人在遗嘱人在场并指导的情况下签字;且

(b)遗嘱人意图通过其签名使该遗嘱生效;且

(c)签名是由遗嘱人在两名以上的见证人同时到场的情况下作出的或者被其认可的;且

(d)每一名见证人要么——

(i)为遗嘱作证并签名;要么

(ii)在遗嘱人到场的情况下认可其签名(但并不需要其他任何一名见证人到场)。

但是作证的形式不作要求。

如果该遗嘱不符合第 9 条的规定,它就完全无效,且它意图设立的任何信托也将无效。然而,正如我们将会看到的,秘密信托和半秘密信托自遗嘱人死亡之日起生效,而不需要详细说明遗嘱中关于信托的规定,甚至也不需要披露其存在。

第 9 条(已修订)的目的在于防范欺诈:法律形式要件就是为了防止欺诈的发生,并反映出设立遗嘱是一项重大事宜以及深思熟虑后的结果。然而,像在其他领域一样,对法律形式的要求有时候反而能够助长欺诈,但是"衡平法将不会允许法律法规成为欺诈的外衣",且秘 229
密信托与半秘密信托的原则在这一领域已经得到了发展以防范这一现象的出现。

9.1.1　遗嘱人希望规避法律形式要件的原因

遗嘱人可能希望规避有关法律形式的规定的原因至少有两个(如见 *Sheridan* 案)。首先,他或许希望将受益人的身份保密。在 19 世

纪,如若遗嘱人意图对慈善机构赠与土地,这种尤为常见,当时永久管业条例(*Statutes of Mortmain*)处于生效状态(它在 1736 年至 1891 年禁止人们通过遗嘱形式向慈善机构赠与土地)。另一常见情形为(现在仍是)受益人是遗嘱人的爱人或情人,或非婚生子女的情形。或许遗嘱人在这一情形下对保密的需求自 1969 年起就减少了,这是由于直到那时人们都推定对"孩子"的遗赠是将非婚生子女排除在外的。因此,就有必要将它们找出来并包括到遗嘱中去。这一推定在 1969 年被推翻了,以致对"小孩"的单独赠与现在也包括了非婚生子女[相关规定可以在《1987 年家事法改革法》(*Family Law Reform Act* 1987)中找到]。即使如此,如果遗嘱人希望将他有非婚生子女这一事实保密,他就仍需要秘密信托。

其次,遗嘱人或许只是在立遗嘱时还没有决定好所有财产分配的细节。有案件认为(例如,*Watkin* 案),虽然法院应当放任保密行为,但是它不应该鼓励优柔寡断;至少在部分程度上,法院就是这么做的。

9.1.2 规避有关法律形式的《遗嘱法》规定的方法

《遗嘱法》可以通过两种方法有效地规避法律形式。

- 甲可以遵照《遗嘱法》的规定通过遗嘱将财产留给乙,同时与乙达成他只是应由丙继承的财产的受托人的(非书面)共识。这一共识当然不符合《遗嘱法》的形式要求。这被称为完全秘密信托。
- 或者,甲可以通过有效的遗嘱将设立了信托的财产留给乙,但未宣告信托产生的受益权的归属(例如,属于丙)。这被称为半秘密信托,因为,虽然信托的细节是秘密的,但是清楚可知的是乙是受托人而不是受益人。

为清楚起见,"甲"、"乙"和"丙"将会在这一章中以这种形式出现。

一般而言,实施完全秘密信托与半秘密信托的原则可能是一样的(尽管有人不这么认为)。因此下一部分(关于完全秘密信托)的大多数内容同样适用于半秘密信托。然而,因为我们有必要否定关于二者实施的基础不同的观点,且也因为半秘密信托在有的方面被不同对待,下面也会分开介绍半秘密信托。

9.2　完全秘密信托的实施

根据对关于概括出这一部分剩余内容的学说的限制,完全秘密信托将由法院实施:丙可以实施信托以对抗乙。因此就产生了一个问 230
题:衡平法基于什么得以规避《遗嘱法》的明确规定?

9.2.1　欺诈理论

关于完全秘密信托的主导权威判例是上诉法院关于 *McCormick v Grogan* 案的判决,它清楚地表示完全秘密信托的实施基础是欺诈。接下来马上讨论欺诈的确切性质,但是,至少,如果让乙成为受益人是具有欺诈性的,他将被要求为了丙的利益实施信托。例如,如果财产在遗嘱中被留给乙的唯一原因是他将成为受益人丙的受托人的非书面协议,这种情况就会发生。

McCormick v Grogan 案的案件事实是,在 1851 年,遗嘱人通过一份只有三行字的遗嘱将其全部财产留给了他的朋友 Grogan 先生。在 1854 年,他由于霍乱去世。在临死的前几个小时里,他叫来了 Grogan 先生。事实上,他告诉 Grogan 先生说他的一份遗嘱和一封信放在他的桌子上。这封信上写了许多他意图赠与财产受益权的人的名字以及欲赠与的财产。这封信的结尾写道:“我并不期望你能严格按照前述的指示分配,而是希望完全按照你自己的良好判断去做你认为我若还活着会做的且另一方应得的去分配我的财产”。一名遗嘱人本意图赠与其财产,但 Grogan 先生认为应当排除的受益人(非婚生子女)起诉了他。

上诉法院认为,尽管原则上法院承认秘密信托,但这一特别案例中的信件上的内容并不使衡平法对 Grogan 先生强加良心,且所谓的秘密信托也不会被承认。

9.2.1.1 *McCormick v Grogan* 案:不同事实以及不同结果

尽管 *McCormick v Grogan* 案被裁定,没有任何秘密信托是为了丙(一名非婚生子女)的利益而设立的,而乙只具有一项道德义务,法院清楚地表示,尽管有《遗嘱法》的规定,但基于不同事实,丙原则上能够实施完全秘密信托。事实上,实施秘密信托的原则至少可以追溯到 *Thynn v Thynn* 案。

尽管有明确相反的成文法规定,衡平法也应当支持信托,这一点绝不是不言而喻的。在 *McCormick v Grogan* 案中,Lord Hatherley 和 Lord Westbury 强调,该原则的正当理由是个人欺诈。Lord Westbury 在他的许多发言中强调了对"通过最清楚最没有争议的证据证明"其恶意的需要:

> 这里产生的司法管辖权问题总体上是建立在个人欺诈上的。衡平法院根据司法管辖权,以欺诈的名义转变了成为被该欺诈造成损害的一方的受托人的法律地位。现在,作为一种基于个人欺诈产生的司法管辖权,确保通过最清楚最没有争议的证据证明欺诈、恶意就是法院的责任了。(根据 Lord Westbury 于第 97 号案件:*McCormick v Grogan* 案)

9.2.1.2 欺诈与欺骗的故意

一种观点认为,这意味着欺骗的故意必须是乙造成的(例如,乙故
231 意诱使遗嘱人在遗嘱中将财产留给自己,并明确表示他将作为丙的受托人而获得财产),且也有人提出,证明标准为普通法上的欺诈——换言之,确实需要极高的证明标准。

很可能这正是根据 Lord Westbury 于第 97 号案件想表达的意思。

然而,该陈述最近被以不同方式解读了。正如将会解释到的,恶意可能仅仅表示衡平法基于对乙强加良心而成立推定信托时所需要的心理状态——这与普通法上的欺诈是两个极其不同的命题。并且,"最清楚最没有争议的证据"可能仅仅表示法院在修订一个书面法律文件之前需要达到的证明标准。这无论如何是 Brightman J. 在 *Ottaway v Norman* 案中对这段文字的解读,这在第 6 章中有作简要的讨论。

9.2.1.3　"欺诈实施"是如何运作的

欺诈实施基础可以以一种或两种方式运作:要么是衡平法强加于秘密受托人乙的良心,并强迫其成为秘密受益人丙的推定信托人而获得遗嘱中的财产;要么秘密信托是不适用《1837 年遗嘱法》的明示信托,因为衡平法将不会允许为了防止发生欺诈而规定的法规被用作欺诈的幌子(见第 1 章的衡平法准则)。秘密信托或半秘密信托究竟是明确约定的还是法定的这一问题马上就会讨论到。

9.2.2　为什么归复信托不行?

在 *McCormick v Grogan* 案中阐明的原则带来了一个重要问题:如若这一主张的唯一基础是防止乙具有欺诈性地独吞了财产,有什么必要为了丙的利益实施信托呢?如果只是想使受托人(乙)由于欺诈产生的利益无效,它真的只足以强迫受托人作为遗嘱人遗产的归复信托受托人而获得财产吗?这一解决办法将会剥夺乙从中获得的私利,且《1837 年遗嘱法》的政策似乎将得以生效。衡平法为什么要进一步忽视《1837 年遗嘱法》的要求以致使遗嘱人关于遗产将留给未写入遗嘱中的人的口头指示生效。

然而,显然的是,*McCormick v Grogan* 案的上诉法院将准备按此实施秘密信托(尽管根据事实,法院不认为任何信托成立)。的确,即使在 *McCormick v Grogan* 案之前很长时间里,显然,法院并不支持归复信托且衡平法将为了丙的利益实施信托。事实上,对于归复信托的观点有三种回答。

9.2.2.1 享有剩余遗产权的受遗赠人观点

归复信托无法提供令人满意的解释的一个历史性原因是，在《1830年遗嘱执行法》(*Executors Act* 1830)之前，遗嘱执行人有权作为享有剩余遗产权的受遗赠人取得未在遗嘱中明确规定如何处置的所有财产。如果遗嘱人拟定的受托人(乙)也是遗嘱执行人，归复信托将只具有间接地给予他法院拒绝让他直接获得的财产的作用，这一情况极有可能发生。

早期的案例是 *Thynn v Thynn* 案。遗嘱人(甲)将其妻子规定为唯一遗产执行人。他的儿子(乙)则以完全具有欺诈性的理由说服他的妻子将自己(乙)规定为唯一遗产执行人。Lord Keeper 认为，该财产应当以妻子(丙)为受益人作出信托。如若法院没有实施信托，而是允许该财产成为遗产，实施了欺诈的儿子乙(作为遗嘱执行人)自己将作为享有剩余遗产权的受遗赠人从遗产中获利，且的确可以获得受益权。

232 因此，显然的是，这一解释将是不恰当的，且防止个人欺诈的唯一办法就是实施秘密信托。

9.2.2.2 *McCormick v Grogan* 案以及《1830年遗嘱执行法》的重要性

到了 *McCormick v Grogan* 案的判决时，《1830年遗嘱执行法》已经改变了规定。现在，关于遗嘱人遗产的归复信托的作用将会是把该财产转移给享有剩余遗产权的受遗赠人，或者，在没有该人的情况下，转移给那些(通常是遗嘱人的关系近的亲戚)有权在此情况下取得其全部或部分遗产的人。

因此，如果同样的事实出现在今天的 *Thynn v Thynn* 案中，乙就可能无法以相同方式从归复信托中获取私人利益。然而 *McCormick v Grogan* 案对《1837年遗嘱法》调整下的案例适用了相同的原则。这似乎比必要更进一步，且使法案背后的目无效。今天仍有相似的问题存在，正如 *Rees* 案，其中遗嘱人拟定的受托人乙(起草遗嘱的律师)同样也是名义上的享有剩余遗产权的受遗赠人。在 *Thynn v Thynn* 案中乙被命名为享有剩余遗产权的受遗赠人,但该案提出的观点有所保留。因此,任何支持归复信托的观点无论如何都必须破例地涉及这一情形。

9.2.2.3 政策观点

根据政策实施秘密信托的证明也是有可能的。设立秘密信托的一个常见的原因是遗嘱人想要使一个不让其家人知道的人受益的心愿,比如情妇或者像 *McCormick v Grogan* 案一样的非婚生子女。就遗产设立的归复信托将会把财产转移给遗嘱人最不愿意使其受益的人(他的合法家庭)。

但是如果法院重视这种考虑,它就必须接受遗嘱人的愿望重要到足以证明为了实施信托而忽视法规的明确条款的正当性这一事实。与归复信托相反,该政策观点无法单独证明实施信托的正当性,就算存在其他正当理由,这也是一个重要的额外因素。

9.2.2.4 欺诈的性质

然而,更重要的是,我们必须审视该主张依据的欺诈的性质。就算是因为 Lord Westbury 坚持认为欺骗涉及些许意图,但这并不是说这一欺诈的性质只存在于乙的私利中。

Hodge 案给出了一个不同的解释。我们应当铭记,遗嘱人甲对乙的赠与首先依赖于乙对帮助遗嘱人实现心愿的承诺。Hodge 认为乙的欺诈行为的性质不仅仅是他私吞财产,还是他对帮助遗嘱人按照约定实现心愿的承诺才使得遗嘱人将其财产转移给了他拟定的受托人。正是遗嘱人拟定的受托人(乙)未能遵守承诺造成了欺诈,而不是其贪婪造成的。

乙的欺诈在衡平法上在于遗嘱人心愿破灭,而不必然是他自己获得私利。如果他私吞了财产,他就遗嘱人对他会将财产赠与慈善机构的信任而言就十分具有欺诈性了。且如果拟定的受托人打算(例如)将本来要留给遗嘱人的情妇的财产给了遗嘱人无辜且长期受苦的妻子,那么遗嘱人仍属于受到欺诈。出于崇高道德原则所作的欺诈仍然是欺诈。

233 因此,仅仅只有实现遗嘱人的心愿才足以避免在这一情形下发生欺诈。

9.2.2.5 *McGormick v Grogan* 案:在证据证明发生了欺诈下的案件结果

依据这一观点,要是 *McCormick v Grogan* 案的案件事实体现了欺诈,该纠纷就只能通过设立以丙为受益人的信托来解决;归复信托将不足以解决问题。

这一论证过程并没有被普遍接受,但无论如何,它显然是 *Blackwell v Blackwell* 案在上诉法院判决的依据(见第 9.2.3.2 节)。在 Lord Sterndale 关于第 529 号案例 *Gardner* 案的判决中可以找到相似的观点:"受托人背信或欺诈会发生在秘密受托人试图以他取得财产所承诺的条件相反的方式处理财产时"。他并不需要有从持有该财产中受益的意图,要且确实,在 *Gardner* 案中,他并不打算这么做。

9.2.3 *McCormicky Grogan* 案之后的发展

Lord Westbury 在 *McCormick v Grogan* 案中提出的要求是恶意要有最清楚最没有争议的证据证明。这似乎表明,欺诈的故意必须是在受遗赠人方面表现出来的(例如,他明确承诺将通过成为秘密信托的受托人而持有财产来故意引诱遗嘱人在遗嘱中将财产留给他)。证明标准似乎也像在普通法中一样是欺诈——也就是说,需要极高的证明标准。

自 *McCormick v Grogan* 案之后,权威判例的数量有限,法官们就成立恶意的严格要求已被放宽。然而,在考虑仍不是很明确的法律本身之前,讨论 Lord Westbury 为何如此关心限制原则内容这一点以及自 1869 年开始什么产生了改变是有用的。

McCormick v Grogan 案涉及对非婚生子女的秘密赠与的尝试。

然而,为了做慈善,秘密信托这一概念也经常被使用。依据遗嘱对慈善机构赠与土地的行为在当时是无效的。因此这一做法发展为甲将遗产留给一个可以信任的朋友乙,条件为他之后会将该财产赠与慈善机构(丙)。

必须理解的是,在这些案件中,提起诉讼的并不是遗嘱人拟定的受益人(丙);而是遗嘱人(甲)的家人,他们试图证明秘密信托是可实施的。这可以从 *Wallgrave v Tebbs* 案中看出,其中秘密信托由于在第 9.3 节中讨论过的原因而无效。

这一特别的事态出现的原因是:如若秘密信托是不可实施的,乙就取得该财产的受益权,且他作为遗嘱人的朋友是可以信任他能够实现遗嘱人甲的心愿的。然而,如果它可以实施,那么根据《永久产业管理法》(*Statutes of Mortmain*)它是无效的。因此,该财产就设立了归复信托(也就是说,受益人是甲的家人)。这解释了一个令人惊讶的情形,就是乍看之下,最不可能的人将被期望从他认为可实施的秘密信托中受益。另外,对慈善机构而言秘密信托不可实施是有益的,因为慈善机构得以依赖于乙实现遗嘱人甲的心愿。

9.2.3.1　*McGormick v Grogan* 案:其严格限制

很可能 *McCormick v Grogan* 案的上诉法院并不希望允许遗嘱人对慈善机构的赠与以这种方式失效。另外,如果乙通过不诚信的方式 234
获得了遗产,法官并不希望看到一名情妇或者一位非婚生子女由于《1837 年遗嘱法》的规定而被剥脱他或她的合法权益。

在第一个案例中,乙远没有欺诈的想法——的确,他只希望执行信托。在第二个案例中,他有。因此就产生了置于该案件原则中的严格限制。

这一观点在 1891 年发生了变化,且《永久产业管理法》最后的痕迹也在 1960 年消失了。只有第二种秘密信托在今天仍作为判决结果。可以说,法官们对该原则的限制不再是恰当的了。除了上诉法院外它们的地位当然只是顺带一提的,因为最终丙由于其他原因败诉了,并且有一些权威观点认为法官将不再被严格限制该原则的适用。

9.2.3.2 衡平法上的欺诈以及“其他”欺诈

例如,尽管实施基础似乎仍是欺诈,就衡平法将不会允许为了防止发生欺诈而使规定的法规被作为欺诈的工具而言,衡平法上的欺诈的概念在现今可能比在1869年时要宽泛。今天,一些权威观点认为它与普通法或者刑法关于同一名字的概念几乎没有关联。它对乙强加了良心,但可能并不必然地要求达到与普通法或者刑法中的欺诈同等程度的犯罪意图。因为这一点,它要求的证明标准也可能更低。

Lord Westbury 的评论对 *McCormick v Grogan* 案的判决并不重要,且的确似乎未被后来的案例所采用。例如,在后来的上诉法院权威判例 *Blackwell v Blackwell* 案中,Lord Buckmaster 认为成立欺诈需要满足的所有条件是:

(a)遗嘱人欲使其拟定的受托人对其拟定的受益人付有义务的意图;

(b)将这一意图告知拟定的受益人;并

(c)遗嘱人拟定的受托人对该义务的接受,要么是明示地要么是默示地。

Blackwell v Blackwell 案涉及了一份半秘密信托,但是其说理显然也同样适用于完全秘密信托。

9.2.3.3 *Ottaway v Norman* 案

在 *Ottaway v Norman* 案中 Brightman J. 在没有任何关于遗嘱人拟定的受托人(乙)通过欺诈取得其优先终身权益的证明的前提下,实施了关于土地的口头秘密信托。Hodges 女士(乙)的雇主 Ottaway 先生(甲)在其遗嘱中将他的小屋留给她,条件是她将在她自己的遗嘱中把该小屋留给 Ottaway 先生的儿子(丙)。Brightman J. 打算通过对在 Hodges 女士的遗嘱执行人(她后来改变主意并将该财产留给了一位表亲)手中的小屋强加被表述为推定信托的信托来实施该安排。

在 Hodges 女士(乙)和遗嘱人 Ottaway(甲)达成协议时,她清楚地打算兑现承诺,在她自己的遗嘱中将土地留给 Ottaway 的儿子(丙)。尽管她后来改变了主意,没有证据证明她是通过欺诈取得的遗产:当然,该案的证据不足以到达成立普通法上的欺诈需要满足的严格证明标准。她最终未能兑现承诺显然是一种欺诈行为,从某种意义上来说,它违背了遗嘱人的意图,但是却未产生过恶意。Brightman J. 对于成立欺诈的要求远不及 Lord Westbury 要求的高,他裁定以丙为受益人实施秘密信托,其只基于那些从 *Blackwell v Blackwell* 案中产生的准则。

Brightman J. 也认为,这些要素是否能优先于遗嘱是不重要的。235
这似乎在原则上是正确的:如果乙承担义务的行为让甲相信乙从而不撤回现存的对乙有利的遗嘱,若乙违背这一义务他显然对甲实施了欺诈,因为甲是被承诺承担义务的乙说服才立下了对其有利的遗嘱的。

Brightman J. 也没有找出任何偏离普通民法意义上的证明标准的原因——那就是或然性权衡。

Blackwell v Blackwell 案以及强加推定信托

Brightman J. 将他强加于受托人的受遗赠人(在当时已去世)的信托称为“推定”信托。这是对实施秘密信托的机制的描述,而不是它们的实施基础。推定信托仅仅是衡平法用以在信托财产落入到即使个人认为是无辜的但无法对该财产主张更好的权利的某个人手中的情况下保护受益人的机制。

尽管有《1925 年财产法》第 53 条第 1 款(b)项的规定,设立于土地上的信托为口头信托这一事实并不能禁止该信托生效,因为遗嘱执行人被认为是该小屋的推定信托人。原则上,尽管没有书面形式,对土地设立的完全秘密信托应当是可以实施的。这要么是基于此种信托由于是出于良心才被强加上去的的原因将被视为推定信托,要么是因为衡平法将不会允许为了防止发生欺诈而制定的法规被作为欺诈的幌子。

关于 *Ottaway v Norman* 案中对土地设立的信托已经讨论得够多

了。根据儿子及其妻子提供的证据,Hodges 女士也承诺将家具及包括她的现金在内的其他东西留给他们。Brightman J. 支持秘密信托涉及 Hodges 女士在 Ottaway 的遗嘱中获得的那些室内陈设以及房屋固定附着物的观点,但不认为它还包括 Hodges 女士从任何途径取得的所有其他财产及现金。

对于最后一点而言,似乎 Brightman J. 并不相信双方的协议中如此深谋远虑地设想了一项义务,但是如果遗嘱人拟定的受托人(乙)明确地接受了这样一种义务,基于与相互遗嘱的类比,这一义务似乎也能够适用于 Hodges 女士的财产。

***Ottoway* 案中信托的地位如何?**

这引发了该信托在 Hodges 女士的一生中的地位的问题。在 *Ottaway v Norman* 案中,Brightman J. 使用了"浮动信托"这一概念,它源自于澳大利亚的 *Birmingham v Renfrew* 案,"浮动信托"在受托人的一生中维持权利中止状态并在其死亡时才得以明确适用于包括其遗产之内的任何财产。正如精通法律的法官所指出的,这似乎会阻止 Hodges 女士将哪怕是很小份额的金钱遗产留给他的亲戚或朋友。这一论证与 Nourse J. 在关于相互遗嘱的 *Cleaver* 案中采用的论证相似。

9.2.3.4 *Snowden* 案

Sir Robert Megarry V-C 在 *Snowden* 案中部分否定了 Brightman J. 的观点。他认为证明成立欺诈需要满足更高的证明标准(在这一点上他似乎与 Lord Westbury 更狭义的观点相同),这对一些信托来说是必须的,但不是对所有信托都是如此。换言之,他认为存在两种秘密信托,有一些秘密信托比其他的秘密信托要求更加严格的举证责任。不
236 幸的是,他没有继续详述二者的差异,该观点似乎只是调和显然无法调和的 Brightman J. 与 Lord Westbury 的观点的绝望尝试罢了,但或许他清楚地知道,如果准受益人能够主张存在对其有利的信托的唯一方试就是陈述必然强加欺诈于所谓的受托人的事实,那么就应该适用更高的证明标准。然而,如若第 9.2.3.2 节所列的三个要素能够在没有

欺诈存在的证据下被显现出来,他就能基于普通民法意义上的或然性权衡标准被推定继承财产。

在该事件中,副主席阁下 Robert Megarry V-C 没有必要就此进行详述,因为确实没有任何证据证明秘密信托被设立。因此他的观点只是对此顺带一提。无论如何,如果 *Blackwell v Blackwell* 案和 *Ottawa-y v Norman* 案采纳的标准是足够的,我们很难理解究竟为何有必要按照 Lord Westbury 的观点指控存在欺诈,在那个案件中更高的证明标准应该永远不被要求。另外,如果 Lord Westbury 的观点是正确的,我们很难理解为何更高的标准没有总是被要求。

9.3　实施秘密信托的局限性

实施半秘密信托的局限性主要与信托条款中告知时间有关。秘密信托的存在似乎有必要要求遗嘱人在去世前告知受托人,且有权威判例认为信托的条款也必须要在遗嘱人去世前告知受托人。这些告知是否在遗嘱设立日期之前或之后与完全秘密信托的实施不相关(尽管在半秘密信托案件中情况可能不同)。有关的权威判例是 *Wallgrave v Tebbs* 案和 *Boyes* 案。

9.3.1　*Wallgrave v Tebbs* 案

无论 *McCormick v Grogan* 案的严格限制是否仍能适用,或者 Brightman J. 在 *Ottaway v Norman* 案中是否正确地陈述了法律,一旦乙毫无保留地接受了赠与,任何后续强加的义务显然无法再将该赠与剥夺。除了赠与不可撤销这一原则外,没有理由在这样一个案件中强加良心于乙。

因此,在 *Wallgrave v Tebbs* 案中,以慈善机构为受益人的秘密信托的存在直到遗嘱人甲去世时才告知了乙。乙有权毫无保留地取得该财产。遗嘱人将财产留给了他的几个好朋友(乙)而在其生前却没有告诉他们他希望该土地能够被用作宗教慈善用途(也就是,以丙为受益人)。法院认为遗嘱人的朋友(乙)有权取得该财产的受益权——足以令人惊讶的是,这是最可能实现遗嘱人的心愿的一个判决,由于如若法院认为存在秘密信托,按照《永久产业管理法》(现已废止)的规定它将会是无效的。

事实上,这个朋友有权自由地执行遗嘱人的愿望。正如遗嘱人的亲戚所认为的,如若秘密信托真的被设立,他们将不得不基于以那些亲戚为受益人的归复信托持有该财产,那么该信托的目的就不合法了。因此,令人惊讶的情况是最不可能被指望提出秘密信托的人(遗嘱人的亲戚)在那个案件以及其他适用《永久产业管理法》的案件中提出了秘密信托。

237 该案是适用为了使完全秘密信托生效,遗嘱人拟定的受托人必须在遗嘱人去世前被告知该信托的存在这一主张的权威判例。要证明 *Wallgrave v Tebbs* 案的判决合法没有特别的困难,因为如若遗嘱人拟定的受托人直到遗嘱人去世时才知道该信托,他在取得该遗赠物时就不会存在欺诈行为了,且法院因此就没有理由强迫拟定的受托人去做特别是与现在为其自己财产有关的任何事情。

另一正当理由是任何其他判决应当允许遗嘱人(甲)违背其赠与。遗赠物在作出赠与后不应当被"收回",仅仅只有生日礼物可以在作出赠与之后收回。

9.3.2 *Boyes* 案

更难审理的案件是 *Boyes* 案,其中遗嘱人拟定的受托人(乙)在遗嘱人去世前被告知了该受托的存在,但是直到遗嘱人去世时才被告知该信托的条款。

其中一份遗产被赠与了遗嘱人的律师,他在遗嘱人去世前被告知他将作为受托人持有剩余遗产。然而,直到遗嘱人去世后一封信被发现之时才被告知该信托的条款,要求他以一位不是遗嘱人妻子的女士为受益人持有剩余遗产。这名律师希望实现遗嘱人的愿望,但是该信托的有效性受到了遗嘱人的家人的质疑。Kay J. 认为该律师作为受托人持有该财产,但是是基于对遗嘱人遗产设立的归复信托。

如果 *Boyes* 案是正确的,那么不只是该完全秘密信托的存在,还有其条款都必须在遗嘱人去世之前告知受托人。Kay J. 在第536号案件中说道:

> 如若遗嘱设立之时遗嘱人没有宣布设立信托(也就是完全秘密信托),那么为了使其具有约束力,该信托应当在遗嘱人在世时被告知受遗赠人,且他应当接受这一特定的信托。

这个案件很难融入到总体事态发展中,且导致的结果是对遗嘱人产生的疑似欺诈。因为甲显然并不打算将该财产作为他的遗产,但我们从 Kay J. 的判决中可以清楚地看到他对信托的实施基础的理解实质上是在前面部分概述的:"早期案例关于秘密信托的实质是受遗赠人接受了一项特定的信托,该信托自那时起开始约束他,且如果他不兑现该信托就是欺诈了"。

9.3.2.1　欺诈以及拟定受托人的知情

然而,在欺诈的实施基础中,没有任何对拟定受托人在遗嘱执行时必须知道该信托的条款的要求。在遗嘱人基于拟定的受托人的承诺作出遗赠与基于他后来的保证而没有撤回该遗赠之间没有真正的差别。因此,在拟定的受托人直到该遗嘱被执行时才知道该信托的条款的情况下法院没有理由拒绝实施该信托。需要证明的就只是他在该遗赠生效之前——也就是遗嘱人去世时应当知道该信托的条款,或者在哪个地方可以找到它们。

并且,在 *Boyes* 案中,还需证明的是遗嘱人拟定的受托人(乙)愿意执行那些条款。该案似乎必须解释为任何可能发生的欺诈的范围 238

被限制为否认该信托的存在的一个案件。遗嘱人拟定的受托人几乎不能被认为是通过承诺遵守该信托的条款而取得该遗产的,因为他对这些条款并不知情;他所知道的就只是遗嘱人希望他作为受托人而非受益人取得该财产,因此通过强迫其作为受托人,法院已经做了为使其遵守遗赠所附加的条款所需要做的事情了。

在 *Boyes* 案的情形下可能也存在满足其条款的合理的政策考量,它足以超越关于实施以丙为受益人的信托的主张。特别是,实施该信托将会鼓励甲的优柔寡断,这可以认为是一种坏的政策,因为允许遗嘱人设立一种他能够时刻改变其中的条款的信托无异于允许了《1837年遗嘱法》试图禁止的奢侈的优柔寡断。并且,法院不得不在不知道对象的情况下限制受托人被要求持有财产的时间,且坚持主张他们从一开始就知情——尽管直到遗产被分配后(也就是遗嘱人去世后)才应如此,是一个合理的解决方法,因此可以认为这个时间点而不是遗嘱人去世的时间才应当是最后期限。

9.3.2.2 *Boyes* 案的观点正确吗?

另一种可能是这个案件单纯是错误的,毕竟它只是一件未被其他法院遵照的高级法院案件。然而,有人认为, *Boyes* 案是正确的,且基于前述理由的其中之一或两者均是解释的通的。

顺便说一句,遗嘱人拟定的受托人(乙)知道在何处可以找到该信托的条款(例如,如果该信托的条款被放入一个密封的信封中且只有在遗嘱人去世后才能够打开)就足够了;那么可以说乙接受了那些信托条款并受其约束。在这一情形下,他将基于秘密信托条款持有该财产(*Keen* 案)。并且,尽管乙知道甲去世后才被告知具体条款的内容(正如 *Boyes* 案的情形),我们前面讨论过的反对实施以丙为受益人的秘密信托的政策原因无法被适用:甲并不是优柔寡断,乙也不是被要求在不知道信托的对象的情况下长时间地作为受托人持有该财产。

9.4 半秘密信托

半秘密信托在原则上也是有效的,且与秘密信托相同,它可以由遗嘱人拟定的受益人实施。起主导地位的上诉法院权威判例是 *Blackwell v Blackwell* 案。实施半秘密信托的正当理由准确地说是与完全秘密信托相同的:也就是衡平法对受托人强加良心以防止欺诈的发生。这从第 335 页至第 336 页的 *Viscount Sumner* 在 *Blackwell v Blackwell* 案的语句中可以清楚地看出。

> 为了防止发生欺诈,衡平法对受托人强加了良心以设立了信托,要不然该信托将是无法运行的;换言之它使得受托人去做与遗嘱本身无关的事情;它允许他取得遗嘱赠与他的财产然后再让他按照良心的指引适用衡平法的规定,且它这么做是为了实现遗嘱人的心愿,否则其心愿就不会有效了。

从引用的案例中可以收集到三个观点。 239

(1)衡平法强加受托人的良心的原因是为了防止发生欺诈。

(2)信托的作用在于使受托人"做与遗嘱本身的内容无关"的事情;换言之,信托独立存在于遗嘱之外。

(3)为了方式欺诈的发生,衡平法指引受托人实现遗嘱人的心愿。

最后这一点有一定的重要性。被阻止发生的欺诈的实施不在于受托人夺走了该财产的受益权,而在于夺走后不去实现遗嘱人的心愿。

Blackwell v Blackwell 案的案件事实是,遗嘱人通过对其遗嘱附加附件的形式将 12,000 英镑转让给五个受托人用以支付"本人指示他们做的事"的报酬,并授权他们向"本人所指示的一人或多人"支付

8000 英镑的资本总额。遗嘱人对其中一位受托人口头地详细说明了遗嘱附件中的指示,且所有五名受托人在该遗嘱执行前均知道该遗嘱附件的一般客体。受托人相应地打算向遗嘱人妻子之外的一位女士支付其获得的财产。遗嘱人的合法家人对该半秘密信托的有效性提出了质疑。上诉法院认为该秘密信托是有效的。

9.4.1 欺诈理论

时常有人认为欺诈理论应当区分完全秘密信托和半秘密信托,这是因为,由于从遗嘱中很容易能看出信托的事实,遗嘱人拟定的半秘密信托受托人不可能声称该财产为其所有。因此,防止发生欺诈需要做的就只是强迫他继续作为遗嘱人遗产的归复信托受托人。

有些观点认为,欺诈不能作为正当理由存在,因为乙无论如何都不能自己取得财产的受益权,然而,如果秘密信托未生效他则可以取得受益权。这是因为半秘密信托与完全秘密信托的差异在于遗嘱清楚地表明乙只能作为受托人取得该财产。因此,如果半秘密信托未被实施,乙就没有取得该财产的受益权,而是成为享有剩余遗产权的受遗赠人的归复信托受托人。因此,乙不可能从中获得私利(当然,除非乙本身也是享有剩余遗产权的受遗赠人)。

归复信托将会是对遗嘱人拟定的受益人丙的欺诈的说法尚没有定论。正如一个支持实施推定信托的观点一样,该论证被传播,这是由于如果半秘密信托未被实施,就不存在使该观点成立的受益人了。丙只有在半秘密信托被实施这一结论作出的情况下才是受益人。

然而,对归复信托观点的解答与完全秘密信托的解答完全一样:归复信托是对遗嘱人(甲)的欺诈,且该财产被赠与乙的原因只是乙向甲作出了明示或默示的承诺。这一点从 *Blackwell v Blackwell* 案的案件事实本身就能明显看出。甲意图使其情妇及非婚生子成为其财产的受益人。而归复信托机制将会把该财产授予其妻子与婚生子女——的确,正是他们主张归复信托。显然,甲并不意图让他们成为受益人。如果甲知道这么做的结果将会是对其妻子和婚生子女的赠与,他就不会预先将财产分配给乙了。乙接受该财产的行为将是对甲的欺诈,除非该信托以丙为受益人。因此,实施半秘密信托的正当理由与实施完全秘密信托的完全一致。无论如何,从 Viscount Sumner 240
的言辞中显然可以看出,半秘密信托的实施基础为欺诈,且该欺诈不仅在于遗嘱人拟定的受托人(乙)取得的私利,而且还在于他未能兑现他向已故的遗嘱人作出的承诺。该案陈述的内容还包括法律并未区分完全秘密信托的实施与半秘密信托的实施的观点。

9.5　半秘密信托在实施上的局限性

9.5.1　*Keen* 案

然而,半秘密信托似乎在一个方面不同于完全秘密信托:为了使得他们能够实施,乙有必要在遗嘱作出之前承担信托义务。这一差别原则上很难证明,因为遗嘱是一份直到遗嘱人去世时才获得法律效力的可撤销的法律文件。且如果有人认为,相反的结果会允许遗嘱人在直到死亡前每天都变更受益人,那么为什么完全秘密信托就不能拥有相同的规则呢?

虽然如此,有部分法院意见似乎支持了 *Blackwell v Blackwell* 案中采用的关于二者差别的观点,其中 Viscount Sumner 认为:

> 遗嘱人不得通过仅仅指定受托人而之后再提供信托的目的方式保留在未来作未经证实的财产分配的权利,受托人也不得通过接受一项不明确的信托请求而授予未被执行的遗嘱附件与遗嘱同等的效力。(*Blackwell v Blackwell* 案,见 Viscount Sumner,第 339 页)

9.5.1.1 *Blackwell* 案中的法官意见支持什么观点?

有可能 Viscount Sumner 在此仅仅想要重申这样一种一般原则:秘密信托或者半秘密信托的受托人必须接受该信托,且他们必须在遗嘱人在世时接受该信托,但是这一段落显然可以被用以支持前一段落提出的关于二者差异的观点。*Blackwell v Blackwell* 案被作为 *Keen* 案中提出的关于完全秘密信托与半秘密信托的差异的观点的权威判例。我们可以认为,遗嘱人告知受托人信托的情况的时间并不是 *Keen* 案作出判决的真正基础,因为所谓的告知无论如何都与遗嘱中的描述不同,但是,由 *Keen* 案产生的规则自那时起就被适用于 *Bateman's WT* 案了。

在 *Keen* 案中,遗嘱人所立遗嘱中的一项条款将 10,000 英镑作为信托财产赠与两个人,他们被遗嘱人指示"根据本人一生中所通知他们或者他们中的任何一个的"分配该财产。事实上,在遗嘱设立之前的几个月前,遗嘱人给了两名受托人中的一位一个密封的信封,信封中含有一张写有他拟定的秘密受益人(遗嘱人未与之结婚的一位女士)名字和地址的纸。

上诉法院认为该半秘密信托无效,且将该 10,000 英镑判决为剩余遗产。其中一个原因是,仅作为解释的问题,遗嘱人所立遗嘱中的条款涉及未来的安排,而该安排在那时已经告知了这两名受托人中的其中一位。因此,该遗嘱的明示条款与包含在密封的信封中的信托条
241 款不一致。如果这是这一判决作出的唯一依据,该案件将会没有任何解决难度,且半秘密信托的地位将会与完全秘密信托一样。

9.5.1.2 *Keen* 案以及信托确定的时间

然而,Lord Wright 也认为,在遗嘱中宣布该信托设立的遗嘱人不应当在没有证实获得确定的遗嘱附件的情况下仅通过在其生前宣告的方式保留在未来重新分配财产的权利。如果这是正确的,那么半秘密信托的条款就必须在遗嘱设立之日确定。在 *Bateman's WT* 案中,受托人被指示按照遗嘱中一项条款的规定将他取得的遗嘱人财产"按

照某一比例赠与由我亲笔签名并写给受托人的一封密封信上写明的某个人”。与在 *Keen* 案中一样,这涉及一项未来的安排,但又不像 *Keen* 案一样,*Bateman* 案的受托人是通过遗嘱设立之后遗嘱人死亡之前写给他们的一封密封信的方式得到指示的。因此,该遗嘱的明示条款与告知信托情况的时间不吻合。

虽然如此,上诉法院认为遗嘱人对受托人的指示是无效的。该案唯一可能的也确实是 Pennycuick V-C 实际采纳的解释——作为一般原则,半秘密信托只有在其条款在遗嘱设立之日被受托人知道的情况下才是可实施的。

Keen 案以及 *Bateman* 案中提出的关于半秘密信托与完全秘密信托的差异的观点在爱尔兰没有被采纳:1990 年 12 月 5 日在爱尔兰高级法院审理 *Prendiville*(*dec'd*)案(被记录为[1992]Conv 202 号)中,*Blackwell* 案的法官意见中的另一种观点被采纳。

9.5.2　*Keen* 案的合理性

9.5.2.1　与参引合并进行类比

一种可能的解释是,除了我们已经讨论过的欺诈原则外还有第二种原则可以适用:即当遗嘱中提及某一法律文件时,该法律文件必须已经存在,否则遗嘱人就有可能是在创造未经证实的遗嘱附件。对于这两种原则而言,有可能后者在存在纠纷的情形下更加实用。

完全秘密信托则不会产生这一问题,因为该遗嘱是沉默的。它只适用于半秘密信托,因为半秘密信托(而不是完全秘密信托)的存在是通过一项正式的遗赠公开宣布的。该观点继续认为,遗嘱人享有增加或变更信托内容的权利,其后来对财产设立信托的声明增加或变更内容也必须以被充分证实的遗嘱或遗嘱附件的形式进行。因此,如若遗嘱人选择在执行其遗嘱的日期之后宣布其所设信托的条款内容,他就将致力于运用正确的法律形式。因此,半秘密信托与完全秘密信托的差异就有正当理由了。

实际上,充分证据问题是令整个秘密信托领域均饱受折磨的问题,而这一问题具有表面吸引力。若遗嘱人温和地表示其财产设立了信托,确保他就该信托的准确条款内容所作的其他任何声明确实与那一特定信托而不是其他信托有关就显然很重要了。*Perrins* 案解释了法院在认定遗嘱设立之日后产生的证据上的谨慎性。

在这一点上,它们似乎受到了参引合并的遗嘱认证原则的影响。简单地说,这允许任何在遗嘱被执行时已经存在的法律文件被合并到遗嘱之中,且其在遗嘱本身中同样有被提及。它是一种有用的原则,
242 因为它而省去了仅为通过遗赠的方式向那些信托中添加新的内容而复制遗嘱本身中的冗长信托法律文件的麻烦。相反,遗嘱人可以简单地提及那些法律文件并仰仗于关于该遗赠成立的前提是遵守那些法律文件中提出的条款的简短声明。然而,他不能将设立遗嘱之时仍不存在的法律文件并入遗嘱中:允许这一行为将会诱使遗嘱人欺骗性地声称这或那个法律文件才是他实际所指的。

有关半秘密信托的局限性的政策

因此很容易看出,深知参引合并原则的这些局限性的法院有可能认为将那些局限性适用于半秘密信托的实施的做法是深谋远虑的。但作为告知规则的一种原则化的正当理由,该解释是有缺陷的。

例如,对半秘密信托的实施而言,没有必要通过任何法律文件宣告信托的条款内容。只要遗嘱人于遗嘱上签名之前告知了受托人,他就能够按照自己的意愿仰仗于完全口头的告知方式设立信托,口头的告知必然比法律文件更加容易受到虚假陈述的影响。如若法院打算基于相当微不足道的证据接受完全秘密信托的存在,比如在 *Ottaway v Norman* 案中,如果他们拒绝接受能够证明半秘密信托存在的信托条款的口头证据就会显得很奇怪了,如果有任何区别的话,那就是该口头证据存在欺诈的可能性更低。

无论如何,曾采用法律手续的遗嘱人如若想要在遗嘱设立之后详细解释其所设信托的条款内容,他就仍然要受到对进一步的法律手续

的需求的约束,这一观点仅是因为他部分遵守《1837 年遗嘱法》而惩罚他,同时允许完全忽视该法案的遗嘱人(通过设立完全秘密信托)实现其心愿。因此,这似乎无法作为一个合理的正当理由。

9.5.2.2　反对优柔寡断的政策

在 *Blackwell v Blackwell* 案中提出并在 *Re Keen* 案中重申的另一个有关的观点是,允许遗嘱人仅声明存在信托并在其有空时才告知该信托的条款内容将等同于允许通过未经证实的财产分配任意变更遗嘱,因此违背了《1837 年遗嘱法》的政策规定。

因此,举例来说,*Watkin* 案基于政策原因支持了 *Bateman* 案的判决——也就是说,虽然法律不应当反对,且也并不反对秘密,但它不应当鼓励优柔寡断的做法。遗嘱人应当在遗嘱设立之时作出决定。

该观点反映了对《1837 年遗嘱法》中的政策的尊重,且这一论证(如果正确)的逻辑也适用于完全秘密信托。当然,*Watkin* 案认为半秘密信托与完全秘密信托应当通过法律规定保持一致。有人认为,这将会允许已经对其去世后的财产去向作出决定,但希望将其保密的遗嘱人通过在遗嘱设立之前告知受托人以实现其心愿,同时这还禁止了遗嘱人的优柔寡断,以及想要在省去作出新的遗嘱时规定的麻烦与花销的前提下变更遗嘱。然而,正如 *Watkin* 案所承认的,允许通过完全秘密信托形成的优柔寡断的方式太过于根深蒂固以至于需要通过法规实现这一转变。

9.5.3　遗嘱附件

我们已经知道,半秘密信托必须在遗嘱执行之前或者同一时间告知受托人。假如信托的存在是在遗嘱执行之后但在后续的遗嘱附件之前才告知受托人的:这就产生了有关遗嘱附件的效力问题了。另一 243
个问题是是否额外的财产可以通过遗嘱附件的形式被添加到现存的秘密信托或者半秘密信托的标的物中。

在 *Blackwell v Blackwell* 案本身中,受到半秘密信托约束的赠与被包含在遗嘱附件中,但假如那样的话,该赠与就首次以遗嘱附件产生,且受托人提前就被充分告知了。然而,我们假定,该半秘密信托在早些时候就在遗嘱中产生了,且遗嘱人拟定的受托人没有提前被告知。没有直接的权威案例能够表明后面在遗嘱附件中涉及的信托的内容是否足以满足两点,首先,遗嘱中包含的信托;其次,信托中的额外添加财产。

为了支持信托成立的观点,可以认为 *Keen* 案采用的政策法规只是为了确保该信托在正确执行的遗产分配之前被告知受托人,这表明了信托的条款内容,因此在遗嘱附件中提及的信托应当是能够成立的。遗嘱附件具有重订遗嘱的效力;换言之,就好像遗嘱本身是在后来出现的遗嘱附件中设立的一样。

在额外的财产通过遗嘱附件被加入到遗产中时情况就不一样了,因为受托人可能并没有同意对新增的财产承担义务。在 *Colin Cooper* 案中,遗嘱人将 5000 英镑通过半秘密信托留给受托人,他提前充分告知了受托人并取得了他们的同意,并在后来又通过遗嘱附件再添加了 10,000 英镑。上诉法院认为只有遗嘱中提到的首批财产才受到半秘密信托的约束,而后来通过遗嘱附件添加的数额属于剩余遗产。在 *Colin Cooper* 案中,受托人同意成为 5000 英镑的受托人,而这就是他们承担义务的限度,因为他们完全不知道后来通过遗嘱附件强加于他们的义务。正如(英国上诉法院)Sir Wilfred Greene MR 在第 818 页所言,“受托人的良心(使用了专门用语)不对 5000 英镑以外的任何数额承担义务”。然而,他似乎设想到,如若遗嘱人与受托人之间的协议为受托人将对 5000 英镑或者遗嘱人最终选择作为遗产的任何数额的财产承担信托义务,那么它基于那些条款就是可实施的。这也与法院所采取的观点一致,法院认为密封信可以作为充分的告知方式,尽管据推测,受托人并不知道信托的条款内容,但仍同意无论其内容是什么都会执行该信托。

9.6　秘密信托与半秘密信托独立于遗嘱生效

从 *Blackwell v Blackwell* 案中也可以清楚地看出，秘密信托与半秘密信托独立于遗嘱运作。有可能它们是作为遗嘱人在世时通过其与拟定的受托人之间达成的协议设立的明示信托被设立的，而遗嘱的作用或相关性则是在约定的时间将财产授予其拟定的受托人从而使他帮自己做事。然而，从已经提及过(于第 9.4 节)的记录了 Viscount Sumner 的言辞的段落中可以看出，在遗嘱将财产的普通法所有权转让给受托人之后，法院似乎更有可能仰仗于受托人的良心将信托强加于他。或许将其分析为推定信托最恰当，该推定信托是为了防止欺诈的发生才强加于他的。

Lord Westbury 在 *McCormick v Grogan* 案中采纳了相似的分析。 244

衡平法院很早就认定，即使是议会制定的法案也不得被用作欺诈的工具；且如若在实施欺诈的工具中有议会制定的法案的干预，衡平法法院的确不会宣布该议会法案无效而是会针对依据该法案取得所有权的个人强迫其承担个人义务，因为将该法案视为了完成欺诈行为的工具。

无论哪一分析是正确的，且不管秘密信托与半秘密信托是当事人活着时有效的明显信托还是一旦受托人取得财产就强加于他(我们将马上作进一步讨论这一点)的推定信托，遗嘱只是设立了该信托，并将普通法财产权转让给了秘密受托人。如果委托人在知道该财产将会通过《1925 年遗产管理法》而不是运用对当事人活着时有效的信托而言更常见的转让方式转让给其拟定的受托人的情况下而克制住不去设立遗嘱，该信托似乎也有可能通过缺乏任何遗嘱的无遗嘱死亡而设立。

不时有人认为,如果秘密信托和半秘密信托是普通的当事人活着时有效的信托,《遗嘱法》并不调整它们。如果是这样,那么欺诈应当不是它们的实施的绝对必要条件;无论任何受托人有任何恶意,现存的信托的纯粹事实都应当足以使衡平法能够干预它的实施。

然而,虽然秘密信托和半秘密信托实施的机制与遗嘱没有关系的说法毫无疑问是正确的,但仅仅描述该机制与提供他们实施的理由并不是同样的事情。衡平法对受托人强加良心的原因为欺诈,且该机制独立于遗嘱运作这一存粹的事实绝不会影响该要件。

然而,秘密信托和半秘密信托独立于这一遗嘱运作将不会产生其他后果。在 *Re Young* 案中,尽管受益人见证了该遗嘱的设立,但该半秘密信托仍然成立,根据《1837 年遗嘱法》第 15 条,这一行为通常具有使遗嘱人对作为见证人的受益人的赠与无效的效力。然而,由于他是在遗嘱之外取得财产的,该原则并不适用。Danckwertsm J. 评论道:

> 秘密信托形成的整个理论是,《遗嘱法》与该问题无关……这是由于信托中的自然人并不是因为遗嘱中的赠与而是因为强加于受益人的秘密信托取得财产的,该受益人 1 才是实际依据该遗嘱取得财产的人。

在 *Gardner(No.* 2)案中,使在遗嘱人之前去世的受益人受益的秘密信托得到了法院的支持。通过遗嘱将财产留给死人的做法并不是不可能的,并且即使是在遗嘱与该问题无关的基础上证明这一决定正当也是很难的。通常的分析是,至少该遗嘱是通过向秘密受托人转让普通法所有权的方式设立信托的,但是 Romer J. 认为,在受托人被告知信托之时,没有理由使秘密受托人的信托声明不成立,其在第 233 页谈论道:

在女遗嘱人将契约书告知其丈夫(秘密受托人)之后,双方的权利于我而言正是其丈夫的一样……他宣告设立一份信托,一旦他的妻子(委托人)与契约书中详细说明的一样以信托的方式成立部分无遗产死亡,他将持有应当转让给他的任何财产。

如若 Romer J. 的观点是正确的,那么其后果不限于为了在遗嘱人之前去世的受益人的利益设立秘密信托或半秘密信托的能力。如若该信托从遗嘱人告知受托人时开始就生效了,那么,它从那一刻开始也就是不可撤销的了,同时遗嘱人和秘密受托人之后就均不能改变主意了。如若遗嘱人是在其去世前许多年就将信托告知受托人,而情势在此期间发生了显著变化,这将会是一个不幸的后果。例如,假如秘密受益人与秘密受托人的妻子私奔了:秘密受托人可以不告知遗嘱人他将不再打算按照原来的条款接受该财产吗?或者,如若他不再能够与遗嘱人取得联系了,他可以不拒绝按照遗嘱接受财产吗?有人可能会认为,原则上他应当能够改变他的主意,但是如若 Romer J. 的观点是对的,且该信托是从遗嘱人告知受托人时开始设立的,那么很可能他不能改变主意了。 245

Romer J. 的观点无论如何都与上诉法院在 *Maddock* 案中表述的观点不一致,他认为该信托只有当受遗赠人接受该遗产时才开始具有约束力。例如,Collins 在第 226 页谈道:

但是,受益人的权利完全取决于受遗赠人是否在明知该信托义务下接受该遗产,且除非直到受遗赠人在被告知的情况下接受该遗产时他们才会获得任何权利。

Cozens Hardy L. J. 在第 231 页采纳了相似的观点:

现在,除非因为约束受遗赠人的个人义务,所谓的信托并不会对该财产产生影响。如若他在遗嘱人在世前宣布放弃或否认,又或者死亡的,依据契约书享有权利的人将无法优先于法律上的继承人或者近亲或者享有剩余遗产权的受遗赠人取得任何财产。

这些观点清楚地意味着,该信托直到遗嘱人去世且受遗赠人接受了信托财产时才形成。

Romer J. 的分析还存在另一个难点:即秘密信托的受托人必须宣告自己为其之后取得的财产的信托受托人,因为只有在遗嘱人去世时他才被授予普通法所有权。人们普遍认为,对未来财产设立的信托是无效的,且传统的观点认为 *Gardener* 案(*No.* 2)的观点是错误的。

9.7 明示信托或者推定信托:它重要吗?

我们已经看出,完全秘密信托与半秘密信托的实施基础均为乙的欺诈,欺诈的概念作衡平法意义上的广义理解。此外,两种类型的信托均实施了遗嘱人的明示意图,尽管这些意图可能没有以书面并签名证实的方式被正确地表示出来。它们均在遗嘱之外生效。有人认为,重要的是它们是被分为明示信托还是推定信托,因为《1925 年财产法》第 53 条第 1 款的形式要件(见第 4 章)适用于明示信托,而不(依据第 53 条第 2 款)适用于推定信托。

第 53 条第 1 款(b)项要求关于土地的明示信托以书面形式宣布,然而在 *Ottaway v Norman* 案中,关于土地的完全秘密信托尽管是口头作出的但也还是被实施了。并且,该案件表面上是依据了推定信托的原则。因此,这很明显是关于完全秘密信托至少属于推定信托的权威
246 判例。然而,一些评论人士对这两种信托作了区分,并认为 *Ottaway v Norman* 案只适用于完全秘密信托。的确, *Baillie* 案认为关于土地的

半秘密信托要求以书面形式作出,尽管我们或许不应该不应当过多地强调 *Blackwell v Blackwell* 案之前的案件,且如若半秘密信托与完全秘密信托的实施基础是一样的,那么该区分就不存在任何正当理由了。

有人认为,这两种秘密信托均不需要以书面形式作出。其机制似乎是,乙根据遗嘱取得财产,且在遗嘱之外运作的衡平法对乙强加良心并成为丙的推定信托受托人。因此,完全秘密信托和半秘密信托均为推定的。

也有人认为,这一问题完全是学术性的,且没有任何实际重要性。这一分类只有在第53条规定的形式要件中才是相关的。然而,半秘密信托与完全秘密信托的有效性取决于衡平法的一项原则,该原则没有被《1837年遗嘱法》第9条废除。当然,它也不会被《1925年财产法》第53条或者任何其他出于防范欺诈的目制定的法定形式规定废除。如若衡平法将不会允许出于防范欺诈的目制定的法规被作为欺诈的工具,那么没有任何理由要为了这些目的区分不同法规。该原则与适用于《1925年财产法》第53条一样适用于《1837年遗嘱法》第9条。无论秘密信托是否被分类都是如此,因为它们并不因此而属于第53条第2款的规避第53条第1款的要件的例外规定。

进一步支持关于第53条第1款(b)项被按照与《遗嘱法》本身的相似方式对待的观点可以在 *Sen v Headley* 案中找到。

那么结论是,无论秘密信托和半秘密信托是明示的还是推定的,它们都不受任何要求法律形式的法规的影响。

247

第10章　慈善和慈善法简介

在许多方面,有关慈善的法律是与有关信托的一般法律不一致的,因为它是在公开实施的信托中发展起来的。这与私益信托形成了鲜明的对比,它们只有通过受益人实施。这对慈善法是对有关信托的法律的重要涵括的原因来说也很重要。这是因为慈善法阐明了关于使用财产的一个与范式的“使他人受益”的明示信托完全不同的观点。如此我们可以看出,以与信托在商业交易中越来越频繁的出现大致相同的方式可能将商业律师吸引到信托法的领域中,慈善法则可能吸引那些没有被信托法吸引的律师。考虑到慈善在许多可能被称为“公共政策”的领域如何公开地运作,慈善法通常是关于与国家、公共机构以及个人产生法律关系主体的人的利益的问题。在此我们可以看出公共律师是如何基于许多诸如房屋政策、儿童保护以及环境问题等公共运作中慈善的重要性而对信托法产生兴趣的。

这一章标志着对英国慈善法的扩展介绍的开端,且它将试图在对其进行实质讨论的后面两章之前介绍“慈善法”的基本情况。这三章更准确来说是对慈善法的扩展介绍而不是广泛介绍，因为慈善法实际上是一个包括许多不同方面的相当大的法律主体，且这一部分的篇幅不允许对法律进行广泛地讨论。因此，本书介绍的材料在传统上广泛涉及了法律史上的具体时期，目的在于将下一章置于上下文中研究，这为“慈善”的法律定义提供了一个概括与分析。然而，由于篇幅有限，以及可能即刻减少的相关性，有关它的讨论现在减少了许多。确实，这一关于英国慈善法的介绍现在将集中于解释因果慈善法的起源，仅仅是因为这对指示其核心原理和关键政策考量以及现行法律的重要性而言很有必要。

现行法律体现于 2012 年 3 月生效的《2011 年慈善法》。

10.1 英国慈善法的出现以及信托的重要性

慈善与“信托”的联系很有趣，因为尽管许多慈善确实是以信托的形式存在的，但也并不是所有的慈善都是这样，且在历史上法律对慈善的承认比其对信托本身的承认都要久。因此慈善是如何成为我们 248
可能认为是“信托法”的一部分的呢，尽管我们认为这部分与“信托法”不太协调？

我们今天认为的慈善组织实际上可以追溯到中世纪时期，当时它们被视为中世纪教堂的主教区的一部分，且从这时起监管这一活动的义务就属于教会法院了。情况在都铎时期开始发生变化，那时对慈善活动的捐赠在“该用途”为衡平法院的出现提供了相当大的动力的时期有所增加。对慈善活动的捐赠在这一时期增加的原因是，随着经济与社会开始由中世纪转为早期现代社会，贫穷在社会中存续之深开始变得显然。这意味着对慈善组织的捐赠逐渐开始与对教堂的捐赠分离，且蒸蒸日上的衡平法院开始做慈善。这时，支撑慈善的慷慨要求衡平法自身形成良心，且在这一时期大法官自己也是一名神职人员。

将所有这些因素联合在一起,大法官在该用途似乎与土地有关的同一时期开始将这一"用途"作为一种向所谓的"虔诚事业"实施赠与的方式。随着该"用途"因为其固有的简单性与对随之产生的救济的有效性而发展为信托,它成为那些想要将他们的财产致力于有价值的事业的一种选择机制。

10.1.1 慈善信托与其他类型的信托对比

被衡平法承认为"慈善信托"的信托与其他财产信托完全不同,因为他们不是为了向个人提供财产利益而是为了公共权益而设立的。它们实际上可以被称为"目的信托"。当我们看向第 3 章讨论到的目的信托,我们了解到要使为了一些目的而不是为了个人设立的私人信托有效是非常不寻常的,在 *Astor's ST* 案中设立这样一种信托的尝试将会失败,除非它能够被纳入"异常例外"的范畴中,对此上诉法院在 *Endacott* 案中认为它明显甚至不应当被遵循。相比之下,为慈善设立的信托总是目的信托,且当我们看向私人目的信托的地位时,我们就能了解这一概念了。

你或许还记得 *Morice v Bishop of Durham* 案是关于为了使私人信托生效,而必须有一个实施它的受益人这一观点的权威判例,这之后可以与 *Bowman v Secular Society Ltd* 案一起探讨。在后面这个案件中,Lord Parker 裁定:"有效的信托必须是为了个人的利益设立的……或者必须是为了公共利益的属于该国法院认定具有慈善性质的赠与。"这为我们提供了关于慈善信托总是目的信托这一点的预览。正如 Lord Parker 告诉我们的,它们是为公共权益而不是为个人利益存在的。我们会发现,虽然私人信托总是受到永久持有权规则的约束,这些规则却从不适用于慈善信托,因为将财产无限期地捐献给慈善机构由于是为了公共权益的目的而被视为是好事而不是坏事。

就目前来说,这一关于慈善信托的观点告诉我们它们并不受到受益权规则的约束。即使我们可以解释永久持有权规则为何无法适用于慈善信托的原因,但我们如何能够解释信托在没有受益人的情况下可以有效?我们可以看出这一点的基本原理在于"慈善目的"是为了公共事业的目的,但是考虑到通常来说它仅仅依靠私人信托中的受益人来实施,在没有受益人的情况下信托如何能够运作呢?此外,由于慈善信托具有公共焦点,它们实际上是可以公开实施的信托,所以对 249
于这种信托就不需要有受益人了。在历史上,这一公共实施地位得到了首席检察官的支持,这是基于其国家亲权地位——也就是其作为公共利益的守卫者的地位。但是从19世纪后期开始(这实际上是对现代慈善法的发展而言非常重要的一个时间点),这一地位逐渐被我们今天所知道的慈善委员会所取代。我们会发现,这是现在负责登记和管理慈善活动的机构,它产生于(英国)慈善事务署,该机构是自19世纪开始负责实施慈善法的机构。

10.1.2　慈善信托以及其他"慈善形式的选择"

尽管并不是所有的慈善都以信托的形式存在,但在今天信托仍是慈善的一个非常常见的媒介,这既是基于现存信托的数量又是基于它们的资金价值。信托似乎一方面最为私人个体所喜爱,另一方面也最为最大最富有的慈善企业所喜爱,其基础通常源自国际商业合作。我们已经在第3章、第4章以及第5章中都已经看到了有关它的一个例子,它们均讨论了 *Choithram*(*SA*)*v Pagarani* 案这个案件。

从私人捐赠者的角度来看,信托的形式容易设立,且它也足够灵活,使得在其规定中能够表示出一定程度的个性化。对于一个规模较大且资金充足的机构而言,信托形式可能仍然是产生高标准的工资收入的大资本资金的来源,它可以按照任意比例分配。出于这些原因,信托可能仍然会是慈善事业最常见的形式,且慈善法将会继续关注衡平法中发展的主张。的确,法院总是倾向于将所有慈善视同为与信托具有一样的性质,因为这两种体制之间具有历史联系性,即使在实际制度安排与此完全不同的情况下也是。

就此而言,我们确实需要解释:慈善组织可能以许多“组织形式”存在。它们可以是非法人组织,也可以是《2006年慈善法》设立的一种称为“慈善法人组织”的新的组织形式。所有慈善组织无论具体形式是什么均共同经历的是——它们的管理与实施的责任属于它们的受托人,且这反过来受到慈善委员会的监督管理。

法人慈善组织、非法人慈善组织以及新的慈善法人组织

如今越来越多的慈善事业是按照公司结构运作的,且这一形式尤其适合集体活跃企业。法人慈善机构通常是担保有限公司,且通常禁止在其成员之间分配利益。担保有限责任公司的设立在形式上与普通商业公司的设立极大地相似。与商业公司一样,慈善机构承担的责任以其财产为限,因此在慈善机构破产时得以避免其成员承担个人无限责任。法人地位的优势在于慈善机构可以作为法人。因此它有签订合同、承担法律义务以及在没有受益人的情况下独立持有财产的能
250 力。同时,它也不需要在人员每次发生变动时在权利凭证上作出变更。法人地位因此而非常适合广泛而长期运作的慈善组织。这些慈善组织通常拥有相当多的财产,足以支付法人组织运作的花销。

慈善组织也可以作为非法人组织存在,这一组织模式结构不那么严格,并且它对那些想要通过更加灵活且或许更加民主的方式做慈善的人来说十分具有吸引力。因为其安排更加灵活,它允许根据变化了的情况进行更好的“实时”调整。在这一情形下,对该组织及其资金进行控制的权利,若有的话,通常会被授予经理人协会,他们可能是按照现有成员的意愿选举出来的。这一点的原因在于,因为该组织是非法人组织,它无法独立持有财产,这可能会被视为一项优势或者一项劣势,且个人在该组织处于负债状态时将不会免除个人责任。

在新出现的慈善法人组织之前很长时间里,英国法律承认了慈善公司的地位,它也与传统的“法人组织”慈善机构(这一性质的组织通常是担保公司)不同。慈善公司的形式传统上出现于大学、医院以及诸如大英博物馆的设施;它们要么通过政府特许(以“皇家特许”著

称，与大学的设立情况一样）设立，要么是通过立法（例如《1872 年慈善受托人公司法》以及《1963 年大英博物馆法》）设立。这些机构的特点在于没有标准的形式，每一个机构均拥有特别针对自己需求的一套体制。这些慈善机构由于它们的独特特征一般被认为极负盛誉，且在慈善机构中代表着某种意义上的精英类别。

无论它们的具体形式是什么，慈善法对所有这些组织均享有一般管辖权，该法被认为是信托法的一个分支。这也同样适用于慈善法人组织（CIO），它是由《2006 年慈善法》引入的一种新的慈善组织模式。慈善委员会 2008 年 5 月记录的信息明确了这一新的法律形式是专门为慈善组织设计的。正如该信息解释的，慈善法人组织反映出，尽管慈善法人组织有优势，大多数主要为了商业组织设计的公司结构的框架可能意味着它并不总是慈善组织的一个合适的载体，其在商业领域实际上非常受限。新形式体现了一种单一注册程序（要求只有慈善委员会才能注册），以及比起其他来说没那么繁重的报告与核算要求，同时在制度与管理安排的变化上也没那么严格。

与慈善法人组织相关的法律现在可以在《2011 年慈善法》第 204 条及以下法条中找到，且关于慈善法人组织是如何设立和运作的规定将会通过二级立法产生。慈善法人组织在 2012 年 10 月开始出现，且慈善委员会 2008 年的文件选择并准备了一份规制文件，它提供了关于适用于慈善组织的当前结构的信息。慈善法人组织自始都对慈善组织成立，该机构同样也适用于任何现存的慈善公司、慈善产业以及转变互助会，该转变互助会仅仅需要重新注册就可以设立慈善法人组织。 251

10.2 慈善组织的法律规定：慈善身份的后果

在讨论“慈善”的法律定义之前，我们需要注意由于慈善身份造成的后果。为了使我们概括出来的后果得以适用，有必要证明该财产是为了慈善目的被实益持有的。正如 *Liverpool City Council v Attorney-General* 案,时代周刊,1992 年 5 月 1 日确定的,从违反信托义务的受托人处取得信托财产的受让人仅为了恰好是慈善的目的订立协议使用财产是不足够的。然而,一旦被证明该财产是为了慈善目的被实益持有的,就会出现许多法律后果。这些已经被认为是无限存在的以及公开实施的。他们在整个对慈善的研究中(在关于总检察官、慈善委员会以及实现它的法院的地位的讨论中)均被广泛地讨论。关于慈善组织的无限存在以及财产不定期结算的内容将紧密地与解释慈善在英国社会与文化中如此重要的原因相连。

接下来将解释,对于有关的慈善组织及它取得的任何财产而言,确保慈善身份也将会带来税收优惠。那么之后将会介绍的是确保慈善身份也确保了一旦财产被赠与慈善组织,这将是一项不定赠与,即使在赠与财产无法通过类似原则或者“尽可能接近”原则适用于实际慈善目的而被指定给慈善机构的情况下也是如此。将这些一起考虑在内就指向了关于为何存在一种被称为“慈善法”的与信托法不同的法律主体以及慈善法的政策为何总是确保只有那些应当取得慈善身份的组织才能够如此做的思考。这在下一章关于“慈善”的法律定义的讨论中变得非常重要,它确保只有那些应当具有慈善身份的组织才能够取得它。这告诉我们法律在历史上是如何尝试着发展这一限制取得的。此时,我们将需要思考“慈善”一词在 21 世纪的英国社会与文化中的含义,以及《2011 年慈善法》是否反映出保留这一限制取得,而这一限制要求强调关于如何实现这一点的传统观点或者要求法律向新的方向发展。

10.2.1 慈善身份的财政优势以及税收的重要性

产生于为了慈善目的而实益持有的财产的税收优势的完整清单可以在 2007 年慈善委员会出版物《受托人、贸易与税收:慈善组织如何合法进行贸易》中找到。慈善组织享有免除所有收入、租金、分红以及收益产生的所得税的权利，条件是这些所得均是出于慈善目的，且可以从英国皇家税务与海关总署退回在取得该收入之前已经支付的任何所得税。只要是仅适用于慈善目的，慈善组织进行的任何交易所产生的利益均不能收取所得税，且该交易要么是为了实现慈善组织的首要目的要么该交易是主要是由其受益人进行的（如残障人士专用的工厂）。慈善公司免收公司所得税。对慈善组织的赠与大体上均免除遗产税，且在资本收益适用于慈善目的时也免收资本收益税。所有慈 252
善组织取得的与慈善事业有关的房屋均免除 80% 的市政税，包括慈善商店在内，同时，用于宗教目的的房屋完全免除地方税。并且，现在作为纳税人的个人对（无论如何均免税的）慈善组织进行捐赠实行"礼物援助"计划：在这些情况下，慈善组织也可以向税收机关主张捐赠物本应缴纳的基本税率。一般而言，慈善组织的确要支付商品及服务的增值税，但是有一些商品，例如一些残障人士的设备则是零税率的。

作为一项社会政策问题，对慈善活动的税收减免具有很长的历史了，它与宗教法院，及之后的衡平法院如此热衷于承认与实施有价值的事业的原因有关。在下一章中会不时地讲到关于此的更多内容，但实质上，在前福利国家时代，确保我们称为"社会福利"的义务——也就是关爱社会中的弱势群体、维护道路与桥梁等——将由当地社会承当。因此那些希望致力于有价值的事业的人被每个人看好，且对于那些死前希望通过慈善方式使社会受益的人，宗教法院以及之后的衡平法院似乎非常热衷于促成他们的目的。

慈善活动、社会福利以及税收

一些关于由于慈善身份造成的税收的重要性的概念可以从下一章中讨论到的涉及国内税务局（现在的英国皇家税务与海关总署）的许多案件中收集到。这告诉我们，许多事情都取决于为了一个组织的利益作出的财产处置是否是慈善遗赠这一点。试图最大化个人为公共事业（存活着或者已死亡均一样）主张的内容是英国税收机关的职权，因为公共资金也使我们得以理解慈善组织享有的税收优势是如何具有争议性的。在现代国家中,关于这一点在结构性“社会”水平上的基本前提是,给予社会中的一个行业的税收减免将会给其他社会行业带来撞击,这将会造成两大广泛后果中的其中一个后果。它的其中一个后果在于,为了确保社会效用(也就是来自于公共资金的服务,例如医保与教育)不会下降,对其他社会行业的税收将会更高。但是由于高税收(甚至高于必要)是不受欢迎的,当一些行业缴纳的税款比他们能够缴纳的要少时,唯一的其他选择就是总体降低社会效用。

同时,税收在英国社会与文化中因为其是一个为慈善行业提供税收减免的低税收社会而通常是一个棘手问题,这一税收减免通常为个人对那些他们不希望支持的事业得到公共支持感到不满而创造了空间。这一点如若被看作是其他每个人不得不支付比实际需要更多的税率的原因的话就会被放大,且除此之外任何对有人反对的特定慈善活动实施的个人支持将进一步实施。要获得关于这一经济影响如何在社会利益的范畴内蔓延的精确数据并不容易,但是对慈善组织的税收减免被认为使英国的每个人每年花费高达100英镑之多。

10.2.2 慈善身份的类似原则的财政优势

类似原则是一旦财产被赠与慈善组织,这便是彻底将该财产致力于慈善事业的表示的重要体现。

253 我们知道,为了使这一现象发生,遗赠必须被实际作出且并不仅订立协议,而是一旦做出后,这便是“彻底的”。在这一点上,我们可以从永续权规则的解释中看到有相反的政策存在,永续权规则仅允许设立了信托的财产在一段时间内受到信托的束缚,因为过长时间地阻止该财产的自由交易对未来的经济与社会机会具有消极影响。对《2009年永续法》规定的永久持有权礼貌规则进行的微小改革认为,尽管可能曾经是这样,私人信托影响经济与社会的范围由于经济复杂性增长以及日益全球化的总体趋势而显著变小,因此对于现在生效的私人信托而言,其永久持有权期间要长得多。然而,所有私人信托的确仍然受到永续权原则的限制，而捐赠于慈善组织的财产从未受到这一限制。

这极大地反映出慈善在英国社会与法律文化中的特殊地位，且随着我们对慈善法了解得更多，我们将会看到一个具有重要意义的“有益社会”的慈善组织被认为是什么。在历史上，这是因为，正如在起源于教堂的教区系统中执行的一样，社会中的每个人将会从那些致力于“有价值的事业”的个人或者组织（如愿意为孤儿及寡妇提供教育与福利的宗教组织等）中获得利益。并且，它在适当的时候将会表明，在今天，慈善组织实际上对在使社会中的人们不再需要为比方说医学研究所带来的利益支付“实际成本”的情况下带来了更高水平的社会效用提供了一个非常有效的机制。就此而论，我们不难看出向慈善组织捐赠财产为何应当是无期限的的原因，因为这对整个社会都是有利的，而不是会对社会造成损害的。

类似原则作为支持这一几乎在慈善组织因为完全破产或者与其他相似组织合并而停止运作时的立场的一种机制，随之产生了关于如何使用被赠与的财产的问题。类似原则允许赠与特定慈善组织的财产被作为一项具有慈善意义的无限期遗赠，因为它允许该财产在可以说是原意图无法实现时被用于一个“尽可能接近”赠与原目的的目的。这就是类似原则的译文，它是一个安格鲁—日耳曼术语，我们将会在第 12 章中了解更多关于类似原则主张运作的不同方式。

10.3　慈善委员会的规定

这一章以及下一章接下来的大多数内容为现代慈善法赋予慈善组织的注册的重要性。我们应当看到，巩固慈善身份的慈善法律定义以及因此形成的对慈善目的的承认最终成为法院需要解决的问题，而这一问题又强烈地需要寻求通过注册取得对慈善身份的正式承认。

在慈善组织登记册中添加慈善组织的过程对“守卫”慈善身份的优势而言很重要。除了那些被法律视为免除登记注册的慈善组织外,慈善组织按照法律必须要登记注册。

254 尽管当前关于注册的规则是由《2006 年慈善法》引入的,它们与本书讨论过的以及大多数除此之外的现行慈善法中的其他重要规定一样,现在由《2011 年慈善法》调整。任何每年收入超过 5000 英镑或者使用或占有任何土地或房屋,又或者拥有构成永久捐赠财产的慈善组织必须在慈善委员会登记,除非它被免除注册登记。那些被免除注册登记的组织通常是大学以及其他“教育性”机构。但是被免除注册与注册本身一样是一种对慈善身份的承认程序。且取得税收优惠取决于通过注册登记程序获得承认或者被免除纳税义务。

10.3.1 通过管理慈善身份来管理慈善活动

注册登记或许是慈善法调整慈善活动方式的重要组成部分,但是慈善委员会有许多其他监管职能,其中一些是《2006 年慈善法》的新规定,其他的则可以追溯到比这更早的时期。我们认为,确保慈善身份与注册登记程序具有非常紧密的联系,且在慈善组织登记册上登记受到慈善委员会的监管。然而,寻求慈善身份的组织直到 2006 年都要向慈善事务委员会注册登记,该机构在传统上拥有根据他们认为的其成立目的是否是法律会认为具有慈善性质的目的的观点对慈善组织予以或拒绝注册登记。这一机关是在 1853 年设立的,但是它在那时拥有比现在更加受限的权利,且直到 2006 年慈善事务委员会被赋予的权利被各个实际占有人所享有。《2006 年慈善法》设立了英格兰和威尔士慈善委员会作为独立于为其服务的私人法人组织,并拥有非部门政府机构的地位。慈善委员会现在拥有注册登记慈善组织以及其他对慈善法的实施的职能,例如监控账目、监督慈善组织运作以及向慈善受托人提供指导的职能。并且,慈善委员会在慈善组织中发挥了越来越重要的作用。如人们所说的,传统上这是总检察官的地位;

而慈善事务委员会(现在的慈善委员会)则日益成为一个积极的部分。

10.3.2 《2006 年慈善法》、慈善委员会的设立以及《2011 年慈善法》

慈善委员会通过《2011 年慈善法》享有对慈善组织的注册登记权,且慈善事务委员会在传统上承担与总检察官一起实施慈善信托的地位被广泛地视为是有关慈善,特别是慈善的范围及其界限的诉讼相对较少的原因。我们所见到的关于慈善法的案件反而是一些"典型案例",它们产生了关于法律的重要问题。且的确,慈善事务委员会(现在的慈善委员会本身)在作出判决时可能会咨询其他主体,例如英国皇家税务与海关总署,其关于要求作为慈善案件进行审理的请求的有效性的利益产生了一些但不是全部的英国法律中最突出的"慈善身份"诉讼。

慈善委员会拒绝为一个组织注册登记以及新慈善法庭 255

慈善事务委员会拒绝为一个组织注册登记在传统上产生于上诉权(慈善事务委员会根据《1993 年慈善法》第 4 条享有的),并且是通过法院(最初是通过高等法院并通过它进入上诉法院以及上议院,现在则是通过最高法院)作出的。然而,《2006 年慈善法》引入了一种确保对慈善委员会关于注册登记的决定进行严格评价的新机制,这种正式被称为一级裁判所(慈善)的慈善法庭的地位在慈善委员会 2012 年标题为《对委员会的其中一个决定不满吗》的指导文件中得到了解释。该法庭是一个拥有审查慈善委员会的一些决定的权力以及对这些决定进行撤销、变更或增加的权力的独立法律主体。该主导文件也规定了实用性的信息应用,可能还有决策时限。与该法庭有关的法律现在存在于《2011 年慈善法》第 17 页的第 314 条及以下。有趣的是,对法庭的指导文件也强调,在一些案件中,法庭可能会要求慈善委员会采取进一步行动或者修改已作出的决定。这在 2011 年的确发生了,当时慈善委员会被强制撤回"那些我们的公共利益指导书需要重新书写以确保该指导文件与上级裁判所的判决一致的内容”。之后私立学校委员会提起了诉讼,在接下来的章节中将会进一步讨论它。当审判所审理案件(或上诉案件)时,总检察官有权干预并代表有关的慈善组织在公共事业中的任何更宽泛的公共利益。

10.3.3 保留慈善组织登记册的要求以及慈善委员会的新功能

由《2006 年慈善法》引入的与保留慈善组织登记册有关的当前需求与现阶段新慈善委员会日益增长的监控地位密切相关。这反过来可以理解为,虽然慈善身份可以给一个组织带来相当大的优势,它也可以带来与遏制滥用慈善身份与管理不善有关的监控。且随着内容的展开,在 21 世纪早期,它日益与可感知的公共对慈善行业的信心的减弱有关的这一点将会变得更加明显。在政治上,这表现于在一段时间里人们对慈善法日益增加的批评,以及产生了基于英国首相提出的一项名为“私人诉讼、公共利益:慈善组织以及更广义的非营利部门综述”的战略小组文件的公布而于 2002 年正式启动的《2006 年慈善法》的法律改革。

对于慈善委员会的规章以及注册登记要件中的“例外”与“免除”,我们马上将详细讨论,但是这些问题——集中了关于可感知的公众对慈善身份的不安的政治回应——显然是适用和审查慈善身份以及最终从慈善组织登记册上将“不合适的”组织除名的一种更加规范的方法的核心。这也是《2006 年慈善法》的另一个新的不同政策的基
256 本原理,现在反映在《2011 年慈善法》第 30 条中:每一个慈善组织必须进行注册登记(在慈善组织登记册中)的一般原则。一些传统方法的例外与免除特性被保留了下来,但是这些特性显然是被规定为比传统方法更加狭窄且更加严格控制的方式。免除注册的慈善组织与那些被除外的慈善组织之间的关键区别在于后者作为注册登记的例外是由慈善委员会或者规章(而不是法规)决定的,其关键规定在第 30 条和第 31 条中可以找到。然而,《2006 年慈善法》提出的总收入不超

过 5000 英镑(根据第 30 条)作为注册登记的门槛的规定实际上是提高了慈善组织注册登记的门槛,并反映出进一步的政策——也就是说,“将最小的慈善机构从注册登记要件中解放出来。”

《2006 年慈善法》以及慈善委员会的一个新的重要监管功能

慈善委员会根据法令享有的一项重要的“监管功能”以及与注册登记紧密联系的是该法令针对委员会的“公共利益”的规定。在下一章中,我们应当会看到这一点是如何与《2011 年慈善法》第 4 条联系在一起的,该法条规定了公共利益要件并巩固了《2006 年慈善法》,该法案首次将慈善法的这一传统要件规定为法律。该要件的实质存在于第 4 条中,而慈善委员会在决定这一要件如何得以满足上具有重要作用。这在第 17 条中又被重申了,它解释了慈善委员会必须做什么以及它被允许做什么。这一条与第 4 条一起在接下来的章节中将被广泛讨论。

10.4　现代慈善法及其当前的发展的历史基础

通常想要实现财产所有人关于使社会明显受益的心愿的法院对那些想要致力于有价值的事业的人带来的联合作用使“慈善目的”的法律定义趋向于宽泛而不是狭窄。然而,由税收减免产生的争议在决定一个活动是否是慈善活动上造成了一些紧张状况,并成为慈善法的一部分特征以及事实上其功能的一个中心部分。存在于倡导有价值的事业与家人的申诉之间的矛盾也产生了相似程度的争议,这些家人认为“慈善源自家庭”。的确,一些诉讼显然是由公共资金在有争议的慈善含义与地位中获得的利益引起的,而更多的案件则是由不满的家属提起的。这反映出在一份遗产的慈善地位被成功质疑时,该财产或者其遗产将会通过归复信托的方式还给捐赠人,本书将在下一章中通过引用 *Chichester Diocesan Fund v Simpson* 案对此点进行阐述(并在

第 17 章中更加广泛地讨论)。

当我们通读整个材料时,我们会更加清楚地认识到“慈善法”的这一功能是为了确保只有那些应当被视为具有慈善性质的目的才应在事实上被如此视为慈善目的。同时也变得清楚的是,新兴的慈善法试图解决的这些难题如何能够帮助我们解释有些偶然的法律发展。通过在不同时期既与这些问题相关又与它们不同的方式,慈善组织被认
257 为是相当的支持与极度的怀疑的复合体。对慈善组织的怀疑尤其强烈地来自中世纪的教会,这是因为在“教会赞助”之外对慈善组织的捐赠开创了一个世俗的管理组织发展为保护社会利益(这当然是“国家利益”)的组织的先河。从另一个角度来看,且在更晚后的 18 世纪与 19 世纪,《永久产业管理法》反映出了慈善组织的遗赠的数量的日益增加与剥脱继承人的合法期待有关这一忧虑。《永久产业管理法》是为了扩大被认为具有慈善性质的组织或活动的法律定义,但是这是由于试图确保对有价值的事业的赠与无效并能够被继承人合法主张的这一有些反常的理由。

我们应当发现,在 21 世纪最早的几年里,国家开始协力合作以巩固慈善组织作为公共事业的力量,且这一精神已经体现于《2006 年慈善法》中。但就理解各种制定现代慈善法的动机而言,《1601 年伊丽莎白法令》是一个非常重要的参考文件。这一立法的持续重要性可以从其长久失效的法规的序言直到《2006 年慈善法》施行前对慈善法的发展都具有相当大的重要性中看出。它为体现于 *Income Tax v Pemsel* 案中特殊目的委员会对慈善目的的现代分类提供了基础。然而,其来源很复杂。

10.4.1 慈善法出现于伊丽莎白时期至 18 世纪

天主教义的影响力的下降与人口增长、粮食生产困难以及一个脆弱的羽翼渐丰的“现代”经济相结合意味着在伊丽莎白时期,济贫事业成为新兴“国家”的一个问题。由此产生了为贫民制定的并由教区执

行的法令，他们不在地方税的征税范围之内，这一法令在1572年产生，而综合的《济贫法》则是在1597年与1601年颁行的。由于这些赞助，教区不仅成为宗教的代名词，也成为宗教指引与贫民救济的代名词。除此之外，为了减少贫困率而鼓励那些想要将其财产致力于有价值的事业的人进行捐赠符合国家利益。慈善法在这一时期的发展主要朝以各种各样的形式救济贫民调整，该贫民救济是紧随着宗教活动实施的。我们可以在《1601年伊丽莎白法令》的序言看到贫民救济以及宗教与教育（产生于宗教教育）的卓越性，该法令超越了这一法律条文获得了自己的生命力。

> 然而，土地、住宅、租金、年金、利益、不动产、商品、动产、货币以及货币存量至今为止已被尊敬的女王殿下以及她最显贵的祖先们还有各式各样的其他心怀好意的人有限地赠与、指定与分配；一些是出于对老人、弱势者和穷人的救济，一些是出于对病人、残废士兵与水手、学校、免费学校以及大学学者的照顾；一些是为了维修桥梁、港口、公路、教堂、海岸以及高速公路；一些是为了孤儿的教育与提升，一些是为了矫正所的救济、供应与维护，一些是为了贫困少女的婚姻，一些是为了主持、援助和帮助年轻商人、手工艺人以及没落之人，其他的是为了囚犯或俘虏的救济与救赎，以及对任何贫困住民的援助或者减轻对士兵之外的其他人征收的十五税（对动产征收的税）以及其他税的负 258
> 担；然而，根据赠与人以及创始人的慈善意图，且由于欺诈、违背信托义务以及在那些同样应当支付、传达和使用的活动中的过失，其中的土地、住宅、租金、年金、利益、不动产、商品、动产、货币以及货币存量没有被使用：关于救济，如果实施的话……

然而，这一法案的主要目的在于任命慈善事务委员会调查慈善组织的遗产管理，特别是针对已经成为问题的对（信托）财产的滥用的调查。

就影响现代慈善法的发展而言,该序言意图成为关于在当时被认为具有慈善性质的有价值的事业的综述。它在许多方面极其关注贫民的救济问题——已经广泛成型——但它具有非常不同的慈善目的并因此成为 18 世纪和 19 世纪关于慈善的定义最有用的解释。这也是公共利益的概念发生变化的时期:最初,要具有慈善目的就要能够有益于穷人;但是 19 世纪人们受到了乐善好施思想以及新兴的中产阶级价值观的影响,这表明了人们将对慈善活动的关注重新集中于那些值得帮助的人而不是那些必定是穷人的人。这一时期将开始产生关于伴随着福利法律规定的日益发展出现的慈善法律规定的重要性问题,随着时间推移,这一问题已经因为现代福利国家的发展而被放大化。也是在 19 世纪后期慈善身份以及税收减免之间的联系才开始显现。在这一点上,在为了 *Income Tax v Pemsel* 案的特殊目的成立的委员会(该委员会形成了"慈善组织"的现代定义的基础)中,首次变得清楚的是,来自于税收的救济可能与慈善的定义息息相关。这个案件可以被视作一个重要的里程碑,尽管法官自己似乎并没有领会这一联系的重要性。

10.4.2 慈善目的的现代分类及其广泛意义

马上就变得清楚的是,Lord Macnaghten 的 *Pemsel* 分类方法直到《2006 年慈善法》规定的慈善目的的法律定义于 2008 年 4 月生效时仍维持不变。但是,人们长久以来一直认为慈善的定义并不是固定不变的。就像 *Pemsel* 分类法是苏格兰丧葬改革和 *Cremation Society Ltd v Glasgow Corporation* 案中一个针对要么是出现于《伊丽莎白法令》的序言中的,要么是针对随后有组织地自其发展而来的目的所进行划分的有意尝试,Lord Wilberforce 强调,慈善的法律定义正处于发展之中,并会反映出社会的当前需要以及变化:

> 但是,就 *Pemsel* 分类法而言有三件事情可以谈论,该分类法的创

造者 Lord Macnaghten 肯定不会否认这三件事：首先，因为该法是出于便利创造的，很可能就会有并不能很好地融入这些类目中的不管哪一类的目的；其次，所使用的词不得被赋予法规的效力来理解；最后，慈善法是一个发展中的概念，它很可能自 1891 年开始就逐步发展了。（*Scottish Burial and Cremation Society Ltd v Glasgow Corporation* 案） 259

10.4.3　21 世纪的慈善法：《2006 年慈善法》与《2011 年慈善法》

随着社会演进而发展的慈善法

相似的主张随后也在上诉法院的 *IRC v McMullen* 案中出现。但是对目前的慈善法的理解的关键发展是产生了《2006 年慈善法》的政治运动，该运动依靠于 2003 年发布的两大重要文件：《2002 年内阁办公室战略小组出版物：私人诉讼、公共利益》以及《政府对其建议的回应、慈善组织以及非营利组织：现代法律框架——政府对"私人诉讼与公共利益"的回应》。这些文件揭示了多大程度的法律改革动力是以现代化、效力、透明度、责任以及制度为基础的，它反过来帮助我们理解了《2006 年慈善法》所带来的变化，这些变化现在体现于年《2011 年慈善法令》中。

对慈善法的关切的范围

慈善法一直是为鼓励和支持那些拥有财富的人致力于有价值的事业设计的政策的参考点。它也涉及慈善组织是如何被卷入到社会调控的"政治"斗争中（尤其是出于宗教与世俗方法的分界线的那些斗争），以及关于它们在经济动荡与苦难的时期应当如何应对的斗争中的。值得注意的是，慈善法一直涉及了财产被那些负责将其利益用于有价值的事业的人滥用的可能性。从 19 世纪开始，随着时间推移，我们对那些被视为慈善目的活动而给予慷慨税收政策的紧张情绪也出现了。

《2006 年慈善法》的大多数动力可以从所有这些因素中看出。慈善行业是许多社会慷慨人士的接受者：税收减免是一个明显的例子，且正如我们从第 4 章介绍的 *Vandervell* 诉讼中看到的,这一慷慨延伸到了组织本身之外的那些实际的赠与人身上。慈善也具有其他优势,例如为实施公益提供便利,以及为确保任何被捐赠于慈善组织的财产总是能够被用于另一项慈善活动的类似原则方案的运作,甚至在特定的慈善组织无法实现这一点时也是如此。

赋予慈善活动大量慷慨的核心为对慈善活动的公共性的承认,它反过来反映了英国人关于慈善活动是致力于公共事业的活动的心灵信条。慈善法的功能一直是为了确保只有那些应当具有慈善性质的组织是如此待遇,但是也同样是为了确保那些组织能够保护源自被视作是"为了公共事业"的活动而带来的优势。出于这些原因,慈善法如我们所知的总是要求,就像慈善法定义的,一个组织想要具有慈善性质,其目的必须是"慈善的",且必须是使"公众"受益的。

慈善及其演进,以及对慈善法的当前关切的性质

形成了《2006 年慈善法》的改革运动表明,慈善法需要在这两个重要方面中均变得更加有效。慈善法需要在确保只有慈善组织才能如此这一方面变得更加有效,这是通过政府的承认证明的,政府认为公众对慈善的信心并没有应该的那么好。除此之外就是慈善身份的授予由于关于不合适的目的的证据太少而过于容易的公众理念。这
260 些关切尤其与有关公共利益要求的改革紧密联系,且它们意图实现并维持当时的内阁办公室部长与国会议员 Hilary Armstrong 于 2006 年 6 月在议会中所解释的"公众对慈善的高水平的信心",这一信心将通过"有效的法规"实现。

21 世纪的慈善法:法律规制——以及自由化

这告诉我们(通过恢复之后持续维持)实现高水平的公共信心对形成了《2006 年慈善法》的改革运动十分重要。但是它实际上没有告诉我们实现这一点如此重要的原因,以及这一点如此错综复杂的原因。在下一章围绕公共利益的改革的讨论中,我们可以看出,在某种意义上,改革慈善法试图通过限制被视为为了公共事业的目的来恢复

公众对慈善的信心。但是我们也可以看到另一种不同的方法。在有关划分慈善目的的改革中,我们也可以看到扩大具有慈善性质的目的的定义的意图,以至于更多潜在的目的能够被认为具有慈善性质。除了有效规制的实质外,Hilary Armstrong 在议会讨论中附和了关于慈善由于"向个人与社会提供了重要服务"而"在我们社会结构的组成部分中扮演着基础性作用"的普遍观点。因此,除了因为慈善的特殊地位产生的法规与责任外,关于慈善法的重要政策必须是为了"打破慈善行业所面对的障碍",它本身对于描述慈善的轮廓而言很重要,并因此进一步增加了其"公共事业"的范围。

在关于慈善在社会中的重要性需要被提高这一坚决主张背后有两大重要因素:第一个因素显然是公众对慈善的信心的流失的感知;第二个因素则是由于慈善对社会而言如此重要而确实需要恢复公众对慈善的信心。后面这一主张是我们需要解释的部分。对慈善组织而言,能够进一步增加其对公共事业的潜在重要性的原因在于,无论个人关于特定慈善组织或者甚至是慈善这一概念的感觉如何,社会作为一个整体从支持慈善活动中获得了利益。

这与曾经在先福利国家时期时比起来没那么切实有形,那时当地居民能够亲自体验由于其他人的慈善活动而减税的经历。但是,今天的慈善活动也同样造就了比如果我们均要支付我们利用的"公共事业"的情况下的更高水平的社会效用以及总体文明。医疗研究就是一个很好的例子,因为我们根据国民保健制度(而事实上是私人医疗保健)能够获得的多数利益是由通过慈善组织实现的工作产生的,而不是通过税收更直接地资助的。因此,给予慈善活动税收减免可以是确保高水平的文明与社会福利的一个比要求市民缴纳更高的税率更加 261
合算的方式,且它在社会政治上也被认为是更加可接受的。这就是慈善组织被如此积极地推广为致力于公共事业的原因,也是有人主张社会作为一个整体由于缺少对慈善的"公众信心"而是失败的的原因,它们之后会影响当事人活着时有效的捐赠与遗赠,同时,被认为税收减免不当的情况还引起了相当多的反感。

10.4.4 21世纪的慈善法:《2011年慈善法》——及其以后

在下一章中,我们应当找出这两个关于在为定义能够极大地发展慈善行业的慈善目的提供一套制度的同时提高慈善组织的规章制度与责任的极为相似的策略为何能够在法律中出现的原因。当然,《2006年慈善法》本身现在实质上已经被《2011年慈善法》所取代。但是,在了解这一点时,理解《2011年慈善法令》具有非常不同的动力与潜在原理这一点也很重要。

10.4.4.1 《2011年慈善法》的起源

在区分这两个法令的来源时,本文的观点一直是,《2006年慈善法》可以被视为一个持续与变革的项目——它承认,要使慈善法适应21世纪的需要,就需要新的方针,同时新的法律也将从慈善法总是试图反映出与慈善活动相关的公共利益这一点上寻找启发甚至是其确切措辞。相反,《2011年慈善法》实际上巩固了并未就《2006年慈善法》所引入的变化而做出改变的立法。《2006年慈善法》是英国慈善法的一个非常重要的里程碑,其颁行产生了包括四个法令:《2006年慈善法》、《1958年娱乐慈善法》、《1992年慈善法令》以及《1993年慈善法令》的慈善法法定制度。正如慈善委员会解释的,《2011年慈善法》是“为了通过将议会的四个法令合为一体而使得法律更易理解”才制定的。他并未对法律做出任何改变。

在这一点上,《2006年慈善法》不仅在慈善法的字面意思上,而且也在其基础政策上对慈善法作出了彻底的改变。但是,在另一方面,《2006年慈善法》似乎保留了大部分传统法律的精神与实际字面意思。且在提及《2011年慈善法》的实际意义时,慈善委员会承认,要实施该法令就需要为了引用新法律而将其网站上的接近500个网络页面及可移植文档格式进行升级。将所有这些考虑在内,表明了与慈善法有关的法律是宽泛的。且正如我们在下一章中发现的,考虑到现在必须要涉及《2011 年慈善法令》以及《2006 年慈善法》的重要性，所以即使是完全关注慈善的法律定义也不是一件小事。

10.4.4.2　新的立法方式：持续与变化，巩固与审查

这是因为在《2006 年慈善法》中的新方向需要被解释，且这一点及其持续性需要广泛参考"传统"慈善法。这是本书谈及的慈善法为何如此宽泛的主要原因。但是，除了巩固《2011 年慈善法令》的效果外，《2006 年慈善法》引入的慈善法的实质最近成为详尽审查的对象。这最初是因为 Lord Hodgson 关于 2012 年 7 月发布的《2006 年慈善法》的评论。在 Lord Hodgson 的评论被承认的同时，慈善委员会 2008 年发布的关于公共利益的指导文件在 2011 年被成功质疑，且其评论也被大量的普遍由慈善活动引起的"大众化"审查以及议会自身在立法之后的正式评论所强化和影响。

Lord Hodgson 的评论及其后果 262

关于《2006 年慈善法》为慈善委员会设立的目标，最近有人认为，这反映了慈善监管者根本无法实现的野心。慈善委员会因为关于私立学校委员会于 2011 年获得的裁决以及在 2014 年时鉴于对其根据 Preston Down 这一个普利茅斯兄弟会基督教堂设立的信托信托注册登记为慈善组织的做法的批判而自然受到了相当详尽的审查。在这两个时间点之间的时间里，慈善委员会因为将 Cup 信托注册登记为慈善组织也遭受到了公众的严厉批判，该信托组织在 2013 年早期被曝光是一个纯粹的"避税前线阵地"而不是——像其宗旨所说的一样——为了"改善年轻儿童与成人的生活"。这一组织能够在不明显违背慈善法的前提下实现这一对其所声明的宗旨的偏离，关于这一点，慈善委员会的主席承认到，这是"慈善法律行业的灾难"。

但是即使没有这些公众对慈善委员会的严厉苛责，Lord Hodgson 关于《2006 年慈善法》的评论无论如何都会被人们接受。考虑到《2006 年慈善法》的巨大重要性，这一独立评论对那些参与慈善法的管理以及直接参与慈善活动的人而言将会不可避免地带来恐惧与焦

虑。它首次提出了慈善一词的法律定义。

将该法律定义落实到位的法律制度本身是一个传统方法与新方法的复合物,体现了慈善法的持续性与变化性,它们一直承载着许多伊丽莎白时期现代化的印记。随着新制度的磨合,产生了丰富而广泛的经验,有一些可能会比其他的更加具有可预测性。这一制度本身有复杂的意识形态作基础,该意识形态试图反映出慈善在英国法律以及更广义的文化中的重要性,而确认这一慈善在法律与更广义的社会意识中的特殊地位的途径具有相当不同的指导思想。正如早前表明的,《2006 年慈善法》试图通过解放慈善法要件以及强调对慈善活动的定期审查来增加慈善活动的数量。正是通过理解这一二元性我们现在才讲回在这一部分开始时提出的观点:即慈善监管人根本无法实现的野心。

Lord Hodgson 发布于 2012 年的评论《信任与独立:还慈善于慈善组织——关于〈2006 年慈善法〉的评论》在其对法律制度能够提高的地方的评估中包括了 100 项建议,目的在于“给予慈善组织及其受托人更多的自由空间、鼓励社会投资的发展以及带来更大程度的公众参与”。民权社会部长与议会成员 Nick Hurd 在其最初对该评论的回应中说到,议会本身也通过公共管理委员会的赞助发表了一个与慈善法更加不相关的评论。

这一委员会在其 2013 年自己发表的报告中,在作出自己的评论时参考了许多 Lord Hodgson 的建议。公共管理委员会的评估在许多方面非常生动并具有远见。尤其是其对体现于慈善法框架的构建中的紧张状态的反映,它既能够通过严格的管理制度注入信心,又能够在慈善活动中便于发展。的确,《2006 年慈善法》试图“创造一个能够使得慈善组织无论如何运作都能实现它们作为社会公益力量的潜力;
263 一个鼓励独立于政府的具有活力的多样化行业的;以及通过有效规章制度维持高水平的公众对慈善的信心的法律与管理环境”。

10.4.4.3　2011 年之后的慈善法——两种观点的故事

在这一时期,公共管理委员会的建议与 Lord Hodgson 作出的建议可能一并占据了政治圈中相当数量的注意力与时间。这意味着在本书中确认它们是十分重要的,但是,除此之外,人们的注意力也仍然还集中在现行的法律上。

由于人们现在开始对慈善进行法律定义,实际上是对法律的评论,这一尝试将会因为提及许多对如何进行改变的重要建议被认为是恰当的,但它将会很简短,且通过详尽讨论后就不会如此了。然而,对本书中关于这些评论的大量篇幅的介绍由于法律制度的潜在变化(现在存在于统一立法之下)而很可能在后续的版本中会出现。慈善法的改变如何影响深远的早期迹象可以在公共管理委员会关于《2006 年慈善法》的两大重要评论中以及另一个立法的建议中看到。

在此之前,人们关注的是《2006 年慈善法》的重要体制创新。这些体制创新也就是"法人"监管者慈善委员会与慈善法庭的产生。正如早些时候解释的,后者的功能在 2009 年被转移给了一级裁判所(慈善),且尽管它被认为是解决争议并让慈善委员会承担责任的"快速、低成本且非对抗性的方法",公共管理委员会同意 Lord Hodgson 的观点,认为在现实中发生的远不止这些。私立学校委员会一案可以被视作是其花费与速度的缩影,同时也可以说是其对抗性质的缩影,公共管理委员会从中建议,向仲裁庭的求助应当更加特殊,且在许多情况下应当是最后手段。

Lord Hodgson 和公共管理委员会的评论中均有支持设立慈善组织监察专员的观点,这一观点的产生是因为一些慈善组织一直参与了能够损害整个慈善行业的名声的活动。Lord Hodgson 和公共管理委员会均承认了行业资助的监察专员大体的优势,它是建立在管理制度模型上的。

在评论中的这些讨论目前仅是如此。然而它们也能够表明,鉴于对《2006 年慈善法》规定的制度的可感知的缺点以及它如何能解决体现于同时解放(或者解除管制)慈善法中的紧张状态并实行能够产生高水平的公众信心的规定的反思,慈善法未来会怎样不同。它现在向我们介绍了事实上的法律,正如我们通过慈善的法律定义探寻的
264 一样。

第 11 章 “慈善”的法律定义

265

本章节将接着上一章,将重点放在“慈善”本身的法律定义上。在理解这一点上,我们需要认识到,在寻求实现对慈善的有效规制以及促进慈善部门的发展的过程中,《2011 年慈善法》中的慈善相关法律的覆盖范围远比这个文本中的要广。相比通过发展慈善行业来实现对慈善的有效规制和增强慈善在社会上的影响力来说,通过法律条款来规范慈善的法律定义是远远不够的。

在与公共利益有关的改革的方面,这一点是很明显的,比如,随着大多与公共事务需要相关的登记和承诺施加于小规模慈善机构,而大多繁重的需要落在有一定资产规模的大机构身上,实现这些目的的一个核心宗旨就变得很明显——通过规模来区分对不同慈善组织的政策。在这种环境下,规模主要取决于机构的资产和活动的范围,而且我们最好意识到这一点,因为在《2006 年慈善法》(正如现在统一在《2011 年慈善法》中的)有很多对于慈善法律的思考反映了这个政策,尽管在本书中只涵盖了一小部分。同样,该法令也与机构的管理要求、对慈善受托人的预期和证明符合监管权制度有关,但这些问题远远超出了本书的讨论范围。

然而,“慈善”的法律定义很有价值,这对一个组织对自己慈善的认知至关重要,而且可以让其认识到关于公司治理和承诺的考量。

聚焦“慈善”的法律定义

这一章是关于一个机构如何变得受限于“慈善法律”,也就是说它如何变得受限于信托法的特殊体例,这带来了很多方面的税收优惠政策,而且从捐赠人和受赠人的角度来看,其使得慷慨的捐赠成为可能。这一法律的特殊体例也促进了被视为一劳永逸的用于慈善目的的捐赠的财产的有效利用,也支撑着所有的有着“公共执行”性质的这些财产。

尽管英国慈善法的成文法基础是《2011 年慈善法》,这是统一的立法,而且《2006 年慈善法》保留了这样一个中心参考点用于理解慈善在 21 世纪如何被定义,因为它确实代表了一个非常坚定的尝试,使对获取慈善身份的要求更加严格,也使其更加便利。这里显然没有一
266 致的目标,但从立法寻求实现很多不同的目标中可以看出新制度的野心。

有人提出,根据《2006 年慈善法》的规定,慈善法应在扩大慈善机构的规模、推进公益性活动方面发挥作用。与此同时,为了帮助慈善机构实现此目的,慈善法应规范该等机构的治理,同时其责任能力的程度应反映出该慈善机构实现潜在的规模和活力后可能拥有的力量。此外,立法部门正设法针对不同规模的慈善机构制定相应的监管条款,对其治理规范和责任范畴出台明文规定,但有一个不变准则——所有慈善组织必须持续开展慈善活动,而不是“一次”成功申请注册后便荒废,沦落为一个“慈善空壳”,这样方能确保其慈善地位。

本章将围绕《2011 年慈善法》对“慈善”的定义进行探讨,从而了解大部分问题的要点,这也是所有这些目标的关键部分。只有在法律

允许的情况下,慈善组织方具备开展慈善活动的特权,同时也应承担相应的责任。这使如何根据《2006 年慈善法》(现修订为《2011 年慈善法》)对“慈善”进行定义成为重要的因素之一,因为立法者可以通过审查该法案,明确制定慈善法的要点,制定与 21 世纪的慈善目的相符的慈善新法。然而,尽管编纂慈善法已是大势所趋,但所谓的“传统法”也不可忽视。

《2011 年慈善法》序言部分:《2011 年慈善法》是《2006 年慈善法》的一种变革性的持续产物

英国慈善法浩如烟海,而且针对慈善活动的治理范围非常广泛,本章主要围绕“慈善”的法律定义进行单独阐述,是本书中最有针对性的一个章节。这反过来又说明了一点:我们只能对“慈善”的法律定义进行简单的研究(无法从更广泛的角度看待慈善法)。研究内容包括:哪些目的可判定为“慈善”目的?为什么其目的必须惠及公众?如何确定其是否惠及公众?哪些目的会被取消慈善资格?对“慈善”进行明确的界定并非易事。尽管《2006 年慈善法》已经被后来出台的《2011 年慈善法》所取代,但并未明确《2006 年慈善法》在多大程度上对“慈善”的法律定义进行了新的解读,以及有多少定义只是对传统慈善法的重复。关于现阶段“慈善”的法律定义,还有许多问题有待进一步探讨,以下几点需要纳入考虑范畴:

- 《2011 年慈善法》并没有对《2006 年慈善法》下的政权法律或政策进行修订,只是对法律条文进行进一步的巩固,使其简明扼要,通俗易懂,更易把握。事实上,尽管 2011 年出台了慈善新法,Lord Hodgson 对《2006 年慈善法》的法律框架是否能适应新的形势和社会的需要进行了审查,并于 2012 年 7 月得出结论。正如前一章所述,英国国会下议院公共行政专责委员会(PASC)对《2006 年慈善法》进行了立法审查,并于 2013 年进行了公告,而《2011 年慈善法》则是在 2012 年生效。因此,PASC 对《2006 年慈善法》的立法审查结果是在《2011 年慈善法》生效之后才公布的。

- 从制定《2006 年慈善法》的许多方面来看,这可以说是公众对慈善活动缺乏信心的一种表现。

- 可以看出,主张实行《2006 年慈善法》的政治原因主要有两个方面:一方面,是恢复公众对慈善活动的信心;另一方面,开展慈善活动有利于为社会大众谋取利益,带来好处。

- 从这点来看,《2006 年慈善法》的制定很大程度上受到了传统法案的启发和指导,由此形成新的慈善法,而这些传统方法始终以追求慈善地位为目的。为了恢复公众对慈善事业的信心,新的方向和思
267 路非常重要。

在这方面,《2006 年慈善法》可以看作是英国慈善法的一项变革性的持续法案,有着举足轻重的作用。虽然该法案是否达到其目的还有待观察,但《2006 年慈善法》(如法律规定)可能会对解释“变革性”和“持续性”两大特点有所帮助:

- 从许多方面来看,该法案只是对传统慈善法进行“重述”;

- 也可以看出,该法案并没有采取传统的立法方式,以至于审查更加严格,其旨在加强公众对慈善事业的信心。

探索和审查《2006 年慈善法》

Lord Hodgson 对《2006 年慈善法》进行了审查,PASC 也对该法案的改革提出了几项建议,基于《2006 年慈善法》对慈善法进行进一步的探索,这仍然是一份有趣的工作。本章重点探讨“慈善”的法律定义,目前尚不清楚新法案在多大程度上依赖传统法案对法定立法的依据,新的方向也仍是一个未知数。在某些情况下,这些问题的答案清晰可见。而在其他情况下却仍未明朗。因此,依据“传统”的慈善法仍然是制定新法案的合理起点。查看自 *Commissioners for Special Purposes of the Income Tax v Pemsel* 案之后出台的法规,有助于评估新旧制度之间的明显差异,以及传统方法的保留部分。因此,关于新制度的文献将被改编为陈述由此案形成的传统法律材料,对新规定进行暂行评估也将遵循这一点,同时参考重要政策文献,这些文献有一

个共同特点：支持制度修订并切实进行修订。

在理解新法律与传统法律的不同之处时，“预期连续性”的作用不容忽视。这是因为当我们查阅支撑起《2006 年慈善法》的规定和政策性材料时，当时的“现行法”的影响力显然非常大。在不考虑 Lord Hodgson 和公共行政专责委员会的调查结果的情况下，很难对现行法律进行评估。但我们依然需要采取新的方法制定新法，如同制定《2006 年慈善法》一样，这是因为现行法并不足以确保公众对慈善事业保持高度的信心，从而导致我们无法对该等部门实行有效的监管。此外，有确凿的证据证明，可以将当时的“现行法律”导入新制度，因为传统慈善法的各方面与目的相符，仍然是确定 21 世纪慈善目的的重要依据。

对“慈善”进行定义——“传统”法案的成文法定义和参考

本书所述的“传统”法实际上是指《2006 年慈善法》及被称为“现行慈善法”的解释性说明资料。在《2011 年慈善法》中，可找到“旧法”一词。其中，第 2 条第 4 款指出，旧法是指“截至 2008 年 4 月 1 日之 268
前”(《2006 年慈善法》中与“慈善”的法律定义有关的规定生效之日)生效的监管英格兰和威尔士慈善组织的法律。

为了区分《2011 年慈善法》与其他传统法律，除了逐字引用立法条款的特殊情况以外，本章一律使用“传统法”一词表示现在所谓的“旧法”。有趣的是，与《2006 年慈善法》相比，《2011 年慈善法》很少提及“旧法”，却经常提及“现行法”，可以看出人们开始往后一种法律制度灌输了新的思想。虽然《2006 年慈善法》确实在慈善法中引入了一些非常重要的新政策方向，但这些新的慈善定义在很大程度上引用了传统法中的方向和权威定义，这点不容忽视。

根据独立审查和议会审查所产生的现行政策，慈善法的内容可能会发生变化。除了考虑当前的慈善成文法制度可能需要进行修订或延续传统法之外，我们还必须对《2011 年慈善法》下的制度在多大程度上对英国慈善法进行简化、澄清及增加其可用性进行明确的规定。

11.1 根据"传统法"的特征制定《2006 年慈善法》(现已修订为《2011 年慈善法》)

出于所有这些原因,了解传统慈善法的制定过程尤其重要,特别是从 19 世纪的现代制度来看,其一直坚持一个观点:只有那些有价值的公益性活动才能给公众带来利益,这种公益性活动实际上就是慈善事业。

慈善信托必须符合法律规定的慈善宗旨和目标(以下简称目的),这是由慈善委员会在审核慈善机构的申请注册资料时进行审查确定的。为了确定申请机构是否符合慈善目的,应根据以下三个关键要求对其成立目的进行审查:

- 确定申请机构是否属于慈善机构,现代法中有一个重要的参考来源,即 Lord Macnaghten 提出的四大慈善目的。在审查 *Commissioners for Special Purposes of the Income Tax v Pemsel* 案时,Lord Macnaghten 根据以往法案的规定,总结历史经验,对慈善宗旨进行分类,并提出四大慈善目的,作为"重要的裁决原则":

(1)救济贫穷;

(2)推动教育进步;

(3)促进宗教发展;

(4)任何惠及社区的其他目的。

以上分类的提出依据是基于 1601 年出台的《伊丽莎白一世法》(又称《慈善用途法》)序言部分中规定的目的,所谓的"*Pemsel* 四大慈善目的"被视为所有慈善事业的重要定义准则,特别是"任何惠及社区的其他目的"包容性强,可以涵盖其他三大慈善目的。然而,事实上,自"*Pemsel* 四大慈善目的"提出以来,申请机构的目的五花八门,层出
269 不穷,且与序言部分所述的目的毫不相干,这在 *Scottish Burial Reform and Cremation Society Ltd v Glasgow Corporation* 案中有相应的解释,

正如法院考虑到序言部分所述的“精神和意图”一样。这也是慈善法律演变的重要案例之一,因为社会对慈善的定义一直随着时间的推移而发生变化。这意味着虽然“*Pemsel* 四大慈善目的”是现代慈善目的的分类依据,但是序言部分对四大慈善目的的发展有着举足轻重的作用。然而,可以明确的一点是,Lord Wilberforce 曾经提出,慈善法不应受到“*Pemsel* 四大慈善目的”的限制。事实上,自《2006 年慈善法》出台后,“*Pemsel* 四大慈善目的”逐渐被人们忽略。有确凿的证据可以证明,导致“*Pemsel* 四大慈善目的”地位下降的主要原因是新法案的出台。

- 确定机构的设立目的是否满足“公共利益”的要求。上一章介绍了慈善信托的公共性质,将其认定为公开执行、并受到公共控制的目的,并且有一定的税收优惠。这意味着,为了确保慈善机构以慈善为目的开展活动,现代慈善法一直要求慈善的性质必须满足公共利益的要求。可以看到,这一要求与传统的两个关键标准(“慈善目的”和“公益目的”)紧密相关。慈善目的必须同时满足这两个关键标准,最终达到惠及公众的目的。此外,在不同的 *Pemsel* 慈善目的下,在审查这两项关键指标时出现了很大的分歧,因此,2006 年以后的慈善法如何可以惠及公众,这点非常重要。

- 为了同时满足“慈善目的”和“公益目的”,必须确保没有任何因素对其慈善资格产生阻碍。为了能够满足一个或多个 *Pemsel* 目的,满足公共利益的需求,确保慈善地位,还有一个障碍因素——是否有任何目的可能导致慈善资格被剥夺。传统上有许多因素可导致潜在的慈善目的不符合慈善地位,最突出的例子有以下几种:并非“纯粹的慈善目的”,因为它对慈善目标和并非完全纯粹性的慈善的目的同时具有促进作用;旨在赚取金钱的目的;出于政治需要的目的。此外,也有适用于所有信托的一般原则:禁止非法信托或违反公共政策的信托。

法院的作用:谁参与执行信托和依慈善法提起诉讼?

从目前来看,慈善法主要通过判例法制定,而检验方法由法院制定,并将其用于裁决诉讼案件。在解释如何实际产生这些问题以供法院审议时,可以看到,法院需要对总检察长作为公益执行者的慈善机构或其活动的目的进行审查。当慈善机构的政治目标与慈善地位不相符时,这一点便显而易见。

如本书提出的那样,还有两个重要的诉讼催化剂,使法院必须对
270 慈善机构如何被定义为合法机构作出裁决。首先,慈善地位作为"公共钱包",具有很大的诱惑力,可能导致出现这些现象:英国税务机关从寻求慈善地位的组织谋取利益,或根据上一章所述为特定目的而提供利益地位。可以看到,在该诉讼案中,无论税务机关当时处于何种地位,它都是提起诉讼的一方。

但围绕慈善法律定义的大多数诉讼都是由抱有不满情绪的死者"亲属"提起的。他们之所以如此不理智地反对捐赠人体器官和捐血,其理由是:那些完全忘记慈善事业从自家开始的人,最好自生自灭!因此,很多诉讼涉及对慈善行为所带来的好处的有效性的争议,记住(如上一章所述),在对慈善性质提出诉讼,并获得胜诉时,法院应通过归复信托的方式将捐赠物归还给捐赠者,或将遗产归还给遗产继承者。

在阐述英国法律中慈善机构的传统定义方法时,这些材料有助于分析现行《2011 年慈善法》下的成文法制度是否可以作为变革性的持续法案。此外,虽然本书也将 Lord Hodgson 及公共行政专责委员会的调查结果纳入考虑范畴,但本书旨在了解《2006 年慈善法》和《2011 年慈善法》规定的慈善目标,提出有助于实现慈善行业有效管理的目标,同时扩大慈善机构的规模及其给社会带来的影响。

第 I 部分　传统英国慈善法

从前面的概述中可知,在很大程度上,现代法是指自 19 世纪后期起出台的法律,因此,我们无须深入思考对 19 世纪后期之前出台的法

律。既然已经找到符合“慈善”的法律定义的三个传统元素，接下来的工作就是按照以下两个步骤依次对其进行审查。首先，对“*Pemsel* 裁决”一案总结得出的几大慈善目的进行解释，其中应包括对判例法的部分细节进行深入审查。其次，审查慈善目的是否满足公共利益的需求，对因素的意义和运作情况进行审查，如果存在影响申请机构成为慈善机构的因素，则取消其慈善资格。

该方法审查的是申请机构是否属于慈善事业，具体做法是根据“*Pemsel* 四大慈善目的”依次对申请机构进行审查，并提出司法裁决的几大核心要素。

11.2 传统法下的慈善目的

11.2.1 第一类慈善目的——“救济贫穷”

法院并没有试图精确界定“贫穷”的具体范围（因为这样一来，需要将“贫穷”限于一定的收入水平），但不可否认的是，对“贫穷”的界定一定会受到“应获得救济的穷人”概念的影响。因此，“贫穷”并不像“赤贫”一样极端（反映出“贫穷”是指缺乏获取物质生活必需品及需求手段的穷人，但不是几乎没有或完全没有财产的赤贫者），而且根据不同人的生活状况而有所不同。生活富裕的人即使没有国家援助也可以活得很好，但根据这些慈善目的的适用范围，这群人也可以纳入“穷人”的类别。矛盾的是，对于处于当今社会贫穷阶层的人群而言，他们再也不敢奢想有人对他们伸出援手，因为即使他们获得来自 271
慈善机构的小额捐赠，国家福利的相关人士也可以要求减少这种福利，使“救济贫穷”成为空想。

另外，从 *Coulthurst* 案中可以清楚看出，“*Pemsel* 裁决”下的“贫穷”是一个相对性术语，与即将普及的情况相符，必须“减少”贫困现象。因此，法院允许以慈善信托机构的名义向社会各阶层人群伸出援手的人士的存在,例如,“痛苦的民间绅士”(如 *De Cartaret* 一案所述),而那些处于“艰难时期”的人群也成功注册了慈善机构(例如,成功注册的 *AITC Foundation Application for Registration as a Charity* [2005] WTLR 1265)。

2008 年,慈善委员会将“贫穷人口”分为以下三类:(1)十分缺乏生存资源或手段的人群;(2)“没有援助便无法自给自足的人群”;(3)“缺乏必要的生存条件”但足以维持基本生活的人群。这也说明了传统的要求,即根据这个慈善目的——“救济贫穷”,只有穷人才是受益者。对于其他信托机构而言,它们的目的确实符合任何其他三类慈善目的的条件,但并不满足第一类慈善目的的条件,因为富人也有权享受信托机构的福利,然而,这类信托机构同样被归为慈善机构。对于富人和穷人都可以受益的信托机构,其目的并不属于第一类慈善目的的范畴。这就是为什么灾害资金并不属于慈善事业的理由。但是,无论处于何种情况,应规定富人一律不得享受慈善捐赠。即使该等机构给予的利益对穷人之外的人群的吸引力并不大,法院也一直不愿意将富人排斥在外。这点在 *Gwyon* 案和 *Drummond* 案两个案件的裁决结果中显而易见,在 *Sander's WT* 案的司法裁决中仍保留了该要求。在关于“好处”的准确定义中指出,“好处”实际上是指可以满足“应获得救济的穷人”或“需要经济援助的人群”的需要的物品或金钱,但“贫乏”和“贫困”都是“贫穷”的同义词。捐赠的物资给老年人或残疾人,这同样属于“救济贫穷”的其中一种情况。

构建:不落窠臼的趋势

尽管法院并没有对“穷人”作出明确的界定,也不愿意将富人排斥在外,但在某些情况下法院也会打破常规。这可以在 *Powell v Attorney-General* 案和 *Re Niyazi's WT* 案中看到,尽管 *Niyazi's WT* 案或多或少局限于事实,用于这个目的的钱财相对较少。而且,在该案件中使用了“招待所”代替了“住处”一词,足以证明其住宿条件之恶劣。因此,立法者应明确限制穷人可获得的利益而采取这种明智的做法。

“救济贫穷”的相关措施

这些措施必须切实解决贫困问题,只是为穷人提供治标不治本的好处并不符合这个慈善目的,如果可以让穷人接受教育,也只是满足了第二个慈善目的。过去,人们认为救济贫穷是一项长远的工作,一次性发放钱财(人们觉得难以区分这些钱财与普通的私人遗产)无法一劳永逸地解决这个问题。但是 *Scarisbrick* 案规定,可以通过一次性支付或发放钱财达到扶贫救济的目的。

“救济贫穷”,并不是指一定要通过直接给予钱财、货物或提供其他服务,而是可以利用更低的成本,向需要救济之人提供必要的设施。在 *Joseph Rowntree Memorial Trust Housing Association Ltd v Attorney-General* 案中,以房屋总价的 70% 向老年人出售房屋之举属于慈善行为,尽管接受者不得不“讨价还价他们的赏金”。

11.2.2 慈善目的——“推动教育进步”

按照普通法的规定,可归为慈善事业范畴的教育活动非常广泛,这似乎并不是由于财团法人不动产的永久保管立法存在不正当操作, 272
理由是这并没有真正影响到纳入《皇家宪章》的教育慈善机构。在 1601 年《慈善用途法》的序言部分只提及了“学校、义务教育学校、大学学者”和“孤儿的教育和优先权”,但在现代,该类别已经扩大至广泛的教育和文化领域,远远超出规范教育管理的活动范畴。

关于“今日教育”的完整声明,请查看慈善委员会于 2008 年出版的关于公共福利教育提升的补充指南。但根据 2006 年之前颁布的法律,学校和大学一直被视为慈善事业;越来越多的托儿所、成人教育中心和社团致力于举办行业或专业培训活动,提高其标准。事实上,一直以来,教育并不仅限于教学活动。同一个领域的专家相聚一起,分享和交流知识,这种行为也属于慈善行为。在博物馆、动物园和公共图书馆中,除了开展研究活动外,还可以对广大市民开放,这也是教育作用的一个体现。此外,通过参加文化活动,如戏剧、音乐、文学和美术等,也可以达到培养知识、提高品味的目的。与其他慈善目的一样,慈善机构只能开展公益性的慈善活动,不得以营利为目的。因此,“艺术类”目的的信托范围可能过于宽广(参见 *Associated Artists Ltd v IRC* 案)。

教育必须得以推动

为了达到慈善的目的,教育事业必须以推动教育进步为目标。这意味着,虽然研究可以归为慈善事业一类,但如果研究项目属于“重要机密”,则不得归为慈善事业的范畴。此外,出于学校方面的需要设立的奖学金也不属于慈善事业,这也是在 *Shaw* 一案中,Harman J. 认为研究新字母表(含 40 个字母)的好处不属于慈善事业的原因之一。

此外,可以促进学习的社会机构、促进教育的专业机构和职业机构(如皇家外科医学院)也属于慈善事业的范畴,尽管其中一个辅助目的是保护其成员,并提供协助。其他例子包括皇家护理学院、土木工程师学会和法律报告法人委员会。事实上,在 *Incorporated Council of LawReporting for England and Wales v Attorney-General* 案中,总检察长试图争辩,法院对法律报告的引用并不具有教育性,但人们认为法官应具备完整的法律知识,因此,该案最终以败诉告终。但是,以进一步促进成员的利益及该职业的地位为目的并不属于慈善范畴,如 *General Nursing Council for England and Wales v St Mar-ylebone Borough Council* 案所示。

体育教育中的问题

众所周知,按照普通法的规定,纯粹娱乐性的体育活动并不属于慈善事业的范畴。但是,如果按照 1958 年颁布的《娱乐慈善法》的相关规定,结果则恰好相反。根据“推动教育进步”这个慈善目的,与教育相关的游戏和其他业余活动也属于慈善事业的范畴。因此,在 *Marriette* 一案中,在公立学校中建造壁球场的行为也属于慈善事业的范畴,Eve J. 指出,在寄宿学校开设体育活动与文化知识课程同等重要，适当的学生教育应在“锻炼身体”和“武装大脑”两方面双管齐下。同理，为小孩子提供玩具的机构也属于慈善机构（全国玩具图书馆协会是一家注册慈善机构）。此外，青少年运动也属于慈善事业的范畴，例如，童子军运动和组织学校郊游活动的信托机构等。在 *Dupree's* 273
Deed Trusts 案中，朴次茅斯地区的年轻男子经常聚在一起下象棋，这种象棋比赛也属于慈善事业的范畴。然而，Vaisey J. 却对那些不太需要脑力的活动表示公然反对，例如，收集邮票和捡鸡蛋，甚至一些简单的游戏。*IRC v McMullen* 案是一个关于在学校和大学踢足球的案例。根据该案的裁决结果，踢足球得到了慈善法律的承认，这种慈善活动也就得以一直延续下去。此外，该案认为“慈善事业”的法律定义并非静态，应与时俱进，根据社会价值观的思想的变化而改变。

所有这些案件都有一个共同的特征：涉及儿童或青少年的教育。原则上，并没有证据证明成人教育不属于慈善事业的范畴，但是成人医学教育似乎例外。警察运动协会并不是以娱乐为目的而开设的信托机构，因此不属于慈善事业。这个推理表明，驾驶学校或飞行学校虽然具有教育性质，但也不属于慈善事业。

以开展慈善活动为目的的教育，以及“价值判断”的作用，重点关注“结果”

不可避免地，教育目的的定义是广泛，法院和慈善委员会可能会参与主观价值判断，以确定某一特定目的是否属于定义范畴。这里有两个互不相关的问题：第一，活动是否具有教育价值；第二，在研究项目中，假设通过该项研究可以获得任何有价值的成果，则法院根据所作出的任何发现将是有价值的假设，法院应该在多大程度上会考虑该项研究可能毫无价值可言？很明显，对于第一个问题，法院的观点是此类活动具有教育价值。捐赠者的意见当然不具有决定性，应采纳专家提供的证据，对艺术和文化工作的优点进行评估。

例如，在 *Pinion* 一案中，立遗嘱者在其遗嘱中声明将其留下的“工作室”用作博物馆，专门展示他所谓的“艺术”收藏品。然而，专家证人认为他的收藏品“毫无价值”,而哈曼·兰德也认为这些所谓的收藏品只不过是“一堆垃圾”,并在上诉法院提出驳回这些收藏品的要求。在 *Delius* 案中,鉴别作曲家作品的信托机构被判定为慈善机构,但是 Roxburgh J. 坚持认为,即使是那些缺乏明显优点的作曲家也不会赞同这样的判决结果。

在研究活动方面,法院还将评估研究项目实现最终目标后可获得的价值,但鉴于研究的本质,通常不可能提前确定研究的价值。正如 *Hopkins* 案的判决结果那样,为了找到 Bacon-Shakespeare 的手稿,向弗朗西斯培根学会捐赠遗产,此举属于慈善事业的范畴。人们认为根本不可能找到此类手稿,但这样做“对历史和文学具有最高价值”。该观点表明,在真正的研究活动中,如果难以确定研究是否会带来任何成果,那么对其进行价值判断通常是一件非常艰难的事情。

教育与政治的目的

推动政治发展的信托机构不属于慈善事业的范畴,但教育无疑也可以涵盖政治理论和哲学方面。因此,判定信托机构是否属于慈善机构,通常的依据是党派宣传在多大程度上属于虚假宣传。在 *Hopkinson* 一案中,一个信仰成人教育的信托机构在接受与不接受社会主义原则之间出现分歧。这也是 *Shaw* 案为什么会败诉的另一个政治原因。

274 但是在 *Koeppler's WT* 案中出现了截然不同的判决结果,当我们更加严格地审查出于政治目的而设立的信托机构是否属于慈善机构时,我们也会将这种结果考虑在内。

最近,PASC 对《2006 年慈善法》进行了审查。结果显示,所谓的“智囊团”引起了大家的广泛兴趣,多数人认为这种组织具有教育意义。PASC 提供的例子包括史密斯研究所和大西洋之桥组织,应注意,这些组织并未证明其具有慈善性质。还有其他耳熟能详的例子,包括政策研究中心、财政研究所、国王基金和查塔姆之家。这种组织的难点在于,与 *Keoppler* 案的核心组织不同,从政治角度来看,智囊团被普遍认为属于“左翼”或“中右翼”组织。正如 PASC 的观察结果一样，在部分情况下，智囊团无法“在政治活动与所需的中立立场之间实现准确平衡”，而这恰好是赢取公众对慈善事业的信任的关键所在。由此得到的启发是：教育机构必须是非党派组织，同时能够“在政治活动与所需的中立立场之间实现准确平衡”，方属于慈善机构。

11.3 第三类慈善目的——“促进宗教发展”

了解慈善与宗教的相互作用后，首先要注意的是传统法律对宗教所持的宽容态度，以及传统法律在不同宗教之间的中立立场。这也就是 Cross J. 在 *Neville Estates v Madden* 案中的解释，Catford 犹太教堂成员的信托可视为慈善行为：“在不同的宗教之间，法律是中立的，但有一个假定前提——有宗教总比没有的好”。

在 *Bowman v Secular Society Ltd* 案的裁决中，这种中立意识比 *Neville Estates* 案早了半个世纪。在第 3 章中，在讨论私人信托机构时，已对该案件进行了讨论。在这个背景下，根据 Lord Parker 作出的相关裁决结果，出于任何一种一神论的目的设立的信托可称为有价值的慈善信托。

然而，从这个假设来说，这种宽容的做法已经有很长时间的历史了，而在 1601 年颁布的《慈善用途法》中唯一提及宗教的案例是修复教堂。宗教的兴起可能是 1736 年至 1891 年生效的财团法人不动产的永久保管立法所带来的不正当结果的其中一个例子，其实际上拓宽了慈善组织的法律定义（在第 10 章中简要介绍了这一点），是破坏遗嘱的一种手段。可以以这种方式解释的案例包括 *Thornton v Howe* 案，该案赋予了其慈善地位，旨在宣传 Joanna Southcote 的作品。Joanna Southcote 是英格兰西部一个教派的负责人，她宣称自己与圣灵同在，并生下第二个弥赛亚。她所在的这个教派虽小，但是非常虔诚。

最近,在 *Watson* 案中,尽管退休建筑师的宗教作品只具有非常有限的神学价值,但一直具有慈善地位。

因此,法院已承认了许多非基督教信仰的慈善性质,如犹太教、锡克教、印度教和穆斯林信仰。而 *Le Cren Clarke* 案则证明信仰治愈也是一种慈善行为。然而,在 *South Place Ethical Society* 案中可以看到,
275 传统法律容忍了这种局限性,Dillon J. 澄清说宗教一定会涉及人与上帝的关系,因此,信仰上帝(或神)是理所应当的。该学会开展的活动虽然包括“学习和传播伦理原则”和“培养理性宗教情操”,但它的信仰并非属于神学,而是属于伦理学,实际上与“人与人之间的关系”有关,因此,不属于宗教慈善机构。

根据枢密院对 *Yeap Cheah Neo v Ong Cheng Neo* 案的判决结果,可以看到类似的推理,这与对祖先而非具有更高地位者的崇拜有关。根据《2006 年慈善法》和《2011 年慈善法》的规定,这些案件将会有不同的判决结果。然而,按照普通法,在“推动宗教发展”这个慈善目的下,其目的必须是纯宗教的。鉴于这一点,给“传教工作者”或“教区工作者”进行赠与可能会比较困难,除非像 *Simson* 案所述,对于在教区工作的指定牧师而言,只能根据他的宗教义务获得相应的赠与。在这方面佛教确实存在一个问题;尚不清楚为什么传统法律将佛教纳入慈善事业的范畴,因此,人们大都视其为特殊案例。类似的困难还有“人类的神性”问题。

必须推动宗教发展

在普通法下,仅仅实践宗教活动是远远不够的,实际上,推动宗教发展才是应该落实的事情。与教育一样,推动宗教发展的手段多种多样。除了建立和维护教会,给予牧师好处,或出于牧师的需要考虑问题,例如,举办教会合唱团和星期日学校奖,甚至驱魔等活动,从而推动宗教的发展。从 *United Grand Lodge of Ancient Free and Accepted Masons of England and Wales v Holborn Borough Council* 案可以看出,需要我们采取一些行动。1090 年,Donovan 在解释为什么共济会无法

推动宗教发展时说道：

“这里没有宗教教义，没有任何劝说无信仰者的方案，没有可以在其宣称信奉的各种宗教中一直保持活跃的宗教成员，没有任何宗教信仰，没有教区或任何类型的传教工作。”

在这里，宗教可能已经成为慈善机构的必要条件之一，例如，该慈善机构可能是教会壁球俱乐部，但这个慈善机构并没有像教会壁球俱乐部那样，可以大大推动宗教的发展。

有宗教总是比没有宗教好吗？宗教、焦虑和法律变革

鉴于关于不同宗教的法律中立性，*the White Paper Charities*：*A Framework for the Future*（*May* 1989，*Cmd* 694）考虑到法律是否应该改变其在宗教领域方面的中立性。该白皮书最终促使了《1992 年慈善法》和《1993 年慈善法》的形成。看看宗教本身是否越来越成为社会关注的根源，并注意到一些组织的破坏性影响给人们带来的“焦虑”。当然，对宗教信仰的不信任来源于社会日益普遍的世俗化，但是一些宗教活动正在引起政策制定者对宗教在慈善法上的持续地位的担忧。在某些方面，《2006 年慈善法》实际上扩大了法律与宗教之间的相互作用的范围，并建议撤销所有宗教的慈善地位，同时禁止新宗教注册慈善组织，这种建议过于激进，最终没有通过。而在 2006 年之前，有人认为慈善委员会可以通过“注册”来解决某些组织的行为问题。1989 年，大部分的关注点都是针对科学教育，慈善委员会在 1999 276
年确实拒绝此类机构申请注册成为慈善机构。

有人担心，这种“守门员”只会使压制宗教的现象变得更为普遍。这点可以从 2012 年 11 月对慈善委员会拒绝给予普利茅斯兄弟组织慈善地位的例子中看出。因为监管机构“无法找到证据证明该组织是出于提高公共利益的目的，根据相关法律而建立的组织”。现在臭名昭著的 *Preston Down Trust* 案的判决结果显示，该案裁定限制该类组织参加圣餐礼,但这种做法引发了人们对英国"积极镇压"宗教的自觉政策的指责,根据 Charlie Elphicke MP 的说法,"特别是针对基督教"。在这种情况下,慈善委员会公布裁决结果后,引发了人们的指责评论,这对公共行政专责委员会于 2013 年提出的有关公共利益的提议起到了至关重要的作用,大部分提议是短期内有效的。

11.4 第四类慈善目的——"任何惠及社区的其他目的"

在"*Pemsel*"慈善目的分类之后的分析结果显示,如其"标题"所述,在《2006 年慈善法》生效之前,其在 2008 年之前提供了一个其他慈善用途类别。该慈善目的涉及范围广泛,而且非常多样化,几乎没有明确的界定,可以归为"类别群"。但我们需要注意以下几点问题。第一,对于公众认为对社区有利的每种目的都是对共同体有利而将其归为慈善目的。确定其慈善性质取决于 1601 年《慈善用途法》序言中列出的慈善目的的一般说明。事实上,这是 Lord Macnaghten 将所有可辨认为慈善的目的归入序言部分的目的,但并不能归为"救济贫穷"、"推动教育进步"和"促进宗教发展"这三个慈善目的。虽然 1601 年《慈善用途法》早已被废除,但直到制定《2006 年慈善法》为止,法院一直都是根据《慈善用途法》序言部分的类别,对新的慈善目的的慈善性作出判决。对于这样一个慈善目的,问题不在于它是否在某种普遍意义上是有益的,而在于它是否属于序言所述的精神和意图范畴,或是否可以被视为与通过案例制定的原则类似。

序言部分明确提及的目的

在序言部分,提到了关于"老人"、"无能"(意为残疾人)和"穷人"的扶贫救济,但并没有必要表明受助人必须同时具备以上三个特征。帮助老年人的信托机构非常普遍,残疾人信托机构也是如此,而且受助人无需再具备其他的贫困要素。换句话说,这个慈善目的的范畴比救济扶贫更广。这应视具体情况而定，然而，其提出的慈善目的一定是向受助者提供救济扶贫的服务。既然老年人或一般残疾人可以获得诸如金钱或特殊设备等物质救济，可以缓解生活压力，这些一般要求通常很容易得到满足。然而，在这种情况下，仅向富裕的老人或残疾人士发放的金钱救济也许会无法改善他们的状况，这是因为它无法 277
解决其状况的不利条件，也无法在短期内满足公众利益的需求。

在普通法下，为了病人的利益而设立的信托机构只是表面上的慈善机构，而在 1946 年引入国家卫生服务局之前，慈善赠与是需要医院护理的病人的主要救助来源，但这些赠与并不能帮助病人恢复健康，也无法让他们免受疾病之苦或其他伤害。根据普通法，给私人医院的赠与属于慈善事业的范畴，理由是有助于缓解公共服务的压力，这点很有争议性，正如 *Resch's WT* 案所述。尽管根据其他慈善目的，一个纯粹以营利为目的的机构并不属于慈善机构，但为了成为慈善机构，此类医院可以直接给予那些相对富裕的人好处。

信托机构无须将所有的好处都通过赠与的形式直接发放给病人，可以采取其他做法，例如，为护士提供住房，或为探访医院员工的亲友提供住宿，从而提高医院员工的服务效率。那些为计划生育提供帮助的组织，还有通过鼓励节制促进健康的组织，均已通过注册申请，但在未经医疗界广泛认可的治疗方法方面遇到了困难（如慈善机构所指出的那样，《1975 年专员年度报告》，第 70 段）。然而，诸如针灸、骨质疏松，甚至信仰治疗（以 *Funnell v Stewart* 案为例）这些广泛认可的方法可顺利通过审查，但在其他情况下，有效的证据必不可少。

正如序言引用的那样，“为士兵而设立的信托机构”的福利范围已经扩大，包括增加部队、具体单位或前军人的慈善机构的福祉，增强士兵的士气，提高警察的效率，维护治安秩序。向税务局（现在的 HM 税务和海关，或 HMRC）和“我的祖国英格兰”进行赠与等行为已被法律视为慈善事业的范畴（*Smith* 一案），但“公共”或“爱国”类的赠与却无法通过审查，驳回理由是其范围过于广泛，并不是排他性的慈善。

反常之处:序言部分陈述的慈善目的不符合普通法下的当今形势和社会需要

在序言部分,列出了诸如"修复桥梁、港口、避风港、堤道、海岸和高速公路"的慈善行为。现在已由国家负责实施上述措施,该类别已经扩展至包括国家信托基金会、博物馆、艺术画廊、公园和社区中心在内的杂项设施。在 *Scottish Burial Reform and Cremation Society Ltd v Glasgow Corporation* 案中,火葬场被纳入慈善事业的范畴。虽然个人依据普通法为自己建立一座纪念碑并不属于慈善行为,正如 *Endacott* 一案所述,而纪念重大人物或事件的行为(如战争纪念馆)却具有慈善资格。

古老的思想及现代应用:更新序言内容

序言中提及的"孤儿待遇"也就是现代社会中的孤儿院和地方政府家园,但是在 *Cole* 案中,上诉法院的大多数人并不认为给孩子提供普遍福利和好处的这种家庭式的信托机构属于慈善机构。人们担心这可能允许提供不具有教育性质的设施,如收音机或电视机,*Sahal* 案遵循了这种做法。因此,这些目的并不属于这个慈善目的,除非其可以归为第二类慈善目的——"推动教育进步"。

278 自 19 世纪以来,帮助犯人康复和改造的信托机构已经被归为慈善事业的范畴,但是在《人质赎金》的序言部分可以看到一个更有趣的例子。在某种程度上,这个想法是过去的遗物,很容易被忽略,而且从许多方面来看,社会已经变得更加安全(越来越文明化),也因此不太可能发现人质赎金。但是,鉴于当今社会对恐怖主义的存在的担忧,与印度洋相关的"深海"海盗威胁也越演越烈,因此,这种做法也许能发挥作用。

根据普通法的规定,做出赠与给一个地方,例如一个地区、县或教区,或居住在这些地方的居民,这种做法属于慈善事业的范畴,其中的理由在接下来的章节中将会讲述,就好像它本来应该是因为没有指定慈善目的，或以公共利益不足为由，而不被归为慈善事业的范畴，但实际上并非如此。这个解释可能类似于给地方政府进行赠与。长期以来，各种慈善信托机构一直这样行事，因此，潜在含义是这些赠与可能只限于慈善用途。无论如何，分发给当地的赠与大概是受到了 1601 年改革精神的影响，因为这些改革主要是为了缓解当地贫困所带来的经济负担。为了使条款生效，这些条款必须暂时专门针对一个地区或其居民的利益实施（而不是，例如，外籍威尔士人设立的信托机构，除非其在其他方面具有慈善的性质，才能归为慈善机构）。

动物慈善事业的作用

动物慈善事业是今天最受欢迎的慈善目的之一，但是在 1601 年《慈善用途法》的序言中并没提及该慈善目的，只是依靠类推推理得出的结果。与宗教宽容一样，承认与动物有关的慈善目的具有慈善性质，这种做法很可能是因为财团法人不动产的永久保管立法使慈善礼物无效，但该期间的先例仍然是普通法的核心。在 *London University v Yarrow* 案中，研究对人类有用的动物疾病的信托机构属于慈善事业的范畴，但这只能根据“推动教育进步”这个慈善目的对其进行解释，判定其属于合法的教育慈善机构。一个更普遍的权威案例是 *Tatham v Drummond* 案。在该案中，法院将用于救济和保护被屠宰的动物的遗产判定为属于慈善事业的范畴。因此，根据财团法人不动产的永久保管立法，慈善礼物最终失效。在 *Moss* 案中，Romer J. 还向一位自称为女士的人赠送礼物，帮助她照顾猫和小猫，这种行为也属于慈善行为。

为什么在 1601 年提出的慈善目的的“精神和意图”中会提及动物慈善机构？根据普通法，动物本身所享受到的福利并不能解释将其归为这个慈善目的下的原则性的理由；相反，人类可以直接认识到对动物的善意所带来的好处。这是因为这样的目的旨在鼓励人们培养“一般人类和道德的意识”，正如 *Swinfen-Eady L. J. in Re Wedgwood* 一案判决所解释的那样。这为许多组织提供了基础，包括皇家防止虐待动物协会(RSPCA)和人民动物虐待组织(PDSA),使其具备慈善机构的资格,这实际上是对 *Grove Grady* 案中的慈善地位的庇护。上诉法院裁定,一个保护动物免遭人身侵扰的保护区不属于慈善事业的范畴。同样的逻辑将适用于保护人类免受动物危害,但如果该类机构的目的包括保护动物,则符合这两种情况的机构都可以视为教育慈善机构。

279 **慈善目的——“任何惠及社区的其他目的”:*Pemsel* 和持续演变**

在《2006 年慈善法》出台之前,*Lord Macnaghten* 在 *Scottish Burial Reform and Cremation Society Ltd v Glasgow Corporation* 案中提到,慈善事业的规模大大增加,慈善性质在社会上是动态发展的,慈善法必须反映这一点。由此看来,在“全面的”*Pemsel* 四大慈善目的之下,普通法增加了如此多的慈善目的就不足为奇了。这可以通过一些例子来说明,慈善委员会对这些“专题”问题作出了决定,并简要讨论了一些关键领域,有助于指出新的成文法目的如何体现了一些较新的慈善目的的定义。

2006 年以前,一些信托机构(这些机构并没有沿袭诸如扶贫救济等传统做法),而是通过直接提供培训和创业机会等做法缓解失业压力。对于在“其他目的”的基础上衍生出来的慈善目的而言,此类信托机构也可以看作承认致力于城乡复兴的慈善机构。在该类组织寻求慈善地位的情况下,可以表明其试图改善“物质、社会和经济基础设施”,有助于缓解由于社会经济环境而出现的各种问题。措施包括财政援助或促进提高住房和教育标准,提供公共设施和维护景点以及基础设施等(后者是《伊丽莎白一世法》的现代版法律,提到“修理桥梁”等)。慈善委员会还承认保护国家遗产和环境的信托机构,从诸如国家信托基金长期以来的慈善地位便足以证明这一点,同时也说明了“惠及公众”这一要素的重要性。从不同的意义层面来看,慈善委员会也承认将道德团体组织纳入业务实践的目的,并为在工作中遇到道德困难的雇员提供咨询或保护,自 1995 年获得“公平贸易”标志以来,促进公平交易的信托机构已获得慈善地位,并被公认为慈善机构。慈善委员会还承认了在这一慈善目的下为发展中国家救济扶贫的一些目的,以及与“人道主义”目的有关的一些目的。

娱乐用途、立法和慈善委员会

直到 20 世纪 50 年代,人们认为,尽管一些以休闲娱乐为目的的机构属于慈善事业的范畴,例如,男孩俱乐部、妇女研究所和教区,但在体育设施中,除非具有教育意义或可以提高军队的效率的目的,否则这些机构不属于慈善机构。然而,20 世纪 50 年代的一系列案例表明,根据普通法的规定,任何以娱乐为目的的机构均不属于慈善机构。从而引发法律补充第五大慈善目的(有限制)——以娱乐为目的,原因是三大重要案件(*IRC v Glasgow Police Athletic Association* 案、*Williamsf Trustees v IRC* 案和 *IRC v Baddeley* 案)剥夺了其慈善地位;不管司法是否承认成人娱乐活动可以促进福利和鼓舞士气,由于这些目的包含纯粹的社会目的,因此不能完全被视为慈善目的。

这些裁决对众多社会信托机构的地位产生疑问,并颁布了 1958 年《娱乐慈善法》,以恢复信托机构的慈善地位。这些社会信托机构一直被视为慈善机构。这得益于《娱乐慈善法》第 1 条的推动,根据第 1 条第 2 款提出了另一项“社会福利”要求。2003 年,慈善事业专员承认为了机构的利益而推广业余体育运动的机构属于慈善机构。

11.5 分类目的后的法律定义:公共利益要求 280

在传统的英国慈善法中,除了“慈善性质”外,所有慈善机构必须满足公共利益的需求。这一精神已经贯穿于《2006 年慈善法》,该法案指出了传统法案和新法案之间的联系。但是,新法案也明确提出关键出发点,这表明公共利益要求在慈善新法中更突出,旨在对慈善组织实行监管,促进其日益发展壮大。反过来,这对于确保公众对慈善机构的高度信心以及维持慈善组织的普遍运作也起到了关键的作用。由于《2011 年慈善法》的成文法制度(该法案对《2006 年慈善法》的规定进行了巩固)可以被看作是《2006 年慈善法》的变革性的持续法案,首先,我们可以参考传统英国慈善法如何提出公共利益的需求。

为了了解“旧法”中公共利益的具体规定方法,这确实需要查看四大慈善目的,但应从“推动教育进步”这个慈善目的开始。从第二类慈善目的开始,我们来看看普通法中规定的公共利益如何满足对第四、第一和第三类慈善目的的要求。教育慈善机构的公共福利审查非常清楚,因此成为其他慈善目的的基准;第四类慈善目的——“任何惠及公众的其他目的”应紧跟第二类慈善目的之后,这里有大量集中的案例可以对其进行说明,在接下来的章节中将会作相关的阐述。

定义公共利益的两个步骤

如迄今为止已经注意到的那样,除了必须属于 *Pemsel* 慈善目的之外,传统法要求申请慈善地位的目的必须是惠及公益的目的。根据传统法的规定,申请机构必须可以带来明确的公共利益,并具有明显的效果,无论是有形还是无形、直接或间接的。这是因为传统法律承认有价值的事业属于慈善事业。由于早期现代英国的慈善价值,传统法曾提出一个假设,即属于前三类慈善目的的慈善行为可以带来这样的公共利益。然而,由于很快便会出现这种假设,因此《2006 年慈善法》(现修订为《2011 年慈善法》)消除了这种假设。虽然这是《2006 年慈善法》所设想的传统方法和新方向之间的明显差异,但公共利益具有一个基本特征——持续性。

这可以从根据判例法确定的两个因素看出,这些要素必须在旧法得到证明,以使公众受益:第一,它必须给公众带来好处,而不是损害公众利益;第二,它必须使一部分公众受益。第一个要求显示出利益而不是损害,*National Anti-Vivisection Society v IRC* 案便是其中一个典型案例,该案例的判决结果表明,如果一个目的会对公众利益造成损害,则不属于慈善目的。理由是:在慈善法中规定的判断有价值事业的特殊依据是是否为了公众利益。由此可以看出,如果怀疑某个目的是否会惠及公共利益,那么该目的就不可能是慈善事业。

总而言之,在接受或决定目的对公众有利的案件中,这个障碍的第 2 部分仍然有待解决。因此,即使某个目的惠及公众(而不是有损 281
公众利益),但确实不属于“*Pemsel*”分类下的一个或多个慈善目的的范畴,除非第二项公共利益要求得到满足,否则无法承认该目的的慈善地位。此外,该目的必须使公众充分受益。正如我们现在所看到的那样,法院为四类传统慈善目的设计了不同的审查方法。

11.5.1 公益和教育慈善机构:Oppenheim 个人关系测试

在“救济贫穷”这个慈善目的下,即使使少数人受益也可能被视为满足公共利益的需求,但是其他方面却根据“*Pemsel* 四大慈善目的”采取了完全不同的做法。在教育方面,虽然这种做法显然可以使那些立即接受教育的人受益匪浅,但并不能自动遵循教育少数人对公众的利益。事实上,鉴于这个目的下的许多案件,实际上主要是围绕对税收减免的争议,而且继续是这样,如果一个特权少数人的教育被认为是慈善事业,那就是错误的。在这个目的的普通法下,要求对一般公众或其他一些部门还有其他一些好处,但这并不是普遍存在的要求,而是必须合理开放的要求。

因此,只要公立学校不是营利性公司,公立学校就可归为慈善事业,尽管他们的收费比大多数学校的收费高。即使一次只颁发给一个人的奖学金或其他奖赏,对其慈善目的也不会有什么影响。问题在于其目的是将某种群体的利益限制在非常狭隘的范围内,即使实际上并没有那么狭隘,也会导致他们无法成立公众机构,开展有意义的活动。根据普通法,向从事普通职业,或其孩子和家属,或有相同国籍、宗教或性别的人,或特定地区的居民提供奖学金属于慈善行为。同理,法律认为残疾人属于特殊群体,因此允许对其实行特殊规定。

解释信托机构推动教育进步的方法

然而,在这个慈善目的之下,除了第一个慈善目的——"救济贫穷"之外,其他"Pemsel"分类下的慈善目的,在对潜在的接受者(无论如何范围多广)进行定义时,如果采取与特定个人或公司相关的方式,这将是致命的。这种方法起源于 *Compton* 案,在该案中,向三个指定家庭的孩子提供教育服务的信托机构被剥夺了慈善地位。可以理解的是,法院基本不愿允许私人机构享有慈善特权,尤其是税收优惠,但似乎该原则适用于根据潜在受益人与雇主的关系定义其类别的情况,即使雇主本身也是一个首要问题。*Oppenheim v Tobacco Securities Trust Co. Ltd* 一案正是采用了这个方法。Lord Simonds 提出两个主张:第一,潜在的受益人人数不可忽略;第二,不得对受益人类别进行定义,判决依据取决于与特定个人或雇主之间存在的任何关系:

这样一来,问题的关键就在于这类人是否可以被视为"公众的一部分",以达到公共利益的衡量标准。"公众的一部分"一词原本并不
282 包含任何特殊的神圣感,但他们为了方便,提出两个问题:首先,潜在(在这里,希望大家注意"潜在"一词)受益人的人数不可忽略不计;其次,按照他们的特质将他们与其他成员区别开来,从而形成社区的一部分,但他们的特质必须不依赖于与特定个人之间的关系……这种群体可能人数众多,但如果他们与一个或几个直接受影响之人之间存在联系,那么,他们既不是以慈善为目的开设的社区,也不是该等公众的其中一部分。(*Oppenheim v Tobacco Securities Trust Co. Ltd* 案)

在这种安排下,潜在受益人的人数当然不可忽略,信托基金的收入应依据该等人数进行合适分配:

……在提供……英美烟草有限公司员工或前雇员子女的教育……或其任何子公司或联营公司……由代理受托人按照其认为合适的方

法自行决定。

烟草公司拥有的雇员人数超过 11 万人,潜在受益人的人数并不成问题,因此,只有个人关系规则是致命问题,这是因为这些员工都与同一家公司存在“私人连接点”。但是,正如 Lord MacDermott 所反对的那样,他认为这个规则绝对难以适用,如果直接受影响者(与之有直接关系的人)是雇主的话,却会产生另一种不可思议的结果。

证明 *Oppenheim* 案方式的合理性

也许 *Oppenheim* 案的结果底线就是受托人在这种情况下使用自由裁量权的范围。事实上,11 万人或更多人的利益这一说法完全是从理论角度得出的结论。假设受托人同意将这笔资金用于支付员工子女寄读于寄宿学校所需的教育费的 15%,但能够承担剩下的 85% 的教育费的员工并不多。但是,无论何种情况,*Oppenheim* 案可能都无法达到预期的效果,也许上议院的调查结果应集中在受托人自由裁量权如何限制实际受益的人数上,而不是与公司之间的联系上。

个人关系测试应用于实际案例时,一些漏洞便显而易见了,案例包括 *Koettgen's WT* 案和 *Caffoor v Income Tax Commissioner* 案,这些案件被称为所谓的“偏好”案件。但是在 *IRC v Educational Grants Association Ltd* 案中,Pennycuick J. 发现 Koettgen 作出裁决的过程相当困难,并认为私人阶层的偏好可能永远是致命的,尽管实际上并不需要这样做。尽管 *Oppenheim* 测试并不够灵活,但不可否认的是这种测试方法有一定的效果。

***Oppenheim* 的进一步要求**

在测试中,要求将该阶层真正描述为公众的一部分,而不仅仅是一个私人团体。其有两个单独的要求,一个涉及个人关系,另一个要求该阶层为公众的一部分,而不只是一个波动的私人机构。职业、国籍、宗教或性别相同的人,或者同住一个镇或县的居民,均可以视为该社区的一部分。在这种规则下,残疾人士例外,因为他们属于公众的

283 一部分特殊群体。关于其中的区别,请参阅 *Davies v Perpetual Trustee Co. Ltd* 一案。

11.5.2 第四类慈善目的——“任何惠及社区的其他目的”

为什么我们需要依次审查“*Pemsel* 四大慈善目的”,从而对普通法下的公共利益进行衡量呢?这是因为在 *Oppenheim v Tobacco Securities Trust Co. Ltd* 案中,法院认为四大慈善目的公共利益测试应该有所不同。确实,“关系不好”的个案完全被排除在个人关系考察之外。很明显,个人关系测试确实适用于第四个慈善目的,但并不如适用于第二个慈善目的时的效果明显。而 *IRC v Baddeley* 案几乎总是在要求以更严格的方法裁决部分公众受益问题,因此被视为权威案例。上议院认为,受益人必须是整个社区或特定地区的居民。如果信托机构对受益人施加更多限制,在“阶层”中建立“阶层”,则无法通过公益测试。

在 *Baddeley* 案中,Viscount Simonds 认为,“根据慈善目的规定的阶层”,在不同程度的公共利益上是必要条件,在信托按其名义分类取决于其在一般公用事业方面的有效性的情况下,(与教育信托相比)公共利益“更重要”。这被广泛视为不同程度的公共利益的立场,取决于哪个阶层的慈善属于什么阶层(在接下来关于救济扶贫的章节中将会谈论到这一点)。据说,如果一个慈善机构的目的属于第四类慈善目的——“任何惠及社区的其他目的”,则该等机构一定是为了全社会的利益,或至少是充足地区的所有居民的利益。

Baddeley 测试:另一个不寻常的测试

Baddeley 测试是另一个完全不同的测试,设计来源为第二类慈善目的。该测试从不同的需求出发,要求只能通过有益于社区的目的实现慈善地位。该测试的要求非常严格,任何能够在其他“*Pemsel*”分类之下建立慈善机构的任何目的都是出于这个原因。这是多数裁决所认定的,Lord Reid 对此表示反对,并提出了不同的看法。

本案所表达的观点一直认为，是否构成公众的一部分取决于特定信托机构的目的，法院更有可能制止与这些目的无关的任何限制条件，但这样无非只是排除了公众的其他部分而已。这可以在 *Baddeley* 测试中看到，在 Lord Simonds 讨论夸张问题的过程中，有人提出这样一个观点：“谁曾听说过一座桥梁只能由身无分文的循道派渡过的规定？”这个限制只是为了防止这个目的成为公共目的而制定的，且本身没有其他效果，而根据第四类慈善目的——“任何惠及社区的其他目的”，不是出于公众利益考虑的目的不属于慈善目的。

慈善目的的变化情况

有权威案例表明可以更改公共利益测试内容，更不用说更改第四类慈善目的。在 *Dunlop* 案中，Carswell J. 认为，公共利益取决于“捐赠者打算为所有公众利益提供的好处”这个性质。在各种区分 *Baddeley* 测试的情况下，Carswell J. 也准备根据第四类慈善目的，以满足公共利益的需求作为判断依据，对各种机构的目的加以区分。而 *Baddeley* 测 284
试并不取决于公共利益问题，这是因为在任何情况下，不具有纯粹的社会目的的机构都无法获得慈善地位。

11.5.3 公共利益和救济贫穷

从法律上来说，“救济贫穷”是指给广大公众带来好处。如果只通过减轻穷人的负担实现救济贫穷，那么，从传统上来说，扶贫对象自然（当然是在福利国家社会中）落在了社区当中。审理 *Oppenheim* 案的上议院将不良关系案例视为异常情况，并且对个人关系测试是否适用于该案持开放态度。

“不良关系”的异常源于 19 世纪的商业实践，当时信托机构关系不佳，且由于不确定性（在第 3 章考虑到阶层确定性测试时）或永久性，法院通过将这些信托机构判定为慈善机构，它们才得以继续生存下去。但不良关系的案件一直在重演,这大概可以解释了为什么在 *Oppenheim* 案中上议院将这些机构独自留下。上议院在 *Dingle v Turner* 案中直接考虑了这些机构,并明确表示支持它们。在这种情况下,即使针对 E. Dingle & Co. 的贫穷雇员而设立的信托机构无法通过个人关系测试,但仍属于慈善机构。同样的理由必须适用于不良的关系,因此这是个人关系测试不适用于这个慈善目的的经典案例。

一个不太严格但受到限制的测试

Scarisbrick 一案是这个慈善目的下的典型案例,有必要证明利益只属于真正有权享有的受益人,而不是恰好在这时候变穷的个人或个人群体。Lord Cross 在 *Dingle v Turner* 案中使用了这个规则,并将其应用于 *Segelman* 案。潜在受助者的 Scarisbrick 阶层已经足够广泛,无法明确确定(例如"我所说的儿子和女儿的这种关系"应在有需要的情况下提出),因此,此类信托机构属于慈善机构。一旦满足这个要求,公共利益的要求比任何其他慈善目的都更加严格,所以可以从中受益的阶层比较少。

11.5.4 公共利益和促进宗教发展

Oppenheim 案的法官意见表明,公共利益性质的测试适用于除了第一类慈善目的——"救济贫穷"之外的所有慈善目的,而对于宗教慈善机构来说,这也是与公众有关的一个要素。不幸的是,私人发起的救助并不属于慈善事业的范畴,这也为 *Yeap Cheah Neo v Ong Cheng Neo* 案提供了进一步的依据,因为祖先崇拜规定只能使家庭团体受益。在 *Gilmour v Coats* 典型案件中,上议院不得不考虑卡梅尔特修道院收到的赠与。在卡梅尔特修道院中,大约有 20 名修女专门负责祷告,与外界没有任何接触。由于不与外界接触并不属于慈善行为,因此,天主教教义的观点("每个人都可以从祷告中受益")被否决。否决有两个方面的原因:(1)无法证明其合法性;(2)不可能只有虔诚的

妇女才能获得好处，因为这个概念太模糊，而且是无形的，难以判断。上议院也对天主教教义的观点持反对意见，认为如果对所有妇女都一视同仁，那么与提供入学奖学金的教育机构的对待方式也应一致，判 285
定理由是：如果一个教育机构要求学员与世隔绝，且不留下任何学习记录，这并非慈善之举。

在 *Caus* 案中，大部分天主教组织的死者被视为慈善机构的成员。虽然这个案子受到 *Gilmour v Coats* 案的质疑，但原则上似乎是正确的，Browne Wilkinson V-C 还将 *Caus* 案适用于 *Hetherington* 案。因为大部分天主教组织对公众开放，有时甚至是为了满足私人方面的需要，诸如举办殡仪仪式，这种活动也被纳入庆祝活动中。然而，*Caus* 案与 *Gilmour v Coats* 案是有区别的。在 *Hetherington* 案中，人们呼吁 Browne Wilkinson V-C 向所述组织分发礼物，这并不排除该消息会在私下传入公众的耳中的可能性。但实际上，全体或大多数组织均对公众开放。通过审查这些案件，法院对赠与的适用范围进行解释，从而排除非慈善的目的。

公众和私人：区分 *Gilmour v Coats* 案

Neville Estates v Madden 832 案与 *Gilmour v Coats* 案的差别在于，前者显示了祷告的公众人数。在该案中，为卡特福德犹太教堂成员设立的信托机构被视为慈善事业，因为它涉及和同胞生活在同一个世界上的宗教团体成员，他们可以将其宗教生活发扬光大，让更多的公众知道。因此，宗教可以通过实例发扬光大，只要宗教信徒融入社会生活中，而在 *Neville* 案这一经典案例中则不需要。虽然 *Warre* 案对此的看法并不相同，但从 *Neville* 案中可以看出，宗教事业目前受到了法院和慈善委员会的青睐。

11.6 对任何慈善目的造成影响的目的：取消其慈善资格

截至目前为止,我们一直认为,传统英国慈善法要求,如需获得慈善地位,则其任何目的都必须被认定为慈善目的,而且必须为了公共利益。除此之外,传统英国慈善法还要求追求慈善地位的另一个资格:没有所谓的“不合格因素”,其将阻止潜在的慈善组织获得这种法律地位。这点之前已经谈论过,特别是在讨论第二类慈善目的——“推动教育进步”时,以及在指出目的被认为具有政治目标可能出现的困难时。接下来将对部分不合格因素如何干扰组织获取慈善地位的能力进行探讨。

11.6.1 目的必须具有纯粹的慈善性质

法律要求慈善信托不仅能适用于慈善目的,还必须只适用于慈善目的。如果有可能使不属于慈善事业范畴的机构受益,那么该信托机构不完全属于慈善事业,并导致其失效,除非法院认为可以从其他慈善目的的主体部分分离出违规的部分,或宣布非慈善目的只是附属目
286 的。在一些知名度非常高的的英国慈善机构找到一些日常例子,如乐施会和 RSPCA,这些机构可以经营商业活动。

通过这些案件可以看出,法律中没有对慈善事业法的明确规定,而且关于慈善和非慈善目的的术语有时会结合或分开解释。例如,如果使用“慈善和仁慈”描述同一个目的,那么该等目的是结合的:“仁慈”只是对“慈善”一词进行限定修饰,因此只属于慈善目的。但是在 *Chichester Diocesan Fund and Board ofFinance v Simpson* 案中,同样使用了“慈善或仁慈”一词,允许将所有资金用于“仁慈目的”,而这些目的并非属于慈善目的。该案构成了 *Diplock* 诉讼案的一部分。*Diplock*

诉讼案是一起因 Caleb Diplock 遗产处理失当而提起诉讼的案件，在第 17 章中将进行进一步的探讨。在 *Williams v Kershaw* 案中，出于“仁慈、慈善和宗教”目的的赠与是允许受托人出于仁慈的目的中的一种目的，但不一定是慈善和宗教目的而进行的一种慈善行为。在上述“仁慈、慈善和宗教”目的中，顿号代表“或者”的含义。

普通法要求对每个案件进行单独审判，以这一原则作为审判的前提，通常在裁决中出现的逗号或“或”一词，表示列举几个目的，作为反意连接词。而“和”一词则表示连带。因此，在裁决中常常会出现这样的表达：“慈善和……”（正确表达）、“慈善或……”（错误表达）。这种用法可以在 *Attorney-General of the Bahamas v Royal Trust Co.* 案中看到，但只是惯用法而非常用法。在该案中，枢密院认为“出于任何目的，和/或因与巴哈马儿童和青年的教育和福利有关”，但捐赠遗产并非慈善行为。理由是：教育和福利并不等同，应分开解释；福利信托机构并不属于慈善机构。

在 *Simpson* 案中，不可能将赠与解释为限于慈善目的，而非仁慈的目的。但是，正如我们在 *Hetherington* 案中所看到的那样，有时可以将赠与整体解释为慈善目的，因为按照诸多案件来看，可以排除非慈善目的。因此，受托人将信托财产用于非慈善目的的行为将受到限制：在 1991 年 2 月 11 日《时代报》刊登的 *Webb v O'Doherty* 案中，学生工会负责人被要求不得再向国民学生委员会或剑桥委员会提供资金援助，该援助旨在停止海湾战争，这种目的并非属于慈善目的。在该案件中，学生工会属于教育慈善机构，因此，即使工会并没有任何明文规定禁止这种资金援助，但相关负责人有权将工会的全部财产用于慈善用途。

11.6.2 慈善机构不得以牟利为目的

一般而言，表面上以开展慈善活动为名义，实际上却以大肆牟利为主要目的的机构，就性质而言，这是自相矛盾的一种表现，这样的机构无法归为慈善机构。虽然其可能收取费用,也不排除意外获取利润的可能性,但是,此类机构仍旧不属于慈善机构。在 *Scottish Burial Reform and Cremation Society Ltd v Glasgow Corporation* 案中,上议院根据慈善目的分类法(第四类慈善目的——“任何惠及社区的其他目的”),判定前者属于慈善机构,该机构主要采用对社会安全、卫生的方式处理死者的尸体。上议院的判定依据是该机构虽然收费,但并不以谋利为目的,这一点将在探讨主要慈善事业的商业活动时进行进一步介绍。然而,*Girls'Public Day School Trust Ltd* 案则属于经典案件,该案件充分说明:为特定个人或人群创造利润的目的并不属于慈善目的。

287 **11.6.3 由政治目的引起的问题**

根据普通法,如果信托机构的目的直接或间接地与政治有关,则该机构不属于慈善机构。也就是说,普通法规定为特定政党谋取利益的信托机构不属于慈善机构,即使此类信托机构企图伪装成教育类信托机构,也无法通过慈善委员会的审查。在这种情况下,“政治”的含义比常规的政治意义更广泛,有很多活动和意图都具有“政治”意义,因此,即使此类机构有其他潜在的慈善目的,其同样会被取消慈善资格。

对于那些旨在修改法律条文的目的的信托,除非其只是出于信托主要目的的附带,否则其不可能是慈善事业。这也是国家反动物实验协会在 *National Anti-Vivisection Society v IRC* 案中未获得慈善地位的原因之一。具体的理由是:只有议会可以判定修改法律条文是否是为了公共利益,但法院并不具备此权利。Lord Simmons 并不认可修改法律条文只是出于信托目的的附带主张,理由是为了废除动物解剖,必须废除立法,使动物解剖具有合法性。

与修改法律条文有关的 RSPCA 等组织的活动表明,这只是程度问题,还可能出现适用一致性问题。但是,在 *South wood v Attorne-y*

General 案中,有很长的篇幅对出于不可容忍的政治目的(并非偶然)原因进行了详细讨论。讨论主要集中在法院并不认为其本身适合判定对法律条文进行修改是否符合公共利益的方式上,特别是因为不可能就法律条文修订问题达成完全一致的意见,无论如何,该等事宜应是通过民主的正当方式进行处理的。

但是,诸如 *McGovern v Attorney-General* 案和 *National Anti-Vivisection Society* 案等经典案例同样指出,对待此类案件通常没有绝对一致的方式,但必须采取特定的行动方式,因此,对公共利益的“收益/损害”进行测试评估,这完全是一个不可能完成的任务,并不是法院进行适当审查便可以做到的。

由此可见,包含修改法律条文的目的的任何信托机构都不属于慈善机构。如 *Bushnell* 案所示,在该案中的机构的全部资金均用于提高公众对社会医学的好处的认识上,并表明:只有在社会主义国家才完全有可能实现这个目标。立遗嘱者死于 1941 年,那时英国国民健康保险制度还没出台,因此,判定该信托无效的理由之一是其偏向社会主义的政治偏见。与此密切相关的一个重要事件是,1941 年,法院认为需要为此立法(当然是后来)引进社会医学。

同样情况下,旨在修改海外法律条文的信托也是因为政治原因而被取消慈善资格,但 *McGovern and Re Strakosch* 案却提出了两个截然不同的理由。第一,干涉不同国家的事务的做法欠妥;第二,这种做法可能会对英国在国际关系领域的利益造成损害。因此,该案得出的结论是这些目的并不属于慈善目的。这一观点适用于在麦戈文举办的国际大赦组织活动,甚至适用于在 *Strakosch* 案中在南非促进英语和南非荷兰语社区之间的种族和谐的信托机构。如果这些行动公然或 288
暗中要求各国政府推行诸如裁军等具体政策,以和睦、和平为目的,那么法院的判定立场是一样的。

PASC 对《2006 年慈善法》进行审查后,认为当时存在大量在海外经营或旨在提供海外福利的慈善组织。这种观点十分有趣,因为

PASC 自己的取向远远不及 Lord Hodgson 的取向自由化。但从某种意义上说,海外慈善活动得到的高度评价较多,而非质疑,特别是得到了东道国的认可,PASC 审查团围绕不同国家的慈善组织之间的相互认可"通行证"协议可能带来的好处展开了讨论。

讨论政治问题和竞选活动

在某些情况下,否认慈善地位,试图促进道德目标,其中的原因在于它们必然涉及一个只有利于一方的论据的宣传元素。虽然有很多政治目的无法列入合格名单,这些目的也会导致潜在的慈善目的无法获得慈善地位,但也有部分政治目的是合法的,不会导致出现取消其慈善资格的结果。例如,从教育慈善机构可被允许的讨论政治问题的方式中看出,只是附带的政治目的并不会导致其被取消慈善资格。在 *Koepplerf'S WT* 一案中,立遗嘱者向威尔顿公园作出了赠与,上诉法院认为该种捐赠属于慈善事业的范畴,尽管威尔顿公园的目标包括促进知情的国际舆论和促进东西方进一步合作。在这里,Slade L. J. 对"麦戈文"一案进行了区分,确定了偶然性政治目的的存在及其意义,并由此提出以下观点:

> 在威尔顿公园举行的活动并不具有党派政治性质。……也并非是为了促使这个国家或任何其他国家对其法律或政策进行修订,即使涉及政治事务也是如此……这只不过是从客观角度辨别真相并进行传播的一次具有真正意义的尝试。在这种情况下,我认为不应该否认类似于"麦戈文"一案中出现的具有政治目的的信托机构。(Koepplefs WT 案)

从上述材料可知,被称为"智囊团"的教育机构所举办的活动目前正备受关注,这是因为它们无法在政治活动和所需的中立立场之间保持适度的平衡,因此无法获得慈善地位。然而,PASC 审查团非常清楚,必须采取非常谨慎的方式对其进行规管,尽管智囊团在某些方面与教育组织的典型形象并不相符,但在社会和经济的重要教育领域却发挥着至关重要的作用。回到判例法,在 *Attorney-General v Ross* 案中,Scott J. 指出,教育慈善事业在例如鼓励学生培养政治意识或学习政治知识,并具备针对政治问题进行辩论,并提出自己的见解等方面 289
没有任何问题。他还指出,如果慈善学生组织加入非慈善组织,有利于进一步为学生创造利益,那么法院并没有理由限制它们。基于此目的,学生工会才有权成为全国联盟的其中一个成员。全国联盟是一个非慈善组织。然而,至关重要的是全国联盟的目的是让成员以学生自身身份为学生组织创造利益。

政治活动范围和竞选难度

慈善机构的政治活动范围是有限制的,而且关于政治活动和竞选活动是否对慈善地位构成威胁的讨论经历了不少困难。1991 年 2 月 11 日,在《泰晤士报》上刊登了 *Webb v O'Doherty* 案,该案列举了区分的原则。Hoffmann J. 指出,“在讨论政治事务、获得可能包含政治信息的资料及政治运动之间,有……一个明显的不同点”。

从试图影响公众观点的角度看,竞选活动不是慈善活动。当然,与其他人群一样,学生完全可以自由地以私人身份进行这类活动,但这不是慈善资金资助的适当对象。(*Webb v O'Doherty*, The Times, 11 February 1991, Per Hoffmann J.)

根据上诉法院对 *Southwood v Attorney General* 案的判决结果,可以看出司法偏好保守态度。Chadwick L. J. 对该案件的看法如下:

> 我同意接受这样一个主张,即通过维护国家和平稳定、避免引发战争的不同方式让公众有机会接受教育。在接下来的阶段我们将会遇到困难。对于如何维护和平和避免战争,有不同的看法。我可以通过两个方面对其进行说明:一方面,有人认为最好通过“通过实力谈判”避免战争;另一方面,有人则认为,如果有必要的话,可以通过单方面裁军维护和平局面。法院没有资格来确定哪一种观点是为了公共

利益。

除此之外,比起法院,慈善委员会采取了更有力的做法,其鼓励合法的政治活动,尤其是竞选活动。关于某些政治活动,有人表示赞成,有人则表示反对,慈善委员会对此作出以下回应:一方面,一些活动远远不具备作为政治目的的资格,但对于组织的目的而言却很有必要;另一方面,Keoppler 型的区别并不总是明确的。2008 年 3 月出版了题为《自由谈:慈善活动和政治活动指南》的慈善委员会指南,其中强调了慈善机构倡导的政治好处,并强调了其存在的一些困难。

一直以来,各团体通过其各自合法结构在不同的组织之间开展分散独立的活动是完全合法的。通过允许一些团体组织(但不是全部)开展政治活动,使没有开展政治活动的团体组织便可以获得慈善地位。这正是在 *McGovern v Attorney-General* 案中,大赦国际组织试图通过此种方式宣称其犯人良心基金的慈善地位所期望实现的结果。但是,其最终却以失败告终,因为这个分组的目的被判定属于非慈善目的。

290 慈善组织的竞选活动有着漫长而艰巨的历史。1979 年,Micheal Chesterman 强调,大量慈善机构寻求社会和经济难题的解决办法而被认为是支持他们的不公平做法,同时将自己置之事外。*Shelter* 案恰好可以说明这一点。*Shelter* 是一家专门向无家可归者提供帮助的慈善机构。人们经常使用这个例子,说明如果慈善机构能够通过更具政治性的手段解决问题,则可以取得更加有效的效果。

据 PASC 报告,针对目前对慈善组织政治运动的立场,其提出的证据基础并没有表示明确的立场。然而,在得出结论认为不建议修订的情况下,PASC 还指出,收集的证据表明,慈善委员会无须关注慈善组织举办的不适当的政治活动。同时,PASC 明确提倡提高慈善组织的透明度,有必要在年度报告中公布用于政治和沟通工作的资源消耗量情况,从而提高公共成员的辨别能力,使其在慈善捐赠活动中做出明智的选择。

此外,PASC注意到一种观点,该观点认为慈善事业开展的政治活动对社会有着极大的好处,可以影响社会形势,也可以提高公众意识,从而促进公众慈善活动的发展。它还引用了学术专家兼博士 Jonathan Garton 的观点,认为在这方面应该有更多的自由。这一观点也是澳大利亚法院在判定 *Aid Watch Inc v Federal Commissioner of Taxation* 案的判决结果的产物。在该案中,法院认为“鼓励公众辩论”对澳大利亚社会有利。

第Ⅱ部分 《2006年慈善法》和《2011年慈善法》

正如本章开始所提到的那样,从《2006年慈善法》和《2011年慈善法》的条文中可以看出,本章只是简要概述《2006年慈善法》和《2011年慈善法》与“慈善事业”的法律定义的联系,以及出于慈善法,定义“慈善事业”所引用的成文法制度和传统方法之间可能存在的关系。反过来,这又是对“慈善目的”和“公共利益”进行定义,从而探讨导致其被取消资格的因素。

在考虑传统法对“慈善事业”的法律定义(在适当的时候,甚至包括有关公共利益的规定)的修订时,《2011年慈善法》的相关章节内容不可忽略,同时应参考《2006年慈善法》的条文。早在“*Hodgson* 审查”之前,自2006年11月御准之后,系列启动命令得以颁布,《2006年慈善法》因此生效,其框架随着时间的推移逐渐得到“完善”。除了慈善委员会的决策作出的可能指示,以及法院和法庭在这方面的作用之外,由慈善委员会制定的关键“政策”出版物也起到了非常重要的作用。

在现阶段,了解《2006年慈善法》所规定的慈善组织的成文法定义有一个非常重要的一个要素——慈善行动的一般性质是由成文法 291

制度体现的普通法规定的,但也可能与其不同。这个一般性质的“框架”包括诸如慈善机构必须完全出于慈善目的而成立的要求。

11.7 《2006 年慈善法》的“出发点”:“慈善”的含义

在《2006 年慈善法》的第 1 部分中,主要讲述了可以使用“慈善事业”和“慈善目的”这两个术语表示针对慈善信托机构所提出的新成文法基础。《2011 年慈善法》同样沿袭了这种用法。

在英格兰和威尔士关于“慈善事业”定义的法律条文中,根据第 1 条第 1 款(a)项的规定,“慈善组织”是指仅出于慈善目的而设立的机构。根据第 1 条第 1 款(b)项的规定,(因此)高等法院负责行使其对慈善组织的管辖权。

《2006 年慈善法》与《2011 年慈善法》之间的重要区别在于,在《2006 年慈善法》第 1 条第 3 款中明文规定了对传统做法与未来发展方向之间采取一定的“保护”措施,而《2011 年慈善法》中并没有这条规定。从这点可以看出,过去四百年来的慈善法律依据具有连续性:1601 年《慈善用途法》或其序言部分中对慈善机构的任何成文法则或文件的引用是《2006 年慈善法》第 1 条中对“慈善事业”定义的参考来源。

但是,《2011 年慈善法》确认,纯粹的慈善目的的概念仍然是英国慈善法的核心。《2011 年慈善法》沿袭了《2006 年慈善法》的条文内容,对其进行进一步的巩固和确认、特别澄清,却没有指明实质性的新方向。首先,(根据第 2 条第 1 款的规定),第 2 条指出,根据英国和威尔士法的目的,慈善目的有两层含义:(1)第 3 条第 1 款规定的目的;(2)惠及公众的目的(见第 4 条)。

出于法律的篇章布局考虑,本书首先在同一章节中对目的进行介绍,而对第 2 条第 1 款也有对应的专门介绍部分,也就是现在的第 3

条。这种做法的原因是为了使条款内容更加清晰，更易把握。此外，这显然也是专门另外撰写一个章节的意图所在。除此之外，在《2006年慈善法》第 2 条第 2 款中列出的 13 类慈善目的（前提同样是为了实现公共利益）与《2011 年慈善法》中的第 3 条第 1 款是一样的，如下所示：

(a)扶贫与防止贫困发生的事业；

(b)发展教育的事业；

(c)促进宗教的事业；

(d)促进健康和拯救生命的事业；

(e)提高公民意识和促进社区发展的事业；

(f)促进艺术、文化、历史遗产保护和科学的事业；

(g)发展业余体育运动的事业； 292

(h)促进人权、解决冲突、提倡和解以及促进不同宗教与种族之间的和谐、平等与多样性的事业；

(i)保护与改善环境的事业；

(j)扶持需要帮助的青年人、老年人、病人、残疾人、穷人或者其他弱势群体的事业；

(k)促进动物福利的事业；

(l)有助于提高皇家武装部队效率的事业；

(m)其他符合本法律相关条款规定的事业——

(i)不在(a)至(l)项内，但根据第 5 条条款的规定（康乐及类似信托机构等）或旧法律可视为慈善事业的事业；

(ii)可合理视为与上述第(a)至(l)项或第(i)项列出的 12 类慈善目的相似，或包含其中所述的精神的事业；

(iii)根据英格兰及威尔士的相关慈善法，可合理判定与第(ii)项或本项规定的慈善目的类似或包含其中所述的精神的事业。

第3条第1款(a)项、(b)项和(c)项的三类目的与“*Pemsel* 四大慈善目的”的前三类慈善目的有着明显的相似之处。正如《2006年慈善法》下的慈善目的一样,在这里,解释问题同样突出了成文法制度和旧法的不同之处。第3条第2款对其解释如下:

(a)在(c)项中,“宗教”包括:

(i)信仰多个神的宗教;

(ii)与信仰上帝无关的宗教……

据此可以看出一个新的方向。另外值得注意的是,包括“扶贫与防止贫困发生的事业”,这表明了,防止贫穷发生的事业属于慈善事业,而不仅仅是为那些陷入贫困的人士提供救济。

《2006年慈善法》旨在强化整合和确认传统做法,《2011年慈善法》同样反映了这一点。根据现有的对慈善目的的理解和其他可能被认定为属于“*Pemsel* 四大慈善目的”范围内的目的,还有其他惠及公众的目的,第3条第1款下的其他十类慈善目的是一个混合性的目的(根据《2006年慈善法》第2条第2款)。这些目的均建立于1601年《慈善用途法》的精神和意图上。第3条第2款继续对第3条第1款继续澄清,如下:

(c)(e)项条款中的“促进健康”包括:

(i)农村或城市再生;

(ii)促进公民职责、无偿服务、无偿部门或慈善组织的有效性或提高其工作效率;

(d)在(g)项条款中,“运动”是指通过涉及身体或精神技能或技巧促进健康的运动或游戏;

(e)第(j)项条款中“扶持需要帮助的人”包括向该项所述的人群提供住宿或照顾他们……

《2006 年慈善法》与《2011 年慈善法》有关解释部分的一个主要 293
区别是如何解释第(m)项“其他符合本法律相关条款规定的事业”。这是《2006 年慈善法》第 2 条的其中一部分,但(m)项的详细说明可以在其分项下找到,但只不过是第 2 条解释内容的重复而已,加强了慈善的成文法定义与现在称为“旧法”的传统方法之间的联系。

(m)项条款——“其他符合本法律相关条款规定的事业”是否属于“*Pemsel* 四大慈善目的”之外的目的一直是一个悬而未决的问题,这是因为法令可能具有固有的明确性或超越普通法的权力,普通法也特别以此成文法规定为前提。但在可及性和清晰度方面,按照目前的编制方式来看,将(m)项条款所述的慈善目的及其解释放在同一条款中似乎是正确的做法。

此外,第 5 条提出了新规定,直接对根据《1958 年娱乐慈善法》规定的慈善地位的慈善性质进行了描述。

11.7.1 《2011 年慈善法》下的公共利益

从慈善法的新成文法制度对“慈善目的”的定义来看,将重点放在同时具有慈善性质和惠及公众的目的非常有必要。公共利益要求是传统法律对“慈善”的法律定义的基石,也是可以实际获得慈善地位的首要条件,在《2006 年慈善法》第 3 条中也提出了这一要求,其在《2011 年慈善法》第 4 条中也有体现。

接下来,我们探讨的问题是:与公众利益相关的成文法要求如何表明新法是对以往法律的一种巩固和澄清,也是对现行慈善法尊重的一种表现。根据第 4 条第 1 款,如果认为(属于第 3 条第 1 款的)目的属于慈善目的,则其一定是为了公共利益。与其前身(《2006 年慈善法》第 3 条第 1 款)一样,这个新的条款并没有对“公共利益”的含义进行定义,但有一个明显的事实是其目前的含义与传统慈善法第 4 条第 3 款确实有关。从某种程度来说,这可以通过定义“慈善目的”所采用的方法,从慈善新法是传统法律的保护性持续法案的角度对其进行解释;在这方面,使现行有效的慈善目的吻合传统满足公共利益要求并非难事。然而,关键之处在于对传统法中不存在的新慈善目的采取何种测试方法(为了公共利益)。新慈善法和旧慈善法如何实现互相映射,保持一致性,这在很大程度上可能会在不久的将来引起更广泛的讨论,因此,这个问题非常重要。

新法的实施效果还有待观察,因此,如何真正“落实”才是重中之重的工作。慈善委员会于 2008 年 1 月颁布了题为《慈善与公益》的新机制,旨在惠及公众,而《2006 年慈善法》第 4 条(现已修订为《2011 年慈善法》的第 17 条)原本已对成文法义务作出陈述,这是现在完全可以确定的一点。同样地,从这方面来看,目前的政策考量将受到什么
294 影响还有待观察。但如前所述,修改《2008 年指南》已成必然,关于这一点,在接下来的章节中会进行进一步的探讨(参见慈善委员会颁布的《2008 年指南》)。

关于公共利益的其他方面,从《2006 年慈善法》第 3 条(现为《2011 年慈善法》第 4 条)可以明显看出公共福利领域有一个新的激进方向,因为它适用于 2008 年后的英国慈善法,即使现在看来有点抽象,也并没有对该指南进行修改。《2011 年慈善法》第 4 条第 2 款(前身是《2006 年慈善法》)指出,不再有为了达到希望获得慈善组织地位而运营公益活动的推定。正如《2006 年慈善法》附带的解释部分所述,根据传统的做法,“假定为了救济扶贫,促进教育进步或推动宗教发展的慈善目的……都是为了公共利益”。而在将传统法律确定为不符合目的的情况下,解释部分进行了进一步的说明:这一推定的效果是这样的……除非有证据表明该组织的目的不属于慈善目的,否则一律认为该组织的目的属于慈善目的。传统上,“*Pemsel* 四大慈善目的”下的所有其他慈善目的必须证明其具有公益性质。而根据《2006 年慈善法》(现修订为《2011 年慈善法》),成文法做法是将所有必须证明其通过实现公共利益而获得慈善地位的慈善目的平等对待。

《2011 年慈善法》第 17 条的观点是,所有目的都属于新的成文法定义框架的所有类别,必须证明其目的的"公益"维度,然后由慈善委员会为其指明方向。随着《2008 年指南》的出版,本书收集了一些有关工作实施的"严格规定"的详细信息,这将在接下来的章节中对其进行进一步的探讨,并对私立学校委员会提起的诉讼进行讨论。在此之前,现在简要探讨一个问题:满足公共利益要求的成文法方式如何适用于慈善委员会在慈善组织活动规范及其治理方面所承担的责任。

"慈善"法律定义中的公益性持续意义

确定特定目的是否属于慈善事业,从而评估所称公益的优点,现在由慈善委员会负责根据《2011 年慈善法》第 17 条的规定进行判定。在此之前,总理制定了《2002 年战略单位》文件的标题为"Private Action, Public Benefit: A Review of Charities and the Wider Not-For-Profit Sector",政府对此作出回应(见第 10 章),它们旨在强调,慈善委员会应对公共事业进行持续检查。而政府是否对慈善委员会提供支持取决于传统方法存在的结构性弱点,因为慈善组织只有经过公益性的系统检查方可申请注册。细想这种做法的理由,可以看出,正在进行的检查活动可用于评估在已注册慈善机构的运作期间对目的的公益性可能产生的任何疑问。另外,有趣的是,政府建议将持续的检查手段用于监督部分类型的慈善机构的"表现",这种做法可能会给"表现不佳"的慈善事业带来好处,因为这些慈善机构清楚政府的立场。

尽管这个监管提案没有明确指出直接将某些情况判定为表现不佳,或总体情况不佳的方式,但其实这些已包含在文件中。相反,参考标准似乎是针对一个过于成功的慈善机构可能产生的担忧,因此可能被视为该机构的"表现"方式难以与其慈善地位相配。有一个典型的参考例子,毫无疑问,那就是独立学校的慈善地位,这已成为议会在讨论《2006 年慈善法》时的一个重要例子。

《2006 年慈善法》下的公益要求操作

根据《2006 年慈善法》(现修订为《2011 年慈善法》)的设想,最初的概述可以得出的结论是,英国慈善法仍然以公共利益的概念为基础。尽管在《2006 年慈善法》起源的各个阶段其都受到了广泛的关注,而且经常引起争议,但重点仍放在继续确保在新的慈善法制度下的慈善地位上。虽然法律已经对公益性作出阐述,且规定不再推测慈善地位的方式,但慈善法中并没有明确指明用于检验必须设立的潜在慈善目的的合法手段。首选方法是根据更广泛的公益性概念(而不是具体的概念),也就是常常处于变化状态的概念而来。从第 17 条看来,慈善委员会通过负责慈善登记扮演得慈善目的监管者的角色。事实上,除了规定慈善委员会发布指南之外,第 17 条第 5 款还规定,慈善机构的受托人在行使与指南有关的任何权力或履行相关义务时,必
295 须将此类指南的相关要求纳入考虑范围内。而规定慈善委员会发布指南的目的在于"提高认识和对要求运作的理解"(第 14 条规定的目标之一),同时要求其进行公众咨询,视情况对指南进行修改。

慈善委员会颁布的《2008 年指南》

根据 *Independent Schools Council v Charity Commission of England Wales* 案的判决结果,《2008 年指南》的相关部分内容已被撤回。判决结果一出来,独立学校委员会便对《2008 年指南》的相关部分(主要是 2b 和 2c 两项原则规定的相关利益的获取情况)提请进行司法审查。2011 年 10 月,慈善委员会发布声明,宣布撤销的《2008 年指南》不再构成关于公共利益的法定指南的一部分,慈善受托人在履行与该指南相关的任何权力或履行相关义务时必须考虑这一点,这份声明也是为了对法院的判决结果作出回应。随后,慈善委员会对指南修订进行了公众咨询。人们认为,2012 年 10 月 5 日发布的有关独立学校的修订指南草案过于冗长、零碎和笨拙,受托人几乎不可能遵守。

鉴于《2011 年慈善法》的理由,对修订指南草案的初步评估可以得到大家的认可的可能性较小。无论如何,目前的工作还有待进一步的观察。在这个时候,先提供最初颁布的《2008 年指南》的概述应该是比较可行的做法,特别是该指南不会受到法庭判决的影响。

《2008 年指南》的基本结构如下。

- 序言部分：首先对“公共利益要求”及慈善法下比以前的要求更严格、苛刻的审查手段进行介绍。 296

- 随后，《2008 年指南》将序言中指出的要点与慈善法下的慈善义务联系起来，确定了该法案规定在第 2 条中包含的“慈善目的的含义”的“慈善目的”的各种描述方式，以及未来可能得到认可的任何新的慈善目的。

- 此后，根据公共利益的两项重要原则认真开展公益考察，这两项原则都包含了一切必要因素。

- 接着，对公共利益的两个原则进行阐述，并围绕与之相关的因素展开广泛的讨论。在这一点上，条文解释说，原则 1 要求必须有可识别的利益或益处：

—根据原则 1a，必须明确益处的具体内容；

—根据原则 1b，利益必须与目的的实际“目标”有关；

—根据原则 1c，利益必须与任何损害或损害相平衡。

原则 2 要求属于公众或部分公众的利益如下：

—根据原则 2a，受益人必须符合目的的目标；

—根据原则 2b，如果受益于部分公众，受益的机会不得因地域或其他限制或者支付费用的能力而受到无理限制；

—根据原则 2c，不得将穷人排除在潜在受益人之外；

—根据原则 2d，任何私人利益必须是附带的。

- 此后，该文件对慈善机构的公益的“持续性”性质进行说明，文件内容涉及受托人现在有责任在年度报告中报告此点的方式。在慈善公益报告的指南中，首先解释了报告所需的详细程度，这种程度取决于个人慈善机构的立场是高于还是低于所谓的“审计门槛”——在何种程度上需要进行审计。例如，如果慈善机构的总收入超过 50 万英镑，或者收入超过 10 万英镑，其资产总值超过 280 万英镑。在他们的报告中，受托人必须说明慈善机构的目标是如何围绕公共利益而设立的,并确认,在适当的情况下,慈善委员会指南也考虑到了这一点。就后者而言,需要详细报告的程度取决于慈善组织是否属于较小的慈善组织(低于审计门槛的情况)。在这种情况下,要求简要概述慈善组织的公共利益主要活动。如果慈善组织的规模较大,则报告的要求也随之增多,受托人需要进行"更全面的解释"。

- 在最后一节"惠及公众"中,《2008 年指南》解释说,在任何组织申请注册成为慈善机构的情况下,慈善委员会将依据以下两方面对申请机构进行评估。第一,是否是为了公共利益;第二,已注册的机构是否符合慈善新法规定的公共利益要求。据解释,这是通过对各类慈善机构在多大程度上可以满足慈善机构的要求进行的一般性的集中
297 研究,并与代表性的专业机构和代理机构密切合作所得出的结论。《2008 年指南》说明,需要对特定慈善机构进行详细的个人评估,如果出现某机构不符合要求的情况,慈善委员会应对此说明具体的理由,并对受托人应如何改进才能满足要求给出相应的建议。在这种情况下,慈善委员会应给予受托人相对合理的时间进行整改。如果受托人对慈善委员会的评估结果抱有不满,则受托人可以提出与慈善委员会进行面对面讨论裁定结果的要求,并有权向新的独立慈善机构提出上诉,即一级法庭(慈善组织),并最终提交给法院裁决。若出现这种情况,慈善委员会建议应与活动属于其管辖范围内的受托人建立建设性的关系,并开展对话。

11.7.2 公共利益受到攻击:现行政策以及当前公共利益法律手段的终结?

Lord Hodgson 与 PASC 对于《2006 年慈善法》的审查结论有很多相同点,也有很多不同点。两者明显有共同意见的一个问题是:将对《2006 年慈善法》体现的公共利益方式是如何运作的批评抛开不说,两者的审查结论都是针对引入公益的成文法定义而作出的。Lord Hodgson 认为,在一个瞬息万变的世界中,一个固定的成文法定义很快

便变成隔年皇历。PASC对该观点表示认同,引用并赞同慈善委员会主席 William Shawcross 的观点。William Shawcross 认为议会的做法是正确的,不应该把立法奉为神圣,因为立法“必须根据判例法与时俱进”。

但是,我们应该特别注意以下两点:慈善委员会与 Preston Down Trust 和独立学校理事会发生争议的后果以及对 Cup 信托不受欢迎的曝光。PASC认为,慈善委员会的公益事业责任需要花费“大量的人力、精力和财力”,已经成为慈善委员会和相关慈善机构的“行政和财政灾难”。

然而,PASC认为“慈善委员会针对公益事业制定政策所采取的方式”并不乐观,因此,得出一个结论:公益事业是一项吃力不讨好的事业。PASC通过指出法律在这方面的强大功能,但并不可能付诸于现实情况,从而证明了其结论。虽然有证据表明,公平利益应该通过判例法而不是成文法来确定,但这样一来,也应该撤销慈善组织的公益责任。因此,除了废除《2006年慈善法》中的公益性推定之外,还应表明:应经过议会的明确同意,方可对慈善法进行实质性的修订,而不应以慈善委员会(行政机关的分支机构)和法院的组成的“临时政府”出台的政策为准。

11.7.2.1 慈善委员会的失败被理解为《2006年慈善法》和议会本身的失败吗?

非常鼓舞人心的是,将“慈善委员会”所面临的困难由 PASC 反映在法治本身的固有缺陷之中,同时这也是明确针对慈善委员会本身的疑虑的回应。采取这种做法,证明其至少接受了慈善委员会关于该法 298
案缺乏确定性的观点,同时得出结论:在认定公共利益时,委员会“不再遵循以前的判例法”,而这恰好是议会强烈建议的做法,这是根据“法案的定义所留下的空间”。

在慈善语境下,就慈善委员会所遇到的棘手的宗教和教育问题而言,对立法失误本身的批判的承认是正确的,为此,必须对 PASC 表示赞扬。

在确定慈善地位时遇到了关于宗教类的许多难题,在许多方面遭遇了反转,尤其是自 *Preston Down Trust* 案的判决结果出来后,这种现象更是层出不穷。这本身起源于宗教组织对《2006 年慈善法》去除公共利益"无所畏惧"的默认承诺的一种认识。当然,遵循"以前的判例法"的思想显然是由新的成文法架构所构成的,因为它是变革性的持续产物,但英国宗教在社会中一直有着非常重要的地位,而当今的英国社会有两大特点:一方面,它是一个多信仰的社会;另一方面,它是高度世俗的社会。必须从这个角度看待宗教和公益的问题,并将其理解为一种复杂问题,将过去与现在的社会分离开来。慈善委员会被迫遵循大众的意见,甚至是在实际工作中注重公众对 21 世纪英国宗教信仰的作用,甚至适当性的共识。

至于慈善委员会所遭遇的一段沉痛经历,其起因是独立学校委员会提出诉讼,随后由上级法庭作出判决的案件。显然,这是一个刺激因素,议会不会理会,因此慈善委员会只能靠自己精确把握。事实上,这个案例表明,独立学校并不只是主导公共利益的立法前辩论,而是在实际中劫持这个问题,议会对公共利益的讨论很少,且并不是通过对独立/公立学校进行考量再明确提出的。

因此,议会非常清楚,独立学校将成为用于测试是否符合公共利益要求的新方式,并成为社会上的热点。人们很容易会得出这样的结论:鉴于慈善地位赋予公共利益要求尤其是税收方面的优势,公立学校在政治和更广泛的意识中的立场具有争议性,因此议会并不直接明示公立学校的立场。通过新立法机制,可以解决这个问题,确保慈善委员会处于争议的核心。这种做法带来的后果是,独立学校的组织将受到威胁,因此这种做法本身具有争议性,而且会导致分裂、混乱的局
299 面。这显然是与《2006 年慈善法》有关的一个案例,且具有"严重缺陷",正如 PASC 所指出的那样。建议议会重新审视公共利益问题,应该铭记议会应在尽早澄清公立学校的地位上承担更大的责任。甚至在制定英国法律中首个全面的慈善法律制度时,也应该采取这样的做法。

第12章　类似原则

300

类似原则（*cy-près*）盎格鲁－诺曼语语言（有时没有连字符）是指“尽可能接近”的东西，与我们对英国法律中的慈善事业研究有着紧密的联系。首先，对慈善法进行概述，然后对英国法律如何定义“慈善”进行深入研究。两者都有助于解释一些“目的”和赠与是否受到“慈善法”的特殊信托法律的制约。反过来，这可用以了解慈善法中的“类似原则”对以下情况如何规定，信托机构用于慈善目的的财产无法完全按照捐赠者的意愿使用，法院（在大约130年前是慈善事务专员，现在是慈善委员会）可以制订一项计划，使财产的适用范围尽可能接近捐赠者的初衷。因此，制定这个原则的目的是不挫败捐赠者的捐赠意图（在过去，如果捐赠的物资是遗嘱，甚至无法咨询捐赠者），除非有不得已的情况发生。这个教义至少可以追溯至17世纪，它只适用于慈善机构。如果无法用于私人目的，则结果将如第3章、第6章和第7章中讨论的内容所述。

12.1 无法实现捐赠者的愿望的应对方法——在普通法中引入“类似原则”

现在,有一项重要的成文法制度对类似原则的适用进行了规定。在接下来的章节中,将会对《2006 年慈善法》和《2011 年慈善法》进行大量讨论。但是,在这种情况下,类似原则在传统法律中的适用的核心已经成为英国慈善法中所谓的“初始失效”和“后续失效”。在这里,“失效”是指无法完全实现捐赠者将财产用于慈善目的的初衷。“初始失败”和“后续失败”之间的差异取决于在多大程度上实现了捐赠者的初衷,也就是无法实现的部分的具体内容。

因此,如果从一开始就明确表明无法实现捐赠者的愿望,例如,捐赠者希望资助的组织已经不复存在,或者根本没有该组织,则这种情况属于“初始失效”。在信托持续的后续日子里,事实证明,捐赠者的愿望根本无法实现,因此,“后续失效”也就随之产生。类似原则更适用于第二种情况,因为一旦财产一直被奉献给慈善机构,但该赠与被认定不属于慈善事业的范畴,就不可能再对捐赠者有任何的“归复信托”产生,正如前几章中 *Chichester Diocesan Fund v Simpson* 案所述的那样。

301 12.1.1 普通法下类似原则的发展,以及《2006 年慈善法》和《2011 年慈善法》下的成文法方式

接下来,我们将对以下两点进行研究:第一,类似原则适用于普通法的情况;第二,成文法如何加强该原则在慈善法中的作用。自 19 世纪以来,按照普通法,一旦捐赠的物资从一开始已经失效,则法院便会判定,将类似原则适用于该财产捐赠,其必须显示出一般或最重要的公益性。而在任何情况下,直到 1960 年,法律对类似原则的适用范围

作出明文规定,只有在不可能实行的情况下,现有信托机构才会以失败告终,这时候才可以运用这一原则。由于《1960 年慈善法》对"类似原则"作出了明文规定,这一原则才得到了更广泛的应用。《1960 年慈善法》继续强调广泛参考"赠与精神",对捐赠者的捐赠意愿进行判定,特别是在第 13 条关键条款中所述的意愿,但也可以从中发现不同的策略。尽管"尽可能接近"的公平原则是明确根据捐赠者对捐赠其财产的推断意图制定的,但在某些情况下,这会有助于慈善企业的有效运作。从《1960 年慈善法》的规定来看,其显然十分注重慈善机构的有效运行,尽管其中提到了"赠与的精神",但其应用表明,即使以破坏捐赠者的捐赠意图为代价,也要让慈善机构顺利运行。

前两章对《2006 年慈善法》和《2011 年慈善法》进行了探讨,在本章中,将对新立法对类似原则使用的影响进行简要的研究。从这一点来看,足以说明:只有参考《1993 年慈善法》及《2006 年慈善法》(根据第 15 ~ 18 条)的修正案,以及现行法案,才能理解该原则在现代法中的运用。实质上,"类似原则"将继续适用于慈善赠与,前提是这些慈善赠与无法用于捐赠者所设想的原始目的,尽管有许多因素会对捐赠产生影响,而这远远超出了捐赠者的捐赠意图。

在要求慈善委员会加强监管和问责制,开展并加强慈善活动,放宽针对跨越两种不同方向的观点的小型慈善机构的法律制度的背景下,《1993 年慈善法》和《2006 年慈善法》之间互相影响,正因如此,《2006 年慈善法》才有可能被视为一项变革性的延续法案。虽然本章会对这些内容进行探讨,但《2011 年慈善法》的根本原因部分有更多重要的参考资料,它们使慈善法的解释更加通俗易懂、容易把握和理解。事实上,2008 年,《2006 年慈善法》正式生效,其中,第 15 ~ 18 条具有重要意义,并被视为英国慈善法的重要里程碑,因此,在此处突然插入《1993 年慈善法》,可能会增加读者的理解难度。

通过这种方式理解法律的适用,这对于熟悉最初拟定的法律和修订理由及政策的律师而言,无疑是一种挑战。当然,对于其他人而言,他们同样需要抓住要点,明确哪些条款是后来补充的,哪些条款经过了修订。慈善组织的受托人受到的影响最大,因为他们必须时刻遵循现行慈善法,开展慈善活动。在任何情况下都是如此,但特别值得注意的是与《2011 年慈善法》的“类似原则”相关的最新一项条款,该条款对受托人“关于应用财产‘类似原则’所应承担的责任”进行了规定。

在《2011 年慈善法》第 6 节第 61 ~ 75 条中,对与“类似原则”有关
302 的规定进行了说明。本章主要对关于在慈善机构中适用类似原则的法律的重要规定进行探讨。第 61 条中规定的义务通过以下陈述奠定了基调:

> 现宣布,出于慈善目的而设立的信托机构有权让受托人承担责任,前提是全部或部分财产适用于“类似原则”,即通过采取有效措施,使其有效应用于慈善目的。

第 61 条的整体大意是受托人应采取积极主动的方式,利用“类似原则”,为其所在的慈善组织创造更多的机会。这点非常重要,并在很大程度上说明了为什么自 1960 年以来法律对类似原则的规定越来越严格。这是因为在 1960 年法案颁布之前,及 1992 年和 1993 年的慈善法案修订,与最近对《2006 年慈善法》进行修订表明(在《2011 年慈善法》颁布之前),在普通法下,只有出现以下这种情形,法院才可以应用“类似原则”对捐赠财产进行判定:捐赠人的期望在实际中根本没有实现的可能性或其期望是不切实际的。我们接下来将进行探讨的案例裁决结果显示,法院当然已经尽可能从更广泛的角度对相关指标进行了解读。

这与慈善法鼓励任何形式的慈善捐助、试图挽救可能会失效的慈善赠与的政策相符。“慈善事业”的法定定义当然是确保前者的基本要素,显然对于确保后者而言,“类似原则”的作用非常重要。但是,

“类似原则”也将两者联系在一起,正如我们接下来将会充分认识到用于慈善事业的财产会被广泛使用。即使无法将其用于预期目的,但它对鼓励慈善捐赠也是至关重要的。

但是,这个理由通常被视为次要理由,而非主要理由。即使自1960 年起,由于成文法的强化,“类似原则”得到了更广泛的应用,参考例子依然是由法院和慈善委员会判定的“失效”的信托机构。因此,鉴于其加强和支持慈善活动的政策,《2006 年慈善法》继续对根据当前社会和经济条件尽可能有效地利用慈善财产的本质进行了强调。

12.2　普通法下的“类似原则”

如前文所述,1960 年以前,在普通法中,存在将“类似原则”适用于旨在用于慈善目的财产的情况,该目的是不可能或者不可行的,与其对应的相关术语是赠与失败。接下来将会对这一点进行进一步的探讨,并对所谓的“初始失效”和“后续失效”进行区分。

12.2.1　“初次失效”和最重要的笼统慈善意图

在这里,“类似原则”的应用主要根据捐赠者的捐赠意图是具体的还是笼统的而定。如果要实现无法实现的某些特殊目的,或使不复存在的某机构受益,那么赠与便会“失效”。按照第 6 章的讨论结果,出于“归复信托”的需要,捐赠失败后的财产将归还给委托人或其遗产继承者。但是,如果捐赠者的捐赠意图比较笼统,则信托机构可将其财产应用于类似的目的或机构,即运用“类似原则”实现其捐赠意图。因 303
此,测试旨在判断是否可以认定“最重要的”笼统慈善意图。

12.2.1.1　向从不存在的慈善机构赠与:使用“类似原则”——笼统慈善意图

在 *Rymer* 案中,捐赠者原本打算向一家神学院进行赠与,但这家神学院早已不复存在。这是无法认定笼统慈善意图的一般情况。而是否可以证明其属于笼统慈善意图属于事实问题的范畴。在本节引用的案例中,列举了许多因素,可以将其纳入考虑范围,但其并未列出一般规则。

如果发现捐赠者指定的慈善机构根本不存在,则相比找到该慈善机构是否存在过的证据而言,从中找到笼统慈善意图更为简单(正如 *Harwood* 案),因为只有笼统慈善意图才能归因于捐赠者无法正确指定受益人的情况。例如,在 *Harwood* 案中,捐赠者向贝尔法斯特和平协会做出了赠与,但根本没有证据可以证明该慈善机构曾经存在过。Farwell J. 发现有意旨在促进和平的意图有利于维护社会稳定,因此,在该案中,利用类似原则对赠与进行处理。向威斯康星和平社会的赠与是另一个适用于笼统慈善意图的案件,这家机构曾经存在过,但在女遗嘱人死亡之前不复存在,赠与无效。虽然这个案例很好地说明了"类似原则"的适用范围,但也许我们可以假设:促进和平发展本身便属于慈善事业的范畴。

认定最重要的笼统慈善意图:法院的做法

在 *Satterthwaite's WT* 案中,列出了一些与动物福利有关的组织,这些组织是从伦敦市电话号码簿汇编的组织记录中随机挑选出来的。由于女立遗嘱人十分憎恨人类之间的争夺,因此,为了将她的遗产转移给动物慈善机构,她才特意选出了这些组织。伦敦动物医院作为其中一个指定机构,从来不属于慈善机构的范畴。由于该案中的女立遗嘱人的其他财产均用于资助动物慈善机构,从女立遗嘱人的态度可以推断其笼统慈善意图,因此,上诉法院认为应适用类似原则判定此案。

Russel L. J. 认为推断捐赠者的捐赠意图是否有益于动物慈善机构是一件轻而易举的事,而 Harmma L. J. 对此却表示"严重怀疑"。或许 *Harwood* 案可以对其进行更好的解释,Robert Megarry V-C 拒绝在 *Spencef's WT* 案中应用他所描述的"协会慈善"理论,理由是

Satterthwaite 案只适用于从不存在的慈善机构的捐赠情形。

为了认定最重要的笼统慈善意图，其他捐赠对象也必须是同一类型的慈善组织，而一个非慈善机构被列入一般慈善机构的名单中，并不能被视为笼统慈善意图的证据。在 *Jenkins's WT* 案中，Buckley J. 拒绝裁定针对英国反活体实验联合会的一项赠与是针对无问题的慈善组织所做的慈善赠与，虽然该组织存在，但非慈善性质。这些案件都是依靠事实证据进行判决的，而且最终导致完全不同的结果的概率很低。反过来，这又不利于找出可以被视为权威性的明确做法。实际上，*Wilson* 案注重待审查的机构是否存在的重要性，或者捐赠者在其他捐赠意图方面显示出最重要的笼统慈善意图。

不存在的机构，但未“初始失效” 304

即使指定的慈善组织不存在，但根据普通法，如果该机构以其他形式继续存在，那么向该机构所做赠与同样有效。近年来，许多小型慈善机构已经合并，因此，在某种情况下，也可以将合并形成的新机构视为旧机构。例如，在 *Faraker* 案中，向“贝利夫人慈善机构”（在这里指原先的汉娜贝利慈善机构）所做赠与最后转给了由汉娜·贝利慈善机构合并形成的新慈善机构。

将出于慈善目的赠与交给非慈善机构

根据普通法，另一种做法是，审查赠与是否为了指定的慈善机构，而不是审查机构本身。如果指定机构是非法人机构，则根据定义（在第 10 章中关于慈善组织的各种可用的“形式”的讨论之后），赠与可以不捐赠给慈善机构，但必须属于慈善目的。如果这些目的仍然可以实现，赠与就不会失效。既然没有失效，就没有必要表现出笼统慈善意图。但这实际上并不是采用类似原则，而是找到替代的受托人执行信托机构的目的。

然而，如果指定机构是一间公司，而该公司已经停止营业，则以该公司为受益对象的捐赠也会发生“初始失效”，正如在捐赠对象在捐赠前便已死亡一样，那么赠与可能只能通过前面所述的“类似原则”生效,也就是在法院可认定有超出指定受益慈善机构的笼统慈善意图的情形下。这种区分可以在 *Finger's WT* 案的判决结果中看到,这涉及向非法人组织和法人组织进行的赠与,而对于在女立遗嘱人死亡时,指定机构已不复存在,其赠与效果也会截然不同。类似原则也适用于 *Koeppler's WT* 案(在第 11 章中,已对该案进行过探讨),其中 Slade L. J. 将向不复存在的机构捐赠物资视为出于教育目的的有效信托行为。

12.2.1.2 有附带条件的赠与

即使指定的受赠机构存在,如果赠与中存在受让组织无法接受的条件,初始失效的情况仍有可能发生。在 *Lysaght* 案中,女立遗嘱人向英国皇家外科医学院(RCS)捐赠了 5000 英镑,以资助一个或多个学生,但条件是取消犹太人和罗马天主教徒的受教育资格。RCS 拒绝接受附加这些条件的赠与,但是,通过从女立遗嘱人的捐赠意图中找到笼统慈善意图,从而达到资助医学专业的学生的目的,这种赠与同样可以生效。类似原则旨在去除不必要的条件,最终实现捐赠者的笼统意图。根据遗嘱的意图,如果去除了这些条件,那么捐赠同样可以继续生效,这与 *Woodhams* 案的裁决结果一样。

既然根据公平性的原则,公平的做法是"不会因为信托机构希望找到替代的受托人而失效",但是,为什么像 *Lysaght* 和 *Woodhams* 这样的赠与却完全没有生效呢?虽然原则上,法院应该能够可以找到一个替代的受托人,按照规定实现捐赠者的愿望,但是,在诸如 *Lysaght* 这样的案件中,其特别表明了受托人可能是捐赠的"破坏者"。在这种情况下,除了 RCS 之外,其他受托人无法实现捐赠者的愿望。在这种情况下,从 Buckley J. 的裁决结果中,可以看到两个截然不同的观点。与一般原则有关,不善良的受托人无法忠实地实现捐赠者的愿望,必
305 须"采取一种可以并且将会让受托人按照捐赠者的愿望实行的方式"。然而,这个一般立场并不是只有一种解决办法,而且在某些情况下,受托人的身份对于委托人的意图而言至关重要,如果没有受托人,捐赠

者的愿望根本不可能实现。

12.2.2 “后续失效”

如本书所指出的那样,后续失效更加普遍。在这里,“类似原则”在其传统的目的参数中得到了更广泛的应用,前提是这些传统目的根本无法实现或不切实际。当捐赠者明确表示其所赠财产仅用于慈善目的时,便有可能直接出现“后续失效”的情况,而不会出现“初始失效”中所遇到的那些问题。如果出现“初始失效”,但找到证据证明捐赠者的愿望属于最重要的笼统慈善意图,则有可能通过“归复信托”将所赠物品归还给捐赠者。但在“后续失效”时则不会出现归复信托。凡出于捐赠者的预期目的不可能实现或不切实际,直接表明捐赠给慈善机构的财产或基金不适用于原来的预期目的,则可以使用“类似原则”,使其赠与最终用于最接近捐赠者愿望的目的。

12.2.2.1 时机的重要性

在 *Slevin* 案中,孤儿院在损赠者死亡后,但在遗产可以支付之前就不复存在了,由此可以看出时机的重要性。如果捐赠者死亡后,孤儿院仍继续正常运作,则在短期内其仍可以获得慈善赠与,并可以适用类似原则。在 *King* 案中,在教会安装彩色玻璃窗后,接下来的其他目的适用了“类似原则”,因为全部基金(不仅是用于安装彩色窗户的成本)被认定为一直用于慈善事业。

“后续失效”及延迟赠与的时机

无论慈善捐赠的实行日期推迟至以后的哪一天,都不会影响慈善目的变得根本不可能或不切实际的时机。这是因为确定失效的日期便是原定捐赠的日期,慈善机构当时仅获得了该财产的未来利益。尽管利益在日后才能实现,但失效是后续的而不是初始的,如 *Moon* 案所示。该裁定认为对慈善机构的赠与之前有效,则后来变为了后续失效而不是初始失效,这在 *Wright* 案中也是如此,该案中女立遗嘱人的死亡时间对于确定赠与是否实际来说至关重要。

在 *Welsh Hospital*(*Netley*)*Fund* 案中,在 Netley 建立的(慈善)医院清盘后,剩余的 9000 英镑应按照“类似原则”处理,但前提是捐赠者必须将自己的捐赠的物资完全赠与给慈善机构(大部分钱财均是匿名,这些问题基本上是第 7 章中讨论的内容)。并没有人指出,在发生“后续失效”的情况下,应自动启动“类似原则”。但是,在 *Ulverston* 案和 *District New Hospital Building Trusts* 案中,Jenkins L. J. 解释道,*Netley* 案是与“后续失效“有关的一个简单案例。而早期的案例却十分复杂。由于在乌尔弗斯顿医院,一直没有动工建造医院,也没有使用过任何资金,因此,这种失效被视为“初始失效”。没有笼统慈善意图存在的证明,基金不适用于“类似原则”。

306

12.3 “不可能”和“不切实际”的局限性:抛开“失效”不管,使用“类似原则”改变慈善目的

虽然普通法对适用“类似原则”的司法管辖很好地满足了解决不可能或不切实际的目的的需要,但并没有提供其他解决方案,用于帮助那些由于过时或过期而遭受巨大经营损失的人。没有一个有效的制度可以使即将倒闭的慈善机构实现现代化,当然,如果没有失效,那么“类似原则”也就无法适用。

即使法院采取灵活的方法解决失效问题,这也对固有的“类似原则”管辖权施加了限制。而事实上,*Weir Hospital* 一案显示,法院认定这些参数可以证明慈善委员会在赠与失效的情况下批准启用替代方案属于越权行为。Sir Herbert Cozens-Hardy MR 认为,法庭的主要职责是落实损赠者的公益性,而不是寻求最有利的方式使用这些财产。Herbert Cozens-Hardy MR 爵士认为,法庭的主要职责是使捐赠者的慈善目的生效,而不是寻求最有利的方式使用这些财产。Kennedy L. J. 的裁判结果对此作出了回应,Kennedy L. J. 法官认为,法院和慈善委

员会都无权选择更适用"尤其明智"的财产优选计划代替原本的捐赠计划。

WeirHospital 案表明,法院主要关注的是不应偏离捐赠者的原定意愿过远,而是否可以促进慈善机构的有效管理并不重要。然而,*Robinson* 案显示,根据法院的固有管辖权,其可以撤销部分信托条件,因为这些条件随着时间的推移,已经不再符合原定的主要目的。在该案中,捐赠者向福音派教会进行赠与,但有一个要求,即牧师在讲坛上需要身穿黑色礼服,但这种做法可能冒犯会众,从而导致出席人数减少。

同样地,在 *Dominion Studentsf Hall Trust* 案中,信托机构撤销了对有色人种的歧视的条款。该信托机构是为了给大英帝国的海外统治的男学生提供宿舍,供他们居住,而其主要目的是促进英联邦成员国之间的公民关系。

这些案例与 *Woodhams* 案非常相似,而且 *Lysaght* 案确实运用了与 *Robinson* 案的相同处理方式,主要的区别在于这两起发生在过去的案例都属于"初始失效",因此需要认定一个笼统慈善意图,从而及时使用"类似原则"进行处理。在 *JW Laing Trust* 案中,原本要求受托人在委托人死亡后的十年内对其约定捐赠的一笔基金进行分配,而该基金价值在这期间已经大幅上涨(1922 年,信托机构成立,基金价值约 15, 000 英镑,而到了 1982 年,其价值已经超过 2400 万英镑),因此,该项要求最终被取消。这是因为信托机构成立后,无法预测其价值的增加空间,部分原因是因为委托人的寿命比预期寿命长(委托人的寿命长达 98 岁),因为这种分配会削弱委托人的资助力量。

该冒犯性术语被认为"在慈善事业发生巨大变化的情况下是不明智的,因为此现实是在 60 年前提出的"。但是,我们尚不清楚这个权宜之计的测试方法是否与应用于早期案例的测试方法相同,或是否正在采用更广泛的原则。

307 ### 12.3.1 “类似原则”不适用的案例

普通法上,也有一些涉及实际上不需要任何计划变更的情况,例如,*Oldham Borough Council v Attorne-y-General* 案并不需要应用任何原则。在该案中,1962 年,娱乐场所转交给理事会,用于举办娱乐活动,而理事会建议将该场所出售,对它进行重新规划,希望可以将其建设为一个新的娱乐场所,但其慈善目的与之前的完全相同。理事会明确表示不再遵循《1960 年慈善法》的规定,因为该法案所述的慈善目的无一适用。Dillon L. J. 认为根据先前的法案规定,既然没有要求规定继续使用这块土地,则出售土地属于合法行为,并在上诉法院作出了唯一的实质性判决。无论这块土地是否出售,其依然会用于慈善目的,因此,没必要应用其他原则。最终,法院批准出售。

12.4 “类似原则”和《1960 年慈善法》

《1960 年慈善法》确定了重要的成文法权威,用于判决关于“类似原则”的适用范围并不局限于“不可能”和“不切实际”的失效案件。虽然在此之前,法院一直很注重赠与的精神,第 13 条有一项重要说明,表明了其设计此类方法的合法性,甚至提出其本质——促进信托机构的适当管理。

这是根据《慈善委员会关于慈善信托的法律与实践报告》所提出的建议。(1952,Cmd 8710;“Nathan Commitee”,第 365 条)。可以适用法院固有管辖权的信托机构非常有限,为了应对使这些过时的信托机构可以实现与时俱进的必要性,第 13 条第 5 款对这个理由进行了详细的阐述。在该条款中,在适当的情况下,可以让受托人负责找到适用财产类似原则的方法。这种责任也就是现行法律《2011 年慈善法》第 61 条所规定的责任。

现在,慈善事务署(现在被称为“慈善委员会”)的大部分工作都是设立和批准这样的计划,在可以应用“类似原则”的具体情况下,很明显,“不可能实现”或“不切实际”也就不再需要纳入考虑范畴。出于第 13 条第 1 款的规定,以下几种情况可以满足上述要求:原有目的被尽可能的实现;原有目的基于拟定方向和赠与精神无法实现;剩余财产出现;原有目的以其他方式出现;变得对社区无用且有害。考虑到赠与的精神,“类似原则”也适用于原始目的涉及不再具有相关性的区域或人员阶层。此外,还有合并小型慈善组织的规定,如果这种做法更加有效,则可采取这种做法。

12.4.1　对第 13 条进行说明

第 13 条第 1 款以《1993 年慈善法》和《2006 年慈善法》的规定为依据,详情如下。

除第 2 款另有规定外,慈善赠与的原始目的可予更改,以使其全部或部分财产适用于类似原则的情况如下: 308

(a)全部或部分原来的目的出现以下情形之一:

(i)已尽可能达成;

(ii)无法按照给出的指示和赠与精神继续进行;

(b)根据礼物性质,只有部分可用财产可用于原有目的;

(c)对于根据赠与性质可用的财产,以及其他可用于类似目的的财产,它们可以结合,得到更有效的使用,为此,可以适当地将赠与精神视为适用于共同目的;

(d)根据赠与的精神或管理赠与的实用性,鉴于以下几种情况,原始目的不再生效:出于其他目,原先制定的受益对象不再是某个单位;出于任何原因,某类人或某地区不再满足原始目的的要求;

(e)由于全部或部分原始目的被搁浅,因此,它们:

(i)以其他方式继续按照原始实行;

(ii)对社区无益或有害,或因其他原因停止履行慈善义务;

(iii)以任何其他方式停止继续提供赠与可用财产的合适和有效的方法,视为赠与精神。

关于《1960 年慈善法》的概述,由于《1993 年慈善法》和《2006 年慈善法》与其均具有相关性,一般认为第 13 条第 1 款(a) ~ (e)项比 1960 年之前的失效定义更广泛,似乎已经取而代之。在 *Oldham Borough Council v Attorne-y-General* 案中,Dillon L. J. 认为,无论如何,无论"原始目的"发生何种变化,都应包含在第 13 条规定的慈善目中。广泛而言,该条款的效力是,只有将"类似原则"应用于信托财产的计划中,才可以对用于慈善目的赠与的"原始目的"进行更改,而且这种计划只会在第 13 条第 1 款(a) ~ (e)项中规定的情况下产生。

第 13 条对"失效"进行了定义,可以说是"初始失效"或"后续失效"。在该条款中,首先参考"慈善赠与的原始目的",假定捐赠者的赠与已经生效。在许多"初始失效"的案例中都不会采取这样的做法。在这种情况下,判定赠与是否已经失效将继续根据 1960 年以前的法律确定。

无论如何,第 13 条(根据第 13 条第 2 款)的规定只会对为了使用"类似原则"而发生失效的情况的定义造成影响,而该原则的其他要求依然具有法律效力。因此,例如,在"初始失效"的情况下,最重要的笼统慈善意图仍然十分重要。

显然,尽管在此后有效的行政管理一直被坚持,但在解释本条条款时,对现有社会和经济条件的理解对捐赠者的意图生效也有很大的影响。例如,在 *Lepton's Charity* 案中,引用了第 13 条第 1 款(a)(ii)项和第 13 条第 1 款(e)(iii)项,以便将教会部长应支付的金额从每年 3 英镑增加至每年 100 英镑。根据 1715 年的原始意愿,立遗嘱人留下了一块土地。该土地每年的利润为 5 英镑,受托人每年向部长支付 3 英镑的费用,并利用剩余的利润用于资助巴西穷人。

1967 年,土地的投资收入大幅增加。法院认为,变化产生之后,布什部长与该地区穷人的相对分配仍然应本着赠与的精神进行。在该案件中,主要论证的是是否将第 13 条全部应用于信托机构的遗嘱事宜,还是分别适用于两个信托机构(每年向部长支付 3 英镑的信托机构,以及利用剩余的利润用于资助巴西穷人的另一家信托机构);只有在赠与的精神与整个遗嘱有关的情况下,法院才有权对每个信托机构的相对支付比例进行更改。 309

另一个案例是 *Varsani v Jesani* 案。在该案例中,原始目的既不切实际也不可能实现,属于第 13 条第 1 款(e)(iii)项所述的情况。该案涉及 1967 年通过信托声明成立的慈善组织,其旨在促进印度教派的信仰发展。1984 年,印度教派分裂成两个派别,双方均认为另一教派脱离了真正的信仰。只要任一派坚持真正的信念,仍然有可能实现原来的目的,但教派分裂带来的影响是:只有一个派别有权利用慈善事业的主要资产(也就是位于伦敦的一座寺庙),另一教派只能被完全排除在外。

上诉法院维持 Carnworth J. 的判决结果,认为 1967 年实行信仰的框架(原始目的)已经无法继续提供合适有效的方法,使财产能够按照"赠与的精神"进行分配;因此,只有司法管辖权问题上诉至法院,而且其并没有汇报财产的实际分配情况时,法院才有权在管辖权下指令其实行"类似原则"计划。

12.4.2 区分实质性目的与行政事务

根据第 13 条的规定,只允许改变慈善礼物的原始目的。为此,其并不适用于 *J. R. Laing Trust* 案。此外,还删除了一项基本上属于行政性质的分配条款。根据 Peter Gibson J. 的观点,在第 153 章中,"适用于捐赠者赠与的任何规定,即使只有行政上的规定,应该被视为条件,因此也是其目的的一部分,这种规定是不正确的"。*Oldham Borough Council v Attorne-y-General* 案同样采纳了此观点。对于该案,Dillon L. J. 认为,要求实际征用的土地用作娱乐场地一举已不属于第 13 条的“原始目的”。在 *J. W. Laing* 案中,固有的管辖权法院否决了该条件,认为在 *Oldham* 案中根本就没有必要另外制订一个计划,因此,这两个案件均是普通法所适用的情况,但成文法不适用。

12.5 第13条和《1993年慈善法》《2006年慈善法》及之后的法案

《1960年慈善法》第13条的本质其实是在上述条款规定的五种情况下,法院有权使用类似原则进行判定。《1993年慈善法》重新引用了这一规定。而《2006年慈善法》重新引用了《1993年慈善法》中的部分规定,并对第13条条款的规定进行了部分修改。鉴于《2006年慈善法》及其背后的政治背面故事,那么对法律和政策进行修订,从而将类似原则应用于财产捐赠中,就不足为奇了。这不仅要考虑到“赠与的精神”,还要将对原始目的进行更改时的社会和经济环境纳入考虑范畴。这项修订的依据是《2006年慈善法》第15条第3款,并于2008年3月,
310 根据该法案的《第三启动法令》生效。《2006年慈善法》修订的第13条(以及第14B条的主要内容)现在归为《2011年慈善法》第6节。

《2011年慈善法》与其前身一样,注重慈善组织的有效管理,并力求在尊重捐赠者愿望的前提下优先考虑上述要求。从后面第62条的规定可以看出慈善目的可以改变的理由。该条款引用了赠与的“原始目的”,其该条款下的第(2)项对“赠与精神”的意义进行了说明。为了对将“类似原则”应用于这些目的而进行的“适当考虑”进行陈述,在该条款下的第(2)项中,其说明了有利于改变原始目的的现行社会和经济状况的重要性,并指出捐赠者的愿望体现在“赠与精神”中。此外,其指出,《2011年慈善法》的规定或许比其之前的第14B条第3款(通过以《2006年慈善法》第18条插入)更为明确,且这些考量可能不一定相互协调。

12.5.1 《2011 年慈善法》、无法识别或在慈善捐赠的背景下拒绝主张赠与"其"财产的捐赠人

《2011 年慈善法》第 6 节规定，在捐赠人未知或不承认的情况下可以应用"类似原则"。这一制度设计是为了在慈善目标未实现的情况下阻止 *West Sussex* 案结果的出现。在 *West Sussex Constabulary's Widows* 案和 *Children and Benevolent* 案之后此制度被制定出来，正如在第 7 章中针对非慈善非法人社团的考虑。如第 7 章所述，对基金的赠与如若无法识别赠与人，且本是完全的赠与，则会成为无主物收归王室。《 2011 年慈善法》第 63 条允许出于特定慈善目的提供财产，但无法将"类似原则"适用于"将其视为一般慈善目的"的财产。《2011 年慈善法》第 63 条其实是《1993 年慈善法》第 14 条的更新，其取代了《1960 年慈善法》中的类似规定，其旨在发生"初始失效"的情况下，拯救用于慈善事业的财产。根据"归复信托"，将捐赠的物资或财产归还给捐赠者或其遗产继承者，拯救那些无法用于慈善目的的财产。第 14 条(根据《2006 年慈善法》第 16 条修订)旨在保障无法确定或不承认享有"他们的"财产的捐赠者的利益，以及捐赠给非法人团体的财产的平等分配方式。这些材料也解释了第 14 条(正如它所述)在一些地方被视为英国法律的"一纸空文"的原因，这可以说对 1960 年前的法律没有任何影响，因为只有在财产属于捐赠者的情况下，该条款才可以适用，而 Goff J. 在 *Sussex* 案中的判决结果对其起到了非常重要的作用。

12.6　《2011 年慈善法》，并对适用于 21 世纪目的且与"类似原则"有关的现代法律进行评估

慈善及其法律框架贯穿本书三个章节的主题，其主要强调《2011

年慈善法》是一部旨在对与慈善有关的法律进行整理、简化和澄清,而
311 不是对其方向或政策进行修订的法律。当然,《2006 年慈善法》是有助于理解英国慈善法中的指导方针和基本政策的一部重要参考法律。如所提出的那样,讨论其涵盖"连续性和变革"的程度,与评估其目的适用程度密切相关。目的的适用程度在 Hodgson 审查中也有相关说明。从不同的角度看待《2011 年慈善法》,将其视为一份简化之前的慈善法及增加其可用性而不是实质性方向的说明,实际上采取这种做法,使"类似原则"的适用范围比"慈善"的法律定义相关材料中的案件范围要大得多。

主要原因是因为《2006 年慈善法》首次对"慈善"进行明文规定,而"类似原则"的编纂时间则更为久远。其法定框架可以追溯至 1960 年,随后的慈善法案一直致力于重新制定这一原则,并在《1993 年慈善法》和《2006 年慈善法》中对其进行了部分修订。《2006 年慈善法》中的"类似原则"希望在 1993 年的立法中加入修正案,这种做法导致后来的慈善法无法对其进行准确定义,更不用说出台明确的政策,或者评估其连续性和新方向了。

《2006 年慈善法》也是如此,该法案详细说明了慈善委员会的法律地位和职权,在《1993 年慈善法》中同样插入了《2006 年慈善法》中的第 6 条和第 7 条。

为了避免以前和现在的慈善法之间的复杂交互现象的发生,有明确条文规定,《2011 年慈善法》对"类似原则"进行了更详细的说明,受托人和慈善律师也可以对其进行跟踪和分析,因此,这种做法是非常值得提倡的。

第13章 托管和"受托人职责" 312

简介

> 受托人是指谁？词典对其的定义是"被信任的人或被委托的人；一个得到别人信任的人"。而法定的定义是"被委托管理使其他人受益的财产的人"。（*Spread Trustee Ltd v Hutcheson* 案）

在许多方面，本章将接着第5章的内容继续进行进一步的探讨。这是因为到目前为止，几乎所有的内容都集中在引入"明示的私益信托"作为赋予财产利益的范式安排，其随后解释：为了创建一个有效的财产明示信托，必须做些什么。在这一点上，有人指出，明示私益信托为所谓的"一般信托法"提供了示范，但并没有获得进一步的发展。之前关注的是明示私益信托的存在及其建立，随后并没有进行深层的探讨。在第3章、第4章和第5章中，还涉及根据Langbein的信托分类规则分为"委托人被禁止改变"或由于允许委托人"改变或否定"，而具有"承包商"性质的人。

实际上,第 6 章所涉及的信托法律与一般的信托法有所不同,即因为它规制的是私益非明示信托,也因为它还规制着根本不是私益的信托。随着这些后来的方向的引导,直到此时前,对明示信托的简介和创设的简介就暂时搁置了。如果财产所有者想要建立一个信托,惠及他人以及这样做所应满足的要件正在此前提及,那么现在应该研究如何才能使信托生效的内容。我们现在来看看,真正建立一个有效的信托给“信托行为者”带来的后果。

第 1 章指出,一旦信托成立,即一旦构成信托,财产所有权便会分离开来。第 5 章解释根据 *Milroy v Lord* 案中的两个机制之一,普通法所有权应归属于受托人,且财产的衡平法所有权归属于受益人。在这一点上,受益人不仅获得了衡平法上的所有权,而且获得了执行信托的能力,正如在第 3 章中所述,这种能力包括求助法院强迫受托人履行信托的能力。

在这一点上,考虑到建立有效的信托的影响,我们需要记住,第 1 章指出,一旦信托成立,所有者兼委托人就丧失了对该财产的所有利益(本身),且由于受益人是唯一可以执行信托的人,他们也会因此而无权分配这些财产。这是因为,除非明确保留变更或撤销权利,否则
313 委托人不可能撤销或更改其安排。因此,为了从信托安排中发现的行为者的角度考虑有效信托的影响,其一旦生效,委托人便不复存在,因此,只有受托人和受益人可以衡量有效的明示信托的作用。

通过与托管法有关的有效信托所得到的启示

接下来的两个章节将通过与托管有关的法律对这一点进行探讨。虽然重点似乎集中在受托人而不是受益人身上,但是在这种情况下,探索受托人可以做什么、必须做什么以及禁止做什么,将在很大程度上是探讨受益人在此安排下的地位。这是因为与托管有关的要求在很大程度上反映了受益人的权利。在这方面,我们已经对第 1 章中对信托的初步介绍的托管作用形成了清晰的认识。

如上所述,对于该作用的研究是一项十分有趣的工作,因为研究

内容包括：管理托管的法律如何阐述 Langbein 分类对强制性规则的重要性，同时提供部分经典例证，即信托法律“包括绝大多数创建机构的委托人可能会改变或否定的默示规则”。随后，对 Langbein 分析中的注意事项进行讨论，Langbein 对合同方式的限制进行了强调。事实上，委托人并不具有自由将可信部分从默示规则中脱离出来的权利，相反，委托人可以“剥夺”它，但有一个要求：对委托人违反默示法律的权力设定外部限制。

现在回到第 1 章：托管介绍。在本章中，有大部分篇章都是围绕“托管是一个繁重的职责，其受托人应具备高度的责任感和使命感，旨在确保受益人能够享受委托人希望捐赠的物品或财产”进行介绍。例如，在第 1 章中，可以发现，虽然受托人拥有（信托）财产的普通法所有权，但这与所有权相关的普通法类型存在明显的不同。在研究确定性的要求和与其构成有关的要求的篇章中，我们也对这一点进行了重申。一般来说，根据对象确定性的相关材料，可以知道，信托是受托人必须执行的安排。因此，尽管迄今为止对托管的性质的讨论已经非常全面，但本书还是提出了一些看法。在早期提出的观点中，每一个观点都有一个共同点：托管是一项艰巨的工作，其责任重大。

到目前为止，有两个问题的答案尚不清楚：谁能够担任受托人？为什么？迄今为止的所有案例均表明，托管人的名单呈现出下降的趋势。本书将对托管的性质及其在 21 世纪的运作方式进行解释，并说明这与现代信托法在 19 世纪的出现方式存在哪些相似之处和不同之处。反过来，这实际上有助于加深对信托安排下受益人所处的立场的认识。

受托人往往必须强烈地以受益人有权享有（享受财产）为前提。基于我们迄今为止的理解，对托管进行介绍，来了解三大内容：谁是受托人、为什么、受托人应该做什么。因此，在接下来的两个章节中，结合违反信托（第 16 章）的讨论，主要有两个主要目标：第一，认识托管人的性质和“受托人职责”的期望；第二，理解“受托人职责”的性质， 314
明白受益人在信托下的权利。

13.1 21 世纪的托管——背景和现状

在第 1 章介绍“信托”时,有人提出,尽管信托可以追溯至 15 世纪,但实际上现代信托在 18 世纪才开始出现。第 2 章也提出,我们所理解的现代信托在 19 世纪得以成形,并开始流行。

13.1.1 与托管有关的现代法律的出现

18 世纪,与信托相关的现代法律开始产生,虽然现代信托出现在 17 世纪,但因其自身的发展,才使其在后一时间开始活跃。第 2 章对此进行解释:信托广泛应用于家庭授产方案的延伸,由此形成与托管有关的现代法律。这也是家产分配方案的第一个现代信托。在那时,它已经是管理家庭财产(以及减少税收)的一个非常有用的手段,其在用益制度的发展中最初呈现出来。

随着用益发展成为现代信托,它可以更加主动地保护非普通法所有人,而不只是给不道德的普通法所有者强加良心,从而它成为了不动产权利创设的重要手段。此外,本书承认这一安排取决于那些承担管理财产责任的人,他们的责任是确保没有普通法权益的其他人的权利。因此,由于信托是从对不合情理的行为的一种反应发展起来的,因此,急于确保其他人的利益得到保护的人会将普通法所有权转让给诸如牧师和律师等人,这种现象就不足为奇了。此时,财产的普通法所有权开始传给牧师或宗教令,供他人“受益”。

当时,这些人被视为社区的支柱,承担着重大责任,是人们最信任的人,因此得到社区人们的尊重,具有极高的地位。随着时间的推移,律师也逐渐成为被赋予普通法所有权以便他人受益的人。这两类人都被衡平法视为最忠诚的职位,并将其发展成为一种特别的现代管理制度,也就是“信义职责”。但是,抛开这点不看,从这些起源来看,最早的现代受托人在社会上具有相当高的地位，因为人们认为这样的人值得信任，可以在信托工作中肩负重大的责任。

19 世纪信托普及的意义

这也是使受托人在 19 世纪整个时期内越来越强大的原因，其更是信托通过家产分配方案而实现并流行的原因，在第 1 章和第 2 章可以找到关于这点的相关介绍，在第 14 章中将会对此进行进一步的探 315
讨。18 世纪，家产授产信托开始流行，“Jane Austen”信托更是越来越多地在学术上被引用。19 世纪，在从工业化开始的经济转型的背景下，新阶层的人能够获得财产和积累财产。而在一个越来越富裕的社会里，那些刚开始富有的人也渴望拥有财产的所有权，保持刚拥有的经济实力，同时抓住社会进步的机会。

同样，一直拥有很多财富的人也热衷于在新的经济气候中保护这一点，他们也充分意识到财产以及所有权所具有的经济和社会力量。信托可以帮助这两种群体，即刚开始富有的人和本来就很富有的人。做法是通过限制财产的使用，从而将其与家庭结构相结合，而不是将其置于个人手中。随着社会经济的进步，情况也变得越来越复杂，税收制度也越来越复杂。在这种情形下，最明显的要数信托仍能够限制与财产交易的税收责任，采取的方式与以前“用益”的一样。正是在这种情况下，信托普及，为了实现信托的便利化，同时对其进行监管，由此形成了与信托有关的法律。与托管有关的法律主要是针对信托的监管问题。

信托普及对现代信托法发展的意义

信任的普及意味着信托创立的便利化势在必行，该进程促进了现代信托法的发展，确保那些有意愿建立信托的人可以依法实行，从而建立起合法有效的信托安排。反过来，另一个关键进程也得以启动，其旨在促进现代信托法的发展：需要对信托进行规范管理，同时促进信托便利化。不同于促进作用，财产所有权与及其分割将会受到管制，这是信托的特征和普及的关键。但是，从用益的早期阶段来看，令人欣慰的是给那些不想享受财产的人提供所有权的正式权利是风险与好处并存的一种做法,因此许多早期受托人都是由牧师担任,随后,律师也加入这一行列。因此,主要是这个监管层面形成了有关托管的现代法律。这已经出现了两个关键职能:(1)由于受益人在普通法上没有财产所有权,因此,为他们的权利提供一个明确的立场;(2)受托人拥有财产的普通法所有权,但不能因此受益,因此,应对受托人的责任进行明确。

13.1.2 重点关注与托管有关的现代法律的出现

这就是现代信托法的形成过程。现在,我们来继续探讨另外两个问题:谁能承担托管的责任?为什么?在用益的早期阶段,财产所有权分割的做法得到普及,并为可以成为受托人的人设定了模式。这些要素明确了受托人的立场和责任,对于了解信托法在托管方面所采取的传统方式至关重要。能够担当此重任的人在人们心中具有极高的
316 地位,且必定深受人们的信任,从研究现代托管法的两个中心主题来看,思路会更加清晰:第一,托管是一项任务重大的工作;第二,与托管有关的现代法严格遵守了19世纪所形成的法律,同时也反映了信托目前正在发生急剧变化的方式。

就第一个问题而言,其提醒我们,受托人在信托安排中所拥有的普通法所有权是指一种被分割了受益权的普通法所有权,而在这种信托安排中,受托人须受到若干责任的约束,其目的是确保受益人能够享有财产授予者所给予所有财产的受益权。在本章和下一章中,将对这点进行解释:为何托管的吸引力并不大?为何这与通过现代法的形式化形成的托管的特点有关。

我们将了解到,明示信托的受托人肩负着诸多重任,需要照看好受托人的财产,保护受益人的利益;而且传统上,受托人不得委托他人替代自己完成上述责任,必须亲自完成。此外,尽管受托人身肩重任,但衡平法的方法是其不因受托人职责而享有获取报酬权。我们将会

了解到，关于受托人的薪酬，一直有一些对应的处理办法，但是，衡平法采取了更加强硬的方式来对待受托人如何应对他们在职责中可获得的个人利益机会。

关于第二个主题，我们将把这一切均应用于现代法的起源与托管现代法所带来的影响以及最近的趋势上。这需要考虑在历史上受托人担任重要职位的方式，这意味着传统上大量的受托人都是家庭律师，或者社区的其他“支柱”，如牧师和“公职”人员。

在重点讨论这两个问题时，有必要对以下两点进行简单介绍：关于托管的现代法是如何形成的？为什么会产生这样的结果？需要理解的是，当与托管有关的法律在 19 世纪开始发展时，它实现了两个主要目标：第一，当受托人被赋予财产的普通法所有权而使他人受益时，其应合理行事，而不能非合理行事；第二，作为第一点的结果，基于信托的受益人的各项权利地位开始清楚显现。

13.1.3　21 世纪的托管

20 世纪末，随着“专业受托人”的兴起，受托人本身的性质发生了相当大的变化。这是一个不同于传统受托人的人，他们在社会中有着受人尊敬的地位。专业的受托人是实际上承诺提供“信托服务”业务的人，并且通常会收取相当多的费用来建立和管理信托。最初，这些专业服务提供商是金融机构，如银行和保险公司，以及“专业”律师事务所中的专门部门，但与此同时，我们发现大规模（通常）和高度专业化的信托服务提供商的数量越来越多，他们通常被称为“信托公司”。当法官今天使用“信托公司”一词的时候，是指以业务方式提供服务的专业受托人。对于信托公司的认定是有一定法定的资格要求的。对 317
于本书来说，非常重要的是，越来越多地被视为“受托人的诉讼”开始出现，这种诉讼传统上特别涉及家庭律师。

受托管理性质不断变化所产生的问题和两个主要趋势的出现

人们已经认可的是，19 世纪的“管理托管规则”可能不适于今天受托人的活动。关于传统信托法有两个关键的观点,其存在很大的差异。首先,有人认为,19 世纪的与托管有关的法律不能为受益人提供充分的保护,以说明越来越多的受托人倾向于选择成为提供信托服务业务的专业人士,并被寄予厚望。另一个观点认为,传统的信托法律太过严苛,因为其不允许有偿专业人员为其客户提供最有效的服务,这也许意味着信托资产无法履行发挥最大的效用。

由此可见,目前的法律状况似乎表明了两个主要趋势。第一个是更多地承认专业受托人的重要性,无论是对于什么是被允许的活动的认知方面或者和责任级别被认为是适当的方面?第二个是不愿意偏离一些基本的公平原则,其旨在确保那些受托人不会滥用权力。仔细看下来,这些问题仍然是中心问题,因为在信托法涉及授权受托人做某些事情的部分也做出了要求。这是下一章的重点。本章为今后的推论对现状作了描述,还介绍了信托是如何产生的及其根本性质,以及如何从这个角度了解"托管法"。

与信托法有关的一般考量

在第 1 章中,有观点提出,信托可以被看作是"使一个人(受托人)成为一个或多个其他人的利益的持有人或使用人的安排"。在本章中,这个大体的陈述为这一安排的一些实际影响提供了参考,尽管受托人确实拥有财产的普通法的权利,但他并不是其所有者,他只是为了确保受益人能够无责任地坐收该财产产生的利益而持有财产的人。这就是为什么我们将会遇到相当多有关支持和限制受托人的行为的,以及其不作为的责任的法律的关键原因。

在这里,大多数受托人可为和不可为的事情,以及如果他们在允许的范围之外行事将会发生什么,是由信托安排本身的基础决定。通常会有一些最常被引用为"信托文书"的文件,但就实质而不是形式而言,这是委托人的指示,将规定信托如何进行,什么是可为的,什么是不可为的。

一般法律以及委托人的指示和信托文书的重要性

在这方面,为追求这些目标而制定的“关于托管的法律”规定了律师称为“回退”的立场,而 Langbein 分析认为其具有“默示”性质。在 318
这里,法律对于在任何特定情况下可能发生的问题采取一般的接受立场,如果没有与委托人的指示相违背,法律即得以适用。这样做的实际效果是,在大多数明示信托中,受托人的权利界限是由信托的条件决定的,这表明了信托法的“契约”性质。由于一些明显的原因,明示信托条款也将根据双方的协议对受托人的报酬作出具体规定,同时也规定了在执行委托人的指示时违反信托行为的限制责任条款。

尽管这意味着,在大多数情况下,信托将会决定受托人的权利和义务,但我们在这些有关信托的材料中所遇见的一般法也非常重要。这是因为,人们在未听取合理法律建议的情况下设立信托时,法定的“回退”条款将会显得非常重要。也出于便利和相关费用的考虑,在权利和义务条款既定时,只要没有相反的规定,个人信托协议(通常是书面信托文书)可以起草地更快而且在一定程度上得到简化。

就我们在这里发现的法律的本质来说,尽管有关托管的法律在传统上是以判例法为基础的,其“管理”方面逐渐由成文法所支配。直到 2000 年,通过成文法对以前的法律进行重述,或者重新制定、使得以前的成文法条款更加精确,或者只是少许变化就成了一个非常普遍的现象。这也就是为什么你会发现一些被引用来对一个成文法某一节的内容进行解读的案例实际上发生在这一节内容生效以前。

同样地,尽管这个“回退”的概念也规定于《2000 年受托人法》中,这某一特定的立法章节是长期的政策的结果,这意味着在有关托管的法律中,自它在 19 世纪创立以来就没有经历什么变动,其与现代语境下的托管已经脱节,不适于其目的。稍后我们会就这个问题进行更多的讨论,但首先我们需要讨论更多托管的本质内容。

13.1.4　托管的一些基本考量

在第 2 章的结尾,我们期待看到一个有效的信托关键的构成要素,我们了解到,当我们谈到设立一个信托的“效用”时,这指的是对委托人来说的效用。但这也说明了一点:我们应当回到这个问题,并考虑受托人的资格问题。

谁能被任命为受托人?

就像委托人的效用一样,作为受托人行为的效用也由其所持有的普通法上的财产的效用决定的。这是因为,根据我们从信托构成和创设信托所需要的程序可以了解到,一旦原来的所有权人设立信托,受托人就成为新的信托财产的普通法所有权人。在讨论完“信托公司”的重要性之后,我们知道如果信托构成授权,公司也能成为受托人。对于个人受托人来说,*Vinogradoff* 案表明婴儿可以成为归复信托或者推定信托的受托人,但仅限于私人财产,因为根据《1925 年财产法》第 20 条的规定,对婴儿信托人的明示任命是无效的(《1925 年财产法》第 36 条第 1 款规定允许成年人替代婴儿)。只要委托人愿意,他可以给受托人施加这些限制。传统上,比如受益人和他的某一亲戚作为受托人时,由于在这个安排下不同角色之间的冲突的范围,一些特定的任
319 命会被法院视为是不良的。在因类似原因作出的安排下,对于那些既是受托人又是信托的律师的案件,法官会给出类似的警告。

此类安排非常普遍,而且只要任命是适当地做出的,协议并不当然无效。正如我们所知,程序的要求可以通过将财产从所有人兼委托人处转移到相关的受托人处来实现。正如我们已经提到的,除了传统的受托人角色,越来越值得注意的是“信托公司”。传统上,受托人都是执行者和某个大银行的信托机构,但逐渐也包含专门的信托服务提供者,以及某些多功能的机构。任命信托公司的主要好处在于它的持久性、金融的稳定性、专业性而且其可以在需要两个受托人的情况下独立行动。但随之而来的是费用,而且这些机构通常都会为他们的服务收取相当大的一笔费用。就受托人的行为效用而言,在《1912 年公共信托规则》修正后的第 30 条就规定了公司成为信托公司的资格条件。

如果没有受托人会如何？

从第 3 章我们可以看到，明示托管是自愿的，不能强加于任何人。我们还知道了，那些想成为受托人的人通常会在委托人设立信托时被确定下来。然而，有时也会出现明示信托安排不任命具体受托人的情况，但这并不会使信托失效，而“衡平法不会允许缺乏受托人的信托无效”的衡平法原则会在一旦所有有效性要求都得到满足时，确保有人能来执行由此形成的强制性安排。

如果没有受托人的信托出现在信托创立后，委托人本人将是受托人；如果是出于遗嘱人的意愿，遗嘱人的私人代表将以信托方式持有该财产。如果设立信托的文书指定某人有权任命受托人，则他可以利用该权力来弥补空白。如果其他一切方式都失败，法院将根据《1925 年受托人法》第 40 条的规定任命受托人，这可以在很多情况下适用，包括信托一旦开始运行，就任命新的受托人。

根据明示信托安排，我们知道没有人可以被迫接受担任受托人的职责，但是正如我们在第 6 章（第 8 章和第 9 章所谈到并将在第 17 章中继续阐述）中所了解的那样，通过在衡平法强加推定信托或者应用归复信托，人们可能因法律的运作而被强加了信托。然而，一旦受托人确实接受明示信托安排的承诺，就被视为永恒的承诺。这个职责之后不能被放弃，尽管受托人有可能在某些条件下退休（我们将在下一节中介绍）。这当然是关于受托人职责的传统占有者的——被给予最大信任的牧师和律师的立场，而且这是通常适用于能够无限期存在的“受托公司”的立场。

在这一模式下，关于受托人在任期内死亡的做法是等同的，因此，由于这一原因，已故受托人生前的应负的责任是实际持续存在的。由于托管法的构建，任何希望以任何理由放弃其职责的受托人应尽快这样做，最好通过契约的方式。这是因为我们不能否认如果不放弃可能 320
带来这样一种假设：被指定的受托人已经接受指示，一旦受托人已经开始就财产采取行动，也会被推定为接受该任命。

托管如何通过退休和死亡结束

这里的讨论只考虑与受托人的退休有关的情形,以及他死后会发生的情况。在这一点上,现在讨论地更多的是关于受托人如何有效地退休,尽管刚才所说的托管是一个永恒的承诺。

受托人可以通过多种方式中的一种退休。信托文书可能会为此提供理由,但更常见的是《1925 年受托人法》第 36 条第 1 款允许受托人找到替代者,而第 39 条规定,在受托人的退休不会使信托的受托人少于 2 个人或一个信托公司的情况下,受托人可以无替代者退休。

受益人也可以同意受托人的退休,并且将被禁止让受托人对在该同意之后产生的任何事件负责。这取决于所有受益人都是有民事行为能力人(不存在没有无能力,如婴儿或精神上无行为能力的情况),并且其是有权获得整个信托财产的受益人,同意违反信托的受益人无权就此采取行动(第 16 章讨论)。法院也可以根据其固有管辖权进行排除,但只有在不会使信托没有受托人的情况下才能做出。在这种情况下,由法院管理信托的命令,受托人仍然在职,但没有责任。

所以虽然托管的一劳永逸的性质在理论上看来是无坚不摧的,但在实践中,退休的法定条文几乎总是足够的。

就受托人的死亡而言,出发点是,有多于一名的受托人共同担任职务,处理信托财产。幸存者有权利在其中一名受托人去世后,将他的职务和信托财产转移给自己。在关于用益(最早的现代信托)的讨论中,其显示了遗产在几乎没有普通法所有权转让的情况下如何能够代代相传,这部分是通过保留一些归属于“其他人”共同享有的普通法所有权来实现的,这依靠于任何一方死亡时的幸存者权。信托在今天以相同的方式运作,基本上是以类似的理由,在《1925 年信托法》中第 18 条第 1 款和第 2 款修订的衡平法规则规定了唯一幸存的受托人的死亡的情况。

13.2　明示信托的生命周期视角下的托管相关法律

不久之后,有关托管人的性质及其被认为是如此繁重的职务的原因,以及如何体现在托管法方面的讨论,这里将被进一步拓展。首先,我们考虑如何将有关托管的法律映射到信托生命周期的三个不同阶段。在这里,我们来看看关于信托在何时成立,受托人必须完成的法律要求,信托有效时他们必须如何行事,以及信托终结时受托人身上会发生什么。

13.2.1　托管如何产生以及任命受托人作为信托的开始 321

第 3 章、第 4 章和第 5 章讨论了有效信托的设立,这使我们能够相当地地了解到托管是如何产生的。从确定性要求来看,我们了解到,“衡平法不会允许缺乏受托人的信托无效”(我们刚被提醒这一点),而且关于程序和构成的工作与意图确定性的工作一起显示出来,表明托管必须自愿进行。

在看构成要求及其与形式的关系时,我们也了解到,在明示信托安排中有两种类型的受托人:专门为特定任务选择的受托人;以及自己承担托管的所有权人兼委托人。此外,我们也了解到,受托人的任命是明示信托安排的普遍机制,现在我们可以补充的是,根据委托人的指示,受托人通常是明确的,这通常是采用某种形式的书面文书,尽管很多信托可以非正式地设立。

有关信托财产的初步要求

这是明示受托人被任命的正常方式,并且在重申受托人成为信托财产的普通法所有人时,在设立生前信托的过程中,他们通常是信托行为的当事方,并使其持有财产生效的效果出现。在这里,受托人必须熟悉财产的性质及其所持有的信托条款,并确保授予该财产所需的所有手续已经得到履行。

对于生前信托,这通常是他们被任命的安排的一部分(通常涉及一个契约),当然,这是仅就金钱和个人的动产而言。但是,正如我们在第4章中所了解到的那样(以前已经被指示),需要额外的要件来转让个人无形财产和不动产所有权,这取决于有关财产的性质:对于土地,这涉及满足《1925年财产法》第53条第1款(b)项的要求;无形个人(个人财产,不是不动产)。其反映了通过书面,背书或注册,尽可能公开和透明地处理不太明显的财产的政策要求。

委托人关于托管的自我声明

如果委托人声明自己是唯一的受托人,就转让程序而言,没有任何进一步的要求,但是关于土地的信托财产也必须满足《1925年财产法》第53条第1款(b)项的强制要求。在遗嘱信托中,同一人被指定为执行人和受托人,遗嘱执行人必须将财产归属为受托人(自己),对于大多数动产而言,受托人是名义上的,但在土地的情况下其需要正式同意。如果其他人接管受托人的职责,财产必须按照要求的形式归属于他们;同样,当新的受托人被任命到现有的信托时,财产必须归属于他们,以便与现有的受托人共同持有。

受托人适当地持有信托财产至关重要,因为受托人可能对由此而造成的任何损失承担个人责任,例如不具备处理信托财产能力的一名受托人失去了一次绝佳的特定投资机会。一名新任的受托人必须确
322 保一切都是有秩序的,不能推诿说其他受托人应该处理。但是,对于新任的受托人来说,某些要件是被免除的。根据《1925年受托人法令》第40条规定,如果由具有适当条件的契约的任命,信托财产将自动以新的受托人及其共同受托人为联名占有者。但并不是所有财产都包含在第40条的范围内,被排除的财产包括土地上的一些利益和不动产,这是来自书面要求和/或转让登记或背书的要求。

在有不止一个受托人的情况下

被委任为现有信托的受托人(例如,取代退休的受托人)必须确信

信托的事务是有秩序的,如果不是,应尽快采取步骤将事项妥善解决,并弥补任何损失。由于执行信托可能涉及大量的工作,其往往有不止一个受托人,这有助于任务的管理,且有助于提高信托管理的效率。这也有助于防止受托人的欺诈,因为受托人将能够“相互监督”。

然而,基于 *Mayo* 案的判例,除非有明确的相反的授权,决策必须是一致的,而不是以“多数”的方式,这表明通过拥有多个受托人的方式,不但有工作量和效率的提高,还有利于保持数字足够小以保持分歧的最小范围。再回到多名受托人的工作量和效率优势问题上,受托人职务是个人职务时,这意味着受托人自己要亲自履行托管职能,这是非常重要的。他被允许将他角色的某些特定方面委托给他人。

13.2.2　设立后:信托日常运行的期望

受托人在信托日常运作中的职责是管理财产,以维护资本的价值,为受益人创造收入。根据信托条款(其中大部分集中在信托财产本身以及必须做的事情),受托人需要对信托资产进行大量的管理才能实现这一点,但也会涉及行政事宜,这就是为什么别人可以参与。

管理信托财产组合的受托人可能希望获得其他提供辅助专业服务的人的协助,例如律师、会计师、股票经纪人和地产代理,因为他寻求尽量最大限度地利用信托资产。在这里,受托人可能至少可以自己做其中的一些事情,但他可能会认为,他自己专注于受托人的工作,并让他人提供支持服务,这是更有效的方式。当我们将关注转移到受托人的个人性质时,我们会看到法律承认这一点,并允许受托人委任代理人协助他们妥善运作一个信托,从而授予他们某些受托人的职能。我们也会看到,法律也坚持认为,他们的角色的其他方面是由他们亲自执行的。

这后面的两个考量,使我们深入了解到在 20 世纪末和 21 世纪初之后,短短几年内,与受托人有关的法律如何发生了巨大变化。这也使我们了解到这些变化在多大程度上受托管本身本质变化的驱动。

323 **受托人对个人履行信托期望的标准**

已经有人提出,专业受托人的崛起对托管法的传统方向提出了质疑,这种方式已经发展到为受托人提供支持和对受益人的保护,受托人在传统上被选定是因为最大的信任而不是因为他们在管理财产及其相关行政需求方面的专长。即使是家庭律师也是如此,由于律师事务所和金融机构的专业部门开始涉足信托,所以可以实现更多的融合。

这标志着"专业受托人"的出现,现在一些商业企业除了为委托人设立信托和管理之外什么都不做。这引发了对托管的传统治理的重新思考,其支持了《2000 年受托人法》实施的改革,但是有证据表明,专业受托人的出现至少可以追溯到 20 世纪 80 年代。

事实上,*Bartlett v Barclay's Bank Trust Co. Ltd* 案是权威案例,其开始被问及是否应该从那些有偿专业人士受托人那里要求更高的标准,这当然是在《2000 年受托人法令》中关于托管质量不断变化的情况下,可以看到的"更高标准,更强化的问责制"的层面。然而,从另一个又相当不同的关键主题可以看出,《2000 年受托人法》旨在认可和反映受托人变化的性质。

专业的受托人和托管的授权

这将很快变得明显,但现在是简要介绍《2000 年受托人法》的背景。已经有人提出,专业受托人的崛起适用于新兴观点,其相信 19 世纪的法律不是明显适合目的的。《2000 年受托人法》是其中非常重要的一个实例。这是 1997 年正式开始的政策运动的结果,法律委员会出版了咨询文件"受托人的权力和义务"(CP 146),其次是 1999 年出版的一份报告(Law Com. 260),但根据 *Hayton* 案显示,该法案也反映了对法律的预先存在的不满,并坚持认为,为了适应 21 世纪的目的而需要改变。

《2000 年受托人法》的核心

受托人在根据该法履行职责时,适用于受托人的成文法责任可以被视为立法的核心，但这并不是因为它承认了一种注意标准的可取性：衡平法一直坚持受托人必须履行谨慎义务。这可以从 *Speight v Gaunt* 案中看出，要求受托人以“普通谨慎的商业人士”的方式代表信托进行交易。George Jessel MR 提到“普通谨慎的商业人士”，表示除此以外无其他要求，但其也可以看作是一个声明，这一点不足为道。

不过，由于 *Whiteley* 案提出了“对待”受托人的适用情况，所以这些立场都需要进一步考虑。在上诉法院，Lindley L. J. 坚持认为“普通谨慎的商业人士”的应用意味着标准是其在“他有道德义务的其他人的事务”中会展现的，因为这将与他在追求中的行为有所不同。当我们在下一章中更广泛地考虑投资时，我们将讨论 *Speight-Whiteley* 方法，但在这方面，它表明，对受托人注意标准的想法本身并不是《2000 324
年受托人法》的新提法。

所以很明显，注意义务的想法本身并不新颖，但是 2000 年法令所提的职责是新的，就像法律委员会强调的那样，制定“统一义务”，目的在于提供“确定性”，并与受托人被期望的能力和行为标准保持一致。这可以通过在职责适用的每个职能上应用相同的注意标准来实现。在立法方面，很明显，法律委员会设想了增加专业水平和多样化的商业环境的背景，在这种环境中，托管可以越来越易于运作。

这是因为成文法责任还为个人受托人提供了超过“统一”标准的条款，目的是提供基础层面关于“对能力和行为标准的确定性和一致性”。在我们根据第 1 条进行操作时，这将变得很清楚，其中说明：

(1) 当根据本款的责任适用于受托人时，他必须在有关情况下履行合理的注意和技能——

(a) 他所拥有或宣称拥有的任何特殊知识或经验，以及

(b) 如在业务或专业过程中担任受托人，则应符合任何在该类业务过程中行事的人士的合理预期的特殊知识或经验。

注意义务仅适用于表 1 所列的情况:这是法案规定的成文法职能,行使投资的一般权力(或任何其他赋予投资权)或相关成文法职责是其中心阶段。我们将来看看确定受托人在保护信托资产方面的重要性—— 受托人的义务和受益人的权利 ——根据表 1,我们将会得到一个衡量标准,其通常揭示了这一特定的能力和行为标准衡量范围。有意义的是,本标准声明中没有涵盖的活动,关于哪些标准来自先前存在的法律规定(由衡平法制定的规则或编纂衡平法的原始方法的成文法条款),因此其在 2000 年法令下不具可行性。

表 1 还进一步提醒了在没有明确指示的情况下,作为后撤地位的英国法律的长期做法,以及一般法律在与具体法令抵触时的不适用性。这是因为表 1 第 7 段规定"在信托工具看来,如果或从信托文书看来,若其约定该义务不适用,则注意义务不适用"。

对于专业受托人的不同标准?

在义务的适用的情况下,我们也可以看到立法中有意要求某些受托人在某些情况下达到高于"统一"基准预期的标准。从背景到《2000 年受托人法》和成文法中注意义务的措辞,我们可以看到条款的意图是让专业受托人的人在环境合理的情况下以超越基本法定责任的标准行使注意义务和技能。这是因为第 1 条还规定,相当于"对应情况下的合理技能和注意"将取决于案件的事实,并且在确定这一点时,必须特别考虑到第 1 条第 1 款(a)项和(b)项中的因素。

325 第 1 条的标准通常被称为组合"主观—客观"测试。在这方面,(a)段的实质是针对有关的受托人,并按照他所代表的品质进行运作。然后受托人自己的代表行为应与(b)项中的客观标准相一致,其取决于受托人自己的业务或行业内从业者可以合理预期的标准。在这个模式中,很明显,专业人士预期会有更高的标准,并且与 Brightman J. 在 *Bartlett v Barclays Bank Trust Co. Ltd*(*No.* 1)案中的建议一致,认为对那些有偿的专业受托人应根据他们声称所具有的技能和专长标准进行评判。

而在《2000 年受托人法》正被构建的时候，由于越来越多的投资机会和投资的复杂性，新的投资机会和产品、金融市场的日益全球化使得越来越多的利用信托财产的可能性越来越大，这一点尤为重要。此外，认识到为什么《2000 年受托人法》也被视为反映了一套完全不同的期望标准也是非常重要的。

《2000 年受托人法》和一个完全不一样的方向？

从导致《2000 年受托人法》的政策运动中可以清楚看出，有利于提高有偿专业受托人标准的理由，这反映出自 1980 年以来一直在积极积攒的这些理由。这实际上是这样一种感觉，那些设法将自己与受尊敬的业余受托人（因其尊重和尊重的价值而选择，但缺少专业知识和技术知识）相区分，并在此基础上为信托服务提供商业化理由（使他们能够对服务进行充分地收费）的人，最终应该在这样做的过程中表现出技能和专长。

我们知道第 1 条现在已经通过为执行特定受托人职责的所有人员提供了一个门槛标准，并为代表执行这些增强功能提供了更高的标准。除此之外，我们还可以看到《2000 年受托人法》的其他方面，反映出非常不同的立法目的。当然这也反映出越来越多的人认识到专业受托人的存在，但也反映出由于金融市场日益复杂化以及日益全球化的原因，投资机会的变化性质。

21 世纪受托人的权力

信托服务提供者越来越多地偏离传统的“信托”方式，但业余受托人呼吁那些专业专家给予更多的自由来执行信托。这是非常重要的，因为一开始有人提出，随着衡平法制定与托管有关的法律，对此而言，其中非常重要的影响是受托人拥有对其实际没有权利的财产的普通法所有权，这意味着受托人必须采取正当行为，也必须按照自己有意保护的利益行事。我们已经通过 *Whiteley* 案了解了 *Speight v Gaunt* 案的观点，其中的一个关键原则就是区分受托人可以代表自己做些什么，以及他们被允许在另一个人身上做什么，就风险而言，允许要求尽可能多的谨慎和勤勉。

326 有专业的受托人提出这样的看法,虽然业余人士作为受托人的方式合理,但这对于专业专家来说是不恰当的,而且信托也因为这样的限制性政策而被剥夺了重大的收益。当我们关注下一章中的投资时,我们将会更多地介绍这一点,但是这些意见表明,受托人(特别是有偿专业人士)应该能够通过被授权利用信托财产做更多的事情来最大限度地获得信托的回报,在管理中创造“效率”。

后一点反映出,那些自身相当大的市场参与者将比不是市场老手的人更有效地获得与律师和专业代理人相关的“执行”服务,但是通过赋予信托财产更多的权力,我们可以看到其与第 1 条的义务正在寻求的方向是一个完全不同的方向。如果第 1 条的义务涉及超出传统期望的标准制定和问责制度,那么我们可以在法律的其他部分看到,放宽对受托人活动的传统限制方面的趋势。

这可以在第 3 条中看得很清楚,其被称为“一般投资权力”,从根本上改变了对允许投资机会的传统限制。传统的立场旨在通过将投资的风险限制在被列为批准的投资中,保护受益人享有信托财产。第 3 条采取的方法一般投资权力(按照第 1 条的保护义务运作)是指,如果资产绝对属于受托人,那么他可以自己作出任何投资。

两个不同的方向趋势和总体措施?

《2000 年受托人法》第 1 条和第 3 条的规定正在寻求实现看似完全不同的事物。一方面,第 1 条提供了关于能力和问责制的法定说明,明确表示对付薪专业人员的期望有所增加;另一方面,我们可以看到受托人可以利用第 3 条所规定的对信托财产有更多的自由。我们还可以看到,对于期望和自由化的趋势,这两个趋势是如何受到有偿的专业信托服务提供商的影响。在很多方面,《2000 年受托人法》已经被专业受托人认同,而且更少地关注如何影响那些更多在传统模式中的人。不过,即使是有偿专业受托人,也很难衡量其效果,因为在权力增加的情况下,期望值也会增加。

尽管这样的预期政策是清楚的，但第 1 条的立场仍然是复杂的，专业受托人的崛起对托管法有一个进一步的变革性影响，也就是说，越来越多地使用受托人豁免条款（TECs）。在第 16 章进一步讨论，TECs 本质上是信托文书中的条款，这将限制甚至排除受托人因违反信托而引起的责任，如受托人未能履行信托而导致信托遭受经济损失。

要增加对受托人的期望值，应该增加违约责任的范围，但如果要这样的话，排除条款的使用也要增加，其具有很大的抵销第 1 条效果的能力。同样，更大的投资机会受到影响，第 1 条增加责任的范围应在不明智的投资的范围内，但再次使用 TECs 意味着这并不一定需要遵循。

13.2.3　信托的终止：终止信托的义务 327

正如我们从第 3 章中的永久持有原则所了解到的，私益信托只能在有限的时间内存在。私益信托迟早会结束，受托人将被要求在受益人之间分配财产。毫无疑问他们必须将其分配给适当权利的人，如未能履行这项义务，他们将要承担违约责任。责任是很重的，受托人依据受益人的权利证明文件，如 *Eaves v Hickson* 案中的其按照结婚证明书进行了支付，结果该证明系伪造，那么受托人须为此承担责任。我们也已经遇到过错误的观点，即在第 10 章和第 12 章（第 17 章）中讨论到的“*Diplock* 专属慈善”诉讼中创造了有效的慈善遗产。

National Trustee Co. of Australia Ltd v General Finance Co. of Australasia Ltd 案表明受托人甚至可能对因法律意见采取行动负责，尽管这可能是《1925 年受托人法》第 61 条规定下诱使法院行使酌处权免除受托人的责任的一个因素（第 16 章所述）。第 17 章处理不法付款问题的情况较为充分，但可以在此指出，受托人可以向法院申请疑似案件的指示，最后还可以通过向法庭支付款项来保护自己。

脱离信托本身，回归托管本质

在了解到托管法的本质是如何被信托的生命周期所塑造的之后，

我们现在回过头来看两个有关托管的使受托人职务区别于其他的关键因素。正是通过理解托管的人身本质以及信义本质,我们才可以了解到其本质是如何影响到有关托管的法律的。

13.3 从托管的人身特点和信托管理的实际状况理解托管的性质

综观全书,重点是强调受托人在行使其自由裁量权中的义务就是信托的人身特点之一。尽管受托人工作繁重,但他们却不必精通于使信托安全和盈利运行需要的所有事务。很显然,受托人雇佣他人来执行信托管理中更专业的事务就显得极其重要。

因此,衡平法已经允许受托人雇佣代理人行使专业性的行政职能,其中最常见的代理人有律师、证券经纪人和会计师。在《1925 年受托人法》颁布之前,上议院通过 *Speight v Gaunt* 案确立了两个原则。第一个原则是:根据 *Speight v Gaunt* 案,如果具有合理必要或符合一般商业惯例,允许雇佣代理人。第二个原则是:当代理人被雇佣时,只要受托人在选择代理时给予适当注意,代理人承担其业务范围内的工作,并且受托人适当监督代理人的行为,那么受托人不应为代理人的行为负责。

除 *Speight* 案被 *Whitele* 案证明外,这两个案件的共同影响是,只
328 允许受托人将管理信托行政事务的职能委托给代理人。在这方面,*Speight* 案中的原则区分了所谓的"代理的"和"受托的"职责:前者可以将职能委托给第三人,后者不可。这样做的理由是:当委托人提供信托条件并指定受托人时,他希望受托人亲自执行他的指令,并为此而将财产的普通法所有权授予受托人。从这方面来讲,受托人将所有代表职能都授权给他人,甚至是将代理职能授权,都被视为对自己这一地位的妥协。因此将职能授予他人时就要求满足具有合理的必要

性或因“正常商业运行”的要求。

13.3.1　现代法律中授权的传统方式及其变革

这种区别被法律确认,后来发展、演变成《1925 年受托人法》中的条文,但是《1925 年受托人法》摒弃了授权的条件——合理的必要性或商业正常运行的要求。《1925 年受托人法》的第 23 条和第 30 条相互作用,规定了受托人群体授权时更大的权力(虽然在某种程度上,随着时间的推移,两个法律条文的内容越来越令人疑惑并难以确定)。第 23 条(现已废止)允许委托,且同时规定:“如果受托人善意雇用代理人”,那么代理人违约时,受托人不必承担责任。同时,第 30 条通过坚持认为“受托人除非自己故意失职而造成他人违约,否则仅对自己行为而非他人行为负责”使受托人摆脱对代理人违约负责的可能性。

1925 年法案中令人疑惑的法律条文和它对行政和信义功能之间区分的在法律委员会 1997 年关于受托人的权力与义务(CP No. 146)的咨询文件中被提到。这种提及是基于当代社会经济环境促使个人对信托运行过程中各方面的监督(特别对于信托投资选择与信托管理方面的监督)而形成,然而对信托的运行过程的监督往往不切实际也无法证明。法律委员会在其“彻底”改革建议中强调只有在信托中具备“专业意见的必要、有效管理信托、商业的紧急”三个条件,受托人才可自由的雇佣代理人为委托人谋取利益。

《2000 年受托人法》通过摒弃“受托人只得将其特定一般权力授权给代理人的方式”扩大了“受托人的可委托事项”的内容。法案的这一变化与不能被授权的职能结合在一起。相关条款在《2000 年受托人法》第 11 条。同时,一般权力效力在第 11 条第 1 款:“受限于本部分的条款,一项信托的受托人可以授权任何人作为其代理人形式任何或所有的可授权职责。”什么是可委托职责由第 11 条第 2 款规定,表述为受托人的可委托职责包括除以下内容的任何职责:

(a)与信托的任何资产是否或以何种方式应当被分配相关的任何职责,

(b)决定应当从信托基金中作出的任何费用或其他支付是否应当从收入或资本作出的任何权力,

(c)任命一个人担任信托受托人的任何权力,或

(d)任何其他制定法或信托文件授予的允许受托人委托任何其职责或者任命一个人作为被指定人或保管人而行事的任何权利。

329 《2000年受托人法》采用了普通法中受托人责任的相同方式。因此,受托人有责任对雇佣的机构行使合理注意义务并对他们进行监督。这种监督权来自第1条的成文法注意义务。

13.3.2 托管的人身特征以及个人委托

《1925年受托人法》第25条规定:就不同的受托人委托其职责的权利而言,该委托最长可达12个且可委托所有权力,包括被替代的《1971年授权书法》第9条。这显然是根据这样一个假设:只有受托人确实不在,比如出国一段时间,受托人才希望采取这样的做法。《1999年受托人委托法》已修订这些规定,但我们却注意到该委托法中关于委托的不同政策——已纳入《2000年受托人法》的共同委托条款中。

根据《1999年受托人委托法》,有委托权的受托人必须书面通知有权任命受托人的任何人以及其他被委托的受托人,以便允许其他人考虑是否替代他。很显然,在这里,《1925年受托人法》第25条第5款中单个受托人的责任与共同委托的有关责任形成鲜明对比。根据本条作出之授权书之授权人,应当以相同方式对被授权人的行为或失责承担责任,如同该行为或失责是授权人的行为或失责。

13.4　从托管的信义特点以及从信托管理的现实理解受托人职责的性质

在本章开始部分,我们已清楚地了解到许多与托管有关的衡平法规则随着时间的推移已被修改,以给予受托人在为委托人谋取利益时更大的自由,也是对参与此过程的专业受托人数之增加更大的认可。与受托人的权利和义务有关的衡平法规则改变得最多,同时也导致了与委托有关的重大改革,这种改革的基础在于受托人职责的人身特点。然而,另外,衡平法的传统方法却得到坚定不移的遵守,比较明显的就是衡平法将托管视为一个"信义职责"。

在强调衡平法将托管视为"信义职责"时,我们需要意识到也有许多其他关系被衡平法视为信义关系。其中许多信义关系在日常生活中我们都能意识到,比如律师和客户,医生和患者,甚至是牧师和礼拜者之间的关系,同样地,商业交易中也形成了许多信义关系,比如董事与其公司,代理人与其被代理人之间的关系。

在试图了解信托中受托人和受益人适合哪种关系时,其中许多已设立且得到认可的受托人与受益人之间的信义关系就是其中一种情形,在很大意义上,正是这种已经设立的信义关系使衡平法规范了对于受托人的法律规制。

同样的情形是,如果具备合适情形,衡平法承认信义关系可以建 330
立在既定的关系类别之外。这种情况带来一些问题:什么样的关系被衡平法视为信义关系以及为什么;其中的含义是什么?甚至还出现了一个更基本的问题:衡平法为什么对所有的信义关系感兴趣。

信义关系中的衡平法发展

衡平法为其认可的信义关系制定了特殊规则,衡平法对于这些关系的关注源于衡平法是正义、特别是良心的标志。这是衡平法辨识许多值得调整的关系的关键。对于这些关系的管理不同于其他关系(比如私人或商业关系)是因为签订主体之间特定的变化。在这里,衡平法承认某些关系:在地位和知识方面,双方的优势明显不对等;或弱势的一方实际上处于被迫依赖强势一方的处境。

因为这个原因,这些特殊关系被形容为“不对称”关系,因为在没有适当的法规监督的情况下,由于不平等的优势和胁迫依赖,这些关系存在被滥用的可能。这就是美国著名学者 *Susan Shapiro* 分析信义关系的原因,其认为可以认定这些关系被分类为“受信人”关系,同时“在结构上是双面的”,因为他们从诞生以来就存在被滥用的可能。这就是衡平法制定特殊的规则来调整这些信义关系的原因,这种规则能够帮助解决其出现的问题。

衡平法制定的这些特殊规则表明所有的信义关系均被视为具有与其他关系不同的特点。正如 *Bristol and West Building Society v Mothew* 案中,Millett 在其判决的第 18 页所解释的那样:

> 受托人是指在特定环境下为他人行事或在特定事项中代表他人行事的人,这种特定环境使信托或信任关系产生。受托人与众不同的义务是忠诚义务。委托人应当无限信任其受托人。这一核心义务有以下几个方面。受托人必须善意行事;不能从其信托关系中获得利润;受托人不能将自己置于其义务和利益可能冲突的地位;不能为自己的利益行事或未经委托人同意,代表第三人行事。这不是穷尽的列举,但足以表明受信人义务的特点。

13.4.1 信义关系和基于忠诚的基本义务对信托的管理

这种受托人基本的忠诚义务,是信义关系的特点,也是决定衡平法能否将一类关系视为信义关系的关键。

这就为阐明信托法中强制性规则的运用提供了背景,因此对于这些规则委托人不得擅自更改。在我们思考将受托人视为受信人的含义时,再来回顾这一问题。在此之前,我们了解一些信托法的强制性规则的背景。这些规则是由上议院在 *Sinclair Investments Ltd v Versailles Trade Finance Ltd* 案中对信义关系的评论而得出的。对于衡平法确定承认的信义关系而言,其对担任"受托人"职位的人提出特殊要求。受托人应履行忠诚义务,也是可以从信托关系情况的不公 331
平、不对称中获利的一方(根据 *Shapiro* 模型)。

因为不平等是结构上的,也就是说,这是一方不得不依赖强势一方的信义关系的自然结果,衡平法已适应并制定法定规则,这些规则即众所周知的"受托人忠诚"规则。这些规则的期许为:基于忠实义务,受托人总是以为其委托人谋取利益的原则行事。在 Lord Herschell 对 *Bray v Ford* 案的判决中可以看到适用受托人与受益人地位关系的情形。

> 信托职位中的一个人……没有权利获得利润……除非另有明文规定,这是衡平法的一个不可更改的规则。对我来说,这一规则似乎并不是建立在道德准则之上。我宁愿将其视为:在有危险的情况下,人性就是持有信义地位的一个人受利益而非义务支配,进而偏袒他想保护的人。因此,这注定是制定积极规则的权宜之计。

信义关系的本质是被衡平法特殊规则规制;当我们具体地看待受托人和受益人之间的关系时,就会明白衡平法的特殊规则已开始主张:受托人并没因作为受托人而具有法定的获得对价的权利;且为了受益人的利益,受托人明确且完全不能使个人利益与其担负的信托义务有冲突。在这个阶段,我们需要注意,衡平法的特殊规则只适用于其承认的信义关系。

对于已经建立的关系,比如受托人和受益人、公司和公司董事、代理和被代理人之间的关系,他们是与不是信义关系不存在争议,但是那些在特殊情形中出现的信义关系需要信托法的认可,这意味着不是所有的信义关系都被承认。这种情况在大量诉讼中得到解释,这些诉讼机关用以判断当事人之间在商业交易中由契约规定的关系是否式信托关系。

此领域中的许多诉讼(包括 *Bristol and West BS v Mothew* 案)显示商业关系能够成为信义关系,但这种信义关系并不是标准的信义关系;通常,商业交易的特点是:各方当事人公平交易,最终自己获利。此类公平的交易关系将不被视为受托人关系是从 *Goldcorp Exchange Ltd* 案开始的。在此案中,枢密院拒绝承认为了期货交割和贩卖给他人而销售金块的关系为信义关系。Lord Mustill 曾说:"信义关系的本质是它基于非源自合同本身而为不同人创设不同义务",而这个案件中的关系并非如此。但像 *Mothew*、*Goldcorp*、*Halifax Building Society v Thomas* 这样的案例创设了先例,若一种关系不为其中组成人员创设主要忠实义务,衡平法不承认这种关系为信义关系。

正如我们将在第 17 章中看到的有关衡平法诉讼的内容一样,*Bray v Ford* 案后一个世纪以来,这类诉讼兴起是因为在商业交易中失
332 去财产的当事人希望证明其权利,使用衡平法诉讼来帮助他们追回财产。但在确定什么是积极规则——忠诚义务——的核心时,我们会发现,在 *Bray v Ford* 案之前的 150 多年里,我们可以看到衡平法仍然为那些在信义关系中的人坚持这一规则。

忠诚义务的范围以及信义关系中受托人的诚信在实践中的体现

在学习信托和信托法时,我们对受托人是谁,以及他们必须做什么或不能做什么感兴趣。但当我们思考托管是如何被视为是受托人职责时,我们需要意识到它是众多关系中衡平法认为有必要制定特殊的规则的一种关系。这样做的结果就是衡平法的专门"信义管辖权"不仅适用于托管,这点在因信义关系而产生的判例法中有所体现。

因为判例法本身就是一种陈述,它主要阐述衡平法如何约束为他人利益行事(完全的,明确的行事)的人身上的忠诚义务,在判例法中可看到更多的与此相关的一般性条款。这意味着许多案例实际上并

不是有关受托人的案例,这些案例为衡平法如何对受托人的忠诚义务做出回应以及在此情况下产生的责任之性质进行界定。

在这里,许多我们视为与受托人义务有关的权威案例中,受托人多是公司董事、律师、遗嘱执行人以及商业交易中越来越多的专业人士。我们将会发现大量的公司董事案例被作为经典的托管案例讨论,因此我们也需要理解基本的忠诚义务适用于所有的信义关系。但它在不同的受托人职责中有不同的精确体现,因为实际的“工作职责说明”支撑这一说法:比如,尽管律师和受托人均是一种受信人职位,但普通法承认二者履行不同的职责。这对我们研究受托人意义重大,因为在意识到那些在风险莫测的商海中求生的企业家的不易时,普通法已为这些公司董事提出了不同的发展路径。

将忠诚义务具体地运用在托管中

对受托人而言,忠诚义务的主要表现是:为了确保受托人除了为受益人利益行事之外,不被其他任何事情驱使行事,受托人没有权利因其受托人职位获得个人利润。我们都知道,这一观点甚至用来确认履行信托关系并不具有法定获得报酬的权利,而且这也确保受托人将总是考虑他行使信托义务时受益人的权利。反过来,我们将这与 Lord Herschell 在 *Bray v Ford* 案中所说的话联系起来,我们会发现这一严格且明显严厉的观点被视为必须积极说明的观点,因为受托人职位为了有利于受托人在结构上是如此地“拥挤”。换句话说,在没有积极规则的情况下,受益人很容易失去权益,因为即使是最无私的受托人也只是人而已。

受托人(以及其他受信人)没有权利从受托人职位获益的一般规则(受限于下一条法规的例外情况)确实导致了受托人不能理所应当地享有因其服务而获得报酬的权利。从“没有受益”原则来看,这一情况有两个正当理由。第一,如果支付受托人报酬可能影响或已经影响受托人履行义务,受托人不得获得报酬。受托人不得从信托中获益, 333
且其在履行义务时不应与信托有利益冲突,或甚至是利益冲突的可能性,这种可能性可能源于未来的回报。第二,在受托人利用其委托人权利行事时,其获得的所有金钱和其他财产应依法属于信托中的财产。正如我们了解的那样,这两个理由会产生不太相同的结论,且法院会不会完全采用第二个理由尚不清楚。

衡平法遵循一般原则,不允许(受限于稍后陈述的例外情况)受托人认为他们自己有权为其履行的义务申请报酬。而且,这一点在判例法中也很清楚,如果受托人确实从其托管中获得利益,那么应当要求他们将其所获利益纳入信托所得。与第 17 章不同的是,当我们研究违反信托产生的责任时,很多被视为经典案例的都是在信托财产没有损失,受托人只获得收益的情况下。

尽管我们研究违反信托会考量如何要求没有能力的受托人弥补信托中的损失,本章主要关注阻止受托人未经授权的收益。在后一种情况下,对于委托的救济以被告的收益而非原告(信托的)的损失为主。在这方面,受托人不同于一般违反合同者,他们通常可以保留其违约获得的利益,只要他对另一方的损失予以补偿。

13.4.2　适用于受托人获得报酬权利的忠诚义务

然而,众所周知,越来越多的受托人是有偿的专业人士。他们通常对其服务收取可观的费用,如果不可能得到报酬,很难看出商业运行中的托管如何工作。但也是在这种情况下,即使很传统,也一直有很多方法来维护这个严格立场。最重要的是,报酬通常是通过委托人和受托人之间的合同固定的,是作为信托合同条款的一部分。如果受托人获得报酬的话,信托文书本身就会有这样的规定,受托人和委托人之间的这种协议是合法的,是一般原则例外。因为这种条款破坏了履行信托义务和受托人个人结果之间的任何可能的联系。此处的逻辑是一位受托人不会让报酬问题影响他实施信托行为,因为他已经知道他最终会获得什么。然而,合同必须是公司有权订立的合同,比如 *Guinness plc v Saunders* 案中没有发现此类合同,上议院判决:董事无权享有他们“收到”的 520 万英镑。

此外，在《2000 年受托人法案》之前，法律委员会 1999 年对于受托人的权利与责任的报告(Law Com. 260)坚持认为：受托人不获得报酬的一般观点与托管日益增长的专业化程度不匹配，因此报告建议，如果没有相反的观点，只要收取的费用不超过受托人在其商业的正常贸易中数额，专业受托人有权收取费用。

这种权利已经在《2000 年受托人法》第 28 条第 1 款中确立下来： 334
受托人享有报酬权(除了在信托文件作出相反规定的范围)，如果：

(a)信托文件中有一个条款，基于受托人对于其向或代表信托提供的服务，从信托基金中收到付款的权利，并且

(b)受托人是信托公司或以专业身份行事。

第 29 条规定了“特定受托人”获得报酬权利的情况：如果在别处(信托文书或任何制定法或次级立法)无相关规定，如果受托人是一家信托公司(但不是慈善信托的受托人)，再或者，如果受托人以专业受托人的身份行事。此种情况所产生的权利是“如果每位受托人已经书面同意他可能为该服务获得报酬”(特别强调)，受托人为信托或代表信托提供的任何服务从信托基金中获得合理报酬。

然而，在《2000 年受托人法》之前，除了合同确定之外，还有一些基本观点的例外情况，这个现实情况强烈地意味着受托人可以为自己服务获得报酬，但在理论上不会扰乱受托人不能获得报酬权利的这一一般传统观点。主要观点如下：

- 报销花费的权利的出现。这是一个长期存在的对于一般观点的例外，现在在《2000 年受托人法》第 31 条被确立下来，并且要为受托人在信托基金的费用报销。然而，这并不是受托人基于服务所获得的报酬，且最终要全部归还。
- 法院固有管辖权下的便利支付。法院能够授予受托人补偿的

固有权利反映了在受托人不能为了受益人的利益将其时间无偿地奉献在信托事务时,法院授予受托人报酬的意愿。*Duke of Norfolk's ST* 案彻底审查了司法管辖权的权限和基础,其中上诉法院似乎已接受为确保信托有效管理而应为受托人支付报酬这一理由,但也驳回了基于默示合同而支付受托人报酬的另一种理由。这一案件也将这一原理扩展到别的法律情形中,这种情形中受托人获得的报酬并不符合工作量的增加(这是因为税收规则的变化),因为法院认为,提高已经商定的报酬和在无人同意时给予报酬原则上并没有差别。

- 受托人超越其义务时的便利支付。这章中提及的许多案例都是:信托基金因受托人的努力获得了很大的收益,这其中受托人投入大大超出其正常工作的工作量或承担了巨大的财务风险。如果要求受托人对信托的全部收益负责,信托将不公正地获利。这就是为什么受托人(或其他受信人)可以呼吁(假设他已经善意行事)根据以合理支付为基础的普通法管辖权和衡平法管辖权获得在同一原则下工作的受托人津贴。

在 *Boardman v Phipps* 案中也可看到此种情况,在这种情况下尽
335 管一个律师作为一个家庭的受信人并不具有因为职位而保留信托收益的法定权利,他有权在自由的范围内,因为他的工作和技能获得衡平法上的补偿,但他没有对于法院决定的上诉权。上诉法院在 *O'Sullivan v Management Agency and Music Ltd* 案中也发表了类似的观点,Dunn L. J. 评论说"尽管衡平法着眼于违法者的收益而非受害者的损失,此案表明法院在评估违法者获利时将全面考虑整体局势"。

因此,管辖权的基础似乎成为计算被告获利的自由裁量权,在案件中被告人已经通过努力使原告获利。*O'Sullivan* 案在两个方面延伸了这一法律:第一,上诉法院援引了衡平法的管辖权,即使被告在道德上不是无辜的,像他在 *Boardman v Phipps* 案中的行为一样;第二,*O'Sullivan* 认为的报酬甚至包括一个合理的利润要素(但是注意,这与从违反信托义务中获得的利润无关,而这一点必须予以说明)。

普通法中按合理价格支付的主张基础是防止不当得利，而将其应用于受托人的理由可以用默示合同原理来论证，这是对已明确合同条款的一个变化。在这种情况下，如果明示合同无效，受益人要求按合理价格获得报酬是不可能的。*Guinness plc v Saunders* 案的董事们要求拥有另外一种按合理价格支付的权利，因为他们毕竟已经通过其技能以优惠条款收购(Distillers Co.)，且毫无疑问，Guinness 从这些条款中获益。但在 Lord Templeman 看来，他们不获支持，与他们在合同中失败的主张一样，即公司没有授权支付的权利。

协调 *Guinness v Saunders* 案(Saunders 也未能获得衡平法上的补偿津贴)和 *Boardman and O'Sullivan* 案的方法是存在利益的冲突。但 *Boardman* 并不完全确定：存在的利益冲突以及因利益冲突的存在而肯定会产生的问题，二者都是“专业”且更有形的，因此，也许最令人不满意的解释是，这实际上是利益冲突程度的问题。

从这些内容中可以明显看出：受托人和其他受信人有权获得报酬的情况是有限的。然而，没有任何一个案子中受托人的报酬数额依赖于受托人行使的自由裁量权(如果有的话)。因此，信托利益和受托人的个人利益可能就不存在冲突。我们接下来考虑这一情况：受托人(或其他受信人)事实上从其职位获得收益，现在的主要争议点是受托人是否有权保留其收益。

13.4.3 受托人以及从信托中获利

Lord Herschell 在 *Bray v Ford* 案中的著名判决鼓励我们思考：受托人不应将自己处于其义务和利益有可能冲突的地位，为此，无论是否有利益冲突，都应该要求受托人对任何他获得的收益进行说明(对信托的支付)。这一说理表明：信托没有获利或即使获利，都无关紧要重要；也说明，如果没有出现义务与利益冲突的可能性，那么不应该要求为个人获利进行解释。如果我们利用不同的前提，说受托人在其履行义务期间获得的任何收益是信托的财产，那么这将会导致不同的结 336

果。在这些情况下,应该要求受托人对其所获利润进行报账说明,即使没有利益冲突的可能性。受托人应该进一步表明其作为受托人的这一职位和其所获利润(在第13.4.2节之外的支付类别)之间没有偶然的因果联系。

随着我们对这些案例的了解,越来越清晰的是普通法似乎采用后者这一更严厉的态度。事实上,这些案例强烈表明:受托人(或其他受信人)除了描述的方法外很少有获得报酬的权利,如果有的话,其被允许从托管职位获得利润。故意使用“很少,如果有的话”这些词,是因为尽管不清楚是不是有过,从来不允许受托人获得利润是显而易见的。很明显,无论普通法采用了哪种观点,它都是很严格的。

衡平法对盈利的要求以及变化的信托性质

在对此进行分析的过程中,我们也会考量衡平法的观点是不是太严厉,信托成立与否的阻碍因素在于受托人超越责任范围保护他们应保护的信托利益。这一主张检验了相互矛盾的观点:这样的观点可阻止企业家担任受托人的行为,因为一些案例会直接指向这一观点。我们将从以下观点思考这一问题:如果普通法强调受托人行使真正的独立判断——但也许普通法给予独立原则太高的对价而对受托人自主判断的能力鼓励太少。

这一结论解释了许多衡平法原则是在家庭协议是信托的主要种类这一时期发展起来的,因此自主判断能力不是受托人有价值的资产,因为对一些家庭协议来说,将其运用在今天的“受托人背景”并不合适。另外,一个必须遵守的观点上升为确定的法律,并使其明确可以做什么,不可以做什么。实际上无论一般原则主张什么或应该做什么,受托人在接受任命之前都能够自由协商条款。

试图了解财产返还性责任什么时候产生(也许什么时候不产生)首先需要着眼于财产返还责任产生时最明显的情况:受托人(直接或通过类比与其他受信人有关的诉讼)没有善意行事以及财产返还责任已经产生。我们将考虑在一些案件中财产返还责任产生时的场合,这些场合存在个人利益和受信人责任冲突，还有一些即使没有利益冲突，也会产生财产返还的责任的场合。这将帮助我们了解普通法可能坚持认为的受托人不能从信托中获得利润的程度以及如果他确实获得“未经授权”的利润，必须对信托财产进行返还。在思考 *Boardman v Phipps* 案时，我们清楚，未经受益人知情同意而获得的利润被视为是未经授权的利润，从此可以推断出受益人可能授权受托人获得利润。然而，这在传统的受托人纠纷中是罕见的，很明显，此类获利在受益人完全知情同意的情况下就可以了。这是一个可以看出适用于不同类型信托之间的差异的一个领域。

现在要讨论的是，一般来说，获得未经授权的收益的责任是如何“固定”给违反忠诚义务的受信人的，以及何时发现违反忠诚义务的责任已经产生。

13.5　未经授权的获利以及责任的性质 337

本节中的内容一直遵循一种特定的模式，直到最近，一旦未经授权的获利被认定以及在对未经授权的获利采取更加松散的方法来规制时，受托人所承担的责任便相对明确。后者继续拥有很多利益，特别是在采取司法方式处理问题时，而且前者也是最近才变得非常重要。

13.5.1　未经授权获利的责任范围

直到最近，考量未经授权盈利的范围及其与责任和利益冲突的关系以及与其密切相关的责任性质是可能的，甚至是明智的。一般来说，这是因为这些案例表明了这两个重要的想法如何紧密结合在一起。但如今，最近的情况要求我们在这个时候及时地单独处理这两个问题，且首先处理责任范围。

产生此种责任时最明显的情况是未经授权的收益已从受信人的“不法行为”或不诚实行为中产生。*Reading v Attorney-General* 案是涉及一名英国陆军中士的案子,这位中士通过帮助走私者运送走私物品——因为他们被允许穿着制服开卡车,至少非法获得 19,000 英镑。这笔利润被没收了,因为作为受托人,Reading 有责任就他的收益向王室赔偿,因此他对返还利润的请求失败。中士通常不会被视为受托人,但在这种情况下,Reading 利用其制服欺骗当局,这似乎是决定性的因素。*Attorney-General v Guardian* (*No.* 2) 案也是这种情况,在 *Spycatcher* 案中,星期日泰晤士报被要求对其从 Peter Wright 故意失信中所获得的利润进行赔偿。

Reading 案的情形也被 *Attorney-General for Hong Kong v Reid* 案适用,在此案中,接受贿赂的受信人被要求为其王室(他的雇主)将赃款保留在推定信托中。Reid 对赔偿的范围提出了一些重要的争议点,因为被告有责任对未经授权的收益本身以及用“秘密佣金”购买的财产进行赔偿,这些收益因为购买房屋故价值已经大幅增加。最近对 *Reid* 案的重新评估要求我们以不同的方式考虑责任的性质。

恶意的存在以及没有伤害?

回到最初的赔偿范围的问题上,由于这些“恶意”情况,王室因未经授权的收益而遭受的损失并不清楚,而且如果有恶意,也不需要对原告有任何伤害。可以从 *Industrial Development Consultants v Cooley* 案中看到一个有趣的例子,在此案中,被告即原告公司的总经理,一直代表公司就合同签订问题与东部天然气委员会谈判。此次谈判失败,从东部天然气委员会对于与工业发展顾问公司在任何情况下的交易都不满意的形势来看,这很明显。这样看来,无论 Cooley 自己做了什么,东部天然气委员会与工业发展顾问公司的谈判终将失败。这意味着,工业发展顾问公司与东部天然气委员会最初的谈判结束后,原告
338 工业发展顾问公司实际上并未因为 Cooley 获得个人收益而遭受损失。

最初谈判停止之后,东部天然气委员会开始与被告亲自谈判。最终的结果是,他终止了与原告公司的合同,同时以他生病了这一虚假陈述对其错误行为免责,并亲自与东部天然气委员会签订了类似于最初代表原告公司时提出的条款。Roskill J. 认为,被告是为了原告公司的利益而成为合同利益的推定受托人。值得注意的是,原告公司什么都没有损失;事实上,这个案件的结果是,由于被告的违约,原告获得了“意外之财”。

超越不法行为:利益冲突案件

有关受托人不法行为的案件可能是对于受托人不可将使自己的利益与自己的职位相冲突这一原则的适用。毕竟,接受贿赂或利用其职权协助非法企业的受托人显然没有以最大的忠诚行事。*IDC v Cooley* 案中也存在利益冲突,因为被告在为原告工作的时间内为自己的利益与他人进行了谈判。但即使没有恶意,也可能产生利益冲突。这里还有另外两个明显的情况,即信托与受托人的个人利益之间可能产生利益冲突,因此法律为避免产生冲突规定:首先,受托人不得购买信托财产(或向信托出售财产);其次,受托人不能与信托形成竞争。

受托人不可购买信托财产

此规则与利益和职责的冲突有关,是由以下情况产生的:尽管受托人通常会出售信托财产或为信托购买财产,但法律不允许为他们为自己购买信托财产或向信托出售其个人财产。在了解情况之后,我们会更清楚地看到这一问题的本质,但在本质上这条规则是存在的原因是它为受托人的利益与职责之间的冲突规定了明显的范围,因为受托人的销售和采购会将自己的个人利益牵涉其中,进而干扰他对信托的忠诚。

这里出现的问题在 *Holder v Holder* 案中有详细的展示,在此案中 Harman J. 试图区分所谓的“自我交易”与“公平交易”。在前一种情况下,如果受托人为自己购买信托财产或将其财产出售给信托,此类交易可按照受益人的意愿撤销。在“公平交易”的后一种情况下,受托人从受益人那里购买财产或将其财产出售给某一受益人,只有受托人的行为不公平,交易才可以撤销。这个区别并不被普遍接受,而且二者都可以作为一个一般原则的一部分,即受托人不应该从其职位中获得利润。

自我交易规则的基本原理是,如果受托人购买信托财产,他可以滥用自己的受托人地位,以低于最佳价格购买可获得的东西。同样地,如果他将自己的财产出售给信托,他可能以过高的价格出售。与受托人有关的禁止自我交易规则是非常严格的,以至于受托人不可能利用他的地位牟利,无论事实上他有没有这样做。*Wright v Morgan* 案表明了法律所涉及的程度,在此案中辞去其托管职位的受托人以公正价格核定人确定的价格购买信托财产。人们可能本以为在这里出现的利益冲突的可能性不大。但是,协议的制定是在他仍然是受托人的时候,因此枢密院认为,买卖协议需被驳回。

339 但受托人的购买也有可能合法,只有在例外情况下才合法。不仅受托人支付公平价格——正如他在 *Wright v Morgan* 案中支付的价格一样——是必要的,而且他未从其受托人地位获利,且公示其利益,这也是必要的。例如,在 *Holder v Holder* 案中,遗嘱执行人(Victor)在拍卖会上以公平价格购买了两个农场,这两个农场是遗产的一部分。上诉法院拒绝驳回这一买卖,尽管作为遗嘱执行人,Victor 以受托人身份行事。不过,显然,Victor 并没有积极担当遗嘱执行人的角色,其实是声称放弃遗嘱执行人的权利,且并没有因为作为遗嘱执行人而获得任何信息。他没有参与指导那些固定储备金数额或准备拍卖的价格核定人。此外,原告受益人在已经全面了解事实的情况下接受了其在受托人因购买土地支付款中自己的份额,也以默许的方式同意了不对已经出售的土地采取行动。

然而,在 *Wright v Morgan* 案中,Sachs 和 Danckwerts L. J. J. 都怀疑自我交易规则是否适用于今天——信托财产在公开拍卖会上出售,至少财产是被受托人管理而不是购买信托财产的受托人。然而，*Holder v Holder*案因Vinelott在*Thompsonf's Settlement*案中提出的不寻常因素而自我限制，该案是关于一公司购买信托财产中农场的租赁权，该公司的一位董事是受托人之一。Vinelott J. 以狭隘的理由解释*Holder v Holder*：被告从未以遗嘱执行人的身份行事，即根据其父亲的遗嘱，承担其义务为了受益人的利益行事。他说，自我交易规则可以扩大解释，即一个人不能把自己处于其职责和个人利益冲突的地位，或他的职责与他对另一个的职责冲突的地位。如果Vinelott J. 是正确的，*Holder v Holde*不应被视为此规则最狭义的例外，同样的原则适用于受托人向信托出售财产的情况。

受托人不能与信托的业务竞争

此处适用的原则与前述原则非常相似，因为受托人可以从信托中获得任何好的声誉，也可能获得有用的信息。如*Thomson*案所示，没有必要表明他已经获得了此种利益。在这种情况下，遗嘱执行人被禁止从事与遗产有竞争的游艇经纪业务。非常有趣的是，Clauson J. 并不认为即使遗嘱执行人辞职了，结果有所不同，只要他在考虑开始竞争的业务时仍然是遗嘱执行人。这种观点的逻辑在于，因为这样的意图可能会影响他作为遗嘱执行人时执行职务的方式。有人认为，Clauson J. 的观点是否成立取决于商业的专业性质，但很难看出为什么这样做会有差别。如果是这样，那么对于更具体的针对受托人的法律也是如此，因为对于公司受托人来说，显然有更多利益与义务存在矛盾的情况。

禁止受托人从信托职责中获利的规则：超越恶意或利益冲突的责任承担

这些案件是否属于更广义原则的一部分目前尚不清楚，这种广义的原则规定受托人（或其他受信人）不可从其职位中获利，如果获利，就会产生责任，因此就有必要建立一个利润与职责之间的关系。如果是这样的话，这种联系就为责任的产生铺平了道路，无论在什么案件中产生这种关联,无须受托人表现出恶意或具有利益冲突,都要承担责任。在*Macad*案中,利用其职位任命自己为一家公司的董事的受托人有责任将其作为董事期间所获得的所有收益向信托返还。私人公
340 司通常会出现这种情况,任命董事职位的资格可能取决于拥有最少股份的股东,事实上如果有必要,有些受托人可能会获得董事会代表权,以保护信托股份的价值。

如果承担责任只需要职位和利润之间的因果关系,那么重要的是,这一义务没有在*Dover Coalfield Extension*案中制定——一个类似于*Macadam*的案例,在受托人成为受托人之前已是公司董事。*Gee*案也是一个类似的案例,因为受托人在通过投票而不凭借其持有的信托股份成为董事。他本可以因为他人投票而选举,但他已为自己投票;如果他没有投自己的票,那么他甚至可能会当选。Harman J. 认为,作为董事收取的报酬不必向信托返还。在这两种情况下,都不能说受托人凭借自己的职位获取利润。仔细审查这些案件发现:它们实际上是利益冲突的案件,因为很显然,坚持选择自己作为董事的受托人显然不能就选择任命谁而向信托提供公正的建议。

另一个证明利润与职位之间的因果关系产生责任的案例是*Keech v Sandford*案。租约到期时,受托人接管了信托租赁的利益。由于租赁已到期,这不是一个受托人经营信托财产的案例,而是假设已建立的职位和利润之间有因果关系,如果他不是受托人,他将没有租赁权。出租人拒绝延长信托租约的期限,理由是受益人是未成年人,对未成年人来说很难支付租金。受托人随即为其个人利益签订租约,并从中获得利润。鉴于出租人的意见,因为信托本身无法获益,所以不可能有任何实际的利益冲突,Lord King LC 也说这个案子不存在任何欺诈行为。然而,他认为,受托人须将租赁所获利益分配给未成年人,并对收取的利润承担责任。据 Lord King 的观点,受托人是世界上一个不能为了自己的利益而签订租约的人,因为这样做他会从其职位中获利。这同一原则也可适用于以下情况:租赁的受托人为自己购买不动

产归复权，例如 *Protheroe v Protheroe* 案，但受托人也有相反的权力。

相似的原则似乎在 *Regal(Hastings)Ltd v Gulliver* 案中也起作用，这个案件最初被报道在[1942]2 All ER 378 上，也只有在[1967]2 AC 134n 中才有类似的原则，或乍一看是类似原则。Regal 正在考虑申请子公司的股份，但无力支付对价，所以董事们就自己捐助一笔款项购买股份并从中赚取利润。如果这些董事不是董事，他们就不会从其职位获取利润，考虑到 Regal 没有权利自己捐款，可以说这里没有任何利益冲突。然而，董事们须承担责任，正如 Killowen 所说：

> 衡平法坚持认为，那些利用受托人职位收取利润的人，有对其所获利润返还的义务，不得以欺诈或缺乏善意为由；或者以利润是否或应该属于原告，或者牟利者是否有义务获得原告的利润来源，或者他是否采取冒险行为或为了原告的利益行事，又或者原告人实际上已因其行为而遭受损失或受益等诸如此类的问题或对价为借口。在上述情况下，责任产生于已获取利润的事实。

这是一个相当明确的说明：需要确定的是受托人的职位和利润之间的关联。然而，可以说，这个案件中的受托人的行为实际上产生了利益冲突，因为董事们自己必须确定：公司无力认购股份。如果他们打算为自己捐款，从而从中获得利润，那么他们很难公正地提出建议。 341

Boardman v Phipps 案：在所有受托人获得利润的案子中，责任一定会产生吗？

Boardman v Phipps 案中显示有这样一项权利：财产返还责任是现实中所有涉及受托人获利的案件都会发生的事情，但具体根据什么规则尚不清楚。Boardman 是一项信托的律师，该信托拥有私人纺织公司 30,000 股份中的 8000 股份，董事会对此表示不满。信托并不希望购买剩余的股份，在任何情况下也不能购买，尽管他本可以向法院申请这样做的权力。

Boardman 决定自己购买股份,无疑他受益于其以信托身份收到的信息(知道要提供什么价格购买股份),且并没有得到所有受益人的一致的同意(详见第 14 章,特别是第 16 章)。随后股份价值增加(部分原因可能是由于 Boardman 出售新收购公司的部分资产),所以 Boardman 赚取很大利润。而且由于信托仍然持有同一家公司很大的控制权,他的业务活动为信托获得巨额利润。由于信托没有能力认购股份,所以受托人不具备恶意或任何明显的利益冲突;无论如何,信托已从 Boardman 的干预中获得了积极的收益。

以 2/3 多数赞成为由,上议院仍然裁定:Boardman 作为推定受托人持有信托的股份,因此对所获利润具有返还的责任。这是信托法中最不明确的判决理由之一,因为尽管多数人认为,Boardman 从信托中获利证据充分,Viscount Dilhorne J. 和 Lord Upjohn(反对者)认为,缺乏足够的证据证明明显的利益冲突,并且他们还认为此案没有利益冲突,甚至没有利益冲突的可能。

不幸的是,这个观点是模糊的,因为大多数人认为此案有(有点偏说理)利益冲突:信托可能改变了主意,并试图自己购买股份,在这种情况下,Boardman 作为该信托的律师,本应该向法庭提出意见。因此,此案并未延伸现有的原则,只是表明了法院寻找理论上的利益冲突的最大可能性的愿意程度。

Boardman 案的另一个困难是,在上诉法院审理[1965] Ch 992 案时,Russell L. J. 以一个完全不同的理由判决了此案:Boardman 以受信人身份获得的所有信息都成为信托财产。Lords Hodson 和 Guest 似乎也持这样的观点。Lord Cohen 对信托财产不太了解,但很高兴只凭借职位与利益的关联就判决了此案件。财产说理部分产生了很大的困难(例如,见 *Gareth Jones* 案),特别在某个人作为多个信托的受托人获得信息,或将信息传递给其他从中获取利润的善意受益者的情况下。由于这些原因,Viscount Dilhorne 在 *Aas v Benham* 案中采纳了 Lindley L. J. 的观点,他说:信息不是信托的财产,而 Lord Upjohn 的观

点也与此相似。当然,“信息作为信托财产”这一说理不是上议院判决理由的一部分。

Boardman 案之后:利益与责任冲突有结论和解释吗? 342

虽然法院对于 *Boardman* 案的判决理由不是很清楚,有权威的判例可能支持这一观点:判决的一起理由就是认定受托人的职位和其获得的利润之间的关联。即使未凭借作为受信人的这一职位获得信息,如果 Boardman 凭借其他方式已购买股份,那么其职位和利润之间也不会有任何关联,而本案也就和 *Gee* 案一样了。如果不是这样,本案和 *Macadam* 案相似,那么 Boardman 具有财产返还的责任。

虽然这种说理认为受托人的职业活动被低估了,但是根据已经讨论过的原则,如果 Boardman 可自由地得到为信托创造利润的合理奖赏,这个推理就站不住脚了。他不能做的是保留他所获得的额外利润。法律允许私人投机商这样做,但法律也认为那些通过担任受托人职位,以受托行事的人的报酬仅限于第 13.4.2 节所述的类别,尽管他们使另一方获益。虽然这种观点可能看起来很苛刻,但至少有一个优点是确保他们公平地行使其自由裁量权。

关于一直持续的非营利性规则的争论——如在 *Boardman* 案(在未经授权的情况下使用属于信托的财产或机会)所体现的那样,基本上是关于此案判决结果的两个方面,即其理由和含义。如果支持这一规则的理由比反对它的观点更强烈,就没有必要遏制企业活动。反对从受信人职位获利的规则也就由此产生。实际上,这可能剥夺了信托因受托人的商业技能和智慧获得的收益,就像 *Boardman* 案的情况一样。就这个论证而言,禁止获利的规则的实施将因为受托人没有动力商业性的管理信托而缺少潜在的(可能相当可观的)信托利益,因为受托人不能使自己获益。事实上,这个规则是对受托人积极管理信托事务的遏制因素。

禁止利用受信人的职位获利的规则的另一种解读是:这种严厉的“禁止获利”规则是为了信托利润固定或受信人正直原则或受信人担负忠诚义务不获得利益原则。

在企业主义与诚信之间:同样的争议点?

信义关系管理领域的判例法一直坚持禁止获利的原则。这是法律为确保受信人的诚信在现实中可以采用的唯一观点。事实上,如果有一些利润被认为是被“授权的”而其他利润则不是,那么不仅在概念上,捍卫信托的忠诚原则变得更加困难,而且实际上也不可能界定两种利润区别。在这些争议下(违反信托忠诚原则),鉴于受托人提前决定报酬的能力,为避免“失望”(即使《2000 年受托人法》授予的明示权利颁布之前,通过信托文书的规定也有可能实现)认定一些利益经过授权,另外一些未经授权的不实际的中庸之道是不公平的。

343 对反对未经授权使用信托财产、信息,以及机会的规则的存在是否正确没有明确的答案;相反,需要的是新的方式来看待这两个广泛而又对立的观点。英国信托法本身就旨在促进托管的自由化,且直接把这些规则应用在与盈利有关的规则上。英国信托法斟酌了这一观点,并表明:这种新的托管自由化背景是我们应该更深入地了解受信人职位本质的原因。

这当然吸收了英国法律中的论述,但也超出了这一点,同时也参考了美国学者 Susan Shapiro 关于受信人的著作。后者的观点借鉴了 *Shapiro*[1987]93 AJS 623 和[1990]55 ASR 346 两个主要出版物,通过提出新理论反对进一步对受托人进一步授权,这种理论已在受托人从“不对称的”或实际上是“双面结构”的信托关系中获益的环境下适用,这种情况增强了英国信托法反对受托人获利的决心。

托管改革和忠诚义务

鉴于 21 世纪的托管改革和信托法一些内容的自由化,虽然仍然有案件可能请求释明忠诚义务的含义,但有关信托关系中受信人特征的案件就这样明确的定义了忠诚义务的含义。这些案例表明,虽然托管和信托法的某些内容在 21 世纪正在发生转变,在将托管作为受信人职位的管理中,衡平法似乎坚定不移地认为:其至少在 1726 年(*Keech v Sandford* 案早于 *Bray v Ford* 案 150 多年)就采用此种定义。

可以在 *Mothew* 案中看到 *Keech* 案和 *Bray* 案的本质，这种本质最近在 *Sinclair* 案被重述。这种本质就是要求受托人完全公平地行事。正如我们在这些案件中所看到的那样——确保他们遵守义务是由积极的规则规制的，且这些规则的制定都非常严格，以便尽可能地消除受托人可能不理会他们的义务的任何倾向。

然而，*Sinclair* 案还暗示，信义关系可能并不像禁止为自己谋取私利规则的字面意思中表现的那样，神圣不可侵犯。现在将对有关违背信义关系的影响进行探讨。

未经授权的活动，但没有信义关系

我们现在从忠诚义务的范围转向违反忠诚义务产生的责任性质上，在这里我们将遇到一些目前未解决的分歧和争论。但是，需要注意：有关“范围”的资料表明，未经授权获得某些运行机制或另一机制的收益将产生返还责任，这对了解责任的性质有一个重要的初步价值。这可以通过参考 *Halifax Building Society v Thomas* 案来解释，这也说明了信义关系如何从这些情境产生而非从信义关系的当事人中产生。在这里，有人认为，被告即抵押人在欺诈性虚假陈述中获得100%的抵押贷款产生信义关系。在他拖欠还款后，建筑促进协会认为，考虑到利润是欺诈收入，作为推定受托人，Thomas 有责任对其从房地产市场爆炸式增长的财产中获得的利润进行返还。上诉法院裁定：如果双方之间没有信义关系，为所获利润返还的责任以及强加推定信托的要求是不合适的。这一观点也出现在 *Petrotrade Inc v Smith* 案中。

13.5.2　未经授权获利的责任的性质 344

从这些案例可以看出：衡平法将竭尽全力确保因担任受信人而获得的个人利益不会被保留。最不具备争议的是受托人具有非法行为和在没有违法行为时受托人的职位与其获利具有“明显的”利益冲突，可以说最大的争议是有受托人职位与其获利没有明显利益冲突。但是,对未经授权的信托所得承担责任需要实施积极禁令,理由是委托人固有的易受攻击性和人性的脆弱——均在 *Bray v Ford* 案中由 Lord Herschell 阐释。

据此,产生的责任是将收到的这种未经授权收益的受益人转变为无法保留利益的推定受托人——不能保留收益,但可代表适当享有权利的人持有该收益。当然,在传统信托协议中,这类人是受益人。这一观点将有助于解释甚至更有争议的盈利的表现形式,例如"机会"被视为依法属于委托人,而且信息被视为 *Boardman* 案中的"信托财产",以及源于 *Keech* 案和 *Cooley* 案甚至 *Gulliver* 案的更直接的属于信托财产。

然而,在考虑责任的基础而非其范围的情况下,受托人所创造的最有价值的利润实际上是最应受谴责的行为所产生的利益,而在讨论 *Reading* 案、*Spycatcher* 案和 *Reid* 案时,王室正是由于在其他案件中的非法行为才没有遭受损失。

为未授权收益的责任以推定信托的建立

Reading 被裁定是他的违法所得的推定受托人,同时,在 *Reid* 案中推定信托的范围被扩大到超越秘密佣金和用佣金购买的财产的范围。这一趋势的核心体现了 *Reid* 案对推定信托的认可,也包含对 *Lister & Co. v Stubbs* 案中与自己不同处理方法的果断反对。Lister 认为,对贿赂的责任是个人的且受托人无所有权的,因此一个受信人接受贿赂后的责任是向他的委托人返还秘密佣金。

Lister 解释道这种责任是债务的一种而不能产生推定信托,并且,因为持同一观点,上诉法院似乎将原来并不视为信托财产的贿赂重视起来。这的确与不会为委托人造成损失的秘密佣金关联起来,但是这个方法也有一种含义即受托人的责任范围限制在他接受的贿赂数额内。

通过这一论证,*Reid* 案中 Reid 向皇室承担的财产返还责任限制在他获得的秘密佣金的数额之内,且这种责任不会扩大到他用此佣金购买财产而获得的利润上。因此，在 *Reid* 案中，基于受信人关系的本质是需要衡平法对未经授权的利润和为委托人获得的利润一视同仁，不考虑其来源，枢密院对 Lister 的意见不屑一顾。且 *Reid* 案从那时起就被认为是英国普通法中关于推定信托产生的责任、受益人在所有权诉讼中可以获得赔偿金的范围(这种赔偿金的特点将会在第 17 章讨论)的一个权威案例。

Reid 案的一个倒退？Sinclair Inv-estments 案后受托人责任的性质 345

Reid 案在很多案件中被适用，包括上议院裁判的 *Hurstanger Ltd v Wilson* 案。但是，它的权威被 *Sinclair Trade Finance Ltd Investments Ltd v Versailles* 案改变了。*Sinclair* 案是关于欺诈和虚假交易获得收入的地位是否合法的案件，而这取决于这些收益是否属于最初投资公司的推定信托所获得的收益，因为董事已经因为获得秘密利润违背了他的受信人义务。

这也引发了对秘密佣金是否会引发返还责任这一问题的再次讨论，或者佣金——和利用佣金获得的利润——是否属于拥有受托人的推定信托的信托财产，*Sinclair* 案也为与其有相同背景的不同违法行为提供一个分类框架。违法行为可分为三类，受信人滥用信托财产——A 方式；受信人滥用应该属于信托的财产——B 方式；受信人违反义务获得其他财产——C 方式。

对于 *Sinclair* 案、*Reid* 案和 *Sinclair* 案中受托人获得的秘密佣金的方式是 C 方式。在讨论到这个点上，如果返回去查看早前讨论的关键案例会对你很有帮助——包括 *Keech v Sandford* 案、*IDC v Coole-y* 案、*Regal(Hastings) v Gulliver* 案和 *Boardman v Phipps* 案——为了确保你能理解他们与 *Sinclair* 案如何区分和为什么这样区分。

Sinclair 案中，上诉法院认为，对于受信人违法行为的分类会影响信托获得的救济，尽管 A 方式和 B 方式中的受托人会凭借推定信托为信托获得所有权的救济，C 方式只能引发受托人为个人获得的利益

的进行返还的责任。关于对人及所有权的救济在第16章表述的更多,但是现在我们应该理解这将会将对于秘密佣金的返还责任的范围进行缩小。这样做的现实意义是 *Reid* 案中的责任不会扩展到贿赂的所有数额,就像它对待违法者购买的财产一样。

在 *Sinclair* 案中的上诉法院中,正是 Lord Neuberger 的判决有创造性的坚持认为有连续合理的判例支持受托人对秘密佣金具有返还责任吸引了众多的目光(因为区别于基于所有权获得的利益或者属于受益人的机会),同时在任何一个案子中根据信托法一个受信人只对违反禁止获利原则获得的财产进行责任承担的原则,这对委托人遭受的"可量化损失"进行公平补偿是一个补充。但是,在攻击 *Reid* 案的基础时,这种观点被提出:

> 对于我来说,有一个真正的案例说明 *Reid* 案的判决是不完善的。在一个受信人将基于受托人义务而获得的受益人的资产视为已有的案件中,很容易看出为什么这些资产被视为是受益人的财产。但是,他人支付给受信人的贿赂很难被说成是受信人基于其义务为受益人获得的资产。对于(i)一个受信人剥夺原告的资产使自受益;(ii)一个受信人对原告作出违法之事而使自己受益有一个基础的区分。前面已经说过,我能够明白支持这个政策的真正理由(如果衡平法的报账不可获得),但相比于法院的判决,它或许与普遍原则不符是不跟随它的做法的一个很好的原因。

346 **13.5.3 *Sinclair* 案以后 *Sinclair* 案涉及的责任**

尽管其被批评因为它给予受信人太少的动力去完成衡平法要求其达到的要求,但这种方法很快占据了案例法的很大部分,包括 *Cadogan Petroleum plc v Tolly* 案、*FHR European Ventures LLP v Mankarious* 案、*Horn v Commercial Acceptances Ltd* 案以及 *Page v Hewetts Solicitors* 案这些案件。

但是，上诉法院在 *FHR European Ventures LLP v Mankarious* 案中认定此案中的受托人的违反信托的行为属于 B 方式而非一审认定的 C 方式，因为补救的影响已经具有了。特别的是，上诉法院提出了反对意见并且报请最高法院固定 *Sinclair* 案的权威性。

有趣的是，*Sinclair* 案中判决理由并没有为受信人的违法活动划分界限，而注重受信人因为欺诈和其他违法行为而使原告不利而施行的行为。在这里，将对企业债权人救济的潜在不利影响最小化是最大的关注点。这对商业交易中信托的意义和衡平法上的义务而言是一个重要的主题（在第 3 章和第 5 章提到，在第 18 章讨论），虽然相比在本章和第 14 章讨论的托管中普遍存在的“一般职责”，此处强调削弱对债权人潜在不利影响不是刻意为之，但是可能导致托管自由化的出现。这也可以是间接地，通过全面的关注（正在自由化的）托管的结果。这些更广泛的问题仍在探索之中，但是一件事是明确的：从今以后，对于能够获得未授权收益的受托人违法行为性质、这种收益的源头的密切关注是有必要的，以清晰判断在受托人或其他受信人违反忠诚义务时受托人应该返还多少金额。

Sinclair 案的基础在上诉法院 2013 年对 *FHR European Ventures v Mankarious* 案的裁决以前广受诟病。在 *FHR European Ventures LLP & Ors v Cedar Capital Partners LLS* 案的上诉中，最高法院引起了广泛的关注。这是一个针对法院声明推定信托的案件，最高法院须裁定：当秘密佣金被确定时，是否认定其为信托持有；委托人是否拥有对所谓衡平法补偿的个人索赔权，索赔金额与不法所得金额相等。

13.6　*Sinclair* 案后 *Mankarious* 案中的受托人责任

在一个无异议的裁决中，最高法院通过重述信托的衡平法原则规定了受托人的责任，这个原则是若一个代理人因为受信人职位获得利

益或得到机会,应当被视为通过代表委托人获得利益。从此可以看
347 出,受托人获得的这种利益和因为违反忠诚义务获得的秘密佣金都应当被视为受益人的利益。已经确认,因为法律的权威,它不可能确定对受托人职位的秘密佣金给出一个确定的含义,但是现实中有很多涉及信托财产的案件和因为秘密佣金或贿赂引发的案件。

从这反过去看,伴随 *Lister* 案的常规分析,似乎在 *Reid* 案中受托人的职位被恢复。将这和 *Sinclair* 案中选择的路径联系起来,最高法院的最新判决再次使人们对财产权利问题中的受益人特权地位的质疑大为缓解,尤其在破产的情形之下。

第 14 章　受托人的权力、自由裁量权以及托管义务 348

目前,对受托人权力与义务的研究不仅参考了受托人"履行"信托的内容,还受到前一章提到的具体指导的影响。在本书的开始,笔者就在第 1 章中提到,受托人对财产只享有普通法所有权,但这种所有权只是名义上的,其原因是,受托人的义务是照看财产,以确保委托人选定的人可以从中获益。在早期阶段,有人指出(受托人)需要积极管理信托财产,然而,根据构成要件,受托人显然持有普通法所有权,所以他们有能力处理信托财产,以保障权利人受益。我们过去认为,受托人需要能够识别受益人,因此,受托人能够找到受益人并将财产转交给他们。但是,在我们看待确定性的要求时,似乎与这个观点有些不同。在上一章中,我们了解到,与托管制度相关的法律旨在确保受托人在执行信托时采取恰当的行为,并且他们的行为只受到受益人利益的影响。此外,我们也发现,受托人在执行信托时还要遵守某些标准,然而,这被认为是非常重要的,其原因是,为了保证受托人将信托财产用于受益人，受托人的职务赋予了他一系列的权力。

在这一章中，我们将更多地了解这些权力的实际含义，我们还将了解衡平法是如何将这些权力与受托人在履行职务过程中所体现出的限制进行协调的。这将及时地预测受托人未能履行其义务的方式，以及由其做出的任何无权处分行为的方式，这都构成为违反信托（我们将在第 16 章中进行考虑）。在第 13 章的开篇就已经提到，将信托法归于是“强制性规则”和“失责处理规则”是十分有必要的。

在本章中，我们会研究到权力和义务，因此，我们最好能够回顾第 2 章所提到的权力的性质，并且联系第 3 章关于受益对象确定性的相关内容。其原因是，受托人的职位所产生的义务与受托人所享有的权力之间存在相似的特点，并且其自由裁量权产生于其权力。受托人有权自由决定是否行使其权力，如果经过适当考虑，他们善意地决定不行使其权力，那么受益人就没有理由进行控告。这并不适用于（受托人的）义务，其原因是，通常情况下（尽管这对受托人责任的考虑非常重要），如果（受托人）有义务作出某种特定的行为，这就不是自由裁量的，并且，《2000 年受托人法》第 1 条规定的法定注意义务适用于该法案所规定的所有义务。

鉴于信托形成的不同情形，（人们）只能预测，权力和义务会根据信托的性质而有所不同——例如，受托人是否需要积累或分配信托收
349 益，等等。然而，我们可以看出，原则上，某些种类的权力广泛地适用于受托人。其中，大部分权力在性质上是法定的，它们主要关注的是如何促进信托的管理。例如，根据信托证书或者《2000 年受托人法》所赋予受托人的投资权力，受托人在投资信托的资金时需要履行充分的注意义务。他们还必须确保适当地缴纳税款，在某些时候，他们很可能需要考虑一些例如出售信托财产或者为未成年受益人预先采取措施的问题。信托业务的账单必须进行记录和备份，并且提供给受益人；在这种情况下，受托人为了处理信托业务通常需要进行商务会谈，这些会谈纪要必须记录在日志簿或者会议录中。

受托人的义务有很大的差异,信托文书本身也会频繁地修改一些义务的内容。其他的信托义务(如适当分配信托财产的义务)是信托本身固有的性质,尽管信托证书也可能会在违反信托方面限制受托人的个人责任。还有一些与受信人身份相符的基本义务(忠诚义务,基于这项义务,受托人不得从信托中获利),这些义务适用于所有的受托人。(受托人)还有一些涉及看管信托财产、适当保管物权凭证、进行投资等共同的义务。我们之后也会了解到受托人对受益人所负有的某些责任。这些义务包括,告知受益人相关权利的义务、提供信托相关事项信息的义务、依据受益人权利分配财产的义务。他们还必须考虑到在受益人之间维护公平的必要性。

在讨论受托人的权力之前(指受托人依据委托人的指示执行信托的权力),强加于受托人的义务能够保证受托人适当地行使其权力,委托人的委托及其指示实际上会对这个问题(受托人权力的行使)提供重要的指引。其原因是,所涉信托的某些明示的条款在实际上会修改(限制或者增强)或者排除(受托人的)一般权力或者义务。这是非常重要的,其原因是,当今大多数明示信托是根据协议契据或者遗嘱设立的,这些信托的设立要遵守相关的法律,并且通常尽可能地给予受托人最大的权力。这通常是因为"减税"是设立信托时一个非常重要的动因,因此,财产授予通常赋予受托人尽可能多的权力,以获得信托财产的最大收益;所以,普通法更广泛地适用于更久远的以及非专业性更强的信托。这同样适用于以下情形,即受托人自己能够影响其权力的范围,尤其是其义务的限制,我们将在第 16 节的受托人的免责条款(TECs)中对此进行讨论。

显而易见的是,除了最简单的信托之外,所有信托的执行都需要相当程度的商业竞争力,而且现在任何规模的信托都有职业受托人(如银行或者信托公司)代表委托人执行信托。专业人士既可以作为唯一的受托人,也可以与一个或多个受托人一起行事。这种人员的混合在家庭财产协议中最为适用,即将专业人员的专业知识与私人受托人所提供的与家庭环境相关的详细内容相结合。然而,应该注意的是,本章所述的权力和义务适用于明示信托,在明示信托的关系下,受托人自愿承担托管义务,并且,收取费用的专业人士越来越多地这样做,他们不再免费地承担托管义务,而是积极地将其作为一种商业活动来进行。

350 这一点是为了说明推定信托的受托人存在不同之处,他们的托管义务是由衡平法施加给他们的。他们的授权范围,尤其是义务的界限是不明确的。他们所适用的法定注意义务的界限是难以确定的,并且,推定性托管制度产生的情形众多,从中难以对其进行推测。其中一个观点认为,在推定性信托执行的这种极端情况下,受托人可能对其身份毫不知情,并且在法院的判决作出前都处于不知情的状态,基于此,(注意义务的界限不明确)会对注意义务的适用产生不利影响。在缺乏明确规定的情况下,我们必须注意到,根据法律规定,受托人在行使"法律赋予"的权力时,适用于注意义务,由此可以得出这样的观点,即推定的受托人同样可以适用于注意义务。

在了解受托人如何承担义务之前,我们应该先了解一下受托人在执行信托时产生了哪些主要义务。然后,我们将投资视为一个案例研究,了解权力和义务是如何相互作用的。

14.1 受托人义务的概述

在许多方面,为了使(受托人)更好地服务于信托利益,我们可以将受托人的义务视为对受托人施加的对抗力量。我们已经了解到了信托义务,它规定了受托人忠诚义务的核心内容,同时,它还表明,有些义务的种类或者形式是绝对不能进行修改的,忠诚义务就是其中的一个例子。当然,我们需要牢记这一点,但本章的重点是介绍日常运作中所产生的义务。在这方面存在若干可能的出发点,包括受托人在执行信托时对受益人采取行为所产生的义务。

14.1.1 侧重于受益人的一般义务

虽然受益人有权执行信托,并且实际上是唯一有权这样做的人,但显而易见的是,这并不可以直接解释为受益人对信托的执行行使控制权,或者必须告知受益人信托执行的事项,所以,(本节的内容)对受托人义务的构建有非常重要的意义。这是因为受托人的指示来源于起初设立信托的委托人。正如我们从第 1 章所知,设立信托的一个原因是,信托使财产所有人不仅有权决定谁可以从中获益,还可以决定获益的方式。这意味着,受托人有义务执行委托人的指示,并且没有理论可以支持受益人对信托的执行享有控制权的(观点)。由于上述观点尊重了委托人的意愿,所以属于理论上的观点,但是,如果受益人享有更多的话语权,那么被迫执行信托的受托人在履行信托的重要义务时会遇到极大的障碍,因此上述观点也是具有实际意义的。因此,如果只将权力或者自由裁量权交付给受托人享有,那么法院绝对不会强制受托人根据受益人的指示行动。只要信托存在,法院就会这样做,尽管如果所有的受益人都希望这样做(强制受托人根据受益人的指示行动),那么他们可以结束信托,并且基于 *Saunders v Vautier* 案所确定的原则(*Saunders v Vautier* 案在第 15 章会提到),受益人可以根据自己的意愿重新安排信托财产。

在这方面,*Tempest v Lord Camoys* 案表明,如果一项信托已经设 351
立并实施,那么法院就不会干预受托人善意的决定。但是,虽然受托人没有义务与受益人协商如何行使权力或者自由裁量权(除了根据《1996 年土地信托及受托人委任法》的规定),受托人要承担与受益人协议的法定义务,并且只要受益人的意愿与信托设立的一般动因相一致,(受托人)还要实现其意愿,但实际上受托人通常会这样做。

法院专注于保护受托人免受狂热的受益人的干扰,这一干扰延伸了关于受托人义务的观点,即受托人在作出决策时要公开其原因,根

据 *Beloved Wilkes's Charity* 案的规定,受托人在行使其享有的权力或者自由裁量权时,无须给出其理由。法院的判决认为,如果没有证据证明受托人以不公正或者不诚实的方式行使了自由裁量权,法院就不会进行干预。因为,如果不要求受托人对其决定进行说明,那么(受益人)通常难以知道受托人是否恰当地行使了自由裁量权,那么受益人就难以质疑受托人所做出的决定。这并不必然地符合衡平法的观念,即受托人职位是一个强有力的职位,信托财产的托管人必须行为适当。在此基础上,请参考 *Langbein* 案对下述争议的分析,即支持与此相关的强制性规则的争议。

如果受托人确实公布了他们的理由

受托人在公开其行为的原因时,存在极大的限制因素,如果受托人选择这样做,那么法院应该考虑其行为的适当性。在 *Klug v Klug* 案中,一位受托人(她的女儿是受益人)拒绝行使对受益人有利的指定受益权,从通信中可以了解到,她的理由是站不住脚的,即她的女儿在结婚时没有经过她的同意。Neville J. 认为,受托人根本没有行使自由裁量权,法院有义务进行干涉。然而,如果受托人采取措施,以确保其作出决定的理由是私密的,若决定不具有明显的不合理性或者欺诈性,那么受益人就不得作出任何行为。

受益人参与"信托业务"的事项

受益人参与"信托业务"的事项引发了这样的问题,即受益人是否有权查阅记录受托人实施信托业务的所有书面文件。对于受托人来说,将影响信托的决定记录在日志簿或者会议录中是一种惯例,但是没有要求受托人必须将其理由记录在内。然而,传统上,受益人有权查阅与信托有关的文件,这些文件通常被称为"信托文件",实际上(信托文件)已被视为具有所有权权益。由于任何人都不得强制受托人公布其决定作出的理由,如果这些文件公开了上述理由,那么将会为受益人提供一个解决这个问题的途径。在 *Londonderry's Settlement* 案中,实际上上诉法院关上了这扇门。由于受益人不满意受托人分配给她的金额，所以强制受托人公开与财产转让相关的所有文件，受托人因此向法院寻求指示。上诉法庭认为，法律过去并没有对“信托文件”进行明确的规定，由此得出以下结论：受托人因其职务所持有的所有文件都属于初步信托文件，但是，涉及秘密事项（涉及某个受益人无权知道的事项）的文件则不应该被公开，这要么是因为（根据 Harman J. 的观点）受托人无须公布其决定作出的理由，与之类比，涉及秘密事项的文件也受到同样的保护，要么是因为（根据 Salmon L. J. 的观点） 352
受益人无权了解的文件不能作为信托文件。

由此可见，受益人采取敌对行为似乎是被迫的，但采取这个行为是相当艰难的，尤其是因为这样的做法取决于受益人是否掌握了不当行为的实质证据。将信托账户进行审计（的做法）并不是强制的，甚至是不常见的，但受托人对此享有绝对自由裁量权，他们可以聘请独立会计师并向信托基金收取费用。根据《1925 年受托人法》第 22 条第 4 款的规定，审计的实施每三年不得超过一次，除非财产的性质或者其他专门的问题有特殊的需要。根据《1906 年公共受托人法》第 13 条的规定，任何受托人或者受益人都有权申请信托账目的调查或者审计。审计报告的副本将提供给申请人和每个受托人。

虽然受益人明显有权了解此类信托文件，但是，根据 *Londonderry* 案先前做出的解释，由于此类信托文件属于“信托财产”，因此应该通过可行的方式分发给受益人，但是，法律并没有明确规定受益人可以通过何种途径了解这些文件。*Schmidt v Rosewood Trust* 案的判决对此作出了回答。此案的判决表明，受益人了解这些文件的权利来源于法院的固有管辖权，即法院要确保信托得到了适当的管理，因此，法院实际上对这些文件的获得享有自由裁量权，只有符合实际情形，法院可以拒绝或者授予该权利。*Breakspear v Ackland* 案的判决似乎支持了这种说法，在此案件中，法院的判决认为这些文件具有私密性，所以否认受益人有权获得这些文件，先前受托人已经拒绝提供文件甚至拒绝提供理由。根据 *Schmidt* 的解释，鉴于法院固有的管辖权涉及信托的适当监管和履行,但不明确的是,这是否会对怀疑某事有差错的受益人造成影响,这也就是受益人为什么从一开始就试图获得"信托业务"的记录。但这也强化了下述的观点,即受托人需要(甚至有义务)适当地执行信托,在一些案例中,狂热的受益人可能会对受托人强加负担,要求(受托人)告知(受益人)相关的要求,这可能不利于受托人义务的履行。

14.1.2 司法控制受托人的自由裁量权:*Hastings-Bass* 案所确立的规则

尽管上文提到了受托人的决策,但 *Hastings-Bass* 案所确立的规则确保了下述情形,即如果受托人未能行使权力或者未能正确地行使权力,那么法院可以推翻受托人的决策。这项规则的法律效果是,在前一种情形下(如果受托人未能行使权力),受托人被视为已经行使了权力,在后一种情形下(受托人未能正确地行使权力),受托人权力的行使被视为无效。在 *Mettoy Pensions Trustees v Evans* 案中,*Hastings-Bass* 的规则传统上适用于下述情形,即如果受托人考虑了必要的因素,或者如果受托人没有将必要的因素考虑在内,那么受托人会采取不同的行为。

如果援引了此项规则,那么其法律效果是,先前应当采取的行动步骤被视为已经采取,这同样适用于 *Abacus Trust Co.* (*Isle of Man*) *v NSPCC* 案和 *Abacus Trust Co* 案。在(*Isle of Man*) *v Barr* 和 *Sieff v Fox* 两个案件中,都涉及在援引上述规则时,需要满足哪些要求。从根本上来说,*Barr* 案要求实际上存在违反信托的行为,并且受托人的决定
353 不得仅仅因为受托人的不知情或者误解而宣布无效,这并不能算作是违约,然而,由误解或者不完整信息所造成的无法预见的或者令人不悦的后果可以算作违约。关于信托的违反在第 16 章有详细的论述,但是既然这个规则已经引用了,Sieff 建议,在大多数情况下,主要的问题是,受托人是否实际上已经做出了不同的决定,但是这可以扩展到

受托人是否实际上已经做出了不同行为的情形。

在本节中，绝大部分的内容可能会涉及与养老金信托的观点相关的问题，从第 7 章的内容我们可以推知，养老金信托指的是“特殊协议”，在这个协议下，受益人基于财产授予协议，要为权利享有人提供对价，而非作为“意外之财”的接受者，等待他人的慷慨赠与。

除了上述的判决之外，还有许多判决对受托人的决策作出了“及时的”回应，包括 *Gallaher v Gallaher* 案；*Burrell v Burrell* 案；*Betafence v Veys* 案；[2006] All ER 案；以及在 *Pitt v Holt* 案之前的 *Donaldson v Smith* 案；*Futter v Futter* 案。在 *Pitt* 案中，上诉法院重新审查了 *Hastings-Bass* 规则的范围和适用。在书面审理的过程中，此案件被上诉到了最高法院，但上诉法院对此案件审理的结果是，严格限制 *Hastings-Bass* 规则的适用，在未来，受托人将难以顺利地申请法院撤销以下行为，即难以申请法院撤销无法预见到不利后果的行为。

14.1.3　在受益人之间公平行事的义务

上文提到了受益人有权了解受托人执行信托的方式，以及受益人有权了解信托文件，而本节内容与上述内容有极大的不同之处，但毫无疑问的是，受托人有义务在受益人之间公平行事。这可以分为两个方面：受托人需要公平对待每个受益人；在信托安排下，受托人需要公平对待不同种类的受益人。受托人需要以公平的方式对待所有信托利益的享有人，这项要求来自于我们熟知的受益对象确定性的要求，我们了解到，受托人作为受委托方，他们需要以理性的方式执行信托，这种理性的方式基于受托人对信托条款的透彻理解以及对信托的受益对象范围的熟悉。这意味着，受托人不应该因为自己的“怪癖”而对任何特定的受益人公开表示偏袒，权力和自由裁量权的行使必须与受托人的职务保持一致，即使我们已经发现，法院通常不会强制受托人对其行为作出解释或者要求受托人提供证据（除了信托账目外），所以受益人难以直接提起诉讼。还有一些考虑因素来自第 1 章的内容,即对财产设立信托不仅可以使一部分人获益,而且可以使他们持续获益。

受托人对不同种类的受益人公平行事的义务

第 1 章并没有进一步说明如何使用信托财产来提供所谓的“持续利益”,但是我们现在需要理解的是,从信托财产中产生的持续利益意味着受托人为了公平行事,不仅需要考虑不同的受益对象,还需要考虑不同种类的受益对象。在解释“连续的财产利益”的含义时,我们可以根据术语推知,它指的是从信托财产或者信托财产的利益中持续产
354 生的收益。如果一种收益或者利益消失了,就有另一种收益或者利益形成,那么这种说法就是有效的。连续利益的创设经“财产授予”而为人们广泛熟知,这个术语也是从中获得的。我们还需要理解第 2 章所出现的大部分术语,首个现代信托指的是土地信托;这也是我们第一次看到对财产设立连续利益。

这意味着,最早的现代财产授予(连续利益)指的是从土地财产或者其利益中所获得的收益。了解这一点对于了解以下术语是相当重要的,即对所有受益人普遍适用的并涉及连续利益的术语,即使所涉财产实际上并不是土地。这可以通过参考此类财产授予协议中的一些典型的安排加以解释。在这里,首先将财产为某种或者可能是数字表示的受益人设立信托,然后在前者去世后,为后者(不同种类的受益人)设立信托。这样的协议通常表述为“为了 A 的终身利益,然后是为了 B 的终身利益,接着依次是为了 C 和 D 的终身利益”。由于这种协议是围绕着土地展开的,所以,“A 的终身利益”指的是在财产授予协议下,A 可以作为“土地终身占有人”,尽管在 A 去世后,接受财产的人被称为“指定继承人”,这个表述与物权法中的表述相似。这是典型的传统协议,但是,只要协议不损害财产永久权的要求,人们可以对任何种类的财产设立“极长”时间的连续利益。然而,法律对此都进行了规定,财产连续利益的存在确实提出了一个特殊的考量,即受托人

如何履行他们对所有受益人的公平义务。

履行公平义务所引发的冲突

如果没有引入受托人对受益人公平行事的义务，或者更关键的，如果并非所有的受益人都对信托财产（甚至是相同的信托财产）享有同样的利益，那么当我们在看待信托资产投资的重要性时，我们应该回顾一下 *Nestle v National Westminster Bank* 案的判决。在开始讨论受托人对投资享有广泛的自由裁量权之前（简要地进行讨论），Nestle 坚持认为，受托人“在做出投资决定时必须公正行事，这个决定可能会对不同范围内的受益人产生不同的影响”。即使 *Edge v Pensions Ombudsman* 案对“所谓的公正行事”作出了不同的解读（实际上，要求受托人适当地行事自由裁量权并不复杂），这种解读毫无疑问地表明，受托人需要平衡不同的“受益人利益”。

就受托人如何实现这一目标而言，我们由此得出了一个更深层次的术语，这个术语用来区分涉及连续利益的协议中不同受益人的类型，并且我们可以以此预测对受益人公平地履行作为义务的范围。这要求受托人不仅要考虑到现存受益人（此受益人的利益在任何特定的时间内都是“有效的”），而且要考虑那些在适当的时候可能出现的潜在受益人，即另一个终身受益人，如果有的话，那么剩下的人最终会完全得到财产。如果某个受益人现存利益仍然存在，潜在的受益人目前对信托财产还无权享有利益，那么受托人如何前瞻性地考虑潜在受益人的利益？除了“终身受益人”和“指定继承人”这两个术语之外，还存在其他的术语对不同的受益人类型进行表述，在学习这些术语时，我们可以理解上述问题是如何解决的。受益人的类型还可以分为“收益受益人”和“资本受益人”，这还可以帮助我们理解下述问题，即如 355
果受托人对所有受益人履行了公平的义务，那么会产生什么样的问题。

从本质上来说，终身受益人通过管理信托财产，有权从中获得收益，因此，终身受益人也被称作“收益受益人”。首先，我们需要仔细考虑一下与投资相关的问题,基于此,我们可以明确看出,受托人有义务保护信托资产,然后他可以尝试将信托资产最大化。在这种情况下,收益受益人享有的收益源自受托人保护信托财产的义务,所以他有权从中获得收益,并且这种收益来源于信托财产。从信托财产中产生的收益的具体数额将取决于设立信托的财产的种类(或者由委托人所提供的财产决定,或者受托人已经行使了他的权力,为信托获得了更合理的财产,笔者在下文很快就会提到这一点)。第 2 章提到,信托财产是普通股;在这种情况下,收益是从股权中获得的股息,而不是股票本身,如果信托财产是众多金融票据中的一种,那么从收益中获得的即是利息。也许,将土地作为信托财产这个例子最容易让人理解:在这种情况下,从财产中产生的租金即是收益,尽管财产本身(可能是一间房屋,或者是一间公寓,甚至可能是商业用地)是固定资产。

在这个例子中,土地既是收益的来源,又是固定资产,这会使受托人在管理信托财产时,需要选择那些能够为终身受益人产生充足收益的财产或者处理财产的方式,并且还需要将资本收益移交给剩余地产权人。如果这对受托人来说还不构成挑战的话,由于每个受益人所需要的投资策略并不总是一致的,那么这对受托人来说也是一种挑战。其原因是,收益受益人总是热衷于在短期内产生最大回报的投资,但是缺乏长期的考虑,而剩余地产权人的兴趣点则相反。受托人必须采取一些措施来维持信托的资本和收入之间的平衡。这样做的目的是,在为目前的权利人提供合理收益的同时,也为未来的权利人保留一定的资本。与分配有关的规则来自于这一原则,虽然现在通常的做法是,尽可能地排除对未来受益人的考虑,但是他们绝不是毫无关联的,特别是,他们有权获得信托基金的增值部分。据说,在特殊情况下,法院本身会对分配做出指示(如 *Kleinworfs Settlement* 案),但在实践中这种情况少之又少。法律委员会最近也在审议这个问题,所以,了解一些传统规则的背景,对于理解现在的争论和政策是非常有用的。

分配和 *Howe v Earl of Dartmouth* 案

某些类型的财产本身并不适合设立连续性利益的信托。消费性资产(指很快就可以被消耗的资产)不会为剩余的产权人提供利益,同样地,如果财产所产生的利益不会随着时间而增值(如土地的复归权益),那么它也不会为终身受益人提供现实收益。当委托人决定通过信托,将财产的利益慷慨地赠与他人时,或者当某种财产的投资价值可能会随着不同的市场状况而发生巨大的变化时,委托人通常不能完全理解上述规则的含义。在这些情况下(不管以什么样的方式产生),受托人必须在受益人之间实现公平,其明显的做法是,将财产进行出售,在为剩余的产权人保留足够的资本后,将收入用于投资,以此为终 356
身受益人提供更多的收益。如果信托文书明确规定受托人应该这样做,那么这里就不会存在任何障碍。*Howe v Earl of Dartmouth* 案强迫受托人出售信托财产,即使在一些涉及个人财产的遗嘱信托中,受托人没有作出明确的指示,或者在遗嘱中没有表达出相反的意图。

如果这个原则产生了兑换财产的义务,即将财产进行出售,那么将财产进行兑换的标准日期为立遗嘱人去世后的一年内——在"遗嘱执行人的时间"结束时(遗嘱执行人的时间指的是允许对遗产实施管理的时间)。然而,如果受托人行使其权力,推迟了对财产的出售和兑换,那么上述规则就不能再适用,以分配为目的的评估应当在立遗嘱人死亡之时进行。受托人通常不能在这些特定的日期内进行兑换或者再投资,所以在实际兑换之前,需要一些原则来规制资产收益的分配。如果有明确的意图表明,终身地产保有人将会获得实际收益,或者如果财产是不动产(因此不受 *Howe v Earl of Dartmouth* 案所确定的规则的限制)并且没有出现相反的意图,在这种情况下,终身地产保有人将会获得实际收益,那么就不需要一些原则来规制资产收益的分配。其原因是,在其他情况下,资产收益的分配需要复杂而又详细的计算,这取决于财产的确切性质。

就那些不能产生现实收益(例如,可复归权益)的财产来说,它们

可以适用于从 *Re Earl of Chesterfleld's Trusts* 案的判决中所衍生出的规则,并且利用公式计算资本与收益的分配。实际上,假设按年复利计算,每年利息是 4% 。如果将财产出售后获得了 1000 英镑。这是资本部分的数额,如果将这部分金钱以 4% 的复利进行投资,那么可能会产生 1000 英镑的收益:收益也可能少于 1000 英镑,但除了资本以外剩余的都是收益。如果资产产生了收益,终身地产保有人则有权获得 4% 的利息,如果实际上产生了额外收益,则归于资本。基于 4% 复利的假设,还存在一个公式,用来计算如何分摊因基金(如丧葬费用,解决立遗嘱人债务的费用)的资本或者收益所产生的债务支付问题。这个公式来自 *Allhusen v Whittell* 案。如果不聘用会计师,人们难以运用这些公式来解决对基金造成的损害,这也是实际上人们经常忽略的原因。

收益与资本、分配以及法律改革

其他困难是,资金的特定部分不可能在任何时间内都能很好地进行转让,特别是在经济不稳定的时候。这给受托人带来了实际困难,他们很难决定是继续进行投资还是试图计算出一个更实际的价值。这里的法律受到从判例法中衍生出的大量衡平法原则的支配,正如法律委员会于 2009 年作出的报告,即《信托中的资本与收益:分类与分配》(法律委员会,第 315 页)中提到的那样,这些原则反映出委托人或者立遗嘱人推定的意向,他们为财产创设了连续利益,希望终身地产保有人以及指定继承人可以公平地享有信托利益。《1870 年分摊法令》第 2 条作为一个单独的法定条款,对此也进行了规定,即只有收益受益人有权获得一定比例的收益,这些收益被视为在权利期间内已经产生了增值。然而,现代信托中几乎不再适用大量的衡平法原则,长期以来,人们一直在谈论将这些规则替换为更具一般性的法定义务。这种做法赋予了受托人一定的权力,使之有权将资金转化为收益,或
357 者将收益转化为资金,并且受托人有义务整体考虑信托的投资,从而得以在受益人之间保持公平。如果这种方法得以实施,其法律效果是

简化了在一些情形中所必要的精确计算。

在 2004 年,法律委员会发布了《信托资本与收益的咨询文件:分类与分配》(CP No. 175)。法律委员会将其描述为改革复杂规则的项目:(1)区分信托的收入与支出,将其按照"资本"和"收益"进行划分;(2)为了在不同受益人之间保持公平,要求受托人分配资金和收益。

法律委员会将"改革复杂规则的项目"与前述的公平规则相联系,并在其 2009 年的报告中指出,虽然所有传统规则都是"理论上合理地并且明智地发展了分类规则和平衡义务",但是因为它们通常对相对小数额的金钱(甚至极小数额的金钱)都要求进行详细的计算,所以它们总是被排除在明示信托之外。

在这方面,咨询的范围来源于《2000 年受托人法》所规定的受托人职位的重新评价。本书已经参考了大量有关受托人职位现代化的观点,其中必然涉及信托资产投资的条款。然而,法律委员会在《2004 年咨询文件》中指出,在《受托人法案》正式成为法律之前,人们的关注点在于,该法案是否会"通过区分信托法中提到的收益与资本,从而解决在管理信托财产所出现的问题"(段落 1.5 中提到)。

在《咨询文件》中,法律委员会确认了这其中的主要问题,这些问题来源于在信托法中,就如何区分收益与资本所进行的考量,具体内容如下:首先,就私人信托而言,这可能是对规则(指将信托收入规定为收益或者资本的规则)的评价,并且是对成文法规则和衡平法规则(指要求兑换原始的信托财产或者分配资本和收益数额的成文法规则或者衡平法规则)的考量。据此,法律委员会打算考虑这些规则对慈善事业所产生的影响。

由于同居项目的启动,该项目于 2007 年暂停执行,此后,法律委员会的报告于 2009 年公布,在报告中,法律委员会重申,该项目的目的是:

有些规则规定,将信托的收入与支出视为资本或者收益,并且规定受托人需要区分资本与收益,以及受托人应当能够基于"总收益"而进行投资的范围,特别提到了连续利益的信托和永久资助的慈善信托。

14.2 由托管制度产生的权力和自由裁量权

衡平法规定了大量不同种类的权力和自由裁量权,随着时间的推移,成文法也对此作出了认可,其目的是给予受托人一定范围的权力,
358 为受益人提供信托利益。这些权力与涉及积极信托的普遍问题相关联,并且也涉及更具体的方面。

14.2.1 信托管理中源自普遍问题的权力

在这方面,出售部分或全部信托财产的权力通常由信托文书明示或暗示地规定,即使没有这些权力,受托人通常也可以根据成文法的规定,或者根据法院的命令,出售信托财产。因为这在传统上适用于涉及土地的财产,所以我们需要了解《1925 年限制授予土地法》所规定的信托,以及法定售产信托。然而,前一种情况,(《1925 年限制授予土地法》所规定的信托)几乎不再存在,也不再是人们所关注的重点,法定售产信托(包括出售义务,以及暗示的推迟权力)现在已经被《1996 年土地信托和受托人指定法》中所规定的一类信托所取代,这类信托给予受托人广泛的出售权力,但是与售产信托的前身不同,其没有赋予受托人出售的义务。就个人财产而言,《1925 年受托人法》包含了大量的出售条款(包括其中的第 16 条),并认可了受托人在没有被明示或者暗示授权的情况下所做出的出售信托财产的效力。但是,在新制度下,除了土地信托外,如果受托人没有法定的出售权力,那么《2000 年受托人法》并没有相关的条款用以认可出售个人财产的效力,除非是为了改变投资。

在信托财产的交易过程中,通过密切联系信托财产的销售和以促

进信托执行为目的的财产收购，我们可以看出除非买方能够获得交易的有效收据，否则交易几乎没有价值。因此，尽管与信托文书上的内容相反，《1925 年受托人法》第 14 条仍然规定了开具有效收据的权力。买方从受托人处获得此类书面收据后，可以免除其相应的义务，使其无须确保受托人是否基于信托请求支付了价款。从买方的角度来说，这是非常重要的，其原因是，买方意识到了自己所购买的财产是信托的标的物，否则，他可能会认为自己是基于衡平法中的注意原则，作为推定的受托人而持有该财产。

在适当的情形下，受托人同样有获得信托财产的权力；《2000 年受托人法》第三部分的条款赋予了受托人获得土地的权力。这些广泛的新权力适用于购买租借地和自由保有土地。根据第 8 条的规定，此种类型的购买适用于投资的目的、受益人的占有，或者任何其他的目的。根据第 8 条第 3 款的规定，受托人享有绝对所有人的一切权力，而购买权是一项重要而又特殊的权力，其原因是，购置土地不同于从土地上获得的贷款，它是一般投资权力的例外规定（见“一般投资权力第 3 条”），并且如果受托人可以无条件有权获得该土地，那么一般投资权力的例外规定就允许受托人尽其所能地进行任何投资。在行使这些权力时，受托人需要满足第 1 条所规定的注意义务。并且，在这个方面，《2000 年受托人法》第 34 条赋予了受托人给信托财产投保的广泛权力，它反映了这样一个问题，由于《1925 年受托人法》第 19 条的相关规定限制了受托人为信托财产投保火灾险的权力，但是没有限制其他的可保风险，所以它被视为具有极大的限制性。这种非常有限的权力来源于这样的事实，即 1925 年之前出现了很多商事交易可用的保险形式，此后人们迅速认为这些保险形式在商事交易中是不可或缺的。现在，这种权力的行使要遵守成文法的注意义务。 359

我们已经了解到，受托人在执行信托的过程中可能希望得到他人的帮助，并且我们在第 13 章已经了解到，《2000 年受托人法》第 11 条规定了大量的“可委托职责”，受托人可以将这些职责集中委托给其他人。该法案的第四部分规定了指定代理人和管理人的新制度。在这里,我们可以发现保管人和被任命人享有持有信托财产的广泛权力。也许这部分最重要的是第 3 条第 1 款所规定的新的法定义务,根据规定,受托人必须选定代理人、管理人以及候选人,尽管第 22 条规定,受托人有义务审查选定代理人的活动。如果受托人严格遵守了《2000 年受托人法》第 23 条的所规定的指定和审查(代理人)的义务,那么他们无需对指定的代理人、管理人以及候选人所做出的违约行为负责。受托人在合法地委托他人时,其本身也要受到注意义务的约束。

受托人作为财产的普通法所有人,他有权提起涉及信托财产的诉讼,加重责任的权力也是来源于此。如果请求权属于普通法请求权,那么结果往往是只有作为普通法所有人的受托人才可以提出。这是非常重要的,特别是在对信托负债的情况下。尽管如此,诉讼仍然是一件危险的有风险事情,特别是在追究债务时尤为如此,在这种情况下,人们远远不了解他人欠下的债务是否可以被追回以及在追究债务的过程中是否会花费额外的费用。鉴于此,《1925 年受托人法》第 15 条规定,受托人在与信托相关的人打交道时,享有自由裁量权(通常是由于他们拖欠委托金),并且实际上允许受托人权衡诉讼风险。受托人在行使《1925 年受托人法》第 15 条所规定的权力或者所规定的其他相关权力时,他们还需要履行《2000 年受托人法》第 1 条所规定的成文法注意义务。

14.2.2 由积极信托的特定方面所产生的权力

为了使未来受益人从收益或资本中获利,受托人有权使用信托财产,这时产生了抚养权和预付托管财产权。如果目前无受益权的未成年人在将来会成为权利人,但是在未成年期间,他需要经济支持,那么在这种情况下也会产生抚养权和预付托管财产权。通过联系“抚养”和“预付”的术语含义,我们在此可以发现,《1925 年受托人法》已经规定了成文法权力,并且法院在这方面也享有固定管辖权。

只有当受益人有权基于信托获得中期收益时,《1925 年受托人法》第 31 条规定的成文法抚养权才可以被适用。如果受益人获得了他的利益,或者如果存在具有中期收益的或有利益,那么情况往往也是如此。如果存在优先权益,即其他人有权在受益人之前享有财产利益,或者如果受益人的利益归属于任意受益人的利益,那么成文法抚养权绝对不能适用。如果受托人能够获得信托收益,并且就是否抚养受托人享有自由裁量权,第 31 条就对涉及此类未成年人的情形提供了具体指导,规定了未成年人需要满足的条件,以及这类案件的一般情形。如果在信托文书中存在相反的意图,那么当未成年人成年后,抚养权就会终止。这就是"意外事件"。即使他的利益具有偶然性,受托人仍然需要向他支付全部收益,直到他获得既得利益或死亡为止。 360

预付托管财产权允许受托人为了将来受益人的利益,向其支付资本数额。根据《1925 年受托人法》第 32 条的规定,该权力可以由信托文书授予,或者受制于相反的意图。为了向有权获得资本或份额的人"提前预付",或者为了他们的"利益",此种成文法权力允许受托人随时可以向他们支付或者适用资本款项。在法定期限内,无论权益是既定还是或有的,或者无论权益是实际占有的权益,还是剩余权益或复归权益,上述权力都可以被广泛适用。受益人份额的一半以上可以进行提前预付。只要预付托管财产权的行使是为了向受益人"提前预付"或者为了受益人的"利益",受托人可以不受任何条件的限制,自由行使该权力。该权力的适用范围非常广泛,在以节税为目的的制度设计中,该权力被广泛适用。在这种情况下,预付托管财产权可以被看作是为了避免对资本转移缴税而设计出的方案,它本身也是规避遗产税的手段(通过确保赠与行为发生在立遗嘱人死亡之前的七年以前,从而达到避税目的),而遗产税旨在至少对每一代人征收一次家庭资本税。

这里存在一个关键的案例,即 *Pilkington v IRC* 案,此案来源于 Penelope Pilkington 的部分或有股份的拟预付托管财产权,作为未成年受益人,只要她达到成年的法定年龄(21 岁),那么她就能获得她的叔叔所设立的基金。上议院认为,托管人希望向佩内洛普预付一笔 7060 万英镑的资金,这是以其他信托为由解决的,是一个适当的行动方针,而且预付的目的并不重要,是一次重新安排,这次重新安排的目的是避免在死亡时应付的税款,换句话说就是避税。

但是,在 *Pauling's ST* 案中,上诉法院强调,受托人必须确信,向受益人提前支付能够增加预付款,并且还要明确,如果基于特殊目的进行提前支付,受托人必须清楚受益人是否有可能实际上能获得预付款。由此可以看出,如果受益人可以随心所欲,那么就不能对他进行支付,但是 *Pauling* 案并没有说明受托人是否可以收回受益人基于特定理由而请求支付的金钱,并且将其适用于完全不同的地方。

14.3 受托人和源自信托财产投资的权力和义务

有人曾经提出,关于投资的研究可以被视为受托人权力和义务的集合点。反过来,其原因是,在许多方面,投资是我们至今所了解的明示私益信托的所有内容的集合点。我们可以看到,信托的发展使得财产所有权与受益权相分离,此外,信托有必要赋予受托人普通法所有权,并且规定确保信托实现的"有效性"要求,究其原因,管理信托财产是其不可或缺的重要因素。

信托的存在价值是为了提供财产利益,无论其是为了提供类似于赠与的财产实际使用权,还是出于"财富保值"和"避税"的策略性考虑。受托人需要确保信托财产实现信托价值,这也是受托人被视为信托财产监管人的原因,从历史上说,这也是受托人有权将行政职能或者执行职能委托给他人的主要原因,其原因是,委托人选出某人作为受托人之后,他会希望受托人能够履行看管信托财产的职能。在传统上,投资作为一种个人职能,被视为是受托人职能的一种典型模式,保

护信托资产的义务是与受托人义务相关的法律的核心要素。这对托 361
管制度的启动以及在有效信托中，受托人的行为都产生了影响。而且，正如我们将在第 16 章中了解到的那样，就信托投资意义的周期而言，受托人在这方面感知到的失败可以从有多少“投资案例”影响到的涉及违反信托的法律中看出。

我们已经了解到，在信托开始时，受托人必须了解信托的条款和他们所持有的财产的状况，作为必须要了解的部分，他们必须确保资金得到适当的投资，并且所有的证券和动产得到了妥善保管，此外，他们必须采取一切措施，以保证任何未偿还的财产得以偿还。在 *Brogden* 案中，由于受托人未起诉要求执行一个向财产授与方支付 10, 000 英镑的契约，所以法院判决受托人对此负责，尽管他们的动机是不愿意使作为立约人财产重要部分的家族企业陷入困境。但同样地，在 *Ward v Ward* 案中，某个受益人可能会在诉讼中败诉，但是受托人没有连同此受益人的家人（他的家人同样是受益人），一起对他提起诉讼，事后受托人也没有对此负责。但是，*Ward* 案被认为是极端的情况；在 *Brogden* 案中，上诉法院裁定，受托人未能起诉的唯一理由是认为诉讼是徒劳的。这并不是一个不追索信托付款的合理理由。随后，《1925 年受托人法》第 15 条在权衡诉讼风险方面对受托人提供了帮助，现在，根据《2000 年受托人法》所规定的成文法注意义务，受托人在行使其权力时可以加重责任，此外，他们可以延长支付债务的时间，并且不会承担责任。

14.3.1　通过投资而产生的保护信托财产的权力和义务

一旦受托人从一开始就以这种方式“集中”了资产，他们就必须长期保护这些资产，这要求受托人必须决定如何对信托财产进行适当的投资。我们在此可以看出，有两个主要原则起到了作用：第一，受托人有义务公平地对待受益人；第二，受托人必须进行适当的投资。我们已经了解到，前一项原则的适用要求受托人在选择投资方式时，必须注意向哪些人提供财产收益,以及哪些人最终有权享有该财产。这些内容会偶尔提到这一点,但主要侧重于规定适当投资的义务,以及如何授权受托人做到这一点。

作出适当投资的义务

就此而言,《2000 年受托人法》的颁布标志着新的投资方式的到来,与受托人投资相关的传统法律较为谨慎,而新的投资方式与其有巨大的不同,并且与标准的投资文化和惯例形成了鲜明对比。如果信
362 托文书没有授予明确的投资权力,那么法律将会被适用,法律通过此方式提供了退路。专业起草的信托中普遍都包括此种明确的权力,但是《2000 年受托人法》对一般投资权力的规定很可能会减弱此类明示规定的必要性。

14.3.2 "适当投资"定义的过去和现在:结合《2000 年受托人法》的理解

在《2000 年受托人法》引入这些改变之前,法律政策需要对投资加以限制,并且也需要对投资进行谨慎的规定。我们可以以一种广义的方式看待 *Speight v Gaunt* 案和 *Whiteley* 案的相互作用,其中,*Whiteley* 案旨在提醒人们,在信托安排中,受托人不是处理自己的财产,而是处理属于他有义务保护的权利人的财产。在投资方面,这要求受托人需要达到像投资自己的财产一样的谨慎程度,但这也会防止受托人承担像投资自己的财产一样的相同程度的风险。我们之前已经提到了《2000 年受托人法》是如何放宽对这种情况的限制的,但是,*Whiteley* 的"风险控制"的思想在《2000 年受托人法》的前身,即《1961 年受托人法》的方针中很少被提及。

《1961 年受托人法》的总方针是,受托人在为某个特定的信托选择适当的投资方式时,必须从一个有限的范围中进行挑选。在这个范围内,其有效性本身就对我们所认为的安全的和低风险的投资进行了限制。《1961 年受托人法》的总方针采取了"核准清单"的形式,其中

所列举的投资方式既是可获利的,同时又是安全的,这种“核准清单”的意义可以从下述事实看出,即脱离受托人违反信托的总数的事实。这种做法是信托法受到最多批判的方面之一,由于信托法不符合法律委员会从 1997 年至 1999 年所进行的调查的目的,所以产生了《2000 年受托人法》。在《1997 年关于受托人权力和义务的咨询文件》(CP146 号)中,法律委员会认为《1961 年受托人法》所采用的方法“过于谨慎和限制”,甚至认为,该体制对受托人施加了不必要的巨大负担,并且有证据证明,在 20 世纪后期,多样化的投资市场提供了大量的机会,但是由于投资未能满足这些机会,所以有些信托严重的表现不佳。相反,法律委员会认为,受托人在投资方面应该具有与个人相同的权力,并且在行使该权力时需要满足注意义务,这会增加多样化和适合性的需求。在这种独特而又明确的体制中,还存在进一步的安全检查,即要求受托人对此类问题寻求适当的专业建议。

14.3.3 《2000 年受托人法》:对呼吁更自由化方式的回应

在回应《1925 年受托人法》和《1961 年受托人投资法》所反映的针对投资体制的批评时,《2000 年受托人法》第 3 条为受托人提供了新的广泛的成文法权力。在这里,本部分的开篇对信托投资的重要性进行了识别研究,这是非常重要的内容,并且表明了清除大量陈旧制度,用与投资有关的更适当和更便利的法律框架来进行取代的意图。

第 3 条　一般投资权力 363

第 3 条第 1 款规定:“根据本节条款的规定,受托人如被全权授权管理信托资产,其可以进行其所能进行的任何投资。”虽然之后对新的现行法律制度的讨论将侧重于受托人的投资权力及其范围的限制,但这一意向声明应该首先被提出。事实上,第 3 条第 2 款将此意向声明定义为“一般投资权力”。值得注意的是,与《1961 年受托人投资法》的规定不同,新立法中没有要求对信托基金进行任何分割,但一般投资权力隶属于第 4 条和第 5 条所规定的“保障措施”。这些保障措施本质上是指受托人需要考虑的“标准投资准则”的义务,以及获得和考虑正当建议的义务。

第 4 条　标准投资准则

《2000 年受托人法》中所规定的“标准投资准则”的概念及其具体构成都不能被视为具有新颖性,从本质上来说,它们是根据《1961 年受托人投资法》重新制定的。根据第 4 条第 1 款的规定,受托人在行使任何投资权力时,必须考虑标准投资准则,不论这是否属于 2000 年立法所赋予的一般投资权力的一部分,或是属于其他的来源(例如,当此权力是明确规定的权力,而不是所有受托人都有权使用的普通权力时,这种权力就来源于信托文书本身)。当然,一般投资权力在此方面的适用受限于相关的限制条款或者排除条款,这些条款规定在信托设立之时的文件中。根据第 4 条第 2 款的规定,受托人在行使任何投资权力时,都必须考虑标准投资准则。在这一过程中,受托人必须经常审查所做出的投资是否应该与原始投资方案存在区别。其次,这种审查的需要是依据参考标准投资准则来定义的,并提供了必须进行此类评估的标准。

标准投资准则　两组目标

就任何特定的投资而言,标准投资准则是由衡量其适当性的两种措施所构成的,这在立法中也有反映:就特定信托所考虑的投资类型而言,其所需要满足的适合性体现在第 4 条第 3 款(a)项中;就个人信托所需要满足的多样化而言,其规定体现在第 4 条第 3 款(b)项中。

受托人所选择的投资种类需要符合信托的性质,这要求受托人应该先考虑其打算做出的投资种类,以此来判断此特定信托所需要满足的妥当性,并且评定其适合性。当然,个人信托的需求变化较大,相应地,在评估其适合性时会产生一些问题,影响这些问题的因素也会有较大的变化。但是,从官方的角度看,例如在 *Cowan v Scargill* 案中,在考虑最有利的经济回报时,对适合性的考量明显不能涉及受托人对宗教或者政治的看法。事实上,从 *Buttle v Saunders* 案可以明显看出,在此之前，如果受托人想要使资产最大化，那么受托人需要具有不当行为，尽管该行为不是非法的，然后受托人则有权这样做——在那种情况下，受托人为了得到其他人开出的高价，可能会"敲诈"信托财产的买方。

多样性的要求是"投资组合理论"的核心，它被视为风险评估的标准，用来评估整个投资组合的风险度，而非投资组合中个人投资的风险度。*Langbein* 有效总结了投资组合理论对信托以及信托法的重要性，具体内容如下：投资组合理论告诉我们，倾向于多样化的投资者实际上总会增加投资多样化的可能性，而非进行单一的股票投资，无论是针对何种股票。如果未能对投资组合进行多样化区分（这被称为无报酬风险），那么可以通过分散众多资产类别以及不同的证券发行，从而不花费任何代价，达到规避风险的目的。正是在投资中对风险评估进行了总体考虑，所以才明确受托人必须确保对投资进行了适当的分散，因此风险才得以消除。如果确保多样化的义务不适用于所有投资权力的行使（并非仅指第 3 条所规定的一般权力），而事实上，那将是不可思议的，但实际上，它适用于所有投资权力。虽然这是一项义务，它既不能被排除，也不能被限制，并且尽管在行使所有的投资权力时，都需要采用鼓励进行投资组合的总方针，但是根据第 4 条第 3 款（b）项的规定，确保多样性的义务仅仅适用于"与信托的情形相适宜的条件下"。因此，尽管立法中毫无争议地引进了多样性的概念，但是法律条文同样承认对多样性的适当性仍然存在限制（例如，根据信托的规模或者信托资产的多少加以限制）。 364

第 5 条　行使投资权力时征求意见的义务

在金融市场的环境下，市场中出现了大量的"投资产品"，并且投资更多地在全球化的环境中进行，这使受托人可利用的投资机会越来越多，但是，管理投资机会对于专业受托人以外的其他受托人而言，是其职责中要求较高的方面。当然，这需要通过行使重要的权力以及苦于日渐增多的"责任"审查才能得以实现。国家也在"源头上"为市场参与者提供了一些帮助,这些帮助被称为“商业行为”规则,这也是英国金融市场管理制度的核心内容。虽然这个规则本身极具创新性,但是在金融环境中,关键控制点主要集中于要求监管产品的卖方留意客户的专业技能水平,以及在行事过程中最大限度地照顾客户的利益,从而确保最佳交易,并且在某种程度上,与客户的交流要做到清晰明确,公平公正,没有任何误导性。

同样值得注意的是,根据第 5 条第 1 款的规定,受托人在行使投资权力之前(不考虑其来源),他必须(根据第 5 条第 3 款的例外规定)获取并且考虑正当建议。上述正当建议指的是受托人根据标准投资准则所应当行使投资权力(无论权力来源于何处)的方式。根据第 5 条第 2 款的规定,当受托人通过参考标准投资准则以及《2000 年受托人法》第 4 条第 2 款的规定而做出投资适合性的审查时,他必须就投资多样性的方式,获取并考虑相应的正当建议。上述要求极大地偏离了 1961 年立法的规定,1961 年立法并没有对受托人寻求并考虑建议的义务进行过多的规定,尽管第 5 条第 3 款规定,“如果受托人合理地认为,在任何情形下都没有必要(或者不宜)获取上述建议,那么他就不需要这样做”,通过此规定,我们可以推测出,第 5 条第 3 款旨在处理受托人本身即为经验丰富的理财顾问的情形。

365 就何种建议应当属于“正当建议”而言,法案第 5 条第 4 款对其定义进行了规定,即“受托人可以合理确信,出具意见的人具有与金融或者拟投资的具体事项有关的实践经验,并且根据自己的能力能够给出适当的建议”。这一定义来源于《2000 年受托人法》的前身,即《1961 年受托人投资法》的相关规定。

14.3.4 授权及其伴随的义务:第 3 条和第 1 条的联合效应

我们已经了解到,法律委员会在规定受托人投资行为的自由化时,通常附带要求受托人听从专业的建议,并且履行勤勉义务。第 3 条所规定的一般权力指的是,根据第 1 条所规定的法定勤勉义务所适用的权力。上述后一种政策的采用可以从一般权力的行使方式中看出。在这种情况下,胜任的界限标准要求受托人必须满足第 4 条和第 5 条的规定,就此而言,我们可以看出,法律所规定的自由化可能会对某些受托人(指不具有一定“市场敏感度”的受托人)提出更复杂的要求。此类受托人很可能更倾向于 1961 年制度的规定,根据这一制度的规定,受托人只能在指定的列表中选择(投资方案),此外,衡平法从不过分地要求受托人“操纵市场”,并且认为,受托人并非履行的担保人,只有当受托人未谨慎行事时,法院才能判决其承担责任,因此,受托人可以从这个事实中得到宽慰。

第 3 条规定的新的自由化的方法当然要受到第 1 条规定的勤勉义务的限制。在明示协议中,受托人的义务如何才能在一定程度上被视为明示协议中受益人的权利?有些服务提供商要求进行改革,即解除对信托可能性“最大化”的限制,在这些要求改革的服务提供商中,绝大部分人原则上不仅仅受到第 1 条规定的界限标准的限制,而且理论上还要满足更高的标准。当我们考虑第 1 条规定的义务本身时,我们发现,任何人担任受托人的角色时,人们对其都有一般的期待,鉴于此,实践中还存在一些附加因素影响着人们对个体受托人的期待,这些附加因素的目的是影响个体受托人所代表的特殊技能和专业技能。然而,从那个角度上看,我们注意到,尽管法律有意引入对技能和表现的基础的区分,但是,当受托人未能满足所要求的标准时,我们很难判断,受托人的义务是否在实际上会影响到受托人由此所要承担的责任。其原因是,根据受托人免责条款,实践中有些人很可能会坚持限制责任,而这些人实际上很可能正是那些需要进行区别对待的人。第 16 章对此有进一步的论述,在第 16 章中,我们会发现,“不好的”投资 366
选择会极大地引发信托的违反。

当我们考虑第 1 条所规定的成文法责任时,我们还了解到,尽管成文法责任试图确定一个通用标准,但实际上这个通用标准并非通用义务,并且如果有证据证明,如果该通用标准在设立之初并没有打算适用于某些协议,那么在将来就不能适用于这些协议。简言之,第 1 条第 7 款的效力为,信托文书可以排除义务的履行。在这些情况下,受托人(义务)履行的判断标准为衡平法所规定的审慎标准,并且这个标准特别适用于投资(见 *Nestle v National Westminster Bank plc* 案),并且需要注意的是,受托人需要善于适用受托人免责条款。

第15章 信托的变更

通读全书,一般来说,受托人必须执行委托人的意愿,任何背离信托条款的行为都构成违反信托。尽管如此,为了有效的管理或为了保护受益人的权利的价值,扩展受托人的权力,甚至对信托的受益权进行实质性的更改都是可取的,这些情况很可能在实际中发生。

15.1 关于变更原因的一些基本观点

希望变更信托的主要原因是减少税收责任,这就是本章核心内容。然而,尽管衡平法在信托履行的很多方面都明显赋予了受托人自由裁量权,并且我们可以明显看出,衡平法通常不允许受托人更改信托的条款。因此,在近代法律改革进行之前,法院变更信托的固有权力非常有限,尤其是涉及纳税筹划这一动机时。

然而,除了成文法规定的情况之外,还存在一些可能变更的情形。

明示的变更权力

显然,委托人可能会通过起草信托文书以授予受托人权力,这些权力比普通法所规定的权力更加广泛。现代的信托文书通常会授予受托人广泛的自由裁量权,并且通常会通过制定适当的指定受益权,来规定受益权本身的变化。当然,这些权力的构成要件必须被严格遵守,但是,如果在草拟这些权力时足够谨慎,那么也可以避免那些不必要的、复杂的变更程序。毋庸置疑的是,由于这些权力本身就规定在信托条款之中,所以,如果依赖于信托文书中规定的明示权力,那么受托人的义务无一例外都不是来源于信托的条款。

Saunders v Vautier 案:受益人全体同意的变更

在缺乏明示权力的情况下,*Saunders v Vautier* 案规则的运用可能会影响到信托的变更。总体来说,只要受益人都为成年人、自权人,并且都有权获得整个信托财产,那么他们便可以使信托终止,并且根据自己的意愿重新处分该财产。因此,如果一份简单的财产授予协议规定,X 享有终身权益,Y 享有剩余财产权益,那么 X 和 Y 可以达成一致,终止该信托,并且立刻分割该资本。在一些更为复杂的财产授予协议中,可能会涉及一些更为复杂的方式,可能涉及精确评价未来的
368 权利,也可能涉及对损失险的需要,但是规则基本上是相同的。

根据受托人的建议,受益人也可以一致同意,变更信托条款的内容,并且无须考虑分割以及重新处分信托财产的过程,在这一过程中,可能会涉及大量单独的财产权转移,并且都需要支付印花税。

然而,我们需要理解 *Saunders v Vautier* 案原则的局限性,这是非常重要的。首先,这取决于所有受益人的全体同意。因此,基于权力享受赠与的人无权使用这个原则,尽管自由裁量信托中的受益人有权使用这一规则,但除非所有受益人一致确定,否则他们也无权使用这一原则。

其次,此原则适用的前提是受益人都同样解除信托,否则就构成了受托人对信托的违反。如果某些受益人为未成年人,或者如果财产

授予协议为某些尚未出生的人或者尚未同意的人创设了利益,那么基于此就不能进行信托的变更。家庭财产授予协议几乎都是为非自权人创设的利益,因此在处理此类财产授予协议时,上述规定是一个严格的限制。如第 15.4 节所示,这是《1958 年信托变更法》所解决的一项难题。

最后,除非受托人也同意,否则受益人不能改变现有的信托,并且只能遵守该信托,不能解除此信托或者重新处分信托财产。这在 *Brockbank* 一案中有所体现,尽管法律对其规定发生了改变,但它对这类问题作出了大致的规定。Vaisey J. 在第 209 页中提到:

> 在我看来,受益人必须在两种方案中做出选择:要么他们必须严格遵守遗嘱中关于信托的规定,在任何情况下都必须由受托人执行该信托,不得由他们自己挑选的人来执行该信托;要么他们必须经过一致同意,结束该信托。

Walton J. 在 *Stephenson v Barclays Bank Trust Co. Ltd* 案中表达了类似的观点。他所提出的一个原因是,如果不这样,受益人就不能对受托人强加义务,并且这些义务是完全不同于受托人原本接受的义务。这项说理似乎在《1996 年土地信托和受托人任命法》中得到了沿用。

15.2　法院针对信托变更的有限固有管辖权

如果有人不能作出同意的意思表示,尤其是儿童或者未出生的人,那么就会出现一些问题。如第 15.4 节所述,《1958 年信托变更法》赋予了法院相应的裁量权,如果法院确信,变更信托是为了这些人的利益,那么法院可以代表这些人同意变更信托的提议。然而,如果并非所有的受益人都是成年人和自权人,那么在考虑该法案和其他法律规定的效力之前,需要考虑法院基于固有的管辖权,传统上允许信托变更的范围界限。

长期以来,人们普遍认为,如果有必要,法院可以允许未经信托文
369 书授权的受托人采取行动。在 *Chapman v Chapman* 案中,上议院认为,法院的固有管辖权是有限的,只包括了紧急救助的部分。起初,这似乎仅局限于一些涉及需要提供紧急救助的案件,例如某些重要的救助需要筹集资金,就对未成年认定的财产进行抵押。随后,法院的固有管辖权涵盖了委托人不能预见和规定的意外事件,但是上议院在 *Chapman v Chapman* 一案中重申,一致同意 *Romer L. J. in Re New* 案中的构想,即紧急情况中的一些要素仍然需要满足。

Chapman v Chapman 一案只适用于此种受益人权益的变更。就信托基金的管理而言,存在更为广泛的固有管辖权。例如,在第 13 章的 *Duke of Norfolk's ST* 案中,法院基于固有管辖权,批准向受托人支付薪酬。

法院还可以代表未成年人或者未来的受益人,同意涉及受益权争议的和解。可以说,这并非真正意义上的信托变更,因为根据定义,它的条件不清楚,所以才会引发争议。然而,法院表示愿意将“和解”一词扩大到没有产生真正争议的情况,实际上,有时候法院会同意仅由受益人做出的变更。在 *Chapman v Chapman* 案中,上议院坚决否认了固有管辖权的广义概念,并判决认为,固有管辖权仅局限于实际争议存在的情况下。

因此,在 *Powell-Cotton's Resettlement* 案中,上诉法院裁定,如果投资条款不明确,那么就不存在有争议的权利,受益人用新的条款加以替换。在 *Mason v Farbrother* 案中,真正的不同点在于,两个对投资条款有争议性的解释与被允许的投资范围有极大的不同之处。然而,法院基于固有管辖权,不愿意批准新的条款的替换,而是更倾向于依赖《1925 年受托人法》第 57 条的规定。在 *Allen v Distillers Co.*

(*Biochemicals*) *Ltd* 案中,财产授予协议规定,萨力多胺药物的儿童受害人为其财产授予的对象,法院被要求同意这项财产授予协议的主张,然而,问题是法院是否会迟延对18岁以上儿童的财产授予。基于*Saunders v Vautier* 案所确定的规则,Eveleigh J. 认为,不存在规定此种延期的固有管辖权,但是根据财产授予协议条款本身的规定,可能出现此种延期。

因此,能够明确的是,有些变更的主要动机是减少税收责任,因此对这些变更来说,固有的衡平法管辖权的价值是有限的。

15.3 除了《1958年信托变更法》的规定之外,其他关于变更信托的成文法权力

修订后的《1973年婚姻诉讼法》

法院支持信托条款变更的固有管辖权具有狭隘性,而一些成文法规定可以抵消这种狭隘性。《1973年婚姻诉讼法》对管辖权作了极其重要的补充。其中,第24条和第25条规定,就婚姻诉讼中的当事人财产而言,法院享有调整秩序的广泛权力,因此,如果已婚夫妇 370
的财产(尤其是婚姻家庭的财产)需要满足涉及归复信托的条款的规定,那么法院所享有的广泛权力能够避免此种情况下不公正现象的出现(见第8章)。法院可能规定,夫妻中的一方可以通过现金支付、财产让与或者设立财产授予的方式来使另一方或者子女从中受益。

第24条第1款(c)项和(d)项规定了更为重要的信托变更的内容,即承认婚前或者婚后授产协议的效力,包括由遗嘱或遗嘱附录做出的财产授予,并允许授产协议规定,终止或者减少夫妻一方所享有的利益。人们普遍认为,"授产协议"这个术语包括任何涉及夫妻双方的有利规定(而非完全赠与),无论受利于他们自己还是受利于第三

方,同时,婚姻居所的取得也被判定为财产授予(见 *Ulrich v Ulrich* 案)。此外,如果分居令被撤销,或者婚姻关系随后被解除,那么法院基于第 24 条第 1 款的规定,有权发出法定分居的指令以变更或者解除任何关于财产授予或者变更的命令。

修订后的《1983 年精神健康法》

《1983 年精神健康法》第 96 条第 1 款(d)项规定,监护法庭有权对患者的财产做出授产安排,同时,如果授产协议泄露了一些未公开的重要事实,或者如果出现了一些实质性的变化,监护法院也允许法官以其认为合适的方式变更授产协议。

《1925 年受托人法》

前述条款旨在规定一些特殊的情况;《1925 年受托人法》和《1925 年限制授予土地法》的条款规定,受托人有权享有更普遍的权力。为了使管辖权在任何涉及"权宜之计"案件中都可以得到适用,《1925 年受托人法》第 57 条第 1 款实际上扩大了法院在"紧急"方面的固有管辖权:

> (1)凡归属于受托人经营管理的财产,任何出售、租赁、抵押、抛弃、免除或其他处分、购买、投资、收购,支出或其他交易的行为都要听从于法院权宜之计的意见,但是,如果信托文书没有授予受托人涵盖上述目的的权力,那么上述行为就不能被实施,如果存在这种情况或者法律规定了这种情况,法院可以通过命令的方式授予受托人权力,无论在一般的情况下还是在特殊的情况下,如果有的话,法院可能会基于这些条款,选择行使必要的权力管理经授权的金钱,使其增值,并且支付或者承受资本与收入之间的交易成本。

上述条文的适用方式是,在每项授产协议中都加入它的规定,但是,此条文明显限制了合法经营管理信托财产的事项,并且没有允许对信托的受益权做出修改。

此条款通常在内庭审理中得到适用,所以一般不会被记录,但一些收入判例汇编的案件表明,此条款曾被用来支持限制授权动产的买卖,或者,如果没能达成一致同意,该条款被用来支持土地的分割或者出售,或者该条款被用来支持为终身地产保有人购买住宅,并且提前出售归复权益。

土地的授产协议不需要满足《1925 年受托人法》第 57 条第 1 款的规定,但是根据《1925 年限制授与土地法》第 64 条第 1 款的规定,这些授产协议可能会有所不同,如果法院认为,交易将有利于限制授 371
与土地,或者对部分限制授予土地有利,或者对授产协议中规定的人有利,那么《1925 年限制授与土地法》允许法院作出命令,批准终身地产保有人实行任何与限制授与土地(或者部分限制授予土地)相关的交易。此项交易必须是本来可以由绝对所有权人实施的交易。该条款不仅仅局限于涉及经营管理的案件,尽管它包括了这些目的,并允许为了减少税收责任而改变受益权。就遗产税而言,家产分配契约需要支付繁重的税金,根据上述条款重新调整受益权之后,能够在一定程度上缓解缴纳繁重税金的弊端。

Morritt J. 在 *Hambro v Duke of Marlborough* 一案中引用了该条款,此条款许可第 11 世 Marlborough 公爵终身地产保有人实施让与行为,其法律效果是,剥夺 Blandford 侯爵的继承权,Blandford 侯爵(他曾被指定为受托人)总是懒散拖沓,没有责任感。

《1953 年紧急状态法(杂项规定)》对《1943 年限制授予土地和受托人法(法院的一般性权力)》做出了修改,修改后的法律永久地扩展了法院的管辖权,根据第 57 条和第 64 条的法律规定,就任何对限制授与土地或者设立了售产信托的土地的管理所提起的诉讼而言,如果该诉讼是有利的,并且所得的收益不足以支付诉讼费用,那么法院有权免收该诉讼费用。

《1925 年受托人法》第 53 条在某种程度上扩大了法院对未成年人的固有管辖权,即为了获得未成年人抚养、教育所需的资金或者收益,或者为了获得补助金,法院有权处理未成年人的财产。“救济金”被认为是包括了交易的费用,其交易的法律效果是,为了未成年人的利益,减少遗产税的缴纳:见 *Re Meux* 案。

在 *Meux* 案中,出售财产所得的收益应该归属于未成年人,因此,该收益可以被认为是为了未成年人的利益而进行“申请”的。然而,在 *Hayworth's Contingent Reversionary Interest* 案中,法院认为向终身受益人出售未成年人或有的归复权益,以换得现金并且终止信托的提议并非是为了未成年人的利益。该条款还支持了一些其他种类的交易,这些交易包括禁止排除关系疏远的受益人(见 *Gowerfs Settlement* 案),或者为了使法院批准《1958 年信托变更法》所规定的进一步信托变更,简化向法院提出的申请程序(见 *Bristol's Settled Estates* 案)。

15.4 《1958 年信托变更法》

如上所述,法院先前总是行使固有管辖权以同意和解或者“争议”,而上议院在 *Chapman v Chapman* 案所作的判决削弱了法院的这种广泛的做法,法律改革委员会被要求考量法院是否有权同意变更,这引出了一篇名为《法院支持信托变更的权力》的报道(Cmnd 310,1957)。《1958 年信托变更法》基于这些建议,规定了独立于《1925 年受托人法》与《1925 年限制授予土地法》的新成文法管辖权。

根据《1958 年信托变更法》第 1 条第 1 款的规定,法院享有裁量
372 权,有权代表以下类别的人员同意变更或撤销全部或任一信托的协议,或扩大受托人对信托财产的经营管理权力。具体有如下几类:

(a)未成年人或者精神上无行为能力的人;或者

(b)本身享有权益,但是有极小可能性获得权益的人,无论他们享有权益是既定还是或有的,都应该获得他们本身的同意(见第 15 节第

4 条第 1 款的规定)；或者

(c)未出生的人；或者

(d)基于信托保护享有自由裁量利益的人。

如果[除了第 1 条第 1 款(d)项规定的人之外]法院确信，该变更将有利于被认可的人，那么变更信托受益权的提议就可以得到同意。由于法院所要同意的是协议本身，而非对被征求意见的人有影响的协议的内容，因此，法院在决定是否同意拟定的授产协议时，需要将协议作为一个整体加以考量。

15.4.1 《1958 年信托变更法》的适用情况

只要有可能，在考虑受托人管理权力的扩张时，《1958 年信托变化法》所规定的管辖权优先适用于《1925 年受托人法》第 57 条的规定。法院表明，其愿意支持预付托管财产权或者积累权的适用，或者在其他事项上终止积累权的适用。

就投资而言，在 *Trustees of the British Museum v Attorney-General* 案中，风险投资主任 Robert Megarry V-C 认为，之后生效的《1961 年受托人投资法》所赋予的权力已经过时了，通货膨胀的影响以及信托的特征可能会导致一些特殊情形的出现，所以基于《1925 年受托人法》所做出的批准更为合适。该判决是基于 1961 年至 1983 年的投资模式的变化而做出的，包括从定息投资向股票和财产投资的变化。

然而，该说理绝不是普遍适用的，事实上，风险投资主任 Robert Megarry V-C 的判断是基于非常有限的条款所作出的。在此案件发生的时候，投资股票相对没有风险，八年来基本都是股市中的牛市。但今天的情形有所变化。风险投资主任 Robert Megarry V-C 提道：

有关基金的规模可能非常重要。大规模的投资通常会拒绝一些小规模的基金，而大规模的基金很可能会证明这种做法的合法性；因为，对大规模基金进行投资可能会分散投资，这可能证明更大的权力会带来更大的风险。

对《1958年信托变更法》的主要适用在于,为了节省税收而变更受益权,这被认为是其适用的自然范围。有人会认为,如果某些人不能对有利于他们的计划作出有效同意的意思表示,例如未成年人和未
373 出生的人,那么作出有效同意的人能够基于*Saundersv Vautier*案原则获得利益,这些未作出同意意思表示的人也不能被剥夺获得利益的机会;他们的无能力也不能阻止他们获得整个信托的机会。

法院可以以谁的名义支持信托的变更?

根据成文法规定,法院可以代表非自权人的受益人,作出同意的意思表示,然而,若同意的意思表示本应该由确定的成年人,即作为自权人的受益人作出,那么法院就不能够再作出同意的意思表示,因此,*Saunders v Vautier*案所确立的规则被《1958年信托变更法》保留了下来。因此,限制规定在第1条第1款(b)项中。

就那些难以获得的利益而言,第1条第1款(b)项的规定还是存在一定的困难,例如未经指定受益而获得的利益,或者信托失败的发生。该条款允许法院以下列名义作出同意的意思表示:

(b)在未来的某个时间或者未来的某个事件发生的时候,任何被具体指定的人或者任何特定团体中的成员(无论确定与否),都有权直接或者间接地获得信托项下的利益,因此,如果上述时间已过,或者上述事件发生在法院适用法律之前,那么,无论如何,该条款不应该包括具有上述特征的人,根据具体情况,也有可能是上述团体中的一员。

由于这些人需要自己作出同意的意思表示,法院无权代表他们,所以,正是“无论如何”这个用词,导致了问题的出现。例如,就那些未来的潜在配偶而言,他们很少有人希望能够继承财产,所以基本上也不会有什么问题。他们显然属于第1条第1款(b)项所规定的第1部

分的人员，法院有权代表他们作出同意的意思表示。但是，如果信托文书规定，某人享有或有利益，虽然偶然性出现的可能性不大，法院无权代表他作出同意的意思表示。他自己必须作出同意变更的意思表示。

《1958 年信托变更法》的范围和局限性

（上述条款）可能会极大地限制《1958 年信托变更法》的范围。例如，在 *Suffert's Settlement* 案中，如果 Suffert 女士没有任何子女，并且她的表姐只有在她死后才可以获得收益，那么法院无权代表她的表姐作出同意的意思表示。此外还有两个例子，即，*Moncrieff 's ST* 案和 *Knocker v Youle* 案。在后一个案件中，姐妹只有在信托失效或者终止后才可以获得利益，法院因此也不能代表姐妹作出同意的意思表示，Warner J. 认为自己受限于《1958 年信托变更法》的字面解释。

申请应由受益人提出，最好由目前获得收益的人提出，但是，委托人也可以进行申请，万不得已时，受托人可以申请，但前提条件是没有人进行申请并且变更有利于受益人的利益。否则，受托人不适宜进行申请，其原因是他们有公正地维护受益人利益的义务，申请人的立场将和其义务有冲突。如果委托人在世，那么所有的受益人，包括未成年人，都应该成为当事人，并且应该履行特别的注意义务，以确保正确代表了未成年人和未出生的人。

何为"获益"？

《1958 年信托变更法》的总体方案是向法院提供广泛的裁量权，但是对裁量权的限制是，除了第 1 条第 1 款（d）项规定的人员之外，除非法院认为，同意变更将有利于这些人的利益，否则法院不能同意变更。Stamp J. 在 *Cohen's ST* 案中认为，利益必须属于个人的，不仅仅属 374
于团体中的成员。

如果变更是由法院代表任意保护信托的受益人作出的，那么利益要件不会明确地扩展到此项变更［见第 1 条第 1 款（d）项］，但是法院享有自由裁量权，能够自由行使《1958 年信托变更法》所规定的权力，

在 *Steed's WT* 案中,上诉法院拒绝在此类案件中作出同意的意思表示,它认为没有涉及利益(见"经济利益的评估:长期考虑与短期考虑")。

获益的性质

法院所认可的利益不可能被绝对地列举出来,除了对一个理性自主的成年受益人在这种情况下会采取哪些行动来进行测试。

因为这种节省可以保留受益人之间可供分配的财产总量,所以经济利益被明确包括在内,而大多数节税计划都将满足这项要求。

经济利益的评估:长期考虑与短期考虑

在评估经济利益时,法院可能需要对短期因素与长期因素进行平衡,并考虑到批准代表对象的特征。在 *Towler's ST* 案中,有证据证明,依法将享有权利的受益人可能会鲁莽地处分其资本,所以 Wilberforce J. 准备推迟对其分配资本的时间。*Steed's WT* 案提出了消除与土地信托有关的保护要素的方案。作为终身受益人,主要受益人(基于保护要素,她并非为自权人)希望作出变更,例如希望受托人完全为了她的利益而持有信托财产。显然,从理论上说,这对她的经济有利,但有证据表明,委托人本有意保护她,但反对的人则通过终身受益人的良好性质,利用这些利益,上诉法院拒绝了作出同意的意思表示(进一步研究见"委托人意愿的相关性"一节)。

虽然法院很少会考虑拟定的协议中所包含的经济利益,但《1958年信托变更法》授予了法院自由裁量权,如果存在明确的经济利益,法院有权引导他们拒绝变更。在 *Weston's Settlements* 案中,上诉法院拒绝批准一项计划,该计划本打算将这些信托移转到一个避税场所(税率很低的国家或地区——泽西岛),该家庭已经提前三个月迁移到这里,其理由是,未成年受益人所享有的英国教育的道德效益与社会效益不会超过税金节约额。Harman L. J. 认为,"这是赤裸裸的无耻的避税行为",Lord Denning MR 在第 245 页指出:

> 生命中有许多事情比金钱更有价值。在我们英国的本土上，其中之一便是“嫉妒那些并不是那么幸福的地方”。我认为，仅仅为了避税就把孩子从英格兰迁移出去，移民到另一个国家对孩子来说是不利的。大多数孩子因为被给予太多而被毁了。避税可能是合法的，但并不是一件品德高尚的事。

Weston 也许是非典型的，法院不一定总是不予批准信托的移转。这取决于实际情况。在 *Windeatt's WT* 案中，Pennycuick J. 支持了一项
类似的计划。但是在那个案件中，这个家庭已经在泽西岛生活了 19 375
年，孩子们也是出生在那里；这根本不存在迁移的问题。同样，在 *Seale's Marriage Settlement* 一案中，Buckley J. 批准了一项把信托移转到加拿大的计划，该家庭过去几年来一直在家庭搬迁，没有考虑到避税，并且把孩子当作加拿大人来进行教育。

实际上，根据《1958 年信托变更法》所作出的信托移转是相当普遍的，但是，Weston 表示，所有情况都将被考虑在内，并且明确的经济利益的存在并不一定是决定性的。

另一种可能性包括了完整性的目的，即一些受益人可以通过牺牲他人的利益而获得自己的利益。例如，在 *Remnant's ST* 一案中，Pennycuick J. 批准了对于罗马天主教徒的儿童的没收条款的删除。有些孩子是新教徒，而其他的孩子是罗马天主教徒，但是，法院基于政策理由，批准了对该条款的删除（因为这可能在家庭内造成严重的分歧），尽管这显然对作为新教徒的儿童不利。人们认为委托人的意图也不具有决定性；的确，他们总是被无视。

法院可能会更进一步，同意那些在实质性条款上具有明确缺陷的计划。在 *CL* 案中，保护法院裁定，老年精神病患者为了使收养的女儿获益，她不需要任何回报，便放弃了自己的终身权益。实际上，这批准了受益人作出的直接赠与，她不可能基于严格的实质性条款而从中获益。相反，这位女士的需求得到了充分的满足，然而，法院批准了这项

协议,并认为法院的做法恰好是女士原本打算的做法,她本来会重视家庭责任。

但是,这些案件不应被视为典型案件。假设拟定的协议是无可置疑的,法院很少会去考虑其中所包含的经济利益。

法院裁量权的范围

根据该法案,法院裁量权的唯一约束在于,除了第1条第1款(d)项所规定的人之外,法院必须确信存在利益。然而,即使法院的确有作出同意变更的管辖权,但是,根据该法案的规定,“如果认为合适的话”,法院有权行使其自由裁量权。因此,除非法案确有规定的,否则法院不能同意变更,但是,如果法案赋予了法院管辖权,那么法院则享有拒绝同意的自由裁量权。

由此断定,即使对于被承认的人来说,可以明确享受其利益,但是法院也不必同意。在 *Steed's WT* 案中,对于第1条第1款(d)项所规定的人员而言,受益人的利益无须被明确表述,而法院可以行使其裁量权,拒绝同意变更。

委托人的愿望的相关情况

在 *Steed's WT* 案中,上诉法院无疑受到委托人意见的影响,在委托人的遗嘱中,他明确表示,自己关心的是保护信托项下受益人的福利,为了他希望法院能够批准。然而,虽然委托人的意见可能是相关的,但并非是最重要的:在 *Remnant's ST* 案中,他们的意见被忽视了,在 *Weston's Settlements* 案中,正是委托人申请了变更。此外,上诉法院在 *Goulding v James* 案中认为,除非法院所代表的人要求批准这些
376 意见,否则这些意见都不具有相关性。在 *Goulding v James* 案中,拟定的变更(显然是为了遗嘱人的未出世的曾孙的利益,她的曾孙也是请求被批准的人)将阻碍她的意愿,她本希望限制作为自权人的两个成年受益人获得遗产金的能力。然而,由于成年受益人不需要法院的批准,他们自己能够作出同意的意思表示,因此委托人的意见是完全不相关的。

其中包含了哪些风险？

有时，一项拟定的协议可能会对寻求法院同意的受益人带来某些风险因素。如果该风险是成年受益人准备面对的风险，那么少量的风险不会阻止法院批准该协议。*Danckwerts J in Re Cohen's WT* 案便适用了这种方式。

在 *Robinson's ST* 案中，裁定结果为该基金被用来为活着的申请人设立信托，剩余的留给了她的子女，其中一个子女的年龄在 21 岁以下（21 岁是当时成年人的年龄）。申请人 55 岁，预计可以活很多年。拟定的变更计划为分割基金，把 52% 的直接资本份额（她的股份的精算资本化价值）分给申请人，子女平分余额。得到股份的子女以及超过 21 岁的子女立刻同意了此项变更；法院被要求代表 Nicola（17 岁）作出同意的意思表示。

在推行 1975 年资本转让税（CTT）之前，通过立即赠与子女利益，而不是在终身受益人死亡之后进行赠与，这种分割基金的方式必然会降低遗产税的金额，因为在终身权利人死亡的七年之前，是不需要缴纳遗产税的。继承税同样如此。然而，在《1975 年财政法》引入资本转移税之后的短时间内，所有的生前赠与都是需要缴税的，只要让与行为的作出发生在终身权利人死亡的三年之前，那么纳税的责任是相对比价低的。

因此，在 *Robinson's ST* 案中，该分割并不一定有利于 Nicola。人们在进行让与时需要立即缴税，以减少基金的价值。另外，Nicola 可以不必等到她的母亲去世，就直接得到她的份额。这是否对她有利将完全取决于她的母亲可能活多长时间。如果她的母亲立即去世，Nicola 的份额将低于她在信托未变更的情况下所收到的份额，因为她需要纳税。然而，据计算，鉴于她的母亲的预期寿命，她的亏损数额由变更之日股份所得的收益与她的母亲去世之日所得的股份收益组成。

Templeman J. 认为，法院应该要求当事人提供证据证明，变更至少会给未成年人带来多少物质上的损失。他通过成年受益人是否愿意承担风险来进行检测:“广泛”的观点可能会被采用,但不是“恶性的,赌博的观点”。该项协议获得了同意,但须遵守保护未成年人利益的保险协议,但是,Templeman J. 认为,在保费方面进行节省,只对小范围的风险投保,其结果是能应对小范围的风险,但他并不要求将全部可能的损失纳入保障范围。

ReRobinson's ST 一案的情况如表 15－1 所示。

表 15－1　*Robinson's ST* 案

377

		罗宾逊夫人	子女
变更前	资本	终身权益 100%	资本转让税下的所有剩余财产
	收益	死亡前的所有收益	只在罗宾逊夫人死后的所有收益
变更后	资本	立刻获得 52%	立刻获得 48%,可能较低转让税
	收益	立刻获得 52%	立刻获得 48%

Holt's Settlement 案是一个完全不同的案件。该信托为 Wilson 夫人提供个人财产的终身权益,剩下财产在她的 21 岁的子女中平分。拟定的变更是,Wilson 夫人应该将终身权益的一半收入交给基金,而拟议的变更的另一个法律效果是,推迟授予子女利益,一直推迟到他们满 30 岁。法院被要求代表 Wilson 夫人的三个孩子(他们年龄分别为 10 岁、7 岁和 6 岁)作出同意的意思表示。

由于信托财产的价值将会增加,所以收入的交纳(其实际目的是减少 Wilson 夫人交纳附加税的义务)显然是有利于未成年人的。但是,延期到 30 岁(因为 Wilson 夫人的孩子从 21 岁便开始获得大量收入显然是不可取的)明显是不利的。Megarry J. 在 *Robinson* 案中采用了同样的审查方法,同意了变更。

收益必须为个体,不仅仅为整个群体

在 *Cohen's ST* 案中,Stamp J. 裁定,基于《1958 年信托变更法》所规定的利益问题,法院被要求代表非自权人的个体受益人作出同意的意思表示,而不仅代表整个受益群体的成员。因此,假设受益群体中的一个成员不能从拟定的变更计划中获益，即使对整个受益群体是有利的，但法院也会拒绝同意。

在 *Cohen's ST* 案中，考虑到节省遗产税，其变更计划是，将终身受益人（年老的妇女）的死亡日期替换为授予她的孙子女利益的确定日期（1973 年 6 月 30 日）。尽管终身受益人不太可能存活到 1973 年 6 月 30 日，当然，在理论上也是有可能的。这要征得未成年人和未出生人的代表人的同意。

尽管这里会涉及少量的风险，但对于未成年受益人来说是没有问题的。他们都坚持从拟定变更的税收优惠中得到好处。但是，如果终身受益人在 1973 年 6 月 30 日之前死亡，毫无疑问，任何在她去世之后和特定日期之前的这段时间内去世的未成年孙子女都无权获得利益（基于未变更的授产协议，该孙子女有权获得收益，但是基于变更后的授产协议，他则无权获得）。此外，如果有其他的孙子女出生于她去世之后和特定日期之前的这段时间，那么所有未成年受益人所享有的份额就会减少。然而，总体来说，鉴于可能节省遗产税（适用的原则是 378
上一节所述的原则），所以这些风险都将是值得的。

受益人的风险以及未出生的孙子女的风险

Cohen's ST 案的难点在于未出生的孙子女。虽然不太可能，但理论上可能的是，终身权益将超出规定的日期。如果她这样做，未出生的孙子女在理论上也有可能出生于 1973 年 6 月 30 日之后，终身受益人死亡之前。任何此类孙子女都会采用未变更的授产协议，而非拟定的变更计划，因此他们不可能从变更中获利。当然，这两件事情发生的可能性都很低，总体来说，人们认为，未出生的孙子女这个受益群体需要准备面对终身受益人的寿命超过特定时间的风险，以及在她去世之前，会有更多孙子女的风险。对于拟议变更的税收优惠，可以认为，任何合理的未出生的孙子都会准备承担这一风险。

Stamp J. 认为，不得只站在整个受益群体的立场上进行考虑。如果有个别的孙子女出生于在特定日期之后，终身受益人去世之前，则根据拟定的变更,他或她将丧失其全部的利益。而那个人显然不会同意,因为他或她本来就可能获得未预料到的利益。由于人们能够预见到哪些未出生的人不可能获得利益,这对于拟定的变更来说是极其重要的,因此,Stamp J. 拒绝了该提议。如果可以预料到哪些个人不可能获益,那么只能使整个受益群体从中获益的拟定变更则是远远不够的。

因为(由于终身受益人的寿命通常没有这么长)在出生上有更多的时间,所以有种观点认为,所有未出生的人更有可能出生于 1973 年 6 月 30 日之前,鉴于法院通常不会把可能性归因于虚无缥缈的原因,所以这种观点也被否认了。Stamp J. 评论道:

> 现在,基于此项变更,某些未出生的人(在出生之后)有更多的机会成为信托基金的受益人,这当然是完全正确的,但是,基于有效的变更,认为某些未出生的人更有可能出生于规定的期间或者更有可能满足必要的条件,在我看来都是形而上学的观点,所以我不愿意这样做。在我看来,此命题涉及这样一个合理的结论,即法院必须将未来可能存在的人视为当前虚构的存在,因此,法院可以将他归属于在某个特定的时间点或者时间段可能会出现的人。有种观点认为,未出生的人在出生之前便获得了受益人的身份,这会使得法院将他归属于上述的可能性,或者,这会使得某人认为,他差不多可以轻易地满足出生于某个特定的时间的要求。只有那个人实际出生了(尽管发生在未来的时间),受益权才可以被归属于那个人。

Cohen's ST 案不同于 *Holt's Settlement* 案。在这种情况下,这个授
379 产协议的实质是 Wilson 夫人放弃了基金的一部分收入(因此增加了基金的规模),但是,推迟授予子女可占有的利益。如果一个孩子出生于信托变更之后,并且他或她的母亲之后很快就去世了,那么这个孩子不可能获益。如果 Wilson 夫人在孩子出生之后不久就去世了,那

么从 Wilson 夫人让与的信托收入中获益的可能性就很低,但是,延期对新生儿来说是绝对不利的。然而,*Cohen's ST* 案则有所不同,因为在这个案件中,有两种可能性必须表明:首先,未出生的人必须在下一年出生;其次,那个孩子出生之后(因而成为一个法律主体),他或她的母亲不久就要去世。*Cohen* 案原则可能会忽视第一种可能性,而第二种可能性(则不会被忽略)。这两者都不可能被忽略,所以这个方案得到了承认。即使理论上未出生的孩子实际上出生了,他或她仍然会听到这样的建议,即同意这种变更,并且接受不久后母亲去世的低风险。

因此,只有授予利益的日期(换句话说,确定受益群体的日期)被改变了,*Cohen* 原则才可以被适用,并且不适用于占有归属的变更。

有一种反对的意见认为,在未出生的受益人确定丧失(受益资格)之前,这两种独立的可能性都有可能出现在 *Cohen* 案原则中:首先,假设的受益人必须出生于 1973 年 6 月 30 日以后;其次,终身受益人必须在受益人出生之前活着。然而,1973 年 6 月 30 日之后出生的受益人不可能从信托变更中获益,他或她可能会丧失受益资格,所以假设受益人同意变更可能不会对其有利。在这方面,*Cohen's ST* 案拟定的变更计划与 *Holt's Settlement* 案的拟定的变更计划有所不同,在后者中,假设受益人有很大的机会受益于信托变更。

15.5 变更还是重新设定?信托变更的法律依据

根据 Megarry J. 在 *Ball's Settlement* 案中的观点,法院不会批准一个完全不一样的重设方案,在这个重设方案中,信托的基础被完全改变了。这是一个实质性的问题,而不是形式的问题。

在 *Holmden's ST* 案中,Lord Reid 认为,根据《1958 年信托变更法》所作出的信托变更必须被视为由受益人自己作出的,而不是由法院作出的,法院仅仅是代表那些不能作出同意的意思表示的人行事。他的观点没有成为案件的部分判决理由,也没有得到他的同事的明确支持,但是,上述法院在 *Goulding v James* 案中接受了他的观点,并将其作为良法看待,因为作为自权人的成年受益人自己能够作出同意变更的意思表示,委托人的任何保留意见都是不相关的。然而,正如我们所见,即使所有受益人都是自权人,并且都作了同意的意思表示,他们也不可能在所有的情形下都对信托进行变更,因此法案规定的管辖权必须采取 *Saunders v Vautier* 案所规定的撤销的形式,然后再对信托进行重新设定(因为重新设定不能违背受托人的意愿强行实施,所以可能需要得到受托人的同意)。

然而,就这一观点而言,可以认为,成年受益者至少应该以书面形式作出同意的意思表示,以符合《1925 年财产法》第 53 条第 1 款(c)项的规定。然而,实际上,变更很少以书面形式进行。在 *Viscount Hambleden's WT* 案中,有人表示,法院的批准对于所有变更信托的目
380 的而言都是有效的,并且这取决于无数后来的实例。*Holt's Settlement* 案直接体现了这个问题(见"受益人的风险与未出生的人的风险"),在这个案件中,Megarry J. 认为,数以千计的信托变更可能都未以书面形式并符合第 53 条第 1 款(c)项的规定,所以他同意了变更,尽管辩护律师不情愿地提出了两个理由,以支持书面形式不具有必要性的观点。第一,议会在授予法院制定法令的明示权力时,已经隐含地规定了第 53 条的例外情形。第二,在制定该协议时,受益人可以将受益权转移给他们各自的购买人,而协议本身是明确可执行的。从双方意见达成一致时起,新信托(变更后的信托)变成了推定信托,基于此,法院认定,未变更的信托项下的原有权益不需要满足第 53 条第 2 款规定的书面形式的要求。无论这些理由是否充分,不需要书面形式的假设仍然盛行。

这种观点在 *Holt's Settlement* 案中也很重要,其原因是,法院的命令在 1964 年 7 月 15 日之后生效,而原来的信托设立于 1959 年,

Megarry J. 认为,《1964 年永续和累积法》可以得到适用。如果法院所做的一切都是为了提供同意意见,则永续期将适用于 1959 年的文件(普通法期间)。

381

第16章　信托的违反

本章继续讨论第13章中提到的托管性质以及由此产生的义务的性质，这在第14章中进行了详细的讨论。该部分全面介绍了托管制度，一般而言，如果在该文本中“查找”信托违反，那么受托人任何不遵守其义务的行为都会构成信托的违反。就信托文书本身规定的义务而言，如果存在一项义务，或者无论这些义务是否来源于衡平法所规定的职责，情况往往都是如此。这种义务的不履行可能以一些积极的行为呈现，例如投资未经授权的证券，或者是不作为，例如未将信托财产设定为受托人的名义。如果实际上造成了信托财产损失，那么即使仅为技术上的管理不善，都可能导致责任的承担。

16.1　责任问题：何为违反信托？

对此问题的阐述可以参考 *Armitage v Nurse* 案，其中，Millett L. J. 提道：

信托的违反有很多不同的类型。信托的违反可能是故意的，也可能是无意的；它可能包括对信托财产的实际盗用或滥用，或仅仅是受托人在其权力之外对信托财产进行了投资或其他交易；它可能包括未履行受托人的积极义务，也可能仅仅是缺乏管理信托财产的技能和注意；这可能对受益人的利益有害，或者实际上对他们有利。

此外，至少在明示信托中，信托的设立方式并不重要（正如我们所见，尽管推定信托的受托人义务可能会更少）。无偿受益人有权享有的利益应该与给付对价的人所享有的利益相同，即使享有受益人身份的人被指控违反信托，并且该信托是由他设立且由他作为受托人的，这些都是无关紧要的。换句话说，委托人兼受托人的责任与任何其他受托人的责任都一样。

16.1.1　责任的法律依据

受托人责任的基础是赔偿受益人因委托人违反信托所造成的任
何损失，或者，如果未经授权的利润已经形成，按理说应该归还给信托
财产的受益人。这一目的并不是惩罚受托人，所以一旦构成违反，他
的个人过失就不重要了。当然，在客观上，过错可能与事实上是否存 382
在违反的事实相关，正如我们所见，基于正常的商业惯例，注意义务的
标准一般都会存在。

在其他章节所提到的众多案例中，信托通常不会遭受巨大的损失，而向被告提出的救济实际上是为利益的偿还。在本章所提到的大多数案例中，所寻求的救济是对违反信托的补偿。在 *Target Holdings Ltd v Redferns* 案中，上议院裁定，这是受类似于普通法的损害赔偿原则的约束。假设财产的售价为 200 万英镑，原告公司，即 Target Holdings Ltd，将提前支付大约 150 万英镑的抵押贷款。事实上，该财产的售价为 77.5 万英镑。被告的出庭律师既代表出售方，又代表购买方。在购买行为和抵押行为发生之前，他们已经提前拿到钱，并支

付给了购买方和联营公司,对此,由于他们在被授权之前,就已经支付了金钱,这对原告来说构成了信托的违反。

购买方之后资不抵债,原告出售了该财产,但只售得 50 万英镑,因此大约损失了 100 万英镑,所以原告起诉被告违反了信托。被告辩称,原告没有遭受损失,因为被告恰好向原告提供了其有权获得的抵押物。无论被告是否已经支付了违反信托的款项,原告都将遭受完全相同的损失。原则上,上议院支持了被告方,它认为:如果不存在违反信托的行为,受益人仍然会遭受损失,那么违反信托的受托人不承担赔偿受益人损失的责任。因此,即使 Target 公司未提前进行支付,被告无论如何也不应该承担交易可能发生的这一假设事实的责任。如果假设的事实是错误的,并且 Target 公司的预付款是交易完成的必要条件,那么,Target 公司将有权对其遭受的全部损失要求补偿,因为在这种情况下,如果没有信托的违反,Target 公司无须进行任何支付。

然而,实际上并不存在违反的程度之分。若受托人为了自己的目的,实施了欺诈行为,则需要承担责任;同样,受托人忠实地为了受益人谋利,也需要承担这样的责任。此外,由于注意义务的标准是客观的(注意义务的标准由一般理性人的能力标准来衡量,而不是特定受托人的能力标准来衡量),如果注意义务的标准并非取决于所要求的客观标准,那么受托人缺乏避免违反信托的知识和技能则需要承担责任。受益人的保护是关键因素,而非不法行为的性质。

然而,法院在行使裁量权以准许责任的免除时,或者在确定受托人对信托财产的损失所需要支付的利益的总量时,可能需要考虑可归责性的程度,这两者都需要直接考虑到。

何为信托的违反:区分信义义务的违反和信托的违反

当我们考虑 *Armitage v Nurse* 案中出现的所谓的信托的违反时,我们需要注意,信托的违反通常被认为与所谓的“信义义务的违反”密切相关,我们需要明白这两者是完全不同的。在本章中,我们讨论的是信托的违反;从 *Armitage v Nurse* 案我们可以明显看出,信托违反的范围可以从以下两个方面进行界定,即无论是根据一般法律还是根据信托条款,受托人为什么需要有作为或者不作为;以及当受托人没有满足要求时,他为什么需要承担违反信托的责任。违反信义义务则是 383
不同的,因为它本身不是违法行为;相反,由于衡平法施加了忠实的信义义务,受托人不得使其信托义务与其利益相冲突,所以信义责任指的是表面合法的行为变成不法行为的情形。

如果受托人轻率地做出投资行为,或者若该投资行为并非是信托条款所允许的,并且他有义务确保对信托进行适当的管理,那么他则违反了施加在他身上的义务。我们可以通过回顾信托的适当管理(首先在第 13 章,然后是第 14 章)来衡量这一点,如果受托人未能履行义务,并且信托基于此遭受了损失,那么就会产生违反信托的责任。在受托人违反信义义务的情况下,我们则认为他违反了巩固信义关系的忠诚义务。所以在信托中给自己定位时,只要受托人继续适当地管理信托,他就不会违反信托。但即使受托人适当地履行了该义务,也可能会违反忠诚义务,因此也会违反衡平法对受托人所规定的信义义务特殊规则。从第 13 章我们可以了解到,如果他违背了所谓的信义义务,他的违规行为则会被限制,他必须对任何未经授权所得的利润负责。

这解释了下面这个问题,即衡平法认为,受托人对信托财产进行的不法交易(如盗用信托财产、或者将信托财产分配给无权利人)都构成信托的违反,信托财产都应该得到赔偿,然而,若不是认定他违反了信义的忠实义务,交易行为也不一定总是非法的。

16.1.2 受托人责任的特征

受托人需要对本人违反信托的行为承担个人责任,并且不因其他受托人违反信托而承担替代责任。在 *Lucking's WT* 案中,Lucking 将大笔资金委托给经理时,没有对他进行充分地监督,所以构成了信托的违反。他的同行,Block 不承担 Lucking 违反信托的责任,但有权信赖 Lucking 所告诉他的关于公司的事务,除非他有一个不信任他的积极原因。

尽管受托人之间不需要监督对方的行为,正如我们所见,他们都需要积极地管理信托,因此,如果受托人消极地允许了违反信托的发生,那么可能违反了自身的义务。因此,如果受托人在没有调查的情况下,就把基金置于同行的控制之下,或者如果他发现了违反信托的行为却没有采取措施进行补救,那么他对受益人承担玩忽职守的责任。

受托人职务的个人特点可以通过查阅 1925 年法案所规定的判例法来进行理解。根据第 30 条的规定,"受托人……只需要对自己的行为、契据、过失、或违约负责,不需要为其他受托人的上述行为负责……也不需要为其他损失负责,除非这是由于他的故意违约所导致的"。在 *Vickery* 案中,Maugham J. 将"故意违约"理解为"存在过失的意识或者违反义务的意识,或者鲁莽地履行义务",所以他假设认为,第 30 条的规定已经改变了普通法的规定,至少是涉及代理人责任的法律规定。如果将这一解释适用于共同受托人,则该条款明确给予了额外的保护。

除了 *Vickery* 案,人们普遍接受的观点是,第 30 条没有改变以前的普通法:该条款并未改变受托人责任自负的原则,并且该条款所规定的责任是有根据的。根据以前的法律规定,如果受托人未获得适当的申请,就移交了金钱,或者未询问同行如何处理欠款,就允许同行追回钱款,或者在他意识到违约的情况下,未采取行动以获得救济,这些
384 情况都会导致责任的产生。在这些情况下,我们仍然不能确定,是否应该像 *Vickery* 案一样,有必要证明消极的受托人犯有"故意违约"的责任,但是我们明白,这是不可能的。鉴于 2000 年法案废除了第 30 条第 1 款的规定,上述观点必须考虑到这一点:目前的立场似乎是,现在的受托人都需要根据上述的要求行事,以确保其义务的适当履行。

受托人在接受职务之后不需要对任职之前的违约行为负责。然

而,他就职的第一步应该是检查信托的文件和账目;如果发现有违规行为的发生,他应该对先前受托人采取行动以挽回损失。如果未这样做,他可能需要对此承担违反信托的责任,也许在少数情况下,他可以表明该行为将是徒劳的(因为在那种情况下,违约与损失之间不存在因果关系)。

受托人不能因为退休而逃避违反信托的责任:即使退休之后,他仍然对在职时的违约行为承担责任,他的遗产在他去世后也用来弥补其过错。他不会对其退休之后的违约行为承担责任,除非可以证明,他为了方便于违反信托而选择退休,否则他无须对此负责(参见 *Head v Gould* 案)。

16.1.3　受托人之间的责任

受托人的责任被认为是"连带的",这意味着,如果有两个或两个以上的受托人需要承担责任,受益人可以选择起诉其中的一些人或者所有人,或者可能只起诉一个人,并且可以从其选择对象那里获得全部损失的赔偿。同样,他可以向其中的任何人要求全部数额的赔偿。

然而,直到 1978 年,衡平法才认定受托人之间平等地承担责任,因此,如果某个受托人被迫支付了超过其平摊份额的金钱,那么他反过来有权从其他受托人那里得到赔偿。在实行等额责任分摊时,衡平法忽略了所涉及的违约程度的不同。因此,在 *Bahin v Hughes* 案中,消极受托人所承担的责任与积极受托人所承担的责任是一样的。

等额责任分摊原则存在一些例外情形,这些情形不受 1978 年立法(下一节所述)的影响,具体如下:

(a)如果只存在一个欺诈行为,那么欺诈的受托人需要单独负责,并且他不能主张其他诚信的受托人进行责任的分摊。

(b)如果受托人得到了金钱,并且使用了这笔金钱,那么在这个例子中,该受托人需要对共同受托人(指有义务取得该基金的共同受托人)承担赔偿责任。

(c)如果某个受托人为一名律师，并且其余受托人都要依赖于他的判断（见 *Partington* 案）事实上，恰好作为律师的受托人不需要承担赔偿其他受托人的责任，因为其他人也必须依靠他的判断。因此，如果有证据证明，其他受托人都是违反信托的积极参与者，并且如果没有该律师的建议或者控制，其他受托人也不会参与，那么该受托人就不需要承担责任（参见 *Head v Gould* 案）。

(d)如果受托人也恰好是受益人，那么在这种情况下，他需要对其共同受托人进行赔偿，赔偿数额与他的受益权份额相同，而不仅仅是
385 他个人从违反信托中所得的利益（见 *ChiUingworth v Chambers* 案）。只有当该利益被消耗之后，之后的责任才需要平等分担。该原则似乎是，受益人在履行对信托财产的责任之前，不得要求享有信托财产的任何份额。

16.1.3.1　平等责任原则的背离

该衡平法观点受到《1978 年民事责任分担法》的影响。根据该法，所有对他人所遭受的损害负有责任的人（包括因违反信托而造成的损害赔偿），都可以与造成该损害的其他人分担责任。根据第 2 条第 1 款的规定，分摊的数额为“法院基于公平公正的考量，所认定的该行为人在何种范围内对损害的发生承担责任”——并且分摊的数额可能根据第 2 条第 2 款的规定，计算出总体的赔偿数额。因此，该法案赋予法院自由裁量权，但不是强制性的义务，以偏离平等分配规则，并考量过失程度。

因为“公平公正”的内容是由法院确定的，所以该法案不适用于最后一节所述的一般公平原则的少数例外情形，当然也可能完全不影响衡平法的观点。1978 年法案显然不会影响到另一种情形：如果所有受托人都参与了欺诈行为，根据衡平法的规定，那些已支付损害赔偿的人不得要求与其他人分摊责任，其理由是，原告不得基于自己的不法行为而提出诉求。1978 年法案没有对此种类型的案件作出例外规定，虽然在理论上，法院在分配其责任的承担时，可以自由行使裁量权，但

令人难以置信的是,欺诈受托人可以提出主张。

如果一部分受托人(并非所有受托人)可以基于《1925 年受托人法》第 61 条的规定免除责任的承担,那么结果可能是那些未免除责任的人不得请求责任的分摊。根据 1978 年法案,免责的受托人似乎不得为那些对任何损害的发生都需要负责的人,因此,法院可能不得指示他们进行责任的分摊。

16.1.4 受托人和刑事责任

在违反信托的过程中,可能会涉及刑事犯罪,但违反信托本身并不构成刑事犯罪。信托的违反在过去很难被认定为盗窃罪,受托人作为信托财产的合法所有人,不可能犯有盗窃罪,但是,为了惩罚侵占信托财产的人,"受托人实施侵占"的特殊犯罪必须被设立。然而,根据《1968 年盗窃罪法案》的相关规定,受托人可能犯有普通盗窃罪。1968 年法案第 1 节第 1 条和第 5 节第 2 条对盗窃罪进行了成文法规定。第 1 节第 1 条规定,"如果某人以永久剥夺他人占有为目的,以不正当的手段挪用了属于他人的财产,那么这个人则犯有盗窃罪"。

第 5 条第 2 款规定的意义取决于受托人实际上为信托财产普通法所有人这一"问题"。为了补充第 1 条第 1 款所规定的定义,第 5 条第 2 款规定,财产的含义为"属于他人的财产"。根据第 5 条第 2 款的规定,"属于他人的财产"包括设立信托的财产,因此:

> ……凡设立了信托的财产,其财产归属人应被视为包括任何有权执行该信托的人,任何破坏信托的意图都应该被相应地视为剥夺权利人财产的意图。

本章主要讨论的是违反信托的方式以及针对受托人违反信托的行为而产生的救济运作方式。先前的版本反映了这一问题,对应的 386
是,对受托人的刑事责任的规定主要集中在先前的《1968 年盗窃罪法案》第 1 节第 1 条与第 5 节第 2 条的条款中,并且关注点在于,侵占信托基金的受托人也可能犯盗窃罪,并且承担刑事责任。尽管根据刑法的规定,财产的普通法所有人要为盗窃的事情担责被认为是必要条件,但这也被认为是充分条件。

从刑法的角度看,为了受益人的利益,受托人对其受托财产所负有的责任和义务构成了刑法中“更主要的部分”,其构成方式还存在极大的讨论空间。在这方面,很可能会出现这种情况,即由于许多人认为刑事责任的承担是一种耻辱,因此,在阻止信托财产的侵占方面,刑事责任的威慑力起到了重要作用。但是,在这一点上,如第 16.5 节所述,现在有必要根据《2006 年欺诈法》对受托人因职务犯罪所承担的刑事处罚给予更全面的思考。

尽管如此,本章仍然讨论的是在衡平法对受托人违反职责所规定的后果;这一进步来自于对违约内容的考虑,以及对违约行为所引发的职责的“衡量”。为了进行强调,除了衡平法所规定的刑事责任之外,上述观点只需要进行简要参考,以表明受托人产生了刑事责任。鉴于最近英国刑法的变化,就违反信托而言,笔者以对托管制度的必要刑事后果的广泛考量结束本章的内容。

16.1.5 违约受托人的破产

如果对违约行为承担责任的受托人破产了,那么违约行为所产生的索赔可以在其破产时得到证明。受托人的信托义务不因其破产而受到影响,所以出现了一种奇怪的现象,即他有义务(作为受托人)对自己的破产(作为信托的债务人)进行证明。如果他没有这样做,他将进一步违反信托,这不会因为随后破产债务的清偿而受到影响,他将对信托的损失承担责任(他在破产时所收到的利益)。

16.2 责任的限定条件和抗辩理由

英国法律对受托人责任的立场是，如果有违反义务的行为，就会产生信托的违反。上文已经论述了违反信托的多种方式，Millett L. J. 在 *Armitage v Nurse* 案进行了解释性说明。就"违反信托"的内涵而言，在其范围内，其可能的表现形式为，受托人需要对受益人所遭受的信托及其资产的损失负责。这是原则上的观点，与普通法制度下的责任相同，在一定的限度内，正是责任起到了作用。在信托法中，通过参考违反信托的受托人可能使用的辩护理由，对这些限度加以界定。

16.2.1 受益人的同意或参与 387

如果受益人同意或者参与了信托的违反，那么他通常不能成功地向受托人索赔，即使受益人没有从违反信托中获得个人利益。当然，某个受益人的同意或参与不会妨碍其他未同意的受托人提出索赔，如果受益人是否同意不能确定，那么法院可以进行调查。

为了使同意具有效力，同意必须由作为自权人的成年人作出，并且该行为作出时不得受到可能会影响其作出独立性判断的不当影响的干扰。在 *Pauling's ST* 案中，由于婚姻授产协定的受托人没有保证把提前支付的款项用于适当的目的，所以该受托人所做出的一系列提前支付的行为都构成违反信托。在 Wilberforce J. 和上诉法院的案件审理中，当事人都提出了大量的抗辩，但在这个问题上，对父母进行的有利支付被推定为对子女会产生不当影响的结果。不当影响是否被使用属于事实问题，这取决于具体的案情。如果不能证明受托人知道或应该知道受益人会基于不当影响而作出行为，则受托人无须承担责任。

在 *Pauling's ST* 案中，上诉法院的判决裁定，如果在父母和可能受到父母影响的子女(虽然子女已经成年)之间,存在不正当影响的推定,则父母一方不得保有子女赠与给父母双方的预付款,除非有明确的证据证明:

(a)赠与属于子女自发的行为;并且

(b)子女知道她的权利是什么。

子女获得了独立,如果有可能的话,还获得了专业建议,这也是父母所希望看到的。

在这方面,法院对子女赠与父母的行为持怀疑态度,然而,(法院认为),相反的赠与(父母对子女的赠与)则是真的。(例子可参见第6章的根据推定预赠)

16.2.1.1　默许和"同意"的要求

同意不仅涉及对受托人提议的认识;相反,受托人可以事先告知受益人其提议,从而保护自己。在 *Pauling's ST* 案中,Wilberforce J. 解释道:

> 法院需要考虑受益人同意的所有情况,其目的是考量受益人在同意之后,其转而起诉受托人的做法是否是公允的。只要受益人完全理解其所赞同的内容,那么他不必要了解其所赞同的内容是否构成违反信托。他也不需要从违反信托中获得个人利益。

上诉法院既没有支持也没有反对 *Pauling's ST* 案的法律适用,而上诉法院则支持了 *Holder v Holder* 案的法律适用,在这个案件中,法院判定受益人在确认并且接受部分买款之后,不得对其进行撤销。

388 **16.2.2　经由受益人的免除或默许**

如果受益人在意识到受托人违反信托之后,默许了该行为,或者免除了受托人由此产生的责任,那么受益人也不能成功地获得索赔。基于 *Pauling's ST* 案所确立的默许原则,部分辩护理由可以得到支持。

免除则表明，受益人积极放弃了他的权利。弃权要求存在积极行为，并且该积极行为是不可撤销的。这与赠与行为的作出相同，无须从受赠人（在这种情况下，为受托人）那里获得任何对价。就同意而言，同意的作出不需要任何特定的形式要件，并且免除甚至可以从其行为中推断出来。

如果没有证据证明存在免除的意思表示，仍然可能存在证据证明受益人默许了违反信托。人们普遍认为，默许原则基于一个默示合同，通过该合同，受益人表示同意不再依赖于其权利。推定的默许意图所需的证据比免除所需要的证据要少，如果受益人没有作出任何行为去要求索赔，那么该原则通常得以适用。

延迟提出索赔本身并不是默许的证据，但是信托违反与索赔之间的时间间隔非常大，所以少数额外证据就足够了。与同意一样，免除或默许必须由作为自权人的成年人作出。

不当影响或缺乏充分的认识将阻止受托人援引这些抗辩，其检验的方式与同意原则相同（参见第 16.2.1 节）。

16.2.3 没收受益人的利益

法院有权没收受益人的利益，从而为受托人提供与受益人的利益等价的赔偿，这可以弥补信托的损失。

如果受益人同意了违反信托，并且受益人能够证明其利益以及其利益的范围，那么法院的权力就会产生。如果受益人有进一步的行动，实际上要求或者教唆违反信托，那么无论他是否从违反信托中获得了个人利益，法院都有权行使其权力。

毋庸置疑，受托人必须证明受益人充分了解事实，但没有必要证明他了解其教唆或同意的行为构成了违约。

法院也有没收的法定裁量权。《1925 年受托人法》（取代之前的制定法）第 62 节第 1 条规定：

如果受托人以教唆或者要求的方式违反信托或者在受益人书面同意的情况下(信托违反),若法院认为合适,那么它可能会作出此类看似公正的指示,即通过对受托人或者起诉受益人的原告进行赔偿,从而没收受益人对信托财产所享有的全部或者部分利益。

法院似乎在很大程度上认为,该条款是一个综合条款,而不是只扩大法院的权力,但是,Wilberforce J. 在 *Pauling's ST*(*No.* 2)案中认为,在处理已婚女性受益人方面,该条款赋予了法院附加的权力。由于家庭财产立法的改变,这项附加权利已不再需要,该条款中部分内容于 1949 年被废除。

389 法院下令没收受益人利益的法律效力在于,受益人不仅被剥夺对受托人的追索权,并且在法院的指令范围内,还需要偿还其他受益人所遭受的损失,(赔偿范围)可能与其自身的利益相同。从某种程度上说,受托人所受到的保护是以受益人的代价为基础的。

上述裁量权指的是司法裁量权,尽管无论该受益人是否获得了利益,法院都有权自由决定是否没收其利益,该条款似乎通过此种方式扩大了法院的内在权力。在该法案颁布之前,法院似乎在任何案件中都有权作出没收的指令——一般来说,即在受益人主动引起违反信托的案件中(并且无须证明受益人获得了利益)。

16.2.3.1　受益人充分认识的要求

当然,必须有证据证明,受益人完全意识到自己在做什么。在 *Somerset* 一案中,受益人怂恿受托人以抵押的方式投资某一特定的财产,但是,让受托人自行决定其准备投资的数额。Lindley M-R 提道:

根据此条款的规定,为了提起诉讼,信托受益人必须教唆,或者主动要求,或者以书面形式同意构成违反信托的某一行为或者不作为,而非仅仅由于受托人的懈怠所造成的违反信托的某一行为或者不作为。

“以书面形式”一词只适用于同意,而不适用于教唆或主动要求(见 *Griffith v Hughes* 案)。所以主动要求或教唆只能以口头形式作出。

法院的没收权不会因为受益权的分配而丧失;当法院因为违反信托而更换受托人时,该权力也不会丧失。在 *Pauling's ST* 一案中,由于受托人起诉,要求对其父母的利益进行赔偿,因此反对撤职替换。Wilberforce J. 认为,他们有权获得这种赔偿,这不会被替换所影响。因此,他们无法援引该条款,作为继续任职的理由[见 *Pauling's ST* (*No.* 2)案]。

除了法律规定之外,如果受托人基于无心之过,多支付了受益人,只要有可能,法院就会允许受托人获得偿还以弥补其过错(见 *Musgrave* 案)。任何人不得强迫上述受益人返还超额收益,但是,在账目被调整之前,超额支付款可以被扣留。

如果受托人错误地向没有资格的人进行支付,若该过错只是事实错误,并非法律上的错误,那么受托人可以提起诉讼,并追回该款项。(见 *Diplock* 案)。同样可以确定的是,如果受托人兼受益人向自己进行了超额支付,那么该错误必须得到纠正。

16.2.4 受托人的职责和时效期间

时效终止的两种方式都可以用来保护受托人。根据 1980 年《时效法案》,时效的起算点为赔偿之诉提起之日,在没有法定时效的案件中,被告可以依赖于懈怠原则。

16.2.4.1 《1980 年时效法》 390

根据《1980 年时效法》第 21 条第 3 款的规定,就受益人提出的信托财产损害赔偿之诉或者违反信托之诉而言(受自我交易或者公平交易原则调整的情形除外),诉讼必须在诉权形成之日起的 6 年之内提出。

直到权利人实际占有未来利益,那么未来利益的诉权才得以形成:这也是 *Pauling's ST* 案(在本章讨论)中的部分判决理由。

根据第 21 条第 1 款的规定,如果诉讼涉及欺诈,即谎称受益人为一个团体或者为利害关系人,或者诉讼的提起是为了从受托人实际占有的信托财产中或者从信托财产出售的收益中获得赔偿,那么时效期限不得被适用。如果受托人变更信托财产为自己使用,那么受托人的保护也会丧失。然而,变更信托财产为受托人自己使用意味着,该申请对受托人自己有利,因此,如果信托基金曾用来抚养未成年受益人,或者被同行受托人所浪费了,那么时效保护仍然可以适用。

如果欺诈是争议焦点的话,那么欺诈必须由受托人自己作出。在 *Thorne v Hard* 案中,受托人受到先前法案中(类似的条款)的保护,如果受托人将信托基金留给曾经盗用信托基金的律师,那么受托人的行为只是过失行为。然而,如果受托人占有信托财产或者其收益,那么不诚实就无须证明。基于这些目的实施欺诈的范围比普通法欺诈的范围更宽,然而,前者的欺诈要求受托人存在不正当行为,有时候还需要具有故意隐瞒的性质。在 *Bartlett v Barclays Bank Trust Co. Ltd* (*No.* 1)案中,法院的判决认为银行可以依赖 1980 年法案第 21 条第 1 款关于时效期之外所遭受损失的规定,由于,银行没有意识到自己违反了信托,所以没有犯欺诈罪。

第 17 章对此有明确的论述,由于第 21 条并不能涵盖所有的"受托人",所以某些人所犯的罪行反而被视为"受托人"将要受限于法定时效期的规定。在最近的 *Williams v Central Bank of Nigeria* 案中,最高院的判决指出,对于信托的"陌生人"来说,他可能以不诚信的方式帮助了受托人违约,或者故意接受了违反信托的财产,尽管人们通常称他为"推定受托人"(第 6 章对其进行了解释),但把他视为违法犯罪者更为合适。因为对这些人(指违法犯罪者)提起的诉讼将依赖于时效规则的规定,与此不同的是,对受托人提起的诉讼则不需要有时效的限制，所以，这一判决具有救济效力。

第 22 条规定，对已故者的个人遗产所提起的诉讼的时效期限为 12 年。人们通常难以确定，执行人何时完成了遗产的管理，以及何时成为受托人，但是据说，12 年的期限将会进行适用，尽管基于所有其他的目的，执行人会被视为受托人。

根据第 28 条的规定，"无行为能力"的原告在提起诉讼时可享有延长期，根据第 32 条的规定，如果（原告）诉称存在欺诈、隐瞒或者误解，时效的起算点为原告发现欺诈或者误解的时间点，或者基于合理的勤勉义务，原告应该发现上述行为发生的时间点。

应该指出的是，如果作为非善意购买人的买方没有注意到谁从受托人那里购得了信托财产，那么他同样受到上述规则的限制。

16.2.4.2 衡平法上的懈怠原则 391

如果没有法定的时效期间可以进行适用，那么被告可以依赖于衡平法上的懈怠原则——他可以表明，鉴于原告的诉权因时间的流逝而终止，那么允许原告起诉就是不公平的。法院有权自由决定是否采纳该辩护意见，并且可以迟延审理，但是，如果有可能的话，法院更倾向于迟延审理，以给原告充分的时间完善默许的证据。

16.2.5 《1925 年受托人法》第 61 条

《1925 年受托人法》第 61 条赋予了法院广泛的裁量权，法院有权自由决定使得诚实理性的受托人免于违反信托的责任。它也适用于执行人。该条款规定：

> 对于法院来说，如果受托人……需要或者可能需要对违反信托承担个人责任，无论诉称违反信托的交易发生在该法案之前还是该法案之后，只要他是诚实理性的，那么都可以免于违反信托的责任，并且无须获得法院对于此问题的裁量权，此外，法院同样可以免除他全部或者部分个人责任。

不诚实显然取消了受托人获得救济的资格,但是受托人同样需要“合理”行事。所采用的标准似乎与违反信托本身的标准相同,即商业人对于涉及自己的事务需要采取的谨慎态度,在 *Bartlett v Barclays Bank Trust Co. Ltd* 案中,银行未能满足此项检测。如果未能获得法院的裁量权,那么通常认为,受托人未能达到此标准,但是此条款表明,受托人可能会被给予救济。

未经授权的投资似乎是申请最常见的情形,但是,难以证明的是此种风险承担满足谨慎商业人的标准。如果违反信托涉及一些在复杂管理的过程中所做出的错误行为,那么合理行为可能更加容易证明。专业受托人可以请求得到该条款的保护,但是如果受托人声称自己具有高标准的专业技能,那么法院就可能无法免除其责任(参见 *Bartlett v Barclays Bank Trust Co. Ltd* 案)。

即使有证据证明,受托人以诚实理性的方式行事,其结果也可能是如此,关键在于,他是否应该被合理地免除责任需要分开进行考量。

16.3 受托人豁免条款

传统上,本书对豁免条款的唯一评述是,“信托文书中所起草的免责条款不应该保护对违反信托承担责任的受托人,这是没有理由的”。该观点只需要参考 *Armitage v Nurse* 案,这可以作为该观点的权威证明。

受托人豁免条款(TEC)的本质比其名字的内涵要多得多。正如同合同法中的豁免条款,TEC 指的是限制或排除在托管过程中所产生
392 的责任的一种机制。这些条款的前提是违反信托的发生,这源自受托人在管理信托时所承担的义务,或者源自信托文书,或者源自法律规定的义务;任何未遵守这些义务的行为都构成违反信托。而且,如前

所述,没有违反信任的“程度”之分,违法行为可以是无辜的,也可以不是欺诈的,法律甚至不能区别公然无能和不幸的不正当行为。即使违反信托的责任不仅限于对信托产生不利影响的情形:如果违反信托实际上对信托产生了有利后果,责任同样也会发生。简言之,所有违反信托的情形都会使得受托人承担责任。

因此,违反信托的范围恰好解释了受托人为什么试图限制或者排除其可能承担的责任;即使适格的善意受托人基于合理的理由,也会试图选择以此种方式保护自己。这也说明了信托履行和违约之间的密切关系,并且进一步说明了所有涉及托管制度的章节之间的相互关系,(并且说明了为什么)托管制度的内涵实际上难以“打包”成独立的单元进行学习。事实上,正如同 TECs 可以被视为保护受托人免于违反信托的机制,它们也可以被视为衡量受托人义务的标准。后一种观点强调,TECs 是一种“管理”受托人履行其义务的预期手段。鉴于这种“双重观点”,第 14 章对 TECs 的这种观点都进行了同等讨论,并且略为提及到了这些机制。

16.3.1　受托人豁免条款:普通法和改革压力

本书所涵盖的传统 TECs 的内容非常有限,虽然 *Armitage v Nurse* 案被认为是英国法律中的指导判例,但 Millett L. J. 的判决的关键段落没有被实际引用。涉及该案的内容材料显示,基于 *Armitage* 案所产生的影响,2002 年后,TECs 的覆盖范围变得更加广泛,其特征是,普通法所规定的情形给予受托人更多的便利,以避免违反信托所造成的后果。

本书对此情况的讨论建立在法律委员会所从事的工作之上,这导致了不同方法的采用,其目的在于,调整受托人各自的需求,以及委托人和具体受益人的需求。那么 *Armitage* 案具体确定了什么呢？现在的方法是什么呢？基于 *Armitage* 案的规定,普通法给予受托人广泛的权利以限制违反信托责任的承担,甚至完全逃避责任的承担。事实上,上诉法院法官 Millett 接受了这种观点,即如果受托人的行为缺乏“实际欺诈”的构成要件,那么受托人无须承担违反信托的责任,这是 Millett 作出的让步,他提道:

人们广泛认为,这些条款太过于极端,如果受托人收取了服务费用,或者如果专业的受托人无意拒绝承担一般业务过失的责任,那么这些受托人不得依赖于受托人的免责条款以免除承担重大过失的责任。

393 在 *Armitage* 一案之后,发生了一系列的案件,最初是 *Bogg v Raper* 案,然后是 *Wight v Olswang*(*No.* 2)案和 *Walker v Stones* 案。在法律委员会的工作顺利进行的同时,*Armitage* 案后出现了 *Barraclough v Mell* 一案,就养老金授产协议的案件而言,*Baker v J. E. Clark & Co.* (*Transport*) *UK Ltd* 为典型案件。

法律委员会于 2002 年公布了《受托人免责条款咨询文件》(第 161 号)。这是一个非常有趣并且具有高度可读性的文件,为前几章中提到的托管制度提供了极其重要的参考。从更普遍的意义上说,它提供了一个很好的机会来回顾对众多核心问题的理解,并且提供了一个机会对它们进行更具批判性的审查。法律委员会于 2006 年 7 月公布了一份相同标题的报告(法律公报 301,第 6874 号)。在这两份文件中,在看待跨越传统的问题、信托及其设立的问题,以及信托形成的经济性的问题时(鉴于信托服务提供者在管理时的计费标准,考虑信托的设立可以带来多大的收益),法律委员会在最初咨询时解释到,对于它的咨询而言,中心问题是:

目前,英国法律没有为受益人提供一个现成的方式,以要求受托人不得援引其豁免条款,因此,受托人有相当大的空间保护自己免于承担违反信托的责任。问题是,信赖受托人豁免条款是否会严重危及到信托关系所推动的利益。

在*Armitage*案发生之后，当人们在确定豁免条款的典型模式时，如果受托人经常寻求免除"在任何时间发生的，基于任何理由所造成的信托基金的损失或损害"的责任时，除非此种损失或损害是由"实际欺诈"所引起的，否则法律委员会都会抱歉地说，毫无疑问这些条款都是有效的，并且在某种程度上，它们可以被这样解释，即如果受托人基于过失或者重大过失，给信托造成了损失，那么该损失责任可以被有效地免除。这意味着，英国法律采取了一种立场，即（在*Armitage*案中，Millett L. J. 的观点），"无论受托人多么懒散、多么鲁莽、多么缺乏勤勉意识、或者有多么有意图，只要他没有以不诚实的方式行事"，那么受托人就可以保护自己。

取得最佳平衡

因此，法律委员会被迫认定，英国法律对受益人的保护力度"比过去弱"。虽然法律委员会接受了这种观点，即对受益人的绝对保护是不可能的，但也坚持认为，虽然*Armitage*案对受益人提供的保护力度较小，但也应该与下述观点一致，即受益人的保护是"信托法的主要目的之一"。

16.3.2 2002年和2006年《咨询报告》：核心问题和重要建议

法律委员会在其2006年的报告中重申，我们仍然密切关注豁免条款的适用；这是因为，豁免条款能够在最大程度上实际免除受托人的责任，并且法律委员会的密切关注使得豁免条款可以免于被调整。但是，法律委员会旨在保持此项声明与下述声明的平衡，即"基于善意和实际的原因，这些条款通常被包括在信托文书中，并且受托人企图逃避承担违反信托责任的意图不得影响该条款"。基于上述做法，法律委员会承认，"其未能构建出能够有效区分这两种使用类型的法律 394
法规，除了创设了一种复杂的、具有极大潜在不利影响的体系"。因此,在报告中,法律委员会把重点转移到了一个替代战略上,该战略反映了一系列核心问题,并且仍然需要继续协商,但是,它追求的是一种“诉讼程序规则”的体系,而非立法体系。

法律委员会建议,由于“受规管的人需要坚持明确良好的规范”,所以该诉讼程序规则应该成为“最能够影响和告知受托人的适当有效的方式,以此来保护对豁免条款的适当披露”。因为“遵守规则属于受托人的职业行为”,所以该方案不会有破坏法律规定的类似缺陷。以此种方式违反良好规范不会使得该条款无效,也不会影响受托人对于该条款的信赖,但是这会使“受托人不受职业纪律措施的管制”。反过来,如果受托人未能保证,委托人在信托文件中规定了充分的豁免条款,那么这会导致“均衡反应”。

因此,该报告在第 1.2.2 节中提出了建议,下列整合的诉讼程序规则不适用于商业当事人或者养老金信托(或者慈善信托):

> 如果有偿受托人使得委托人在拟定信托文件时,增加了一个豁免条款,并且该条款的法律效力在于,排除或限制因疏忽所导致的责任,那么该条款必须在设立信托之前拟定,并且受托人需要采取合理措施,以确保委托人知道该条款的意义和效力。

法律委员会如何和为什么认定疏忽是限制或排除责任的适当基准,为什么条款将重点放在“有偿受托人”上,以及为什么某些类型的信托不会受制于诉讼程序规则的限制。但是,在这方面,法律委员会在报告中指出,法律委员会积极与监管和专业机构进行沟通,包括律师协会以及英格兰和威尔士特许会计师协会在内的众多人士,其目的是尽快设定规章制度;还督促政府“在信托行业尽可能广泛地推广上述诉讼程序规则”,并鼓励监管机构采用“符合其成员特定情况的规则,并且实施与现存行为准则相一致的规定”。

16.3.3 采用实践规则和法庭方式

法律委员会也指出，这种做法已经受到了“优化管理局的欢迎”，优化管理局肯定了该做法，并认为，“就这些复杂而重要的问题而言，例如受托人豁免条款，这是非常容易保持稳定的，并且也很容易制定立法”，并且很高兴看到“法律委员会已经听取了辩论各方的意见，并就此采取了相应的基于风险的审计方法”。

2010年9月，政府接受法律委员会的建议，并且这种乐观主义得 395
到了确切的肯定。司法大臣 Jonathan Djanogly 在一份声明中证实，政府将通过书面形式，直接向相关监管机构和专业机构提出采纳意见，并督促其通过法律委员会的推荐方法。

事实上，该观点为枢密院在 *Spread Trustee Ltd v Hutcheson* 案中所作出的决定提供了理论依据，（根据 Mance J. 的总结）——根据行为准则或监管和专业机构的规定，如果有偿受托人可以基于豁免条款免于承担过失的责任，那么该条款必须在信托设立之前拟定，并且要采取合理的措施，以确保委托人意识到该条款的意义和效力——该观点认为，任何免于承担重大过失责任的条款都应该被视为无效的法律，无论受托人是否为专业受托人，是否为有偿受托人。

该案件被上诉到 Guernsey 上诉法院。在 Guernsey，豁免条款的规定是成文法的，基于最初的法定条款和修正条款，豁免条款不会免除受托人因欺诈、故意行为或者重大过失所应该承担的责任。三分之二多数判决制极大地揭示了英国法律的观点，多数判决制的主要推动力在于，将 Guernsey 的法律适用于上述条款之中。

但是，从更普遍的意义上说，Lady Hale 对于过失基准的反驳性辩论开启了一个有趣的讨论。根据信托法律委员会于1999年作出的《关于受托人豁免条款的咨询文件》，她重新评述了法院所不愿意区分的一般性过失和重大过失，尽管“在处理普通法所规定的重大过失的概念时，以及在区分重大过失与一般过失的概念时，通常存在又长又多的权威线”。

Lady Hale 认为,虽然积极受托人的职责和义务被认为是多种多样的,但托管制度的核心理念为,“依赖于负责人或代理机构管理财产的方式将有利于信托受益人”。从 Kerr J. 的异议判决来看,我们可以更加肯定地认为,对受托人免于承担违反信托的责任施加合理限制是有必要的,对此,我们强烈支持,过失是最合理的基准,其原因为:

> 如果……依赖负责任的人管理财产,以增加信托受益人的利益是托管理念的核心,那么,否认受托人有机会免除重大过失的责任,是完全符合这一基本目标的。(*Spread Trustee Ltd v Hutcheson* 案)

16.4 针对受托人的个人救济

此内容涉及,当违反信托发生时,以及基于违反信托所造成的损失,当事人寻求经济救济时,会产生哪些问题。

396 ### 16.4.1 责任的衡量

责任的衡量是基于违反信托对信托财产所造成的直接或者间接实际损失,通常是利益。如果未经授权获得利润,受托人必须对这种利润负责,但这将是其责任的限制。还应指出的是,受托人仅对因违反信托而造成的损失承担责任。他们不需要充当受益人的保险公司的角色,尽管受托人尽职调查中所产生的任何损失都必须由信托财产承担。

根据这些限制,假设原告可以在违约与损失之间建立因果关系,则不需要适用于侵权法或者合同法所规定的间接损害的规则。本章不包括理性的受托人所应该预见或者考虑的调查。这可能在其他情形下可能非常重要，例如，在侵权之诉中，人们不可能对无限责任产生实际的恐惧，但是，在过失之诉中，情况则不同，例如，一个烟头被无意丢弃，可能会造成一艘大船的爆炸。信托财产的价值及其使用的利润为责任提供了自然的限制，并且责任不需要遵守额外的远因规则，但是，如果信托财产意外地增加了其价值，那么受托人则会陷入一种困境。此外，受托人也不能抵销该数额，他有义务使信托基金恢复到原本的数额，并且，如果他没有违约行为，则该数额就不会遭受损失，那么那部分数额的税收也应该上缴（参见 *Bell's Indenture* 案）。

此外，受托人不得以某笔交易所获得的利润去抵销另一笔交易所遭受的损失。其原因是，信托财产所产生的所有利益都属于受益人，所以，受托人无权提出，以这些利润减少自己对违约所造成的损失的责任。其经常被引用的先例为 *Dimes v Scott* 案。

但是，如果收益和损失可以被视为同一交易的一部分，那么 *Dimes v Scott* 案将不能被适用。在 *Bartlett v Barclays Bank Trust Co. Ltd* 案中，损失是由于灾难性的开发所致，但是另一项开发却产生了利润。在承认一般规则的同时，Brightman J. 允许损益相抵，并表示，剥夺银行在灾难获得少量救济的权利是不正当的。他的解释为，在 *Bartlett* 一案中，该损益是由相同的投机买卖行为所产生的，如果损益产生于单一的交易，或者交易的过程，那么受托人只需要对净亏损承担责任。

16.4.2 投资

许多案件的损失是由受托人不当使用投资权造成的，一些具体的要点需要引起注意，具体如下：

（1）如果受托人未经授权进行投资，则需要对投资所造成的所有损失承担责任。然而，这个原则的限定性条件如下：

（i）如果受益人全部都是自权人，并且集体有权享有整个信托财产，那么他们可以将未经授权的投资视为信托财产的一部分。但不明确的是,如果他们这样做,他们是否仍然可以要求受托人补偿因投资而造成的损失:*Lake* 案似乎表明受益人可以要求受托人赔偿损失,但
397 这个结果似乎与这项原则相冲突。如果受益人未一致同意承认该投资,那么受托人的义务就是对投资进行出售,并且赔偿损失。

(ii)或者受托人有权自己接管该投资,以此偿还信托财产,在受托人完成清偿之前,受益人对该投资享有留置权。

(iii)如果未经授权的投资带来的收益超过授权投资所带来的收益,并且该收益已经支付给受益人,那么受托人似乎不能要求受益人偿还超出他应得的收益,或者以该超额收益抵消未来的收益。

(iv)在 *Nestle v National Westminster Bank plc* 案中,Staughton L. J. 指出,尽管受托人在选择投资方式时适用了错误的标准,如果他们的决定是基于客观合理的理由,那么他们则无须承担责任。

(2)如果未经授权的投资被错误地执行,那么受托人需要对投资财产的现值与投资财产在适当的时间出售后可能上升的价值之间所产生的差额负责。例如,在 *Fry v Fry* 案中,受托人需要对 900 英镑的出价与最终获得的总额之间所产生的差额负责。

(3)如果信托文件规定,受托人需要进行某项特定的投资,但实际上他们并没有进行任何投资,或将基金投资于其他的事项,那么他们的责任为,弥补特定投资可能带来的收益,即如果他们在适当的时间购买了该信托基金,那么他们可能从信托基金中所获得的收益。但是,如果受托人在正确的时间内获得了投资,那么他们需要对投资所产生的数额进行支付。

如果受托人有权对投资进行选择,但他们根本未进行投资,那么他们需要弥补信托基金中的所有亏损。这仅仅是因为,我们不能假定地认为,如果受托人以适当的方式行事,那么任何特定的投资都是由受托人选择的,因此,他们的责任也不可能建立在特定投资价值的基础之上。

(4)如果受托人在自己的交易中使用了信托款项,那么他需要以

推定受托人的身份,为受益人持有该收益,或者用利息弥补信托款项,无论是利息的价值更大还是信托款项的价值更大。如果他将信托款项与自己的财产进行了混合,那么受益人可以要求其返还信托款项及其利息,或者要求分享利润的份额,其数额等同于用于投资的信托款项。当然,任何损失必须由受托人承担,如果受托人已经无力偿债,那么受益人可以享有对信托基金的专有返还权,并优先于受托人的债权人受偿(参见第 17 章)。

16.4.3　利息

通常情况下,受托人需要用利息偿还损失。传统上,利率是 4%,这与旧式的受托人证券的利率相同,但人们认为,该利率在现在来看是不切实际的,根据《1965 年司法行政令》第 6 条第 1 款的规定,法院 398
有权设立短期投资账户,现在的利率似乎是由该账户随时决定的(见 *Bartlett v Barclays Bank Trust Co. Ltd* 案)。

根据法院的裁量权,受托人可能会对更高的利率承担责任。如果他实际的收入高于标准的利率,那么他需要对实际的收入负责。同样地,如果有证据证明,他本应该比实际收益获得的更多,那么他需要对本应该得到的收益负责,例如,如果正确的投资本可以产生更高的收益,但是被错误地终止了。传统上,如果受托人存在欺诈行为或者其他积极的违法行为,则该利率由 4% 提高到 5%,推定这代表了他的实际收入。在同样的推定下,人们现在可以起诉复利,如果受托人有累积的义务,那么这似乎是一个必然的结果。尽管频繁重申,较高的利率只反映了违约受托人的实际收益而不是惩罚的方式,但是受托人不当行为的程度可能是法院行使其酌处权的一个相关因素(参见 *Wallersteiner v Moir* 案)。

16.5 受托人和刑事责任:检验《2006 年反欺诈法》的含义

16.5.1 刑法的重要性及其局限性

有人指出,刑法可能是一个保护信托财产和促进受托人遵守合法行为的非常重要的机制。然而,尽管如此,刑法的功能也不同于诸如违反信托的民事不法行为(伴随着侵权行为或违约),因为在今天的社会中,国家通过对某些损害施加刑罚处罚,以保护公民免于损害。因此,对于受益人而言,对盗用信托财产的刑事定罪可能会产生威慑效果,这有助于减轻受益人对盗用财产的受托人的愤怒,但与民法中的补救办法不同,刑法不涉及对受害人的经济赔偿。这是非常重要的,因为在信托基金被盗用的情况下,受益人最有可能关心信托财产的恢复。

16.5.1.1 信义行为和"盗窃法"规定的限制

另一个可能会严重限制对受托人的行为施加刑法处罚的因素为,从本章的开篇起,我们可以明显看出,并非所有的违约行为都涉及受托人对信托财产的盗用。这是非常重要的,因为"盗窃"的法律定义取决于对属于其他人的财产的"挪用"。所以,虽然一些受托人可能会简单地盗用信托财产,但第 13 章则指出了许多受托人的行为的例子,这些行为以不同的方式说明,受托人从其受托职位中获利可能并不涉及挪用信托财产。例如,受托人与信托业务进行的"有利可图"的交易,或者受托人进行的未经授权的营利行为。所有这些例子都指出,如果
399 受托人违反了其信义责任,基于最近颁布的《2006 年欺诈罪法令》,衡平法采用了一种非常严格的方法使得受托人对其行为负责,这些侵占信托财产的行为都可能在实际上构成刑事犯罪。

第 17 章　与信托财产损失相关的救济:衡平法诉讼和责任依据

本章直接承接上一章违反信托的相关内容,因为它旨在说明,在信托遭受违反,导致信托财产损失的情况下,信托受益人可以采取的措施。在这些情况下,若以其长度和重点为前提,受托人因违反信托所需承担的赔偿责任可能只有有限的价值。本书将在适当的时候解释这里的原因,即在解释为什么信托人因违反信托而进行公平赔偿的责任限制由发源于衡平法的回应来处理,这一点深受失去财产、但却不是信托受益人的债权人的青睐。在这方面,我们需要了解如何调整衡平法在针对信托受益人的诉讼时更具普遍适用性,以及衡平法是如何促进该方案的。

在这之前,我们需要确保自身了解衡平法的运作方式,以便理解旨在帮助损失财产的所有者的不同诉讼制度的性质,这些诉讼制度主要针对信托财产。重要的是认识普通法、普通法自身发展,以及其对衡平法发展的影响,而不是简单、大致理解两种司法类型的如何不同。这是因为,法律本身要求我们了解衡平法如何促进权利救济,以及在诉讼中如何根据法律实现这一目的。从概述到第 1 章中衡平法的产生及其特有的救济方式的发展,均有提及这一点。

第 1 章提到,了解衡平法起源的最佳方式便是查看普通法中相关内容,其旨在建立一套以一系列权利和权益、责任和义务为基础的法律制度,而这一基础又与个体可能想要维护的一些“利益”息息相关。在涉及人身安全、财产安全,及个人与他人达成的协议中,我们皆可发现这一点。这些都是法律普遍认可的权利,每个人均可享有,并且其发展出了一系列救济手段,以便在适当时候,维护这一普遍适用性。倘若这些权利受到他人侵害,法律将为受害方提供救济,即基于权利产生的追索权,并转而产生确定(但不可变更的)结果。也就是说,为粉饰经救济行使的普通法权利,通过在个案中和对需要衡平救济的个体被告宣判不同结果,衡平法产生了。这便是衡平法如何成为属人管
402 辖权,并最终体现在箴言“衡平法是对人的”中。还需提及的是,不同结果源自衡平法中的自由裁量权,这意味着原告无权寻求衡平法救济,且寻求衡平法救济者需公正行事,为人清白。

在多数衡平法实践中,“衡平法是对人的”这一箴言至今仍旧适用,并为衡平法中一系列最普遍和已为人接受的救济,包括禁令、强制履行令和解除权提供了基础。我们将发现,它构成了衡平法发展出的更多特定救济(我们尚不十分了解)的基础。包括我们在上一章中提到的受托人违反信托应承担的衡平法补偿责任。这一点,我们稍后还会提及,但现在我们只需要认识到,一方——受益人可起诉,且仅在对抗特定个人——违约的受托人时可以如此。随后我们也将看到其他对人诉讼和关于构成所谓对人诉讼的更多释义,以及其他类型的诉讼。

这表明,衡平法不只是对人的——在第 1 章中我们介绍了对人诉

讼,在信托关系下,衡平法实际上为受益人提供了"顽固"财产权,无须依赖于自由裁量权或"公平、公正、合理"原则。在我们学习衡平法如何作用于财产损失时,我们将发现这一点的意义所在。

17.1　关于财产损失的衡平法诉讼简介

本章内容是关于衡平法上损失信托财产的诉讼,其紧接着前一章违反信托的内容,而违反信托又与第 13 章和第 14 章中受托人职位的相关内容密切相联。我们学习托管相关法律,以反映衡平法上持有信托财产的受益人的权利和权益,并与阐述托管的章节有了更普遍的联系。在这方面,从前一章的 *Armitage v Nurse* 案我们可以看到,受托人的一系列作为和不作为均可能会导致违反信托。就本章而言,*Armitage* 案意义重大,Millett L. J. 特别指出,在这些不作为或作为中间,可能存在"实际盗用或误用信托财产",导致违反信托。这确有发生,本章讨论了在此种情况下受益人可以做什么,以及在信托财产实际上消失的情况下,为何违反信托的正常行为——衡平法补偿——价值有限。

在第 1 章中,我们了解到,在任何情况下,如果信托财产未经通知便交付(被出售)给善意买方,并取得对价,受益人可能会丢失信托财产衡平法上的所有权,并且,信托财产也可能遭遇很多其他情形:被保管财产的受托人盗用或窃走;如果是钱的话,可能会被转入其银行账户;或用于投资,甚至单纯地花掉。该财产也可交付他人,而不论其是否为善意购买人:这时,受托人之外的第三人实际上享有"信托财产",而受托人本人则持有不法销售所得收益。因此,在财产本身的情况和 403
财产占有人这两方面,财产受到侵害的受益人会面临一些潜在问题。而且因为其本身是"抢手货",可以有大笔的交易,而现实中也确实如此。

为了反映这一点,受益人可进行一系列诉讼。我们已经了解到,违反信托,与信托财产分离导致的信托损失,将产生对抗违约受托人的"衡平法补偿"的对人诉讼。但在这些情况下,也存在可以帮助受益人的机制,其中一个旨在实际追回财产。然而,这对信托财产的实际情况则会引起争议。也就意味着,特定情况下受益人可采取何种诉讼,而最佳解决方式将取决于财产的实际情况。这一点,对受益人可以"救济到"什么,从何处"救济"来说十分重要。在此,意识到其可采取的所有诉讼,以及所有潜在被告对受益人来说至关重要。其意义在于,可能存在涉及违约行为或其后果的他人(非违反信托的原始受托人)需承担责任。

17.2 理解损失财产的衡平法诉讼所需的基本要素

在一切发生之前,三个十分重要的问题将帮助我们拼凑出受益人可采取的诉讼的全貌(倘若其信托财产被盗用或误用),了解其性质和要求,及各诉讼的强度和限制。对于为什么我们看到的案例表明,在衡平法为受益人创建的诉讼中,不只是信托之下的受益人希望采取这些诉讼手段,还有一个最终考量。这在前面已有提及,而我们需要理解为何衡平法意使他人进行"受益人诉讼",又将如何实现这一点。这要求我们一开始便将这些诉讼理解为为受益人所创建,直接将我们引向三个重要问题,以便在考虑衡平法的受益人诉讼时,帮助阐清我们需要意识到的问题。

信托之下受益人"衡平法上的所有权"之性质

受益人享有"衡平法上的"信托财产,或者说,享有"衡平法上的所有权";普通法所有权对外界具有绝对的约束力,而衡平法上的所有权对"支付对价且未通知(信托)的(财产的)善意买方"之外的所有人都有约束力。作为衡平法权利中"对物权"的典范;这赋予了受益人对信托财产本身的所有权，而不仅是对抗特定人的诉讼权。这也解释了当受托人违反信托，处置信托财产时，受益人如何潜在地获得对人和所有权诉讼权。

受益人诉讼分为"对人诉讼"和"所有权诉讼"

我们知道，衡平法下存在大量救济手段，它包括一些专为受益人设计的具体救济手段，以便在受托人违反信托造成信托财产损失时，协助受益人。在这一情形下，诉讼的边界为受益人而扩展——区分对人，还是对所有权——反映了衡平法认同，若财产与合法持有人因不 404
正当理由分离，可能会发生多种情况。所有权救济——源自普通法和衡平法——依附于财产本身，允许所有权人从持有人手中恢复财产权。这意味着，当财产脱离所有权人时，其不大可能留在同一人手中，甚至不大可能保留同一形式。一般而言，因违反信托导致受益人财产脱离其本人时，所有权救济方式有几处优势：所有权诉讼将允许其合法所有人对特定资产进行"特别救济"；它将为资不抵债的所有人提供保护；此外，它还有一个潜在吸引力，即若财产遗失，同时所有人反应其存在增值，则可促进所有人"恢复"权利。

其中最后一个是对衡平法范围的特别考量，稍后会详细阐述，但就理解衡平法更为普遍的财产损失救济而言，对财产的特别救济的意义，在资不抵债的情况下受益人如何受到保护，以及这为何都十分重要，均有更多可讲的内容。首先，就前者而言，尽管所有权诉讼原则上可以具体追回特定资产，但鉴于这些资产可能发生各种情况，所以在大多数情况下，实际上追回的是代表财产价值的"现金价值"。所以在大多数情况下（特别是涉及对人诉讼的情形），所有权索赔的价值在于它赋予财产的全部价值以权利（其范围也包括增值的恢复），而且通常会用其他物品替换原始财产——该其他物品一般与未经授权销售的财产收益一同购买。

倘若（不法）财产持有人资不抵债，受益人在衡平法上对信托财产的所有权将保护其所有人地位。因为这一类所有权为对物权，即无论谁获得该财产(善意买方除外),均不可取得所有权。若个体破产或企业资不抵债(无法偿付其债务),则其财产将被交付给破产受托人,或公司的清算组,以尽可能偿还更多债务。这意味着,破产人(可能是受托人,或者取得“热门”信托财产的他人)享有所有权的任何财产均可能被用以达成这些目的。若受益人未继续享有衡平法上的财产所有权,上述情况将会发生。但由于受益人确实是衡平法上的财产所有人,且该财产不得视为破产人所有,所以受益人可提出主张,而不必“加入债权人队列”,对债务人财产提出索赔。破产和多重主张的可能性对于理解为何受托人的对人责任——提供衡平法补偿——在价值上更加受限也十分重要。此为对人诉讼,受益人借以对抗违反信托的受托人,所以它的成功将在于受托人实际上将个人财产用以赔偿,而他可能还存在许多其他债权人。

然而,尽管所有权救济存在优势,但一套不同诉讼——包括对人诉讼和所有权诉讼——的有效性表明,损失财产可能会发生多种状况。经不法手段脱离所有人的财产可能被毁坏,或因转让给不明人士而损失,所以试图认定损失财产或其替代品并不可行。在此,对抗获得财产的特定人的诉讼似乎可行,但是,在诉讼中你会发现,即使不曾
405 获得热门财产,也可能需要承担责任。

信托财产被“盗用或滥用”的意思

在关注受益人如何救济因处理不当和违反信托而损失的信托财产时,我们知道受托人既可能无意违约,也可能实施了欺诈行为。“滥用”一词表明,尽管多种情况下,受托人会为其自身目的实际盗用(甚至窃取)信托财产,但其他情形也会产生受益人的诉讼权。在学习慈善的法律定义时我们看到了 *Diplock's Estate* 案,这表明,倘若未经许可对信托财产进行处分,诚实勤勉的受托人(及其行为被视为违反信托的行为人)可能“滥用”信托财产。此处情形不包括试图盗用信托财产的情况,且为违反信托而不自觉地寻求不当使用信托财产的行为,仍被视为“不法行为”,行为人将承担责任。这是因为,若因此造成

信托财产损失,这些情形下,合法享有财产权的受益人将期望追回财产。

非受益人的受益人诉权的取得

由于所有这些原因,衡平法认为可以发展出一系列特别诉讼,在信托财产损失的情况下,帮助受益人。这些诉讼专为受益人设计,旨在使他能在可行之时对其财产提出主张,并在因为财产无法寻得、已被毁坏或落入唯一可能胜过受益人主张的人——善意买方手中,此种方式不具可能性时,能以多种方式获得追索权。在适当时候,因为衡平法诉讼包含可能遇到的所有不同情况,受益人可诉范围变得十分明显。对衡平法所有权中的"追索权"来说,尤其如此,追索权在非信托受益人的原告中间十分受欢迎,他们希望可以使用衡平法为受益人设定的权利,追回财产。受益人并非仅仅是因不法处分损失财产的人,尽管普通法已为遭遇这些困境的财产的合法所有人设立了诉讼程序,但由于衡平法不同于普通法,衡平法诉讼一向被视为比普通法中的对应程序更加灵活。

因此,非信托受益人热衷于尝试主张有权使用衡平法诉权。从第 1 章和本章的介绍中我们知道,一般而言,衡平救济并非可取得权利,所以很明显,传统上,衡平法在某些情况下允许他人取得受益人诉权,而且这一点已有合理基础,受益人身份即可自行满足这一要求,但其他人则需要证明。在我们学习本书时,很明显可以看到,由于衡平法对受托人的回应实际上是其广泛的信托行为管辖权范围内的一部分,所以有些人可以如受益人一般,轻易设立这些诉权,Diplock 的执行人也向我们说明了这一点。但是,还需说明的是,其他原告也必须更加积极地设立其衡平法诉权。

就衡平法如何在管辖权范围内实现这一点而言,我们需要回顾一下我们在第 1 章中首次遇到的现代衡平法管辖权的特征。根据这些内容介绍,衡平法管辖权实质上可以被认为是"排他性"和"同等"的权利,其创设了普通法不提供的新权利,而衡平法特有的救济措施与普

406 通法诉权并驾齐驱。在这方面,我们可以做以下考量,由于并行管辖权,衡平法诉讼可以为信托受益人之外的他人救济财产。在讨论衡平法的追溯规则时,我们会进一步探讨这一点。

17.3 衡平法对损失信托财产的回应:受益人诉讼概述

这种受益人诉讼的主要焦点是所有权追溯诉讼,它由衡平法设立,将所有权诉讼中的一般优势和衡平法的灵活性相结合,是所有损失财产的原告都期望采取的诉讼方式。其中也有对人诉讼,对人诉讼和所有权诉讼存在本质区别,后者强调对信托财产(或基于所有意图和目的被视为信托财产的财产)的所有权,而不论持有人是谁,其中包括对发生的事情毫不知情的善意方。接下来,我们要考虑若第三者不再占有财产,或财产已无法识别,第三方的责任如何。由于这一责任并不依附于财产本身,所以应视其为对人责任。

自始至终,我们将重点关注其存在的极度复杂性和不确定性,它们解释了为何这是一个非常困难的法律领域——直到最近,这个领域仍然充满不稳定和不确定因素。这不只是源于损失财产的非受益人寻求衡平法诉权所带来的压力,还因为一系列不同原则影响着人们关于法律应当如何发展的“讨论”。在这方面,也要参照最近的重大发展,既将其作为一般性讨论的一部分,也作为一个具体焦点。这将保证,至少我们可以了解潜在可用的诉权所导致的复杂问题,并衡量其目前的要求,以及他人如何获得可用的特定诉权。

接下来是对主要可行诉讼的综述,发现其本质和要求,以及各个诉讼的优势和限制。要牢记,给出一份对现行法律的清楚叙述十分困难。这一时代历经重大变革,无数传统原则和要素被重新评估,传统意义上划分的不同诉讼的区别也被重新审视。我们对这些情况的考量将从所有权诉讼开始,传统上称为“追溯”。各损失财产的原告均希望可以采取这一诉讼,这也是选其开始的原因;而原告是否可以采取这一诉讼取决于具体情况,但原则上,对损失财产者而言,这绝对是最佳的主张权利方式。

17.4 所有权诉权,传统意义上的"追溯"

传统意义上,"追溯"一词用在诉讼或救济中,在原告所有的财产落入他人之手时,向其提供救济。追溯诉讼如此重要,且财产损失者 407
对其十分推崇,其原因在于它是所有权诉权。如我们所知,所有的所有权诉讼以原告有权对诉讼争议财产主张权利为基础,这意味着原告有权将特定财产或(如我们所见)其部分视为其个人财产。传统上,原告应享有全部这些要素,并在此基础上追回财产,因为财产为原告所有,而持有人不享有所有权。

尽管近来更改了与追溯相关的传统术语——特别是在 *Foskett v McKeown* 案中——它对于发现或判定他人持有的财产属于原告,并帮助其追回财产这一点仍然十分重要。研究追溯诉讼的另一个传统是,因为普通法和衡平法制定了不同的追溯规则以协助遗失财产的所有权人,所以对于落入他人之手的原告所有的财产,一直有两条不同的路线。在此,我们将看到普通法和衡平法在追溯规则上存在的传统分歧。作为这一点的一部分,我们也将了解到正是上议院对 *Foskett v McKeown* 案的判决书改变了这一情况。

因此,我们无须思索传统观点所面临的新挑战便可对追溯诉讼略知一二,而更直接的了解方式则是,对比普通法和衡平法所发展出的不同追溯规则。但在此之前,我们需要懂得为何追溯诉讼是原告的选择之一。这是由于追溯诉讼可以"追踪"财产(或者说,至少传统上如此),所以这一诉权可以对抗任何持有该财产的人。对于钻普通法规则漏洞的人而言,这意指所有人,因为,基于"不能给付自己没有的东西”之原则,普通法上的所有权是普遍权,约束(并对抗)所有人。而对于享有衡平法上的追溯权的人,其诉权可以对抗任何人,但善意买方除外。所有人可以取回财产的对象,包括不知情者以及持有财产且知道其来源不当者。这一点十分重要,因为在有的诉讼中被起诉方必须存在过错。这解释了为何追溯诉讼是原告的选择之一,但并未解释为何我们要研究普通法中的追溯规则。

为什么要研究普通法的追溯诉讼?

鉴于我们已经知道,只有享有普通法权利的人可以使用普通法诉权,但这并不能立刻解释为何我们关注信托受益人需要研究普通法的追溯规则。最为明显的原因是受益人不享有普通法认可并支持的权利,因此受益人不可能采用普通法上的追溯规则。此外,我们已经得知,在受益人无法行使其普通法上的诉权时,衡平法发展出了为非受益人但确实是损失财产的人适用的规则,并大受欢迎。最后一点表明,普通法的追溯规则确实存在一些严重的不足之处;因为普通法诉权特定且不可变更,因此,在发现这些不足之前,我们将了解他们是如何产生的。

了解普通法下的追溯规则十分重要,原因之一是尽管对受益人本身来说,这并非可行使诉权,但它可以由受托人代表受益人行使;这并
408 非在所有条件下都合适,但是在某些情况下确实如此。更普遍地说,了解普通法和衡平法追溯规则有其优点,有助于理解清楚受益人可以做什么,不能做什么,原因为何。这也有助于明白,为何非受益人原告期望使用衡平法为受益人设立的权利。此外,与衡平法中的追溯诉讼相比,普通法的追溯在理论上更简单,运作起来更直接;为理解衡平法的救济方式提供了有效的“基础材料”,尽管更灵活,但也更机械复杂。

所以,普通法下的追溯更便于理解原告可以识别其自身所有的财产,并有权追回落入他人之手的个人财产这一主要概念。它们的第一个共同点就是两种类型的追溯权均始于所有权人,其财产因错误处分,脱离了本人,而他正在寻求恢复财产权利。在所有权追溯诉讼中,

原告寻求取回实际财产,或其等价物,而这都建立于特定的财产(或其部分)属于原告的基础之上。

此外,很明显,普通法和衡平法发展出的追溯规则既具有相似性,也存在差异,我们还将发现,近来的趋势表明,二者之间的差异正在弱化。确实,我们应当考虑到司法要求,制定一套普遍适用的追溯规则,这一规则将适用于全部财产所有人,无论其是普通法还是衡平法上的所有人,而这便是我们需要好好掌握普通法及衡平法追溯规则的另一个原因。

第I部分　普通法中的追溯

当存在信托受益人时,提及属于原告的财产,资产的"所有权"将永远是衡平法下的所有权。但是在各种情形下,财产脱离了其合法所有人,且若不法持有人"丧失"财产,也有权追回。而依普通法追溯或跟踪某一资产,原告必须是普通法所有人。普通法只承认普通法上"普遍的"合法权利和权益,而这实际上暗示了普通法的追溯诉讼的成立要件为何,能实现何种目的。这一点,以及财产的普通法所有权不易被其所有人"遗失"的方式,揭示了普通法追溯的主要优点,因此其财产被盗,并寻求通过追溯诉讼追回落入他人之手的财产所有人,可以将其作为选择之一。然而,这也是这一领域传统弱点的核心。

我们提到财产所有人不会"轻易遗失"财产,意思是,即使财产脱离其所有人,所有人对财产的普通法所有权不会也不会轻易丢失。这是因为实行不能给付非本人所有的东西这一规则意味着,即使被盗财产已由一人转让给另一人,小偷也不得转让财产所有权;在这种情况下,财产所有权人可以从实际持有人手上取回财产,无论该持有人对偷盗一事是否知情。我们将简要介绍普通法所有人如何做到这一点,但首先我们需要做一个显而易见,但又并不总是如此的说明:尽管不能给付非本人所有的东西这一规则使财产的普通法所有人难以失去所有权,但存在例外情形。而这在我们此处内容的范围之外,我们只需意识到这可能发生,且如若发生这一情形,原始所有人不得适用普通法追溯规则,因其已不再享有普通法上的所有权。所以,只有当所
409 有人丧失财产,但仍然享有对财产的普通法所有权时,他才可以适用普通法追溯规则。

一旦我们确定,财产所有人只丧失了财产本身而非财产所有权,所有人便可追回落入他人之手的财产,提出“具体交付”的要求,即归还或恢复。在原告发现其享有普通法所有权的财产落入他人之手,并可对财产主张权利时,这一规则方才有效。*Taylor v Plumer* 案阐述了这一点,这一案例还建立这样一个规则,即所有人可以主张将其丧失财产的替代物视为其财产。

Thomas Plumer 爵士指示其股票经纪人为其购买债券,并提供了所需资金。但股票经纪人用 Plumer 的资金购买了不同的投资产品和金条,并试图携款潜逃。他被抓获,Plumer 合法占有了该财产;在股票经纪人破产后,受让人随后采取了行动,以便从 Thomas 先生处取回财产,但以失败告终。投资产品和金条被视为 Thomas 先生的个人财产。实际上,根据埃伦伯勒法官的说法,Plumer 的资金追溯到了投资产品和金条之中,“只要可以确定,原物的产出物或替代物仍然遵循原物本质”。

17.5 普通法追溯诉讼主张之意义和范围

尽管历史上,法院对财产(取回)的特定交付具有自由裁量权,但是若争议财产为动产而非不动产,那么将不存在绝对的财产追回权。这意味着,所有权追溯主张的意义在于,授权原告享有财产的全部价值,并优先于被告的其他债权人。就范围而言,如 *Taylor v Plumer* 案

所示,普通法的演变不仅仅使得原告可以将其认定为属于“他的”特定资产追回,而且还允许原告在原有财产被出售并有出售所得收益的情况下追回替代财产,或用出售所得收益购买的新财产。在此,只要表明被告持有原告的原有财产的替代物,原告追溯财产的权利就将存续。在 *Diplock's Estate* 案中,Lord Greene MR 将其解释为原告认可(或采纳)其财产的不法出售,及购买不同财产,这使其有权主张本人为替代财产的普通法所有人。在 *Taylor v Plumer* 案中也存在先例,但 *Diplock* 案做了一个更为有意思的解释,即财产的替代物为支付到银行账户里的款额。在这方面,只要这笔款项不与其他资金混合,Lord Green 提到,普通法不允许将这些金钱替代物作为诉因是没有理由的,反之亦然,因为:

> 如果可以用独家购买的资产来确定委托人财产,那么我们没有理由区分选择不同诉讼的意义,例如银行家对与其客户的债务和任何其他资产。若委托人可以认可收购某一财产,也没有理由假设他不能认可其他财产的并购。

我们可以看到这一原理在 *Banque Belge pour UEtranger v* 410
Hambrouck 案中有了运用,且先于 *Diplock* 案,随后在 *Agip(Africa) Ltd v Jackson* 案中,Millet J. 引用了 *Diplock* 案的这段文字,但他认为,这一原则应该限于同一人手中财产形式的变更。这表明该原则仅适用于同一资产从一个受让人到另一个受让人的转让,且普通法也不一定允许从一个人到另一个人自由追溯诉因。所以这些案例表明,财产的替代物可以是不同的财产形式,以实现普通法所有人追回之目的,但是若新财产易手,改变形式,情况可能会复杂化。

17.6 普通法中追溯的限度以及“持有和收到的金钱”索赔

这一所有权追溯主张,取决于原告能够追踪或追溯被告持有的原告的实际财产,或其产品或替代品(在 *Taylor v Plumer* 案中)。当所有权经交付转让给受让人,问题便出现了:在此不适用不能给付非本人所有的东西这一规则,因为一经接收,所有权便转让,而其义务则是“应需求支付持有人”。*Hambrouck* 和 *Diplock* 等诉讼案件的诉因不会出现这些问题,因为尽管看起来没有替代资产,但实际上却存在一种货币形式。在这种情况下,从一人转向另一人的并非货币,因此因交付转让所有权造成的问题在此处并不适用。倘若用一笔支票或其他可转让票据代替了货币数额,并支付到银行账户,则它便转换为了原始所有人可以追溯的诉因。上议院在对 *Lipkin Gorman v Karpnale Ltd* 案的判决中,明确了这一点,为失去货币的原始所有人提供了权威行动指南。对货币的所有权,一经交付即转让,所以对于所有人不存在追溯的诉因的情形,普通法发展出了一套不同方法,以确保错误与其货币分离的所有人未完全失去权利。在此,普通法规定,获得原告被盗货币的收款人有义务偿还原告等额货币。在这方面的判例是 *Lipkin Gorman* 案。从这里我们可以看到,这是对人诉讼,通常产生于被告以原告的花费为代价不正当变富,这便是所谓的“归还”主张。

持有和收到的货币之诉:诉讼程序、范围和局限性针对主张“持有和收到的货币”的赔偿的作用方式,本文将作简要介绍,其由一个律师提起,案件涉及为赌博目的而盗得货币的使用方式。律师 Cass 是 Lipkin Gorman 的合伙人,同时也是被告赌场的常规代理人。作为授权签署人的资助对象,Cass 赌博时习惯兑现支票,他借此从公司客户的帐户中偷走了大笔资金,并将这笔钱用于在被告的花花公子俱乐部赌博,尽数输掉。上诉人主张俱乐部从 Cass 处赢得了财产,并获得支持。

虽然收到财产即产生责任,但是在受让人不存在不当得利的情况下,这种归还主张可能会被驳回。若受让人在接受被盗财产时支付了全部对价,则受让人并非(基于原告损失而)不当得利。Lipkin 411
Gorman 主张被告已经支付对价的辩护并未成功——未满足胜过这一主张的要求。这是由于,其声称的被告已支付的“对价”为不可履行的合同。事实上,在当时,根据 1845 年《赌博法》第 18 款涉及游戏和赌博的合同均视为无效,因此,在普通法意义上,赌博合同并非可以支付对价的合同。

返还责任的抗辩?

然而,未支付对价的被告仍然有可能通过表明他已经“改变了立场”而逃脱其全额归还义务。立场变更这一辩护在 *Lipkin Gorman* 案中得到了支持,同时已支付对价这一主张被驳回。被告善意改变了其立场时会引发这一情况,所以此时要求其全额退还将十分不公。在 *Lipkin Gorman* 案中,限制了原告公司能够从赌场中取回的钱,将支付的货币作为 Cass 所赢,构成俱乐部的立场变更,而最近的全英国法律判决公报 190 号的 *Haugesund Kommune v DEPFA ACS Bank* 案重申了一般立场,Pill L. J. 坚持认为,它建立在公平原则基础上,旨在保护被告免受返还原物的索赔要求,归还他所获得的利益,因为这一主张或要求全额赔偿并不公平。

在劳埃德商船协会 239 号的 *Bank Tejarat v Hong Kong and Shanghai Banking Corporation(Ci)Ltd and Hong Kong and Shanghai Bank Trustee(Jerse-y)Ltd* 案件中也适用了这一抗辩,其中被告可以表明,其是以欺诈交易为基础,而在原告主张金钱赔偿前,它已改变了立场,并善意支付了钱款。

尚不明确立场变更辩护是否只适用于持有和收到的货币,或本节和接下来一节涉及的任何恢复原状的主张,但有说法表示它也适用于衡平法下的追溯权主张。然而,*Campden Hill Ltd v Chakrani* 案则表明,这尚存争议。货币再度易手后应如何处理也尚不明确,但 Millett 坚持认为,由于该诉讼是对人诉讼而非所有权诉讼,所以第一受让人收到货币后对货币的处置已经无关紧要了。

但是,一般认为,该辩护在演变而非“固定不变”;根据 *Haugesund* 案中 Pill L. J. 的说法,到目前为止,其依判例逐步发展,且这一模式有望继续下去。

17.7 普通法下追溯的传统局限性

在我们研究这些内容时,特别是研究衡平法的追溯规则时,明显会发现,在判例法中普通法追溯主张成功的极少。普通法追溯主张要求,原告可以表明被告所持有的是原告的实际财产,或原告原有财产的替代物。在 *Taylor v Plumer* 案中正是如此,被告所持有的财产为未经允许以原告财产销售所得收益购得(此后,原告认可了这一销售行为)。我们了解到,在原告的货币或未授权出售所得收益被存入银行
412 账户的情形也是如此,而它们的“替代物”则成为可追溯的诉因。这便是普通法规则如何演变出所有人权利范围,允许其在不同情况下追回财产,接受因错误处分脱离所有人的财产会经常易手和改变形式。

然而,尽管范围划分十分明显,但实际上,原告很难证明被告所持为其实际财产或替代物,而且最大的问题在于普通法如何应对货币被存入银行账户这一状况。根据 *Hambrouck* 案阐释的 *Diplock* 案原则,倘若该银行账户中只有原告的款额,或出售其财产所得收益,则不会出现任何问题,但是,大量的案件表明,如若一个银行账户中存在任何其他来源的款项,那么普通法不会将其视为原告可以宣示所有权,并要求返还的财产。这是因为,尽管“混合资金”中包含有原告财产,但已因与其他财产混合而不可辨认。

Agip(Africa)v Jackson 案显示了当(原告)资金与其他来源资金

混合时，这一限制如何运作，在本案中，公司的总会计师欺诈性地变更了后续付款委托书。原告依普通法起诉欺诈行为受让人，要求赔偿所受到的全额价款；如果胜诉，那么受让人处分了全部45,000美元这一点就毫无关系了。但由于该款项已经“通过”纽约银行的结算系统，所以不可能通过银行追溯到去向，上诉法院同意 Millett J. 的裁定，此时，该款项确实与其他款项混合了。

资金混合，或因上述情况使普通法不允许追溯的情况也是如此，货物混合的情形也适用这一原则，比如我们在第3章讲的确定性案件（*Wait* 案和 *London Wine* 案），以及 *Clayton's Case* 案。在涉及衡平法的追溯规则时，我们将讨论财产混合。当原告财产与他人财产混合时，就所有权追溯主张而言，普通法的最大限制在于无法认定原告的所有权。这使我们得以深入了解为何衡平法规则对原告有如此吸引力，而且注意，衡平法已经将这种为信托受益人所构想的“诉讼”延伸到了非受益人的其他人。然而，尽管普通法中追溯诉讼主张鲜有胜诉的情形，但也并非闻所未闻，而 *Lipkin Gorman* 中也确实存在这样一个成功案例，可以证实赌场所持有的钱源自公司的代理人账户，即可追溯，在全英国法律判决公报97号 *Foskett v McKeown* 案也可见这一主张。此外，*FC Jones & Sons v Jones* 案的判决暗示普通法中的追溯存在更大灵活性，但事实上这更像是衡平法下的追溯诉讼。但鉴于传统的普通法否认对混合基金的追溯，所以这一点并不容易理解，所以我们需要进行思索；在研究了衡平法下追溯的传统方式后，这将再次被视为审视“追溯诉讼新趋势”的一部分。

17.8　衡平法上的追溯

首先，如同普通法的追溯规则，衡平法中的追溯也是针对财产被不当地与财产所有人分离。在这种情况下，我们已经了解到，由于衡 413

平法原本构想为“衡平法上的追溯制度”,所以原所有人即信托受益人。在这一背景下,追溯制度与普通法的追溯规则具有相同意义,并在传统上与财产的合法所有人相关,其财产落入无权持有人之手,随后可宣示其所有权主张,要求返还财产。

我们知道,受益人在衡平法而非普通法上拥有信托财产:在第 1 章我们了解到,受托人基于信托安排持有普通法所有权,受益人基于衡平法可以且准备发展“顽固财产权利”,可能享有对信托财产的所有权,且无须取决于自由裁量权或公正与公平。我们也知道受益人将失去其财产的原因,即普通法上享有财产所有权的主体,违背信托条款或一般法律规定,窃取或以某种方式使用财产而违反信托,导致财产脱离了合法所有人。我们因此了解了财产受益所有人在何种情况下会与财产分离,但这本身并不能解释为何衡平法发展出追溯制度。在学习衡平法发展出的权利之前,我们需要进一步理解为何衡平法发展出了所有权救济,并在传统意义上被视为允许受益人追踪落入他人手中的信托财产或其替代物。

普通法下追溯制度的要件和范围告诉我们,即使存在完全所有人,普通法权利仍旧十分顽固,且不易丧失,财产也不会落入“错误(的人)”手中。现在考虑信托下财产的不正当交易范围:受托人所持有的是名义上的合法所有权,且目的在于进一步使受益人受益,所以其只是财产的表面所有人。因为普通法不承认受益人地位,所以普通法对此没有任何保护。就衡平法而言,经建立信托所需的法律手续和一系列“托管”规则,我们可以发现,衡平法一直考虑到,受托人持有普通法所有权可能鼓励不当处分行为,而非正当行为。考虑到信托财产被盗用或滥用的情形,衡平法发展出所有权追溯救济也就不那么意外了。但其也并非十分明显,特别是鉴于我们已经知道关于不当使用信托财产的其他受益人诉讼。在第 13 章和第 16 章各自的违反信托的情况下,我们看到未经授权收益的财产返还性责任,和受托人提供衡平法补偿的责任。

损失财产的追溯规则和其他"不当处分"信托财产行为

首先要注意的是,通过授权受益人追溯落入他人之手但为他所有的财产,在制定追回"损失"信托财产的追溯规则时,衡平法所采取的做法十分不同于受托人未经授权获益时的方式。未经授权的"地位收益"不等于盗用信托财产,而是由于受托人的个人利益与他的信托义务相冲突;对此,衡平法对这一收益强加推定信托,以促进受托人责任(以解释其不合情理的行为)。若信托人盗用信托财产,全英国法律判决公报 97 号 *Foskett v McKeown* 案即是这一方面的判例,为追回财产,这可能引发所有权诉讼,但在追溯过程中将产生赔偿责任而非创立推定信托。Millett J. 将其解释为财产确实损失时受益人可为和不 414
可为之行为:

> 除非他可以追溯信托财产产品,对收益建立所有权权益,否则他无权优先于受托人的一般债务人受偿。若受益人不能追溯信托财产收益,他仍可对受托人提出个人索赔主张,但该主张并无担保。(*Foskett v McKeawn* 案)

显然,追回资产和未经授权牟利的所有权诉讼之间的这一区别反映出,追踪损失财产的衡平法方法是设立"诉权"或留置权,而非建立赔偿责任。反过来,两者都不同于受托人违反信托后提供的衡平法补偿责任,因为这是对人诉讼,受到个人诉讼的要求限制,比如就特定被告而言,他有何资产,是否存在其他债权人等。

所以,衡平法的追溯方法究竟为何呢?传统方式规定原告要满足三个要求。尽管要求严格,但对于有权采用衡平法追溯诉讼的人来说,要比普通法追溯索赔灵活得多。

衡平法追溯制度:两个重要案例、三个要求以及衡平法的同等管辖权

在此,我们将发现为追回损失财产而设立的衡平法追溯规则为何。我们将理解为何衡平法的方式被认为比普通法的更灵活,但首先我们需要懂得其要求和适用范围。在此,我们需要了解衡平法如何适应追溯制度变迁的理念,之前我们已经提到这一点,而这要求我们认识到,这是法律上不断变化的一个区域。由于在如何解决竞争性财产权上,受到一些不同观点的影响,它在过去的十多年来也一直不稳定。这里的问题比较直截了当,即合法的财产所有人和应对财产脱离其所有人负责的他人之间的索赔,但正如我们将看到的那样,如果合法的财产所有人只能是涉及他人不法行为的不知情方中的一位,那么事情就会变得非常困难。首先,关键案例 *Landesbank v Islington LBC* 案和 *Foskett v McKeown* 案可以帮助我们厘清部分考虑,而在这个过程中,我们也会慢慢了解这些案例(尤其是 *Foskett v McKeown* 案)意义重大的原因。

Westdeutsche Landesbank v Islington LBC 案源自伦敦地方当局寻求管理其财政的方式。它主要是关于,伦敦当局与西德意志州立银行(Westdeutsche Landesbank)达成“利率掉期”协议,进行借款安排,导致伊斯兰顿(Islington)从银行收到数百万英镑的预付款。随后,地方当局被宣布越权,协议无效,所以银行试图追回其资金。案件的争议点在于银行是否可以收回所谓的“复合”利息。银行当然期望可以如此,因为就它支付给伊斯兰顿的预付款而言,这将带来更高的回报:这
415 一协议表明,从预先支付的本金总额计息开始,利息本身也应计息,即为复利。因为地方当局并非预付款受托人,且就该笔资金而言,地方当局与银行也非信托关系,所以上议院建立了这一制度,即在这种情况下,银行无法追回复利。

Foskett v McKeown 案相关的合同由葡萄牙一群购买度假屋用地的买方订立。相应的财务安排是,到开发完成为止,买家以信托方式支付款项;受托人是 Timothy Murphy。开发未能完成,但买家支付的款额却已用尽。Murphy 一度投保了人寿保险,受益人为其妻子和三个孩子。保费每年 10,000 英镑,Murphy 支付保费的钱包括自己所有

和从买家处盗用的 20,440 英镑。五年后,Murphy 自杀,该保单赔付 100 万英镑。Murphy 的孩子(该人身保险受益人)和买家就此产生纠纷,受益人坚持认为,买家可以追回的金额限额 20,440 英镑。买家则声称,他们有权获得 40% 的保单收益(40% 代表信托财产被盗用部分在保险费中的份额)。上议院中多数人支持原告买家。

17.9　与衡平法中追溯有关的规则:阐明三个要求的两个关键案例

对于讨论衡平法追溯制度可以实现什么,以及原告需要满足什么条件才能使用衡平法机制来说,这些案例意义重大。从这些案例中,我们已经发现衡平法能实现的东西很多,对有权适用其追溯规则的人也十分宽容,同时事实表明,衡平法追溯规则在原告中十分受欢迎。由于并非所有损失财产的人都可以使用衡平法规则,所以我们需要考虑,衡平法追溯规则的要求是什么。

就衡平法而言,我们知道创建这些规则是为了保护信托受益人,反映财产表面上为其他人(受托人)持有时可能发生的情况,这些人有可能成功地向他人表明,他们是该财产的完全所有人,并处分财产。当涉及善意买方时,这将破坏衡平法下受益人对信托财产的所有权。所以,衡平法一直考虑到信托财产可能发生各种情况,而它的追溯规则也体现了这些忧虑。因此,为了满足衡平法要求,使用其追溯规则,受益人自证权利将不成问题,但我们将会发现,衡平法下的任何追溯行为,均不得破坏财产,且财产必须仍旧属于受益人(而不是善意买方)。然而,仍然还应满足其他"要求",这表明,不只是信托受益人希望适用衡平法追溯规则以追回财产。

那么,为何非受益人希望使用衡平法追溯权呢?从衡平法的相关资料和衡平法对信托的承认,我们发现,衡平法也为损失了财产的个 416

体、但不能使用普通法追溯制度的情况创建了追溯规则。但同时我们也知道,普通法追溯制度存在非常严格的限定,即一旦损失财产与其他财产混合,普通法将不再承认原告对该财产的所有权。衡平法的运作方式并非如此,这也是为何原则上在普通法下享有追溯权的原告普遍希望可以适用衡平法规则,因为普通法仅在其财产未受其他财物浸染时提供帮助。考虑到所有人被迫与其财产分离的情形,该财产与其他财产混合几乎不可避免。对于普通法来说,这在传统上是致命的;但对于衡平法而言,这从来不是问题。这主要是靠衡平法的抵押权或留置权机制,但在进一步解释之前,我们需要理解,衡平法是如何将其追溯规则的适用人群延伸到信托受益人之外的个体的。

17.9.1 扩展衡平法追溯诉讼的界限,不止于受益人

要理解这一扩展,有两个要素:第一,从管辖权上,衡平法如何以这种方式协助他人;第二,为使用衡平法诉权,这一管辖权在应当满足的要求中是如何体现的。我们将看到,有些要求意味着,(倘若不能满足要求)即使是受益人也不能使用衡平法追溯规则,但同样,也有另一些要求无须受益人满足,因为这些规则本就是为他而设。

就第一个要素而言,承认非信托受益人的原告的管辖权基础,最简单的立场源于信托关系,尽管受托人——受益人关系是范式信托关系,但还有其他一些关系,在这种情况下,还有其他非信托受托人处理他人财产,导致财产可能(而且确实)损失的情形。在这一类别中,我们发现律师、遗嘱执行人和公司董事、其他属于衡平法公认的信托关系类别的个体,以及金融服务专业人士等,通过满足 *Bristol and West Building Society v Mothew* 案中所列的"忠诚义务"标准建立"信托"关系。就这些人而言,衡平法将视其造成原告财产损失的不法行为为违反信托之行为。在受托人没有做出错误承诺的情况下,这是衡平法追溯规则可以适用的一个方面,但即使原告是欺诈性受害者,衡平法也允许其采用"受益人诉讼"。

现在,我们可以开始把这些基础资料拼凑到一起,审查原告要使用衡平法的追溯规则,追回落入他人的财产,并主张权利时,必须满足的要求。我们将首先在下方列出各个要求,随后再依次详述细节和意义:

(1)必须存在初始信义关系。

(2)原告必须享有衡平法下的所有权权益。

(3)追溯权必须尚未遗失。

接下来我们逐个分析,我们将更了解这些规则是如何以受益人为中心设立的,并逐渐懂得其他人的应有权利是如何被发展的,以及这 417
些规则的限制——包括对范式原告受益人的限制——为何。

(1)必须存在初始信义关系

就信托受益人而言,这一要求并不真正对他适用,因为,根据信托安排,基于范式信托职务的托管永远存在信义关系。我们也知道,受托人的过错行为,涉及财产(属于与受托人有强制依赖关系的个体)损失的,衡平法将视过错行为为违反信托,很简单,因为在这类情形下,初始信托关系总是存在。

在第 14 章中,我们了解到,这一司法管辖权的范围延伸到了诸如公司董事的个人,这些人在公认的信托关系类别之中,同时我们也参考了 *Bristol and West BS v Mothew* 案,它在特定情形下产生的信托关系这一方面可谓权威。围绕"信托关系/商业专业关系"问题的诉讼数额,其重点在于一系列受托人的行为造成了财产损失。在众多案例中,*Goldcorp* 案和 *Halifax v Thomas* 案解释了这一点,其意义在于,它使信托关系得以存在,原告可因此寻求衡平法追溯权。在此,*Chase Manhattan Bank NA v Israel British Bank* 案表明,衡平法对信托关系有特别的保护机制,即使在信托关系之外损失财产,要证明这一要求也并不困难。*Shalson v Russo* 案重申了这一点,这表明,尽管建立信托关系必须适当,但也可以灵活地看待这一点——特别是在原告因被盗或欺诈遭受损害的情形。

现在的一切都表明,满足信托关系的要求在实践中并不困难,即使对于非信托受益人也是如此,但是这个要求本身也受到了严重的批评。在 *El Ajou v Dollar Land Holdings plc* 案中我们可以看到这一点,而且,似乎这个要求的出现本身在历史上就是意外。这一观点假设,信托关系的要求起源于 *Hallett's Estate* 案,及 *Sinclair v Brougham* 案建立的关于追溯混合基金的 *Hallett's Estate* 原则的延伸。后者极为复杂,且比例难以达到,*Westdeutsche LB v Islington LBC* 案推翻了这一原则。

长期以来,*Diplock's Estate* 案被认为是"初始信托关系"要求的权威判例,这似乎源于 *Diplock's Estate* 案对 Sinclair 的解读方式。在 *Diplock* 中,初始信义关系这一要求被解释为权威。不论怎样,上议院在 *Westdeutsche* 案中肯定了这一传统观点——这是一个要求。尽管很多权威判例强调基于被盗或欺诈而产生的信托关系,但上议院在 2000 年的 *Foskett v McKeown* 案中再度批判了这一要求。这意味着,未来走向依旧不明朗。最近,在 *Campden Hill Ltd v Chakrani* 案中,一审法院坚持认为,*Foskett v McKeown* 案并未决定确认信托关系不再是使用衡平法追溯权的先决条件,而这也遵循了 *Shalson v Russo* 案的
418 做法。

(2)原告必须享有衡平法下的所有权权益

再次申明,这一案例对信托受益人几乎不存在要求,因为这一要求可以自动被满足。事实上,对于信托受益人,我们了解的第一件事是,他是衡平法下信托财产的所有人,而这源自衡平法为不享有普通法下的财产权的个人发展出的顽固财产权。无论是对于董事做出过错行为后追回损失的"公司财产",还是恢复律师客户存款账户的款额,或是 Diplock 执行人行政失当之后追回财产,这不是问题。但基于事实,寻求建立信托关系的原告,就所有权利益而言处于一个更令人玩味的地位。正如我们所知,在多数"信托/专业商业关系"案例中,寻求衡平法追溯权属于强力救济,在这些情况下,多位其他原告均可享

有衡平法所有权利益,比如无偿卖家(如 *Aluminium Industrie Vaassen BV v Romalpa Alumnium Ltd* 案例中的部分当事人)甚至是被盗或欺诈行为的受害人(如 *Shalson v Russo* 案所示)。

(3)追溯权必须尚未丧失

我们已经了解衡平法追溯权的感知价值,对于非受益人原告,或在传统关系类别中最为忠诚或强制依赖的原告,他们将为创建权利,使用衡平法规则而准备行动。我们很快就会知晓这样做的原因,但是在现阶段,追溯权尚未丧失这一要求对于我们而言,可能特别有趣,原因有二。首先,不同于其他要求,它确实适用于受益人,且切实影响受益人的追溯权。这意味着,任何满足前两个要求的原告(无论是主动满足还是自动满足)均可能丧失追踪权,这与为何这一要求如此有趣的第二个原因密切相关——它迫使我们不仅要面对衡平法追溯索赔主张的价值,还要直面其局限性。

在各种情况下,追溯权均可能丧失,前两者分别与财产本身,及原告对财产的权利的存续相关。其他情形下追溯权的丧失可能最有趣,因为即使财产和原告对财产的权利仍旧存续,这也可能发生。在最后一种情况中,允许行使追溯权显失公平,所以追溯权可能丧失。现在,我们对各点都给出了更详尽的解释。

在我们首次遇到所有权主张的重要性时,我们了解到,这一主张附属于财产本身,这意味着财产所有人可以不论拥有者是谁,直接追回财产。然而,因为这是针对财产本身的诉讼,只有当损失的财产仍然存在时方可继续进行,因此,倘若财产被毁坏(如被水浸或遭遇火灾),或因加工导致无法识别其是否为原告的财产,所有权诉讼便是不可能的。这一说法似乎也适用于银行账户透支的情形,英格兰和威尔士高等法院 *Ultraframe v Fielding* 案和 *BA Peters plc*, *Atkinson v Moriarty* 案两个判例申明,不可追溯到透支银行账户(尽管这与上诉法院在 *Foskett v McKeown* 案中的判决相反)。在财产仍旧存续且未 419
被毁坏的情形,倘若财产不再属于原告本人,他将失去追溯权;对财产持有衡平法上利益的人来说,若善意买方取得财产,他也将失去追溯权。在很多古老案件中均可看到这一点,上议院也在全英国法律判决公报 97 号 *Foskett v McKeown* 案中再度明确了这一点。

出于这些原因,追溯财产可能显失公平,这大概是衡平法追溯权最为有趣的要求和限制了。这都是因为财产仍旧存续,原告也确实享有权利。那么,为何在某些情形下——原则上原告主张仍然可行,但是如果允许追溯就显失公平的情形,衡平法坚持认为追溯权已经丧失呢? 出现这种情况的一切原因,都是衡平法追溯权的行使方式是对财产提起诉讼,而在这种情况下允许追溯显然不公平。如何解释这一点,最好的方式是查看 *Diplock* 案中的事实,而这在 *Ministry of Health v Simpson* 案中也得到了确认。

这一案件涉及 Diplock 的遗嘱,他在遗嘱中将剩余财产捐献给英国的慈善机构,或其他慈善或行善客体,具体决定权则完全交付给他的遗嘱执行人。遗嘱执行人坚信,这创立了一个有效的慈善信托,并依此将 203,000 英镑分捐给了 139 家不同的慈善组织。Diplock 的近亲对信托的有效性提出了质疑,并胜诉,原因在于,从解释的角度,该赠与并不满足排他性慈善这一要求。Diplock 的近亲可以从不同的慈善组织追回财产,并且可以主张所有权,对抗允许近亲主张权益的慈善组织。然而,这一案例对于衡平法下所有权追溯主张的限制十分重要,考虑到受让人对于财产被误用这一点并不知情,坚信赠与有效,且有的已经基于自身目的使用了该财产。

如 *Diplock* 案所示,在这些情形下,允许近亲对已经投入使用,以改善土地状况的财产主张追溯权并不公平,且有人建议,若财产已经用于支付债务,再对其提起诉讼也十分不公。因此,追踪权并不因慈善组织是执行人不法行为的无辜受让人这一事实而丧失——因为(原告)对其中一些慈善组织成功提出了追溯主张;不同之处在于,如果这些无辜的慈善组织以无法扭转或不易逆转的方式使用了有关财产,则允许行使追溯权将视为不公。我们会发现,即使是这种情况,近亲也有权追回其财产,但却是在不同的基础之上,而且与追踪权主张相比,其追回也更受限。

还有一些权威案例表明,若被告善意改变其立场,追溯权可能会丧失,*Boscawen v Bajwa* 案中,被告基于对所收到的被误用财产的信赖行为, *Lipkin Gorman* 的(恢复原状)立场变更的辩护在追溯权诉讼中也可适用。但是,英格兰和威尔士高等法院 *Campden Hill v Chakrani* 案显示这存在争议,立场变更这一辩护在多大程度上影响衡平法追溯权尚不明晰。

提出追溯主张的要求后,我们讨论过要使用衡平法规则,现在是时候来了解它们到底是什么,又能实现什么了。

17.9.2　衡平法上追溯的财产范围 420

传统上讲,衡平法追溯权比普通法追溯权更为灵活,范围也更广。和普通法一样,衡平法允许财产所有人(在此指的是享有衡平法上财产权益的所有权人)直接追溯财产本身(或其代表的价值),或者通过被滥用财产的直接或"清白"替代物类型进行追溯,而这是(衡平法下)权利被侵的所有人所遭遇的最简单的情形。但当被滥用财产与其他不属于原告的财产混合,事情变得复杂,普通法将很难处理这类情形,而衡平法依旧十分灵活。这被称为不正当使用的信托财产或其出售所得收益的"混合资金",通常涉及银行账户金额,但可以看到,它也适用于商品。在有混合资金的情况下,衡平法对受益人的援助这一点是我们在研究追溯新趋势之前主要考量的一点。首先,我们将考虑,在这些情况下,衡平法追溯权实际上会如何运作。

通过对落入他人之手的财产提起诉讼,它如何运作

尽管这是讨论的重点,但对损失的信托财产提起诉讼的基础概念并不容易理解。我们在 *Halletfs Estate* 案中得到了部分解释,但如果我们研究关键案例,它将更为形象。根据 George Jessel 在 *Hallett* 案中说,在具体的情况中,可追溯的财产即为使用信托资金购买的财产,在

这种情况下:

> ……受益人有权选择取走被购财产……或者……他有权选择拿走财产,或对信托财产的价值数额提起诉讼。

如上所述,在最简单的情况下,原始信托财产可能仍然未经改变;在这类情况下,衡平法——和普通法一样——将允许受益人追溯落入他人手中的财产,他人无权免费获得原告的衡平法权益(将很快提到),无论是原始受托人本人,还是接受财产的他人。对于实际财产或替代财产来说均是如此,在这一点上,我们看到,衡平法为受益人提供了普通法为法定所有人制定的规则;在这些情况下,衡平法允许追回实际财产本身,或所谓的“清白替代物”,因为它是原有财产的简单交换物。清白替代物,即属于他人且未与其他财产混合的被主张财产。然而,正如我们在研究普通法追溯规则时发现的那样,在财产错误脱离其所有人的情形,如 *Diplock* 案所述,该财产,或其替代物,或其未经授权的销售所得收益,十分有可能与其他来源的财产混合。在这种情况下,衡平法诉讼机制得以产生,使普通法上从未有过的机制成为可能。

衡平法主要的传统优势:对混合资金的追溯我们会发现,“诉讼”机制的运作方式在于,衡平法上的原告对财产或其部分提出诉讼请求,而这也是他的主张的基础。财产所有人寻求主张财产为其实际财
421 产,或可辨明的替代物的,普通法追溯权是一个相对直接和简单的行为方式。正如 *Taylor v Plumer* 案所示,普通法追溯权已经有了演进,允许追回被盗财产或其等价替代物。我们也了解到,普通法为货币发展出了不同规则,在财产或其收益被存到银行账户的情形,情况也会复杂很多。

在 *HallettS Estate* 案中,我们可以看到衡平法和普通法下追溯权的一个重要区别,在衡平法中,总是可以追溯存入混合账户的财产;而

在普通法规则中,这是最大的限制。在这里,对混合财产的追溯和财产增值的可追回部分来说,对财产的诉权都十分重要。

Hallett's Estate 案的主要事实很好地解释了这两点。Hallett 是一名律师,同时也是其自身婚姻财产的受托人。Hallett 将部分该信托财产转入了自己的银行账户,同时还转入了他的一位委托人的财产,用于投资。Hallett 用该账户进行了多次转入和转出,他死后,账户中还留有足够余额,可以满足信托主张和他委托人主张,但不包括他个人的债权人。有人认为(采用第 17.9.3 节中提及的 *Clayton's Case* 案的规则),基金所为支付实际上是用信托财产完成,而剩下的其实是 Hallett 的个人财产;这一结论意味着,基金财产可以用于满足 Hallett 个人债权人的主张。也有人认为,受托人首先处分了自己的钱财,因为受托人完全有权花费自己的钱财时,他不可能称自己(错误地)处分了信托资金。

要了解这一点,首先,要懂得早先的建议,即搞清楚财产发生了什么,才能确定最合适的救济措施。不当行为人可能将财产转让给了他人,也可能出于自身目的盗用财产,并保留下来,这种情形下,他极有可能将其存入银行账户。在此,原告将寻求追溯流入所涉银行账户里的财产。受托人(或其他不当行为人)将其置于存有其他款项的现存银行账户中,他"混合"了信托财产和其他财产,而 *Hallett's Estate* 案在这方面建立了权威判例,它认为衡平法允许追溯包含混合基金的账户里的财产。受益人具体如何及怎样追回财产,将取决于基金的混合形式,不同的形式对应不同可能性。

以信托为例,我们会发现以下情形可能出现混合:

(1)信托受托人和信托受益人均为金钱的合法所有人;

(2)信托受托人、信托受益人和其他善意他方均为金钱的合法所有人;或

(3)信托受益人和其他善意他方(不包括信托受托人)为金钱的合法所有人。

受托人为不当行为时,将会导致这些情形出现,但是财产混合并不都是受托人所为。在这方面,利用 *Hallett* 案的规则可以有效处理第一种情形,衡平法认为,受托人首先花了自己的钱,而受益人可以对余额行使追溯权;第二种情形也是如此,只是它涉及不当行为人个人的财产。问题出在最后两种情形,在众多当事人中,受益人是善意的索
422 赔人,倘若实际上是善意他方而非受托人混合了财产,则会出现第三种情形。具体而言,善意他方错误地将信托基金存入个人账户,且未意识到,他收到的是被误用的信托财产,他无权享有时,将会发生这一情形。

第(2)种和第(3)种情形表明,混合基金是受益人财产与其他善意人财产的混合,我们需要采取不同方法,以确定受益人的财产包括哪些,我们也需要理解,衡平法是如何在这些情形下帮助追溯财产的。但即使在我们考虑其他善意人主张如何使事情复杂化之前,很明显可以发现,应用 *Hallett* 案规则并不总是很简单。

而 George Jessel 爵士的判决则表明,受益人就"拿走财产"还是对财产替代物或销售原始财产所得收益"提起诉讼"享有选择权,但事情并非总是如此简单。因为 *Hallett* 案规则也同意,用受托人财产和信托财产购得的财产确实是"混合财产"。这意味着,由于它并非真正地受益人财产,受益人将无权对财产本身提出主张。在这些情形中,*Hallett* 案表明,受益人的权利仅限于"对以信托财产数额购得的财产部分提起诉讼"。但全英国法律判决公报 97 号 *Foskett v McKeown* 案批评了这一点,Millett J. 表明:

受托人误用信托财产,用于支付所购资产的部分款项的,受益人有权选择按比例主张资产份额,或行使留置权,以确保其对被误用信托财产提出的个人主张可以实现。在用于购买资产前,受托人是否将信托财产与其个人财产混合,或用其所有的不同基金账户(同时或分批)支付购买同一资产所需的款项,则无关紧要。

适用 *Hallett's Estate* 案规则:存在多位善意原告时,问题浮现

在大多数情况下,这些规则需要在一定情形下加以理解,即被主张的是一批枯竭的基金,不足以弥补所有各方遭受的损失。在存在多位善意他方时,这一点尤成问题。显然,我们关心受益人的立场,但可能主张追回混合基金的其他善意人包括受托人的债权人或客户。就竞合的善意索赔主张而言,倘若如同 *Diplock* 案中的情况一样,混合财产(包括误用信托财产的情形)的个人为善意,也会出现同样的问题。这些情况下,考虑到尽管混合基金可能用于投资并取得收益,但多数情形下,基金财产往往不足以满足所有的潜在索赔主张,那么,同等善意原告间如何分配追溯权将成为新的问题。

17.9.3　混合基金不足以弥补所有索赔的情形

在前面介绍的这些情况中,也有对混合基金的索赔主张可能超过资产价值而导致索赔不能实现,即可能许多混合基金包括了受害受益人、不当行为的受托人,以及其他善意原告的资金。尽管通过诸如 423
Hallett's Estate 案这样的机制,防止受托人保留不当行为成果的理由明确,但受益人通常不会是唯一的善意原告。这些情况下,考虑到尽管混合基金可能用于投资并取得收益,但多数情形下,基金财产往往不足以满足所有的潜在索赔主张,那么,同等善意原告间如何分配追回权将成为新的问题。

传统上采取的措施是适用 *Clayton's Case* 案的规则。这里,按照“先到先得”的原则,首先存入混合账户的款项被视为“被盗用”以满足最早的债务,上诉法院在 *Diplock* 案中适用了这一规则。这一方法遭到了批判,因为这对于混合基金的早期“贡献者”来说十分不公,而且在很大程度上,*Clayton's Case* 案中的规则是针对货物交易而非货币资金设立的。在这些情形下,货物的购买和销售总是在进行,我们很容易可以看出早期购买的货物——尤其是易腐货物,且将它们视为后期购买所剩下。因此,在对混合基金提出的索赔主张数额远大于财产价值时——这是通常情况,为了明确解决这一问题,*Clayton* 案后期发展出了针对混合资金的处理方法,即使这一方法并不十分公平,也将用于对抗针对早先混合资金来源的索赔主张。

这也是为何 *Clayton* 案遭到了广泛的批评,政策话语长期以来倾向于将剩余不足资金按比分配给所有贡献者——实际款额比例,这被称为 pari passu(意为"平等对待")。1982 年《英国无力偿债法律及惯例委员会报告书》(Cmnd 8558;"科克郡报告书")将其确定为破产法的选择机制。然而,从上诉法院在全英国法律判决公报 22 号 *Barlow Clowes International Ltd v Vaughan* 案中做出的判决,我们可以看到司法上对 *Clayton* 案规则的依赖,其坚持认为,*Clayton's Case* 案具有普遍适用性,因为法庭肯定会将 *Diplock* 的判例视为权威证据。不论这看起来有多么勉强,它确实表明,Clayton 为推定解决方式,而当存在证据证明,他们应当与 *Diplock* 案相一致时,正如 *Barlow Clowes* 案所表明的那样,则可以采取其他方式。这意味着 *Clayton* 案这一推定方式存在一定范围,离开这一范围也不存在太多困难,且正如 Leggatt L. J. 所说,"从 *Clayton's Case* 案创立这一规则后的 175 年间,人们并没有一致地赞同或适用它。"即使 Woolf L. J. 坚持认为这个规则已经成为"既定法律",但他也并不热衷于此,而是声称这(只)是"缺少上议院的干预"。在 *Foskett v McKeown* 案中,上议院做出了回应,这一案件是支持 *pari passu* 规则(平等对待)的权威判例,与全英国法律判决公报 478 号 *Russell-Cooke Trust Co v Prentis* 案和英格兰和威尔士高等法院 2771 号 *Commerzbank AG v IMB Morgan plc* 案中的传统方式相比,偏离的迹象更为明显。*Clayton* 案规则和 *pari passu* 规则之外,也存在其他规则,参见 *Lowrie and Todd* 案,北美的滚动诉讼机制。

17.9.4 混合基金投资获利时善意原告的地位

在众多案件中,*Hallett* 案规则的适用反映了,同一混合基金可能存在数个竞合原告,而不只是仅有受益人,在现实中很可能出现混合基金不足以满足所有当事人损失的情形。然而,也可能是,混合基金已经用于购买资产(通常是投资),而且表现良好。在此,*Oatway* 案可谓是权威判例,*Hallett* 案规则并不能阻止受益人享受用混合账户购得的任何财产的抵押权(或留置权)。在 *Hallett* 案中对此存在一些疑问,*Sinclair v Brougham* 案认为这是不可能的,受益人的救济措施仅限于购买财产时,信托资金对财产支付的份额。鉴于对受托人利益的严格规定,这一结果着实令人惊异,在 *Tilley's WT* 案中也对此提出了一些质疑,但只是在一审判决时顺带一提。 424

在 *Tilley* 案中,一名终身受益人,同时也是唯一受托人,在其自己的银行账户中混合了少量信托资金,然后开始了一系列的房地产投机活动,这些投机非常成功,因此她的遗产价值 94,000 英镑。享有剩余地产权的受益人主张,要求根据账户余额中信托资金所占比例,分得这笔财富的份额。Ungoed Thomas J. 则坚持认为,他们只享有对信托资金及其利息的返还请求权。判决是基于 Tilley 女士并未将信托资金用于投资房地产,而只是用于减少其透支额这一事实做出的。然而,Ungoed Thomas J. 认为,在不同情形下,若受托人实际上为完成购买处置了信托资金,则受益人将有权对财产主张权利,或在信托资金所支付款项范围内的任何收益。上议院在 *Foskett v McKeown* 案中阐明了立场问题,但在下一节我们会看到,对此,上诉法院持不同观点。在 Millett J. 的判决书中的同一页,我们可以看到基本的规则是:

> 受托人滥用信托资金,用于支付所购资产的部分款项的,受益人有权选择按比例主张资产份额,或行使留置权,以确保其对被滥用信托财产提出的个人主张可以实现。在用于购买资产前,受托人是否将信托财产与其个人财产混合,或用其所有的不同基金账户(同时或分批)支付购买同一资产所需的款项,则无关紧要。(*Foskett v McKeown* 案)

17.10 当下对追溯规则的理解

到目前为止,对上议院在 2000 年 *Foskett v McKeown* 案中的判决,多数的讨论聚焦于多数判决,而从 1998 年上诉法院所发生的事这一角度,则能最全面地了解其自身。这个早期的判决,也是多数裁决,主张买方受益人只有权对收益收取一笔费用,以确保他们主张返还用于支付人身保险保费的资金有所保障。然而,在 2000 年 5 月,上议院判决,信托受益人有权依据衡平法追溯保险收益,且应按各人在保险费中所支付的比例来主张。事实上,有人认为,受益人的索赔诉求仅
425 仅是基于保险费价值与保险单价值的混合而产生的衡平法上的所有权利益,类似于银行账户中的资金混合。因此,它遵循受益人有权按比例分配保险金的原则。考虑到 *Foskett* 案中,多数判决可以视为是对追溯权主张多变性质的评论,这一点便显得十分重要。然而,这也要求我们考虑到少数人的看法,他们与上诉法院的观点一致。

17.11 追溯变化的特点,上诉法院和上议院中 *Foskett* 案的意义

随后我们会发现,从多数判决的角度,这一结果是为维护受益人在基金中的所有权权益,以及他们对对应比例份额的法定权利。Lords Hope 和 Steyn 的反对意见是,这样滥用信托资金(以支付保险费)并不会赋予买方受益人(并非死者人身保险的指定受益人)对财产的比例份额以法定权利。相反,它表明,这种情况更类似于受托人使用信托资金维持自己的财产(从而援引受托人不能因其违反信托的行为获利这一原则),而非在银行账户中混合资金。在上诉法院中,Sir

Richard Scott V-C 对此进行了详细讨论,其推理的本质在于,除非可以证明受托人因支出(信托财产)获利,否则他的责任仅限于归还被滥用的资金,从而引用 *Tilley's WT* 原则。买方的权利仅限于追回其个人财产及利息。

随后我们将讨探所有权的意义,但在此之前,在上议院多数人尤其是 Millett J. 所阐释的追溯权的本质上,我们发现了一些非常有趣的观点。我们回到先前的说法,传统上,追溯被视为所有权救济,允许受益人对被告手中任一特定资产主张权利。然而,*Boscawen v Bajwa* 案和 *Foskett v McKeown* 案表明,司法上正逐步达成这样一个共识,即追溯权最好用于"识别"而非跟溯财产。一些学术文章中也同意这一观点,Peter Birks 的文章便是如此。在两个案例中,Millett J. 都花了相当长的时间来讨论追溯权的性质;因此,在追溯权索赔主张中,"因新资产是以原始资产的全部或部分收购而来,所以原告对新资产主张权利。因此,他追溯的并非实体资产本身,而是资产价值。"这意味着,根据他在第 128 页所说:

> 追溯制度既非索赔主张,也非救济手段。它只是原告证明其财产情况,确认其收益,及转出或接手该财产的个人的一个过程,并为他认为相应收益可以视为代表其财产价值这一主张提供合理理由。追溯也与索赔主张有区别。它确定了原告财产的可追溯收益。促使原告能够将可追溯收益替代原始资产作为其索赔对象。但并不影响或建立原告的索赔主张。主张取决于一系列因素,包括原告在原始资产中享有的利益的性质。原告对替代资产提出的索赔主张,通常与对原始资产所提主张相同。

Ultraframe(UK)Ltd v Fielding 案明显采用了这一理论。根据这一推理,原告成功追溯财产后,根据其对原有财产权益的性质,可能有权主张普通法所有权或衡平法所有权。根据 Millett J. 在 *Foskett v* 426

McKeown 案中所述:

> 这种追溯观点使衡平法和普通法之间的区别远不如传统上的区别重要,甚至还可能是多余的。因此,普通法和衡平法没有必要对追溯权适用不同规则。一套追溯规则足以……在混合替代物的情况下,坚持存在信义关系作为适用衡平法追溯规则的先决条件,肯定不存在任何合理理由,承认这种区别,并产生多变的结果。

就解释追溯和追踪的区别而言,为证明追溯等同于“识别”财产,在第 127 页,Millett J. 说道:

> 这些行为都是为了确认该财产是,或可能是属于原告人并可主张所有权的资产的代表。然而,追溯和追踪的过程却截然不同。追踪是针对在不同人手上转移同一资产。而追溯则是识别作为旧资产替代物的新资产。如果某一资产存在资产置换的情形,那么原告可以选择追踪他人手中的原资产,或者在原持有人的现有资产中追溯其价值。

到此,对于传统观点,即追溯是原告追踪其落入他人之手(他人无财产权)的财产,并寻求追回,我们已经有了一个明确的认识,但这一观点已经过时。从中我们可以看到,追溯权偏向于被认为是识别财产的过程,然后再主张所有权。但是,要了解所有这一切实际上意味着什么,或者可能意味着什么,并不是那么简单。部分原因在于,自从 *Foskett* 一案以来,这些观点很多基本上没有发展,而如果它们想在司法上得到进一步的思考,必须通过一系列的一审判决。那么,我们应该如何理解这一推理呢?因为追溯更像是一个过程而非救济手段,所以原告确认其财产,然后通过追溯过程来实现其(普通法或衡平法上的)所有权主张?

在这一点上,我们必须对具体情形有些了解。为了理解这一切为何意,首先需要有一个清晰的理论,并且懂得,从很多方面来讲,*Foskett* 一案中提出的这些问题,随后几乎没什么发展,且是这一范围内理论发展的尾端。现在,这一观点已经消退,但是从 20 世纪 90 年代中期和末期到 21 世纪初这段时间,整个地区都卷入了对追回损失财产的辩论浪潮中,探讨应建立何种机制以实现追回损失财产,法律依据应当为何。

何种情况下(谁)可以获得所有权?

这一次,争议点在于所有权原则和返还原物原则之间的选择,上 427
诉法院和上议院在 *Foskett* 案对此持不同看法。稍微解释下这些术语,"所有权"对应的法律规则是,在被告破产的情形下,寻求保留财产所有人权利,并确保其可以实现财产的全部利益,包括财产的任意增值情形;而"返还原物"在于保护不同的利益,并防止一方以另一方的损失为代价不当得利。在财产所有人被迫与财产分离,且无权占有人实际上持有财产的情形,我们可以看到这两种不同方法是如何适用的。在持有财产的个人资不抵债的情形,所有权可以提供保护,便于追回财产的增值部分,对原告来说极为重要。返还原物则全然不同,它会考虑具体情形下财产的收受人及原所有人的地位。

上议院在 *Foskett* 案中解决了这一争议,支持适用所有权原则,但是此前存在大量支持返还原物的说法,比如 *Westdeutsche* 案判决所引发的评论,而在上诉法庭对 *Foskett* 案的判决中,这也显而易见。在这种背景下,上议院对 *Foskett* 案的判决再次肯定了所有权规则,但也进一步提出了"所有权"应该是什么,以及效果是什么。其中大部分来自 *Foskett* 案中阐述的方式,强力推进追溯权发展成为一个更普遍适用的机制,而不应是对财产享有不同所有权利益的"所有人"的不同机制。反过来,我们可以考虑下,普遍适用的追溯规则该是怎么样的呢?在这个过程中,我们可以检阅自己对普通法和衡平法下传统追溯规则的理解,思考一套普遍适用的追溯规则该如何吸收二者的优点,摒弃其缺点。

一套普遍适用的追溯规则可能是什么样子?

所以,倘若我们试图以所有权为基础,设想出一套普遍适用的追溯规则,那它应该是什么样的呢?在此,我们需要思考它将如何采纳衡平法的灵活性以及普通法的固定性。前者可以视为对“混合替代物”而言,衡平法十分具有包容性的一个方式,它可以对抗善意索赔主张,也便于追回财产增值部分。谈到要与普通法的简便性相结合,我们将重点关注普通法下适用追溯规则的基本要求,这意味着,原告应当为财产所有人。很显然,一套普遍适用的规则的,其表述应该是要求对财产享有所有权利益——无论是普通法所有权,还是衡平法所有权——但这将免除存在信托关系这一要求,而很多人也认为这一点很难证明。对于 *Foskett* 案,我们可以看到人们批判它作为历史事件产生,从各种案例中,我们也可以看到,对于这一要求是否满足基本上很少存在“争议”。但 *Foskett* 案之后有判决表明,这一点仍作要求。所以,创建一套普遍适用的追溯规则,将有机会考虑这个要求是否应当留下。

在这些情形下,普通法和衡平法的优势相结合,可(普遍)适用于享有所有权利益但损失财产的个人,且不区分或辨别其享有的为何种利益,是普通法上的还是衡平法上的。因为实际上需要更多的发展演
428 变内容来进一步理解这一点,这也是我们一直在强调的地方,但要注意这一发展的理论(有证据表明它是确实存在):任何人的财产因不当行为脱离其本人的,均可寻求追回其财产,在实现这一目的时,普通法应该努力平等对待所有那些不幸的人。

第Ⅱ部分 因违反信托而提起的对人诉讼

在第 16 章中我们了解到,受托人违反信托,造成信托财产损失,将承担“衡平法补偿”责任。这便是对人诉讼,同时记住,受托人责任

的对人性质意味着受托人仅对其自身的违约行为负责,而不会对其他人的违约行为承担替代责任。本章第Ⅱ部分的内容仍旧与违反信托时如何救济被滥用的财产有关,但关注的是可行的对人诉讼,以及为何它们很重要。在这方面,以及介绍对人诉讼对于遗失财产的重要性上,受托人违反信托所要承担的个人赔偿责任将取决于其管理不善所造成的信托损失。

先前我们提到,除非原告(这里指的主要是受益人)可以建立对(在衡平法上属于他且被受托人滥用的)财产的追溯权,并且对可"识别"的财产建立所有权权益,否则 *Foskett v McKeown* 案作为先例,认为受益人对抗违反信托的受托人的主张是对人的;在第 16 章违反信托中,我们已经解释了,这不同于受托人为取得未授权利益而招致的责任,后者为强制的推定信托责任。要记住这一点,因为推定信托在协助受益人追回信托财产时有用,但不得用于对抗违反信托的受托人。反过来说,如果存在推定信托,则是用于违反信托适用财产的"特定"责任,适用人群为与信托无关的个人,以及对信托的"陌生人"。

违反信托时,"陌生人"的责任参数

所以,违反信托的非受托人个体怎样,及为何会因为滥用信托财产而招致责任呢?这是因为,他人可能涉及违反信托(或相应的不当行为)而造成财产的损失,其他人也可能参与其中。了解到依据推定信托,陌生人责任分为两种,我们会懂得他人如何涉及财产损失当中。

鉴于第 6 章已经涉及 *Williams v Central Bank of Nigeria* 案的判决,很明显,我们需要更加仔细地考虑"根据推定信托的方式产生责任"这一说法。但现在,本书的焦点是不同类型的责任认定。第一类责任产生于实际收到信托财产(或财产属于正在适用衡平法诉权的他人)的情形,它承认被滥用信托财产通常很快便会从一方转移到另一方,在这种情形下,除非该个人实际上保留了财产,否则无法提起追溯权诉讼。这一类受让人责任不要求保留财产,只要收到财产,就存在 429

“完整”责任。帮助受托人违反信托的责任涉及,当事人实际参与受托人的违约行为(或相应的其他行为),该当事人甚至可能是煽动者。尽管在这类“辅助责任”中,该当事人从未实际收到任何财产,且根据最高法院在 *Williams v Central Bank of Nigeria* 案中的判决,需要进行一些仔细审查,但仍然应当将其视为推定信托。

此外,还存在潜在陌生人可能因违反信托而招致责任,只是并非推定信托的方式。这类情形是,信托财产(或非受益人,但可使用衡平法诉权的原告的财产)的收受方,对信托并不知情,且错误地适用了该财产。他们实际收到了财产,但他们确实是善意受让人。这意味着,他们收到财产时,并不知道处分财产的人没有处分权限,或是不当处分财产(正如 *Diplock* 案中的执行人)。由于这样的受让人并非善意买方,不能不受信托约束得到财产,所以其应当承担责任,但是,不同于其他错误适用财产的受让人,他们的行为不应受责难。这样的受让人被称为“无辜自愿受让人”,*Westdeutche* 案提出,尽管无辜自愿受让人应当承担责任,但是不应以强制推定信托的方式。可以这样理解这样做的原因,在第 6 章中我们分析了推定信托关系,它是对财产享有普通法所有权的个人的无意识行为的认定,而这明显与无辜自愿受让人的情形不同。

之后我们会研究如何合适地分配无辜自愿受让人的责任,但首先我们来看一下非无辜的陌生人的责任为何。

17.12 非“无辜的”“陌生人”的责任

如本标题所示,这些问题探讨的首先是,受托人违反信托,而他人以某种方式参与其中时应当承担的责任。传统意义上,本分类下,陌生人对信托的责任又被分为了两种,分别是“知情协助”和“知情收受(财产)”,后者通常包括处分行为,因此又称为“知情收受和处分(财产)”,*Barnes v Addy* 案便提到了这一点。但近来,对责任术语,甚至是其根本基础的关注点不断改变,也就要求我们仔细研究这两种责任。

首先,一般看来,即使协助违反信托的“从犯”从未实际获得(信托)财产,两者也都是推定信托关系。这意味着,受益人只有在从犯并未实际取得信托财产的情形下可以使用对人诉讼的诉权,但英格兰和威尔士高等法院 3199 号 *Fiona Trust &Holding Corporation v Privalov* 案近来再度考量了这一责任的范围。即除非从犯也收到了财产,无论他是否还持有该财产,原告才有可能享有更大范围的救济手段。

17.12.1　非无辜“陌生人”和推定信托关系 430

现在,如第 6 章所解释的那样,鉴于在英国最高法院 10 号 *Williams v Central Bank of Nigeria* 案中,Lord Sumption 曾经表示,这种判定的推定信托不是“真正的信托”,而是为衡平救济提供依据,我们需要考虑这一推定信托的性质。在 *Williams* 案中,我们可以明显看到,这是由于《1980 年时效法案》的运作所引起的一个重要问题,而根据第 21 条的规定,这一点不适用于被立法视为受托人的人。在 *Williams* 案中可以看到,作为招致责任的信托协议的过错陌生人,他们并不符合时效要求下受托人的定义,因此,不同于对抗“无能受托人”的诉讼,对抗这类陌生人的诉讼可能会受到时效限制。

在解释谁应当,以及谁不应当被视为时效要求下的“受托人”时,Lord Sumption 同意并引用了上诉法院法官米利特在全英国法律判决公报 400 号 *Paragon Finance Plc v DB Thakerar & Co* 案中的说法,即这类人“不享有信托权力或责任;他们不得将信托财产用于投资,不得出售或处分信托财产;他们不得放弃信托,或任命新的受托人;由于只有舍弃信托财产才被视为推定受托人,因此他们也不占有或控制任何信托财产。实际上,他们既非受托人,也非信托人,仅仅是过错方而已。”

“知情者”责任:共同的谱系以及当下需求

这些形式的责任有一个共同点,就是认识到已经存在违反信托的行为。问题在于,要产生责任,到底应该知道什么,或者说知道多少呢?传统上的“起点”是 *Baden Delvaux* 案(后来编入全英国法律判决公报 16 号[1992]4),其中确定了五种知情(*Baden Delvaux* 案中知情的五种程度),分别是:

(i)实际知情;

(ii)对显而易见的事实视而不见;

(iii)面对问询时随意或粗心,不具备诚实理性;

(iv)对一个诚实理性的人来说可以预见的情况;以及

(v)会将一个诚实理性的人置于接受询问的情形。

接下来会阐释现在如何分配两类陌生人的责任,但首先,需要确保你已经理解了两件事:第一,两者均源自共同的祖先——所谓的 *Baden Delvaux* 分类;第二,现在的责任分配方式,很受传统影响,如将 *Baden Delvaux* 分类划入陌生人违反信托,或其他视为如此的情形。传统上对 *Baden Delvaux* 分类的应用导致了判例法的混乱和不一致,就知情收受人来说尤其如此,在快速变换的商业交易中,财产的收受人表示,要建立起责任的门槛可谓困难重重。尽管适用何种诉讼尚存争议,但我们依然可以看到这些案例存在分歧,而且很容易看到,新案例批评早期的判例“实际上并非是涉及”知情收受人或知情协助
431 的案例。

各种案例中这些问题的阐述方式告诉我们,在处理这些不同类别的“知情”责任时,法院时常纠结于各种情形的要求为何。对于传统定义的“知情协助”责任,一系列案例——比如著名的 *Belmont Finance Corporation v Williams Furniture Ltd* 案——表明,它要求相对严格,要求“明知”,而这又对应 *Baden Delvaux* 分类下的(i)、(ii)、(iii)三类。

其他案例,包括 *Agip(Africa)Ltd v Jackson* 案在内,提出了一种不同的方法,即倘若发现被告事先"明知"或"推定知道",则 *Baden Delvaux* 分类下的任意类别均可导致此等责任的产生。知情受让人的地位更加不清晰,其中大都依赖于商业交易中收到财产而引起的问题。一些判例表明,推定知情或推定通知即可,它们分别是全英国法律判决公报 393 号 *Belmont Finance Corporation Ltd v Williams Furniture Ltd* 案和 *Agip(Africa)Ltd v Jackson* 案。其他则表明,这并不满足条件,但却并未阐释清楚这一点。这样的案例包括,*Eagle Trustplc v SBC Securities Ltd* 案和全英国法律判决公报 769 号 *Polly Peck International plc v Nadir* 案,它们强调商业交易中只要求这一点的问题所在。

考虑完了涉及两种陌生人责任的当代法律,我们接下来开始讨论知情协助,但需注意,很多事实已经发生变化,其中包括产生责任的事实基础。

据解释,这总是对人诉讼,而且——如同受托人实际违反信托的情形——对于因违反信托受益人所遭受的损失,从犯总是承担共同连带责任。如同"明示"受托人,推定受托人的从犯参与违反信托行为,并因此获利的,均应对信托承担责任(参见 *Ultraframe v Fielding* 案)根据其产生基础和机制,可以招致这一责任,而接下来,我们将讨论责任是如何产生的,谁将承担责任,在什么情况下承担责任。

17.13　现代法律为违反信托的受托人的从犯制定的责任:远离知情协助,走向"从犯责任"

对于这一责任的传统术语是"知情协助",要处于违反信托的知情协助地位,*Baden Delvaux* 案提供了个人应当知道的情形。而 *Royal Brunei Airlines v Tan* 案将整套方法抛到一边,枢密院则表示,对于这一责任,有一个更为合适的术语,即“违反信托的受托人的从犯”。考虑到判例法中不同方式明显存在差异,这一反思显然是受到难于找到一个“正确的”*Baden Delvaux* 案标准的影响,但是,在传统的法律框架内,也存在很多更具体的难题。正如 *Tan* 案中判决所说明的那样,知情协助原则管辖的判例法,过分关注于原始违约行为受到协助的受托人是否诚实,或存在其他情形,因为传统上认为,只有在原始违约行为本身属于欺诈时,协助人才可能招致这一类责任。*Royal Brunei*
432 *Airlines v Tan* 案明确提出,就从犯责任而言,不要求受托人不诚实或欺诈性地实施违反信托行为,这一不同立场意味着,如果受托人本人是无辜的,则实施欺诈行为的从犯就可能逃脱责任。换句话说,“从犯责任”一词本意在于说明从犯行为所导致的责任,而非违反信托时其所应当承担的责任。

17.13.1 *Royal Brunei Airlines v Tan* 案之后的进展:*Twinsectra Ltd v Yardley* 案

作为重新聚焦从犯的“协助责任”而非原始受托人责任的判例,*Royal Brunei Airlines v Tan* 案表明,从犯责任并非以知情为基础(否认 *Baden Delvaux* 案的做法),我们应当关注从犯是否诚实,或是否存在其他情形,Lord Nicholls 在其内容中详细探讨了这一点。上议院在 *Twinsectra Ltd v Yardley* 案的多数判决中认可了 *Tan* 案中这一基本做法,因此,(提到从犯责任)现在普遍会提到“不诚实协助”一词。在 *Twinsectra* 案中,法官们考量了若要产生不诚实协助责任,不诚实的程度应当为何。

案件涉及两名律师和一笔贷款交易,此案的争论问题是贷款交易的状况,以及是否受到 *Quistclose* 信托或其他方面的约束。*Quistclose* 信托的存在与否(在第 18 章的 *Barclays Bank Ltd v Quistclose Investments Ltd* 案之后)取决于(第二位)律师 Sims 是否将贷款视为信托(产生于基于贷方指示,为特定目的授权申请贷款),而从犯责任则涉及另一名(第一名)律师 Leach。这样一来,在本次案件中,贷款的方式不符合贷款人的指示,因此没有偿还贷款。Twinsectra 起诉了三方,分别是两位律师和客户 Yardley。Sims 被起诉的原因是他违反信托,向客户发放贷款。这笔钱通过 Leach 到了客户手中,原告主张,Leach 未能采取措施确保贷款的申请正确,构成违反信托的不诚实协助;而当 Leach 违反贷款人指示,代表 Yardley 返还贷款时,这类责任便产生了。

就作为从犯的责任而言,一审判决认为,第一名律师并非不诚实,尽管他对事件的影响视而不见。上诉法院驳回了这一裁定,并判决 Leach 返还未用于收购财产的贷款比例。Leach 就他是否协助了 Sims 的违反信托行为(上诉法院认为,根据 *Quistclose* 原则,该贷款构成信托关系),及是否应当承担个人责任向上议院提出了上诉。

这一情形下,在考虑"不诚实"一词具有什么含义比较适当时,上议院提出,从犯要承担责任,应当有以下两个条件:

(1)基于一个理性诚实人的普通标准,他必须做出了不诚实的行为;

(2)他本人意识到了这一点。根据这些标准,他的行为并不诚实。

这看起来是主客观相结合的标准。 433

如 Lord Hutton 阐释法律一样,以这种方式解读不诚实,可以看出完全的依靠主观判断——"罗宾汉"标准(一个人只有在违反自己的诚实标准时才会被视为不诚实,即使他的标准与诚实理性人的标准相矛盾也是如此)在法庭上并不可取。客观和主客观相结合的标准的不同之处在于:前者将由法庭根据"一个诚实理性人的普通标准来决定被告的行为是否不诚实,即使他本人并未意识到这一普通标准"也是如此,而后者则在更广泛的客观环境中参照被告本人进行评价。后一标准取决于根据一个诚实理性人的普通标准,被告行为是否不诚实,以及他本人是否意识到,根据这一标准,他的行为是不诚实的。

Twinsectra 案倾向于主客观相结合这一标准,Lord millett 不支持

客观标准,并坚信这是 Lord Nicholls 在 *Tan* 案中的本意。但明显多数判决认可的标准对于 Lord Nicholls 判决来说更为重要。在解释法律如何定义不诚实时,我们可以清楚地看到客观标准的意义:“根据从犯责任原则,为不诚实行为,或缺乏诚实(二者同义),仅仅意味着行为人在该情形下不诚实而已。这便是客观标准。”然而,Lord Nicholls 在第391 页继续说道:

> 最终,在大多数情况下,一个诚实的人在认识拟议的交易,或其参与行为,是否会违反大众接受的诚实行为标准这一点上,应该没有什么困难。同样地,在决定一个人是否诚实时,法庭会考虑当时第三方已知的全部情况。同时还会顾及第三方的具体情况,比如他的经验、智力,以及他行为的原因。

Lord Hoffmann 同意 Lord Hutton 的观点,他表示,不诚实要求行为人有意如此,即“意识到其违反了诚实行为的普通标准”,而这一类的不当行为则要求不只是“认识到事实本身”。米利特法官的看法是,违反信托的从犯责任不依赖于普通意义上的不诚实。只要被告了解所有事实,他参与到违反信托之中便是不当的。事实上,他主张,*Tan* 案中唯一认可的主观因素是被告的经验、智力和实际的知情状况,而并未要求他意识到他是不诚实的。

Lord Millett 在第 135 页提出了他更认可的标准是客观标准,责任不取决于被告已知他在为不诚实之行为,或他对于信托具体细节及违反信托行为的知情,只要他知道主犯不可自由处分钱财即可。在某些情形下,他甚至不需要知道这么多。有时他只需要知道他所协助的计划存在不当便足矣。

对 Lord Millett 的意见,Lord Hoffman 的看法是,除了构成行为不当,并产生责任要求“个人意识到其本人正在违反诚实行为的一般标准”外,上议院不需要同意其他观点。

434

而且,代表多数判决的是,Lord Hutton 在 *R v Ghosh* 案中总结到,从犯责任标准实质上与刑法中的欺诈标准一样。这成了 *Twinsectra* 产生的许多批评的根源,因为有人认为,将刑事责任标准引入到民事责任中是不合适的。Lord Millett 尤其反对这一说法。更普遍来说,这似乎很难与 *Royal Brunei Airlines v Tan* 案的精神和意图相一致,该案试图通过不再关注受托人(以及他的初始违反信托行为是否不诚实)来放宽从犯责任,并将责任确定于从犯本身。在这方面,有人好奇,在 *Twinsectra* 案之后,*Tan* 案这个非常受欢迎的判决能否在从犯责任领域充分发挥潜力。意料之中的是,在 *Twinsectra* 之后,有观点在有些方面已经提出了一些建议,即它采取的立场——在必须承担从犯责任的情形下——太维护"被告"[参见 *Ryan*(2006)70 Conv 188]。

17.13.2 *Twinsectra Ltd v Yardley* 案之后的进展及当前状况

几乎在 *Twinsectra* 标准开始引来学术审查的同时,在 *Dubai Aluminium v Salaam* 案和 *Tayeb v HSBC Bank plc* 案中,法庭提出了另一种客观标准,而 *Barlow Clowes International Ltd*(*in liquidation*)*v Eurotrust International Ltd* 案也再度全面地考虑了这一问题。从本章之前提到的 *Barlow Clowes v Vaughan* 案及其记载于 *Lowrie and Todd* [1997]Denning L. J. 43 中的判决可以窥见本案的背景,这解释了,在 20 世纪 80 年代,一个声称将提供高回报的英国金边债券的诈骗计划是如何由克洛斯运营,并由一间名为 Barlow Clowes 国际公司的公司操作的。此后,它流入了欧洲信托国际(Eurotrust International)所持有的马恩岛银行账户,而投资者的资金在 1987 年才得以返还。本诉讼的三名被告分别是欧洲信托国际和两位主要董事;在马恩岛高等法院,Barlow Clowes 国际公司主张两位被告和欧洲信托国际不诚实作为,协助 Clowes 和一位关联人盗用投资者资金。

高等法院判决三位被告应当承担不诚实协助责任,随后,三位被告提出上诉,其中第一位和第三位被告(分别是公司和其中一位主要董事)的上诉请求被驳回了。然而,第二位被告——Henwood 的诉求因证据充足获许。在这种情况下,Barlow Clowes 国际公司向枢密院提出了上诉。

最初,马恩岛高等法院判决,Henwood 不诚实协助盗用 1987 年存入银行账户的款项,应当承担责任。法院查明,他强烈怀疑他经手的资金是公众以为用于投资金边债券而交付给 Barlow Clowes 国际公司的资金。从这一点可以发现,诚实者不可能协助后续处分资产的行为,将其转入 Clowes 和其关联方,而他决意不予追问应当视为他有意识地避免知道真相。在枢密院,Henwood 的律师辩称,根据 Twinsectra
435 原则,高等法院就 Henwood 所做出的裁定不符合 *Royal Brunei Airlines* 案的诚实标准(有时也称为"*Tan* 标准"或"*Tan* 方法")。

枢密院一致反对被告的辩护,并维持了原判。这就导致了司法委员会对被告律师所依据的 *Twinsectra* 中多判决的反思。就这些反思的性质而言,意义重大,本届司法委员会成员包括 Lord Nicholls(*Tan* 方法的作者)和 Lord Hoffman。Lord Hoffman 宣布了枢密院的判决,他希望依据 *Twinsectra* 案影响下的 *Tan* 案标准解释清楚不诚实的地位问题。他尤其试图说明,在 2002 年的 *Twinsectra* 案中,上议院并未打算改变或改进 *Tan* 案标准,但他也接受,就产生责任的要求到底是什么而言,*Twinsectra* 案可能还存在模糊性。

然而,Lord Hoffman 表示,这不如之后的一些评论所提到的那样。这是因为 *Twinsectra* 案并没有强调被告对普遍接受的行为准则的看法是什么;相反,为了产生责任,它所要求的是,被告对交易的知情必须使得他的参与行为与正常可接受的诚实行为标准相违背,从而违法。这里并不存在要求他应当先思考正常可接受的标准为何。精选评论包括,这一判决强调违法意识,是对"*Royal Brunei* 标准的更好解读",以及 Lord Hoffman 提到的模糊性其实 *Twinsectra* 案的一次巨大倒退[参见 *Ryan*(2006)70 Conv 188]。

17.13.3　*Barlow Clowes* 案之后的 *Twinsectra* 案标准:*Abou-Rahmah* 案的重要性

在这篇信息量极大的文章里,Ryan 表示,尽管 Lord Nicholls 关于皇家文莱航空公司(Royal Brunei Airlines)的主张简单而又吸引人,但是在大多数情况下,考虑到 *Twinsectra* 案和 *Barlow Clowes* 案指出的,必须适用该标准的法官所要面临的"艰巨困难",要确定一个诚实的人如何行为也就几乎不存在什么困难。反过来,近来越来越多的判例法表明,很多似乎是阐明法律本意的判决,随后很快就被发现实际上并非如此。在 *Barlow Clowes* 案后不久,上诉法院在 *Abou-Rahmah v Kadir Abacha* 案中再度考量了这一问题。尽管上诉法院的两位大法官——Rix and Pill L. J. 均认为不必牵涉到 *Barlow Clowes* 案中留下的关于 *Twinsectra* 案标准的矛盾便可结案,但是 Arden L. J. 抓住这次机会,首次在上诉法院探讨了 *Barlow Clowes* 案。Arden L. J. 认为应当遵循 *Barlow Clowes* 案的判决,但矛盾仍将存在,因为她表示,这既非背离,也非拒绝遵循 *Twinsectra* 案方法。相反,就如何合适解读英国法律,*Barlow Clowes* 案为我们提供了引导,显示了,"*Royal Brunei* 案如何与 *Twinsectra* 案一起组成一致的法律语料库,供人阅读"。

Arden L. J. 对该案例的看法是,对于 *Twinsectra Ltd v Yardley* 案,普遍认同的解读是其要求主客观标准,但这是错误的,正确的是在 436
Barlow Clowes 案中阐明的精确标准。据 Arden L. J. 所说,不诚实的标准并不要求被告应当意识到其过错行为;相反,这一标准"相当客观",但不排除存在主观的一面。依据这一推论,其立场则是 Lord Nicholls 在 *Royal Brunei Airlines v Tan* 案中所采取的立场,即根据被告当时所知道的(从而构成主观因素)而不是一个理性人应当知道或了解的情况,做出(不诚实)评估。事实证明,虽然一位银行经理人怀疑两人可能涉嫌洗钱,但对于正在进行诉讼的两笔交易,他并没有任何具体的怀疑。这意味着,一审法官裁定这并非不诚实是正确的。

Starglade Properties Ltd v Nash 案尤其认可 *Abou-Rahmah* 案的做法,而在此期间,*AG Zambia v Meer Care* 案和 *Desai* 案为客观标准提供了重要支持,但这样一来,违约行为的确定将涉及“根据所涉人员当时所知道的,不同于一个理性人所了解或理解的,进行主观评估”。

基于 *Starglade* 案的事实可以发现,被告的行为并非构成不诚实协助责任的不诚实,因为在没有具体的咨询知识的情况下,他的行为并不会违反普遍接受的该职位的商业行为标准,即使他具有更丰富的商业经验,也是如此。更普遍的是,在发现这一点时,Strauss J. 还确认了一系列不诚实所具有的特性,以建立不诚实协助责任,上诉法院在 *Abou-Rahmah* 案中提出这些特性,而且从 *Starglade* 案可以看到,*Abou-Rahmah* 案提供了最新的法律说明。该案似乎表明,*Abou-Rahmah* 案可能是从犯责任所要求的“最后一个”标准,但实际上并不清楚其是否同意 *Abou-Rahmah* 的观点,即 *Tan* 案、*Twinsectra* 案和 *Barlow Clowes* 案提供了一个“一致的法律语料库”,而“*Twinsectra* 的倒退”则是由评论员发明的。

然而,上诉法院在[2010]EWCA Civ 1314 案中裁定,尽管正确的标准应当是对案件事实适用诚实行为的普遍标准,但 Strauss J. 的判定认为行为诚实时,不可能存在不诚实行为是错误的。事实上,对于不诚实的不同观点并不会妨碍对不诚实的裁定,而这样的裁定应由法庭作出,并适用于案件事实本身。在 *Starglade* 案中,破产公司刻意转移财产,以胜过债权人的合法主张,这与诚实商业行为的一般标准并不一致,同时,*Aerostar Maintenance International Ltd v Wilson* 案指出,不诚实意指“在同样情形下,不按一个诚实的人行为的方式行为”,且大都被视为“有意识的为不当行为”。

现在,*Halliwells LLP v Nes Solicitors* 案应用了 *Starglade* 案的做法,在这个案件中,被告违反了“正常商业行为的一般标准”,而在 *Secretary of State for Justice v Topland Group plc* 案中,被告行为是否
437 “在商业上不可接受”取决于法庭的判断。

17.14　现代法律对知情受让人取得他人财产的责任规定

法院决定不诚实与否这一做法的应用有可能继续引起诉讼利益,观察在行为诚实与否上存在不同观点时,如何处理这一问题也十分有趣。但是,就其基础而言,不诚实协助的法律似乎相对比较完善。在这方面,*Starglade* 案还为以下材料提供了一个后续,它们转而讨论了一个"知情"陌生人可能产生的其他类型的个人责任。这是因为它为我们说明了一些案件实际上是多方诉讼案件,在这些案件中,被告被指控为违反信托的从犯,且是不当处分财产的知情受让人。从某些方面来说,这并不奇怪,因为这些诉讼旨在协助那些因不当处分与其财产分开的人,并提供一系列解决方式;从这一点看来,在 *Starglade* 案中,也存在对信托财产的知情受让人的索赔主张。然而,一般来说,这也是传统上一直存在的一大难处,其阻碍了将这些诉讼归入到 *Baden Delvaux* 案的知情类型中,甚至将它们彼此区分开了。这就是我们为何会看到不同判决,看到一个特定的判例并非这些诉讼中一个或另一个的真正判决,而反而涉及其他诉讼。不幸的是,对于"知情受让人"责任来说,尤其如此。

在商业交易中交换财产的情况下,找到这类责任可接受的参数一直极为困难,因为财产不断易手,变化之快,很少有时间去调查其出处。这就是为什么,在这种情况下,对善意买方申请的"通知"要求已经被极大削弱,也使在这种情况下,认定知情受让人的责任时,难以适用 *Baden Delvaux* 知情规则。

事实上,在我们考虑什么情形算是"知情"之前,为判定知情受让人的责任,已经有了大量关于是否存在财产"受让人"的实体法,要理解这一点,商业环境十分重要。这里的主要案例包括 *Agip(Africa)Ltd v Jackson* 案(参见 Lord Millett 在第 286 页所说)、*El Ajou v Dollar*

Land Holdings 案、*Charter plc v City Index Ltd* 案以及 *Uzinterimpex JSC v Standard Bank plc* 案。

其中,*El Ajou* 案也在第 700 页列出了这一违法行为的构成要件,其要求:

……第一,违反信义义务,处分财产;第二,收受人得益于被告所处分的财产,而该财产经追溯代表了原告财产;第三,被告知道他所收受的财产源自违反信义义务,且可被追溯。

现有资料关注第三个要件,即要成立知情必须要知道什么。但不幸的是,不同于从犯责任,对于这一责任,从未有过定论(*Tan* 案时
438 刻)。

现代法律,没有 *Tan* 案时刻,却有重要案例?

知情受让人要达到 *Baden Delaux* 案知情规则的哪一程度从未明晰,但早时的资料表明,在判例法中确实存在相当大的分歧。然而,尽管现代法律中知情受让人的地位远不如不诚实协助清晰明确,但所产生的利益纠纷主要集中在一个"重要"案例中:即上诉法院在 *BCCI (Overseas) Ltd v Akindele* 案中的判决。确实,在 *Akindele* 案中,Nourse L. J. 表示,考虑到知情协助存在一套既定的不诚实标准,作为对 *Tan* 一案的回应(与其他案件相比,本案早于 *Twinsectra* 案),就知情受让人而言,"知情"的地位应当是一样的。

Akindele 案转而又接受了 *Montagu's ST* 案所采用的方式,该方式被视为一次重要的判决,是"缺少诚实"方式的权威。在此,一个不诚实的被告可能会被视为知情受让人,并承担责任,因此不诚实并非要求;相反,"收受人的知情状态"所要求的是"他保留所收受的财产利益是不合情理的"。

***Akindele* 案给出了定论?未说明的问题及后续发展**

上诉法院认为,这一方式可以避免在确定和分配责任上的困难,

在早期的分类中便存在这样的问题,特别是适用 *Baden Delvaux* 案规则所导致的分歧(*Akindele* 案指出,无论如何解读,*Baden Delvaux* 案确实是一个知情协助案件)。*Akindele* 案所遇到的问题,特别是它将 *Tan* 案视为(对不诚实协助的)定论时,是它实际上并未阐释清楚不诚实和显失公平之间的差异可能意味着什么。

上诉法院在 *Criterion Properties plc v Stratford UK Properties LLC* 案中做出了一些说明,指出显失公平这一问题不能单纯依靠当事人是否知道会导致违反义务来判断,并支持一个较为灵活的判别方式。但是,当这个案子到达上议院时,法官判决本案和 *Akindele* 案均非切实涉及知情受让人的案件,*Crown Dilmun v Sutton* 案也批评该正当方式并不严谨。

然而,上诉法院在 *City Index Ltd v Gawler* 案中表示,*Akindele* 案"代表了现行法律"。这一观点,无视了 *Akindele* 案中的不确定性,而 *Charterplc v City Index Ltd* 案也坚持"'知情受让人'的责任取决于被告足够了解,他持有的所收受财产利益'并不正当'"。此后,*Independent Trustee Services Ltd v GP Noble Trustees Ltd* 案、*Law Society of England and Wales v Habitable Concepts Ltd* 案均采取了 *Akindele* 案的做法。随后,上诉法院在 *MCP Pension Trustees Ltd v AON Pension Trustees Ltd* 案中强烈支持 *Montagu* 案的做法,强调"忘掉"对"缺少诚实"的判定,从中我们可以感受到一种似曾相识,甚至是循环的感觉。

知情收受人、"*Tan* 案时刻"以及 *Twinsectra* 案的意义

要思考现行判例法的影响为何并非易事,但是,它确实引导我们考虑这样一个问题,即对于知情受让人责任来说,是否存在"*Tan* 案时刻"。我们可以看到,曾经被称为知情协助的责任已经完全被重新配置了,我们也知道,在许多方面,知情受让人的责任比这存在更多问题。在此,我们要关注一个重要案例,根据 *Tan* 案中不诚实协助的轨迹来考虑它对知情受让人的看法。当然,就从犯责任或不诚实协助的 439

“不诚实争议”而言,*Twinsectra v Yardley* 案最为著名,但同时,对于产生知情受让人责任的要求为何,它也是我们了解不同观点的重要来源。在 *Twinsectra* 案中,Lord Millett(顺带)表示赞成以收受财产为基础的责任,这意味着,一旦收到(信托)财产,则应承担责任,并不要求收受人存在过错(这里的过错体现在知情与否)。Lord Millett 继续强调,这意味着,本案的诉因是返还原物,而我们知道,返还原物的案件是以防止不当得利为基础的,且可以参照普通法针对持有和收到的货币的诉讼。

倘若采用这一观点,将意味着,传统上针对知情受让人的受益人诉讼将变成返还原物的诉讼(收受人以受益人所遭受的损失为代价,不当得利——因此推定其限于立场变更的辩护),而非通过强制附加推定信托进行。对于不当得利原则和推定信托存在的传统差异,接受这样一个观点也可能引起疑虑。然而,判例 *Westdeutsche Landesbank v Islington LBC* 案认为,两者之间可以存在适当差异(参见无辜自愿受让人招致的责任,该种情形下,强制附加推定信托并不适当),而在 *Akindele* 案中,Nourse L. J. 并不相信,在多数案件中,“相较于过错责任而言,主张严格责任同时允许做出立场变更的辩护会更好”。

在我们开始的这个讨论中,我们可以先看看 *Starglade v Nash* 案的一审判决(在这方面,上诉法院没有接触到它的意见),它重申了有关过错责任的传统观点,要求被告基于知情承担过错责任,而无须证实被告不诚实。在裁定被告作为知情受让人(已确认他并非从犯),应当承担责任时,Strauss J. 也肯定了 *Akindele* 案的延续意义——在受让人知情,且因此使得他持有所收受财产利益不正当时,将会产生知情受让人责任。

当然,这一做法源自 *Montagu's ST* 案中采取的缺少诚实的做法,而 *Akindele* 案则是将其进一步发展了起来。这表明,在 *City Index Ltd v Gawler* 案中,上诉法院所作出的结论——*Akindele* 案“代表了现行法律”是正确的,但是,*Starglade* 案也证实了,到底什么会导致收受财产的行为变得不正当这一点尚未阐明。此外,最高法院对 *Williams v Central Bank of Nigeria* 案的判决也使这场经久不息的收受人责任辩论多了一个重要的声音,而在第 17.16 节对此也有简要叙述。

17.15　衡平法中对抗"无辜自愿受让人"的对人诉讼

在某些案件中,理论上可以提出衡平法上的所有权追溯主张,但实际上这样做并不公平,于是便产生了这一诉讼。在这类情况下,基 440
于两个重要因素,原告将不能维护其所有权:第一,被告为自愿受让人,其善意收受了财产,并不知道原告对该财产享有所有权;第二,受让人使用了该财产,导致财产不可挽回或挽回成本高昂。在 *Diplock* 案中,我们可以看到,由于受让人并非善意买方,因此受到所有人对财产享有的所有权约束,其不能取得财产,这便是上述理论的具体应用。在这里,这一特殊诉讼可以视为认可损失财产的所有人,因为并未丧失其对财产的法定权利,所以其仍将享有相应财产权。

同样,这一"衡平法下的对人诉讼"也认同,因为形势变更,所有人权利并不能得到完全保障。实质上,两位无辜的当事人都是受托人违反信托的受害者(但正如 *Diplock* 案所示,受托人不诚实作为也可能导致这一情况发生),这个诉讼则试图在两人之间找到一个平衡点。它认同自愿受让人不得免费取得受益人的应得利益,也同意无辜受让人将该财产作为其"本人"财产,进行不当处分时的立场。为了实现这一点,这个诉讼在范围上远小于受益人可采取的其他诉讼,也有意不同于知情陌生人所参与的对人诉讼。更重要的是,它在追溯权可以追回什么财产上存在不同之处,它认为,只要不是追溯权不可对抗的善意买方,财产增值就可以追回,追回对象甚至包括无辜自愿受让人。

对抗无辜自愿受让人的追溯权诉讼和对人诉讼的差别在于受让

人是否已经不可逆地使用了财产。根据 *Montagu* 案,在后面几种情况下,可追回的财产仅限于被误用的本金总额,享有诉权的也可能只有财产管理人。即使自愿受让人可以采取这一诉讼方式(一些人这样认为),也只能在其他所有对抗过错方的救济手段耗尽的情况下使用一次。然而,我们先前提到,要达到这一责任范围,并逃脱追溯权主张的全部后果,自愿受让人要证明的不只是立场变更(*Lipkin Gorman v Karpanale* 案中建立的标准),而且除了不可逆转地误用了财产外,自愿受让人不必向财产的合法所有人支付限额赔偿。

17.16 对人诉讼、所有权以及返还原物之权利:一份补充说明

在信托财产"损失"的情形下,它通常会落到"错误的人手中",而受益人可采取的各种诉讼,大多考虑的是财产受让人在什么情况下应当对受益人承担责任。根据这一方式错误取得的财产可能还在收受人手上,也可能转让给了他人,自 20 世纪中叶以来,就受益人追回(被
441 误用的信托)财产是否应当以返还原物之权利(并因此适用"不当得利原则"),或所有权为基础存在大量争议,责任问题也成为主导。本书借此方式重申:

在被告责任为返还原物时,责任产生于受让人不当得利,而所有权人因此遭受损失(在这种情况下,合法所有人即受益人);

而基于所有权产生的责任,则是因为受让人误用财产侵犯了所有人(受益人)依附于财产本身的权利。

最近,*Foskett v McKeown* 案成为追溯权案件中适用所有权原则的权威案例。这是一个重要的发展,因为采用不同的规则可能会产生非常不同的结果,受益人可追回的财产也因此不同,而从有责受让人和其财产不当脱离本人的所有人的角度来说,这些规则可以视为不同程

度的公平和适当的代表。在这里,法庭对于所有权原则的赞成,从很多方面上看,标志着一个完整的循环,我们又回到了本书开始的地方:财产——尤其是英国法律中财产所有权的重要性。

在 *Tang Hang Wu* 案中,我们可以发现在追溯权诉讼中,就适用所有权规则的一个很好的分析,但同时,信托财产受让人的个人救济近来得以发展,从中我们也可以看到责任基础的相关问题,此外,知情受让人的衡平法救济方式是否应当向普通法的金钱诉讼演进也是一个让人尤为关注的问题。事实上,在 *Abou-Rahmah v Kadir Abacha* 案中,Rix L. J. 表示,法庭(仍然)认为法律的这一领域还在"变化或至少取决于一个分析变化的过程"。

在判断法律是否应当这样发展时,普通法诉讼中立场变更这一辩护的确切范围尚不清楚。然而,随后,*Niru Battery Manufacturing Co v Milestone Trading Ltd* 案、*Barros Mattos Junior v MacDaniels Ltd* 案,以及 *Abou-Rahmah v Kadir Abacha* 案的判决围绕立场变更这一辩护做出了一些说明。在 *Niru Battery* 案中,据称,为了胜过立场变更这一辩护,不必证明受让人不诚实;相反,只要证明他并非出于善意即可。一个有理由,或认为其有理由相信他人误向其支付款项的人,倘若不向付款人问询此事便花费了该款额,那么他就不是善意的。

而在 *Barros Mattos Junior* 案中,法庭主张,在出现原因不合法的情况下,被盗货币的无辜受让人不得主张立场变更的辩护。这意味着,在本案中,根据尼日利亚法律,外汇交易违法,被告不得主张立场变更,因此败诉。*Abou-Rahmah v Kadir Abacha* 案关注的是被告行为是否可以视为"商业上可接受"的行为,但同时(大多数人)也考虑到,在洗钱犯罪中,单纯怀疑涉嫌洗钱,条件并不充分,必须存在对所争议的两笔付款的具体怀疑。

就这一点对于普通法的有效性的意义而言,有人表示(参见 *Martin* 案),衡平法也应当基于相同原则提供对人诉讼。此外,从 442
Kleinwort Benson Ltd v Lincoln City Council 案可以看出,现在返还原

物诉讼的范围明显已经覆盖了因法律存在错误而支付钱财的情形,以及历来公认的因事实错误而支付价款的情形。*Williams v Central Bank of Nigeria* 案则再次聚焦基于受让人的过错或严格责任的不同方法的相关优点和优势。*Williams* 案的结论——非无辜的自愿受让人“仅是过错人”——再次点燃了对于受让人责任的实质的辩论。

第18章　源于商业交易的信托 444

在过去的几年中，(人们)开始对商业交易中出现的信托进行专门的研究，并且这些研究也初具规模。随着新案例的出现和新书的编写，我们可以明显看到，衡平法对信托原则进行了长达几个世纪的创立、修改和发展，涉及信托原则的案件逐渐关注于商业交易。这些交易涉及当事人之间商品和服务的交换，当事人之间的商业交易通常是受到合同的规制。现在有大量案件表明，由于商业交易(的频繁发生)，提起诉讼的当事人越来越多地争论衡平法规则和原则的适用性，以便保护不同情形中的信托受益人。我们在本书中已经看到了大量的案例，在这个程度上，虽然这一版本有一些新的商业资料，但是还有很多其他的案例，这些案例都是之前版本的主要内容，并且表明了，在诉讼中，试图适用信托原则以处理商业交易中所产生的问题的这一趋势并不是一个新的趋势。

根据信托法中相关的实质性内容，本章专门把之前分散在各章的材料整合在了一起。本章汇集了与起源和背景有密切联系的材料，但目前尚未注意到存在哪些联系。而且,正如本章最初设想的那样,这是当代社会信托使用方式多样性的形式。本章着眼于衡平法所认可的具有慈善性质的规则信托,衡平法在 500 年之前就开始发展这一策略,而本章也一直致力于研究 21 世纪多样化背景下的这一策略的灵活性和适应性。

因此,需要注意的是,在当前涉及明示信托的有效性要件的诉讼中,以及在衡平法受益人对帮助"损失"财产的所有人提起的诉讼中,在当代默示信托的意义中,都可以发现商业交易的影子。在这个程度上,本章仍然忠实于原本预期的方向。然而,(笔者)已经整理了这些材料,并且在分析材料的过程中加入了自己的想法,可以明显看出,信托在商业交易中越来越普遍,但是信托的发展似乎是一个更重要信号。在分析传统的信托原则时,商业交易与日俱增的显著性表明,信托原则的新背景实际上可能会成为信托法的新范式,以及未来演变和发展演的新范式。

445

18.1 源于商业交易的信托简介

其含义为,如果在涉及商业交易的诉讼中出现了信托,这在实际中可能会极大地改变信托法的性质。本书从不同的角度论述了第 1 章的内容(第一份现代信托出现在 18 世纪),以及从 18 世纪到 19 世纪所盛行的信托。这是由于受到了"家庭授产"信托(第一份真正意义上的现代信托)的促进。这高度关注了信托的产生,其原因是,这能够实现对自由处分财产的限制,并且能够减少纳税的可能性,其税收可能从涉及财产的交易中产生;这两者都具有"用益"的特征,都是从中世纪后期的衡平法中发展出来的。为什么 19 世纪信托的普及如此重要?这与商业交易中日益增多的信托的使用有关系吗?

信托的普及以及现代信托法范式的出现

我们从第14章中得知,信托是如何以及何时普及的,以及在那种情况下,如何通过明确对接受委托财产而无权享有该财产的人的期望,来为调整信托提供动力。正如我们所了解的那样,现代信托法也出现了满足便利性议程的规定——确保那些希望设立信托的人能够有效地设立信托,并且使他们确信,自己对其信托财产的意图实际上会发生。

虽然我们今天仍然可以看到家庭授产协议,但早在第1章,我们就了解到,信托存在于经济和社会中,并履行它的一系列功能。但是,信托仍然广泛适用于涉及财产的"家庭财产处分协议"。当我们看到,信托在决定谁有权在活着的时候获得重要资产的所有权时,我们可以从家庭生活中直接看到这一点。但是,在某些方面,这不一定是对家庭财产处分协议中出现的信托的最有意义的使用,仅只是我们可以在某个特定的社会阶层中所见到的价值数百万英镑的授产协议而已。

从某种意义上说,信托最显著的用途可以从先前文本所提到的内容中看出,而不仅仅是从房屋所有权中看出。在第3章中,我们可以看到,明示信托是一个完全民主的制度,它允许那些并不一定拥有太多财产的人,以及那些并不一定来自社会经济部门,从而不能获得专业法律意见的人,获得极大的自主权。当然,此类财产所有人可以将自己的财产出售、出卖、或者(取决于财产的性质)作为担保使用,但是此类人也可以对财产设立信托。这使得此类人能够区分,完全赠与的财产与根据财产使用的方式所提供利益的财产之间的差别,只要社会团体经常与家庭授产协议的信托发生联系,这就很容易得以实现。

财产、所有权以及作为民主工具的信托在确定性意图规则的发展过程中,我们可以看到,与信托财产的使用相关的义务可能会出现,即使财产的所有人没有使用"信托"一词。虽然 Scarman L. J. 在 *Paul v Constance* 案中提到"一般民众"的普通生活,这似乎是一些屈尊俯就 446
的想法(当然,它只是非典型案例),但是,他似乎尝试使信托适用于那些生活质量差的人们,他们不一定能够使用专业术语,表达自己对财产的明确意图,或者不能负担得起别人能够负担的服务费用。所以,法律围绕着明示信托,就如何发现财产的所有人有设立信托的意图,提供了极大的灵活性。在这里,衡平法上的要求方法可以对此提供支持,尽管衡平法也认为,对财产设立信托是一个非常有意义的安排,当信托为受益人创设了可执行的权利,并且为受托人创设了繁重的负担,那么信托将会最终排除财产的所有人。

只要衡平法本身的要求已经成型,例如确定性规则的形成、以及在财产处分方面,衡平法的要求与普通法的要求得以共存,那么上述内容就会实现。在后一方面,就第 5 章所讨论的未完全设立的信托而言,在其"最后行为"原则的操作过程中,我们可以看出,衡平法做出了真正的尝试,即试图区分所有人附带委托人尽其所能以确保他的财产归属于新的所有人的情形,与法律对戏谑的(或小于)财产授予行为所规定的严格让与"形式"要件的情形的区别。

我们可以从这个模式中看出,在非正式的情况下,默示信托的法律规定是如何促进与所有权设定相关的正式途径的形成,在此情况下,不存在财产的普通法所有权,也不存在明示信托。

财产所有权和作为社会正义工具的信托

就默示信托而言,从第 6 章开始,我们就可以看出,信托是一个重要的工具,即使财产所有人未明确表达自己的意图,他们对财产的意图也可以实现。当然,信托的确对财产所有人进行了授权,因此也许可了财产的所有权。就归复信托而言,衡平法将对何为所有人推论的意图作出回应,鉴于当前情形,衡平法有可能具有民主的性质。在这里,"未完全处理的"归复信托同样可以适用于类似 *Tony Vandervell* 案件中所出现(见第 4 章)的财产情形,并且可以适用于相对不富有的那部分人。在这方面,我们可以看出,默示信托通过确保所有人对财产的意愿得以实现,来发挥其正义的工具作用。但是,我们可以在一个更明确的案件中看出,在使用默示信托来决定共享的房屋所有权时,信托作为一种机制，能够实现更广泛意义上的社会公正。我们确实看到了归复信托（或至少看到了类似于归复信托的信托），但是重要的是，我们看到，普通法上享有房屋所有权的人必须强制适用推定托管，基于此，这会促使这些人使用其财产，并且为其他人设定所有权权益。

这些情形的共同点在于，它们都是对广义的"家庭"财产交易的说明。事实上，Vandervell 的交易来自于他对慈善组织所设定的利益，但是，与大多数信托的设立相同，这是保持他的家庭内部财富稳定的有意识的策略。此外，适用于经济领域的推定信托也是这种情形，在经济领域内，推定信托产生于"遗失物"的情形，正如第 17 章所述，我们的确看到了商业的重要性，而没有看到家庭、协议的重要性。除此之外，在家庭环境中，家庭房屋所有权（的归属）是明确的，但是我们也可以看出，推定信托也在尽可能地确保私人协议（通常指个人家庭之间的协议）的公正。实际上，在第 9 章以及在第 6 章（简要介绍相互遗嘱 447
的材料）中，我们已经看到，推定信托是如何在所有人死后对财产进行处理的。此外，大量衡平法原则被适用到不完全财产让与的情形中（第 5 章有提及），这些衡平法原则的介入与预期的（或者至少是目的明显的）交易有关，这些交易的目的是为家庭成员设定利益。*Westdeutsche Landesbank Girozentrale v Islington LBC* 案涉及了归复信托的未处分或者未完全处分，家庭背景在此案同样具有体现，在 A 种类型中，家庭背景同样体现在所谓的财产所有权"无偿让与"的案件中。当然，推定预赠以及推论归复信托证明了衡平法的观点，即，从此处衍生出的所有权问题很有可能涉及关系亲密的亲属的财产权利。

18.2　商业领域中的信托简介

因此，"家庭"财产（指广义上的家庭财产）的处理为信托的普及奠定了基础，反过来，这也会极大地塑造了 19 世纪现代"信托法"的发展过程。相应地,正是这样的交易极大地影响了为他人设定利益的观点的明确性,并影响了财产持有人的伴随责任,同时,(财产持有人)必须为了他人的利益使用该财产。这些协议也是发挥信托法的便利功能的基础,因此它们都为本书提供了结构和方向。

信托及其多样性的形式

除此之外,本书也非常重视在21世纪社会和经济领域中的信托的存在形式。这当然也包括由慈善法所规定的特殊协议(如第10章、第11章和第12章所讨论的内容),但是我们也看到了大量此类案件,即私人信托(包括明示和暗示)存在于社会生活中,此外,经济赋予了当事人衡平法上的财产所有权,或者将权利和权益赋予了在衡平法上占有财产的人,以此来保护这些当事人的"利益"。最有趣的是,我们看到,当事人在进行商业交易时,会在契约关系中大量使用到信托。这正是在本章所关注的重点问题,其原因是,"信托案件"逐渐转向于商业交易而不是家庭事务。对此,信托法越来越多地涉及商业交易而不是家庭事务,并且商业交易的案件而非传统案件也促进了信托法的发展。所以,我们认为,商业交易为信托法及其发展提供了"范式"。但商业交易对信托法的重要性似乎更为显著。

这是因为,商业交易开始引入信托协议,信托法和传统的信托原则也促进了商业交易的发展。但我们现在所考虑的是,法院实际上为商业信托制定了不同的信托原则。通过引用明示信托和默示信托中的例证,我们可以看出,这标志着信托法被理解和研究的重
448 要性。(人们)之后可能会参考"商业信托"来定义涉及私人信托的法律,而不是使用私人和广义上家庭信托(来进行定义)。从这个角度来说,另一个可能的方向是,"调整商业信托的信托法"的主要内容可以参考目前所公认的(调整)"默示信托"或者"慈善信托"的(法律规定)。

18.3　源于商业交易的信托以及本章的目的

作为总体评论,法律委员会于 2006 年所作的《受托人豁免条款》的报告对商业交易中信托的适用的理解进行了明确规定(*Law Com. No.* 301,*Cm.* 6874)。法律委员会表示,在考虑英国信托法应该在何种程度上接纳受托人豁免条款(TECs)时,其建议的形成应该对上述问题进行考虑。第 3 章已经注意到了这一点,第 16 章提到,法律委员会的确认为,与传统的信托设立者不同,在商业交易中,信托的设立者不需要得到同样的保护(只要受托人豁免条款存在),其原因是,市场主体地位平等,并且商业交易也已经广泛适用了“标准惯例”。基于本章的写作目的,还可以加入以下内容,即如何说明此类协议与传统使用的信托存在不同的考虑,以及如何说明此类协议可能实际上需要(满足)不同的法律原则。

所有这些主题对本章都非常重要,并且对这一版本所采用的方式也非常重要。因为与信托有关的法律在不断发展和演变,而本章完全是新内容,其目的不在于用任何方式、标准或形式来对某事进行明确的陈述;相反,本章正在试图阐述目前信托法所呈现的状态以及其推动力。在这个阶段,本章并不是商业交易中信托的综合指南,而是重点关注涉及私益信托的法律中的一些关键领域,其中对用益信托的关注似乎尤其突出,并且,把信托原则引入到由合同所规范的商业交易中能够反映出这一点。

在这方面,我们可以看到,大量的材料是围绕着(下述问题展开的),即商业交易中的财务困境,以及在此背景下的“损失”财产,是如何成为证明商业信托意义以及商业信托法意义的试金石的。

18.3.1　信托的设立以及商业交易领域中的“标志性事件”

在第 1 章中,有人指出,在特定情况下是否存在信托的问题往往会由标志性事件所决定的,这能够迫使有关各方考虑谁拥有财产(的问题)。在那时有人提议,如果当事人不在场,那么大量的活动会迫使当事人意识到所有权的问题,从那时起,我们见到,(有人)将死亡(例如,*Jones v Lock* 案和 *Richards v Delbridge* 案)或者关系破裂(发生在
449 涉及家庭生活的案件中)作为所有权存在的前提条件,在 *Mascall v Mascall* 案中,即使一方当事人改变其意愿(希望他人获得其财产的意愿)——事实上,并不仅仅是理论上的改变,情况也是如此。同时,正如我们已经在第 3 章对 *Jones v Lock* 案和 *Richards v Delbridge* 案进行了实质性的考虑,我们也遇到了现在所要作为标志性事件而进行分析的内容:财务无力偿付的紧迫性。当一方当事人处于破产或无力偿债的边缘时,(财务无力偿付)的情形就会发生,这是明显影响财产权利的事件。

破产或资不抵债的急迫性

这是因为,在破产(法律术语,即某人无力偿还其未偿还的金融负债,也就是不能偿还其债务)中,债务人丧失其财产所有权,他的财产被授予其他责任人,这些人能够确保债务人未偿还的金融负债能够尽可能地从这些财产中得到偿还。这是无力偿还债务所引起的,因此,如果欠款的债务人没有足够的资金以偿还对其财产所提出的全部诉求,那么情况就会如此。在这里,向债权人支付的数额及其支付的顺序是由破产法所决定的,目前修订后的破产法可以参考《1986 年破产法案》。破产法的政策是确保尽可能多的债权人能够得到偿还,但它也承认,实际上总是存在缺口。但是,一旦发生破产,这个制度就会自动适用。在决定财产所有权时,需要参考财务无力偿付的情形,这是发挥信托作用的一个标志性事件:一旦财务无力偿付的情形发生,那么就太晚了,因此,任何关于信托财产的主张应该在此类事件发生之前提出。

在进一步考虑之前,这一观点确实提出了这样的问题,即在面对即将发生的财务无力偿付的情形,为什么当事人都希望主张信托存

在。其原因与两个问题有关，其中一个鲜为人知，而另一个则众所周知。第一个问题是，尽管我们迄今尚未关注到这一点，但当事人（无论是双方都是商业当事人，还是一方为商业当事人，另一方为非商业客户）之间的商业交易是由合同法所规制。我们有一些观点认为，合同法和信托法是不同的，我们可以看出，正如第 1 章所述，信托传统上是为第三方设定权利，这不符合合同法中相对性原则的规定。当我们把贷款视为一种提供财产利益的方式时，我们了解到，尽管（人们）可以基于信托原则来进行贷款，但在通常情况下，一方当事人向另一方当事人所借贷的财产是由合同法所调整。这能够帮助我们初步了解为什么信托在即将来临的财务危机中的吸引力更大，其原因是，合同救济针对的是个人，而根据合同救济所做出的协议需要满足规定财务失败的破产法的条款，就我们所了解到的信托受益人的法定权利而言，如果有信托的存在，上述情形就不会发生。在一个合同关系中，债权人可以通过要求借款人提供担保来保护自己的利益，但前提是，债权人有权提出这样的要求（鉴于债权人可能是一个本地企业，它所提供的只是小规模的商品或者服务，甚至是一个朋友，只要它具备提供巨额贷款的能力即可），并且借款人仍然有财产来提供担保。

在贷款情形下，信托对债权人的保护

相比之下，通过“顽固的财产权”（将财产的实际所有权授予给受益人），信托的存在将会保护债权人的利益。这是从财产所有权中所衍生出来的权利，并且不是取决于“公平、公正和合理的”权利，并且我 450
们知道，除了财产的善意购买人外，这种权利可以对抗其他任何人。在破产的背景下，这意味着，由于债务人丧失了其财产的普通法所有权，而这是其他人在衡平法上所占有的权利，财产继续由他占有，并且有权对财产提起诉讼。此种协议下的资产（不同于基于合同原则所做出的贷款）将会成为资金库中的一部分，根据破产法，它可以被用来偿还那些未偿还的债务。但是，为了实现这一目标，信托必须在破产发生之前设立，即使这只是双方当事人随后争议的焦点，但最终还是由法院进行判决。

超越财务困境:损失财产的重要性

我们应该将财务困境作为一个标志性事件,但在此之前,我们同样也要考虑所有人的财产损失的问题。正如财产的所有人会明白,如果属于他的财产被(他人)错误地占有,那么他有义务注意自己的财产所有人,其原因是,这是从无权占有人那里获得该财产所需要采取的第一个步骤,因为他对财产不享有权利。这是我们在上一章中所遇到的情况,如果财产是从所有人那里取得的,那么诉讼能够对财产所有人有帮助。但是,正如我们强调的那样,我们所考虑的诉讼只能帮助那些拥有财产所有权的人,尽管财产现在可能在另一个人手中。这意味着,为了能够使用普通法上的追溯规则,失去财产的所有人不得通过出售、抵押的方式或者通过不能给付非本人所有的东西这一规则的例外规定的方式而丧失财产的产权。同样,衡平法上的追溯规则只适用于那些没有将财产的衡平法权利让与给善意购买人(指的是享有财产普通法所有钱善意购买人)的原告。(作者)之后会进行更多的阐述,包括衡平法在认识到追溯规则在商业关系中的需求不断增长之后,对该规则适用的要求进行了一些调整。而(衡平法的调整)则来源于下述观点,即财产与其所有人的非法分离会迫使那些实际上的财产所有人开始主张对财产的所有权。

18.4 商业环境对受益人所提起的“损失财产”之诉的影响

从第17章所提到的案件来看,我们可以明显看出,商业交易对衡平法上的受益人所提起的“损失财产”之诉的发展有巨大的影响。从其发展中我们可以看出,有谁有权提起这些诉讼,这些诉讼本身是如何增加财产所有人胜诉的机会的。这可以从所有权追溯之诉中看出,也可以从对知情接受和不诚实协助所提出的衡平法上的个人之诉中看出。

我们可以看到,从 20 世纪 90 年代所发展出的涉及公共机构的所谓的商业"交换"协议是如何影响 21 世纪财产追溯之诉的性质的。其中存在大量的案例,著名的有 *Westdeutsche* 案,还有 *Guinness Mahon & Co. v Kensington* 案和 *Chelsea RLBC* 案,以及早期的 *Hazell v Hammersmith* 案,这些案例成为争论所有权与返还原物这两种观点的战场。就关于如何解决这个问题而言,在 *Foskett v McKeown* 案中,其背景是建造商业大厦,尽管实际上是建造私人住宅。今天,几乎所有 451
与所有权追溯之诉和"知情"陌生人个人之诉相关的案件都涉及,至少一方当事人是交易的商业经营者,并且他与原告之间是合同关系。在这方面,上诉法院在 *Starglade Properties Ltd v Nash* 案中的判决是一个完全典型例子,即援引衡平法来解决争议。当然,这些诉讼的目的在于反映受益人信托财产所有权(对物权)的效力,并且反映这些诉讼的主要时效,最终,这些对物权可能会有偿地转移给普通法财产利益的购买人,并且无须事先通知。今天,这些诉讼并不是像传统理解的那样,不是主要由信托受益人提起的,而是由衡平法所认定的财产所有人所提起的。

除了在信托财产毁损灭失,受益人的追溯权丧失的情况下(即使在这种情况下,允许追溯是不公平的),传统上,衡平法之诉的有效性受到信义关系存在的相关标准所调整,并且受到衡平法上的与财产所有权权益相关的标准所调整。这意味着,虽然衡平法可能会产生所有权追溯之诉,也可能会产生知情接受的个人之诉以及对信托受益人提供的知情(现在是不诚实)协助的个人之诉,这些都是公司受托人(如 *Starglade* 案中的董事)所能够提起的诉讼,也可以由律师和委托人、遗嘱执行人和遗产受赠人以及代理人和当事人提起,并且都需要遵循建立信义关系范畴的效益性原则。另外,正如我们所发现的那样,衡平法之诉的动力主要来自于商业交易的当事人,所以(人们认为),衡平法之诉比(普通法之诉)的适用范围要广。这是由普通法之诉(只适用于占有财产法定权益的人)的局限性以及普通法追溯之诉的传统限制所造成的。

452 **商业交易对重述信义义务的重要性**

正如我们所知,如果某种关系被认为是信义关系,那么上述情况为衡平法提供了一个机会,以重新确认此关系所必须具有的核心特征:*Bristol and West BS v Mothew* 案提到的,(信义关系的核心特征为)忠诚义务。然而,重要的一点是,(信义关系)的背景受到商业交易的强烈驱动,并且,商业交易为当事人之间的合同关系也提供了同样的驱动作用,此外,特殊的信义关系是由衡平法对受信人的特殊规定所调整的。在衡平法的受益人之诉的背景下(区别于诸如不当影响之诉的诉讼),几乎所有围绕着信义关系的能力所提起的诉讼都来自于下述情形,即当事人的关系为合同关系,至少有一方为商业交易者,例如,我们可以从 *Halifax BS v Thomas* 案看出这一点。反过来,诉讼反映出了一种强烈的愿望,即(当事人)希望根据实际情况建立一种信义关系,其原因是,衡平法是自愿的,并且在司法权上,能够扩大受益人之诉的范围,并且不受原有共同管辖权所确立的财务关系的限制。简言之,大多数当事人都希望建立信义关系,其原因是,他们希望利用衡平法之诉来追回属于自己的财产,或者让那些造成财产损失的人或者协助造成财产损失的人负责。同样地,如果衡平法进一步扩展了衡平法之诉的有效性,(其范围扩大到)那些欺诈罪或者盗窃罪的受害人,甚至扩大到合同关系之外的领域,那么商业交易同样可以涉及。

商业交易对追溯的未来发展的意义

在这方面,衡平法对大量非信托受益人的商业原告提供了帮助,它通过了那些对法律的发展有极大促进作用的案件得以实现。我们可以从下述案件看出这一点,即某些典型的案件将所有权追溯之诉作为指导原则,以对所有权和返还原物的各自优点进行争辩。这一问题最终以所有权得到支持而得以解决,我们现在可以看到,商业交易的案件是为通用的追溯规则所设定要求的核心。这是拥护所有权的人所提出的设想，主要是 Lord Millett，这一设想试图为普通法上的所有人以及衡平法上的所有人提供所有权，并且承认传统上由衡平法的追溯规则所规定的利益以及普通法方法的简便性。

正如我们可以在信义关系的诉讼中看到的那样，这些利益都是（当事人）所努力争夺的。Lord Millett 对追溯规则的设想可能会免除信义关系的要求，我们可以从上一章中看出，（信义关系的要求）存在可疑的地方。然而，大量"商业信托"的诉讼使（Lord Millett 的设想）得到了普及，这些诉讼既证实又质疑了这些要求。追溯法的进一步发展可能会受到涉及商业行为人的案件的推动，而不是由涉及受益人的案件的推动，传统上，受托人由于违反信托而给信托财产造成损失，而受益人则希望挽回损失。

商业交易对当前"陌生人责任"规定的意义

我们在衡平法的知情接受之诉，尤其在不诚实协助之诉中可以看到类似的模式。事实上，就 *Starglade Properties v Nash* 案而言，正如上诉法院于［2010］EWCA 案所作出的考虑，其判决理由提醒我们，商业交易中诚信的重要性是为了映射在商业交易中所通用的不诚信的方法，尽管这涉及传统意义上的受信人（即使不是受托人）。同样，尽管在 *Twinsectra v Yardley* 案中，律师的行为被认为是不诚信的，其背景是商业地产交易。在这两个主要机构之间，*Barlow Clowes v Eurotrust* 案作出了进一步提醒，即正在发生的违反信托以及协助发生的违反信托并不是协议的范式，协议的范式涉及信托协议中的受托人和受益人，并且不是家庭协议的类型。

知情接受的责任更是如此，尤其商业交易之诉的意义是解决建立责任标准所产生的问题的关键。事实上，*BCCI (Overseas) Ltd v Akindele* 案之前的一些案例证明，在 *Baden Delaux* 案中，（当事人）知情的程度是责任产生的关键，在决定其知情程度时，会产生一些问题，（法院）认为，商业交易的速度需要对这些问题负责，而另一个商业背景的案件(尽管这个案件涉及已经建立的分类信托)确保了 *Starglade* 案提供关于知情接受的法律的当前声明。我们也从前一章中得知,传统上被称作"知情接受"的责任被一个又一个"*Tan* 案时刻"的替代名称所接受(在 *Royal Brunei Airlines v Tan* 案之后),如果有必要的话,通过彻底反思责任的基础,("知情接受"的责任)会在实际上阐明法律。从 Lord Millett 对 *Twinsectra v Yardley* 案所作出的判决书中,我们可以看出,该案要求摒弃知情或者通知的要求,并且用恢复原状之诉进行替换。

453 在这方面,有趣的是,这被认为是 *BCCI v Akindele* 案本身的一种可能性,其中,Nourse L. J. 认为,他不相信这样做会影响到众多商业交易的案件。

对法律的不满以及改进的动力来源

从一个层面上说,这说明了为什么与知情接受相关的法律会遭到人们的强烈不满。从另一个更基础的层面上说,它揭示了法院所理解的影响推动法律的因素,很明显,这不是从家庭信托(广义上定义)中衍生出的受益人信托协议,也不是衡平法为遗失的财产所发展出的机制。

就丧失或者损失的财产而言,相关法律的发展是由商业交易中产生的诉讼推动的,而不是由传统的情形推动的,在传统情形中,如果信托财产损失,那么受益人需要根据衡平法进行诉讼。从上述分析来看,那些规定并不一定是针对商业交易所制定的,这与涉及损失财产的传统情形不同。更明确的是,法律对这些传统情况的处理方式正在由商业交易的发展所决定。我们遇到的法律的发展的确表明,不同法律原则的发展是为了适用于信托法,而不是适用于从家庭授产安排中所产生的协议,所以这一点非常重要。我们可以从有效信托的某些要求中看到这一点,尤其是根据某些法律规定,(信托)需要满足意图确定性的要求,并且通过托管的自我宣告,从而设立信托。

18.5　财务危机引起的信托:确定贷款是信托而非契约

在考虑为什么信托会在商业交易中产生之前,我们需要考虑这种情况是如何出现的。这就是我们所看到的,根据信托设立的主体,(我们可以把)“财务困境信托”实际上分为两大类,这是理解信托法中(财务困境信托)的关键,也是理解它们对信托法的意义的关键。因此,就谁有意愿设立信托以应对紧迫的商业困境而言,这个人往往就是债权人,他可以从中享有利益,如果发生破产的情形,债权人可以从中保护自己的利益,但是,债权人不能通过拿走抵押品来实现其(利益),这可能是因为他的贷款没有达到一定数额,或者是因为借款人没有财产进行抵押。我们很快会看到,这如何导致了明示信托的设立、这如何产生了归复信托这种特殊的类型,以及这可能会对传统上理解的信托原则产生什么影响。然而,在设立信托时,需要满足目的确定性的要求,在与此相关的材料中,我们可以看到,“财务困境的信托”可能产生于债务人自己的坚持,即他坚持认为信托就应该这样做。在 *Kayford* 案中,(我们看到),信托在邮购公司破产之前就已经设立,我们从中也可以明白,为什么债务人需要这样做。在 *Kayford* 签订的协议中,债务人并不是为了保护自己而设立信托,相反,是为了保护债权人,以免(承担)因债权人破产而丧失其财产的后果。而且,正如我们从 *Kayford* 案本身所学到的,(信托的设立)是为了保护特殊的债权人,以免承担因破产所产生的不利后果。我们也可以在某些成功设立 454
信托的案件中看到这一点,例如, *Chelsea Cloisters Ltd* 案,此外,在一些失败设立信托的尝试中,我们也可以看到这一点,例如, *Multi Guarantee Co. Ltd* 案以及 *Farepak* 案,这些案件类似于 *Kayford* 案,即使 *Kayford* 案的推理并没有得到适用。

18.5.1 了解债权人“财务危机信托”的重要性以便理解现代信托法

Farepak 案并没有适用 *Kayford* 案所确立的原则,在法律适用过程中,法院的确建议,董事应该执行一份信托契约,尽管这份契约未能成功设立信托,法院还拒绝承认通过默示归复信托而设立的信托。正如我们现在所发现的那样,这两种机制都是债权人对那些即将破产的人而设立贷款信托的方式。通过将所有这些因素结合在一起,(我们可以看出),尽管 *Kayford* 原则说明了债务人是如何设法保护债权人的(具体)利益的,但更为重要的是,债权人(的利益)可以得到保证,即,与适用普通的合同法原则相比,适用(*Kayford* 原则)更有利于保护债权人的贷款。

在通常的情况下,因为向别人借钱的人希望自己得到保护,以免于破产的危险,而不是希望(如 *Kayford* 的情况)保护他人,所以信托在商业背景下出现了。在这个更为普遍的情况下,保证贷款设立(实际上是有利于债权人的信托的设立)的最好方式为,要求债务人(获得借款法定权利的人)宣称自己为代表债权人的受托人。这种明确宣告会出现在一些情形中,例如,银行为了保护自己免于其客户破产的危险,可以要求获得预付款的信托收据或者向他人进行抵押的抵押物。在这种情况下,客户通常会宣称自己是银行的受托人;银行成为信托的债权人和受益人。这意味着,银行持有预付款的衡平法上的所有权,或者持有进行抵押的货物,以及货物出售后的收益。反过来,在债务人破产的情况下,银行仍然可以得到保护,只要该财产仍然是上一章所述的“可追溯财产”。

除了金融机构债权人有意设立的明示信托的贷款之外,商业交易中还存在一种特殊种类的“信托贷款”。因为它涉及归复信托原则的使用,所以是特殊的。在一般情况下,如果(委托人的)意图是,将财产的用益所有权授予那些未持有普通法所有权的人,那么贷款将是一个“信托”。在现在所提到的特殊种类的信托中,如果贷款的设立是为了担保下述情形，即若金钱没有用于提前约定的目的，那么就要返还给债权人，在这种情形下，贷款将是一个“信托”的情形就会出现。这被称为“*Quistclose* 信托”，从该地区的判例来看，*Barclays Bank Ltd v Quistclose Investments Ltd* 案体现了一个早期的想法，即如果金钱的所有人基于某个特殊的目的，将已知数额的金钱提前支付给其他人，那么托管的义务将会被施加给后者。

***Barclays Bank Ltd v Quistclose* 案：案件事实**

该案子的核心是 Rolls Razor 有限责任公司，它是一家经济困难严重的公司。Rolls Razor 向 Barclays 银行透支了 48.4 万英镑，超过其限额高达 25 万英镑。如果 Rolls Razor 想要继续经营，那么它必须获得 21 万英镑的贷款，这是为宣告的股东支付股息所需的，但（Rolls Razor）没有资金进行支付。

Rolls Razor 公司获得了一笔贷款，这是一家名为 Quistclose Investments Ltd. 的公司。Quistclose 同意在仅使用于“支付 7 月 24 日 455 到期的即将到期股息”的条件下进行贷款。这笔款项是在与 Barclays 同意的条件下支付给 Barclays 银行的特别账户。不久之后，8 月 27 日，Rolls Razor 自愿清盘。实际上已经支付贷款的股利没有得到支付，Barclays 银行试图计算专门账户中的钱，反对 Rolls Razor 透支，但是上议院认为银行不能这样做。上议院的判决是，Barclays 基于信托为 Quistclose 持有这笔钱，以便 Quistclose 能够要求收回全部的数额。

该判决的本质在于，虽然 Rolls Razor 与 Quistclose 之间的协议本质上具有合同的性质（在一般的合同情形中，如果债务人违反了贷款的条件，那么他也违反了合同），除此之外，还存在一个主要信托，一个次要信托：主要信托的产生有利于提前获得股息的股东，次要信托的产生有利于原来的出借人，其原因是，这个主要目的也许不能被执行。根据 Lord Wilberforce 所述的内容，这个判决是没有理由的：

……如果有需要，为什么普通法与衡平法在此类实际协议中不能灵活地发挥其相互作用,或者发生其他的变化:如果它们不能这样做,会引起人们对这两种法律制度的怀疑。在目前的情况下,如果支付股息的主要信托不能被实施,那么就会产生为出借人的利益而设立次要信托的意图,这个意图是明确的,我找不到其他的理由以说明为什么法律不应该实现该意图。

Quistclose 的关注点在于实际的商业协议,从中我们可以明显看出,产生这些协议的原因在于,长期以来,衡平法坚持保障持有财产普通法所有权的人的利益,但是,那些没有意图从中获取利益的人,则应该被阻止这样做;通过归复信托的设立, *Rogers* 案实现了这一点。在 *Twinsectra v Yardley* 案中,Lord Millett 在第 81 页提出了 *Quistclose* 信托的本质,从而抓住了借款协议中利益的适当位置的核心观点:

……*Quistclose* 信托是一个简单的商业协议,类似于……所有权保留条款(尽管两者的对象不同),这使借款人依赖于贷款人的金钱,其目的在于确立贷款人的财产权,而不仅仅是实现这个目的。这笔钱仍然是贷款人的财产,除非根据贷款人的指示,对该笔资金进行应用,如果该笔资金没有得到应用,就应该归还给贷款人。

这可能产生一系列的问题,其中,有两个涉及 *Quistclose* 的问题是人们讨论的重点:第一,在什么情况下,其他普通合同贷款可以转变为 *Quistclose* 原则所规定的"主要信托"?第二,基于 *Quistclose* 原则,在什么情况下,原所有人可以基于次要信托重新获得该金钱?

作为 *Quistclose* 信托的贷款:必要条件和主要特征就贷款转变为 *Quistclose* 信托的原因而言,一个主要的前提条件似乎是(其转变的原因),即提前支付的金钱将用于特殊的目的,或者只用于那个目的,并且那个目的是受让人所知晓的;此外,该金钱将会被支付到一个特殊的账户中,这个特殊的账户可以用于其他的目的。(我们)所不清楚的是,该独立的账户是否为一个必要要求,但至少,该金钱必须被指定于 456
特定用途,并且该用途是唯一的。这在 *Farepak* 一案中得到了证实(尽管对于 *Quistclose* 推理来说,这是一个令人迷惑的追溯权,这是 *Kayford* 案本应该仔细考虑的问题),其功能在于,否认所有关于债务人资产总额的推定;在这些情形中,向一个特殊专用账户进行支付是证明这一点的最明确的方式。这也可以在 *Global Marine Drillships Ltd v Landmark Solicitors LLP* 案中看出,(当事人)基于特定的目的,将金钱运用于支付律师费用。

尽管特定目的的核心要求与债务人的一般业务有所不同,如果这种推论被某种方式否定了,那么专项资金似乎并不一定是必要的了。在 *EVTR* 一案中,我们可以看出,某个员工给公司提供了帮助,其方式为,把金钱交给公司的律师保管,并且授权该金钱的让与,"其唯一的目的为购买新设备"。虽然这笔钱没有支付给专项资金,但只有在追求这个目的的时候才能支付这笔钱。在新设备交付之前,EVTR 进行了接管,上诉法院认为,雇员贷款人有权根据 *Quistclose* 原则收回(约定比例的)金钱。Dilon L. J. 解释道:

> 根据 *Quistclose* 原则……如果该公司已经进行了清算,或破产受益人已经被指定,并且该计划在公司支付了 6 万英镑之前就已经失败,那么上诉人将有权收回他自己与公司之间的 6 万英镑,其依据在于,由于贷款的特定目的没有达到,所以公司基于归复信托为该员工默示地持有该笔金钱。

这表明,*Quistclose* 原则未严格要求存在单独的账户,在这种情况下,含有当事人意图的推断包括了下述情形,即"一般资产"可以被其他因素否定。而且,提出该推断(金钱只用于特定的目的)的最明显的方式为,把金钱置于一个专用账户中,如果某人考虑向他人提供贷款,那么他可能会收到这样的建议。

尽管缺乏其本质要件,单独账户的建议也可以从下述内容中看出,即,在 *Anglo Corporation v Peacock AG* 案中,*Quistclose* 原则不能起到保护贷款人的作用。然而,我们很难将此视为一个明确的声明,即单独的账户是必须的,因为还有其他因素反对 *Quistclose* 原则的应用。受让人接受金钱的前提条件是,该金钱与他的一般资产是相分离的,但这一点并不明确,此外,该金钱是否只用于特定的目的也是存在疑问的。

然而,就单独银行账户的有用性而言,即使这不是一个必要性要件,但是,就许多此种类型的案件而言,一旦破产的苗头出现,这些案件就是有待确定的,因此单独的银行账户是值得考虑的。在这种情况下,就会存在大量针对破产人资产的诉求,其资产可能会被授予清算人,或者破产管理人。

在这里,受益人通常会主张其对财产的权利,他的诉权取决于实际上可以追溯的财产——他必须能够找到该笔资金,并说“那份财产是属于我的”。

对此,*Cooper v PRG Powerhouse Ltd* 案的判决表明,没有必要对
457 资金进行分离,其原因是,*Quistclose* 信托在 *Mundy v Brown* 案中也能发挥其作用,在这个案件中,据称,某个会计师所持有的账户的内容包含了低价交易的收益,以及赋予优先权的基金和其他未经授权的基金(这些都有破产法相抵触),(该会计师)基于 *Quistclose* 信托持有这些收益,即使这些收益没有被置于不同的信托账户,也不可能是公司资金的报酬。

然而,该文本一直认为,重要的是,财产是可追溯的,正如我们从前一章所知,衡平法一直允许权利人使用其追溯权以追踪与基金混合的财产。

Quistclose 信托:何为意图以及何人的意图

虽然我们从上一章得知,受益人可以在混合基金中追溯其财产,

如果受益人能够完全指出支付给特定账户的金钱,并且该特定账户没有其他资金的进出,那么这会提供一种最简便的建立信托的方式。在此之前,由于双方之间的协议正在协商之中,至少贷款人坚持认为,单独的银行账户可以更好地鼓励(人们)进行更充分明确的讨论,即什么是允许使用的金钱,什么不是,什么是基于 *Quistclose* 原则所设立的信托的核心。

这一点非常重要,因为在 *Peacock* 案中,上诉法院的关注点在于受让人所理解和接受的协议内容,其关注点不在于贷款人所设定的条件:我们可能更倾向于将后者与满足意图的确定性要求相联系。

在此,贷款人不受 *Quistclose* 原则的保护,因为受让人"认为双方没有就接受金钱的基础达成一致意见"。此外,判决还强调,"本案与 *Quistclose* 案和 *Kayford* 案都不同……本案没有明确的信托财产,例如,特殊账户中的金钱,这些金钱是信托设立的基础"。这表明,至少特定账户的价值在于推定预付款的有限的特殊使用,此外,它还是支持 *Quistclose* 原则的有力证据。一系列重大案件表明,特定的目的需要能够确定,并且无须将预付款从一般资产中进行实体分离,其关键问题似乎在于,贷款人是否存在保留预付财产中的利益的意图。

(当我们综合考虑)特定目的和"专用"资金为什么不用作一般用途时,我们可以综合考虑当 *Quistclose* 信托产生时,其意图是否是主要的。在任何情况下,如果贷款人坚持认为,单独的银行账户可以更好地鼓励(人们)进行更充分明确的讨论,即什么是允许使用的金钱,什么不是,那么其主要问题是贷款人是否有意图设立(单独账户)。在 *Peacock* 案的判决中,这也是非常重要的,即因为受让人"认为双方没有就接受金钱的基础达成一致意见",也就是(缺乏)与受让人的沟通,那么贷款人不受 *Quistclose* 原则的保护。

在 *Twinsectra v Yardley* 案中,情况似乎大不相同,在此案中,尽管委托人表明了自己的意图,并且隐晦地表示,他"希望订立协议,并不是说,他认可他们设立信托的效果",他认为这就已经足够了。就何为意图以及何人的意图而言,*Du Preez Ltd v Kaupthing Singer & Friedlander(Isle of Man)*案将此概述为,“在让与发生时或者在此之前,以及在受让人接受时或者在此之前,与受让人经过沟通后达成一致意见”,并且不需要“将金钱完全授予受让人”。后一种观点恰好反映了 *Twinsectra* 案的想法,即“当事人的意图来自于协议的条款以及案件的实际情况”。

458 **预付款实际来源于哪里真的不重要吗?**

虽然 *Quistclose* 原则只适用于为特定目的预付款(即使实际上预付款并不必要,但是单独账户的存在能够很容易证明特定的目的),但预付款实际上来源于哪里似乎真的不重要。就 *Quistclose* 本身而言,它是由第三方自愿提供的贷款;在 *EVTR* 案中,这也是通过自愿处置的方式进行处理的。也有权威的判例认为,如果支付的金钱是为了增加债务人的合同义务,那么也可能成为 *Quistclose* 信托,即 *Carreras Rothmans Ltd v Freeman Mathews Treasure Ltd* 案的观点。

Carreras Rothman(CR)是一家卷烟制造商,并签约了 FMT,FMT 是一家广告公司,主要与多家制作代理机构和广告媒体签约。其协议约定,CR 向 FMT 每月支付费用,该费用作为 CR 拖欠 FMT 的服务费的款项,这使 FMT 能够支付拖欠机构以及媒体债权人的债务。FMT 遇到了财务困难,如果它要继续为索赔人进行代理,那么它需要资金以偿还其制作代理机构和广告媒体。CR 也知道,如果 FMT 要进行清算,那么它仍然欠媒体债权人的钱,媒体债权人有足够的商业权力以迫使 CR 进行偿付,因此(尽管迫使 CR 这样做是不合法的)CR 实际上需要进行两次支付。因此,CR 和 FMT 之间达成协议,CR 每月向 FMT 的特定银行账户中支付一定数额的金钱,该账户仅用于特殊的目的,即用于支付第三方的媒体和制作费用,并且该费用是 CR 直接与该机构发生的费用。所以这是 CR 欠 FMT 的钱,在 FMT 清算的时候,我们会发现 *Quistclose* 信托已经设立了,Peter Gibson J. 解释道:

如果(当事人)的合意是为了特定目的,对财产进行让与,而不是将财产归属于让与人,那么,若基于其他理由,上述目的没有实现,那么让与人不能持有该财产。如果被告没有同意合同的条款,那么原告不得违反合同,而应该向被告支付债务,但事实情况是,原告按照该合同的条款进行了支付,被告只基于约定的目的,而接受了款项。明示的目的仅涉及账户中的款项。因此,在我看来,原告可以等同于 *Quistclose* 的贷款人,他享有强制执行权,有权迫使主要信托的实施。

Raymond Bieber v Teathers Ltd(*in liquidation*)案说明了之后的预付款到底发生了什么。(在本案中,当事人)将投资者的金钱从客户的账户中转移到了合伙人的账户中(根据认购协议的条款得以实现),法院判决认为,公司的任事股东没有以受托人的身份(*Quistclose* 协议)持有该笔财产,因此,投资者的权利将由合伙协议进行适当的调整。

法院认定,基于 *Quistclose* 信托的产生,资金在适用时,其是否依据特殊目的进行让与是能够进行客观证实的,这表明了,金钱基于(当事人的)直接意图以及重要的"特定目的"进行提前支付后,会产生哪些实际的问题。

初级信托的失效与债权人基于次级信托的救济

Quistclose 信托的本质在于,如果"规定的目的"(提前支付金钱)不能得以实施,那么金钱的提供者可以基于次要信托重新获得其财产,该次要信托产生于主要目的的失效。这要求我们考虑,主要目的是何时被认定为失效的,并且,在所谓的"次级"信托下,贷款人怎样才能重新获得其财产。这本质上是一个执行的问题,并且体现了谁可以 459
执行 *Quistclose* 信托这一关键问题,以及何时可以执行(的问题)。它还考虑了推定信托原则如何在这些情形中得以运作的问题。

Lord Wilberforce 认为,(*Quistclose* 中)存在一个有利于股东的主要信托,如果主要信托失效,那么次要信托则有利于原始的提供者。

由于资金的提供者有权要求收回该资金,所以 Lord Wilberforce 能够确定得出这一结论,即主要信托失效。同样,在 *EVTR* 中,由于资金的提供者有权收回其资金,所以信托的主要目的也必须被视为失效。在这两种情况下,次要信托都被强制执行,其原因是,原始提供者既是委托人也是受益人,正如第 6 章所述,这本来就应该是这样。

在 *Carreras Rothmans* 案中,主要信托(向媒体广告商进行支付)仍然可以得到执行,(法院的)命令也具有那个效果。但是 Peter Gibson J. 则表示认为,第三方债权人本身就应该拥有可执行的权利。然而,在信托情形中,只有受益人才享有可执行权,所以能够明确的是,一旦主要信托失效,那么受益人就是资金的提供者,主要信托中的受益人是(委托人)本来打算进行支付的人(在 *Quistclose* 案中,就是 Rolls Razor 的股东)。

然而,根据[1985]101 LQR 269,Lord Millett(后来成为王室法律顾问的首要法官)在他的文章中指出,这种观点还存在很多问题。因为股息的支付本可以在清算之前进行,所以主要信托在 *Quistclose* 案件中失效的原因仍然不明确。同样不明确的是,在 Rolls Razor 进行清算之后,为什么支付行为仍然是非法的,因此,我们需要找到其他的理由去解释下述问题,即为什么原始贷款人有权在主要信托失效后,基于次要信托重新获得其资金。*Quistclose* 一案的事实和判决的确给出了一个替代方案,即该方案考虑的是,委托人的原始动机是否会受到挫折,而不是该动机是否有实现的可能,其原因是,在 *Quistclose* 案中,一旦 Rolls Razor 停止了经营,那么支付股息就没有什么"商业意义"了。

但是,这个看似简单的解释仍然存在问题。*Quistclose* 案并没有出现信托这样的词语,推测存在信托的唯一理由是,金钱基于特殊目的被借出。所以,在认定信托是否失效时,法院忽略了具体(主要)目的是否仍然可以进行,而考虑了一系列不同的因素,这似乎看起来很奇怪。此外,正如 Lord Millett 所说,在信托法中,不存在有效信托因为不再符合委托人的意愿而失效这一说法；只有当履行不能或者履行非法时，信托才会失效，那种情况在此不会发生。

Lord Millett 的文章难以理解，但是有极大的学术价值。其中的有些内容指出，在 *Quistclose* 案中以及在之后的权力机构中，存在证明其判决合法性的困难，尽管承认"政策考虑"可能会对法院提供指导，即，当资金被借给那些目前不仅在经济上有困难，也同时在破产边缘的债务人时，这些情况就很有可能发生。由此可以看出，(人们)有可能发现证据证明下述观点，即资金的提供者有权基于 *Quistclose* 原则来执 460 行信托：

> 贷款人享有衡平法上的权利，以了解[预付款]是否适用于主要的指定目的……如果主要目的不能执行，并且次要目的已经通过明示或者默示的方式(例如，偿还贷款人)达成一致，那么就会产生问题：如果产生了问题，(人们)可能会援用衡平法上的救济以使得其目的生效。(*Barclays Bank Ltd v Quistclose Investments Ltd* 案)

在很多方面，这一内容并不是最有说服力的司法声明，并没有真正地超越前述观点，即如果主要信托不能执行，那么贷款人享有衡平法上的权利以执行次要信托。这部分内容当然也没有抓住症结所在，即主要信托被视为无效的原因和时间。然而，基于"政策"原则在此处发挥的作用，(这部分内容)未必完整地反映出信托法的严格适用，Lord Wilberforce 对 *Quistclose* 案所作的分析可能会被证实合法，尽管在认定主要信托失效的原因时存在困难。尽管 Lord Millett 的分析的确在某些方面与上述内容存在矛盾，但是他的分析与所有此类案件的判决都是相一致的，包括 *Carreras Rothmans* 案，最终，它也避免了 *Quistclose* 案所出现的主要目的失效的问题。由于这些政策因素可能适用于目前的经济条件以及金融负债的社会结构，也可能适用于那些在贷款协议下的贷款人和借款人的权利，所以一些政策原因也会被简要地考虑。

Quistclose 案判决距今已有 30 年,*Twinsectra* 案提醒我们,在信托中,贷款的重要结果是,当债务人破产时,其他的资产可能被用来对抗债权人的诉权,而该财产仍然区别于其他的资产。根据 *Quistclose* 原则,由于存在有利于财产提供者的推定信托,所以上述内容得以实现。但是,Twinsectra 认为,此案不存在设立信托的意图,也没有明显的"特殊目的",所以,即使没有指定财产的购买,将资金适用于财产的购买也是没有阻碍的。上议院认为,(当事人承诺)资金可以用于财产的取得,并且无须其他的理由,所以,对(Sims 持有的财产)设立信托的意图也可以在承诺的内容中发现。反过来,贷款人也有权基于推定信托享有财产的受益权。*Farepak* 一案似乎已经重申了这一点,尽管(人们)不清楚为什么需要考虑 *Quistclose* 原则,正如第 3 章所述,根据 *Kayford* 一案所发展出的原则,明示信托的特点似乎是有效的。此外,*Cooper v PRG Powerhouse Ltd* 案和 *Mundy v Brown* 案都强调债权人资产的分离,而 *Twinsectra* 案认为,信托产生的时间与上述案件的想法似乎是不矛盾的,*Raymond Bieber v Teathers* 案也体现了他的观点,此外,该案的判决认为,本案中没有出现信托。

18.5.2 *Quistclose* 信托揭示了现代信托法的哪些性质?它目前产生了哪些影响?

因为 *Quistclose* 信托揭示了信托协议中所涉及的常量是如何产生
461 信托的新用途的,以及传统信托法在适应这些新用途时具有多大的适应性,所以 *Quistclose* 信托是有趣的。例如,在解释 *Quistclose* 协议中的债权人是如何确定意图的确定性时,资产的分离(实际上的分离或者象征上的分离,或者仅仅是"仍然可追溯的")并不是 *Kayford* 案或者是 *Paul v Constance* 案所采取的方法的一个飞跃,这些案件涉及以特定的方式或以特定的目的建立对使用财产的不可撤销的义务。

的确,在 *Quistclose* 协议中,其目的并不是为某个特定的人提供利益，但是，财产需要以特定的方式根据（当事人的）义务进行使用。然而，就“意图的确定性”而言，其更有趣的问题存在于对 *Kayford* 案的询问所进行的讨论。*Quistclose* 还有可以告诉我们，信托实际上是如何发挥其作用的，以及是否投入新的用途，实际上我们看到了对传统信托原则所做出的调整。

上述讨论开始引导我们思考这样的事实，即尽管 *Quistclose*“要求”所起到的作用是显而易见的，但这并不能给出令人信服的解释，即，债权人已经根据特定的财产使用条件，将财产用于了提前支付，而这些协议是如何使得债权人恢复其财产的。*Quistclose* 所采用的推理为，由于提前支付，所以主要信托失效，由此产生了次要信托，但不明确的是，在 *Quistclose* 中，主要目的是否的确失效。正如前文已经提出的那样，如果仅凭主要信托失效不能确定 *Quistclose* 信托是否产生，那么会发生什么情形呢？

我们可以看到，Peter Millett 早于 1985 年就在司法范围外提出了该问题，Peter Millett 认为，在 *Quistclose* 原则的执行的过程中，需要对其发挥的作用进行适当的解释，尤其是，在认定主要信托失效后次要信托的问题时，需要对其得出的结论进行解释。Millett 建议，由于若干原因，这一澄清是必要的，本章重点关注那些他所认为的，与信托执行的公认理解相关联的内容。在这方面，Millett 建议，一般来说，实际上有效的信托（而不是从一开始就有效的信托）只有在非法或不可能执行的情况下才会失效，第 6 章对推定信托也进行了此类规定。

然而，*Quistclose* 的基本原理认为，实际上对股息进行提前支付是有可能的，相反，这不再是商业上的权宜之计。就 *Quistclose* 信托而言，如果法院将受到“商业现实”的影响，而不是将受到信托法的影响，那么这表明，在商业交易中，法院似乎在寻求不同于传统信托法所规定的考量因素。我们从确定性的学习中得知，信托是一项强制性的协议，一旦信托设立，就必须得到执行，然而，这种情形似乎不会在此处发生。

根据传统的信托法规则,如果信托还有继续执行的可能,那么债权人不可能基于次要推定信托的机制而支配财产。但是,*Quistclose* 的结果表明,在此种协议下,事情的发展是不同的,这反过来表明,我们的确需要了解,在这些协议中,采取不同的方法是否是恰当的,如果是,这是否可以被证实是合理的,甚至是否可以进行解释,据此,我们可以确定所发生的事情以及其发生的原因。为了解决这些问题,我们需要回想默示信托的相关介绍,并回忆默示信托的作用。

在第 6 章中,我们了解到,默示信托已被发展成为机制,如果某些人只享有财产的普通法所有权,尤其是在"非正式"协议中,那么他们可能处于弱势地位,而默示信托为这些人提供了正义。在这一点上,
462 我们了解到,就推定信托而言,这种正义的救助方式为,当原始所有人丧失对财产的普通法所有权时,确保这些人不再处于弱势地位。还有人指出,推定信托的 Westdeutsche 分类法将 *Quistclose* 信托归于 B 种类型,即推定信托产生于失效的明示信托(或者一旦信托被执行,推定信托产生于衡平法利益的不完全处分)。

反过来说,这种分类可以与推定信托的一般观点相联系,即衡平法为之前的所有人(之前是法律上的所有人,现在不再是所有人)提供了一种机制,其原因是,现在的情况表明,他无权再重新获得财产。在信托失效的情况下或者在信托的部分穷竭的衡平法利益已经被执行的情况下,若财产不能按照委托人原始的意图进行使用,那么基于其推定的意图,财产应该返还给委托人。

Quistclose 对此的补充似乎是,如果执行主要信托并不是权宜之计,甚至如果严格根据法律规定,(执行主要信托)具有可行性的话,委托人可以重新获得其财产。这种特殊的处理方式可能是合理的,其原因是,即使主要信托并未失效,推定信托也允许所有人重新获得其财产,这是一项对财产的出借人有利的政策。我们可以从这些案件中看出,当传统的信用种类已经被用尽,并且企业试图用"最后手段"以对抗财务失败时, *Quistclose* 信托通常就会产生,当债权人有权基于次要

信托得到偿付,并且准备在此种情形下进行和解时,法院在判决中就会想到 *Quistclose* 信托。

在这些情况下,鼓励财产所有人进行借贷可能是合情合理的,因为即使在经济紧缩的时期之外,普通的短期资本流动都会产生重要的作用,无论濒临破产的企业是否会破产或者是否可以恢复生产。生存和失败之间的这种连锁效应对于企业的员工和与其相结合的当地经济来说,作用都是相当大的。因此,对 *Quistclose* 协议进行区别对待,使之不同于那些完全符合 Westdeusche 的"失效信托"分类的信托,这是存在充分的政策因素的。

事实上,Lord Browne Wilkinson 在解释 B 种类型时,通过对 *Quistclose* 协议的具体参考,承认存在适用于它的不同方法,这是存在争议的。沿用此种想法,Simon Gardner 在[1992]Conv 41 一案中对推定信托进行了分析,他对 *Quistclose* 信托的作用提出了质疑,即 *Quistclose* 信托作为一种机制,能够确保"财产所有人保有其财产,除非她自愿有效地将财产进行让与"。然而,在这样做的时候,我们也必须接受,*Quistclose* 原则是一个相当特殊的信托法原则,与传统的信托法原则不同。在这种情况下,我们必须认为,*Quistclose* 原则并不是普通信托法的一部分,而是一个与普通信托法不同的(私益)信托法的例子。我们可以看出,*Quistclose* 原则是信托法原则发展中的一个例外,该原则的运作方式不同于从私益协议或者家庭协议中发展出来的原则的运作方式,鉴于商业交易中使用信托的需求,*Quistclose* 原则的发展是有必要的。

18.6 便于理解现代信托法的金融债务人信托和"财务困境信托"的意义总结 463

对于 *Kayford* 案,因本书第 3 章有深入分析,此处简要提及。从完整性的角度考虑,此处在提及 *Kayford* 案时,我们将其与在财务困境背景下产生的信托的例证联系在一起。这样做的意义远超于单独分析该案例。

第 3 章中 *Kayford* 案的深入分析表明,在商业领域中,应基于行为的意图确定为权利依据,即认可财产所有人基于行为而非语言设立的信托,这意味着行为一旦做出即设立了固定协议,亦即该财产上的受益权将不容侵犯。

这是 Lord Langdale 认为合符要求的基本要件,因为它清晰地阐释了财产不能由其(表面的)所有人自由处置,相反,该所有人有义务维护他人权益。事实上,正是有了这种意图的存在以及同时伴随的特定的"指定用途"资金不可撤销的承诺,使得 *Chelsea Cloisters Ltd* 案中采用了与 *Kayford* 案不同的意图确立办法。因为没有按特定方式处置财产的约定义务,这也是为何 *Multi Guarantee Co. Ltd* 案的处理办法与 *Kayford* 案的区别有其代表性,该案中,对于与其他资产分开的款项的处理,一直未做出最终处理决定。

第 3 章中关于"商事判例"之意图确定的讨论指出,确定意图的 *Kayford* 案原则已经能够确立 *Farepak* 案中信托的意图。与此同时,该讨论还表明,此案实质并未成立信托,而 *Kayford* 案推理方法也并未被实际运用。事实上,董事执行信托契约的行为可以作为明示信托的唯一可信性的参考依据,尽管可能不切确,但可以修正调整。同样可作为可信性参考依据的、案件情形中暗含的声明或宣示,却被驳回摒弃了。其意义在于判断不明晰时,要与 *Quistlclose* 推理方法区别对待。法定信托的可能性也被提及,因为在决定停止交易后,保留客户贡献者的权益是不合情理的。无论如何,*Kayford* 案原则都被视为是信托明示声明的依据,但这竟未被提及。

因此,如果一项基于 *Kayford* 案原则而设立的信托,但 Kayford 案却未在判决中提及,那么,我们有必要进一步了解在 *Farepak* 案的判决中出现了什么。这将有助于我们判断 *Kayford* 原则在一般信托法领域是否可以被准确地视为明示信托文书的经典依据。或此案是否表明法院对商业安排中的意图的确定性要求与传统私人家族的意图要求不同。

虽然我们不完全清楚为什么 *Kayford* 案未被提及,更不清楚在 *Farepak* 案发生了什么。但我们认为这是一个受到政策重大影响的决定。当然,该案与 *Quistclose* 协议有关,在这种协议里,政策意在鼓励在"生命线"边缘挣扎的企业。在解释 *Farepak* 案可能出现这些政策 464
原因的过程中,也有观点认为其原因与 *Quistclose* 协议相同,即这些政策的论证方式可能实际上正在塑造法律,并给予我们信托商业交易原则,这些原则与常人理解的原则有一些差异。

在此情况下,*Farepak* 案考虑的重点要素在于意图确定的基本要件,进而在理解债务人如何确立确定意图的问题上,观察其与私人家庭委托协议是相似还是不同。

政策考量在 *Farepak* 案明显地起了实质作用。即便政策考量不是导致不参考 *Kayford* 案的决定性原因,也必然与破产法相关。本书中多次提到破产法,我们认为其主要目的是为债权人提供一个全面的制度,以便在借款人无法偿还债务时向他们追回欠款。并通过"明确优先事项和债权人排名可行制度"(1982 Report of the Review Committee on Insolvency Law and Practice Cmnd 8558; the "Cork Report")来平等对待债权人。据此,本案的重点是 Mann J. 在 *Farepak* 案中裁定:即使在停止交易前三天纠正被董事执行的信托契约中的错误,客户贡献者将无法收回专用资金。因为就董事会而言,董事会有授予一方债权人优先权的意图。

这违反了破产法的初衷,即通过明确优先事项来公正对待债权人。Mann J. 则觉得董事们正在设法规避破产法在执行信托契据方面的正确适用。正如第 3 章所提出的,*Pearson v Lehman Bros Finance SA* 毋庸置疑地确立了这些判决受到试图确保破产法正确适用的政策的强烈影响,即使这些判决实际的依据是信托法而非国家政策。

依据政策而非信托法原则的判决

Farepak 案不是依据信托法做出的合理判决,因为正如我们多次阐释的,信托受益人所拥有的、基于信托契约的财产永远不会成为(其他)债权人支付的资产池的一部分。同时这种权利的设定也不应该被视为阻挠破产法的适用。然而,这反映了大部分人的担忧,正是由于这涉及信托受益人对信托财产享有(何种)的法定权利的性质,法院在认可商业交易中的信托时应非常谨慎。

另一点担忧即是,大多数法律关系受契约原理及信托固有限制约束的情况下,任何人都能够将自己变成享有受保护的利益的债权人是不合适的。在商业交易中,债权人保护通常由债权人为其贷款提供担保而获得,而其他债权人则可以通过确定他们是该信托的受益人来实现。有人会质疑说,衡平法并没有将信托受益人的保护扩展到对商业交易中的相关救助,因为不管怎样,将信托原则引入商业领域需要异常谨慎。否则针对同一债务人的可用资产,会出现太多债权人诉求。

在 *Sinclair Investments Ltd v Versailles Trade Finance Ltd* 案、*FHR European Ventures LLP litigation* 案的判决中,以及最高法院最近的
465 *FHR European Ventures LLP & Ors v Cedar Capital Partners LLC* 案的审理中,我们同样可以看到上述考虑和担心的存在,这一点在第 13 章的分析中亦有备注。

如果可以查阅 *Farepak* 案的案情以及从 *Kayford* 案中可能推理出 Lehman Bros 究竟说了什么,很明显法院可能会在确定是否成立信托方面寻求更保守的做法。这可能与本书写作时我们处于经济衰退和紧缩的时代相关,而且衰退可能会持续下去。总体来说,这表明法院将明确区分商业安排中需要的标准和家庭安排中可以接受的标准。通过 *Paul v Constance* 案的判决我们可以发现,法院在努力寻求有利于他人权益而处置财产的不可撤销的承诺或承认的证据。

Paul v Constance 案的判决也表明了建立这一点的准许范围,而且重视到有时会出现这种情况:支持信托成立还存在边界上的情形,

即意味着在财产原有所有者被限定剥夺所有利益的义务之前,实际上并不可能确定这一点。

商业交易的本质和信托原则的运行

我们可以看出为何法院不倾向于认可在商业交易中做出边界性判决的原因,因为在商业交易中追求的是双方的公平,并不存在家庭关系中的道德义务。此外,商业交易的范围会影响到其他"利益"的多样性,商业交易中"边界"案件的正当理由还在进一步消失。

我们可以发现,即使在义务不可撤销或承认的最明显的商业交易例子中,法院仍可能不愿通过承认其确定意图以设立信托。据此,我们可以确信:对于商业交易中信托设立的必要和不可撤销的承诺,法庭并没有给予其与家庭协议中同样的权重。我们甚至可以得出初步结论:法庭认为它们是不同的事情。

对于 *Farepak* 案,很可能法庭的考量更多在于,即在经济紧缩局面可能持续的情况下,破产发生的可能性会继续上升,随之暗含的是企业破产对经济的重大冲击,尤其是对当地经济的冲击。在此情况下,可能法院已经注意到了破产法存在的特定目的,也可能是遵守法定优先权的内容和实质的重要性。事实上,显而易见的是,*Farepak* 案的判决中,法官并愿意不给予特定债权人优先权。

但这并不会改变法院可能会在商业交易的范围内有差异的涉及意图确定问题这一事实。颇为有趣的是尽管 *Kayford* 案被视为一般信托法中意图确定的权威判例,并且是商业领域高度赞同信托成立的判决,但其中涉及确立商业交易中确定意图的信息却比其提供的评论更为混乱。

商业交易的本质和政策的运行

据悉,*Quistclose* 案和 *Kayford* 案之间的共同点已经明晰,未来的立法不久将进一步提出"共同监察"这一概念。但是对于 *Kayford* 案和 *Quistclose* 案的处理却因为干扰了破产法的合理适用而招来了批 466
评。作为一种政策,我们也可以根据值得司法以及更广泛的"法律文化”背景的支持来认定以上两个案件。

尽管 *Quistclose* 信托可以改变债权人的普通法地位(字面意义上的)和债权人的财富,但“债权人责任”与破产法的精神仍是一致的,并且“债权人责任”是与公司法相关的核心要素,它与公司的关系很密切。尽管如此,《2002 年公司法》引入的改革也承认,在债权人保护方面,部分债权人更占优势。

同样地,面对债务人破产的主动资产管理可能更容易吸引授予优先权的交易,这明显违反了《1986 年破产法》第 239 条的规定。有一点可以肯定,即使在将发生破产的情况下,根据 *Kayford* 声明而发生司法容忍也会出现法律问题(除非可以就明显的偏好提出合理的商业论据)。此类问题可以通过告知政策的处置情况来反对这种调查结果。

然而,随后破产管理委员会撤回了对 *Farepak* 案高管提起的诉讼,这让法官做出了一个有趣的反应。保留条款方案的编著者被给予了极大的同情,而 *Farepak* 案中的银行(哈利法克斯苏格兰银行)却因为“有侵略性的”以及对“硬球法”的“自豪”受到激烈的批评。因为在面对可能的失败的情况下维持 Farepak 的偿付能力并继续吸收存款很可能造成严重的损失。

Peter Smith J. 认为,Farepak 董事使出浑身解数试图找出保存所有存款的解决方案,此举减少了哈利法克斯苏格兰银行在这期间的 400 万英镑的开销。哈利法克斯苏格兰银行很清楚,一旦不幸发生,那么所有吸收的存款将会损失,那银行将会成为“这些存款的唯一信托受益人”。

法官在意识到他的司法声明事关重大后,便敦促哈利法克斯苏格兰银行重新考虑其在寻求非常有攻击性偿还方案中提出的“英镑中的便士”会造成的后果。更广泛地看,该行为表明法庭对 *Kayford* 类案件的态度是复杂的,并且法庭也认可此类情况会不均衡的对最不可能承担损失的人造成影响。

商业信托意图的确定性考虑有何不同?

这是因为,早在 *Farepak* 案前,*Kayford* 案中就提出了信托是否成立要取决于政策考虑而不是简单地取决于 Lord Langdale 在 *Knight v Knight* 案中认定的“必要规则”。在这一方面,*Robert Megarry* 爵士将 *Kayford* 客户在没有明确的法令下分离资金视为必要表现。从他的意见中我们看出来这一点,他说:“这么做是为了确保信托受益人对资金的用益所有权不受损害,而信托显然是实现这一目的的手段”。

可是,这不是他结论中唯一提到的实质因素。邮购公司已经对该案所针对的财产发出了信托声明。且他的判决表明坚持通过信托来获得利益的人群被给予了一些特殊的好处。他们是“公众成员,其中一些人无力偿债(无力偿债清算的普遍后果),而且所有人都有可能急于避免这种情况”,而 Megarry J. 在这方面继续指出:“还可能有出于交易债权人的不同考量”。

当然,在此种情况下,这一举动是为了保护邮购公司未下单客户的利益。Megarry J. 未明确说明他是否已经得出不同的结论,即索赔 467
人一直未得到交易债权人的赔偿。

但他提到该案的事实非常有趣。考虑到法定的消费者保护制度,该案表明了保护在清算情况下可能因无力支付而被清理出局的市民的方法是存在的。但该案也表明即便在 20 世纪 70 年代——在破产法现代制度颁布前——Robert Megarry 爵士就应该意识到,在破产清算时会有一批提供商品和服务的贸易债权人将和未付款的客户一样不可能付款,并且他们无法承担的后果比客户贡献者好得多。

在严重的经济困难时期这可能是被夸大了的,同时这也为 *Farepak* 案提供了时代背景。这很有可能体现了在司法实践中普通客户与大量的表面上视为商业债权人之间的区别是很小的,因为不被支付时即出现金融生存和金融失败之间的区别,也将承担不起破产清算后的结果。

尽管如此,*Kayford* 案还是值得探讨。因为根据完全相同的事实,该案有可能是另一种不同的结果,该结果会使本应受到判决影响的人出现不同结果。由于 *Kayford* 案被视为一般信托法里意图确定规则的经典先例,一个很有趣的可能性就出现了。此案尤为特殊,因为在判决中我们可以推断 Robert Megarry 爵士对案件中资产应独立而不是由其法定所有人自由处置这一点很满意。这一点在 *Knight v Knight* 案中的体现是经典的,且这一点在家族型的协议里也是必须的(*Paul v Constance* 案显示了可能存在的范围)。

如果在 *Kayford* 案中,行为本身就足以表明财产不再归普通法所有权人所有(并有充分的证据显示),那么法院有可能会寻找附加准则,以证明在商业交易的环境中存在明示的信托。Robert Megarry 爵士在 *Kayford* 案中曾表明过这一点,即若各方坚持在信托不成立中受损,则结果也会不同。

这和普通的家族型的协议似乎不同,在家族型协议里意图的确定性要求是为了确保所有的与财产有关的人都知悉在所有人即委托人言语和行动中信托将会成立,而非因为信托受益人是否为正当索赔人。从 *Paul v Constance* 案我们可以看出法院倾向于强化财产所有权人在设立信托的权利,即便他们不具备相应的能力,但这种调整在商业交易中并不适宜。事实上,正如法律委员会所建议的那样,设立信托的商业协议服务于同等地位的交易各方,并常用于商业交易中。但即使在广泛的家族型的协议里也存在一个共识,即在 *Paul v Constance* 案中法律至少延伸到了其最灵活的界限,如果不是走的太远也不会成为边界案件。

相比之下,*Kayford* 案有一点很明确,即邮购公司可以财产所有人的身份处理财产,另一个则不能。然而,经由主审法官的判定,如果是来自另一不同的经济主体群体的影响,则信托很可能不成立。这意味着,商业交易中信托产生之令人满意的意图确定条件是受不同规则的约束,一种是发展而成的规则,另一种起源于 19 世纪家庭契约协议

468 的规则。

传统上,法院并没有考虑到哪些人会被无法表明确定意图的影响,如同"疑难案件" *Jones v Lock* 的结果,其实际上受到主观因素的影

响,传统上将被视为损害了意图确定的基本功能。这表明,在商业环境中,不同的考量的确是依赖于对其的说明。

当然,也可能我们需要将所有意图确定的案例看作是不同的,将其看作评估商业交易产生的可能不同的一部分。在这方面,*Paul v Constance* 案、*Kayford* 案、*Jones v Lock* 案、*Richards v Delbridge* 案,这些案件需要我们考虑消费者福利主义意识形态兴起的意义及由于 Atiyah[1985]、Adams and Brownsword[2007]的理论,其对英国合同法、对市场个人主义影响力的影响。如此,至少 *Paul v Constance* 案和 *Kayford* 案都是"消费者福利主义"主导的判决,现在 *Jones* 案和 *Richards* 案可能会有不同的结果。据此,法院可能正在研究在家族型协议和商业交易中未产生信托的应用。在这种情况下,*Lehman Bros* 似乎认为通过发现信托的存在而得出意图的影响,法律应该是灵活的,而不是轻易地被全局的"确定性"击败。事实上,在 *Lehman Bros* 的判决中可以看出,"法律通常承认创立一个信托"是当事双方本身对于当时情形下财产的意图的必要后果,且双方"根本就没考虑到信托成立的条款以及事实上双方是否意识到其存在"。在这一点上,关于意图的确定性,这一判决指出了信托在新环境和传统环境中的作用的相似之处。据此,尝试将信托法的分析与家庭协议和商业交易的讨论结合起来也是新颖的。

浅析 *Quistclose* 信托和 *Kayford* 信托的相同点

当把 *Kayford* 案和在 *Quistclose* 信托中出现的特殊法则结合起来分析时,这一结论变得难以忽视。除了这些原则提出的主要信托失败问题外,还存在意图的确定性问题,这表明 *Quistclose* 信托与其他信托的操作方式不同。从 *Corporation v Peacock AG* 案、*Twinsectra v Yardley* 案、*Du Preez Ltd v Kaupthing Singer & Friedlander* 案的判决中我们可以获知债务人以及债权人的意图和理解与建立起 *Quistclose* 信托的意图有关。就双方从协议中所理解的内容而言,这个想法与建立意图的确定性密切相关。但不能直接将这种方法对应到传统的意图的确定性要求。

这是因为,在信托清晰确定存在的情况下,重心被习惯性地视为是信托人的言论或行为,而不是别人如何理解或解释。从 *Richards v Delbridge* 案中,我们确实可以了解到为了确认信托人的语言和行为是否足够清晰确定地有意设立了信托,信托人的语言或行为一直在被客观地解释。

469 当然这个案子里潜在的受托人的良心一定是受到信托设立的影响,*Westdeutsche* 案随之为这一形势提供了先例。但是,如果这些案例表明,除了委托人以外的人员必须对信托的设立有意识,那么这表明在这种情况下信托的设立可能会挑战传统界限。事实上,*Twinsectra* 案认为其有足够的意图以签订协议,且不需要附加此意图可以设立信托的条件。这样一来似乎将这种情况与 *Westdeutsche* 案中的意图体现的传统信托受托人意图区别开来。Du Preez 也提及"合意"也许也暗示着将商业方视为平等的一方是不适用的规定。

18.7 信托、信托法以及商业交易:一些初步结论

我们已经发现,商业交易对于资产的信托受益人的每一方面的行动都是非常有影响力的,从谁可以使用它们到可以实现什么,甚至到基础的决定。而从财务困境的角度来看,商业交易似乎是为 21 世纪信托法提供了一个新的范例,因为它们在不同的社会和经济领域得到应用,甚至依然可能变得更重要。

在这些商业交易重要性指标和当前信托法趋势之间存在一个讨论。该讨论的内容是为什么以及明示信托协议如何可以根据不断变化的破产法为一些债权人提供更好的贷款担保——肯定是原则问题。*Quistclose* 协议以及 *Farepak* 案、*Pearson v Lehman Bros Finance SA* 案(以及随后的 *Lehman* 诉讼)表明破产法的影响可能为传统信托原则

在商业交易实践中有效运作提供了政策“掩盖”。

鉴于这一领域的发展速度及这种分析是本书全新的分析，其结论现在是简短和暂时的，并且预计将成为关于信托原则围绕家型协议发展的情况下如何被用于普遍被合同法支配的商业交易领域的原因。迄今为止我们可以得知，就有效信托的要求而言，其似乎正在进行一些修改，以便适应新的现实，且存在一些非常有趣的含义。

事实上，*Lehman Bros* 的判决似乎承认了源于商业交易的信托增长将对信托法的未来发展产生非常重要的影响。很明显，尽管 Briggs J. 坚持称：“将信托原则引入商业或商业环境需要特别小心——法律不应该轻率地在纯粹对人的权力间施加一个双方能充分达到商业目标的信托”。Briggs J. 还强调：“法律不应将信托的认可和运作局限于类似传统家庭信托的情况”，因为寻求设立信托是双方商业目标的适当反映。此外，为了促进这一点，法院不应被传统的关于来自家庭财产授予信托规则所束缚。

自 *Lehman Bros* 破产案以来出现的这种特别案例并不是证明这 470
些观点的首例，在某些方面，这些案例也重申了信托的“基本构成”。最重要的是，这是一个非常重要的认识即法院可能对处理商业交易中出现的信托的方法有所不同。而这似乎是最明智的司法尝试，根据对信托法本质的理解将这些传统的和新的情况一一对应。

就本章内容来说，这是一个非常重要的指示，但粗略来看 *Lehman* 的高调诉讼并不简单。事实上，其他地方也存在这种广泛蔓延的诉讼——包括英格兰和威尔士高等法院经手的 *Lehman Bros International* 案，在上诉法院和最高法院分别为 *Lehman Brothers International*（*Europe*）（*in administration*）*v CRC Credit Fund Ltd* 案（英格兰和威尔士上诉法庭）以及 *Lehman Brothers International*（*Europe*）（*in administration*）*v CRC Credit Fund Ltd* 案（英国最高法院）——对金融服务管理局（FSA）制度中所谓的客户资产资料手册（CASS）规则进行了更广泛的参考，以规范与受监管公司客户资产的隔离相关的业务。

对于这些规则和 *Pearson* 法令的信托唯一的参考是 Briggs J. 的观点,即“客户资产资料手册 7 的运作并不意味着直到被分离为止该政权所赋予的法定信托不能适用于客户的资金”。因此,这一诉讼对普通信托法的重要性可以被淡化。但是,Briggs J. 的判决确实对信托的一般规律做了一些非常有趣的探讨。

18.7.1 商业交易中的信托法和衡平法角色:信托法是“商法”的一部分吗?

就其规模和在全球金融体系不稳定地位方面,这种诉讼也可能被视为特例,或至少是非常不寻常的。但无论如何,它是司法解释关于信托财产的一部分,现在还包括英格兰和威尔士上诉法庭处理的 *Crossco No* 4 *Unlimited v Jolan Limited* 案。此处,上诉法院认为中央最高法院在同居案件 *Jones v Kernott* 中的裁决以及 Etherton L. J. 所述的“突出区分国内和商业案例”是不同的。

该观点的提出背景为财产所有人禁止反言和“共同利益推定信托”。但是这些和通过双方非“完全公平的商业交易”给法院提出的困难是不同的。这种情况允许对那些与 2006 ~ 2007 年法律委员会同居计划“私密和排他”相关的人的不同行为进行调查。这是长期起诉权司法确认的一部分,即“国内环境与商业环境有很大的不同”(*Stack v Dowden* 案),这可能是一个非常令人兴奋的发展,即法院是否正在为商业关系中的各方制定独特的信托法。

当然,*Pearson* 案本身就表明在复杂金融交易的核心中信托越来越多,而且正在作为一系列投资和证券化的结构基础,养老金背景下的证券化正是由于信托的吸引力。这是在集中资产池的能力,是在投资环境中集中资产和分散风险,这种投资环境受到信义的管理,其保护标准更强,补救措施更广泛。

471 我们对信托以及在商业操作中相关的信义的义务的了解越多,就能更好地理解鉴于日益增长的“信托设立”以及在商业交易中衡平法与普通法一起运作的悠久传统。这两个观点可能会令人吃惊,因为在专注于信托的同时,本书对实现公平正义的基本原理给予了相当大的关注,而且将这一切视为合理的。我们也知道信托和信任是通过对公平信义的行为的特殊治理来保护的,依靠的是与普通法产生的义务相比强加了具有约束力的义务。

商业交易对于这些核心观念来说并不是一个明显的经营背景,因为这些核心观念的特征是“以公平的,商业的方式处理”,涉及双方之间的利益交流时由合同来约束并且通过给予“商法”相当大的自由来裁决他们之间的关系。但衡平法和贸易之间也存在相似之处。

在这些相当不同的人与人之间交易达成的方式间其实存在一些相互联系。信托和信任是合同的基本要素,因为尽管有关于商业及其存在理由的一切都已经被阐明了,但贸易各方依旧只会与信任的人打交道。即使这是“门槛”级别,或者是追求利益最大化,但也同样被认为是值得信赖的。这表明即使是非常赤裸裸的自我利益也需要一些公平的交换。

他们之间的关键区别是信义的关系的约束性,与商法中普遍的商业关系治理有很大差异。从本书的各个方面我们可以得知—— 特别是从第 17 章对“情势”引起的信义的关系的分析(如本章前面所述)——商业方面常常要竭尽全力通过股权治理来适应这一需求。

在将信义的治理与商法进行比较和对比的情况下,很明显,商法通过合同机制和企业组织形式的选择来促进盈利是非常有效的。我们可以看到,以“管理”为重点的合同条款和法律的分类提供了规范各方在彼此交易中利益的框架,同时对谈判范围也有一些限制。然而,有一个因素几乎与商业基本要素即利润相对应,这使得法律的局限性成为管理这些协议的机制。

商业交易极具动态性,从一开始,普通法和衡平法之间就形成了对比,以突出衡平法的优势。总体来说,这是一个植根于公平和正义的基本原理,但在第 1 章中,我们可以得知衡平法的优势包括了灵活性。普通法是清晰确定的,对缔约方来说有很多好处,这种做法是不可改变的。但我们也知道,那些普通法承认的权利人可能会因普通法的僵化和有限的反应而感到沮丧。

在一些本质上很新的交易协议中,或者通过吸引新的市场参与者在新背景下的运作中,我们看到求助于衡平法及其理论和机制的需求在持续增长。在许多方面,对信托机制以及其相关的衡平法的义务的偏爱可以被看作法律限制的认可,这一点我们在养老金的研究中已经遇到过了。当然,越来越多的以信托形式构建的投资基金和证券化产品的出现表明普通法正努力在追求复杂活力和创新并存。

472 在这方面,商法核心的契约原则可能不足以应对(新的)问题,如第 1 章所述,普通法不愿意设立新的关系来适应新的交易方式。相比之下,衡平法具有长期的灵活性传统这一吸引力。在 *Mothew* 类案的信义的关系诉讼中我们可以看到的是认可信义的关系比认可合同的关系更为灵活,且违约的情况下,前者的补偿更多。这有助于促进所谓的"入门交易稳定性",即维持最有利可图的各方所依赖的基本信托。这样一来,忠诚义务就成了信义关系的基础。在高度复杂和快速变化的环境中,这一原则为实现"公平竞争"提供了很多非常有用的机制,并且这符合商业真义,即面对未知需要公平竞争。

这样做的结果是,衡平法可以比普通法提供更可行的责任框架。普通法适合于管理各方的意图,并在交易中分配风险,而衡平法则更加灵活,可以在面对快速变化时保证竞争的公平。明示信托在商业交易中出现的越来越多,在本书中也反复出现这样的主题:"明示的是更好的"。

这种协议有助于同时在同一财产中创造利益(如担保融资中的"信托账目"),我们很清楚一旦发生破产的情况,它需要重要保护。与此同时,信义的义务所规定的治理框架也是利益冲突和保密的有用的监管手段。此外,所有这些"内容"无须暗示或明确表达的条款,这与普通法形成了鲜明对比。我们刚刚讨论的 *Quistclose* 协议就可以作为一个有用的例证。可以通过一种不正式的方式设立信托,即因衡平法允许的未明示和隐含的条件设立信托。

鉴于信托和信托义务的普及,考虑到商业交易的本质,一些商业行为者试图使用合同法来排除受托责任也是不足为奇的。我们在讨论受托人豁免条款(TECs)时遇到过使用合同来限制信托活动的影响,缔约方既互相受限又互相限制,提高对重大补偿后果的关注有好有坏。因为双方最终在追求利润的过程中,考虑到成本权益双方可能倾向于放弃一些便利以舍弃一些负担。

这就是为什么在信义的关系建立之外依然会有很多诉讼——对于每一个热衷于建立信义关系的一方来说,都是为了避免对方的无理要求与强加的责任。与此紧密相关的是,从我们对托管的性质和违反信托的研究来看,这一点应明确,即绝对不能排除受托责任的某些要素,例如购买或侵占信托财产的责任。因为本身这一点就违反了忠诚的核心义务。

据此,我们可以看到,将信托原则引入商业交易可能成为鼓励更高标准交易的一个非常重要的因素。英国法院也是这么认为的,但对此种情况也很谨慎。这一点我们可以在 *Mothew* 类诉讼中发现,即从"事实"中找到信托关系;在"寻找" *Kayford* 协议中明示信托和 473
Quistclose 案信托的方式里,以及关于这些(特别是 *Kayford* 案)协议的现行政策,即破产法规避免的手段也有很多证据中,我们也可以发现这一点。

而 Briggs J. 在 *Pearson* 案的判决是这一领域的权威判例。它传递了一个信息:警告不要反对法律,并且"不客气地"强加了"双方充分实现商业目标之间纯粹的对人权利"的信托。

衡平法与商业:创新与传统

那么我们暂时可以发现什么呢?我们可以看到衡平法的关键创新——信托和与之相关的义务——这在商业环境中是非常实用的。

我们可以发现信托建立了一种从头到尾更充分的契约义务。但我们也需要明白,衡平法在这里的作用也不是无限的。事实上,我们看到衡平法在商业协议的应用中普遍尊重商法和具体合同的首要地位,从而被公平地用作普通法的补充而非替代品,且最终衡平法在商业中的任何作用都必须保证商业交易中固有的风险。事实上,正如几年前 Lord Browne Wilkinson 在 *Westdeusche* 案所说的那样:“聪明的法官会经常警告在商业法中大量照搬衡平法的原则会不符合有序经营的核心要求的确定性和速度”。

但是有趣的是,事实上这些都不是新理论了。回到关于衡平法在商业中的应用有悠久历史的说法,可适当地参考法律和社会学者 WR Cornish 和 G. de N. Clark(1989:95)的建议,即在 19 世纪,普通法的重点是讨价还价和合同自由的神圣性:

> 衡平法……将建立一个保护贸易的管辖权,作为一个不适合讨价还价或被经验误导的世界的避难所。(Cornish and Clark,1989:257)

历史学家和 19 世纪的评论都反映了这是一个快速变化的时代,并产生了重要的“市场复杂性”。在这些年代,当“艰难交易”的相关性迅速变化时,造就了迄今最完备的衡平法避难所。在 2007 ~ 2008 年财政危机之后,这种观点在英国尤为突出。在对有关商业交易产生的普遍信托原则的适用性和可能出现的“不同信托法”进行讨论之后,我们发现对于此类协议有趣的是,19 世纪主流观点认可衡平法活跃于商业交易中,且法律规定的任何适应措施必须反映商业与“常规”信托安排之间的关键差异。1857 年的《国会议事录》评论中提道:

> 一般而言人们之间的所有商业交易均简单且持续时间短,与受托人受益人间的关系相比,更易于解决。并在某些情况下会产生尊重或仇恨的感觉。也就是再次强调了在商人的生活中他们为了自己的利

益进行交易。(HC Deb,9 July 1857,Third series,vol. 146,col. 1202,pee:Mr Rolt)

18.8　"传统"托管的时代变迁:后记 474

除去过去和现在商业中都采取信托法律的因素不谈,19 世纪的法律论述中称为"常规托管"或"所谓托管"的趋势也可能影响到本章的内容,这实际上是本书的本质。

这是因为我们可以预料到未来版本将强调表达与托管有关法律(如第 13 章、第 14 章和第 16 章所述)的方式甚至可能在上下文中越来越少的提及信托法(规管和促进)在家庭财产授予方面的发展,更多地受到通过企业经营的信托服务提供商之间的协议和为了获得利润而进行的协议的影响,在这种协议中,执行托管的范围由侵权法,特别是合同管辖,而非信托法。

但这也引出了另一个非常重要的观点:尽管将信托引入商业交易的愿望可能会越来越多,但私人和主要是家庭协议中的信托也不会消失。这意味着为这些协议制定的原则将继续保持相关的作用。这是因为并非所有的受托人都精通商业且非常专业。正如我们在 *Bristol and West BS v Mothew* 案和 *Armitage v Nurse* 案中所看到的,最终甚至这些运营商都会受限于信托法。

在这一点上,我们发现源于商业交易的信托的考量也会不同,因此我们可以怀疑这是否表明随着时间的推移,与"明示私益信托"有关的"一般信托法"的特殊机构将出现。这种趋势是很令人激动的。这对信托法具有深远的含义和影响,很难想象,即如果这种情况在未来被证实了,那么未来本书的新版本将会如何续写。

图书在版编目(CIP)数据

托德与威尔逊信托法：第十二版／(英)莎拉·威尔逊著；孙林，田磊译. -- 北京：法律出版社，2020
(外国信托法经典译丛)
书名原文：Todd and Wilson's Textbook on Trusts and Equity，Twelfth Edition
ISBN 978-7-5197-4737-4

Ⅰ.①托… Ⅱ.①莎… ②孙… ③田… Ⅲ.①信托法－研究 Ⅳ.①D912.282.04

中国版本图书馆 CIP 数据核字(2020)第 121359 号

托德与威尔逊信托法(第十二版)
TUODE YU WEIERXUN XINTUOFA
(DI SHIER BAN)

[英]莎拉·威尔逊 著
孙 林 田 磊 译

策划编辑 似 玉
责任编辑 似 玉 李 军
装帧设计 李 瞻

出版 法律出版社
总发行 中国法律图书有限公司
经销 新华书店
印刷 北京建宏印刷有限公司
责任校对 马 丽
责任印制 吕亚莉

编辑统筹 法律应用出版分社
开本 710 毫米×1000 毫米 1/16
印张 43.25
字数 560 千
版本 2020 年 9 月第 1 版
印次 2020 年 9 月第 1 次印刷

法律出版社／北京市丰台区莲花池西里 7 号(100073)
网址／www.lawpress.com.cn
投稿邮箱／info@lawpress.com.cn
举报维权邮箱／jbwq@lawpress.com.cn
销售热线／400-660-8393
咨询电话／010-63939796

中国法律图书有限公司／北京市丰台区莲花池西里 7 号(100073)
全国各地中法图分、子公司销售电话：
统一销售客服／400-660-8393/6393
第一法律书店／010-83938432/8433 西安分公司／029-85330678 重庆分公司／023-67453036
上海分公司／021-62071639/1636 深圳分公司／0755-83072995

书号：ISBN 978-7-5197-4737-4 **定价**：168.00 元